"十四五"普通高等学校本科规划教材

生物质能

编　著　骆仲泱　周劲松

余春江　王树荣

主　审　张全国

中国电力出版社
CHINA ELECTRIC POWER PRESS

内 容 提 要

本书根据高等学校能源动力领域新能源人才培养要求编写，主要涉及生物质能转化的基础理论、技术原理、规划评价等方面内容。全书共分十八章，第一～六章介绍生物质能资源概述，生物学和化学等基础理论，生物质特性和分析方法，生物质收集、存储、运输及预处理技术，第七～十六章主要介绍生物质能典型转化技术，包括成型燃料、直接燃烧技术、混烧技术、热解技术、气化技术、沼气技术、热解油提质改性、醇类燃料技术、生物柴油技术以及生物制氢技术、微生物燃料电池等其他转化利用技术，第十七章和第十八章分别介绍规划及技术经济分析和全生命周期评价。各专业可根据本专业的教学内容需要选择其中的有关章节。

本书可作为新能源科学与工程专业本科生的生物质能课程教材，也可作为其他相关专业涉及生物质能转化与利用相关课程的教材，还可作为相关学科的研究生参考教材或供科学技术工作者学习与参考。

图书在版编目（CIP）数据

生物质能 / 骆仲泱等编著 .— 北京：中国电力出版社，2021.7（2025.7 重印）
"十四五"普通高等学校本科规划教材
ISBN 978-7-5198-4876-7

Ⅰ . ①生… Ⅱ . ①骆… Ⅲ . ①生物能—高等学校—教材 Ⅳ . ① TK61-49

中国版本图书馆 CIP 数据核字（2020）第 272787 号

出版发行：中国电力出版社
地　　址：北京市东城区北京站西街 19 号（邮政编码 100005）
网　　址：http : //www.cepp.sgcc.com.cn
责任编辑：李　莉（010-63412538）
责任校对：黄　蓓　常燕昆　于　维
装帧设计：赵珊珊
责任印制：吴　迪

印　　刷：北京天宇星印刷厂
版　　次：2021 年 7 月第一版
印　　次：2025 年 7 月北京第三次印刷
开　　本：787 毫米 ×1092 毫米　16 开本
印　　张：21.25
字　　数：602 千字
定　　价：65.00 元

前　言

　　生物质能涉及能源、生物、化学、环境等多学科内容，需要多学科知识和技能的交叉融合。生物质能转化技术的发展离不开基础理论的夯实和技术手段的创新。本书编写综合考虑了生物质能涉及的生物学、化学、热能等专业基础理论和分析方法，从技术应用出发介绍其主要基本原理和发展趋势，并结合相关的社会、经济、政策和环境影响等问题进行了分析。

　　本书由浙江大学骆仲泱、周劲松、余春江、王树荣共同编写，骆仲泱教授组织并负责大纲编写及统稿。编写分工如下：骆仲泱教授编写第一章和第十八章，王树荣教授编写第二～四章，余春江教授编写第五～九章和第十七章，周劲松教授编写第十～十六章。作者长期工作在生物质能转化与利用的科研和教学的一线，在生物质能转化与利用领域承担了国家科技重大专项项目、国家 973 计划项目、国家自然科学基金重点项目等研究。本书引用了同事们及研究生们的研究资料，并得到他们多方面的帮助；作者在编写过程中参考了大量国内外同行发表的相关论著；河南农业大学张全国教授担任主审，并对书稿提出了中肯的建议，在此向他们表示衷心的感谢。同时，真诚感谢科技部、国家自然科学基金委等部门给予的研究经费资助。

　　限于编者水平，疏漏和不足之处在所难免，敬请读者批评指正。

作　者
2021 年 6 月

本书配套资源

目　录

前言

第一章　概述……………………………………………………………………… 1

第一节　能源的概念及分类……………………………………………………… 1

第二节　生物质能的定义和范畴………………………………………………… 2

第三节　生物质能资源种类和特点……………………………………………… 5

第四节　生物质能作为未来能源的地位和前景………………………………… 15

习题………………………………………………………………………………… 16

第二章　生物质能的生物学基础…………………………………………………17

第一节　光合作用………………………………………………………………… 17

第二节　淀粉和糖类形成过程基础……………………………………………… 19

第三节　木质纤维素类生物质形成过程基础…………………………………… 20

第四节　油脂类生物质形成过程基础…………………………………………… 22

第五节　藻类养殖………………………………………………………………… 22

习题………………………………………………………………………………… 23

第三章　生物质能的化学基础……………………………………………………24

第一节　生物质能的化学基础概述……………………………………………… 24

第二节　化学热力学基础………………………………………………………… 24

第三节　化学动力学基础………………………………………………………… 32

第四节　催化化学基础…………………………………………………………… 36

习题………………………………………………………………………………… 41

第四章　生物质特性和分析方法…………………………………………………42

第一节　生物质特性概述………………………………………………………… 42

第二节　组分分布和分离定量…………………………………………………… 43

第三节　纤维素…………………………………………………………………… 44

第四节　半纤维素………………………………………………………………… 46

第五节　木质素…………………………………………………………………… 48

第六节　抽提物…………………………………………………………………… 51

第七节　生物质中的无机盐……………………………………………………… 52

第八节　生物质工业分析和元素分析…………………………………………… 52

习题………………………………………………………………………………… 55

第五章　生物质收集、存储和运输………………………………………………56

第一节　生物质收集、存储和运输技术发展背景……………………………… 56

第二节　生物质原料的收集……………………………………………………… 57

第三节　生物质原料的储运……………………………………………………… 60

第四节　生物质原料的给送 ……………………………………………… 63
习题 ………………………………………………………………………… 66

第六章　生物质预处理技术 ……………………………………………… 67
第一节　生物质原料的破碎 ……………………………………………… 67
第二节　生物质原料的干燥 ……………………………………………… 71
第三节　生物质烘焙 ……………………………………………………… 79
第四节　生物质蒸汽爆破 ………………………………………………… 83
习题 ………………………………………………………………………… 85

第七章　生物质成型燃料 ………………………………………………… 86
第一节　概述 ……………………………………………………………… 86
第二节　生物质成型原理 ………………………………………………… 88
第三节　生物质成型技术与设备 ………………………………………… 91
习题 ………………………………………………………………………… 97

第八章　生物质直接燃烧技术 …………………………………………… 98
第一节　生物质燃烧原理 ………………………………………………… 98
第二节　传统炉灶及其改进 ……………………………………………… 107
第三节　生物质直接燃烧发电 …………………………………………… 111
习题 ………………………………………………………………………… 122

第九章　生物质混烧技术 ………………………………………………… 123
第一节　概述 ……………………………………………………………… 123
第二节　直接混烧 ………………………………………………………… 125
第三节　间接混烧 ………………………………………………………… 128
第四节　平行混烧 ………………………………………………………… 130
习题 ………………………………………………………………………… 131

第十章　生物质热解技术 ………………………………………………… 132
第一节　概述 ……………………………………………………………… 132
第二节　生物质热解原理 ………………………………………………… 135
第三节　快速热解工艺与技术 …………………………………………… 144
第四节　生物质热解炭化 ………………………………………………… 150
习题 ………………………………………………………………………… 156

第十一章　生物质气化技术 ……………………………………………… 157
第一节　概述 ……………………………………………………………… 157
第二节　生物质气化技术与工艺 ………………………………………… 165
第三节　燃气净化 ………………………………………………………… 173
第四节　生物质气化技术的应用 ………………………………………… 176
习题 ………………………………………………………………………… 182

第十二章　沼气技术 ……………………………………………………… 183
第一节　概述 ……………………………………………………………… 183
第二节　沼气发酵原理 …………………………………………………… 183

　　第三节　沼气发酵工艺及厌氧消化反应器 ················ 191

　　第四节　沼气提纯 ······························· 200

　　第五节　沼气技术应用案例 ······················· 203

　　习题 ····································· 204

第十三章　生物质热解油提质改性 ························· 206

　　第一节　生物质热解油的特性 ····················· 206

　　第二节　生物质热解油物理改性 ···················· 208

　　第三节　生物质热解油催化提质 ···················· 210

　　习题 ····································· 220

第十四章　生物醇类燃料技术 ··························· 221

　　第一节　燃料乙醇技术的发展概况 ··················· 221

　　第二节　生物燃料乙醇制备工艺 ···················· 225

　　第三节　其他生物醇类燃料 ······················ 239

　　习题 ····································· 244

第十五章　生物柴油技术 ····························· 245

　　第一节　概述 ······························· 245

　　第二节　生物柴油制备原理与方法 ··················· 256

　　第三节　生物柴油生产工艺与技术 ··················· 263

　　习题 ····································· 268

第十六章　其他生物质能技术 ··························· 269

　　第一节　生物质制氢技术 ························· 269

　　第二节　微生物燃料电池 ························· 278

　　习题 ····································· 290

第十七章　规划和技术经济分析 ························· 291

　　第一节　生物质项目资源规划 ····················· 291

　　第二节　生物质能源项目技术经济分析 ················ 296

　　习题 ····································· 305

第十八章　生物质能利用全生命周期评价 ···················· 306

　　第一节　概述 ······························· 306

　　第二节　生命周期分析方法 ······················ 307

　　第三节　案例研究 ···························· 316

　　习题 ····································· 325

参考文献 ···································· 327

第一章 概　述

第一节　能源的概念及分类

一、能量及能源

能量（energy，古希腊语中 ενεργεια，意指"活动、操作"）是一个间接观察到的物理量。它往往被视为某一个物理系统对其他的物理系统做功的能力。由于功被定义为力作用一段距离，因此能量总是等同于沿着一定的长度阻挡某作用力的能力。

在所有能量转换的过程中，总能量保持不变，原因在于总系统的能量是在各系统间做转移，当某个系统损失能量，必定会有另一个系统得到这损失的能量，导致失去和获得达成平衡，所以总能量不改变。这个能量守恒定律是十九世纪初提出，并应用于任何一个孤立系统。

而现代物理学则已明确了质量与能量之间的数量关系，即爱因斯坦的质能方程：$E=mc^2$。根据该方程式，亦可以把质量视为能量的另一存在形式，所以此定律可说依旧成立。在能源利用过程中，除了核聚变和核裂变外，可以不考虑质能转换，能量守恒定律和质量守恒定律完全成立。

能源（energy source）亦称能量资源或者能源资源，关于能源的定义，目前约有20种不同的说法。《科学技术百科全书》中的定义为："能源是可以从其获得热、光和动力之类能量的资源"；《大英百科全书》则指出"能源是一个包括所有燃料、流水、阳光和风的术语，人类用适当的转换手段便可让它为自己提供所需的能量"；我国的《能源百科全书》指出："能源是可以直接或经转换提供人类所需的光、热、动力等任一形式能量的载能体资源。"可见，能源是一种具有多种形式，且可以相互转换的能量来源。简而言之，能源是自然界中能为人类提供某种形式能量的物质资源。

能源是人类社会赖以生存和发展的重要物质基础。纵观人类社会发展的历史，人类文明的每一次重大进步都伴随着能源的改进和更替。能源的开发和有效利用程度以及人均能源消耗量，是生产技术、生活水平和社会发展的重要标志之一。

二、能源的分类

能源种类繁多，根据不同划分的方式，能源可分为不同类型。

（一）按能源的起源分类

1. 来自地球以外的太阳能

绝大多数能源所蕴藏的能量都来自太阳。现在人类除了直接利用太阳的辐射能之外，还大量间接地使用太阳能。例如目前使用较多的煤炭、石油、天然气等化石资源是古代生物沉积在地下经过物理化学作用演变而成的，绿色植物提供的生物质能也是在阳光照射下经光合作用形成。此外，水能、风能、海洋能、雷电等也都是由太阳能经过某些方式转换而形成的。

2. 地球自身蕴藏的能量

地球自身蕴藏的能量主要是指地热能资源以及原子能燃料，此外还包括地震、火山喷发和温泉等自然呈现出的能量。据估算，地球以地下水和地热蒸汽形成储存的能量是煤储能的1.7亿倍。地热能是地球内部放射性元素衰变所放出的能量。此外，地球上的核裂变燃料（铀、钍）和核聚变燃料（氘、氚）是原子能的储存体。

3. 地球和其他天体引力相互作用而产生的能量

地球和其他天体引力相互作用而产生的能量主要指地球、太阳、月球等天体间有规律运动而形成的潮汐能。地球是太阳系的九大行星之一，月球是地球的卫星，由于太阳系其他八颗行星或距离地球较远，或质量相对较小，因此只有太阳和月亮对地球有较大的引力作用，导致地球上出现了潮汐现象。潮汐能蕴藏着极大的机械能，可用于潮汐发电等。

（二）按获取的形式分类

按在自然界中是否可以直接获取可分为一次能源和二次能源。在自然界中天然存在的，可直接取得而又不改变其基本形态的能源，称为一次能源，如煤炭、石油、天然气、太阳能、风能、生物质能、地热能、海洋能等。为了满足生产和生活需要，有些能源通常需要经过加工后才能使用。由一次能源经加工转换成为另一种形态的能源称为二次能源，如电能、煤气、蒸汽、沼气及各种石油制品等。大部分一次能源都转换成容易输送、分配和使用的二次能源，以适应人类需要。二次能源经过输送和分配，在各种设备中使用，即终端能源，终端能源最后会变成有效能。

实际上在一般情况下我们所说的能源是指一次能源。

（三）按是否可以再生分类

按在一个比较小的时间尺度内是否可以再生而分为可再生能源与非可再生能源。在自然界中可循环使用并可有规律地得到补充的能源，称为可再生能源，如太阳能和由太阳能经过某种方式转换形成的水能、风能、生物质能等。它们都可以循环再生，不会因长期使用而减少。经过亿万年的形成，开发使用之后不能重复再生的能源，称为非可再生能源，如煤炭、石油、天然气、核燃料、油页岩等。它们随着大规模的开采利用，其储量会逐渐减少，无法再生。

（四）按能源利用的历史进行分类

在相当长的历史时期和一定的科技水平下，那些已经为人类所熟悉并长期广泛利用的能源，是当前的主要能源，通常将其称为常规能源（传统能源），如煤炭、石油、天然气、水力等。与之对应称为新能源又称非常规能源，是指常规能源之外的各种能源形式，即指刚开始开发利用或正在积极研究、有待推广的能源，如太阳能、生物质能、风能、海洋能、地热能和核能等。1981年联合国召开的"联合国新能源和可再生能源会议"对新能源的建议：以新技术和新材料为基础，使传统的可再生能源得到现代化的开发和利用，用取之不尽、周而复始的可再生能源取代资源有限、对环境有污染的化石能源，重点开发太阳能、风能、生物质能、潮汐能、地热能、氢能和核能。

（五）按对环境的影响分类

根据使用能源时对环境造成的污染情况，能源可分为清洁能源和非清洁能源。无污染或污染较小的能源称为清洁能源，如太阳能、水能、生物质能等；对环境污染较大的能源称为非清洁能源，如煤炭、石油等。清洁能源与非清洁能源的划分也是相对而言的，并非绝对，如石油的污染比煤炭会小一些，但也会产生氧化氮、氧化硫等有害物质。非清洁能源的利用过程也可以清洁化，而清洁能源也可能在利用过程中造成一定的污染。

第二节　生物质能的定义和范畴

一、生物质能定义

生物质（biomass）是指利用大气、水、土地等通过光合作用而产生的各种有机体，即一切有生命的可以生长的有机物质通称为生物质。它包括植物、动物和微生物。生物质包括所有的植物、微生物以及以植物、微生物为食物的动物及其生产的废弃物。代表性的生物质有农作物、农作物废弃物、木材、木材废弃物和动物粪便等。

生物质能（biomass energy）则是太阳能以化学能形式储存在生物质中的能量形式，即以生物质为载体的能量。它直接或间接地来源于绿色植物的光合作用，可转化为常规的固态、液态和气态燃料，取之不尽、用之不竭，是一种可再生能源，同时也是唯一一种可再生的碳源。生物质能的原始能量来源于太阳，所以从广义上讲，生物质能是太阳能的一种表现形式。

毫无疑问，生物质能是可再生能源也是清洁能源。尽管生物质能是人类最早使用的能源，但由于目前采用的技术途径与传统的方法完全不同，我们把生物质能也归为新能源。从形式上看，生物质能是将太阳能进行了转化而得到的，如能源作物，但由于大部分的生物质能生产过程是自然过程，可以直接从大自然中得到生物质，所以与风能、水能一样，我们把生物质能归为一次能源。

二、生物质能的来源

光合作用（photosynthesis），即光能合成作用，是植物、藻类和某些细菌在可见光的照射下，经过光反应和暗反应，利用光合色素将二氧化碳和水转化为有机物，并释放出氧气的生化过程。

植物的光合作用实际上只在植物的叶和茎中进行，因为在植物的这些部位存有许多叶绿体，叶绿体上分布着许多叶绿素分子，它吸收光能后就互相传递并引发一系列的化学反应，如发生光化反应生成氧气，发生二氧化碳同化反应生成碳水化合物等。植物光合作用过程的总方程式为

$$CO_2 + H_2O \xrightarrow{\text{光}} CH_2O + O_2 \tag{1-1}$$

光合作用是生物界赖以生存的基础，也是地球碳氧循环的重要媒介。全球的绿色植物通过光合作用每年约吸收 7×10^{11}t 二氧化碳和合成 4.7×10^{11}t 有机物。正是因为有了光合作用，地球上 60 多亿人类和近 200 万种生物（其中动物 150 多万种、植物 30 多万种）的生命活动所需的食物才能不断地得到供应。

光合作用将太阳能转化为化学能并储存有机物，是植物赖以生长的主要物质来源和全部能量来源，也是其他直接或间接依靠植物生存生物的有机物和能量来源。而且，埋藏在地层中的煤炭、石油和天然气等常规能源也是由古代植物通过光合作用形成的有机物演变而来的。从物质转变和能量转变的过程来看，光合作用是地球生命活动中最基本的物质代谢和能量代谢。

从能量利用角度来看，光合作用又是一个巨型的能量转换过程，它是地球上唯一能够大规模地将太阳能转变成可以储存的化学能的生物学过程。虽然通过光合作用固定的太阳能大约只占到达地球表面太阳能的千分之一，但其每年合成的有机物所蕴含的能量巨大，约为世界每年所耗能量的 10 倍。太阳能目前利用率不到 3%。

据统计，太阳辐射到地球大气层的能量仅为其总辐射能量的 22 亿分之一，但已高达 1.73×10^5TW，也就是说太阳每秒钟照射到地球上的能量就相当于 500 万 t 标准煤当量。植物进行光合作用所消耗的能量占地球所接收太阳总辐射量的 0.2%，因光合作用效率较低，所吸收的太阳能最终只有少部分转化为生物质能。世界全部生物质存量约为 1.9 万亿 t。每年新产生的生物质约为 1800 亿 t，折算成标准煤 850 亿 t。人类可利用的生物质能潜力平均为 60 亿~119 亿 t，相当于生物质每年产生量的 10%~20%。

三、生物质的范畴

（一）历史最悠久的能源

对于生物质的使用，贯穿了人类发展的历史进程。人类最早使用火的时代可以追溯到距今 140 万~150 万年以前。火给人类带来了进步，火的使用是人类出现的标志之一。对于生物质能源的使用，代表了人类开始对自然力的支配，从而最终将人类和动物区分开来。

由图 1-1 可知，人类对于生物质能的利用历史长达百万年，贯穿了整个人类文明的发展史。在很长的一段时间里，生物质能的利用一直是占据人类能源利用的主导地位。而从 19 世纪第一次工业革命的开始，人类对于煤炭利用的兴起，生物质能在人类能源利用中的比重才开始慢慢变化。

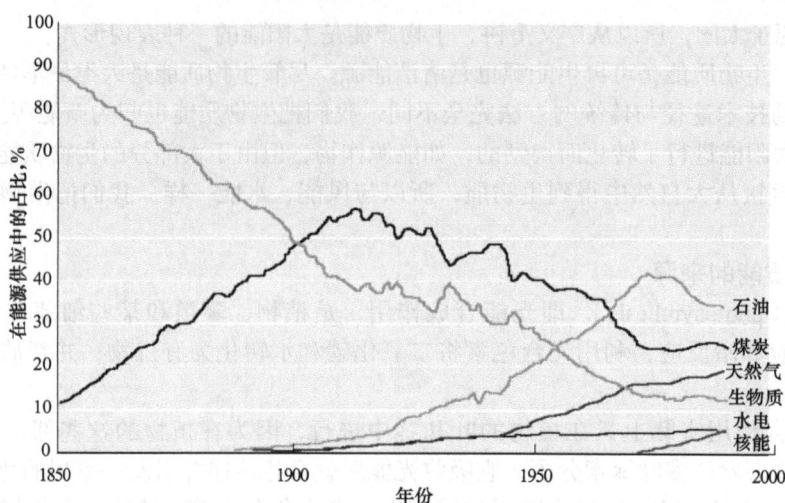

图 1-1　各种能源在全球能源供应中的历史地位

（二）生物质能种类最丰富

根据前面的介绍，我们可以看出生物质能的种类非常丰富。依据来源的不同，适合于能源利用的生物质主要包括林业资源、农业资源、生活污水和工业有机废水、城市固体废物、能源作物和藻类等几大类。

（1）林业资源。林业生物质资源是指森林生长和林业生产过程提供的生物质能源，包括薪炭林、在森林抚育和间伐作业中的零散木材、残留的树枝、树叶和木屑等；木材采运和加工过程中的枝丫、锯末、木屑、梢头、板皮和截头等；林业副产品的废弃物，如果壳和果核等；灌木林平茬复壮的剩余物；木本油料作物等。

（2）农业资源。农业生物质资源是指农业作物，包括农业生产过程中的废弃物，如农作物收获时得到的农作物秸秆主要为玉米秸、麦秸、稻草、豆秸和棉秆等；农业加工业的废弃物，如农业生产过程中剩余的稻壳等以及畜禽粪便。

（3）生活污水和工业有机废水。生活污水主要由城镇居民生活、商业和服务业的各种排水组成，如冷却水、洗浴排水、盥洗排水、洗衣排水、厨房排水、粪便污水等。工业有机废水主要是酒精、酿酒、制糖、食品、制药、造纸及屠宰等行业生产过程中排出的废水等，其中都富含有机物。

（4）城市固体废物。城市固体废物主要是由城镇居民生活垃圾，商业、服务业垃圾和少量建筑业垃圾等固体废物构成。其组成成分比较复杂，受当地居民的平均生活水平、能源消费结构、城镇建设、自然条件、传统习惯以及季节变化等因素影响。

（5）能源作物。能源作物泛指各种以提供能源生产为目的而种植的植物，通常包括草本能源作物、木本能源作物、油料作物、制取碳氢化合物植物和水生植物等。

（6）藻类。严格来讲藻类应该是能源作物的一种，但由于其物种及效率上的差异，这里单独列为一类，它包括数种不同类以光合作用产生能量的生物，其中有属于真核细胞的藻类，也有属于原核细胞的藻类，涵盖了原核生物界、原生生物界和植物界，它们一般被认为是简单的植物，并且一些藻类与比较高等的植物有关。藻类与细菌和原生动物不同之处是藻类产生能量的方式为光合作用，但光合作用的效率远高于普通植物。

具体关于生物质能的分类，将在下一节详细讨论。

（三）转化的产品及工艺流程最丰富

生物质能的载体——生物质是以实物的形式存在的，相对于风能、水能、太阳能和潮汐能等，生物质能是唯一可存储和运输的可再生能源。生物质的组织结构与常规的化石燃料相似，它的利用方式也与化石燃料类似。常规能源的利用技术无需做大的改动，就可以应用于生物质能。但生物质的种类繁多，分别具有不同特点和属性，利用技术远比化石燃料复杂与多样，除了常规能源的利用技术以外，还有其独特的利用技术。

生物质能转化利用技术主要包括燃烧、热化学法、生化法、化学法和物理化学法（如图 1-2 所示），可转化为二次能源，分别为热量或电力、固体燃料（生物炭或成型燃料）、液体燃料（生物柴油、生物原油、甲醇、醚、乙醇和液化油等）和气体燃料（氢气、生物质燃气和沼气等）。

生物质资源的各类转化技术将在后续的章节中详细介绍。

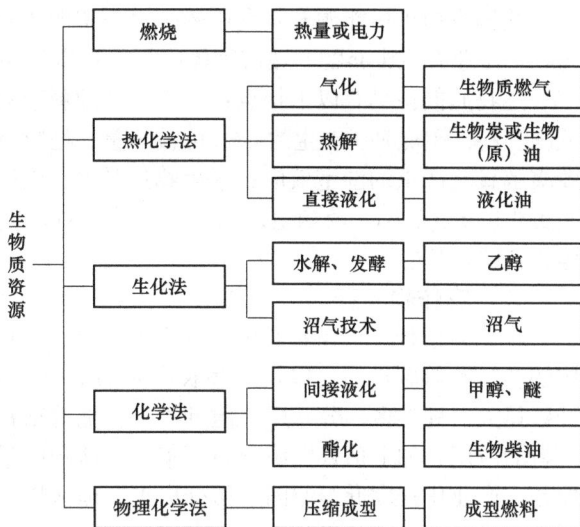

图 1-2　生物质能主要转化利用途径

第三节　生物质能资源种类和特点

一、生物质资源与分类

生物质不仅种类繁多，而且储量巨大。从能源角度评价生物质资源时，可以把生物质大致分为两类（见图 1-3）：一类是生产资源型，另一类是残余废弃型。

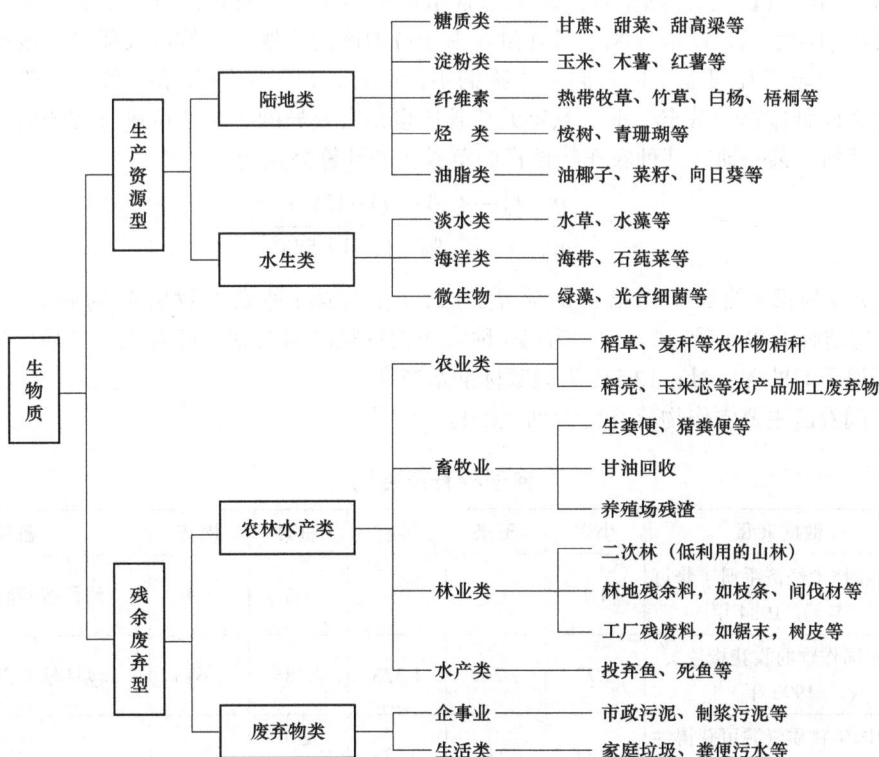

图 1-3　生物质资源的分类

我国目前可供能源开发利用的生物质资源主要有各类农作物秸秆、薪柴和林业废弃物、能源植物、工业有机废弃物、城市固体废物、禽畜粪便、藻类等。

生物质能源具有以下特点：①生物质原料可再生，具有广泛性和多样性的特点；②生物质为低碳燃料，燃烧时所产生的 CO_2 可被等量的植物光合作用吸收，从而实现 CO_2 的零排放，能够有效缓解日趋严重的温室效应；③生物质的 S、N 和灰分含量少，因此相比于传统的化石燃料可产生更少的 SO_2、NO_x 及烟尘，从而大大减少对环境的污染；④生物质是目前唯一的可以转化为液体燃料的碳基能源。

二、农作物秸秆

农作物秸秆是指在农业生产过程中，收获了稻谷、小麦、玉米等农作物以后，残留的不能食用的茎、叶等副产品，以及一些农产品加工后剩余的皮壳（如稻壳和花生壳等）。我国农作物秸秆数量大、种类多、分布广。但近年来，随着秸秆产量的增加、农村能源结构的改善和各类替代原料的应用，加上秸秆资源分布不集中、体积能量密度低、收集运输成本高，以及综合利用经济性差、产业化程度低等原因，秸秆出现了地区性、季节性和结构性过剩，大量秸秆资源未被有效利用。

我国是一个农业大国，作物秸秆数量大、种类多、分布广。每年秸秆产生的数量取决于当地气候条件、土壤条件和采用的农业技术，差异非常大。一般是根据农作物产量和各种农作物的草谷比，大致估算出各种秸秆的产量，即秸秆理论资源量＝农作物产量 × 草谷比，而农作物产量＝播种面积 × 单位面积产量。

秸秆的特性主要为含水量和草谷比等特性。

（1）含水量，是指秸秆的外在水分和内在水分的综合。秸秆的水分变化比较大，影响其利用，含水量较高的秸秆发热量有所下降。一般采用烘干法进行测量。

（2）草谷比，是指某种农作物单位面积的秸秆产量与籽粒产量的比值，即：草谷比＝农作物秸秆产量 ÷ 籽粒产量。农作物秸秆的质量与含水量密切相关。因此，当给出某种作物的草谷比时，需同时注明含水量，通常按风干时计量。由于各地区的土壤、气候以及耕作制度的不同，不同地区同一作物草谷比可能不同；同一作物的不同品种，以及不同种植类型，其草谷比也不相同；同一地区同种作物，其丰、平、歉年的草谷比也是有差异的。一般可进行实测或者参考调查区域的历史资料。某一地区某种农作物秸秆的草谷比的计算公式为

$$\lambda_i = \frac{m_{i,S}\,(1 - A_{i,S}\%)\,/\,(1-15\%)}{m_{i,G}\,(1 - A_{i,G}\%)\,/\,(1-12.5\%)} \tag{1-2}$$

式中：$m_{i,S}$ 为第 i 种农作物秸秆的质量，kg；$m_{i,G}$ 为第 i 种农作物籽粒的质量，kg；$A_{i,S}$ 为第 i 种农作物秸秆的含水量，%；$A_{i,G}$ 为第 i 种农作物籽粒的水杂率（即含水与杂质的综合），%；15% 为秸秆风干时的含水量；12.5% 为国家标准水杂率。

我国不同农区主要农作物草谷比参见表 1-1。

表 1-1　　　　　　　　　　　　　　典型秸秆草谷比

序号	数据来源	小麦	玉米	稻谷	油菜	棉花	备注
1	《农业技术经济手册（修订本）》，1984 年	1.1	1.2	0.9	1.5	3.4	秸秆按晾晒干重计
2	《中国作物的收获指数》，1990 年	1.77	1.269	1.323	2.985	1.613	包括地下部分重量
3	《中国生物质资源可获得性评价》，1998 年	1.366	2.0	0.623	2.0（油料）	3.0	

续表

序号	数据来源	小麦	玉米	稻谷	油菜	棉花	备注
4	《秸秆合理利用途径研究报告》，1999 年	1.28	0.95	1.24	2.11	3.13	
5	《秸秆直接燃烧供热发电项目资源可供性调研和相关问题的研究》，2005 年	0.73	0.90	0.78	1.29	3.53	风干后实测
6	《中国主要农作物秸秆资源能源化利用分析评价》，2008 年	0.73	1.25	0.68	1.01	5.51	实测，含水量按 15% 计
7	《中国农作物秸秆资源时空分布及其产率变化分析》，2019 年	1.38	1.17	0.93	1.84	5.09	

资源量是指自然界赋存的已查明或推断的资源数量，是已经证明在经济上有利用价值的，或在可预见的时期内有利用价值的。根据利用层次的不同，秸秆的资源量可分为理论资源量、可收集资源量和可利用资源量。

秸秆的理论资源量是指某一区域秸秆的年总产量，表明理论上该地区每年可能生产的秸秆资源量。因为农作物分布的比较分散，并与当地的自然条件、生产情况有关，统计起来比较困难。一般根据农作物产量和各种农作物的草谷比，大致估算出各种农作物秸秆的产量。计算公式为

$$P = \sum_{i=1}^{n} \lambda_i G_i \tag{1-3}$$

式中：P 为某一地区农作物秸秆的理论资源量，t/a；i 为农作物秸秆的编号，$i=1, 2, \cdots, n$；G_i 为某一地区第 i 种农作物的年产量，t/a；λ_i 为某一地区第 i 种农作物秸秆的草谷比。

秸秆的可收集资源量是指某一区域通过现有的收集方式可供实际利用的农作物秸秆的数量。考虑到收集过程中的损耗，可收集资源量与理论资源量并不相同，受到收集方式、气候等因素的影响，与收集技术和收集半径等因素有关。在农作物收获过程中，许多农产品需要留茬收割；在秸秆收割以及运输过程中，也会发生部分枝叶脱落而造成损失，可以实地调查作物割茬高度占作物株高的比例和秸秆枝叶损失率，获得收集系数进行计算。

$$\eta_i = \left[\left(1 - \frac{L_{i,\text{jc}}}{L_i}\right) J_i + \left(1 - \frac{L_{i,\text{sc}}}{L_i}\right)(1 - J_i) \right](1 - Z_i) \tag{1-4}$$

式中：η_i 为第 i 种农作物收集系数；L_i 为第 i 种农作物的平均株高，cm；$L_{i,\text{jc}}$ 为机械收获时，第 i 种农作物的平均割茬高度，cm；J_i 为第 i 种农作物机械收获面积占总收获的比例；$L_{i,\text{sc}}$ 为人力收获时，第 i 种农作物的平均割茬高度，cm；Z_i 为第 i 种农作物在收获及运输过程中的损失率。

秸秆的可利用资源量是指某一区域可供实际利用的农作物秸秆资源量，主要包括农村居民家庭生活燃用和废弃焚烧的秸秆资源量。秸秆作为农作物的副产品，除了能源利用外，同时也是工、农业的重要生产资源，可用作肥料、饲料、生活燃料以及造纸、建材、编织、养殖食用菌等工副业的生产原料，用途广泛。因此，评价可利用的秸秆资源时，除了扣除为保证土壤肥力的秸秆还田（或过腹还田）量外，还需要考虑当地秸秆资源现有的竞争性用途，实际可利用资源量低于可收集资源量。理论资源量、可收集资源量和可利用资源量关系如图 1-4 所示。

据调查，全国农作物秸秆理论资源量 8.2 亿 t（含水量为 15%），如图 1-5 所示。

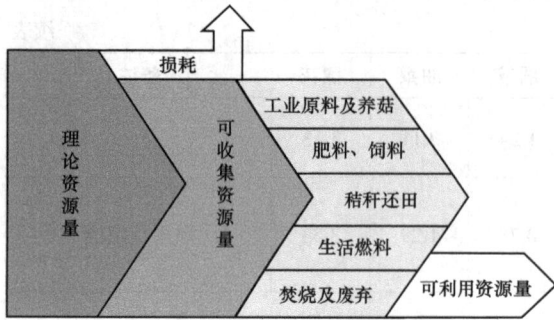

图1-4　三种资源量的关系

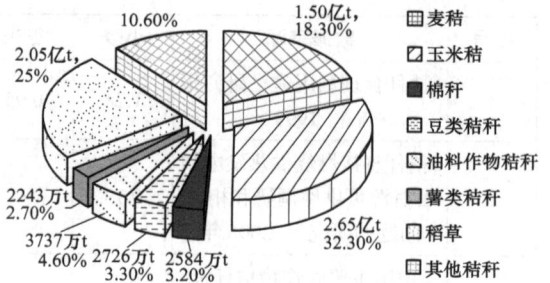

图1-5　各种农作物秸秆占总资源量比例

据估算，全国农作物秸秆可收集资源约为6.87亿t，占理论资源量的83.8%。秸秆一直以来都是农民的基本生产生活资料，是保证农民生活和农业发展的宝贵资源，可用作肥料、饲料、生活染料、食用菌基料以及造纸等工业原料。随着农村社会发展和农民收入的提高，秸秆的传统利用方式正在发生转变。调查结果表明，秸秆各种用途占可收集资源量的比例见图1-6。

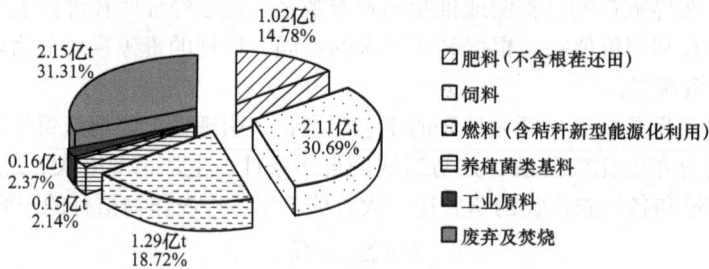

图1-6　秸秆各种用途占可收集资源量的比例

三、薪柴及林业废弃物

森林是陆地生态系统的主体，是国民经济和社会发展的物质基础，是维持生态平衡和改善生态环境的重要保障。森林具有多种功能，既能固碳释氧、涵养水源、防风固沙、保持水土、保护物种和净化大气环境，又能为经济社会发展和人们生活提供木材、药材和食品等多种林产品，还为人类提供森林观光、休闲度假、生态疗养和传承文化的场所，是人类不可或缺的自然资源。

林业生物质资源是指森林生长和林业生产过程中所提供的资源，包括薪炭林、在森林抚育和间伐作业中的零散木材、残留的树枝、树叶和木屑等；木材采运和加工过程中的枝丫、锯末、木屑、梢头、板皮和截头等；林副产品的废弃物，如果壳和果核等；木本油料作物。

我国全国森林面积2.08亿公顷，森林覆盖率21.63%。活立木总蓄积164.33亿m³，森林蓄积151.37亿m³。天然林面积1.22亿公顷，蓄积122.96亿m³。人工林面积0.69亿公顷，蓄积24.83亿m³。森林面积和森林蓄积分别位居世界第5位和第6位，人工林面积居世界首位。

我国森林资源呈现出数量持续增加、质量稳步提升、效能不断增强的良好态势。森林资源变化主要有以下几个特点：

（1）森林总量持续增长。森林面积由1.95亿公顷增加到2.08亿公顷；森林覆盖率由20.36%提高到21.63%；森林蓄积由137.21亿m³增加到151.37亿m³。

（2）森林质量不断提高。森林每公顷蓄积量达到89.79m³；每公顷年均生长量达到4.23m³。随着森林总量增加、结构改善和质量提高，森林生态功能进一步增强。全国森林植被总生物量170.02亿t，总碳储量达84.27亿t；年涵养水源量5807.09亿m³，年固土量81.91亿t，年保肥量4.30亿t，年吸收污染物量0.38亿t，年滞尘量58.45亿t。

（3）天然林稳步增加。天然林面积达到12184万公顷。

（4）人工林快速发展。人工林面积达到6933万公顷；人工林蓄积达到24.83亿 m^3。人工造林对增加森林总量的贡献明显。

（5）森林采伐中人工林比重继续上升。

（一）薪炭林

在林业生产过程中，薪炭林提供产量高而生长期（轮伐期）短的生物质能源，是大多数发展中国家的重要能源。薪炭林也是我国森林发展的一个战略林种，发展薪炭林是改变我国目前薪柴过量使用，满足农村能源需求的重要措施。同时，对于保护其他林种，维护和改善生态环境和大自然环境也有很大的作用。

我国幅员辽阔，从南到北兼有热带、亚热带、暖温带、温带、寒温带几个不同的气候带，亚热带、暖温带、温带约占70.5%，并拥有青藏高原这一特殊的高寒区。南部的雷州半岛、海南省、台湾地区和云南南部各地，全年没有冬季，四季高温多雨；长江和黄河中下游地区，四季分明；北部的黑龙江等地区，冬季严寒多雪；广大西北地区，降水稀少，气候干燥，冬冷夏热，气温变化显著；西南部的高山峡谷地区，则从谷底到山顶，呈现出从湿热到高寒的多种不同气候。此外，我国还有高山气候、高原气候、盆地气候、森林气候、草原气候和荒漠气候等多种具体气候。因此我国的树种资源十分丰富，适合我国各地的薪炭林的种类也比较多（见表1-2）。

表1-2　　　　　　　　　　　我国各地区主要薪炭林树种

地区	主要薪炭林树种
东北地区	松江柳、篱柳、圆头柳、粉枝柳、蒙古栎、辽东栎、杨树、桦树、刺槐、沙棘、胡枝子、榛子、山杏等
西北地区	沙枣、沙棘、柽柳、多枝柽柳、杞柳、花棒、柠条、梭梭等
华北中原地区	刺槐、山槐、紫穗槐、栓皮栎、油松、杨树、旱柳、胡枝子、臭椿、苦楝等
南方热带、亚热带地区	台湾相思、大叶相思、银合欢、任豆、黑荆树、铁刀树、黎蒴、石栎、青冈栎、麻栎、隆缘桉、赤桉、曼腾桉、马尾松、木麻黄、刺槐、木荷、石梓、旱冬瓜、枫杨等

薪炭林的经营方式为短轮伐期矮林、速生薪炭林、头木作业薪炭林、鹿角桩作业薪炭林、材薪兼用林和材薪混交林等几种。短轮伐期矮林通常选用阔叶树种进行萌芽更新，轮伐期一般为3~5年，有的为1~2年或6~8年，每公顷年产4~10t干柴，可维持三四十年。速生薪炭林是国内外发展最广的薪炭林，通过发挥树种生产潜力和提高集约化经营强度以达到速生和高产的目的。

我国现有灌木林面积4530万公顷，主要分布在西藏、四川、内蒙古、云南、青海、新疆、甘肃7省区，面积合计3132万公顷，占全国灌木林面积的69%。根据已有研究成果，灌木林的生物量为每公顷2~8t。如果以每公顷4t计算，全国灌木林的现有生物量为1.8亿t。如果以每公顷可获得剩余物约3t计算，全灌木林平茬复壮后的剩余物总量为1.35亿t，如果按照3年平茬复壮一次，则年均产量约4500万t，绝大部分可作为能源利用。

需要说明的是，灌木林大多生长在森林分布线以上的地区，以及自然条件恶劣、生态脆弱的地区，利用难度很大。

（二）林业废弃物

林业的废弃物来源于林木伐区剩余物（从立木到原木）和木材加工区剩余物（从原木到成品）。

（1）林木伐区剩余物。林木伐区剩余物包括经过采伐、集材后遗留在地上的枝杈、梢头、灌木、枯倒木、被砸伤的树木、不够木材标准的遗弃材等。据不完全统计，每采伐 $100m^3$ 的木材，剩余物约占30%，其中约有 $15m^3$ 的枝杈和梢头，$8m^3$ 的木截头，还有部分小杆等。采伐、造材剩余物（包括树干梢头、枝丫和树叶）约占林木生物量的40%。

（2）木材加工区剩余物。在我国几乎所有木材加工厂的生产线都是跑车带锯制材生产线。此类制材生产线能加工各种径级、不同形状、内部质量各异的原木，但单一的制材生产线模式不利于节约木材。由于带锯机锯条稳定性差，对修锯和操作技术水平要求高，所以造成带锯制材锯切精度低，使我国锯材规格质量较差，合格率仅为50%。

根据木材加工场所的不同及加工工艺和木材加工产品的不同，木材的剩余物获得量也有所不同。出材率（由立木到原木的利用率）主要取决于针叶林和阔叶林的比重，按我国目前水平，综合出材率为65%，木材利用率（从原木到成品的利用率）为60%左右。

大体而言，我国森林资源的消耗可以分为三个主要部分：制造木制品、用于工业原料和用于生活燃烧。

四、能源植物

能源植物是指以直接提供能源为目的的植物。按其所含主要物质进行分类，能源植物主要包括：①糖类能源植物，如甘蔗、甜高粱、甜菜等，主要用于生产糖类原料，经过发酵可以生产燃料乙醇；②淀粉类能源植物，如木薯、玉米、甘薯、菊芋等，主要用于生产淀粉类原料，经过水解和发酵也可以生产燃料乙醇；③纤维素类能源植物，如速生林和芒草等，经过水解和发酵可以生产燃料乙醇，也可以通过其他技术获得气体、液体或固体燃料；④油料能源植物，如油菜、向日葵、棕榈、花生等，提取的油脂可以用来生产生物柴油；⑤烃类能源植物，如续随子、绿玉树、古巴香胶树、银胶菊、西谷椰子和西蒙得木等，提取含烃汁液可以生产接近石油成分的燃料。部分能源作物特性、发展现状如表1-3所示。

表1-3　　　　　　　　　　部分能源作物特性、发展现状

能源作物	收获时间	播种面积/万公顷	产量/万t	平均单产/（kg/hm²）	淀粉或糖含量/%	主要种植区域	用途
木薯	第一年的11月至第二年的2月	26.58	431.8	16245	25~35	广西、广东、海南、云南和福建部分地区	淀粉和酒精
甘薯	无明显成熟期，一般在9月下旬至11月上旬	470.85	10022	21285	18~30	四川、河南、重庆、山东、广东、安徽和福建	食品、饲料和酒精原料
甜高粱	9~10月	仅少量种植，未统计	未统计	籽粒：2.25~6 茎秆：60~90	16~20糖分	中国北方	食品、饲料
甘蔗	第一年的10月至第二年的4月	149.5	9978.4	66737	15	广东、广西和云南	制糖
甜菜	甜菜适宜收获期东北区为9月下旬至10月上中旬；华北地区为10月中旬；西北地区为10月中下旬	28.7	1053.6	36746	14~21糖分	黑龙江、新疆、内蒙古	制糖
菊芋	秋收：10月下旬至11月上旬，春收：4月上中旬	零星种植		30000~60000	10~20菊粉		腌制咸菜

图 1-7 表示我国 2011—2017 年主要农产品的产量。整体上来说，我国的粮食产量逐年增多，但是我国的粮食需求量也是逐年增长的。其中油料类农作物的产量趋于平稳，而淀粉类中的薯类产量有略微下降的趋势。部分能源作物的发展现状如下：

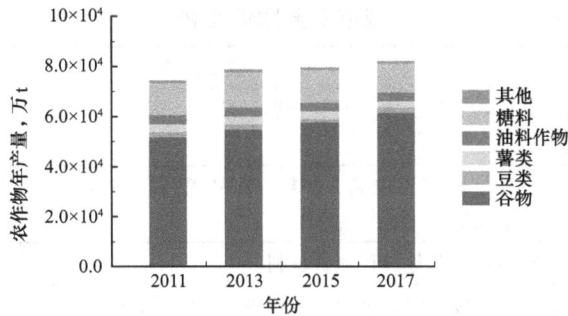

图 1-7　我国 2011—2017 年主要农产品产量

1）甜高粱：甜高粱籽粒单产与普通高粱产量基本相当，因此在现有种植高粱土地上种植甜高粱对粮食生产不会产生太大的影响，可以充分利用现有已种植高粱的土地替代种植甜高粱。

2）木薯：木薯由于抗逆性强、对土地质量要求不高，适宜边际土地种植，扩大种植面积的潜力较大。从长远看，目前除了海南全省以及广西、云南、广东、福建省中南部的木薯产区外，还可以向亚热带中、北部，如江西、湖南、四川等省的南部扩展，发展潜力估计可达 150 万 ~200 万公顷。如果培育成功较耐低温的品种，则木薯还有望推进到长江以南。

3）甘薯：世界各国的甘薯消费随着社会经济的发展，一般都经历食用为主；饲用、食用和加工并重；加工为主、食饲兼用等几个阶段。我国甘薯消费已转向加工为主阶段，未来我国甘薯需求量将呈持续下降趋势。当前，石油供给形势日趋严峻，生物质能的开发和利用受到世界各国的高度重视。甘薯生物产量高，淀粉产量高，是生产燃料乙醇的理想原料。

4）甜菜：中国甜菜主产区在北纬 40° 以北，包括东北、华北、西北三个产区，属于春播甜菜区，无霜期短、积温较少、日照较长、昼夜温差较大，甜菜的单产和含糖率高、病害轻。甜菜被欧洲视为最有潜力的能源作物，成为欧洲生产燃料乙醇的主要原料，我国部分地区如新疆、甘肃、内蒙古等自然条件与欧洲接近，开发甜菜燃料乙醇前景广阔。但是，由于甜菜加工的季节性，若利用甜菜周年生产燃料乙醇，则需要保存浓缩的糖汁，将增加成本。

谷类原料是人类生活的主要食粮，一般情况下只使用陈化粮作为能源使用。

中国能源作物利用的红线是：不与人争粮，不与粮争地。

五、工业有机废弃物

工业有机废弃物分为工业固体有机废弃物和工业有机废液两类。其中，工业固体有机废弃物主要来自木材加工厂、造纸厂、糖厂和粮食加工厂等，包括木屑、树皮、蔗渣、谷壳等；我国的纸及纸板年产量约为 8000 万 t，由此而产生的有机废弃物总量为 1000 万 t（相当于 500 万 t 标准煤当量）。

工业有机废液是酒精、酿酒、制糖、食品、制药、造纸和屠宰等行业生产过程中排出的废水。工业有机废水的种类很多，成分复杂多样。一般根据工业有机废水中有机物含量，将含有有机物化学需氧量（COD）大于 5000mg/L 的有机废水称为高浓度有机废水，如以薯干、蜜糖和玉米等为原料的酒精废水、啤酒废水、味精废水、制糖废水、豆制品加工废水等。把含有有机物化学需氧量小于 5000mg/L 的有机废水称为低浓度有机废水，如肉类加工废水、制革废水、印染废水、造纸废水等。工业有机废水中都含有丰富的有机物，可通过厌氧发酵过程制取沼气，以获得能源。

六、城市固体废物

固体废物通常是指人类在生产、加工、流通、消费及生活等过程中提取有用的成分后，废弃的固体状和泥浆状物质。城市固体废物（municipal solid waste，MSW）主要是由城镇居民生活垃圾、商业和服务业垃圾及少量建筑垃圾等固体废物构成，亦称城市垃圾。

城市固体废物主要来源于城镇居民生活、商业、服务业和建筑业等人类活动中，表1-4列出了城市主要固体废物。

表 1-4 城市主要固体废物

来源	主要固体废物
居民生活	剩饭、烂菜叶、纸、木、布、金属、玻璃、塑料、陶瓷器皿、碎砖瓦、脏土、燃料、灰渣、粪便等
商业、服务业	纸、木、布、金属、玻璃、塑料、陶瓷器皿、碎砖瓦、脏土、燃料、灰渣、废渣、沥青、汽车、电器等
建筑业	脏土、碎砖瓦、其他各种建筑材料
市政管理	脏土、树叶、废金属、废锅炉、灰渣、污泥、管道等

按照化学成分性质（是否为有机物），城市固体废物可分为：

（1）有机固体废物：包括果皮、菜叶、骨头、废纸、纤维材料、破布、废皮革、橡胶、塑料等。

（2）无机固体废物：包括砂石、脏土、金属、玻璃、陶瓷等。

按照燃烧的难易程度，可分为：

（1）不燃固体废物：如脏土、砂石、陶瓷等。

（2）难燃固体废物：如果皮、菜叶等含水较高的垃圾。

（3）易燃固体废物：如废纸、木材、橡胶、塑料等。

城市固体废物组成成分比较复杂，受当地居民平均生活水平、能源消费结构、城镇建设、自然条件、传统习惯以及季节变化等因素的影响。不同的城市固体废物的发热量也不尽相同。表1-5为某些发达工业国家城市固体废物组成成分、含水量和发热量。

表 1-5 某些发达工业国家城市固体废物组成成分（干燥基）含水量和发热量

组分	英国	法国	荷兰	意大利	美国
有机物 / %	27	22	21	25	12
纸张 / %	38	34	25	20	50
粉末、灰 / %	11	20	20	25	7
金属 / %	9	8	3	3	9
玻璃 / %	9	8	10	7	9
塑料 / %	2.5	4		5	5
其他 / %	3.5	4	17	15	8
含水量 / %	25	35	25	30	25
发热量 / （kJ/kg）	9760	9300	8370	6970	11620

在我国，由于城镇普遍实现了居民生活燃料的煤气化，垃圾中有机物和可燃成分逐步增加，无机物特别是煤渣显著减少。此外，我国已经建立一套比较完整的废旧物资回收体系，垃圾中的废纸、废金属、玻璃瓶、废橡胶塑料等绝大多数已经通过手工进行回收。表1-6为我国几个主要城市固体废物的组成。随着我国垃圾分类的逐步实施，城镇生活固体废弃物中可用于能源部分的组分会有较大的变化。

表 1-6 我国几个主要城市固体废物的组成

组分	北京	上海	哈尔滨	深圳
厨房垃圾 / %	27	71.6	16	27.5
废纸、玻璃 / %	3	8.6	2	14
废塑料 / %	0.5	8.8	1.5	15.5
纺织品 / %	0.5	3.9	0.5	8.5
炉灰 / %	63	1.8	76	14
草类 / %	2	4.5	2	5
金属 / %	2	0.6	2	5.5

固体废物中的部分有害成分可以通过土壤、水和大气等途径进入环境，对人类造成长期潜在的危害，分别说明如下：

（1）侵占土地：固体废物如果不加以利用时，需要占用一定的土地进行堆放。据估算，每堆放 1 万 t 废物占有土地约一亩。我国许多城市利用市郊堆放城市垃圾，侵占了大量农田，而且严重破坏了地貌、植被和自然景观。

（2）污染土壤：固体废物堆放若没有采取适当的防渗措施的填埋，其中的有害成分可经风吹雨淋通过地表径流侵入土壤。土壤是一个生态系统，聚集着许多细菌、真菌等微生物，担负着碳循环和氮循环的任务。当有害物质进入土壤，会杀死土壤中的微生物，使土壤丧失分解能力，导致植被的破坏。

（3）污染水源：固体废物随天然降水和地表径流进入江河湖海或随风飘迁落入水体，可能造成地面水的污染；随渗沥水进入土壤则可能污染地下水；直接排入河流、湖泊或海洋，会造成更大范围的水体污染。

（4）污染大气：一些有机固体废物在适宜的温度和湿度下能被微生物分解，释放出有害气体；以细粒状存在的废渣和垃圾，可随风飘逸，扩散到较远的地方，造成大气的粉尘污染；采用焚烧法处理废物，也会污染大气环境。

七、禽畜粪便

禽畜粪便是禽畜排泄物的总称，它是其他形态生物质（主要是粮食、农作物秸秆和牧草等）的转化形式，包括禽畜排出的粪便、尿及其与垫草的混合物。除了在牧区有少量用于直接燃烧外，禽畜粪便主要是作为沼气的发酵原料。

当前，中国畜牧业已经进入一个新的发展阶段，正由传统畜牧业向现代畜牧业转变，畜牧业水平不断提高，综合生产能力显著增强。但规模化养殖生产过程中会排放大量的粪尿，由于得不到集中有效的处理，对于土壤、空气和水源等生态环境造成了严重的污染。养殖场沼气工程是以废弃物厌氧发酵为手段、以能源生产为目标，最终实现沼气、沼液、沼渣综合利用的生态环保工程，是一种有效的利用方式。

我国主要畜禽粪便产量与沼气生产潜力见表 1-7。

表 1-7 中国主要畜禽粪便产量与沼气生产潜力

类别	场（户）数 / 万	存（出）栏 / 万头	粪尿排放量 / 占比 / （亿 t / %）	沼气生产潜力 / 占比 / （亿 m^3 / %）
生猪	253.8	54009.0	2.08 / 24.9	124.8 / 26.4
奶牛	58.6	1135.0	1.86 / 22.2	83.9 / 17.8

类别	场（户）数 / 万	存（出）栏 / 万头	粪尿排放量 / 占比 / （亿 t / %）	沼气生产潜力 / 占比 / （亿 m³ / %）
肉牛	56.1	2360.8	1.98 / 23.7	89.218.9 / 18.9
羊	192.3	16136.9	1.18 / 14.1	73.0 / 15.5
蛋鸡	73.3	205924.3	0.90 / 10.8	72.2 / 15.3
肉鸡	52.2	741391.6	0.36 / 4.3	29.1 / 16.2
统计	合计 686.4	合计 1020957.6	平均 8.37	平均 472.1

八、藻类

藻类植物是生物界中没有真正根、茎、叶分化，能进行光能自养，生殖器官由单细胞构成和无胚胎发育的一大类群。藻类的种类繁多，目前已知有 3 万种左右。目前的植物学界认为藻类不是一个自然分类群，涵盖了原核生物界、原生生物界和植物界。原核生物界中的藻类有蓝藻门和一些生活在无机动物中的原绿藻门。属于原生生物界中的藻类有裸藻门、甲藻门（或称涡鞭毛藻）、隐藻门、金黄藻门（包括硅藻等浮游藻）、红藻门、绿藻门和褐藻门。生殖构造复杂的轮藻门则属于植物界。大多数藻类都是水生的，有产于海洋的海藻，也有生于陆地水中的淡水藻。藻类可以分为包括微藻、大型海藻（如紫菜）和蓝藻（以前称为蓝绿藻）。

（1）微藻（Microalgae）。该词不是分类学名称，而是指那些需要借助于显微镜等工具辨别的微小藻类的总称。微藻是单细胞原核或真核光合微生物。

（2）大型海藻。泛指所有在海洋生长的肉眼可见大小的多细胞藻类生物，亦包括一些类似但不同种属的生物，包括红藻门、绿藻门和褐藻门等。此类大型藻几乎 99% 以上种类栖息于海水环境中，故多称为海藻。另外，严格而言有些肉眼可见的蓝藻和少数的硅藻亦属于大型藻的范围。

（3）蓝藻（Cyanobacteria）。又称蓝细菌、蓝绿菌、蓝绿藻，或称为蓝菌门，其中包括发菜、螺旋藻等生物。虽然传统上归于藻类，但近期发现因为没有细胞核等，与细菌非常接近，因此现时已被归入细菌域。蓝藻在地球上已存在约 30 亿年，是目前发现最早的光合生物，对地球表面从无氧的大气环境变为有氧环境起了巨大的作用。

藻类具有分布广泛、油脂含量高、环境适应能力强、生长周期短、产量高等特点，用藻类制备生物燃料的研究开发方兴未艾。美国能源部已进行了 20 多年的研究，取得了很大进展，日本、德国、印度等国也都进行了研发。众多的科研机构、生物燃料公司、投资公司在该领域投入大量资金，壳牌（Shell）、雪佛龙（Chevron）、埃克森美孚公司（Exxon Mobil）等大型石油公司也正在与有关机构或公司进行合作研究。相关研究人员认为，利用藻类生产生物燃料具有广阔的发展前景。藻类生物燃料很可能成为未来最重要的可再生能源之一。

藻类规模化生产一方面不应与渔业发展争水域，也不应占用生态保护水域。另一方面，藻类生长受到温度、光照等因素的影响，目前几种比较具有发展前途的能源微藻的可生长温度范围为 5~40℃之间，最适宜生长温度范围刚好在 20~30℃之间，耐盐度基本都比较好。

我国水域资源比较丰富，主要包括内陆水域资源和海洋水域资源两大部分。其中，内陆水域资源主要包括湖泊、池塘、水库和河沟等；海洋水域资源主要包括内海和邻海海域，水域资源比较丰富。

2019 年，我国水产养殖面积为 710.8 万公顷，其中海水养殖面积为 199.2 万公顷。目前我国海洋牧场的面积为 181 万公顷，未利用的海水面积为 170.8 万公顷、浅海滩涂面积为 185.3 万公顷，合计 356.1 万公顷。假设 170.8 万公顷海水面积全部用于发展渔业，除去渔业发展利用的海洋水域资源，则最多可有 67.8 万公顷浅海滩涂可用于发展其他养殖。如果进行藻类户外规模化生产，能实现全年生产的海域主要位于福建、广东、广西和海南等南方省份；而其他省份因为受温度限制，均无法实现全年规模化生产。根据以上分析，我国可用于生产藻类的水域资源面积为127.4 万公顷。

第四节　生物质能作为未来能源的地位和前景

能源是人类生产、生活、社会经济发展的必备资源和战备物资。随着社会经济的飞速发展，人类对能源的需求趋势也随之改变。生物质能源因其具有资源丰富、可再生、低污染等优点，使得其在人类生活和社会活动中的利用价值不断提高。与传统的直接燃烧方式相比，现代生物质能源的利用更多的是借助热化学、生物化学、化学催化等手段，通过一系列先进的转换技术，生产出固、液、气等高品位能源产品来代替化石燃料，为人类生产、生活提供电力、交通燃料、热能、燃气等终端能源产品。目前，生物质能作为一种可再生的低碳能源，具有巨大的发展潜力。针对现代生物质能源利用技术的开发和研究，对替代或部分替代化石能源、保护生态环境、实现再生资源的合理利用及人类社会的可持续发展意义重大。

生物质能是指蕴藏在生物质中的能量，具有挥发性和炭活性高、N 和 S 含量低、灰分低、燃烧过程二氧化碳零排放的特点。目前，全球每年形成的生物质达到 1800 亿 t，相当于 3×10^{22} J 的能量，为全球实际能源消费的 10 倍。在理想状态下，地球上的生物质资源潜力可达到实际能源消费的 180~200 倍。我国每年的生物质资源达 6 亿 t 标准煤当量以上，可开发为能源的生物质资源达 3 亿多吨标准煤。随着人类大量使用矿物燃料带来日益严重的环境问题，各国政府开始关心重视生物质能源的开发利用。虽然各国的自然条件和技术水平差别很大，今后对生物质能的利用情况也是千差万别，但总的来说，生物质能今后将在整个一次性能源消费体系中占据稳定的比例和重要的地位。

作为新世纪的可替代能源之一，目前生物质能利用占到全世界总能耗的 15%，相当于 12.57 亿 t 标准油当量。在发展中国家生物质能占总能耗的 35%，相当于 11.88 亿 t 标准油当量，数量相当巨大，是 21 世纪能源供应中最具潜力的能源。

生物质资源目前的开发规模还远远低于其开发潜力，制约生物质能利用的主要因素有经济性、技术性、低品位和室内污染等。在农村生活燃料供应中，传统的生物质直接燃烧方式由于不卫生、收集耗时等原因，其所占比例逐渐下降，在经济发达地区已基本为化石燃料所代替；而通过生物质能转化技术获得的优质能源生产成本普遍过高，和化石能源产品竞争处于不利地位，因而也很难为消费者接受。

生物质能开发必须克服两个关键障碍：①降低生物质能的成本，只有生物质能产品的价格低于市场同类型的化石能源价格，才会被消费者接受；②利用生物质能，特别是在发展能源作物时，不能对生态环境产生不利影响，不能对粮食安全构成威胁。

化石能源在逐渐稀缺过程中，机会成本将越来越高，同时伴随环境成本逐步内部化趋势，化石能源的市场价格会逐渐上升；依靠科技进步，生物质能开发成本会逐渐降低。有研究显示，到 2050 年发达国家生物质发电和液体燃料比常规能源具有更强竞争力。可以预见，不久的将来生物质能将大展宏图。

全球能源危机不断出现，以及化石能源大量使用产生的生态环境问题，使得环境友好、资源丰富的生物质能成为能源和生态环境领域研究的重点。概括起来主要是生物质能开发利用潜力、生物质能利用对生态环境影响、生物质能开发利用技术研究和生物质能开发利用可行性分析四个方面。由于科学研究较迟，重视、投资力度不够，总体上使得目前生物质能开发相对于化石能源处于竞争不利的地位。在生物质能的开发过程中，应加大技术研发、政策扶持、法律保证、资金支持、开发模式和可持续评价等方面的研究。在能源、生态环境和发展经济三大要素拉动下，生物质能在不远的将来一定会走向能源的主流舞台，为解决源短缺、生态环境恶化等问题做出巨大贡献。

习题

1. 能源可以按照哪几种方式进行分类？

2. 生物质和生物质能的定义是什么？

3. 生物质能有哪些利用途径？你认为哪一种利用途径最有利用的前景和价值？

4. 生物质能资源种类有哪些？

5. 能源植物有哪些，如何分类？

6. 什么是城市固体废弃物？有哪些危害？其资源化利用途径有哪些？

7. 生物质作为能源有哪些优点？哪些缺点？如何克服这些缺点？

8. 在人类社会发展的历史上，经历过哪几次能源的改进和更替？这些能源属于什么类型？这些能源利用种类和方式的改进，造成了哪些深远的影响？

9. 生物质能发展中有哪些机遇和挑战？如何抓住机遇应对挑战，给出自己的建议。

10. 我国发展生物质能开发和利用有哪些优势和不足？

第二章　生物质能的生物学基础

生物质能是太阳能以化学能的形式储存在生物质中的能量形式，即以生物质为载体的能量。生物质能直接或间接来源于植物的光合作用，是通过绿色植物的光合作用将太阳所辐射的能量以生物质的形式固定下来的能源。按照生物质的组成及存在方式，可将生物质分为糖类、淀粉、木质纤维素类生物质以及油脂类生物质等。

第一节　光合作用

一、光合作用的基本概念与意义

太阳辐射到地球表面的光能，有一部分可以被绿色植物和光合细菌吸收利用。光合作用是绿色植物借助叶绿体中的叶绿素等光合色素，利用可见光中的光能，将二氧化碳和水转化为储存能量的有机物，并释放氧气的生化过程；也可以是光合细菌利用其细胞本身，以硫化氢或有机物为供氢体，把二氧化碳还原为葡萄糖，同时析出硫磺或产生其他有机物的过程，光合作用的基本概念见图 2-1。

光合作用的过程包括两种变化，一种是物质的转变，即二氧化碳和水等简单的无机物转变成糖类，如蔗糖、淀粉、纤维素等复杂的有机物；另一种是能量的转变，即光能转化成储存在有机物中的能量。光合作用为几乎所有生物的生存提供了物质和能量来源，同时光合作用也能够维持大气中氧气和二氧化碳的平衡，保持生物圈的良性循环。因此，光合作用对于人类乃至整个生物界都具有非常重要的意义。

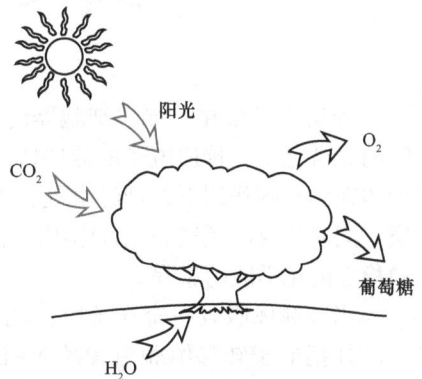

图 2-1　光合作用的基本概念

地球上的绿色植物通过光合作用制造的有机物数量庞大。基于葡萄糖计算，每年制造的有机物为 4 亿 ~5 亿 t。因此，人们把地球上的绿色植物比作庞大的绿色工厂。人类和动物的食物也都直接或者间接地来自光合作用制造的有机物。此外，光合作用还能转化并储存太阳能。绿色植物通过光合作用将太阳能转化为化学能，并储存在光合作用制造的有机物中。地球上几乎所有的生物，都直接或间接利用这些能量作为生命活动的能源。煤炭、石油、天然气等燃料中所含有的能量，归根到底都是古代的绿色植物通过光合作用储存起来的。通过植物的光合作用，地球上空气中的氧气含量维持在 21% 左右。由于人类近几百年来大量使用煤炭、石油、天然气等化石能源，且乱砍滥伐导致森林面积下降，使得大气中的二氧化碳浓度逐年递增。二氧化碳具有温室效应，导致地球逐渐变暖，引起了全球气候的变化，还可能导致灾难，例如海平面升高、洪灾、旱灾、粮食短缺甚至是物种灭绝等。光合作用的减弱不仅影响着大气二氧化碳浓度的变化，同时还与其他大气层变化密切相关，例如二氧化碳浓度的升高会引起二氧化硫含量的上升和臭氧层厚度降低，进一步造成到达地球表面的紫外辐射的增加。

光合细菌是地球上出现最早、分布广泛、具有原始光能合成体系的原核生物，广泛分布于土壤、水田、沼泽、湖泊等地，主要分布于水生环境中光线可透射覆盖的缺氧区域。它以光为能量来源，在光照缺氧的条件下利用自然界的有机物、硫化物、氨等作为供氢体与碳源进行光合作用，在自身的同化代谢过程发生的同时完成了产氢、固氮、分解有机物这三个在自然界物质循环中极为重要的化学过程。污水污染的水体通常水质恶化且富营养化，水底污泥腐败分解出大量的硫化氢和有毒胺类物质。光合细菌在污水的净化过程中起着非常重要的作用。光合细菌不仅能够利用这些有毒的胺类、硫化氢等，并且能够分泌对动植物有益的活性物质，有效避免固体有机物和有害物质的累积。

二、光合作用机制

高等植物的绿色叶片是进行光合作用的主要器官。植物体内的其他绿色部分，比如小麦、大麦等作物的绿色叶稍、茎秆和穗子也能进行光合作用。光合作用的主要过程和核心反应，例如能量转换和碳同化过程，发生在叶绿体细胞器中。叶绿体由叶绿体外被、类囊体和基质三个部分组成。其中叶绿体外被由双层膜组成，在类囊体上存在吸收光的色素（叶绿素和类胡萝卜素）以及各种电子载体和与膜结合的酶等。叶绿体外被使得叶绿体内部既有适于光合反应进行的微环境，又可与所在细胞进行频繁的物质、能量和信息交换。

光合作用可分为光反应和碳反应两个过程，两个过程是交替进行的，见图2-2。

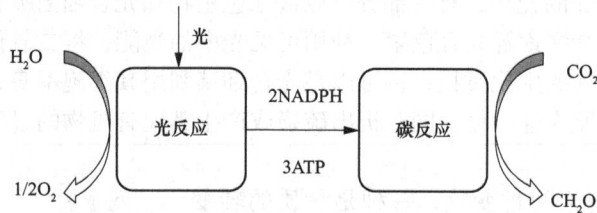

图 2-2　光合作用基本过程

光反应发生在叶绿体细胞器的类囊体膜上，所有类囊体膜都是光合膜。类囊体含有捕获光能的光合色素、传递电子的传递体和有关能量转换的酶系，这些物质高度有序地结合在一起。叶绿体在阳光的作用下，把经由气孔进入叶子内部的二氧化碳和由根部吸收的水转变成为淀粉等物质，同时释放出氧气。光合作用的本质就是将太阳能转化为 ATP 中活跃的化学能再转化为有机物中稳定的化学能的过程。

当叶绿体吸收一个光子后，就可以放出一个电子，引起光物理和光化学反应，发生水的光解，并把电子转移给脱氢辅酶 $NADP^+$（辅酶Ⅱ），将其还原成 NADPH（还原态辅酶Ⅱ），接着通过光合磷酸化生成 ATP（三磷酸腺苷）。过程中所需的 ADP（二磷酸腺苷）和 Pi（磷酸）来自碳反应。总的来说，光反应主要是对太阳辐射能的捕获以及将光能转变为电能、电能再转变为 NADPH 与 ATP 的化学能，同时生成 O_2 的过程。光反应的反应过程如下：

（1）水的光解（在光和叶绿体中的色素的催化下）：

$$2H_2O \longrightarrow 4[H]^+ + O_2 \tag{2-1}$$

（2）ATP 的合成（在酶的催化下）：

$$ADP + Pi + 能量 \longrightarrow ATP \tag{2-2}$$

光合作用的碳反应主要由叶绿体基质中部分可溶性酶来催化，此时主要利用 NADPH 和 ATP 的"同化力"来固定 CO_2，以此形成碳水化合物，将 ATP 中活跃的化学能转化为糖类等有机物中稳定的化学能。由于这个反应过程的能量来源于 NADPH 和 ATP，不需要光的照射，所以称该反应为碳反应，也称"暗反应"。高等植物的碳反应途径主要包括 C_3 途径和 C_4 途径。C_3 途径又称为卡尔文循环，具有合成淀粉等产物的能力，是所有植物光合碳同化的基本途径。C_3 途径的碳反应过程为

（1）碳的固定（在酶的催化下）：

$$C_5 + CO_2 \longrightarrow 2C_3 \tag{2-3}$$

（2）碳水化合物的形成（在ATP供能和酶的催化下）：

$$C_3 + [H] \longrightarrow (CH_2O) + C_5 \tag{2-4}$$

一些起源于热带的植物，如甘蔗、玉米等，除了和其他植物一样具有 C_3 途径以外，还存在一条固定 CO_2 的途径。其固定 CO_2 的最初产物是含四个碳的二羧酸，故称为 C_4- 二羧酸途径，简称 C_4 途径。C_4 途径的 CO_2 受体是 C_4 植物叶肉细胞质中的磷酸烯醇式丙酮酸（PEP），在酶的催化下固定 HCO_3^-（CO_2 溶解于水），并生成苹果酸和天冬氨酸。这两种四碳二羧酸在叶绿体中经酶催化和 ATP 作用下生成 PEP 和高浓度 CO_2，其中 CO_2 继续经由 C_3 途径同化。

光反应和碳反应是一个整体，二者紧密联系，光反应是碳反应的基础，光反应为碳反应提供能量（ATP、NADPH）和还原剂（NADPH），碳反应产生的 ADP 和 Pi 为光反应合成 ATP 提供原料。光合作用中光反应与碳反应的区别如表 2-1 所示。

表 2-1 　　　　　　　　　　　　光合作用中光反应与碳反应的区别

项目	光反应	碳反应
实质	光能→化学能，释放 O_2	同化 CO_2 形成 CH_2O（酶促反应）
时间	短促，以微秒计	较缓慢
条件	需色素、光、ADP 和酶	不需色素和光，需多种酶
场所	在叶绿体细胞器的囊体膜上进行	在叶绿体基质中进行
能量转化	叶绿素把光能转化成电能再转化成为活跃的化学能并储存在 ATP 中	ATP 中活跃的化学能转化为糖类等有机物中稳定的化学能

第二节　淀粉和糖类形成过程基础

淀粉和糖类是光合作用的主要产物，因此了解光合作用过程中淀粉和糖类的生物合成过程对阐明淀粉和糖类的结构特性具有重要的理论意义。

一、淀粉形成过程基础

淀粉由葡萄糖分子聚合而成，是细胞中碳水化合物最普遍的储藏形式。淀粉通式为 $(C_6H_{10}O_5)_n$，水解到二糖阶段为麦芽糖，化学式是 $C_{12}H_{22}O_{11}$，完全水解后得到单糖（葡萄糖），化学式是 $C_6H_{12}O_6$。淀粉有直链淀粉和支链淀粉两类，前者为无分支的螺旋结构，后者含有 24~30 个葡萄糖残基以 α-1,4- 糖苷键首尾相连而成，在支链表现为 α-1,6- 糖苷键。由于淀粉螺旋中央空穴恰好能容下碘分子，通过范德华力，两者形成一种蓝黑色络合物，使得直链淀粉遇碘呈蓝色，支链淀粉遇碘呈紫红色。在天然淀粉中直链占比达 20%~26%。直链淀粉是可溶性的，其余为支链淀粉。淀粉是植物生长期间以淀粉粒形式储存于细胞中的养分，储存在种子和块茎中。各类植物中的淀粉含量都比较高，大米中含淀粉 62%~86%，麦子中含淀粉 57%~75%，玉米中含淀粉 65%~72%，但马铃薯中含淀粉不到 20%。

淀粉是一种天然的多晶体系，在淀粉的颗粒结构中包含着结晶区和无定形区两大组成部分。由于支链淀粉分子量较大，通常穿过淀粉颗粒的结晶区和无定形区，两部分的区分并不明显。淀粉颗粒由于品种的不同，其形状和大小均各具特征。稻米淀粉颗粒是有棱角的不规则形，颗粒较小，平均为 5μm。玉米颗粒淀粉大部分呈压碎的六角形状，平均为 15μm。

淀粉在植物体内是在叶绿体中合成的。叶绿体基质是进行碳同化的场所，它含有还原 CO_2 与合成淀粉的全部酶系。叶绿体进行光合作用制造的三碳糖可以在叶绿体中合成淀粉，被暂时储存起来，也可以被运出叶绿体并在细胞溶胶中合成蔗糖等二糖，或者运出叶肉细胞，为植物体的其他器官提供能源和原料。

催化淀粉合成的途径有两条：一条为二磷酸腺苷葡萄糖（ADPG）途径，另一条为淀粉磷酸化酶催化的途径。然而，植物体内淀粉磷酸化酶主要催化淀粉降解代谢。因此，ADPG 途径为淀粉合成的主要途径。一般而言，细胞质中形成的葡萄糖 -1- 磷酸或丙糖磷酸要通过位于淀粉体膜上的己糖载体或磷酸转运器进入淀粉体，然后再在 ADPG 焦磷酸化酶等酶的作用下形成 ADPG。ADPG 则在淀粉合成酶催化下将分子中的葡萄糖转移到 α -1,4- 葡聚糖引物的非还原性末端逐渐形成直链淀粉。淀粉合成酶有两种形式，一种位于淀粉体的可溶部分，称可溶性淀粉合成酶，另一种是和淀粉粒结合的，称结合态淀粉合成酶。由淀粉合成酶催化形成的淀粉是以 α -1,4- 糖苷键连接的线性分子，它可进一步在淀粉分支酶作用下形成以 α -1,6- 糖苷键连接的支链淀粉。分支酶对淀粉合成具有两方面意义，首先，使淀粉的 α -1,4- 糖苷键连接的直链变为含有 α -1,6- 糖苷键连接的支链，使葡聚糖的分子量不断增大，以便让有限的细胞空间能容纳更多的具有能量的物质。其次，α -1,6 糖苷键的导入使葡聚糖的非还原性末端增加，这有利于 ADPG 焦磷酸化酶和淀粉合成酶的催化反应，使它们能在短时间内催化合成更多的淀粉。

二、糖类形成过程基础

糖类被界定为多羟基醛或多羟基酮的化合物，或者能水解出上述单位的前体化合物。广义的糖可分为简单糖类和糖复合物，前者包括单糖、寡糖和多糖，后者包括糖与蛋白质、脂类等共价形成的复合物。单糖是仅包含一个多羟基醛或多羟基酮单位或不能水解成更小分子的糖类。低聚糖和多糖都是单糖单元通过糖苷键组成的长链分子，二者区别在于单糖单元在链上的数量。低聚糖是由两个或几个单糖由糖苷键连接而成，而多糖则包含 20 个以上，甚至成百上千个单糖基。

植物体内的糖类是植物通过光合作用产生的，催化糖类合成的酶位于细胞质中。以蔗糖合成为例，蔗糖磷酸合成酶是植物体内控制糖类合成的关键酶，它可以以尿苷二磷酸葡萄糖为供体，以 6- 磷酸果糖为受体，催化合成 6- 磷酸蔗糖，6- 磷酸蔗糖在磷酸蔗糖磷酸化酶的作用下脱磷酸并水解形成蔗糖和磷酸根离子。

糖类化合物在结构上的复杂性决定了其功能多样性。糖链中糖苷键的连接方式比核酸中的磷酸酯键及蛋白质中连接键要复杂很多。4 种单核苷酸组成不同的寡聚核苷酸四聚体有 24 种，而 4 种氨基酸组成的不同四聚寡肽也只有 24 种，但是 4 种单糖可以形成四聚寡糖 35560 种，由此可以看出糖链中所含的信息量远远超过核酸和蛋白质。同时糖链结构的测定和化学合成远比核酸和蛋白质要困难，因为糖链的合成不是依据模板的复制过程，而是包含了糖基的供体、糖基的受体、糖基转移酶及糖苷酶等因素在内的复杂过程，除受酶基因表达的调控外，还受酶活性的影响。单糖可根据三种不同的特征片段来分类，包括羰基的位置、分子内碳原子数以及手性构型。如果羰基在碳链末端，则单糖称之为醛糖；若羰基在碳链中间，则称为酮糖。

第三节　木质纤维素类生物质形成过程基础

纤维素、半纤维素和木质素本身均为具有复杂空间结构的高分子化合物，它们相互结合形成复杂的超分子化合物，并进一步形成各种各样的植物细胞壁结构。

一、纤维素形成过程基础

纤维素的合成与降解是自然界碳循环的中心环节，是保障生态链得以持续进行的重要限制因素。天然纤维素是葡聚糖链聚集形成的化学成分单一、但结构层次多样且异质性的化合物，在其合成过程中，多根葡聚糖链几乎同时合成、聚集并结晶形成超分子复合物。细胞壁纤维末端生长点周围的质膜上存在大量颗粒聚集，形成长 500nm、宽 30~35nm 的颗粒复合体。由于该复合物始终位于纤维末端生长点周围，故命名为末端复合体（TCs）。大量研究表明，TCs 就是负责结晶纤维素合成的纤维素合成酶复合体。突变分析和免疫标记显示，高等绿色植物纤维素合成酶复合体至少存在三种纤维素合成酶亚型参与细胞壁纤维素的合成。每个纤维素合成酶含 985~1088 个氨基酸，可合成一条葡聚糖链。随着物种进化，质膜上单个纤维素合成酶亚基发生有规律聚集，其合成的糖链也不再以单根分子链的形式存在，而是发生分子链的有序聚集，而且这种有序聚集行为自发进行。这些糖链在氢键与范德华力作用下共结晶形成直径约 3nm 的结晶微纤丝。合成的末端复合体可分为线性排列的末端复合体和玫瑰花型排列的末端复合体，前者主要分布于藻类、低等植物、披囊动物和海鞘的细胞质膜上，而高等植物细胞壁纤维素主要由后者合成。

二、半纤维素形成过程基础

半纤维素是无定形的生物高聚物，大多带有侧链，通过氢键与纤维素的微纤丝结合，形成作为细胞壁骨架的网络结构。构成半纤维素的糖基主要有 D- 木糖基、D- 甘露糖基、D- 葡萄糖基、D- 半乳糖基、L- 阿拉伯糖基、4-O- 甲基 -D- 葡萄糖醛酸基、D- 半乳糖醛酸基和 D- 葡萄糖醛酸基等，还有少量的 L- 鼠李糖、L- 岩藻糖等。半纤维素主要分为三类，即聚木糖类、聚葡萄甘露糖类和聚半乳糖葡萄甘露糖类。

根据已有的研究结果，可以认为半纤维素的生物合成主要在细胞的内膜系统中进行。早期的一些反应，比如引物的形成，很可能发生在内质网中，但是半纤维素生物合成的大部分过程都发生在高尔基体内。在半纤维素合成的起始阶段，需要某种引物以接受多糖合酶把糖基加接其上。首先，第一个糖基的还原端被连接到蛋白质上。而后，这种糖基化的蛋白质作为受体（引物）接受多糖合酶从糖核苷酸转移来的单糖基，由此使多糖链得以延伸。事实上，在豌豆的葡萄糖醛酸木聚糖的生物合成起始阶段和悬浮培养的菜豆的木葡聚糖生物合成起始阶段，都已经发现的确有蛋白质类引物的参与。在胼胝质的生物合成起始阶段，则发现肌醇可以作为引物。然而，目前尚不清楚这些引物是在多糖进入细胞壁前就已被"切除"掉，还是和多糖一起进入细胞壁中共同作为细胞壁的成分。

三、木质素形成过程基础

木质素是由苯丙烷结构单体通过碳碳键和醚键连接而成的具有三维网状立体结构的天然高分子化合物，其与半纤维素一起作为细胞间质填充在细胞壁的微细纤维之间，起到加固细胞壁的作用。木质素的生物合成是一个极其复杂的过程，其生物合成途径大体可分为 3 个主要的过程：首先各种苯丙烷单体通过多种相关的酶催化后合成相应木质素单体，然后这些木质素单体进行储存和运输，最终直接羟化聚合为木质素。由此看出，木质素单体的生物合成是木质素生物合成途径中最关键的过程，因此木质素的生物合成途径主要是指木质素单体的生物合成途径。研究表明，木质素单体的合成是在植物细胞质中完成，通过醚键和碳碳键等化学键连接在一起，然后转运至相应的木质化沉积位点进行储存，最后在细胞壁中脱氢羟化聚合成木质素。

虽然至今对木质素单体的具体代谢途径尚未完全清楚，但人们广泛认同的木质素单体合成途径大致可分为 3 个步骤：①莽草酸代谢途径：植物光合作用后的同化产物到苯丙氨酸和酪氨酸等芳香族氨基酸的合成过程；②苯丙烷代谢途径：从芳香族氨基酸脱氨形成羟基肉桂酸及其辅酶 A 酯类化合物的过程；③木质素合成的特异途径：从羟基肉桂酸及其辅酶 A 酯类经过一系列羟基化、甲基化与还原反应，最后生成木质素单体及单体脱氢羟化聚合成木质素的过程。苯丙烷代谢途径以及木质素合成的特异途径被认为是在木质素单体的合成途径中主要的途径，并有多种酶参与到这两种途径中，如苯丙氨酸裂解酶、肉桂酸 4- 羟基裂解酶、香豆酸 3- 羟基化酶等是苯丙烷代谢途径的关键酶；而在木质素合成的特异途径中的关键酶有香豆酰辅酶 A 还原酶和肉桂醇脱氢酶等。

第四节 油脂类生物质形成过程基础

油脂、碳水化合物和蛋白质是存在于植物细胞的基本有机化合物，并且在各种植物有机体的生理活动中起着显著的作用。天然油脂广泛存在于植物的种子或果实内。油脂是甘油和高级脂肪酸生成的甘油酯。以三甘油酯为例，其形成过程如图 2-3 所示。

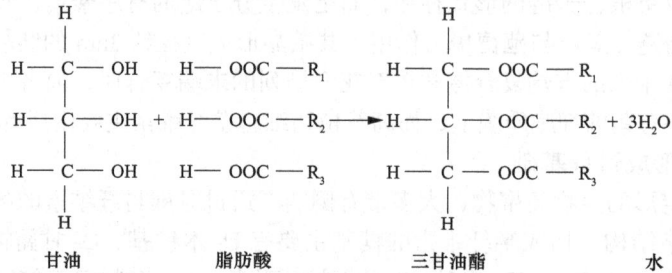

图 2-3　油脂形成过程示意

单位质量的脂肪所提供的能量是碳水化合物或蛋白质的 2 倍多，因此脂类是植物种子储藏能量最有效的形式。植物油脂由大量以三甘油酯为主的中性脂肪组成。三甘油酯分子之间彼此并不聚合，而是分散成许多小的相对稳定的亚细胞微滴，其直径一般为 $0.5\sim2.5\,\mu m$，又称为圆球体、油质体或油体。对不同品种油菜种子油体的研究表明，有些含油量较低的品种中出现了直径超过 $5\,\mu m$ 的油体。化学和超微结构分析显示，油体的外层是磷脂单分子层，脂肪链面向三甘油酯一侧，磷酸基团面向细胞质。植物种子油体的构造模型内部主要为三酰甘油酯的液态基质，外部为磷脂单分子层及嵌入其内的油体相关蛋白组成的半单位膜。半单位膜的基本单位由 13 个磷脂分子和 1 个油体相关蛋白分子组成。

植物油脂的形成受两方面因素的影响：自身的遗传特性和外界环境。油的形成和积累过程从盛花期开始，一直进行到种子或果实完全成熟为止。对于一年生植物的成熟种子，糖类和含油量之间的关系表现为糖含量的消减、油脂的积累。不同植物中油脂的来源不一样，比如向日葵和洋油菜的油脂由葡萄糖和蔗糖形成，而亚麻则由蔗糖形成油脂。流入种子内的糖，一部分形成油脂分子，另一部分因呼吸作用及形成细胞壁、原生质蛋白质和储藏蛋白质等过程而消耗。

种子在形成初期，内部含有大量的水分，可溶性糖、蛋白质和游离脂肪酸也占有相当大的百分比。正在发育的种子内，在开花后的一个半至两个星期才会出现和积累油脂。随着种子的成熟，其中所含的水分显著降低，游离脂肪酸减少到最低限度，油脂含量增加，至成熟期增加到最高限度。

油脂形成的全过程必须在酶系统参与下、在胶态介质中通过一系列氧化还原反应进行。氧化还原反应使得游离脂肪酸开始逐渐形成甘油一酸酯，然后形成甘油二酸酯和甘油三酸酯。植物体内油分的形成、转化和积累是有机体代谢作用的独特类型，它具有复杂的生理 - 生化特点，并且是整个植物体物质代谢统一过程的组成部分。这一过程的最后结果是形成大量的油脂，也即新的有机体生活所必需的具有大量化学能的物质。

第五节　藻类养殖

藻类养殖是指藻类在人工控制下的繁殖、生长的生产过程，分为大型海藻养殖和单细胞藻类养殖两大类型。大型海藻既可食用又可作为制取藻胶、碘等的工业原料，单细胞藻类是水产养殖和家畜的饲料来源之一，而藻类的自然资源有限，因此藻类养殖具有重要的经济意义。

海藻养殖的育苗方法有三种：①自然附苗，其主要依靠自然提供孢子并在自然条件下育成，如中国的坛紫菜；②半人工育苗，即在采孢子季节把室内人工育成的苗种，装入种子箱放回海上促使成熟，放散孢子附着在人工基质上育成；③全人工育苗，即将海上成熟的种藻经优选后置室内水池中使其放散孢子，并使孢子附着在人工基质上育成。中国的海带、裙带菜、紫菜、巨藻育苗均用此法，也是世界上主要的育苗方式。

藻类具有独特的光合作用系统，其色素除了叶绿素、胡萝卜素之外，还有色素蛋白，按照吸收波长的差异分为藻红蛋白和藻蓝蛋白。海藻与其他高等植物一样，能够借助叶绿素吸收光能，利用二氧化碳和水合成糖类而放出氧气，不仅可以供给微生物对营养物质的需氧降解，又能够解决水质富营养化的问题。藻类光合作用增氧只能在满足光照和营养的条件下进行，并仅限于白天有光照的上中水层发生。透明度低的水体中下层则缺乏光照，无法发生光合作用。一般而言，池塘的水越深、透明度越低，白天有光照的水层相对比例越低，水体光合作用的增氧效率越低。由于光合作用增大了水体的 pH 值，能够对污水起到消毒作用，减少大肠杆菌及有毒细菌数量，因此对有害微生物可起到一定的抑制作用。

藻类通过底物水平磷酸化、氧化磷酸化和光合磷酸化三种不同的过程将其转化成高能有机化合物。底物水平磷酸化是指在分解代谢过程中，底物因脱氢、脱水等作用而使能量在分子内部重新分布，形成高能磷酸化合物，然后将高能磷酸基团转移到 ADP 并形成 ATP 的过程。前两个过程中，能量来自呼吸底物的氧化，或来自线粒体的电子转运系统。在第三种作用过程中，光能被转化并结合进 ATP。磷酸化过程可以将污水中的氮、磷等无机离子和尿素等有机物质所含有的氮、磷等元素缔合到碳骨架上，作为藻类生长的肥料，降低甚至消除水体中的氨氮、硝酸盐、亚硝酸盐等。除了去除氮磷等营养物质，藻类还能吸附重金属以及去除水中的有机化合物，其中污水中的有机化合物可作为藻类生长所需要的重要碳源。此外，藻类还可以有效地富集和降解多种有机化合物，如碳氢化合物、有机碳、农药、烷烃、偶氮染料、淀粉、酚类、邻苯二甲酸酯和金属、有机污染物等。

习题

1. 碳同化的基本概念是什么？高等植物有哪几种碳同化的途径？
2. 简述光合作用两个过程的区别与联系。
3. 简述糖类合成机制及关键影响因素。
4. 简述影响植物油脂形成的主要因素。
5. 总结藻类光合作用系统的独特之处。

第三章　生物质能的化学基础

第一节　生物质能的化学基础概述

　　通过气化、液化、热解、发酵等技术可以将生物质能转化为更方便应用或更高品位的其他能源，在生物质能的转化利用过程中或多或少都会涉及一些必要的化学知识，特别是化学热力学、化学动力学以及催化化学。

　　化学热力学是解决实际问题的一种非常有效的工具，在生产实践中发挥着巨大的作用。在设计新的反应路线时，反应的方向和限度是十分重要的。例如世界上煤的蕴藏量远远超过石油，如何利用煤作为能源和化工原料来合成一系列有用的产品，即如何发展一碳化学，已经成为几十年来人们持续关注的问题。人们可以从合成气（CO 和 H_2）出发，设计一系列的合成路线，以制备低碳醇和汽油等。但是人们必须首先考虑所设计的反应路线是否可行，即设计的反应能否发生？只有在确知反应的可能性时，才再去考虑反应的速率，选用何种催化剂以及应对实施中的一些具体问题。

　　在了解化学热力学的同时，很有必要探索在实际应用中如何加快反应的发生。例如，按照热力学分析，在 $3 \times 10^7 Pa$ 和 773K 下合成氨反应的最大可能转化率可达 26%，但是如果不加催化剂，这个反应的速率非常缓慢。因此，必须对这个反应进行化学动力学方面的研究，寻找适合的催化剂，从而加快反应速率，使反应能用于工业生产。

　　通过学习和了解化学热力学、化学动力学以及催化化学，可以优化反应历程，选择对应的催化剂，从而实现生物质的高效转化。

第二节　化学热力学基础

一、化学热力学概述

（一）热力学研究的对象和内容

　　物质世界在千变万化过程中常伴随着能量的变化。这种能量变化尽管有热能、电能、光能、机械能等多种形式，但各种形式的能量总是按照一定的规律转化和传递的。热力学就是研究能量相互转换过程中应遵循的规律的科学。热力学以热力学第一定律和第二定律为基础。将热力学的基本定律用于研究化学现象及和化学过程有关的物理现象就形成了化学热力学。化学热力学的主要任务是利用热力学第一定律来研究化学变化中的能量转换问题，利用热力学第二定律研究化学变化的方向和限度以及化学平衡和相平衡的有关问题。

　　需要指出的是，热力学的研究对象是大量分子的集合体，只反映它的平均行为，而不适用于个别分子的个体行为，因此所得到的结论具有统计意义。热力学只能告诉我们，在某种条件下，变化是否能够发生，进行到什么程度；但不能告诉我们变化所需要的时间，变化发生的根本原因以及变化所经过的历程。

（二）热力学第一定律

　　任何物质都具有能量，一个系统的能量通常由系统整体运动的动能、系统在外力场中的势能和系统的热力学能三部分组成。所谓热力学能就是热力学系统内各种形式能量的总和，所以也称为热力学能。它包括组成系统的各种粒子（如分子、原子、电子、原子核等）的动能（平动能、振动能、转动能等）以及粒子间相互作用的势能（如分子的吸引能、排斥能、化学键能等）。在化学热力学中，通常研究宏观静止、无整体运动的系统，同时不考虑特殊外力场（如电磁场、引力场等）的影响，这时系统的总能量就是热力学能 U。

当系统由状态 1 变到状态 2，根据能量守恒定律，若在过程中，系统从环境的吸热为 Q，系统对环境所做的功为 W，则系统的热力学能变化为

$$\Delta U = U_2 - U_1 = Q - W \tag{3-1}$$

热力学能是系统自身的性质，只取决于其状态，是系统状态的单值函数，在定态下有定值。它的变化值只取决于系统的初态和终态，而与变化的途径无关。式（3-1）也就是热力学第一定律。所以，热力学第一定律也是能量守恒定律在热力学中的应用。

（三）化学反应中的能量变化

化学键的形成和断裂是化学反应中能量变化的主要原因，参加反应的物质中各原子重新排列而产生新的物质时，将导致化学能的变化，产生放热或吸热效应。

1. 焓

我们可以把式（3-1）中的功分解成体积功 $p\Delta V$（即由于体积变化而引起的功）和非体积功 W'（除体积功以外的其他所有的功，如电功等），对于一般的化学反应，不存在非体积功，所以，对于等温等压只做体积功的化学反应

$$\Delta U = Q_P - p\Delta V$$
$$Q_P = \Delta U + p\Delta V \tag{3-2}$$

$$\begin{aligned} Q_P &= (U_2 - U_1) + (p_2 V_2 - p_1 V_1) \\ &= (U_2 + p_2 V_2) - (U_1 + p_1 V_1) \\ &= \Delta(U + pV) \end{aligned}$$

令

$$H = U + pV \tag{3-3}$$

H 称为焓（enthalpy），是热力学上的另一个重要的状态函数。因此，

$$Q_P = \Delta H$$

即等温等压下化学反应热效应 Q_P 等于体系焓的变化。

2. 盖斯定律

瑞士化学家 Germain Hess 发现：一个反应，在等压或等容条件下，不论反应是一步完成还是分几步完成，其反应热是相同的，总反应方程式的焓变等于各部分分步反应按一定系数比相加的焓变和。这就是热力学中所说的盖斯定律，也就是说，化学反应的反应热只与反应体系的始态和终态有关，而与反应的途径无关。由此也可以看出，盖斯定律实际上是"热力学能和焓是状态函数"这一结论的进一步体现。

3. 化学反应焓变

在实际工作中，我们通常会对即将进行研究的反应进行热力学分析，其中就包括反应热效应的计算，也就是对化学反应焓变进行分析，以此来预测反应所需要的条件以及实际操作中有关能量的一些问题。根据盖斯定律，化学反应的焓变可以根据所有产物和反应物的标准生成焓进行计算：

$$\begin{aligned} \Delta_r H_m^\ominus &= \sum n_p \, \Delta_f H_{m,p}^\ominus - \sum n_r \, \Delta_f H_{m,r}^\ominus \\ &= \sum n_B \, \Delta_f H_{m,B}^\ominus \end{aligned} \tag{3-4}$$

式中：Δ_r 为化学反应焓变；Δ_f 为标准摩尔生成焓；n_r 和 n_p 为反应物和产物的化学计量数；下角 B 为反应中的任意物质；n_B 为反应物和产物的化学计量数，对于反应物 n_B 为负，对于产物 n_B

为正；$\Delta_f H_{m,B}^{\ominus}$ 为反应中任一物质的标准摩尔生成焓；$\Delta_r H_m^{\ominus}$ 为标准摩尔反应焓变。化学反应焓变大于零，则是吸热反应；反之，化学反应焓变小于零，则是放热反应。在标准状态，即压力为 101.3kPa，一定温度下，由元素最稳定的单质生成 1mol 纯化合物时的反应热称为该化合物的标准摩尔生成焓。标准摩尔生成焓是一种特定的 ΔH，其符号为 $\Delta_f H_m^{\ominus}$，下标 f 表示生成，下标 m 表示反应进度为 1mol，上标 $\ominus$ 表示标准状态，单位是 kJ/mol。

[例1]计算甲烷的 CO_2 重整反应 $CH_4(g)+CO_2(g) \Longrightarrow 2CO(g)+2H_2(g)$，在 298.15K 时的标准摩尔反应焓变。

解：由热力学手册查得反应中各物质的标准摩尔生成焓如下

物质	$CH_4(g)$	$CO_2(g)$	$CO(g)$	$H_2(g)$
$\Delta_f H_m^{\ominus}(298.15K)/(kJ/mol)$	−74.4	−393.51	−110.53	0

根据式（3-4），得

$$\Delta_r H_m^{\ominus} = \sum n_B \Delta_f H_{m,B}^{\ominus} = \left[2 \times (-110.53) - (-74.4) - (-393.51) \right]$$

$$= 246.85\,(kJ/mol)$$

说明该反应在标准状态下是一个吸热的反应。

实际情况中，很多反应并不是在标准状态下进行的，而是需要一定的压力和温度，那么就有必要了解压力和温度对化学反应热效应的影响。如果反应不是在 101.3kPa 的标准状态的压力下进行，那么一个化学反应的焓变又是多大呢？由于焓是一个状态函数，体系的焓变与过程途径无关。可以在等温条件下，设计如图 3-1 所示的热力学循环来考察反应在 298.15K 和任意压力 p 下进行的反应焓变，也就是说 298.15K，p 压力下的反应 $aA+bB \longrightarrow cC+dD$ 可以通过途径 II 实现：首先反应物 A 和 B 的状态从压力 p 变到 101.3kPa，随后在该标准状态下发生反应生成 C 和 D，最后产物 C 和 D 的状态由 101.3kPa 变成压力 p，从而达到和途径 I 相同的终态。根据盖斯定律，这两条途径的焓变相等，所以 $\Delta H_p = \Delta H_1 + \Delta H^{\ominus} + \Delta H_2$。由于在图 3-1 的热力学循环中温度保持不变，而在理想条件下，物质在等温过程中的焓变为零，即 $\Delta H_1 = \Delta H_2 = 0$，所以 $\Delta H_p = \Delta H^{\ominus}$。由此给出的理论结论是，在理想条件下，压力对反应焓变没有影响，可以认为在任何压力下，反应的焓变和在标准压力下一样。

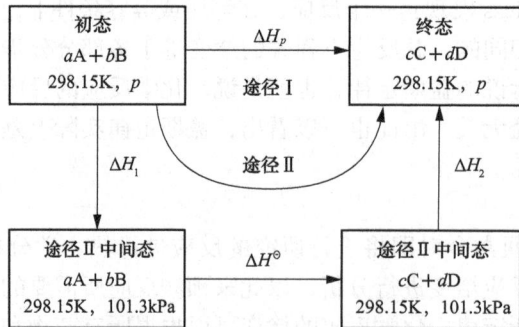

图 3-1 等温反应的热力学循环

要考察温度对反应焓变的影响，也可以按同样的原则处理，即设计如图 3-2 所示的热力学循环。也就是说 298.15K、T 温度下的反应 $aA+bB \longrightarrow cC+dD$ 可以通过另一途径 II 实现：首先反应物 A 和 B 的状态从压力 101.3kPa、温度 T 变到压力 101.3kPa、温度 298.15K，随后反应物在标准状态下反应生成 C 和 D，最后产物 C 和 D 的状态由压力 101.3kPa、温度 298.15K 变到压力 101.3kPa、温度 T，从而达到和途径 I 相同的终态。根据盖斯定律，这两条途径的焓变相等，即

$\Delta H_T = \Delta H_1 + \Delta H^{\ominus} + \Delta H_2$

$\Delta H_1 = nc_p \Delta T = n_A c_{p,A} \Delta T + n_B c_{p,B} \Delta T = (ac_{p,A} + bc_{p,B})(298.15K - T)$

$\Delta H_2 = nc_p \Delta T = n_C c_{p,C} \Delta T + n_D c_{p,D} \Delta T = (cc_{p,C} + dc_{p,D})(T - 298.15K)$

所以 $\Delta H_T = \Delta H^{\ominus} + \Delta nc_p(T - 298.15K)$

因此知道了反应的标准反应焓和全部反应物和生成物的等压热容，就不难求算反应在不同温度条件下的反应焓。

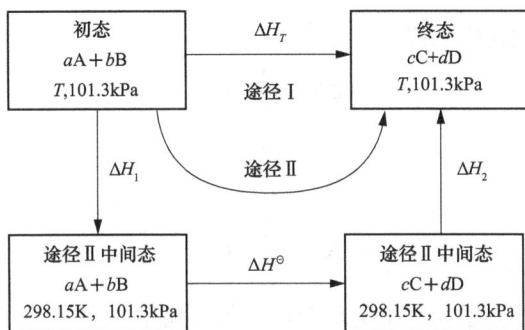

图 3-2 等压反应的热力学循环

（四）熵和热力学第二定律

热力学第一定律指出了能量的守恒和转化过程中各种能量之间的关系，但是不能指出能量变化的方向和变化进行的程度。热可以自动地从高温物体流向低温物体，而它的逆过程即热从低温物体流向高温物体，则是不能自动发生的。

所谓"自发变化"乃是指能够自动发生的变化。例如，气体的真空膨胀，它的逆过程即气体的压缩过程不会自动进行；热量从高温物体传入低温物体，它的逆过程即热量从低温物体传入高温物体，不会自动进行；各部分浓度不同的溶液扩散，最后浓度均匀，而浓度已经均匀的液体，不会自动地变成浓度不均匀的液体。从这些例子可以看出，一切自发变化都有一定的变化方向，并且都是不会自动逆向进行的。

原子之间形成共价键要释放能量，如果把能量的降低或焓的减小看成是原子间聚集倾向的量度，那么能量降低的确是化学反应的方向起作用的一个因素。但是要决定一个化学反应的最终方向，还必须把握对原子间离散倾向起作用的一个因素。理想气体在自由膨胀过程中所占的空间增大了，分子间的平均距离增大，克劳修斯认为气体在膨胀以后体积增加是因为气体的离散度增加了，把物体的离散度变化和热现象联系起来，他又指出：热倾向于增加物体的离散度，热能使物体膨胀，使固体液化和气化，使化合物分解，甚至最终解除分子和原子间的作用力，使他们尽可能地彼此远离。由于气体的离散度变化直观地表现为体积变化，于是克劳修斯提出用熵（符号 S）这个物理量来描述体系的离散度（即混乱度）。熵变和能量变化以及温度之间的关系如式（3-5）所示，即体系的熵变是等温可逆过程的热温比：

$$\Delta S = \frac{Q_r}{T} \qquad (3-5)$$

与焓这个物理量类似，熵也是体系的状态函数，熵变只与体系的始态和终态有关，而与过程和途径无关。

通过总结实验和计算结果，人们得出了一条判断过程自发性或可逆性的普遍定律：可逆过程宇宙熵不变；不可逆过程宇宙熵增加；宇宙熵减小的过程是不可能的。这里所说的宇宙熵是环境熵和体系熵总和，也就是说自发过程是一个熵增加的过程。这就是热力学第二定律，按照这个定律，宇宙熵变是判别过程不可逆性或自发性的基本标志，宇宙熵变越大，过程的不可逆性就越大，也越容易自发地进行。按照热力学第一定律，在过程中环境释放的热量等于体系所吸收热量的负值：

$$Q_{\text{surroundings}} = -Q_{\text{system}}$$

于是有

$$\Delta S_{\text{universe}} = \Delta S_{\text{system}} + \Delta S_{\text{surroundings}} = \Delta S_{\text{system}} + \frac{Q_{\text{surroundings}}}{T} = \Delta S_{\text{system}} - \frac{Q_{\text{system}}}{T}$$

从而可以给出自发过程的判别式：

不可逆过程 $\qquad\qquad \Delta S - \dfrac{Q}{T} > 0$

可逆过程 $\qquad\qquad \Delta S - \dfrac{Q}{T} = 0$

不能自发进行的过程 $\qquad \Delta S - \dfrac{Q}{T} < 0$

我们无法知道体系的热力学能和焓的绝对值，但是熵不一样，因为熵是描述体系中微观粒子离散度或混乱度的物理量。德国化学家能斯特（W. Nernst）在1906—1913年间提出著名的热力学第三定律。虽然绝对零度从未达到过，但是热力学第三定律告诉我们：在绝对零度，一切纯物质（包括单质和化合物）的理想晶体的熵为零。热力学给出的这一宏观结论和微观统计分析的结果是一致的。因为到了绝对零度，分子的平动能为零，它们的平移运动被"冻结"了，分子间非常有序地堆积在一起形成了完美无缺的理想晶体。在理想晶体中，分子只有一种分布方式，热力学概率为1，因而它的熵必须是零。绝对零度时各种纯物质的熵为零。相对于这个熵的绝对零度，就有可能计算出物质在各种平衡态时的绝对熵。

二、吉布斯自由能和化学平衡

研究化学反应和能量的关系，另一个目的在于了解如何判断化学反应进行的方向以及估计反应进行的程度。

（一）吉布斯自由能

前面给出的过程自发性的判别式同样适用于化学反应。若化学反应在等温等压下进行，体系从环境中吸收的热量就是体系的反应焓 ΔH，因而对于在等温等压下进行的化学反应，其自发性的判别式为

$T\Delta S - \Delta H > 0 \quad$ 反应自发进行

$T\Delta S - \Delta H = 0 \quad$ 反应可逆地进行

$T\Delta S - \Delta H < 0 \quad$ 反应不能进行

判别式中 $T\Delta S$ 和 ΔH 两项都有能量的单位，如果把这两项分别看成是化学体系内原子或分子间互相离散及彼此聚集两种相反因素的能量，那么就可以理解为：化学反应的方向是由体系原子或分子间彼此聚集和互相离散两种对立的倾向所决定的。如果能把这两种对立的因素组合成一个统一的物理量，问题的处理就可以变得更简便。

1876年，美国化学家吉布斯（J. W. Gibbs）提出一个同时包含熵和焓两个对立因素的新状态函数：

$$G = H - TS \tag{3-6}$$

这个函数称为吉布斯函数或体系的自由能。因此，对于等温等压下的化学反应，体系的自由能变化为

$$\Delta G = \Delta H - T\Delta S \tag{3-7}$$

该式是由吉布斯和亥姆霍兹（Helmholtz）各自独立证明的，故此式叫吉布斯－亥姆霍兹公式。该式可作为恒温恒压下进行的化学反应的方向和限度的判据。自由能的变化是由两项决定：一项是焓变 ΔH，另一项是与熵变有关的 $T\Delta S$。如这两个量使 ΔG 成为负值，则正反应是一个自发反应。因此，焓和熵对化学反应进行的方向都产生影响，只是在不同条件下产生影响的大小不同而已。

因此，可以把反应方向的判别式用体系的自由能变化表示：

$$\Delta G < 0 \quad 反应自发进行$$
$$\Delta G = 0 \quad 反应可逆地进行$$
$$\Delta G > 0 \quad 反应不能进行$$

1. 化学反应标准吉布斯自由能

与物质的焓一样，我们无法知道物质的标准摩尔自由能的绝对值，也就无法直接根据物质的标准摩尔自由能作任何实际的计算。实际应用中，我们通常采用两种方法来计算反应的吉布斯自由能变化。一种方法是，与反应焓变的计算类似，定义物质的标准生成自由能，再由物质的标准生成自由能计算反应的标准自由能变化。化合物的标准生成自由能定义为：由标准状态下的稳定单质化合生成标准状态下 1mol 的化合物的过程中所发生的自由能变化称为化合物的标准生成自由能，符号为 $\Delta_f G_m^{\ominus}$。所有稳定单质的标准生成自由能为零，许多化合物的标准生成自由能可以从热力学手册中查得。有了各种物质的标准生成自由能，便可按式（3-8）计算反应的标准自由能变化：

$$\Delta_r G^{\ominus} = \sum n_p \Delta_f G_{m,p}^{\ominus} - \sum n_r \Delta_f G_{m,r}^{\ominus} = \sum n_B \Delta_f G_{m,B}^{\ominus} \qquad (3-8)$$

式中：n_r 和 n_p 分别为反应物和产物的化学计量数；B 为反应中的任意物质；n_B 为反应式中任意物质的化学计量数，对于反应物 n_B 为负，对于产物 n_B 为正；$\Delta_f G_{m,B}^{\ominus}$ 为反应中任一物质的标准生成吉布斯自由能；$\Delta_r G^{\ominus}$ 为反应的标准吉布斯自由能变。

[例2] 合成气直接合成乙醇的反应 $2CO(g)+4H_2(g) \longrightarrow C_2H_5OH(g)+H_2O(g)$，由热力学手册查得 298.15K 标准状态下 CO、H_2、C_2H_5OH 和 H_2O 的标准生成吉布斯自由能分别为 -137.16、0、-163.0、-228.61kJ/mol，计算该反应的标准吉布斯自由能变，并判断发生该反应的自发性。

解：由式（3-8）得

$$\Delta_r G^{\ominus} = (-163.0 - 228.61) - (-137.16 \times 2)$$
$$= -117.29(kJ/mol) < 0$$

故，该反应在 298.15K 标准状态下能自发进行。

另一种方法是，利用反应的标准焓变和标准熵变，通过吉布斯－亥姆霍兹关系式，间接计算反应的标准自由能变化。

[例3] 已知在标准状态下各物质的有关热力学数据，试判断下列反应在 298.15K 时能否自发进行？

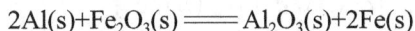

$$2Al(s)+Fe_2O_3(s) \Longrightarrow Al_2O_3(s)+2Fe(s)$$

$\Delta_f H_m^{\ominus}$/(kJ/mol)	0	-742.2	-1676	0
$S_m^{\ominus}$/[J/(mol·K)]	28.3	87.4	50.9	27.3

解：

$$\Delta_r H_m^{\ominus} = [\Delta_f H_m^{\ominus}(Al_2O_3, s) + 2\Delta_f H_m^{\ominus}(Fe, s)] - [\Delta_f H_m^{\ominus}(Fe_2O_3, s) + 2\Delta_f H_m^{\ominus}(Al, s)]$$
$$= (-1676) - (-742.2)$$
$$= -933.8 \ (kJ/mol)$$

$$\Delta_r S_m^\ominus = [S_m^\ominus(\mathrm{Al_2O_3, s}) + 2S_m^\ominus(\mathrm{Fe, s})] - [S_m^\ominus(\mathrm{Fe_2O_3, s}) + 2S_m^\ominus(\mathrm{Al, s})]$$

$$= (50.9\mathrm{J} + 2 \times 27.3) - (2 \times 28.3 + 87.4)$$

$$= -38.5[\mathrm{J / (mol \cdot K)}]$$

$$\Delta_r G_m^\ominus = \Delta_r H_m^\ominus - T\Delta_r S_m^\ominus$$

$$= -933.8 - 298 \times (-38.5 \times 10^{-3})$$

$$= -922.3(\mathrm{kJ/mol})$$

计算结果表明，反应在标准状态及 298.15K 时能自发进行。

2. 标准吉布斯自由能的应用

吉布斯自由能的重要作用是作为反应自发性的判据，判断反应进行的方向和限度。$\Delta_r G_m^\ominus$ 可用于判断标准状态时反应的方向。

$\Delta_r G_m^\ominus < 0$　　标准状态时反应能自发进行；

$\Delta_r G_m^\ominus = 0$　　标准状态时反应处于平衡状态；

$\Delta_r G_m^\ominus > 0$　　标准状态时反应不能自发进行。

（二）化学平衡

化学平衡的建立是以可逆反应为前提的。所谓可逆反应是指，在同一条件下既能正向进行又能逆向进行的反应。本书涉及的绝大部分生物质能中的化学反应都具有可逆性，只是可逆的程度有所不同。

从热力学角度看，在等温等压下，当反应的吉布斯自由能的总和高于产物的吉布斯自由能的总和时（即 $\Delta_r G_m^\ominus < 0$），反应能自发进行。随着反应的进行，反应物的吉布斯自由能的总和逐渐下降，而产物的吉布斯自由能的总和逐渐上升，当两者相等时（即 $\Delta_r G_m^\ominus = 0$），反应达到了平衡。

化学平衡是动态平衡，从宏观上看反应似乎处于停止状态，但从微观角度看，正、逆反应仍在进行，只不过反应速率相等而已。此时，无论怎样延长时间，各组分的浓度也不会发生变化。可见，化学平衡是可逆反应的最终状态，即反应进行的最大限度。

1. 标准平衡常数 $K^\ominus$

可逆反应　　　　　　　　　　　　　$a\mathrm{A} + b\mathrm{B} \rightleftharpoons d\mathrm{D} + e\mathrm{E}$

当达到化学平衡时，若为气体反应，各物质的分压分别为 $p_{eq}(\mathrm{A})$、$p_{eq}(\mathrm{B})$、$p_{eq}(\mathrm{D})$、$p_{eq}(\mathrm{E})$，或在水溶液中各物质的浓度分别为 $c_{eq}(\mathrm{A})$、$c_{eq}(\mathrm{B})$、$c_{eq}(\mathrm{D})$、$c_{eq}(\mathrm{E})$，在温度 T 时，有如下关系：

$$\frac{[p_{eq}(D)/p^\ominus]^d[p_{eq}(E)/p^\ominus]^e}{[p_{eq}(A)/p^\ominus]^a[p_{eq}(B)/p^\ominus]^b} = K^\ominus \tag{3-9}$$

或

$$\frac{[c_{eq}(D)/c^\ominus]^d[c_{eq}(E)/c^\ominus]^e}{[c_{eq}(A)/c^\ominus]^a[c_{eq}(B)/c^\ominus]^b} = K^\ominus \tag{3-10}$$

式中：$K^\ominus$ 为标准平衡常数；$c^\ominus = 1\mathrm{mol/L}$，$p^\ominus = 101.3\mathrm{kPa}$，分别为标准浓度和标准压力；$c_{eq}$、$p_{eq}$ 分别表示平衡态时浓度和压力；式（3-9）和式（3-10）均称为标准平衡常数表达式，$c/c^\ominus$ 和 $p/p^\ominus$ 为相对浓度和相对分压（压力），其 SI 单位为 1，故标准平衡常数 $K^\ominus$ 的 SI 单位也为 1。

$K^\ominus(T)$ 与 $\Delta_r G_m^\ominus(T)$ 一样，只是热力学温度的函数，它随温度的变化而变化。对某一反应说明其平衡常数时，必须指出相应的温度。与其他热力学函数一样，温度为 298.15K 时 $K^\ominus(T)$ 中的 T 可省略。$K^\ominus(T)$ 是化学反应的特性常数，它不随反应物、生成物浓度的变化而变化，当温度一定时 $K^\ominus(T)$ 是一定值，反映反应的固有本性。对同类型的化学反应，$K^\ominus(T)$ 越大，化学反应进行的程度越大。但 $K^\ominus(T)$ 大的反应，其反应速率不一定快。

2. 化学反应等温方程式

吉布斯自由能是广度性质的状态函数，具有加和性。前面主要讨论的是标准状态下吉布斯自由能的变化，若不是标准状态，则各物质的吉布斯自由能与物质的浓度或分压有关。

对于可逆反应 $aA(g)+bB(g) \rightleftharpoons dD(g)+eE(g)$

$$\Delta_r G_m = \Delta_r G_m^{\ominus} + RT\ln \frac{\left[p(D)/p^{\ominus}\right]^d \left[p(E)/p^{\ominus}\right]^e}{\left[p(A)/p^{\ominus}\right]^a \left[p(B)/p^{\ominus}\right]^b} \tag{3-11}$$

式（3-11）称为化学反应等温方程式，其中 $p(A)$、$p(D)$、$p(B)$、$p(E)$ 为未达到平衡时任意态的分压。

当 $\Delta_r G_m(T)=0$，即反应达最大限度，系统处于平衡态时，式（3-11）中的压力即为平衡压力，各物质相对压力乘积即为平衡常数 $K^{\ominus}$，此时式（3-11）可写成

$$\Delta_r G_m^{\ominus}(T)+RT\ln K^{\ominus} = 0$$

所以 $$\Delta_r G_m^{\ominus}(T) = -RT\ln K^{\ominus} \tag{3-12}$$

需要注意的是，$\Delta_r G_m$ 不仅与温度有关，而且与浓度或分压有关。$\Delta_r G_m^{\ominus}(T)$ 在一等温条件下为定值，所以 $K^{\ominus}$ 为常数，只与温度有关而与浓度或分压无关。标准平衡常数 $K^{\ominus}$ 也可作为表达反应限度的判据，$\Delta_r G_m(T)=0$，反应达最大限度。而 $K^{\ominus}$ 值可由 $\Delta_r G_m^{\ominus}(T)$ 计算得到：

$$\ln K^{\ominus} = \frac{-\Delta_r G_m^{\ominus}}{RT}$$

[例4] 已知反应 C(石墨)+$CO_2(g) \rightleftharpoons 2CO(g)$ 的 $\Delta_r G_m^{\ominus}(298K)= 120kJ/mol$，$\Delta_r G_m^{\ominus}(1000K)= -3.4kJ/mol$，

计算：（1）在标准状态及温度分别为 298K 和 1000K 时的标准平衡常数；

（2）当 1000K，$p(CO)=200kPa$，$p(CO_2)=800kPa$ 时，该反应方向。

解：（1）根据式 $\ln K^{\ominus} = \dfrac{-\Delta_r G_m^{\ominus}}{RT}$，在浓度（或分压）不变时

$\ln K_{298}^{\ominus} = \dfrac{-120\times10^3}{9.314\times298}$

$K_{298}^{\ominus} = 9.33\times10^{-22}$

$\ln K_{1000}^{\ominus} = \dfrac{-(-3.4\times10^3)}{9.314\times1000}$

$K_{1000}^{\ominus} = 1.5$

（2）$\Delta_r G_m(1000K) = \Delta_r G_m^{\ominus}(1000K) + RT\ln \dfrac{\left[p(CO)/p^{\ominus}\right]^2}{p(CO_2)/p^{\ominus}}$

$= -3.4 + 8.314\times10^{-3}\times1000\ln \dfrac{(200/100)^2}{800/100}$

$= -9.2 \text{ kJ/mol}$

$\Delta_r G_m(1000K)<0$ 该反应自发进行。

计算结果说明：同一反应，不同温度时 $K^{\ominus}$ 不同，$K^{\ominus}$ 只是温度的函数，$K^{\ominus}$ 和浓度（或分压）无关；改变系统内物质的浓度（分压）可使反应方向发生逆转。

3. 平衡移动的方向

平衡移动的方向，就是反应自发进行的方向。当 $\Delta_r G_m(T)<0$，反应正向自发；当 $\Delta_r G_m(T)=0$，反应达平衡状态；当 $\Delta_r G_m(T)>0$，反应逆向自发。一切平衡都只是相对的和暂时的。化学平衡只是在一定条件（如浓度、压力、温度等）下才能保持，当条件改变时，平衡将被破坏，在新的条件下建立新的平衡。这种因条件的改变使化学反应从原来的平衡状态转变到新的平衡状态的过程称为

化学平衡的移动。平衡移动的标志是，各物质的平衡浓度（或压力）发生变化。学习化学平衡的目的不是维持一个平衡状态的不变，而是要学会利用条件的改变，破坏旧的平衡，使其向着我们所希望的方向移动，进而建立新的平衡。

可概括总结出一条平衡移动的普遍规律：若改变平衡系统的条件之一，如浓度、压力或温度，平衡就向着能削弱这个改变的方向移动。这一规律是由吕•查德里（Le Chatelier）提出来的，被称为吕•查德里原理。

应用此原理，可以改变条件，使所需要的反应进行得更完全。应当指出，吕•查德里原理只适用于原来处于平衡状态的系统，而不适用于未达到平衡状态的系统。

第三节　化学动力学基础

一、化学动力学概述

将化学反应应用于生产实践需要考虑两个方面的问题：一是要了解反应进行的方向和最大限度以及外界条件对平衡的影响；二是要知道反应进行的速率和反应的历程（即机理）。人们把前者归属于化学热力学的研究范围，把后者归属于化学动力学的研究范围。

化学动力学的基本任务之一就是要了解反应的速率，了解各种因素（如分子结构、温度、压力、浓度、介质、催化剂等）对反应速率的影响，从而给人们提供选择反应条件、掌控反应进行的主动权，使化学反应按照我们所希望的速率进行。

化学动力学的另一个基本任务是研究反应历程。所谓反应历程，就是反应物究竟按什么途径、经过哪些步骤才转化为最终产物。同时，知道了这些历程，可以找出决定反应速率的关键所在，使主反应按照所希望的方向进行，并使副反应以最小的速率进行，从而在生产上达到多快好省的目的。

在实际生产中，既要考虑热力学问题，也要考虑动力学问题，如果一个反应在热力学上判断是可能要发生的，则需要掌握如何使可能性变为现实性，并使这个反应能以一定的速率进行。

通过化学动力学的研究，可以知道如何控制反应条件、提高主反应的速率、增加产品产量、抑制副反应的速率、减少原料消耗、减少副产物、提高纯度、提高产品质量。化学动力学的研究有理论与实践上的重大意义。

（一）化学反应速率的定义及其表示方法

化学反应速率是指在一定条件下，由反应物转变成生成物的快慢程度。化学反应速率以单位时间内，反应物浓度的减少或生成物浓度的增加来表示。浓度的单位为 mol / m^3，时间单位为 s。如下述反应：

$$3H_2(g) + N_2(g) \longrightarrow 2NH_3(g)$$

若反应速率 v_m 以反应物 N_2 浓度 $c(N_2)$ 的减小来表示，则

$$v_m(N_2) = \frac{c(N_2)t_1 - c(N_2)t_2}{t_2 - t_1} = -\frac{c(N_2)t_2 - c(N_2)t_1}{t_2 - t_1} = \frac{-\Delta c(N_2)}{\Delta t} \qquad (3\text{-}13)$$

若以生成物浓度 $c(NH_3)$ 的增加来表示反应速率 $v_m(NH_3)$，则

$$v_m(NH_3) = \frac{c(NH_3)t_2 - c(NH_3)t_1}{t_2 - t_1} = \frac{\Delta c(NH_3)}{\Delta t} \qquad (3\text{-}14)$$

式（3-13）和式（3-14）表示的反应速率是平均速率。当反应方程式中反应物和生成物的化学计量系数不等时，用反应物或生成物浓度表示的反应速率的值也不相等。上述反应中

$$-2\Delta c(N_2) = \Delta c(NH_3)$$

所以

$$v_m(NH_3) = 2v_m(N_2)$$

（二）基元反应

化学反应方程式给出反应物及产物的化学组成以及参加反应各物种之间的计量关系，但是并不能给出反应是经过什么途径的相关信息。因此，对化学动力学的目的而言，只知道化学反应方程式是不够的。例如 HBr 气相合成反应，计量反式是

$$H_2 + Br_2 \longrightarrow 2HBr$$

但它并不是通过氢分子和溴分子在一次化学的碰撞中实现的，而是通过下述一系列反应完成的：

$$Br_2 + M \longrightarrow 2Br + M$$
$$Br + H_2 \longrightarrow HBr + H$$
$$H + Br_2 \longrightarrow HBr + Br$$
$$H + HBr \longrightarrow H_2 + Br$$
$$M + Br + Br \longrightarrow Br_2 + M$$

Br 的生成对此反应的进行是必要的，Br 和 H 是反应的中间产物，但它们在只表示反应的始态和终态的方程式中并不出现。

一般的反应都是由一系列的基元反应组合而成的。基元反应就是指能够在一次化学行为中完成的反应，而化学行为即指由于一次分子间的碰撞而发生的化学变化或分子的分解。简单地说，基元反应就是能够一步完成的反应，上面的五个反应均属于基元反应。

（三）各种参数对化学反应速率的影响

不同的化学反应，反应速率不同，这是由反应物的本性决定的，反应物的本性是影响反应速率的内因。同一个反应，当反应条件如浓度、温度等改变时，反应速率也发生改变。这就是外因对反应速率的影响。

1. 浓度对反应速率的影响

19 世纪中后期，G.M. 古德贝格和 P. 瓦格提出，化学反应速率与反应物的浓度成正比，这就是质量作用定律。近代实验证明，质量作用定律只适用于基元反应，因此该定律可以更严格完整地表述为：当温度不变时，基元反应的反应速率与各反应物的浓度的幂的乘积成正比，其中各反应物的浓度的幂的指数即为基元反应方程式中该反应物化学计量数的绝对值。

因此，对基元反应

$$Br + H_2 \longrightarrow HBr + H$$

可以立即写出它的速率方程

$$\frac{d[HBr]}{dt} = k[Br][H_2]$$

对于三分子反应

$$I + I + M \longrightarrow I_2 + M$$

其速率方程则为

$$-\frac{1}{2}\frac{d[I]}{dt} = k[I]^2[M]$$

对于单分子反应

$$A^* \longrightarrow P$$

反应速率显然只与 A^* 的浓度成比例

$$-\frac{d[A^*]}{dt} = k[A^*]$$

速率方程中的 k 称为反应速率常数，它在数值上等于各反应物浓度均为单位浓度（如 1.0 mol / m³）时反应的瞬时速率。k 与反应物的浓度无关，而与反应物的性质、温度、催化剂等有关。不同的反应 k 值不同，k 值的大小可以反映出反应进行的快慢，因此在化学反应动力学中，k 是一个重要的参数。

对于化学反应，反应速率方程中各浓度项的幂次之和称为反应级数（order of reaction）。幂次数 n=0, 1, 2…的反应分别称为零级反应、一级反应、二级反应、……、n 级反应等。反应级数表示浓度对反应速率影响的程度。n 越大，浓度对反应速率的影响越剧烈。n=0，浓度对反应速率无影响。因此可以看出，基元反应的分子数与级数是相同的，单分子反应必为一级，双分子反应必为二级（可是反过来并不一定对），而且由于分子数与计量系数相同，所以基元反应的级数与计量系数也相同。这个结论只适用于基元反应。对于非基元反应，速率方程和反应级数与计量系数一般不同，必须由实验测定。反应级数由化学反应机理决定，反应机理描述了反应的各瞬间阶段，这些瞬间反应会产生中间产物，从而可以控制反应级数。反应级数在探讨反应机理的研究中有重要意义。例如，对于计量反应

$$H_2 + Br_2 \longrightarrow 2HBr$$

反应速率方程不是

$$\frac{1}{2} \frac{d[HBr]}{dt} = k[H_2][Br_2]$$

而是通过实验得出的结果

$$\frac{1}{2} \frac{d[HBr]}{dt} = \frac{k[H_2][Br_2]^{1/2}}{1 + k'[HBr]/[Br_2]}$$

实验结果显示反应速率不仅与 H_2 和 Br_2 浓度相关，还与 HBr 浓度相关，并且速率方程中有两个不同的反应速率常数。

按照质量作用定律，单分子反应 A → P 服从一级动力学规律 $v=k[A]$；双分子反应 A+B → P、$v=k[A][B]$，和 2A → P、$v=k[A]^2$ 均服从二级反应动力学规律。

实验表明，基元反应的速率方程都比较简单，可以直接由化学反应计量方程式得出。对于任意基元反应

$$aA + bB \rightarrow cC + dD$$

其反应速率方程可以表示为

$$v = kc_A^a c_B^b \tag{3-15}$$

式（3-15）也称为质量作用定律的数学表达式，表明在一定温度下，基元反应的速率与反应物浓度的幂的乘积成正比，其中每种反应物浓度的指数就是反应式中各相应反应物的化学计量系数。

对于一般复合反应 $aA + bB \longrightarrow gG + hH$，其速率方程可以表示为

$$v = kc_A^\alpha c_B^\beta \tag{3-16}$$

式（3-16）中浓度的指数 α、β 分别称为反应物 A，B 的反应级数，而指数之和 n 称为反应总级数，简称为反应级数，即 $n=\alpha+\beta$。反应级数可以是正整数，也可以为分数，n 由实验确定。

2. 温度对反应速率的影响

温度对反应速率的影响特别显著。如氢气和氧气化合成水的反应，在常温下几乎观察不到水的生成，但当温度升高到 100℃以上时，它们立即反应，并发生猛烈的爆炸。一般来说，化学反应速率都随温度升高而增大。范特霍夫从实验中总结得出：在一定温度范围内，温度每升高

10℃，反应速率增加 2~4 倍。

从反应速率方程可见，当浓度一定时，反应速率正比反应速率常数 k，k 在一定温度下是一个常数，但当温度升高时，k 值一般增大。1889 年，阿伦尼乌斯（Arrhenius）从大量实验中总结出了温度对反应速率常数 k 影响的经验公式：

$$k = Ae^{-\frac{Ea}{RT}} = A\exp\left(-\frac{E_a}{RT}\right) \tag{3-17}$$

将式（3-17）取自然对数，得

$$\ln k = -\frac{E_a}{RT} + \ln A \tag{3-18}$$

式中：k 为反应速率常数；T 为热力学温度，K；E_a 为活化能，J / mol；R 为摩尔气体常数，其值为 8.314J /（mol·K）；A 为常数，称为指前因子或概率因子，单位与速率常数 k 相同。

以上两式称为阿伦尼乌斯公式。从式中可以看出，k 与 T 成指数关系，温度微小变化，将导致 k 的较大变化。在讨论反应速率与温度关系时，可认为一般温度范围内活化能 E_a 和指前因子 A 均不随温度的改变而改变。

对于基元反应，活化能 E_a 有较明确的物理意义。阿伦尼乌斯提出：在基元反应中，并不是反应物分子之间的任何一次直接相互碰撞都能发生反应，只有少数能量较高的分子直接相互碰撞才能发生反应。这些能量较高的分子称为活化分子。活化分子的能量比普通分子的能量超出的值称为反应的活化能。后来托尔曼（Tolman）用统计力学证明，活化能是活化分子的平均能量与普通分子平均能量的差值，也就是普通分子变成能够发生反应的活化分子所需要的能量，这就是活化能的物理意义。

对于复合反应，E_a 就没有明确的物理意义了，它实际上是组成该反应的各基元反应活化能的代数和，被称为表观活化能。

二、基元反应速率理论

化学反应速率千差万别，除了外界因素浓度、温度和下一节要介绍的催化剂外，其本质原因是什么？由原始的反应物分子，经过若干基元反应，转化为产物，基元反应中，分子或原子是怎么发生反应的？如何从理论上计算反应速率？如何阐明阿伦尼乌斯公式中指前因子 A 和活化能 E_a 的微观本质，并从理论上计算它们的数值等？这些都属于反应速率理论问题。人们为了解决上述问题，提出了各种揭示化学反应内在联系的模型，其中最重要、应用最广泛的是碰撞理论和过渡态理论。

在化学反应过程中，反应物分子形成产物分子是化学键的破旧立新的过程，即反应物的化学键首先需要减弱以致破裂，然后再形成新的化学键。在此过程中必然伴随着能量的变化，而首先必须给予反应物分子足够的能量使旧的化学键减弱以致破裂。

1918 年，路易斯（Lewis）接受了阿伦尼乌斯活化分子和活化能的概念，并利用气体分子运动论的原理提出了碰撞理论。该理论认为，任何反应的实现，首先是反应物分子间必须相互碰撞。分子发生碰撞是指两个分子以很高的速度相互接近，彼此进入分子力场的范围之内，并使各自的分子力场发生变化。在发生碰撞时造成旧的化学键断裂，新的化学键生成，同时完成化学反应。但是并非所有碰撞都能发生反应。我们把反应物中具有足够高能量的分子（或原子）称为活化分子，而活化分子所需要克服的能量即是活化能。只有当这些活化分子的碰撞在空间取向上也适合才会发生化学反应，而这种能够发生反应的碰撞称为有效碰撞。

反应速率理论还认为反应速率与反应的活化能有关。一般情况，在一定的温度下，反应的活化能越大，活化分子的百分数越小，有效碰撞次数少，反应速率慢；反之，反应的活化能越小，活化分子百分数越大，有效碰撞次数多，反应速率快。

与碰撞理论不同，过渡状态理论是在统计力学和量子力学的基础上发展起来的，又称为活化络合物理论。过渡状态理论认为：反应物分子并不只是通过简单碰撞直接形成产物，而是必须经过一个形成高能量活化络合物的过渡状态，

在形成过渡态的过程中要考虑分子的内部结构、内部运动，并且达到这个过渡状态需要的一定的活化能，故过渡态又称为活化络合物或活化复合物。活化络合物与反应物分子之间建立化学平衡，反应的速率由活化络合物转化成产物的速率来决定。这个理论还认为：反应物分子之间相互作用的势能是分子间相对未知的函数，在反应物转变为产物的过程中，系统的势能不断变化。可以画出反应过程中势能变化的势能面图，从中找出最佳的反应途径。过渡态理论原则上提供了一种计算反应速率的方法，只要知道分子的某些基本物性，如震动频率、质量、核间距离等，即可计算某反应的速率常数，故这个理论也称之为绝对反应速率理论。

第四节　催化化学基础

一、催化原理

在长期的生产实践和科学实验中，人们早就认识到某些物质能加快化学反应速率。在化学反应系统中加入某种物质，若它能改变化学反应速率而其本身的数量和化学性质在反应前后不发生变化，则这种外加物质就称为催化剂。因催化剂的存在而引起反应速率改变的效应就称为催化作用。能加快化学反应速率的催化剂称为正催化剂，而减慢化学反应速率的催化剂称为负催化剂。一般没有特别说明的都是指正催化剂。

有催化剂参与的反应称为催化反应。根据催化剂与反应物所处的状态不同，催化作用可以分为均相催化和多相催化。若催化剂与反应物处于同一相（如气相或液相），就称为均相催化反应。若催化剂与反应物不在同一相，反应在相界面上进行，就称为多相催化反应。

（一）催化剂的组成

催化剂通常由活性组分、助催化剂以及载体等部分组成。

1. 催化剂活性组分

活性组分是催化剂中起主要作用的部分。例如金属催化剂，通常是将金属可溶性盐类，配成一定比例的水溶液，然后将该溶液浸渍在合适的载体上，经过焙烧和还原，使金属组分均匀地分布在载体表面上。有时金属本身也可以单独制成催化剂，例如骨架镍催化剂，但是相对来说，金属本身的利用效率不够高，因为多相催化反应是发生在两相的界面上，也就是催化剂的表面上。因此为了提高活性组分的有效利用率，特别是贵金属的利用率，通常将活性组分制成负载型的催化剂，活性组分在整个催化剂中所占比例是很小的。然而并不是所有的活性组分都在催化反应中起作用，反应只是发生在催化剂的特定部位上，在某些情况下一个部位可能是催化剂表面的一组或一簇相邻的原子，也可能是吸附在活性组分上的某一物种，这些特定部位称为活性位或活性中心。

2. 助催化剂

助催化剂是催化剂中具有提高主催化剂的活性、选择性，改善催化剂的耐热性、抗毒性、机械强度和寿命等性能的组分，也称为助剂。在催化剂中只要添加少量的助剂，即可达到明显改善催化性能的目的。根据所起的作用，助剂又可以分为电子性助剂、结构性助剂等。

电子性助剂是通过改变主催化剂的电子结构，从而改变催化剂的表面性质或改变对反应物分子的吸附能力，以降低反应活化能而提高反应速率。例如合成氨催化剂中所加入的 K_2O。

结构性助剂主要作用是增加主催化剂的结构稳定性。例如有些催化剂的活性组分是低熔点金属，那么在加热的情况下就容易聚集在一起而使表面积减少，也就是烧结。一旦发生这种现象，催化剂的活性就会急剧下降，并且很难再生。因此，往往需要在这种催化剂中加入少量耐高温材

料作为金属之间的"隔板",以防止小颗粒活性组分的烧结。结构性助剂并未改变催化剂的表面性质,因而不会改变反应的表观活化能,这是区别电子性助剂和结构性助剂的一种标志。

3. 载体

载体是负载型催化剂的重要组成部分。顾名思义载体就是主催化剂的基底或黏结剂,但有时还能担当共催化剂和助剂的作用。与助剂不同,通常载体在催化剂中含量远比助剂大。它在催化剂中起到下列几个作用:

(1)提高催化剂的强度。

(2)改善导热和热稳定性。

(3)增大活性组分表面积和提供孔道结构。

(4)减少催化剂用量,提高催化剂的有效利用率。

(5)在提供活性中心中起到协同作用。

(二)催化作用的特点

催化剂参与反应而本身又在反应后恢复到原来的化学状态。催化反应中,催化剂通常以如下两种方式中的一种参与反应:其一是催化剂与一种反应物形成活化络合物或吸附中间态,然后与另一个反应物发生反应;其二是催化剂与一种反应物发生反应生成的产物再与另一反应物发生反应而得到目标产物,此时,反应是经由催化剂与反应物之间通过明确的电子转移过程来实现的。

催化剂只是对热力学上可能进行的化学反应进行加速,而不能对热力学上不可能进行的反应实现催化作用。

催化剂只能改变化学反应的速率,而不能改变化学平衡的位置。这是因为催化剂是同时加速正反两个方向的反应速率使平衡建立的时间缩短。根据热力学定律,这是一个必然的结果,由于在反应前后催化剂的化学性质和数量都不变,因此对于一个可逆反应而言,反应前后的始态和终态与催化剂的存在与否无关,即催化剂不出现在计量反应方程式中,因而它的存在不影响反应的自由能变化,从而也不会影响化学反应平衡常数。另外,催化剂对正逆方向的反应均按相同的比例加速,因此对正反应优良的催化剂必然也是逆反应优良的催化剂。

催化剂具有选择性。从同一反应物出发,往往可以通过好几个途径进行反应而生成不同的产物。利用不同的催化剂可以使反应有选择性地朝某一个所需的方向进行。催化剂的这种专门对某一化学反应途径起加速作用的性能称为催化剂的选择性。对于有竞争反应的反应体系,选择不同的催化剂可以加速不同的反应,从而实现反应物向目标产物的转变。

(三)催化剂的作用本质

化学反应的发生,主要是化学键的断裂和形成过程。要实现这个过程,反应物分子需要获得活化能。催化剂的作用正是降低了这个反应所需要的活化能。对于一个 A 与 B 反应生成 AB 的催化反应

$$A + B \xrightarrow{C} AB$$

当没有催化剂时反应的活化能为 E,而加入催化剂 C 后,催化剂与 A 形成了不稳定的中间络合物(A—C)所需要的活化能为 E_1,比 E 小得多。(A—C)进一步转化为 AC 并与 B 反应生成 AB,催化剂复原,该反应的活化能 E_2 和 E_3 也比 E 小得多。由图 3-3 可知催化反应的路径是一条活化能较低的反应路径,故而加速了反应速率。

当然,不同催化剂所经过的催化反应途径不尽相同。在使用催化剂之后,反应速率取决于催化反应进程中各个步骤的速率。如图 3-3 所示的反应,当没有催化剂时反应的活化能为 $E_{a,0}$,而催化反应活化能为 E_a。加入催化剂 C 后,催化剂与 A 形成了不稳定的中间络合物(A—C)所需要的活化能为 E_1,比 $E_{a,0}$ 小得多。(A—C)进一步转化为 AC 并与 B 反应生成 AB,催化剂复原,

该反应的活化能 E_2 和 E_3 也比 $E_{a,0}$ 小得多。因此，对一个好的催化剂而言，要使其反应中各步之间的活化能有恰当的配合，使得总能量要求最低。

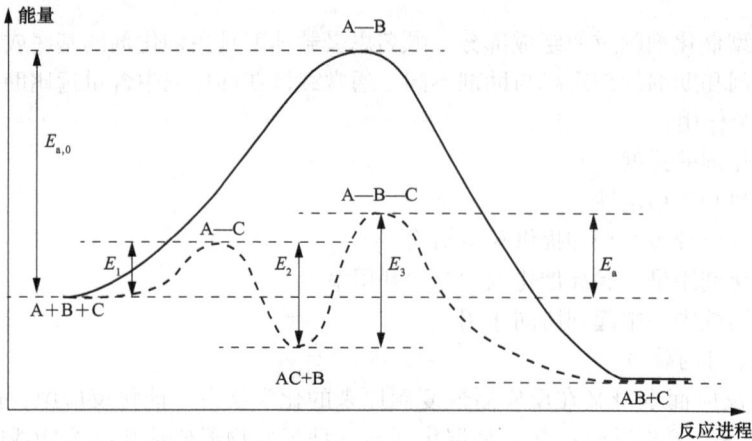

图 3-3　催化反应进程与能量关系图

（四）多相催化反应的历程和机理

对于多相催化反应，反应物从与催化剂接近开始，需经历一系列的物理和化学的基本步骤，包括吸附、脱附、物理传输和化学变化等才能完成整个催化反应，这一系列步骤的序列关系称为多相催化反应的机理。

多相催化反应是在固体催化剂的表面上进行的，因此，流体相中的反应物必须传递到催化剂表面上，然后进行反应，反应产物也不断地从催化剂表面传递到流体相中。具体而言，反应物种先要克服流体 – 固相界面膜的阻力而扩散到达催化剂颗粒的表面，其中大部分还要克服催化剂颗粒内阻力而扩散到内表面（占整个催化剂表面的绝大部分）所有的大孔、中孔和微孔中，这就是外扩散和内扩散构成的物理传输过程；化学物种到达催化剂表面后，与表面上的吸附位发生吸附作用而形成吸附物种，进而在表面上反应，变成处于吸附态的产物物种；然后再从表面上脱附，又经内扩散和相间扩散等物理传输过程，再返回到流体相中。

二、催化剂常用制备方法和处理方式

（一）浸渍法

浸渍法通常是将载体加入具有可溶性而又容易发生热分解的盐溶液（如硝酸盐、醋酸盐或铵盐等）中进行浸渍，然后干燥和焙烧及还原。由于盐类的分解和还原，沉积在载体上的就是催化剂的活性组分。

这种方法具有许多优点：可以使用现成的有一定外形和尺寸的载体材料，省去成型过程；可选择合适的载体以提供催化剂的结构特性，如比表面积、孔径和强度等；由于所浸渍的组分全部分布在载体表面，用量可减少，利用率较高，这对贵金属和稀有材料尤为重要。通常贵金属的催化剂采用这种方法制备，所负载的量可直接由制备条件计算而得。

浸渍的方法有过量浸渍法和等体积浸渍法。过量浸渍，是将载体浸泡在过量的浸渍液中，待吸附平衡后，过滤、干燥及焙烧后得到催化剂。通常可以通过调节浸渍液的浓度和体积来控制负载量。等体积浸渍法，就是将载体与它可吸收体积相应的浸渍液相混合，达到恰如其分的湿润状态，只要混合均匀和干燥后，活性组分即可均匀地分布在载体表面上，可省去过滤和母液回收过程。但是浸渍液的用量必须要事先经过试验确定。对于负载量较大的催化剂，由于溶解度所限，一次浸渍不能满足要求；对于多组分催化剂，为了防止浸渍液的竞争吸附所引起的不均匀，都可以采用分步多次浸渍来达到目的。

（二）沉淀法

沉淀法是指采用沉淀剂将可溶性催化剂组分转变为难溶化合物，然后经过分离、洗涤、干燥和焙烧成型及还原等步骤制成催化剂的方法。这种方法常被用于制备高含量非贵金属、金属氧化物、金属盐催化剂。沉淀法又可分为以下几种方法：

1. 共沉淀方法

共沉淀法是将催化剂所需的两个或两个以上的组分同时沉淀的方法，其特点是一次操作可以同时得到几个活性组分，而且各个组分的分布比较均匀。如果组分之间形成固体溶液，那么分散度更为理想。为了避免各个组分的分步沉淀，各金属盐的浓度、沉淀剂的浓度、介质的 pH 值及其他条件都须满足各个组分一起沉淀的要求。

2. 均匀沉淀法

均匀沉淀法首先使待沉淀溶液与沉淀剂母体充分混合，造成一个十分均匀的体系，然后调节温度，逐渐提高 pH 值，或在体系中逐渐生成沉淀剂等，创造形成沉淀的条件，使沉淀缓慢地进行，以制取颗粒十分均匀且比较纯净的催化剂。

3. 超均匀沉淀法

超均匀沉淀法以缓冲剂将两种反应物暂时隔开，然后迅速混合，在瞬间内使整个体系在各处同时形成一个均匀的过饱和溶液，可使沉淀颗粒大小一致，组分分布均匀。

4. 浸渍沉淀法

浸渍沉淀法是在浸渍法的基础上辅以均匀沉淀法，即在浸渍液中预先配入沉淀剂母体，待浸渍操作完成后加热升温，使待沉淀组分沉积在载体表面上。

一般来说，沉淀法的生产流程较长，包括溶解、沉淀、洗涤、干燥、焙烧等各步，存在操作步骤较多、消耗的酸和碱量较多等不足，然而这却是为制备性能较好的催化剂付出的必不可少的代价。操作步骤多，影响因素复杂，沉淀法制备的催化剂重复性欠佳，这是沉淀法的不足之处。

（三）混合法

多组分催化剂在压片、挤条等成型之前，一般都要经历这一步骤。此法设备简单，操作方便，产品化学组成稳定，可用于制备高含量的多组分催化剂，尤其是混合氧化物催化剂，但此法分散度较低。

混合可在任何两相间进行，可以是液 – 固混合（湿式混合），也可以是固 – 固混合（干式混合）。混合的目的：一是促进物料间的均匀分布，提高分散度；二是产生新的物理性质（塑性），便于成型，并提高机械强度。

（四）抽滤法

1925 年 Raney 首次采用抽滤法制备了骨架镍催化剂，即雷尼镍。雷尼镍的制备是将 Ni-Al（50/50）合金经过破碎和过筛后用 20% 的 NaOH 溶液将合金中大部分的铝溶解，留下具有高表面活性的骨架镍。用这种方法还可以制备其他活泼的金属骨架催化剂，如 Fe、Co、Cu、Cr、Mn、Ag 等。这类催化剂的特点是金属分散度高，催化活性也高。这是由于除去铝后在骨架上留下的金属原子都处于价键不饱和状态，以及在抽滤时产生大量被吸附在 Ni 原子表面上和溶于金属中的活泼氢的缘故。

（五）熔融法

熔融法是借助高温条件将催化剂的各个组分熔合成为均匀分布的混合体、氧化物固体溶液或合金固体溶液，以制取特殊性能的催化剂。一些需要高温熔炼的催化剂都采用这种方法，主要用于氨合成熔铁催化剂、费托合成催化剂、雷尼骨架催化剂等的制备。

（六）离子交换法

离子交换法是用某些具有离子交换特性的材料（如离子交换树脂、沸石分子筛等）借助于离子交换反应，将所需要的离子交换上去，然后再经过后处理即可制成所需的催化剂。用酸洗交换的方式可以将 Na 型离子交换树脂转变成为固体表面酸性的催化剂。用 NH_4^+ 离子交换 Na 型沸石分子筛后再经焙烧脱氨即可得到 H 型的沸石分子筛。

（七）其他方法

随着催化新反应和新型催化材料的不断开发，纳米催化材料、膜催化反应器等研究的进展，促成了众多催化剂制备的新技术，如微乳液法、溶胶－凝胶法、超临界技术等。除此之外，在催化剂制备技术中还有化学键合法、纤维化法、水热法和模板法等新技术。

三、催化特性指标介绍

对催化剂的评价标准是活性、选择性和稳定性三大指标，这不仅是工业上的主要指标，也是最直观和最具实际意义的参量。一个优良的催化剂必须具备高活性、高选择性和高稳定性。

（一）活性

催化剂的活性是表示催化剂加快化学反应速率程度的一种度量，或者说催化剂的活性是指催化反应速率与非催化反应速率之间的差别。由于通常情况下非催化反应速率可以忽略，所以催化剂活性就是催化反应的速率。

由于催化反应是在表面上发生的，而且相同表面积的催化剂其活性位浓度可能并不一样，因此根据活性位数来表征反应速率可以更接近催化剂的本质速率。借用酶化学中的转换数概念，在催化中引入了转换频率（TOF）的概念。转换频率，又称转换速率，是指反应在给定温度、压力、反应物比率以及一定反应程度下，在单位时间内、单位活性位上发生反应的次数。

对于活性的表达方式，还有一种更直观的指标，常被用来表示催化剂的活性，那就是转化率，尤其是工业上常用这种参数来衡量催化剂。转化率的定义为

$$X = \frac{已转化的反应物的物质的量}{起始反应物的物质的量} \times 100\%$$

采用这种参数时，必须注明反应物料与催化剂的接触时间，否则就没有速率概念了，也就无法体现催化剂的活性。为此在工业实践中还引入空速和时空得率等参数：在流动体系中，物料的流速（体积／时间）除以催化剂的体积就是体积空速，单位为 s^{-1} 或 h^{-1}，如果反应物和催化剂都用质量来表示，那么得到的是质量空速。空速的倒数为反应物料与催化剂接触的平均时间。时空得率是单位时间、单位体积催化剂上所得产物的量，时空得率与操作条件密切相关，所以在使用该物理量的时候也要注明反应条件。

上述一些物理量都与反应条件有关，所以使用时必须注明反应条件。其中转换频率已避免了宏观结构对活性的影响，所以更能表征催化剂的本征性能。

（二）选择性

催化剂并不是对热力学允许的所有化学反应都有同样的功能，而是特别有效地加速平行竞争反应或连续反应中的一个，这就是催化剂的选择性。或者说催化剂的选择性是指已转化的反应物中有多少量是转化成目标产物了，即

$$S = \frac{目标产物的物质的量}{已转化的某一反应物理论上可得到目标产物的物质的量} \times 100\%$$

从某种意义上说选择性比活性更重要。

（三）稳定性

催化剂稳定性通常以寿命来表示。它是指催化剂在使用条件下，维持一定活性水平的时间（单程寿命），或经再生后累计时间（总寿命）。也可以用单位活性位上所能实现的反应转换总数来表示。

根据催化剂的定义，一个理想的催化剂应该是可以永久使用的，然而实际上由于化学和物理的种种原因，催化剂的活性和选择性都会下降直到低于某一特定值后就被认为是失活了。催化剂

稳定性包括对高温作用的耐热稳定性，对摩擦、冲击、重力作用的机械稳定性和对毒化作用的抗毒稳定性。

1. 耐热稳定性

一种良好的催化剂应能在高温的反应条件下，长期具有一定水平的活性。然而大多数催化剂有其极限温度，这主要是高温容易使催化剂的微晶烧结长大、晶格破坏或者晶格缺陷减少，金属催化剂通常在超过半熔温度时就发生烧结。当催化剂为低熔点金属时，应当加入适量高熔点难还原的氧化物起保护隔离作用，以防止微晶聚集而烧结。改善催化剂耐热性的另一个常用方法是采用耐热的载体。

2. 机械稳定性

机械稳定性高的催化剂能够经受住颗粒与颗粒之间、颗粒与流体之间、颗粒与器壁之间的摩擦与碰撞，且在运输、装填及自重负荷或反应条件改变等过程中能不破碎或没有明显的粉化。一般以抗压强度和粉化度来表征。

3. 抗毒稳定性

由于有害杂质对催化剂的毒化作用，使活性、选择性或寿命降低的现象称为催化剂的中毒。一般来说有害物质主要是指硫化物，含氧化合物，含磷、含砷、卤素化合物以及重金属化合物，金属有机化合物等。催化剂的中毒可以粗略地解释为表面活性中心吸附了有害杂质或进一步转化为较稳定的表面化合物，只是活性位被钝化或被永久占据。

除了上述三种稳定性影响因素之外，催化剂失活还有很主要的原因就是积碳和结焦以及活性物种流失。积碳往往是由于某些高分子的含碳杂质覆盖了活性表面或堵塞了孔道所致。

习题

1. 试用文字和表达式相结合的方式描述化学热力学第一定律和第二定律。

2. 在标准状态及 298.15K 条件下，C（金刚石）和 C（石墨）的标准摩尔熵分别为 2.45、5.71J／（mol·K），其燃烧焓分别为 –395.40、–393.51kJ／mol，试求：

（1）在标准状态及 298.15K 条件下，C（石墨）→ C（金刚石）的 $\Delta_r G_m^{\ominus}$；

（2）哪一种晶体较为稳定？

3. 某总反应速率常数 k 与各基元反应速率常数的关系为 $k = k_2(k_1/2k_4)^{1/2}$，则该反应的表观活化能和指前因子与各基元反应活化能和指前因子的关系如何？

4. 阿伦尼乌斯经验式的适用条件是什么？实验活化能 E_a 对于基元反应和复杂反应含义有何不同？

5. 何为催化反应？多相催化反应的历程有什么特点？

第四章 生物质特性和分析方法

第一节 生物质特性概述

生物质中除纤维素、半纤维素以及木质素三大主要组分之外，还含有少量的树脂、脂肪和蜡等有机化合物和植物生长所需的各种金属盐等，其主要组成和结构如图 4-1 所示。这些主要组分和次要组分不均匀地分布在细胞壁内形成了骨架物质、缔结物质和硬固物质。纤维素分子排列规则、聚集成束，是细胞壁的骨架结构，其中的间隙内被非结晶态的缔结物质和硬固物质填充。半纤维素属于缔结物质，以较短的链状形式排列在纤维素骨架上。硬固物质是在细胞分化最后阶段形成的木质素，可以通过酸或酶的作用去除骨架物质和缔结物质后获得。不同组分分子之间存在着不同的结合力，纤维素和半纤维素或木质素的结合主要依赖于氢键。半纤维素和木质素之间除氢键外，还存在着化学键的结合，主要在半纤维素分子支链上的半乳糖基或阿拉伯糖基与木质素之间，从而使得木质纤维素类生物质原料中提取的木质素会粘联少量的碳水化合物。此外，生物质中还含有一些不构成细胞壁和细胞间层的游离的化合物，它们可被极性或非极性有机溶剂提取，因而称为抽提物。抽提物属于非结构性成分，主要包括蜡、脂肪、树脂、丹宁酸、淀粉和色素等。同时，生物质中还含有少量的多种无机金属盐，主要为碱金属盐和碱土金属盐。生物质中纤维素、半纤维素和木质素这三大组分以及少量的抽提物和无机盐的组成和含量等都会影响生物质整体的转化效果。

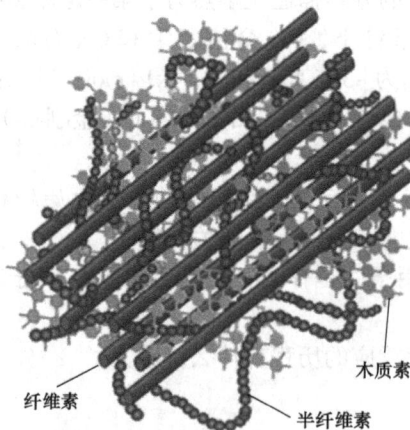

图 4-1　生物质的组成和结构

相比于同为固体的化石燃料煤，生物质中的氧含量要高得多，通常可以达到 40%~45%。这导致生物质的发热量较低，常见的生物质发热量一般小于 20 MJ/kg；而生物质中的硫和氮的含量相比煤炭要低很多，硫含量一般为 0.1%，氮含量在不同生物质中的差别较大，通常为 0.1%~0.8%。此外，由于生物质所储存的化学能均是直接或者间接来自光合作用，因此生物质能利用过程中所排放的碳理论上等于植物光合作用所固定的碳，从而可达到碳中性循环，缓解温室效应。生物质的堆积密度较小，硬木、软木、玉米芯等硬材的堆积密度在 200~350 kg/m³ 之间，而玉米秸秆、棉秆等软材的堆积密度小于木质燃料。例如，玉米秸秆的堆积密度相当于木材的 1/4，麦秆的堆积密度相当于木材的 1/10 以下。较低的堆积密度需要占用的堆放空间，对生物质（尤其是秸秆类型生物质）的存储和运输非常不利。秸秆的堆放体积庞大，搬运、运输、堆积需要消耗较多的人力财力，运输有一定的困难，尤其是远距离大规模运输成本太高；而且较大的体积对较大型的生物质燃烧系统带来一定的困难，直接影响了秸秆燃烧技术的推广和应用。

第二节 组分分布和分离定量

生物质主要由纤维素、半纤维素和木质素组成，它们的含量随着生物质种类的不同而变化，其中纤维素含量最高，达 40%~80%，木质素含量为 10%~25%，半纤维素则为 15%~30%。各组分的定量通常采用一系列的酸性或碱性溶剂，通过萃取依次去除某一种组分，从而称量计算得到各组分的含量。对组分的定量有很多种分析方法，其中范式组分分析法因其定量准确而较为常用。

采用纤维素测定仪，通过范氏组分分析法可准确测定植物中纤维素、半纤维素和木质素以及不溶酸灰分的含量。将生物质原料磨碎筛分后得到粒径在 0.45~1mm 的样品，然后按照图 4-2 所示的流程图开展范式组分分析。首先对生物质用中性洗涤溶液（NDS），溶去并脱除蛋白质类和脂肪类成分，得到中性洗涤纤维（NDF），其主要含有纤维素、半纤维素、木质素和灰分。随后酸性洗涤溶液（ADS）去除半纤维素得到酸性洗涤纤维（ADF），其主要含有纤维素、木质素和灰分。接着使用 72% 质量浓度的硫酸洗涤溶液（SADS）溶去纤维素得到强酸洗涤纤维（SADF），其成分主要为木质素和少量的不溶酸灰分。最后将剩余的残渣在马弗炉烧尽木质素后得到不溶酸灰分。称量各步骤的残渣质量，可计算出生物质中三大组分以及蛋白质脂肪类等抽提物和不溶酸灰分的含量。

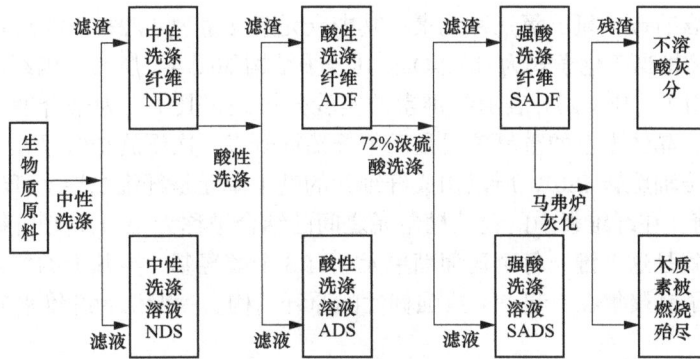

图 4-2 范式组分分析法

利用范式组分分析法对十种典型的林业类生物质进行组分分析的结果见表 4-1 所示。纤维素、半纤维素和木质素是林业类生物质中最主要的组分，总含量占到 85%~95%（质量分数）。其中纤维素在生物质中占 50%（质量分数）左右，且阔叶木相比针叶木含有更多的纤维素和半纤维素。针叶木的木质素含量为 25%~32%（质量分数），而阔叶木的木质素含量为 9%~21%（质量分数），显然针叶木相比阔叶木含有更多的木质素。

表 4-1 　　　　　　　　　　　　林业生物质样品的组分分析 　　　　　　　　% （质量分数）

样品		范氏组分分析结果			生物质组分计算结果				
		NDF	ADF	SADF	抽提物	纤维素	半纤维素	木质素	不溶酸灰分
针叶木	杉木	92.30	80.36	31.46	7.70	48.90	11.94	31.21	0.25
	白松	92.39	80.12	26.86	7.61	53.26	12.27	26.66	0.20

续表

样品		范氏组分分析结果			生物质组分计算结果				
		NDF	ADF	SADF	抽提物	纤维素	半纤维素	木质素	不溶酸灰分
针叶木	红松	85.83	80.68	30.15	14.17	50.53	5.15	29.92	0.23
	落叶松	95.11	79.75	27.65	4.89	52.10	15.36	27.45	0.20
	樟子松	91.30	73.60	25.80	8.70	47.80	17.70	25.50	0.30
阔叶木	速生杨	97.06	78.00	17.30	2.94	60.70	19.06	14.80	2.50
	花梨木	91.57	74.77	21.15	8.43	53.62	16.80	21.08	0.07
	水曲柳	95.67	70.03	13.61	4.33	56.42	25.64	13.47	0.14
	西南桦	91.08	70.69	17.56	8.92	53.13	20.39	17.21	0.35
	黑桦	92.41	63.44	9.49	7.59	53.95	28.97	9.43	0.06

第三节　纤维素

纤维素是自然界中分布最广、含量最多的一种高分子多聚糖。自然界中，植物体内约50%的碳以纤维素的形式存在。木材中纤维素的含量较高，约40%~45%的干物质为纤维素，而有些棉花中纤维素的含量甚至达到90%以上。

一、纤维素结构组成

（一）纤维素的分子结构

纤维素分子中含有碳、氢、氧三种元素。其中碳元素含量为44.2%，氢元素含量为6.3%，氧元素含量为49.5%，相当于化学式为$C_6H_{10}O_5$，其分子结构如图4-3所示。因纤维素的分子量远高于162，所以一般用（$C_6H_{10}O_5$）$_n$表示纤维素的实验分子式，其中n为聚合度。纤维素晶体的X射线衍射研究发现，晶体学上的重复单元是两个葡萄糖酐以二次螺旋轴维系在一起的，左右两个葡萄糖酐彼此绕螺旋轴旋转180°，所以构成纤维素的基本单元是纤维二糖。纤维素中的葡萄糖属于D-吡喃型葡萄糖，在纤维素中的葡萄糖单元之间的结合被称为β-1,4-糖苷键，当纤维素发生水解时首先断裂的就是这个键。每个葡萄糖单元上有3个醇羟基，羟基上的氢键能够与侧链上的氧原子连接而使分子链聚集在一起，形成强韧性的原纤结构。一般认为纤维素分子由8000~12000个葡萄糖残基组成。

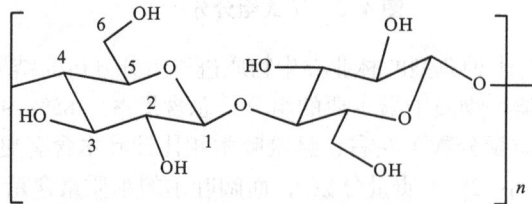

图4-3　纤维素的分子结构

虽然纤维素的聚合单体是纤维二糖，而不是葡萄糖，但纤维素与葡萄糖之间存在着紧密的联系。纤维素在磷酸作用下于微波反应器内进行稀酸水解时，可获得90%以上的葡萄糖产率，说明在一定水解条件下纤维素结构可以优先发生糖苷键断裂，生成大量的葡萄糖单体。

（二）纤维素的结晶结构

纤维素结晶区部分分子排列较为整齐、有规则，故密度较大。无定形区部分的分子排列不整齐、较疏松，因此分子间距较大、密度较低。纤维素的结晶呈多形性，依据纤维素链的微观结构和排列方式可将纤维素分为五种结晶变体，其中最为典型的是Ⅰ型纤维素（天然纤维素）和Ⅱ型纤维素（再生纤维素和丝光纤维素），这两种经常作为纤维素的代表开展进一步的研究。通常认为Ⅰ型纤维素是由三斜晶系结构和一个二链修正结构同时结晶形成，两种结构中的链平行排列，而Ⅱ型纤维素中的所有链结构单元都是反平行排列的。

二、纤维素物理结构特性

天然纤维素无臭、无味。结晶纤维素的密度为 1600 kg/m³，木材内的纤维素密度为 1500 kg/m³左右。0℃时纤维素的比热容为 0.290 kJ/（kg·℃），20℃时为 0.346 kJ/（kg·℃）。纤维素呈双折射现象，在紫外线下放出荧光；在 150℃左右开始分解，350℃时起火；有吸湿性，在温度为20℃，空气相对湿度为 60% 的条件下将会吸附 6%~12% 的水分。

（一）纤维素的分子量

纤维素的分子量及其分布对纤维素的物理机械性能、纤维素溶解性质以及纤维素的降解和老化等影响较大，所以对分子量的分析和测定显得尤为重要。由纤维素的分子式可知，如能求出纤维素的聚合度即可求出分子量，同样如已知分子量也可推导出聚合度。但采用一般方法从植物中分离出来的纯度高的纤维素，其聚合度也不均一，由很多长度不同的线性高分子组成，所以实验测量的分子量或聚合度均为平均值。

平均分子量的测量可在溶液中测定。目前常用的方法有渗透压法、光散射法、黏度法等。

（二）纤维素的吸附性

纤维素一般具有良好的对水或其他溶液的吸附性，吸附性的强弱与纤维素结构及毛细管作用有关。吸附水分为结合水和游离水两种，进入纤维素无定形区与纤维素羟基形成氢键而结合的水称为结合水。结合水的吸着力强，吸附过程有热量放出，且纤维素发生润胀。当纤维物料达到纤维饱和点以后，水分子继续进入纤维的细胞腔和孔隙中，形成多层吸附水，称为游离水，与纤维素无化学键连接，且无热效应及润胀。

除此之外，纤维素还对金属离子具有交换吸附能力。纤维素含杂质如木质素及半纤维素越多，对金属离子的吸附能力越强。纤维素对金属离子的交换吸附能力与溶液的 pH 值有关，pH 值越高，交换吸附能力越强。

（三）纤维素的溶解性

纤维素分子中含有大量的羟基，这使得纤维素易吸水溶胀，但羟基的水化能力远不能克服纤维素分子间力，所以纤维素在冷、热水中都只能溶胀而不能溶解。但当纤维素与一定浓度的酸、碱、盐水溶液相互作用时，分子间的氢键会被破坏，当溶液本身的水化能力足够大时，纤维素就会分散溶解在溶液中。硫酸和盐酸都可溶解纤维素，如溶解不保持在低温状态就会引起纤维素的迅速降解，同时纤维素也溶于磷酸溶液而几乎不发生降解。另外，氯化铝、氯化锌、硫代氰酸盐、碘化物和溴化物等配置的溶液也可溶解低聚合度的纤维素。除此之外，氢氧化四氨络酮溶液和氢氧化二乙二胺络酮溶液均可作为纤维素的特别溶剂。

三、纤维素化学性质

纤维素链上每个葡萄糖基环上有 3 个活泼的羟基，因此纤维素可以发生一系列与羟基有关的化学反应，同时，它们相互之间也可以形成纤维素分子间的氢键。羟基对纤维素链的形态和反应特性具有重要影响，不仅增强了纤维素分子链的线性完整性和刚性，而且也使其分子链紧密排列形成高度有序的结晶区。当化学试剂作用于纤维素时，试剂抵达纤维素羟基的难易程度即为纤维素的可及性。结晶度越高，氢键越强，则试剂难以到达其羟基上。但在润胀或溶解状态的纤维素中，所有羟基都有可及性。几乎所有的纤维素反应都与相邻的两个葡萄糖单体间的糖苷键断裂有关，只是随着反应条件的不同其对糖苷键的破坏程度存在差异。

（一）纤维素的水解

纤维素在酸和碱性条件下都可发生水解反应，但酸水解比较常见且效果较好。当纤维素在合适的温度和催化剂作用下，便会发生水解。水解催化剂的特点是溶解于水后产生氢离子，因此酸可以水解纤维素。纤维素分子中的糖苷键具有缩醛键的性质，对酸很敏感，当与酸或酸的水溶液作用时，糖苷键断裂，同时聚合度降低。碱水解是纤维素在碱性条件下发生的分子链断裂反应，其结果与酸水解基本一致。碱性水解在温度较低时作用不强，但随着温度的升高，水解反应会变得越来越剧烈。

（二）纤维素的氧化

纤维素完全氧化的最终产物是二氧化碳和水，但部分氧化是应用较多的方法，主要用以调节纤维素的聚合度。根据氧化反应强度的不同及是否存在催化剂等实验条件，纤维素中的葡萄糖基单元会发生一系列的复杂的氧化反应，引起醛基、羧基的形成或吡喃环的断裂。按照氧化剂的作用位置，纤维素氧化可分为选择性氧化和非选择性氧化。某些试剂可使纤维素在特定位置上发生氧化，可产生选择性效果。选择性氧化剂对纤维素大分子中羟基的高度选择性可有效地抑制氧化反应过程中纤维素的降解。当纤维素在氧化过程中，伯醇羟基和仲醇羟基同时发生变化，生成醛、酮、酸等含氧基团，此类反应为非选择性氧化。

（三）纤维素的光化学裂解

除了水解和氧化反应外，纤维素受到光照会产生两种裂解，一种是在日光的直接照射下，纤维素分子的化学键破坏，这类反应跟氧的存在与否无关，被称为光解作用。另外一种是在氧和水分的条件下，由于存在某一种光敏物质而使纤维素链断裂，称为光敏作用。光敏作用比较常见，特别是在缺氧、黑暗和干燥的条件下保存若干年的纤维素材料，一旦被发掘出来，遇到氧、水分和光就会立即分解，这也就是所说的风化。

（四）纤维素衍生物

纤维素衍生物是指纤维素的羟基基团部分或全部被酯化或醚化形成的一系列化合物。纤维素中含有的羟基为酯化和醚化反应提供了可能，通过酯化和醚化也能较显著地改变纤维素的性质，从而制造出许多具有新的性质、有价值的产品。纤维素酯就是纤维素中的醇羟基与强酸溶液反应形成相应的纤维素酯，如纤维素硝酸酯、纤维素醋酸酯，纤维素硫酸酯、磷酸酯和亚硝酸酯等。纤维素醚是工业上最重要的水溶性聚合物之一，合成纤维素醚的一般反应与酯化作用相似，即经由一个水合氢离子中间体的形成，然后再与过量的酸反应生成醚。

第四节　半纤维素

植物细胞壁中的纤维素和木质素是由聚糖混合物紧密地相互贯穿在一起的，横向分布在细胞壁各层，这些聚糖混合物被称为半纤维素。其在针叶木中含量约10%~15%，阔叶木中为18%~23%，禾草类植物中为20%~25%。它们的分子链要比纤维素短，与纤维素的均一聚糖单一直链结构相比，半纤维素既可形成均一聚糖又可形成非均一聚糖，即可以由不同的单糖基以不同连接方式连接成结构互不相同的多种聚糖结构，其中的糖单元主要包括木糖、甘露糖、半乳糖、葡萄糖和鼠李糖等。

一、半纤维素结构组成

木糖、甘露糖、半乳糖和阿拉伯糖等是半纤维素的主要单糖单元，如图4-4所示。其中，木糖和阿拉伯糖是五碳糖，而甘露糖和半乳糖是六碳糖。木糖是绝大多数半纤维素中的主要单糖单元。例如，木聚糖基半纤维素中含有85%~93%的木糖，是糖化工工业中一种重要的原料，可用于制备木糖醇这种甜味剂。在半纤维素中，木糖以吡喃形式存在。甘露糖是葡萄糖C-2羟基的差向异构体，主要作为主链糖单元存在于甘露聚糖、葡甘露聚糖等半纤维素多糖中。半乳糖是葡萄糖 C-4 羟基的差向异构体，主要存在于半乳聚糖、半乳葡甘露聚糖等半纤维素多糖中。阿拉伯糖主要以侧链形式存在于木聚糖中。此外，半纤维素中还含有糖醛酸、氧乙酰基等侧链结构。

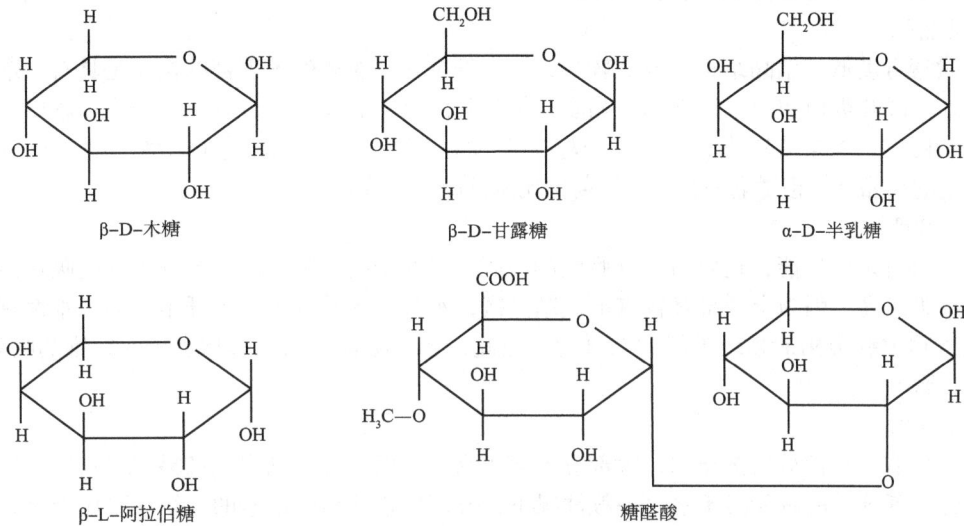

图 4-4　半纤维素多种糖单元的化学结构

　　这些单糖单元和侧链结构可组合形成多种半纤维素多聚糖，根据聚糖结构主链上的糖基，可将半纤维素命名分类。当半纤维素主链上只有 D- 木糖时，则称此为聚木糖类半纤维素；当半纤维素主链由葡萄糖和甘露糖两种糖基所构成时，则称为聚葡萄糖甘露糖类半纤维素。

　　聚木糖类半纤维素。聚木糖类半纤维素广泛存在于自然界，绝大多数植物都含有，其主链是由 D- 木糖基之间相互连接成的均一线状高聚物。聚木糖类半纤维素在针叶类和阔叶类植物中存在的结构有所差别。阔叶类植物中最重要的是聚 -O- 乙酰基 -4-O- 甲基葡萄糖醛酸木糖，其主要由 β-D- 木糖主链结构通过 β-1,4- 糖苷键连接而成。一些木糖的 C_2 和 C_3 原子可能被乙酰化，且十个分子中就有一个糖醛酸单元。乙酰基的比例在 8%~17% 间变化，对应于每十个木糖单元中存在 3.5~7 个乙酰基团。主链的平均聚合度随木材和分离方式的不同而在 100~200 之间变动。针叶类植物中主要是聚阿拉伯糖 -4-O- 甲基葡萄糖醛酸木糖，包含由 α-1,2- 糖苷键连接的 4-O- 甲基 -α-D- 葡萄糖醛酸单元和 α-1,3- 糖苷键连接的 α-L- 阿拉伯糖单元，其聚合度比阔叶类植物中的短，为 90~130。禾本类植物中的聚木糖类半纤维素其主链结构是 D- 木糖基通过 β-1,4- 糖苷键连接而形成的，主链木糖基上的 C_2 和 C_3 位上分别连接有 L- 呋喃式阿拉伯糖和 D- 吡喃型葡萄糖醛酸基支链。另外，禾本科聚木糖类半纤维素也可以只有主链而没有支链。

　　聚葡萄糖甘露糖类半纤维素。聚葡萄糖甘露糖类半纤维素在针叶木中含量较高，在禾本类植物中含量较少。针叶木半纤维素中最多的是聚半乳糖葡萄糖甘露糖，其主链骨架由 β-D- 葡萄糖和 β-D- 甘露糖单元通过 β-1,4- 糖苷键连接而成。主链糖单元的 C_2 和 C_3 原子存在部分乙酰化情况，α-D- 半乳糖取代单元通过 α-1,6 键连接在葡萄糖和甘露糖单元上。其中乙酰基单元的含量在 6% 左右，平均 3~4 个己糖单元对应于 1 个乙酰基团。另外，甘露糖基团的含量要远大于葡聚糖基团，其平均聚合度在 40~100 之间。

　　聚半乳糖类半纤维素。聚半乳糖类半纤维素具体包括聚阿拉伯糖半乳糖和聚鼠李糖半乳糖醛酸木糖。前者在针叶木中广泛存在，是高分支度水溶性的，一般与水溶性的聚半乳糖葡萄糖甘露糖一起。阔叶木的聚半乳糖类半纤维素中则含有鼠李糖单元。

　　聚葡萄糖类半纤维素。它主要由 β-1,4- 糖苷键连接的 D- 葡萄糖骨架组成，并含有 D- 木糖、L- 阿拉伯糖和 D- 半乳糖单元，是除纤维素与淀粉外的聚葡萄糖类物质，广泛存在于植物组织中。

二、半纤维素物理结构特性

半纤维素的密度平均为 1500 kg/m^3，具有较好的亲水性和溶解性。因半纤维素结构的不稳定性直接导致了不同方法获得的半纤维素特性差异较大。

（一）结晶性

半纤维素聚合度低，结晶结构无或比较少，但半纤维素中主要的木聚糖结构还是具有一定结晶性的。另外，阔叶类植物中木聚糖的结晶度与糖醛酸的侧链有关，侧链越多，结晶度越低，即形成主链的木糖单元参与结晶的形成，但无规则存在的糖醛酸支链破坏了整体的结晶性。葡甘聚糖也具有一定的结晶性，但随着甘露糖/葡萄糖比例的减少而降低。

（二）亲水性

半纤维素具有亲水性能，这将造成细胞壁的润胀，可赋予纤维弹性。且半纤维素的吸水性和润胀度均比纤维素高，因为半纤维素较难形成结晶区，水分子容易进入。半纤维素的亲水性有利于纸张成型过程中纤维构造和纤维间的结合力。因此，半纤维素的加入影响了表面纤维的吸附，对纸张强度有影响。

（三）溶解性

半纤维素中有一小部分易溶于水，大部分不溶于水，如聚阿拉伯糖半乳糖易溶于水。一般聚合度愈低，分支度越大的越易溶于水。一般情况下，分离出来的半纤维素的溶解性要比天然状态的半纤维素高。某些半纤维素易溶于碱液中，而另外一些则易溶于酸液中。

三、半纤维素化学性质

（一）酸碱反应性

半纤维素的糖苷键在酸性介质中会发生断裂，使得半纤维素开始降解，这一点与纤维素酸性水解是一样的，但半纤维素的水解反应情况比纤维素复杂。β-D 构型的酸解速度大于 α-D 构型，呋喃式醛糖配糖化物的酸解速度也大于相应吡喃式醛糖配糖化物。在酸性亚硫酸盐法制浆中，半纤维素会部分水解为单糖和低聚糖，溶于蒸煮液中。呋喃式阿拉伯糖最早被溶出，甲基葡萄糖醛酸最难溶，直到大量木糖被溶出，甲基葡萄糖糖醛酸也不会出现在蒸煮液中。

在碱性条件下，半纤维素会发生碱性水解和剥皮反应。例如在 5%NaOH 溶液中，170℃时，半纤维素糖苷键可被水解裂开，即发生了碱性水解，在较温和的碱性条件下，也发生剥皮反应，从糖的还原性末端基开始逐个进行，反应到一定程度时，剥皮反应会以还原性末端基转化成偏变糖酸基为终止。

（二）酶降解特性

在酶的作用下，半纤维素也会发生降解反应。半纤维素的酶解反应在生物漂白中有着重要的应用，与一些微生物的酶与纸浆中的某些成分相互作用，形成脱木素或有利于脱木素的状况，并改善纸浆的可漂白性或提高纸浆白度。

第五节　木质素

在木材中木质素作为一种填充和黏结物质，在木材细胞壁中能以物理或化学的方式使纤维素纤维之间黏结和加固，增加木材的机械强度和抵抗微生物侵蚀的能力。木质素的含量随不同植物的品种和同一植物的不同部位而有很大的变化。木质素在针叶木中含量为 25%~35%，在阔叶木中含量为 20%~25%，而在单子叶禾本科植物中含量一般在 15%~20% 之间。一般认为藻类植物中不存在木质素。不同于纤维素和半纤维素，木质素属于非糖类高分子物质，化学结构非常复杂，至今还没有掌握其全部细节。

一、木质素结构组成

木质素主要含有碳、氢、氧三种元素，质量分数在 60%、6% 和 30% 左右，此外还含有少量的氮元素，其元素组成随着生物质种类、产地和分离方法的不同而变化。依据元素分析结果可计算出木质素的 C_9 经典表达式，对后续的产物分析具有重要作用。

（一）木质素基本结构单元

木质素是由苯丙烷单元以非线性的、随机方式连接组成的复合体，其基本结构单元如图 4-5 所示，即由紫丁香基丙烷结构单体聚合而成的紫丁香基木质素（syringyl lignin，S- 木质素），由愈创木基丙烷结构单体聚合而成的愈创木基木质素（guajacyl lignin，G- 木质素）和由对 - 羟基苯基丙烷结构单体聚合而成的对 - 羟基苯基木质素（hydroxy-phenyl lignin，H- 木质素）。木质素虽然只有三种基本结构单元，但每一种结构单元的苯环上有不同的官能团，具有不同的反应活性，从而造成了木质素结构的复杂性。

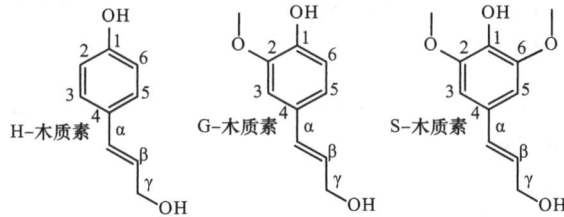

图 4-5　木质素三种基本结构单元

（二）木质素的主要官能团

木质素中官能团种类较多，主要有甲氧基、羟基和羰基等。它们的存在与木质素的种类和提取方法有关，同时也正是由于官能团的存在使木质素具有多种化学性质。

甲氧基：它是最基本的木质素特征官能团。针叶木木质素中甲氧基的含量为 14%~16%，阔叶木木质素中甲氢基含量为 19%~22%，草本类木质素中甲氢基含量为 14%~15%。甲氧基有连接在苯环上或连接在脂肪族侧链上两种可能。目前通过核磁共振波谱即可判断其连接类型。苯环上的甲氧基较稳定，在较强的氧化剂作用下才能将其从苯丙烷结构上分离出来。在高温高压条件下，用强碱蒸煮，也能使甲氧基从苯环上断裂形成甲醇。

羟基：木质素结构中的羟基包括醇羟基和酚羟基，其对木质素的理化性质具有重要影响。其中存在于苯环上的酚羟基是评估木质素结构的主要参数，反映了木质素的醚化和缩合程度，同时也可以衡量木质素的溶解性能及反应能力。另一种存在于丙烷侧链上的脂肪族醇羟基分布在 α、β 和 γ 碳原子上，以游离状态或与其他烷基或芳基连接成醚的形式存在。用甲基化的方法或核磁共振波谱均可判断羟基的类型。

羰基：木质素结构中的羰基位于侧链上，一类是共轭羰基，另一类是非共轭羰基，二者之和为全羰基量。全羰基量可通过硼氢化钠还原，以容量分析法求其氢的消耗量来定量。

（三）木质素的侧链结构及其形成的连接

木质素的侧链结构比芳香环骨架结构更为复杂，且其对最终的产物生成也具有决定性的作用。目前，木质素的侧链大体上有如图 4-6 所示的几种形式，分别为 α - 乙二醇（1）丙三醇（2、3、4）松柏醇型（5）和松柏醛型（6）侧链结构，另外还有 α - 醇羟基或醚型侧链结构以及主要位于 α 或 γ 位的酯型侧链结构。木质素虽然只有三种基本结构，但每一种结构单元的苯环上有不同的官能团，即使没有取代基的位置其氢原子也有相当的反应活性，因此三种结构单元间可发生各种各样的、无规律可循的连接，这从根本上导致了木质素结构的复杂性。其中，最常见的连接为 β-O-4 醚键连接，其在针叶类云杉木质素中含量为 49%~51%，而在阔叶类榉木中含量高达 65%。当木质素经化学处理时，β-O-4 键会首先断开，造成木质素大分子分解，因此其在木质素的降解过程中起着重要的作用。另外，在木质素的侧链连接中还存在 β-5 型连接、β-β 型连接以及 β-1 型连接等。

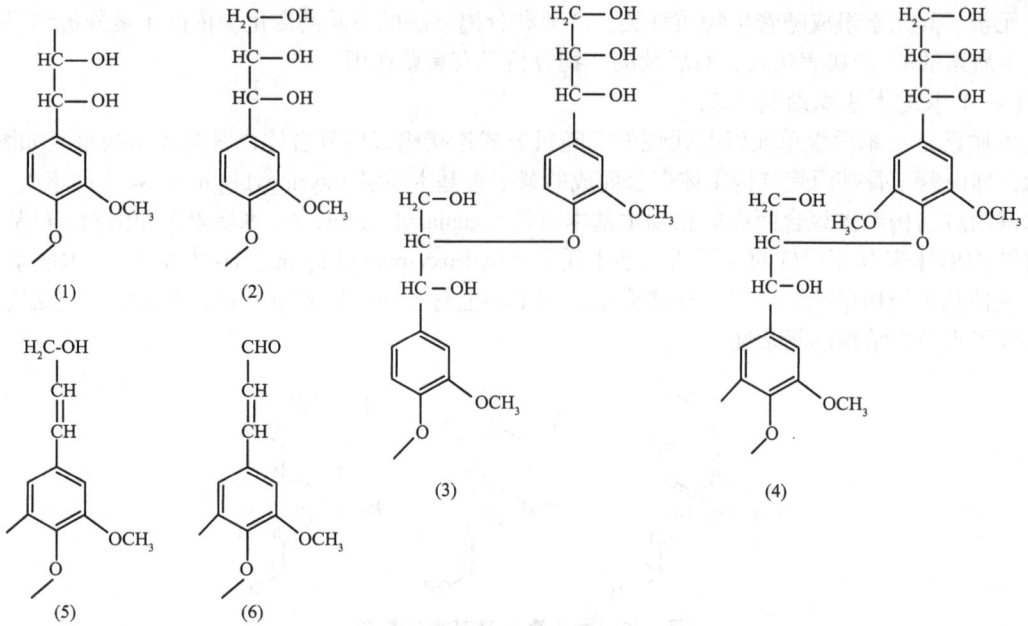

图 4-6　木质素几种侧链结构

　　木质素基本结构间形成的多种连接形式使得木质素以复杂的聚酚类三维网状形式存在，且无任何规律性，因此通常用一个含有各种基本结构和不同连接形式的化学结构模型来表达木质素，但这种结构模型所描述的也只是木质素大分子被切出的可代表平均分子的一部分，或只是按测定结果平均出来的一种假定结构，并不是木质素的真实结构。

二、木质素物理性质

　　木质素是一种白色或接近无色的物质。某些木质素带有颜色，是在分离、制备过程中造成的或其结构内的酚羟基被空气中的氧气氧化后变色，并且随着分离、制备方法的不同，呈现出深浅不同的颜色。木质素相对密度为 $1330\sim1450\ kg/m^3$，比高聚糖低，故可根据相对密度不同来分离木质素和高聚糖。木质素比表面积较大，具有网状结构，吸附性能好。

　　（一）木质素分子量的多分散性

　　高聚物的一个重要特征是分子量具有分散性，即分子量大小有一定范围。高聚物的分子量具有统计平均意义，采用不同的测试方法测得的结果不同。常常测定重均分子量和数均分子量，以重均分子量和数均分子量的比值表示分散性。木质素是天然高分子聚合物，其分子量也呈多分散性。原木质素的相对分子量达几十万到几百万，分离木质素则低得多，一般仅几千到几万。针叶木磨木木质素的重均分子量为 2000，阔叶木磨木木质素的稍低。用硫酸从黑液中沉淀出的木材木质素分子量在 330~63000 之间。

　　（二）木质素的溶解性

　　木质素是一种聚集体，结构中存在许多极性基团，尤其是较多的羟基，同时木质素也具有很强的分子热力学能和分子间的氢键结合，所以木质素较难溶解。但对于某些分离木质素，因在分离过程中发生了缩合或降解反应，原木质素的许多物理性质改变了，其中溶解度也随之改变。例如，碱木质素在酸性及中性介质下不溶于水，但是可溶于氢键构成能力强的溶剂，如 NaOH 水溶液、二氧六环、丙酮、甲基溶纤剂和吡啶等溶剂中。

　　（三）木质素的热塑性

　　木质素为无定形的热塑性高分子化合物。在定温下稍显脆性，在玻璃化转化温度下，木质素呈玻璃态；在玻璃化温度以上，分子链发生运动，木质素软化变黏，并具有黏结力。木质素的玻璃化转化温度随原料、分离方法、分子量和含水量而改变。水分在木质素中起到了增塑剂的作用，且含水量的增加使软化温度明显下降。木质素分子量越高，其软化点也越高。

三、木质素化学性质

木质素的分子结构中存在着芳香基、酚羟基、醇羟基、羰基、甲氧基、羧基、共轭双键等活性基团，可以进行氧化、还原、水解、醇解、酸解、光解、酰化、磺化、烷基化、卤化、硝化、缩聚或接枝共聚等许多化学反应。

（一）木质素的显色反应

木质素的显色反应可用于木质素的定性和定量分析，其原理是木质素中的特定结构在显色试剂的作用下生成新的物质，该物质在一定条件下对颜色具有选择性。目前提取的150多种显色反应涉及了醇、酮、酚、芳胺、杂环化合物等。例如木质素与呋喃类酸性溶液作用呈绿色，与酸性吡咯类溶液作用呈红色，噻吩类与木质素不显色，而吲哚类则显红色。这些显色反应大部分是木质素中的松柏醛型结构与这些试剂反应的结果。

（二）木质素的氧化反应

木质素结构中有很大部分可发生氧化反应，反应种类多样，产物形成复杂。常用的氧化剂如氧气、臭氧、过氧化氢、次氯酸盐、高锰酸钾、高碘酸盐等都可将木质素氧化。在碱性环境下，过氧化氢能使木质素的苯环和侧链碎解并溶出，从而破坏木质素中的发色基团，实现漂白的目的。过氧化氢或过氧化钠是纸浆漂白的优良漂白剂，在溶液中解离出 H^+ 和 HOO^-，随着溶液 pH 值的增加，HOO^- 浓度增加，漂白能力也随之增强。该反应可以在苯环上发生，也可在单元侧链上发生，最终导致侧链断开、芳香环破裂，形成一系列的二元脂肪酸和芳香酸。

（三）木质素的还原反应

木质素的还原反应可生产苯酚或环烷烃等有价值的化工产品。通常情况下，还原反应需添加合适的催化剂，根据还原剂和催化剂的不同，还原后的产物变化非常复杂。总体趋势是酚羟基和醇羟基含量增加，而甲氧基、羧基和羰基等含氧官能团的含量有所下降。

（四）木质素在多条件下的降解

木质素的醇解和酸解是采用乙醇 - 盐酸溶液加热回流木质素，可将木质素水解，产物中含有较多的苯丙烷型化合物和紫丁香基衍生物。木质素的光解是一个自由基反应，在空气中氧气的作用下形成苯氧自由基和过氧自由基，进而形成氢过氧化物和木质素自由基，实现了木质素的降解，同时也可能发生聚合反应而形成新的高分子化合物。另外，木质素在光照作用下还存在颜色由浅变深的物理过程。木质素的生物降解是比较困难的，利用该特点发展的酶水解生物质制取燃料乙醇和其他高附加值产物的技术得到了很好的推广，因为木质素不会被酶降解而自然实现了与纤维素和半纤维素的分离，从而降解后得到了较纯净的糖类产物。

第六节　抽提物

生物质中还含有少量的化学成分，它们是一组不构成细胞壁和胞间层的游离低分子化合物，可被极性或非极性有机溶剂、水蒸气或水提取，统称为抽提物。抽提物属于非结构性成分，包括蜡、脂肪、树脂、丹宁酸、糖、淀粉、色素等，其类型、结构、数量取决于生物质种类和提取的溶液，以及提取的时间和方法。总体上抽提物成分可以划分为三个亚族：脂肪类化合物、萜和萜类化合物、酚类化合物。

脂肪类化合物种类很多，主要包括醇类物质和酯类物质，其中醇类物质属于稳定的亲脂性物质，含量较少；而酯类物质的含量在木材类生物质中含量较高。醇类物质以花生醇、甘二醇和甘四醇等为代表，酯类物质主要指脂肪酸，一般以甘油三酸酯为主。

萜和萜类化合物存在于某些针叶树种中，如松树油树脂大约含有 25% 的挥发性成分，即挥发油，剩余的非挥发性残留物主要为树脂酸。挥发油和树脂酸都具有萜类化合物的性质，都含有多种官能团，包括羟基、羰基、羧基和酯基。

酚类化合物主要包括水解单宁、黄酮类化合物、木酚素类（如松树树脂酚和紫丁香树脂酚）芪类衍生物、草酚酮类等。

第七节 生物质中的无机盐

植物所含的无机盐一部分是植物根须从地下水中吸入的，因地下水中无机盐的含量较低，所以植物体从该路线摄取的无机盐含量也相对较少。同时，树叶或脱落的树皮中含有的部分无机盐也随着它们脱落而离开了植物体。植物体中的无机盐对应于生物质中的灰分，它们的含量和组成都因植物种类的不同而差异明显。木材中无机盐含量极少，而农业类生物质中的无机盐含量较高。其中，稻壳是生物质中灰分含量较高的物质，其灰分可在 25% 左右。另外，同一植物体的不同部分的无机盐也不相同，一般木材中边材的灰分含量就比心材高，枝材比干材高，树皮比树干的灰分高很多。

生物质中含有的无机元素主要为钾、钙、钠、镁、硅、磷、硫、氯等，还有极微量的铝、钛、钒、锰、铁、钴、镍、铜、锌、钼、银、钡、铅等。各种成分的含有率在一定范围内波动，但是没有明显规律。对木材类生物质进行研究发现灰分的主要成分为氧化钙，占灰分总量的 70% 以上，其次是氧化钾、氧化钠和氧化镁。目前研究中将生物质中的无机元素划分为碎屑状、内生型和引入型。碎屑状无机元素在生物质中稳定存在，其熔点也较高。内生型无机元素不稳定，且在生物质利用过程中的分解和熔融温度也较低。引入型的无机物质包括多种具有特性的矿物质，与天然的物质区别较大。在生物质中，内生无机元素成分与有机组分紧密地结合在一起，通过技术手段将两者分离开来具有较大的难度，而碎屑状矿物质则比较容易与有机组分离开。

生物质中的碱金属和碱土金属（K、Na、Ca、Mg）在作物的新陈代谢过程中起到不可缺少的作用，它们在生物机体内以有机形态或可移动性很好的无机盐形式存在，生物质中最常见的是钾和钙元素。生物质原料中的钾以水溶盐的形式存在于生物质机体内，也有一部分以离子吸附的形式附于羧基和其他功能团上。植物机体内钠元素含量比钾元素要少很多，一般不认为钠是植物生长所必需的元素。但对于一些特定作物，低浓度的钠在一定程度上可取代钾在植物生长过程中起积极作用。生物质原料中通常检出相当部分的不可溶钠，它们主要来源于外部杂质。比如商业锅炉燃料和农村木材燃料的收集处理过程中掺混、夹带了一些土壤、灰渣等含钠杂质。钙是植物体内细胞壁和其他细胞结构的有机部分，几乎所有的钙都存在于植物体内组成细胞壁和作物结构，其主要功能加强细胞壁硬度并使作物结构完整。生物质原料中的钙基本上存在于可离子交换、可溶于酸的物质中。生物质中存在少量的铁元素，主要存在于酸溶性物质中，也有少量存在于可离子交换物质中。铁在作物中有两个重要功能，一个作用是和作物有机体形成配位化合物，另一个作用取决于其在传输过程和可逆的氧化 – 还原反应中的活泼性，可以从 Fe^{2+} 转变为 Fe^{3+}。作物中的铁主要集中在叶子里，其中 80% 的铁存在于叶绿素中，对光合作用起重要作用。生物质机体内另一重要元素是氯，其主要以氯离子的形式存在，起到植物生长过程中的物质平衡作用，由于植物生长所需的氯元素需求通常远小于土壤所能供应的数量，因而作物中氯的含量更受土壤情况影响。

第八节 生物质工业分析和元素分析

一、工业分析

生物质工业分析主要测定原料中水分、挥发分、灰分及固定碳的含量。生物质工业分析的具体操作可根据 GB/T 28731—2012《固体生物质燃料工业分析方法》进行。

生物质的水分：称取一定量的固体生物质燃料试样，于 105℃±2℃ 的温度下，在空气流中干燥到质量恒定称量。根据样品干燥后的质量损失可计算出全含水量。

生物质的挥发分：在隔绝空气的条件下，将生物质样在 900℃ 下加热一定时间，将所得到的气体中的水分除去，所剩下的部分即为挥发分。挥发分是生物质中有机物受热分解析出的部分气态物质，它以占生物质样品的质量分数表示。挥发分与水分不同，它不是生物质中的固有物质，而是在特定条件下受热分解的产物。

生物质的灰分：灰分是指生物质中所有可燃物质完全燃烧后以及生物质中矿物质在一定温度下产生一系列分解、化合等复杂反应后剩下来的残渣。生物质灰分与生物质中的矿物质不完全相同，灰分中的矿物质在高温燃烧条件下有一部分可能已经发生化学变化，二者的量和组成不完全相同。

生物质的固定碳：生物质中的固定碳是指生物质中除去水分、挥发分和灰分后的部分。固定碳也不是生物质的固有成分，它也是热解产物，其中不仅包含碳，而且还包括氢、氧、硫、氮等。

二、元素分析

生物质主要由碳、氢、氧、硫、氮五种元素组成，此外还含有少量的无机盐和一定量的水。其中，在元素分析时，氧元素含量通常是通过差减法进行测定。对生物质进行元素分析和工业分析是获取生物质成分分布的必要手段。结合我国生物质的分布特点，选取林业类生物质中的樟子松（针叶类）木屑和花梨木（阔叶类）木屑、草本类生物质中的竹子和象草（能源作物）、农业类生物质中的稻秆和稻壳，以及海洋类生物质中的藻类开展了多种生物质的成分分析，结果如表 4-2 所示。生物质主要由碳、氢、氧三种元素组成，三者的总含量均在 95% 以上；此外还含有少量的硫元素和氮元素，一般认为氮元素是残留在细胞生长期初期的原生质内的蛋白质。在海藻中，氮元素含量略高，这就可能与其较高的蛋白质含量有关。相同种类生物质典型物料的固定碳和挥发分含量相差不大，种类之间略有差异。以稻壳、稻秆为代表的农业废弃物类的灰分含量在四大类生物质中最高，海藻次之。相对于樟子松和花梨木为代表的林业废弃物类，草本植物类的竹子和象草也有较高的灰分含量。含水量因 7 种物料的获取方式和处理方式不同而略有差异。从发热量上看，农业废弃物生物质由于其高的灰分含量使得其发热量明显偏低，海藻灰分含量高、固定碳含量少导致其发热量是 7 种物料中最低的。生物质原料中除了碳、氢、氧、氮、硫外，还含有一定量的无机金属元素，包括钾、钙、钠、镁、铝、铁、铜等，它们主要以无机化合物（以下简称无机物）的形式存在。在所有生物质中钾和钙元素的含量明显高于其他元素，并对生物质种类具有一定的选择性，钾元素在秸秆和一些草本生物质原料中含量较高，而钙元素在木材和经济类作物中含量较高。另外，各种元素在不同生物质中的分布模式不同。因此仅从元素组成上预测最终的产物组成是不充分的，还需进一步分析不同元素在生物质内的分布模式甚至化学结构的特点，才可进行准确的判断。

表 4-2　　　　　　　　　不同种类生物质原料的元素分析和工业分析

原料	M_{ad} / %	A_{ad} / %	V_{ad} / %	FC_{ad} / %	$Q_{b,ad}$ / (kJ/kg)	C_{ad} / %	H_{ad} / %	N_{ad} / %	$S_{t,ad}$ / %	O_{ad} / %
樟子松	13.90	0.30	73.74	12.06	18841	45.92	5.95	0.10	0.03	47.70
花梨木	13.45	0.35	71.07	15.13	17069	44.32	6.37	0.16	0	48.80
竹子	5.40	3.68	75.70	15.22	17535	45.32	3.11	0.82	0.04	47.03

原料	M_{ad} /%	A_{ad} /%	V_{ad} /%	FC_{ad} /%	$Q_{b,ad}$ /（kJ/kg）	C_{ad} /%	H_{ad} /%	N_{ad} /%	$S_{t,ad}$ /%	O_{ad} /%
象草	8.21	2.44	73.09	16.26	16653	44.45	5.59	0.31	0.16	47.05
稻秆	11.21	16.12	61.36	11.31	13870	36.89	4.69	1.19	0.20	40.91
稻壳	12.30	12.26	60.98	14.46	14570	40.0	5.03	0.53	0.13	42.05
海藻	16.30	10.09	60.39	13.22	12645	34.17	5.65	2.16	1.04	46.89

三、生物质的发热量

生物质的发热量有高位发热量和低位发热量之分。高位发热量和低位发热量的区别为是否考虑水蒸气的汽化潜热。高位发热量是指单位质量的生物质完全燃烧能够产生的所有热量，包括燃烧产物中水的汽化潜热。但在实际生产过程中，例如锅炉，排烟温度都大于100℃，烟气中的水分处于蒸汽状态，这些水蒸气从生物质燃烧释放的热量中吸取了气化潜热，因而从生物质的高位发热量中扣除这部分气化潜热才是装置可利用的热量，称此热量为生物质的低位发热量。由于低位发热量接近于生物质在大气压下完全燃烧释放出的热量，通常计算采用低位发热量，生物质的发热量一般为 12~20 MJ/kg。

四、生物质中的水分

生物质中的水分按存在状态分两种：①自由水，存在于生物质细胞腔和细胞间隙，自由水对生物质原料的密度、燃烧特性以及渗透性等具有重要影响；②结合水：存在于细胞壁中，其含量为全干生物质原料质量的30%左右，对木材的物理力学性质有重要的影响。

生物质原料中的含水量因原料种类的不同而存在差异。即使同一株树木，由于生长季节不同，含水量也有变化，不同的部位含水量亦有变化。木材含水量在30%以下时，木材失水会发生干缩，吸水则会发生湿胀。当木材在某种介质中放置一段时间后，木材从介质中吸入的水分和放出的水分相等，即木材的含水量与周围介质的湿度达到了平衡状态，此时的含水量称为平衡含水量。木材的平衡含水量与周围介质的温度及相对湿度有关。我国北方木材的平衡含水量约为12%，南方约为18%，长江流域一般为15%。

五、生物质灰分

（一）生物质灰分组成

生物质中的灰分有两种来源：一是燃料本身固有的，即形成于植物生长过程中。本身固有的灰分是相对均匀地分布在燃料中，其中 Si、K、Na、S、Cl、P、Ca、Mg、Fe 是导致结渣积灰的主要元素。二是燃料加工处理过程中带入的，如砂子、土壤颗粒，其组分与燃料固有的灰分差别很大。灰分的成分十分复杂，且不同生物质灰分中各成分的含量变化范围也很大，其组成主要有 CaO、K_2O、Na_2O、MgO、SiO_2、Fe_2O_3 和 P_2O_5。

在生物质能利用中，生物质中的灰分是影响其利用的一个重要参数。生物质燃烧、气化过程中受热面的积灰、磨损和腐蚀以及流化床床料团聚等均与生物质中灰分的存在密切相关。灰分的性质还会影响到生物质燃烧、气化、热解等过程中的产物品质。

（二）生物质灰熔融特性

在高温下，灰分会变成熔融状态，在冷的表面或炉壁形成沉积物，即积灰结渣。灰分的熔融特性对生物质的热化学转化有很大的影响。灰分熔融特性通常也被称为灰渣熔点，但实际上并不准确，因为灰分是由许多化合物组成的混合物，并没有固定的熔点，仅有一个相当宽的熔化温度范围。这些混合物在一定温度下还能形成共熔体，因而，灰分的熔化温度不等于各组分熔点的加权平均值。生物质灰的熔融温度根据灰的形态变化可以分为四类：变形温度、软化温度、半球温度和熔化温度。

生物质灰的熔融特性取决于灰成分及其含量。一般认为，K、Na 和 Si 的共同存在是生物质灰溶点较低的主要因素，通过复杂的络合反应生成熔点较低的硅酸盐化合物，而这些化合物之间的共熔效应使生物质灰的熔点进一步降低，从而导致熔融结渣现象。

习题

1. 查阅资料，给出生物质组分分析、工业分析、元素分析的原理及操作过程。

2. 试比较给出秸秆类生物质与林业生物质组成的区别。

3. 查阅文献，比较不同生物质中半纤维素和木质素结构的区别。

4. 简述纤维素、半纤维素和木质素的物理化学性质。

5. 生物质的水分和灰分对生物质的能源化利用有不利的影响，如何处理可以降低生物质的水分和灰分？

第五章 生物质收集、存储和运输

第一节 生物质收集、存储和运输技术发展背景

生物质能源化利用是新兴的现代化产业，其核心特征为追求更高的转化效率，这要求其生产过程符合能量转化利用规律并尽可能降低各环节的能量损耗；同时，能源工业所特有的大规模、工业化生产特性也必然会体现在生物质能转化利用行业。与之相适应，生物质原料的收集、存储以及运输等环节在生物质能源领域中将会致力于脱离农户手工操作或者半手工的农村作坊式运行模式，向经过精心设计、合理优化的大规模、自动化生产模式发展和转化。世界发达国家生物质能利用产业发展历史以及我国近年现代生物质能源产业的发展经验已经充分验证了这一趋势。

生物质的收集、存储和运输作为生物质能源化利用领域的前序环节，和农林业种植生产、农林成品加工和处理过程紧密衔接，因而必须要适应农林业生产过程的特点。农林业生产中地域分布较广、生产周期较长、不可控因素较多等特点与大规模能源生产所需的空间集中、生产强度大、工艺高度有序的大工业特征必然会在生物质收集、存储和运输环节凸显出诸多矛盾和冲突，需要非常慎重地处理和应对。国外的生物质能源产业发展经验在该方面为我国提供了很多有益的经验，例如，北美和西欧大量应用的以木片为燃料的区域供热、丹麦以麦秸秆为原料的燃烧发电的发展和推广都离不开其成熟有效的生物质原料收集管理、存储模式和运输组织，离不开各种针对不同来源、软硬质地迥异的生物质原料发展出来的与之相适应的原料收储运系统。但需要指出的是，由于和生物质原料的生产环节紧密相关，不同国家、不同生物质原料的生产规律、组织管理和设备技术发展水平的差异非常大，不顾前端差异盲目模仿和套用往往难以奏效。

我国是一个处于社会发展初级阶段的农业大国，农业和林业生产很大程度上还沿袭传统模式和方法，现代集约化、工厂化的大规模农、林业生产还处于小规模示范阶段，大多数情况下还是依赖较为落后的机械设备和大量的廉价人力；另外，现代生物质能源产业在我国是一个新生事物，是随着2015年《中华人民共和国可再生能源法》的颁布以及与之配套的各项扶持政策措施出台后才开始突破原先一家一户落后的能源利用格局逐步向大规模、高效率的现代能源生产模式转变，其核心竞争力在十余年内得到了长足发展。但和先进国家相比，发展时间毕竟太短，与生物质能源产业相配套的生物质收集、存储和输运技术和设备远没有成熟。此外，我国地域广阔，气候和土壤条件多变，农林业生产条件和技术发展水平差异极大，这些因素都大大增加了我国生物质能源产业配套的收集、存储和输运环节的技术难度。由于上述原因，在我国生物质能源产业发展的初期，由于对生物质原料收储运环节的重要性和难度估计不足，在项目可行性研究阶段也没有进行认真细致的调研，直接导致部分项目建设成投产即出现严重危机，例如生物质原料资源不足、供应紧张、采购价格大幅升高，原料收储规划不合理、生物质储存损耗率高、燃料采购资金滞纳严重或者场外运输规划混乱、场内输料动力消耗大、炉前原料给送不良影响主设备出力等。上述问题均出现在生物质原料的收集、存储和输运环节，虽然并非能源生产核心工艺环节，但由于其表现形式多变、缺乏经验积累且通常不被重视，极大地困扰了我国生物质能源产业的初期发展。但是随着相关经验的积累和技术设备的完善，我国在该方面已经闯出了一条具有中国特色的发展道路，形成了一系列适合我国农林业生产特征、符合我国技术发展水平的成果，基本满足了生物质能源产业的需求。

　　由于生物质直燃发电是目前我国应用规模最大、推广范围最广，也是产业化程度最高的生物质能源利用途径，其对生物质原料的收集、存储和输运涉及不同品种和特性的原料，收集规模巨大、对原料供应可靠性和质量均有较高要求，本章将以生物质直燃发电产业为例介绍相应的生物质原料收集、存储和输运等相关内容。

第二节　生物质原料的收集

一、生物质原料收集的难点

　　广义的生物质原料收集涉及从农林作物所在的田间林地中获取可用生物质资源，一直到生物质能源转化装置之间的原料处理、物流组织和仓储等诸多环节，概括了生物质从产地到转化设备之间，为了完成生物质能源高效转化利用所必需的整个过程。如果将生物质的存储、运输以及给送等后续环节分离出来，可以粗略地将生物质原料在产地的获取开始，一直到可以进行转运存储之前的各处理环节理解为狭义上的原料收集。显然，这种狭义的生物质收集与生物质原料生产过程直接结合，体现了相对应的农业和林业生产过程的各种特点，也是本节所讨论的"原料收集"的范畴。由于我国国情的特殊，生物质收集环节体现出鲜明的特点，不但和国外生物质原料收集模式存在巨大的差异，在国内不同地区采用的收集模式往往也迥然不同。

　　我国生物质能产业发展中发现：与化石能源相比，生物质原料的收集环节难度大幅提升。究其原因在于生物质原料如下几个特点：资源分散、密度低、收获期短以及商品化程度低。

　　（一）生物质原料的资源分散性

　　除了禽畜粪便和生活垃圾之外，常见的生物质原料可粗略地分为林木类生物质和非木质生物质原料两大类。从资源分散性角度，在上述常见生物质原料的收集中经常出现两大类情况：一种情况为对生物质原料进行能源化收集利用之前，由于存在前序的农林业加工工艺过程，对原料进行了有效的预集中，大大降低了资源的分散性，例如稻壳在碾米厂生产过程中集中产生，木加工下脚料在木业加工车间可大量获取，糠醛渣可以从糠醛生产企业成批量采购；另一种情况则没有可供利用的前序工艺，其分散性完全取决于该生物质原料所关联的农林业作物的种植和栽培特性，例如收获季节残留在田间的水稻、小麦或者玉米秸秆，传统产糖区榨季蔗农在田间剥离的蔗叶以及果树种植地区落在树下的修剪枝条等。上述第一种情况由于前序工艺对原料的聚集克服了分散性，生物质原料集中而有利于收集，其收集规模取决于前序工艺加工点的生产规模和局部地区该类加工点的集中程度，在我国一般单个加工点的生物质原料产生规模从每年数十吨到几万吨不等，特定区域内对多个加工点的原料进行集中也比较容易实现，该类原料是生物质能利用项目的首选。而第二种情况中，由于没有前序工艺集中，生物质资源分散、丰度低成为突出的特点，这主要是受农林业生物质累计的速度以及种植密度等条件限制。典型气候条件下每亩农业用地的秸秆等农业废弃物产量在 500~800kg/ 季，和典型生物质能源项目每年 10 万 ~20 万 t 原料消耗量相比，支撑项目运行所需的农业生产区域面积巨大，大幅增加了收集难度；未经前序工艺集中的林业废弃物类似第二种情况，且由于林业生产由于周期长，种植密度低，修剪枝等零散废弃物的年产量更低，且林木分布于丘陵、山地等起伏地形的情况较为普遍，不便捡拾作业，相对应的收集更加困难。

　　（二）生物质原料的低密度

　　用于生物质能源产业的原料属于木质纤维素类有机大分子物质，主要存在形式是以纤维素、半纤维素、木质素以及其他抽提物构成的细胞壁，因而生物质原料具有先天的疏松多孔结构，其表观密度和堆积密度都远远低于化石燃料。典型煤炭的真实密度约为 $1.2~1.7$ g/cm^3；视密度（又称假密度）为 $1.05~1.7$，其物理意义是单个煤颗粒的质量与外观体积（包括内部孔隙）之比。以一定粒度堆积的煤的堆积密度为 $0.6~0.9$ g/cm^3。生物质原料的真实密度为 1.42 g/cm^3，略低于纤维

素的真实密度 $1.50 \sim 1.56$ g/cm³，但是由于具有高度发达的多孔结构，其视密度和堆积密度极低。干燥的木质生物质视密度一般在 $0.4 \sim 0.9$ g/cm³，非木质生物质由于内部孔隙更发达、具有中空结构等因素影响，视密度仅为 $0.2 \sim 0.3$ g/cm³。以一定粒度堆积的干燥生物质原料的堆积密度经常有小于 0.1 g/cm³ 的情况，例如自由堆积的 $5 \sim 15$cm 长水稻秸秆的堆积密度约为 0.06 g/cm³，未经过破碎的干燥玉米秸秆堆积密度仅 $0.03 \sim 0.05$ g/cm³。秸秆等生物质的堆积密度一般比煤炭低一个量级左右，这意味着收集同样质量的原料，需要对更大容积的物料进行捡拾、堆垛以及转场，势必造成成本大幅提升。

（三）生物质原料的收获期

现代生物质能转化利用工程的特点是大规模高效连续生产，需要生物质原料全年持续稳定的供应，但是来源于农业或者林业生产的生物质原料的供应在时间上必然存在间断性。

对农业生物质，以我国最常见的玉米、小麦和水稻秸秆为例：玉米的种植在我国大多采用春播和夏播，春播在 6 月收获，夏播则为 10 月；水稻分为单季和多季，每年两季时收获时间大约在 7 月和 11 月底，单季稻收获季节一般为 11 月；小麦则分为春小麦和冬小麦，冬小麦一般 6 月收获，春小麦一般 7 月底收获。由于各地的种植条件不同，农业生产采取的熟制和轮作制度千变万化，但从整体看，能够大量获取秸秆的季节一般集中在每年的 $6 \sim 7$ 月以及 $10 \sim 11$ 月，这势必要求生物质能源项目必须在每年的这两个时间段内大量收储，以确保全年的原料供应。另外，秸秆大量产出的季节往往是一年农民最忙碌的季节，人力投放、机械设备安排以及作业时间往往难以向秸秆收集投放，从而增加了收集难度。

林业废弃物同样存在收集时间的阶段性，但是通常体现在较长的时间段里，例如我国北方地区常见的杨树，作为速生用材林，典型的采伐周期为 5 年；南方的速生用材林多为桉树，采伐周期也是 $4 \sim 5$ 年，由于上述用材林采伐后的加工处理利用可以在较长的时间内交错进行，因而林业废弃物原料的可采集量时均波动程度一般低于农业废弃物。作为生物质能利用项目需要关注的更多是周边区域林业产业的发展趋势和台风、旱涝、病虫害等灾害性因素对林业生产的影响。

原料供应在源头上随时间波动的特性就需要有昂贵的存储环节进行缓存才能满足能源项目连续生产的需求，这也是导致生物质收集难的一个重要因素。

（四）生物质原料商品化程度低

生物质原料商品化程度低主要体现在以秸秆为代表的农业废弃物生物质原料的收集上。秸秆在大规模能源化利用之前很少进行买卖，没有现成的价格；此外，我国大部分农业地区人均耕地面积仅 $3 \sim 4$ 亩，秸秆的所有权分散在成千上万的农户手中，客观上增加了秸秆商品化的难度，也增加了秸秆收集的难度。从我国生物质能源产业，特别是秸秆直燃发电产业近十多年的发展历程看，农作物秸秆的交易途径、模式以及质量控制迄今还没有形成固定的模式，这固然是由于各地的农作物种植情况差异大、农村经济发展水平和人文环境迥异等因素造成，但是从产业发展的规律而言，秸秆收集的商品化势在必行。随着我国农业机械化的推进、农村地区土地流转政策的推行，可望在不久的将来从根源上扭转这种现象。

二、收集技术发展和趋势

生物质原料的收集是生物质能高效转化利用的第一步，直接和农林业生物质紧密结合。实践证明，生物质原料的收集模式和方法是构成生物质原料成本、决定生物质能项目竞争力的关键一环。在我国，生物质原料收集这个环节集中体现了传统农林业生物质和现代生物质能源产业之间的矛盾，是需要努力攻克的瓶颈。

我国常见的生物质原料中，林业废弃物具有相对较高的堆积密度，且大部分林业废弃物都是林业深加工产业副产品，例如树皮、木屑、木边角料等，可以在加工点比较集中地获取，季节性也不强，因而收集难度适中；与之相对应的，以秸秆为代表的农业生产废弃物，虽然绝对资源量远远大于林业废弃物，但是收集难度要大得多，换言之，秸秆作为生物质能项目原料的附加成本比林业废弃物高得多。这也是我国生物质直燃发电产业发展至今，燃烧发电消耗的生物质中林业废弃物占比远大于农业废弃物的主要原因。

由于我国农业秸秆产量大，利用途径少，露天焚烧导致环境污染的现象普遍存在，从资源利用和环保角度出发，针对农作物秸秆的大规模能源化利用是大势所趋。对于不同地域秸秆特性、土地模式和耕作制度的不同，必须因地制宜寻找最佳的收集模式，其中收割机械条件和采购组织模式是影响秸秆收集最重要的两个因素。为了服务生物质能源产业，国内外相关实践已经进行了大量有益的探索。

（一）国外收集情况

丹麦是发达国家中少数几个以秸秆为原料进行大规模能源化利用的国家之一，其在秸秆收集方面的经验比较有代表性。丹麦每年的秸秆产量有六百多万吨，除了畜牧、干燥、取暖等传统用途外，有相当部分秸秆作为热电厂的燃料用于能源生产。热电厂和秸秆供应方的秸秆贸易主要依据双方签订的长期秸秆收购协议执行，协议对供应量、供应形式、价格和供应时间均做详细约定。大规模的秸秆收集技术在丹麦已经发展为成熟的体系，其核心特征为针对大麦、燕麦种植产生的软质秸秆，第一时间进行打捆作业，而后续所有的储、运、预处理都针对标准化的秸秆包捆利用专门机械来实施，如图5-1所示，其基本过程为作物成熟后采用联合收割机作业，在收获谷物同时，切割倒下的秸秆被整齐地整列放倒在田地上，然后依靠捡拾和打捆机来实现进一步处理，用于能源目的大型打捆机处理通道尺寸为120cm × 130cm，完成的秸秆包捆呈长方体，长度大约240cm，包捆的平均密度达到130~140kg/m³，每捆秸秆的质量达到500kg，符合后续热电厂内秸秆捆机械化处理所必需的满足尺寸和质量条件。打捆机处理秸秆作业时可以加装铡草机单元，通过破碎打捆前的秸秆可以将成品秸秆包捆的密度提高到150kg/m³以上。实践运行显示，这种大型方捆打捆机具有最高的处理能力，每小时单机秸秆处理能力可以大于15t。打捆机处理完的秸秆包捆被就地留在田间待运输，后续的运输完全依赖机械，前端装载车、小型吊装机械是最常用的设备，利用这些装置将秸秆包捆转到专用的运输拖拉机或者卡车上，这些运输车辆的装载量大约在6~18捆/车，长距离运输时采用挂车则可以达到每车24包甚至更多。收集的秸秆包捆通常运送到农场自己的存储仓库暂存，然后根据秸秆供应合同，由秸秆供应者利用拖拉机或者卡车等运输工具运送到工厂。上述秸秆采集过程的突出特点是机械化程度高、标准化程度高、人工消耗少以及处理量大。在秸秆收集方面，丹麦开辟了一条利用成熟的秸秆收割、打包技术配以标准化包捆的装载输运暂存体系，较好地克服了秸秆资源分散、低密度、季节性强与工业利用过程中对原料大规模不间断供应要求之间的矛盾。

（二）国内收集情况

我国的秸秆收集情况和丹麦差异较大，这主要是由于我国秸秆资源情况、农村发展情况不同导致。具体而言，我国的农业生产户均种植面积小、农作物品种多样、种植制度复杂、农村机械化程度低、配套机械发展不成熟、农村经济发展滞后，这些因素决定了我国农村地区秸秆收集的体系复杂、实施难度大，难以直接套用国外的成熟技术方案。目前服务于我国生物质能源产业的秸秆收集体系还很大程度上依赖人力，收割、捡拾、打捆、堆垛和运输中大多数环节依赖农民手工操作以及简单机械，虽然在农业集中地区有越来越大比例的粮田采用联合收割机机械作业，但是由于成本问题，配套的捡拾、打捆机械尚未得到广泛应用，散落田间的秸秆缺乏有效的捡拾、离田途径，特别是对于稻、麦等软质秸秆，该问题尤为突出。考虑到农忙期间农民需要在收获农产品之余尽快将多余秸秆清理出田地，以便于后续种植，大面积的露天焚烧剩余秸秆导致的污染困扰我国种植集中的农村地区，成为难以解决的痼疾。

图 5-1　针对软质秸秆通过打捆工艺实现机械化收集

　　为了服务生物质能源产业，我国部分地区针对堆积密度稍大的玉米秸秆、棉花秸秆等硬质秸秆形成了较大规模的收集利用，其基本模式为利用人工或者小型机械（拔棉机等）以户为单位采集秸秆，或者采用收购代理人组织人力较大范围采集，视距离远近直接人工捆扎送至处理工厂，或者农户（代理人）在暂存处经过初步破碎送到生物质能源工厂。由于未能实现有效的密度提升，如果以我国农村地区常见的小型农用车来运输，单车的秸秆运送量小于 1t，如图 5-2 所示，即使采用大型运输车辆运行经过破碎的硬质秸秆，其单车运输量也仅为 5~6t，这种相对较低的运输能力大大限制了秸秆原料的经济运输距离。需要指出的是，由于意识到对松散的秸秆类生物质，特别是软质稻麦秸秆等堆积密度特别低的生物质进行有效收集必须要进行适度致密化，目前以生物质能源化利用为目的捡拾、打捆、解包、破碎机械不断涌现。受限于经济发展水平，虽然和丹麦同类设备相比设备成熟性、技术参数还有较大差距，但是在产业发展推动和国内技术人员的努力下，相关设备的技术水平和处理能力得到了迅速提升，在秸秆能源化利用需求日益强烈的大形势下，有望能帮助我国秸秆采集过程在可接受成本的前提下实现基本的机械化，从而突破秸秆，特别是软质秸秆由田头进入工厂过程中最关键的一环。

图 5-2　我国小型农用车运输秸秆的情形

第三节　生物质原料的储运

一、生物质储运模式

　　经过收集的生物质原料，无论是低密度的松散玉米秸秆、经过打捆作业的稻草包捆、经过初步破碎的棉花秸秆还是已经由前序工艺集中的锯末、稻壳或者木下脚料，其基本特征是：已经离开了原料最初的农林业种植区域，经过一定的预处理，资源的丰度得到了显著的提升。紧随其后的工序是生物质的储运，该环节是生物质能源工厂正常运行的必备环节，其核心为对生物质原料进行有序运输和合理存储。我国典型规模的生物质能源工厂每年消耗的生物质原料往往达到十几万吨甚至几十万吨。考虑到原料供应的连续性，一般设计中均考虑使用多种生物质原料，每种原料都有各自的获取模式，都需要依赖众多供应商或者农户在不同的时段、在原料收集点和工厂之间组织原料的储运。由于生物质原料储运组织层次繁杂、情况多变、实施难度大且直接关乎生物质原料的收购价格进而影响项目竞争力，生物质能源项目在该环节需要倾注的精力远高于化石燃料能源项目。

国外的农林业种植规模较大，生物质原料的组织主要依靠工厂和农场主之间签订的生物质原料供应合同，这类长期合同中生物质的数量、质量、运输方式和送货时间都可以事先得到约定，因而对全年的原料运输和存储进行规划并不困难。

由于国情差异，我国的生物质储运组织很难直接套用西方国家的既有模式，必须根据我国生物质资源特点和农村实际情况寻找适合我国生物质能源产业的道路。从 2005 年我国可再生能源法颁布以来，以生物质直燃发电为主要形式的先进大规模生物质能利用转化产业开始进入快速发展阶段，十余年的发展历程催生了三百余个生物质直燃发电项目，选址遍及我国除了西藏外的各个省区，在生物质储运方面积累了大量经验，形成了具有显著地方特色、体现各地农村经济发展程度的生物质储运模式。图 5-3 给出了从生物质原料收集环节到生物质电厂利用环节之间涉及原料储运的各种可能要素。显然，和国外生物质项目通过一纸合同就可以规范确定生物质收储网络的模式不同，我国生物质收储面对的对象是数目众多的拥有生物质原料的分散农户，每户拥有的资源量为几吨到几十吨不等。除了工厂周边的少量农户可以采用从自家堆储点自行送到工厂的模式外，能源工厂的收储为了降低工作量，不得不依赖农村经纪人，由经纪人自备收储车辆和场地，面对农户完成原料的二次收集，并由经纪人负责输运到工厂。根据农村地区经济发展情况，这些经纪人可能是自发形成，也可能是受工厂雇佣或者受工厂扶持；其用于临时堆储的场地可能是经纪人自主提供，也可能是工厂单独或者合资租赁或购买；用于运输的车辆可能由经纪人拥有，或者是工厂提供，抑或是依赖社会上专业的运输服务。生物质收储系统是一个复杂多元，有时也是一个需要大量投资的系统。我国的生物质电厂根据周边情况的不同，有些在原料收储组织上可以利用所在地区现有的农村供销社网络、粮食部门的收购网络、煤炭储运机构组织设备或者周边已有的用于造纸麦草、烟草行业烟叶收购等现成体系，这是一个降低生物质原料储运成本的好办法。

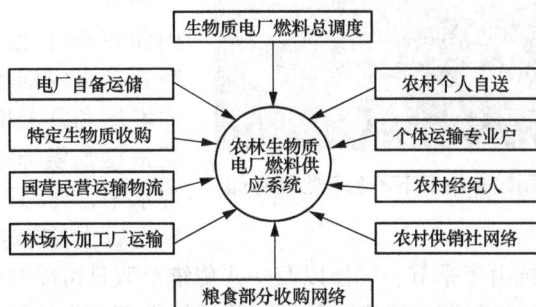

图 5-3　我国生物质原料收集涉及环节和要素

生物质原料的储运组织原则是将原料保质保量地以最低的成本供应到生物质能源工程。在我国各地的生物质电厂长时间生产实践中逐渐形成的典型储运模式有两大类。一种是"工厂 + 专业户"模式：家里有车的农民，在农闲时专门收集秸秆，然后销售给燃料厂获取利益，工厂对每个专业户分别登记立户，便于联系管理。该模式化整为零、机动灵活、管理方便、节约成本。另外，农民利用农闲获得额外利润，积极性高，是工厂运用最广泛的原料收集模式，该方案下原料运输由农户负责，厂区需要有较大的存储能力以应对供应波动。另一种是"工厂＋基地"模式：在离工厂较远的原料富产地，建立原料基地，利用基地收购周边农户的生物质原料，并对原料进行收集、铡切、晾晒、打包等预处理，所有的基地根据工厂生产需求对原料进行统一调配。基地到厂区的运输可以专业化管理，预处理也比较有保障。由于基地的建设和运行存在较高成本，该模式一般会增加燃料成本。实际运行的电厂收储体系，由于储运条件和当地情况千变万化，往往会根据情况采用上述两种模式的混合或者变异，甚至会根据需要频繁地调整完善。

二、生物质存储和堆场设计

由于生物质原料的季节性和供应可靠性的局限，为保障生产安全，生物质能源项目一般设有分散或者集中的原料堆场或原料库，以便对生物质原料实施较大规模存储。生物质能源项目需要储存的生物质原料可能是经过打捆处理的秸秆包捆，也可能是经过破碎的零散物料，不同原料堆储的要求也有所不同。

秸秆类原料打捆后的原料形体分明，密度较高，能够方便地堆垛，比较便于储存和管理。对于包料捆料的堆垛要求垛基宽 5.5m，位置比料场地面高 15~20cm，场地需要硬化，根据包捆尺寸和承压能力，可用侧转平铺；垛基两侧均设计排水道，水道宽 60cm，水道要求硬化（卧砖平铺，水泥浇筑）。在大型料仓中，一般采用两个垛位一组，每组垛位之间留 4.5m。对于未经破碎即打捆的物料，例如整根玉米秸秆打捆形成的包捆，码放时要求根部朝外，梢部朝里，以防着火；垛顶部中间必须压实，不得留有虚坑，以防雨水渗透；垛顶层秸秆根部朝里，梢部朝外码放成弓形或斜坡状，以便于雨水外泄。

对于存储散料的堆场（如图 5-4 所示），一般垛宽取 10m，必要时采用低围墙架高木板设计，地面硬化，地基比料场高 15~20cm。散料码放要层层踩实，以防雨水渗透，必要时用铲车往高处

堆放。堆场的设计中必须考虑原料运输和堆垛设备车辆的行进以及必需的消防通道，垛间距宽一般取 3~5m。需要指出的是，对于破碎后的秸秆等物料，由于吸水、保水性能大大增加，放置在露天条件下的降雨容易吸附渗入到料堆深处，大幅度增加原料的含水量，诱发料堆内部物料腐败放热，一方面会降低原料的发热量，另一方面增加燃料自燃的威胁。因而在条件允许的情况下，破碎后的原料宜在室内堆场堆存。生物质电厂中室内堆场和露天堆场的配置比例是一个需要根据气候降雨条件、燃料品种、预处理水平，并综合考虑土建投资与运行效果之后才能确定的关键数据。

图 5-4　露天散料堆场在降雨较多情况下不利于物料存储

为确保正常运行，抵抗由于季节、气候以及一些传统节假日可能对生物资供应连续性造成威胁，从设计角度，电厂内的物料存储能力一般需要能维持电厂正常运行一个月左右。以我国典型的 30MW 秸秆发电厂为例，厂内需要有存储约 3 万 t 原料的能力。以堆积密度较高的机械打捆水稻秸秆为例，如果采用 1.2m×1.2m×2.4m 尺寸，每捆约 500kg 的包捆规格，假设堆垛 6m 高（垂直放置 5 个捆），垛宽 5m×2，垛间距宽 5m（堆垛机通行和消防通道），需要的堆场面积约为 50000m²。如果存储其他散料，由于堆积密度更低、堆高受限，所需的场地面积更大。生物质原料属于易燃易腐物，储存过程中不仅要确保原料的进出物流，还要时刻防火、防雨、防腐，如此

庞大的堆场日常运行维护的难度和工作量都很大，同时也带来成本的提升。通过原料收储组织优化降低所需储料量，改进堆场的布局、提高存储能力，改变堆储形式、提升物料储存密度是降低物料堆储成本的主要努力方向。

第四节　生物质原料的给送

一、生物质原料给送概况

生物质原料的给送环节是连接生物质原料堆场和生物质转化利用设备之间的中间环节。根据生物质能源产业现状，所谓的生物质原料一般有两大类：一类是指原生的木质或者秸秆类生物质原料，仅仅经过简单的干燥、破碎、除杂处理后所得到的生物质散料，其密度、外观形貌和质地基本维持与生物质原料一致；另一类是经过预处理和致密成型工艺获取的成型或者颗粒原料。成型工艺可以将生物质原料的密度提高到 $0.8\sim1.1g/cm^3$，且具有规则的形状尺寸以及良好的机械强度，该类生物质物料的物理特性稳定，流动性较好，可以沿用煤炭、矿石等重质固体物料的技术方案进行给送。在能源领域，以块状煤炭为适用对象的上料皮带、提升机、料仓、给料蛟龙等在不加改动或者轻微改动的基础上即可适用于生物质成型或者颗粒原料。

在能源领域，考虑到整个工艺流程的能源转化和利用效率的提升，有时希望能直接利用原生状态的生物质原料，避免致密成型工艺环节带来的较大的能源消耗和成本提升。致密成型过程根据工艺要求不同，通常会需要 $60\sim110kWh/t$ 的电力消耗，即便考虑到成型后对原料运输、存储以及给送等方面带来的便利和成本降低，从整体衡量还是会大幅度提高项目的生产成本，尤其是对于原料消耗量大的大型生物质能源项目，这是国内外绝大多数大型生物质燃烧发电企业一般直接使用原生生物质原料的主要原因。

生物质原料的给送技术伴随着生物质能源产业的发展而开始发展，具有鲜明的地域特性。国外的生物质给送技术针对当地生物质燃料特性设计，经过多年的生产运行实践已经较为成熟，其给送的可靠性、稳定性和可控性指标均能满足能源生产工艺的要求。在我国，随着生物质能源产业的发展，配套的给料技术发展也经历了不同的阶段：2006 年前后我国建设的第一批生物质直燃发电项目由于没有任何经验，配套给料系统以国外技术直接引进以及自行设计的未经验证的试验方案为主，投运后问题频发，严重威胁项目运行；在认识到照搬引进技术无法应对我国生物质燃料普遍存在的品种杂、水分高、杂质多、预处理程度差等情况，吸取了大量失败经验教训后，经过研发改进，我国自有的生物质给料技术开始走向成熟，稳定性和可靠性指标逐步提升，生物质给料环节才逐步摆脱成为生物质能源生产过程瓶颈的窘迫状态。

二、生物质原料给送技术路线

生物质能源项目的原料给送系统，简称给料系统，和燃煤电厂的给煤系统类似，其目的都在于将原料连续、可控地给入主设备。由于大规模工业化能源生产通常为连续、稳定、可控过程，确保原料供应的连续稳定和可控是给料系统设计的首要任务。常见的给料系统设计一般有直送式和中间仓储式两种模式，如图 5-5 所示。

图 5-5（a）、（b）中的差异在于破碎等预处理后的合格原料是直接输送到主设备还是先在缓存料仓暂存。图（a）的优点在于给料环节少，系统简单，但是对上料流程的所有环节的可靠性要求高，任何环节的故障都将直接威胁主设备运行；图（b）增加了缓存料仓，系统复杂性增加，带来的好处是由于物料缓存的存在，给料可靠性提高，给料量调节方便灵活。对于生物质而言，几乎所有的生物质能源项目都采用中间仓储式给料模式，主要的原因是直送式给料流程需要实现生物质原料的在线预处理破碎，由于生物质原料的品质稳定性差，破碎难度大，在线破碎无论从设备还是从生产管理角度都难以实现，而采用图（b）可以实现通过一台或多台离线运行的破碎机获取合格的生物质燃料；另外，生物质燃料特性差异大，各原料给送系统各环节出问题的可能

性增加，增加缓存料仓后，仓内暂存的燃料可为整个流程提供足够的缓存。如果缓存料仓的前序环节出现故障时，可以赢得一定的处理时间，不至于立刻威胁到主设备的运行。

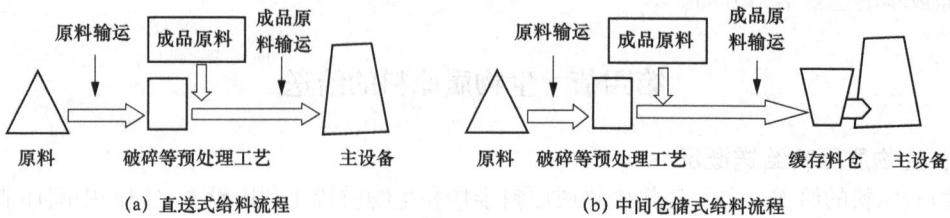

图 5-5　常见原料给送系统流程类型

基于上述认识，生物质能源项目的给料系统中一般会在主设备之前设置缓存料仓，这种模式下对缓存料仓之前的各环节的设备可靠性和运行组织要求得以降低，有利于降低生产成本；与之相对应的，给料系统中的缓存料仓一方面提供足够的原料缓存容积，另一方面还承担起将料仓中的物料根据负荷和运行情况稳定、可控地给入紧随其后的主设备的作用，因而成为生物质给料输送流程中一个非常关键的环节。

生物质原料比重轻、外表粗糙，大多数常见农林废弃物类生物质具有比较特殊的形状和质地，物料自身的缠绕、黏附倾向明显或者容易在破碎过程中呈絮状或纤维状，因而生物质原料在堆积后非常容易形成搭桥或结拱的现象。搭桥或者结拱通常指静止的物料在下落流出的过程中出现妨碍顺利下料的拱形物或者平板的现象。通常的颗粒物料搭桥形成的原因多种多样，一般可分成四种类型：啮合型拱，颗粒状物料因相互啮合达到力平衡状态所形成的料拱；压缩形拱，易压缩的颗粒物料因受到仓压力的作用，使固结强度增加而导致起拱；黏结型拱，黏结性强的物料因含水、吸潮或静电作用而增强了物料间或者物料与仓壁的黏附力所形成的料拱；气压平衡拱，料仓内料层气密性好，当料层下部气压增加导致料层受力达到平衡时所形成的料拱。对生物质原料而言，料仓内搭桥结拱的原因主要是前三种结拱机理单独或者复合作用。

图 5-6 所示为各种典型物料仓的设计，其设计的基本原则是利用仓体积存储一定量物料，并能够在需要时依靠重力将物料从仓底部的出料口排出，如图（a）所示，图中料仓下端出料口附近的漏斗形轮廓的角度 A 是一个重要参数，角度越大越不利于物料下流，也就越容易导致仓内搭桥结拱，具体形式为物料在出料口上端相互啮合或者黏接形成部分或者完全跨过下料口的板结状桥拱，在仓壁的支撑下撑起仓内部分或者全部的物料的重量，使物料下流率降低甚至完全停止。减小角度 A 有利于料仓内物料的下流，如图（b）所示。料仓的另一个重要参数是下料口尺度，即图（c）中的 W，下料口一方面必须大于所存储的物料的几何尺度，另一方面较大的出料口可以降低边壁对物料的阻滞作用程度，有利于物料下流，比较适合流动性较差的物料。此外，对于质地较软，容易受到挤压的物料，料仓的高度或者物料在料仓中的堆积高度 H，如图（d）所示，也是一个需要考虑的因素，高度增加导致的仓内物料内部静压增大，会压缩松软的物料，增加物料间相互咬合的程度，在仓壁附近形成挤压，从而引起仓内搭桥。为了确保流动性差的物料向下流动，一般采用较为宽大、低矮的料仓设计，并将减小下部收口角度 A，将 A 减小为零或者负值，即为图中（e）、（f）所示，需要指出的是，对于流动性极差，容易受到挤压变形的物料，即使将料仓底部边壁的角度 A 取为负值，依然可能存在图（f）中所示的搭桥，料仓高度越高、宽度越小、颗粒间流动性越差，搭桥发生的可能性越大。

对于除稻壳、木片、成型或者颗粒生物质等之外的绝大多数生物质原料，常规的下部收缩漏斗状料仓显然不适用，如图（f）所示上小下大的梯形结构是较为常用的方案。该类型料仓可以从根本上缓解料仓内搭桥堵塞的威胁，但是较大的仓底面积也为仓内物料的汇拢并给入后续工艺带来了较大的难度，常见的在料仓底部设置满铺的多个固定出料螺旋机组，或者设置直线或旋转运动范围可以遍及整个料仓底部范围的活动螺旋都是针对这一难题提出的，这类结构存在结构复杂、造价高、故障率高、运行维护要求高等弊端。

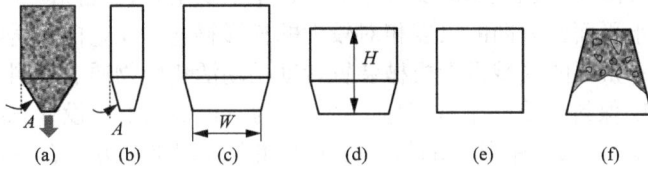

图 5-6　不同形状料仓对物料流动性的要求

三、生物质给送技术

我国生物质能资源以农业废弃物为主，以能源利用为目的的应用在不同季节和原料供应情况下往往需要应对情况复杂的非单一生物质原料，且受制于设备条件和成本等因素，生物质原料的干燥、除杂、破碎等预处理程度往往不高，这些都是生物质给送技术需要面对并克服的困难。根据上面讨论的观点，图 5-6（f）所示形状的料仓配合能铺满料仓底部截面的出料装置。从原理上应该能把仓内缓存的物料按照需要的流量送出进入锅炉各给料口，图 5-7 为这种以生物质梯形料仓为核心的典型给料系统结构。

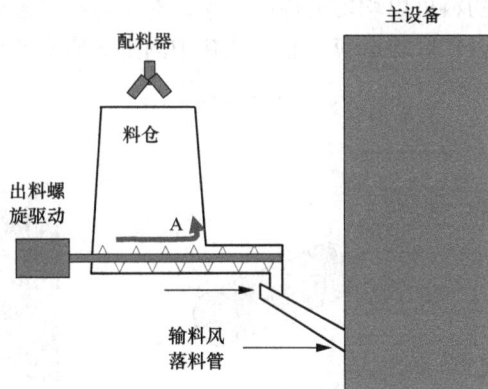

图 5-7　典型生物质料仓给料系统结构

图 5-7 中这种看似合理的设计在实际运行中依然存在很多问题。首先是料仓内的搭桥问题：料仓内存储的物料和仓底部的螺旋出料结构之间必须没有任何固定不动的部件或者结构，否则该部位就会支撑上部的物料充当仓内物料搭桥发展的策源地；此外对于湿度大、具有较强自身黏性的物料，例如新鲜的树皮之类生物质，如果料仓底部尺寸较小，较大的物料堆积高度会压缩底部物料，促进物料间相互黏接，可能会形成横跨整个料仓宽度的整体搭桥，如图 5-6（f）所示。另外，图 5-7 中仓底螺旋在出料端上部的 A 区域会产生严重的物料挤压情况，严重时可以导致螺旋驱动超载跳闸、螺旋轴或叶片扭曲断裂，有时甚至会由于造成局部生物质摩擦发热引发自燃。A区的物料挤压形成的直接原因如图 5-7 中仓内底部的箭头所示，绞龙带动仓底物料向出料方向移动，但是仅有部分物料能被携带进入出料通道，绞龙上部被携带前行的物料在 A 区形成挤压，对于流动性好的物料，这种挤压会形成如图 5-7 中箭头所示的仓内物料沿仓壁向上流动，将物料向上方推送以缓解 A 区挤压，但是实践证明对于绝大多数常见生物质原料，尤其是质地较为轻软、含水量较高的生物质，其流动性均不足以形成仓内箭头所示流动，而是在 A 处不断堆积挤压，危害螺旋的正常运行。此外，纤维状的生物质物料在螺旋叶片驱动过程中会出现缠绕结团，尤其是对长短不一、破碎均匀性较差的软质生物质物料，这种现象会大大破坏出料的均匀性，导致料仓内给出的物料质量流率波动大，威胁主设备的运行稳定，甚至会由于瞬间大团物料的推出引起料

仓后续给料管结构内部的堵塞等。

综上所述，生物质给送和煤或矿砂等重质物料的给送相比，技术难度要大，需要综合考虑多方面因素规避上述各种问题。在生物质能源工业中，生物质给料系统倾向于采用容积较小、堆料高度较矮、料仓底部水平面各方向的尺度相对较大的梯形料仓，在仓内输送设备上往往会采用变节距绞龙、在物料容易挤压的区域设置机械装置帮助松动活化生物质、在料仓中部增加扰动物料的各种形式的拨棍等确保料仓能够正常工作。图 5-8 为一种根据上述设计思路衍化发展出来的一种典型料仓设计方案。图（a）中所示的料仓方案中在仓底螺旋上方设置一层特殊的机构，该结构承托住料仓内上方的所有物料，称为拨料器层。该结构可以克服仓内物料自重对仓底出料螺旋设备向下的挤压，并从根本上避免仓底物料输送出料侧壁面内部物料向上形成的挤压。拨料器层由图（b）所示的带有刺状拨齿的棍状结构以一定间距并排安装构成，图（c）中所示即为工业实践中投运的拨料器层结构实体。拨料器层使料仓分为上下两部分，它承担料仓内物料重力并负责将物料拨至下方的输送机，而在仓底的螺旋输送机等机构则负责将拨料器拨下的物料水平送出料仓。这种设计大大减轻了仓底螺旋的工作负荷，螺旋输送的是拨料器拨下的松散物料，对螺旋的功率消耗、可靠性以及输送的均匀性都有利。拨料器层利用其专门设计的刺状结构将上方的物料剥离并送入下方空间，刺状结构对绝大多数种类的生物质都有非常好的剥离效果，特别是对于软质纤维状物料的剥离效果很好，控制拨料器转速改变物料的下落量从而实现对给料量的控制。这种料仓结构确保料仓上方的物料可以均匀地逐层下落，对于生物质破碎粒度不匀、含水量高以及夹带的硬质杂质等问题均可以较好地适应，非常适合中国生物质资源情况，因而在生物质能源行业得到了较好的推广应用。

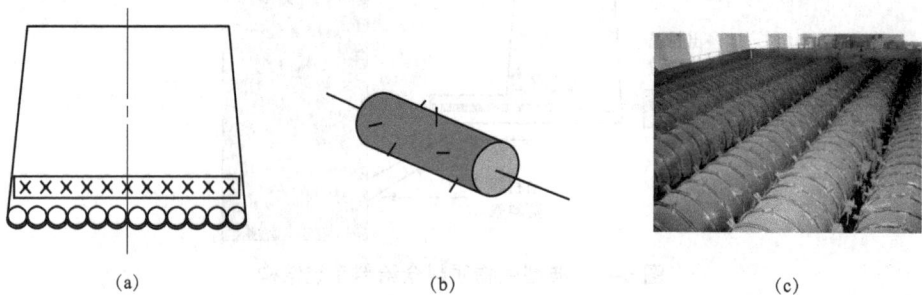

(a)　　　　　　　　　　(b)　　　　　　　　　　(c)

图 5-8　一种生物质料仓设计方案

习题

1. 为什么我国生物质电厂采用稻、麦秸秆为燃料进行燃烧发电的比例不高？
2. 生物质能源项目为什么要建设原料存储设施，存储设施的设计中需要考虑哪些因素？
3. 生物质料仓的设计中哪些参数会导致物料出现搭桥问题？

第六章　生物质预处理技术

第一节　生物质原料的破碎

一、生物质原料破碎概况

生物质来源于各种农林业废弃物，根据生产和处理工艺流程不同，可获取的原生生物质往往形态各异，除了锯末、稻壳等极少数生物质具有较为细小且粒度分布均匀外，绝大多数常见生物质例如灌木枝条、修剪枝、木材下脚料、棕榈壳、玉米秸秆、树皮等尺度都大于10cm，且粒度分布差异极大。在由大量生物质颗粒体集合构成生物质集合体的情况下，单一生物质颗粒的性质与集合体的团聚、过滤、分层、离散以及堆高等多方面的性质密切相关，从而影响到诸多工艺过程的效率和稳定性，例如输送、干燥、流化过程等。考虑到生物质能源行业大规模连续生产需要稳定的原料转存和给送，且绝大部分转化工艺从转化效率角度希望生物质具有较小且均匀的粒度，对原料进行适当的破碎往往是生物质入场后的首道工艺。

生物质破碎的意义体现在如下几个方面：

（1）生物质破碎能够一定程度克服生物质原始状态能量密度小、存放体积大、运输不便等缺点。众所周知，孔隙率是表征生物质颗粒集合体性质的最基本参数，直接对应着生物质堆储的体积密度，从而影响生物质原料收集、存储和运输各环节。由于原生生物质大多为大尺寸特异形状物体，将其破碎为具有较小尺度且具有合理粒径分布的颗粒，大多数情况下可以显著降低其孔隙率，从而增加堆积密度，这对于在有限的场地或者空间内堆储更多的生物质具有非常重要的意义。以典型玉米秸秆或者棉花秸秆为例，整根原生秸秆由于枝杈、叶片等在主茎秆周围分布，在不刻意压缩打捆的情况下堆积密度仅30~50kg/m³，通过破碎到50mm以下粒度后，自然堆放的堆积密度可以大幅提高到200~300kg/m³。正是由于上述差异，生物质电厂堆储该类生物质时都是采用先破碎再入库的原则。如图6-1所示，在考虑采用大型运输车辆长距离运输生物质时也必须考虑上车前进行破碎。

图6-1　秸秆在车辆运输环节前破碎

（2）合理的破碎对于生物质能源工业中物料的存储、输运和给送过程的顺利进行也至关重要。生物质原料的转运、给送和生物质物料集合体的流动特性密切相关，缺乏流动性会在生物质原料的上车、卸料、皮带分配、除铁、均料、堆场管理、料仓中可控配料以及最后给入到主设备中的各个环节造成麻烦，影响工艺运转效率和稳定性，甚至造成工艺流程中断。而在宏观尺度范围内进行物料破碎可以改变原生生物质片状、杆状或者绳状等特异形状；同时破碎对粒径的减小一般都能提高生物质颗粒的球形度，因此合理的破碎可以提高物料流动性的特性，对于生物质能源项目的顺利运转有异乎寻常的重要意义。图6-2所示为废木料在进入料仓之前的破碎处理，以提升料仓中物料的流动性。

图6-2 废木料入料仓之前破碎

（3）对生物质进行破碎，降低其粒度、提高其表面积是大多数转化工艺过程的需求。作为固体原料，无论采用生物化学还是热化学工艺实现对生物质的转化利用，其外表面积往往是决定转化反应速度的一个核心控制因素，尤其是对反应速率较慢的气固、固液等异相反应，将原料破碎到更小的粒径，提高固体原料的反应表面积往往是提升转化速度最有效且最具性价比的措施。当然针对不同性质的生物质原料和不同的转化工艺，最佳破碎粒径往往需要综合考虑破碎能耗、破碎成本等因素后才能确定。

二、生物质破碎设备的发展

生物质原料主要由纤维素、半纤维素以及木质素等有机高分子结构构成，具有很强的抗化学降解能力以及一定的机械强度。但和煤炭、矿石等硬质材料相比，抗压、抗拉、抗剪切等机械力学特性指标并不高。总体上，生物质原料硬度低、柔韧性好、呈束状纤维结构、各向异性明显。适合生物质原料的破碎模式显然应该和其他硬质原料的破碎模式有所不同。

在小规模破碎领域，例如中药处理、家用或者试验室分析领域，典型的生物质破碎机械主要采用冲击式破碎的方法，主要形式为利用高速旋转的硬质刀片（锤片或者钝体）冲击生物质原料颗粒，破坏其物理结构实施破碎，如图6-3所示。图6-4为木质生物质采用该类破碎机破碎后的粉末物料状态。这种破碎模式破碎生物质颗粒的主要机理是撞击、磨削、剪切或者挤压、研磨，具有原料适应性强、破碎粒度小、粒径分布可控性好等特点，但是其较大的破碎物料比能耗难以为生物质能源行业所接受，破碎得到粒径在毫米级别以下的生物质颗粒并不适用于大多数生物质能源转化工艺：破碎成本过高，对工艺效率提升不显著，并非最佳粒径选择。

图6-3 高速植物粉碎机

图6-4 高速植物粉碎机粉碎后物料

在工业领域，从原理上分析，由于生物质硬度低且多为纤维质地，对于硬质矿石类物料常用的辊式破碎机、球磨机、颚式破碎机等单纯依靠挤压、研磨机理实现破碎的类型并不适合生物质，只有利用锤片冲击破碎以及利刃切割破碎的破碎类型可以适用于生物质这类质地较软的原料。从理论上分析，无论对于软质的秸秆类生物质还是相对质地硬些的木质生物质原料，由于其硬度低，采用具有锋利刃齿的切割破碎机械对生物质实施剪切或者切削会具有较高的效率和较低的能耗：例如对软质物料适合采用类似剪刀的双刃切割，对木质生物质则可采用相对比较轻量化的鼓式或者盘式削片机都是比较合理的选择。但是考虑到生物质种类繁多、入料状态多变且很多情况下难以避免原料中夹杂金属、石块等硬质杂质的可能，这种情况下结合多种破碎机理的冲击式破碎机将会是更合理的选择。根据上述破碎机械的设计指导思路，很多生物质破碎机械实质上是混合了冲击、切割、磨削等多种破碎机理的综合破碎过程，与之相适合的生物质原料种类、预处理程度、含水量、杂质情况以及目标粒径等都差异很大，需要根据实际工程情况做选择。

三、国内外典型破碎设备

随着生物质能源产业的发展，国内外都针对行业需求对破碎设备进行研发、生产和应用。由于产业发展历史和经验积累程度存在差异，以及国内外相关设备研发的指导思路不同，在生物质破碎设备成熟程度以及设备的效率、效果、可靠性、可维护性方面，国内破碎设备和国外同类设备相比还存在一定的差异。但是随着中国生物质能源产业发展，国内破碎设备进步发展的速度也不容忽视，特别是在针对中国生物质原料特性的适应性方面具有突出的优势。

由于资源特性不同，除了丹麦等少数几个国家，国外的生物质能源行业以利用木质生物质原料为主，因而生物质破碎机械主要针对枝丫材或者树干、废弃木质下脚料等原料，开发的机械多为大型专用设备，一般有移动式和固定式等不同形式。例如国内采购量较多的美国威猛（Vermeer corporation）以及欧洲的美卓（Metso）旗下的 M&J 品牌破碎机，见图 6-5（a）和（b）。

(a) 美国威猛移动式生物质破碎设备   (b) 欧洲 M&J 生物质破碎设备工作空间

图 6-5　国外生物质破碎设备

这些破碎机械在破碎类型上基本为适应硬质林业废弃物的盘式或者鼓式削片机以及卧式的锤式破碎磨床，对木质生物质有较好的适应性，突出表现在单机出力大、出料性质稳定、自动化程度高、设备可靠、维护周期长等方面，但是存在设备投资大、备品配件昂贵等问题。此外，由于破碎原理限制，该类机器在破碎稻、麦秸秆或者树皮等软质原料时也会出现破碎效果大幅下降、出力难以达到设计指标等问题。

我国的农业生产特点为农户经营、生产规模小，因而农业机械装备的研发以小型装置、成本低廉、经济实用为设计宗旨，且规格种类繁多。图 6-6 中是我国生产的典型生物质锤片式破碎装置，其破碎能力往往在每小时几百千克左右，需要人工或者部分人工辅助进料，设备的价格非常低廉，但是设备可靠性较差，运行维护成本也较高。这种设备在破碎木质生物质、硬质的农业废弃物如玉米秸、棉花秸秆时运行情况较好，能达到设计出力；在破碎稻麦秸秆等软质生物质过程中，由于生物质原料质地疏松且呈纤维质地，设备处理量会大幅降低，破碎后的秸秆长度分布也不理想，突出表现在几十公分长的秸秆在破碎后物料中所占比例偏大。

由于现代生物质能源产业所需原料处理量为 10~30t/h 量级，采用这类国产小型装置会出现设备数量过大、运行维护工作量难以承受等问题。为了解决这个问题，我国相关企业也研发推出了破碎能力相对较大的生物质破碎机械，如图 6-7 所示，主要破碎模式大多采取鼓式削片形式，设计处理 3~5t/h 到 20t/h 不等，在设计中考虑了半自动进料、对生物质中硬质杂质有一定的容忍度，维护量和维护成本都得到降低。该类破碎装置在我国生物质能源行业目前得到了较为广泛的应用。

图 6-6　国产小型生物质锤片式破碎装置

图 6-7　国产中大型生物质破碎装置

但是需要指出的是，目前的破碎装置还是不能很好地适用稻麦秸秆等软质生物质，国内厂家研发过不同类型的软秸秆专用破碎设备，基本上都采用床式结构，破碎机理为类似城市垃圾分解破碎的钝齿撕扯和剪切结合类型，如图 6-8 所示。

图 6-8　国内企业开发的针对软质秸秆的破碎设备

这些装备对软质秸秆有一定的适用性，能够通过刃齿相对运动切割的方式对以打捆或者零散形式喂入的稻草或者麦草进行破碎，但是其破碎后秸秆的粒径均匀性以及破碎能力、破碎能耗等指标依然不能满足生物质能源行业的需求。客观地说，当前中国市场上还没有针对软质秸秆实施高品质大规模高效破碎的技术和设备，对于一些特殊的要求较小尺度软秸秆原料的场合，一般通过锤片式冲击破碎利用筛网筛分进行多次破碎以满足原料颗粒的尺度要求，这种情况必然伴随着非常高的能耗，从而难以在一般场合应用。缺乏合适的破碎设备是我国生物质能源产业大规模利用稻麦秸秆等软质生物质原料的一个重要技术瓶颈。

第二节　生物质原料的干燥

一、生物质干燥的必要性

生物质是植物生长过程中利用太阳能和水、CO_2 等无机物质合成的有机质，植物的生命活动中离不开水的参与。在微观尺度，作为构成植物有机体基元的细胞的细胞壁由纤维素、半纤维素以及木质素以复杂的束状形式交联构成，这种结构中纤维素的非结晶部分、半纤维素以及木质素都含有大量的亲水基团，会以化学键，主要是氢键的形式束缚水分子而呈现出强烈的亲水特性；在稍大些的尺度，构成植物细胞内容物的原生质一般呈液相溶胶状态才能保证植物的正常生命活动，其中的蛋白质是一种大分子水溶物，与水形成水溶液后才体现出胶体特性；在宏观层面，秸秆、木质茎秆等大多数的生物质都具有各种分布的孔隙结构，其孔隙内外表面可以束缚容纳大量的水分。显然，来源于新鲜的有机生命体的生物质原料在含水特性方面和煤炭等有机岩有着根本性的不同。

植物生长过程不断从环境中吸收水分，以满足正常生命活动的需要；即使在植物生命活动停止之后，由于生物质基体亲水的特性也会蓄含有相当多的水分。例如，新鲜的木本植物含水量在 60%~70%，草本植物含水量可以达到 70%~90%，水生植物的含水量更高，基本都在 90% 以上。对于生物质能源产业利用的各种生物质资源，由于来源为各种不同的农林业生产加工工艺，情况较为复杂，例如林业生产中作为加工残余物的新鲜树皮含水量一般在 55%~65%；而新鲜的树根、灌木树枝破碎后含水量为 50%~55%，通风搁置几周后水分可能降低到 30%~40%；农业生产中正常收割状态后的稻麦秸秆含水量在 15%~25% 之间，但是淋一场雨之后含水量可能上升到 40%~50%；碾米厂加工副产品稻壳的典型含水量为 10%~15%；而作为食用菌生产废弃物的菌菇培养基类生物质的平均含水量可达到 45%，蔗糖工业下脚料的蔗渣典型含水量为 48%。如上所述，生物质含水情况千变万化，受多种因素影响，考虑到生物质亲水的特性，由于在收集、运输、存储过程中难以避免会受到潮湿、降雨等因素的影响，生物质原料的水分较高是生物质能源工业实践中的常态。

对于绝大多数能源转化工艺，生物质原料中含有过高水分的情况是需要避免的，即使是对于转化过程为液相的生化发酵、水解等工艺，高水分原料也会在原料存储、输运环节引起麻烦。对于目前常见的生物质热化学转化工艺而言，生物质含过高水分的危害就更为突出了。生物质高水分的主要危害如下：

（1）高水分生物质原料容易发霉变质，存储周期短。生物质能源产业的生产实践显示，含水量为 50%~60% 的树皮、蔗渣等生物质原料如果采用堆垛形式存储，其存储周期为 1~2 个月；对于木质生物质，如破碎后的树根、树枝等含水量达到 50% 的生物质原料，其堆垛存储的周期一般以 3 个月以内为宜。这是由于含水的生物质在微生物作用下，特别是在原料破碎后堆储高度较高、堆内物料处于封闭的厌氧环境下，堆内部热量累积导致温度升高，水分难以逸出，这种情况下微生物对生物质原料中的有机质分解速度加快，即开始加速霉烂变质。微生物在堆垛中旺盛的代谢活动和大量繁殖可以迅速消耗生物质原料中存储的化学能，产生酸味或者异味。堆储时间越长，原料腐败、霉烂程度越高，最后出现变形、成团结块或者粉化，从而造成能源利用价值大幅降低。

（2）高水分生物质原料存储中易发生自燃。高水分生物质原料堆储过程的腐败变质，不但一方面造成极大的能量损失，另一方面还造成严重的安全隐患。堆垛内部的生物质原料基本处于封闭环境中，尤其是破碎后堆放的生物质较为密实，内部处于厌氧环境下的微生物分解生物质中有机质的过程放出的热量难以向外传递，热量累计导致的温度升高会持续进行，直至将堆内的生物质温度提升到挥发分可以析出的热解温度，图6-9为某生物质电厂在长期堆储破碎后的棉花秸秆后进行翻堆，在原料堆中发现内部生物质已经炭化热解的情况。这种由于燃料高水分导致的堆内微生物分解放热累积的现象如果在阳光暴晒、持续高温天气或者堆外新鲜空气窜入等外部因素作用下极易引发料堆自燃，是生物质能源项目大规模堆储生物质原料过程中需要应对的主要安全隐患。

图6-9　生物质料堆存储发热造成部分物料碳化

（3）高水分生物质流动性差，输运难度大。含水的湿生物质物料之间具有较强的黏结性，颗粒间相互移动阻力增加。和干物料相比，湿物料的流动性大幅降低。生物质物料堆的存储转运以及给料过程均需要生物质颗粒之间有一定的流动性：例如，采用机械或者人力装车或者卸车时，流动性高的物料生产效率、单位质量物料所需人工和机械操作时间要少得多；皮带输送生物质时，物料缺乏流动性会导致物料上皮带作业消耗大量人力，落料出料集中不能均匀扩散，从而需要人为干涉；在料仓或者堆垛中潮湿物料颗粒间的相互黏结会造成频繁的搭桥卡堵，出料不畅，而干燥的同类物料情况会大幅改善。显然，一方面生物质高水分会大幅度增加生物质原料储运预处理环节的成本，另一方面高水分带来的物料流动性降低导致的给料中断和不均匀等现象很难根除，从而危害后续主设备正常运行。

（4）高水分生物质在热化学转化过程中原料有效能量含量降低。热化学转化过程包括工艺过程以高温为基本特性的燃烧、气化、热解等主流生物质能转化利用途径，其核心为利用高温（350℃以上）破坏生物质大分子结构，实现生物质的氧化放热或者分解形成其他小分子产物。因而，在热化学转化过程中生物质有机体必然经历加热升温到所含水分的蒸发干燥，物料吸收的热量必须首先提供原料所含水分蒸发的汽化潜热，在水分蒸发完毕后物料温度才能进一步升高，这意味着供应热化学转化所需的宝贵热量将有相当部分为干燥过程所消耗，而进入气相的水蒸气所含能量在大多数场合最终都会以烟气形式排放，因而从整个生物质利用工艺能量平衡角度看，原料中较高的含水量，实质上降低了生物质原料的有效热量，即导致生物质原料低位发热量大幅降低。图6-10为典型的生物质原料低位发热量随水分增加而降低的情况。

（5）严重威胁以燃烧为转化途径的工艺过程。生物质原料中含水量过高，对于以燃烧过程为主要利用形式的生物质直燃工艺影响巨大，特别是偏离设计燃料水分的过高水分对燃烧设备有非常多的弊端。主要体现在：影响燃烧和炉膛传热，蒸发水分所需的额外热量降低了炉膛平均温度，妨碍了燃料的着火和燃尽过程，一方面降低了炉膛吸热量，另一方面使燃烧区域后移，导致后部受热面超温；同样负荷情况下，高水分燃料产生更大体积的高水蒸气份额烟气，这会出现加剧低温腐蚀、增加引风机能耗、提高烟道内烟气流速导致受热面磨损、增加排烟温度导致锅炉效率减低、使除尘设备超负荷运行导致除尘效率降低等现象。

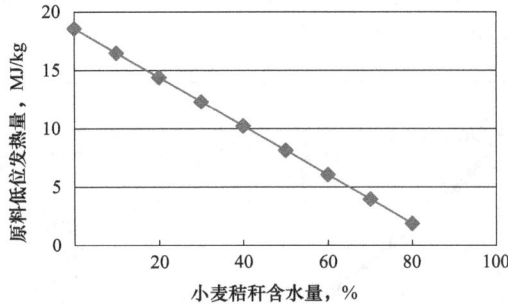

图 6-10　小麦秸秆低位发热量随含水量变化情况

综上所述，生物质原料水分过高在生物质能源行业是一个普遍现象，会造成各种各样的危害，因而针对生物质原料进行一定程度的干燥往往是一个非常重要的环节。

二、生物质干燥过程

生物质干燥的本质是强化传热传质过程，将生物质中的水分尽可能以较快的速度和较低的能耗驱除。对于高含水量生物质，采用机械压滤以液态水形式驱除而降低含水量通常是比较经济的，该过程可以在常温下进行，且无需提供水的汽化潜热即可实现驱除。对于含水量非常高的生物质，例如在水相生产条件下获取的生物质残渣，初始含水量通常在 70% 以上，如糠醛渣、酒糟、沼气生产残渣等，利用机械挤压方式除水往往是最经济的方法，也是大多数高含水生物质干燥的前序工艺。

一般而言，当原料中所含水分存在于原料中直径大于 1μm 的孔隙中且不存在水蒸气压力下降现象的时候，可将这种物料归类为不亲水物质，如常规的石头和塑料等；当物料孔隙中水分与原料接触后会导致水蒸气压力降低时，意味着水 - 原料结合键的自由能升高，从而会导致去除水分所需要的功增加，这种具有较强保持水分能力的物质称为亲水性物质，木材、秸秆等木质纤维素类生物质就是一种高亲水性物质。由于含有大量亲水基团以及丰富的孔隙结构，机械挤压往往只能将高水分生物质的含水量降低到 50%~60%，通常不能达到大多数转化工艺所需的干燥程度。

为了进一步降低水分就必须采用其他干燥工艺。一种常见的干燥工艺就是自然晾晒，即让生物质燃料暴露在大气中，通过自然风吹拂、太阳光照射等方式去除水分。这是最古老、最简单的一种生物质干燥方法。这种方法并不依赖大幅度提高生物质温度来促进生物质中水分蒸发，而是采用摊平原料，促进原料中水分向周围环境自然传质过程的方法来促进干燥，当然在有条件的情况下阳光也是一种廉价但是有效的温和加热手段，受阳光照射后物料温度得到几摄氏度或者几十摄氏度的提升，会显著促进干燥速度。显然这种干燥是依靠大空间、长时间以及低强度的直接太阳能来实现干燥。其过程成本低，但是效率低，干燥速度慢，且受自然条件影响极大，与大规模连续工业生产并不吻合。图 6-11 显示了破碎成 5cm 左右均匀粒度的潮湿小麦秸秆以 20cm 厚度自然平铺暴露在实验室恒温、恒湿且无风、无阳光的环境下，以 4cm 厚度为一层，秸秆层从上到下不同层内原料的干燥过程。由图可见，各层物料整体干燥趋势相同。但是随着料层在干燥过程中深度增加干燥速率急剧降低。且随着时间推移，最外表面物料的干燥和内层物料的干燥特性曲线差异越来越大，显示出在干燥过程中料层自身厚度对料层内水分扩散的传递阻力越来越显著，即使试验时间延长到超过 72h，被仅仅 4cm 厚秸秆覆盖的第二层物料的水分依然维持在相当高的程度。

显然，自然晾干过程中降低料层厚度或者通过翻动料层强化原料层内部的水分传递，将是加速干燥过程的关键。

鉴于自然晾晒难以达到较高的干燥速度，生物质能源产业需要的原料干燥往往是指人工干燥，即通过特殊设计的干燥设备对生物质燃料进行干燥，利用外界热源给生物质加热，迅速提升其温度，从而将水分尽快驱除的工艺。由于生物质为热的不良导体，所以人工干燥过程中一般会利用气相介质和原料的对流来促进热量的传递以及干燥过程产生水分的携带驱除。这种干燥属于典型的气体对流干燥，也称为热风干燥。

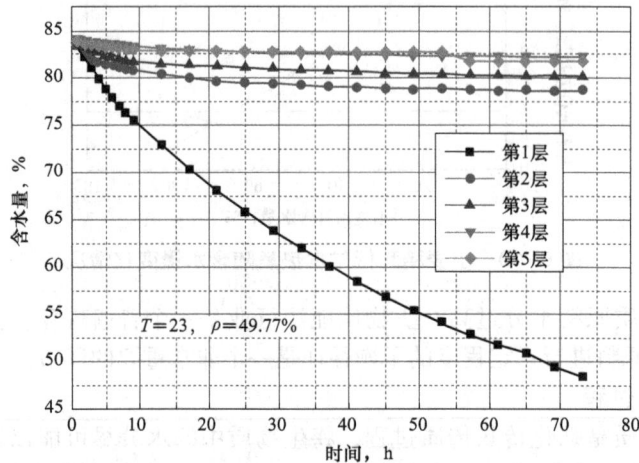

图6-11　不同厚度小麦秸秆含水量随时间变化（从顶到底分为1~5层）

热风干燥是以热空（烟）气作为干燥介质，将热量传递给湿物料，使得湿物料由外向内温度逐渐升高，物料内部的水分以气态或液态形式扩散至物料表面，汽化的水蒸气从表面经扩散或对流的方式传递到干燥介质主体，由热空（烟）气带走的干燥过程即湿热传递过程，当物料的含水量下降到设定水分时，干燥过程结束。物料干燥的过程中，存在着传热和传质两个相互耦合的过程。它包含物料内部的传热传质和物料外部的传热传质。在外部，传热和传质在对流条件下进行，其阻力都集中在称为气膜的边界层中。传热的推动力为干燥介质和物料表面的温度之差，传质推动力为表面水蒸气压力与空气中水蒸气分压力之差。在物料内部热量以热传导方式传递，遵循傅立叶定律，而传质机理比较复杂，可以是下面几种机理的一种或几种的结合：

（1）液态扩散，物料表面的含水量低于物料内部含水量时，在浓度差或者其他驱动力作用下液态水分由物料内向表面扩散。

（2）气态扩散，随着干燥的深入，水的汽化面逐渐由物料表面向内部移动，汽化面与物料表面之间的水蒸气压力差或者其他驱动力推动着水汽向物料表面扩散。

（3）毛细管流动，在多孔性物料中，孔穴之间由截面不同的毛细管孔道沟通，由表面张力引起的毛细管力可引起水分的毛细管流动。

（4）热流动，物料表面的温度和物料内部温度之差，会产生水的化学势差，推动水的流动。

根据上面的描述，热量和水分在被干燥物料（也就是生物质）中的传递特性其实决定了干燥进程的核心。不同种类、不同破碎程度、不同组合形态的生物质其热风干燥过程必然有不同的特性。物料内外的传热和传质需要在时间和空间上相互配合，才能达到最好的干燥效果。这也是对物料干燥过程进行研究的核心内容。

为了理解生物质的热风干燥过程，以典型的含水新鲜硬木颗粒为例进行了试验，木颗粒为3cm×5cm×6cm的长方体，具有一定的初始水分，选取不同温度的热空气吹拂物料，维持风速和热空气湿度恒定，收集并测试试验历程中不同时刻木块的含水量以及干燥速率变化，如图6-12所示。可见，干燥过程基本上可以分为三个阶段：第一阶段，物料的含水量呈直线下降趋势，干燥速率基本维持恒定；第二阶段原料含水量抛物线下降，对应的干燥速率逐渐降低；第三阶段，原料含水量基本恒定，对应的干燥速率基本恒定且趋近于零。

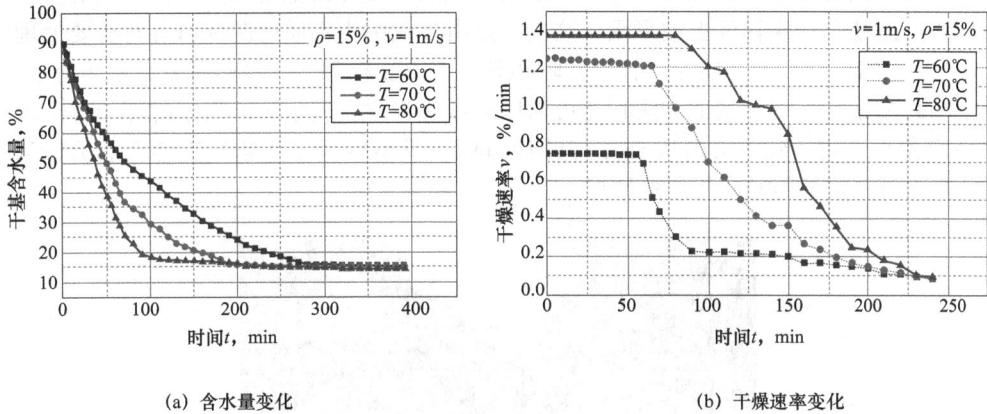

(a) 含水量变化

(b) 干燥速率变化

图 6-12　硬木不同热风温度下干燥特性

在图 6-12 的等速阶段，物料吸收的热量几乎全部用于蒸发自由水分（指附着于生物质颗粒表面的水膜和存在于直径较大的宏观孔中的水分，即比较容易驱除的自由水），此阶段原料颗粒表面的自由水析出速度主要受限于热风所携带的能量，该阶段原料的水分直线降低，是干燥效率非常高的一个阶段。需要指出的是，随着热风温度的提高，该阶段能析出的水分越多，等速干燥阶段能够驱除的水分就越多，图中 80℃热风可以在等速干燥阶段将原料含水量降低到 25% 左右，而 60℃热风在等速干燥阶段仅仅能将含水量降低到 55%，显然提高热风温度可以显著提高干燥能力以及干燥效率。干燥的第二个阶段，原料含水量降低的速率显著降低，此时原料颗粒内部的传热和传质成为干燥过程的主要控制因素，考虑到热风吹拂颗粒外表面的速度以及颗粒尺寸等物理性质均没有变化，热风温度导致的颗粒内部传热以及传热驱动的颗粒内部水分向外传质过程是影响干燥特性的核心因素。第三阶段为物料含水量不再发生变化，干燥过程到达到平衡状态。图中可见木材经热风干燥后的平衡含水量随热风温度的升高而降低，但区别不大。

除了上述的热风温度，原料的致密程度、原料的几何尺寸、吹拂方向、热风风速以及热风湿度都会对整个干燥过程有所影响。但是，这些因素从各自不同的角度影响的归根到底是颗粒内部和外部的传热和传质过程，从而决定了某一特定干燥过程的干燥特性、干燥效果和干燥效率。当然，如果从工程角度考虑实际大规模生物质干燥过程，作为干燥介质的热风的温度和湿度随着工艺流程在整个干燥过程中不断变化，生物质颗粒内部的传质传热转化为颗粒群内部，或者说是生物质物料料层内部的传热和传质，而这一过程又受到工艺流程中的翻滚、拨动或者翻面等物理操作的影响，从而使整个过程变得越发复杂和多变，对特定干燥过程的调整和优化往往需要结合大量试验数据才能有效进行。

三、干燥技术和设备

从目前能在生物质能源产业上得到实际应用的角度，生物质干燥技术和相应设备可分成两大类：一类是最简单的传统自然晾晒方法；另一类是采用外部热源的人工强制干燥。

自然晾晒是生活或者生产过程中经常采用传统干燥方法，历史上广泛用于谷物、水产、水果等物质的干燥作业。其核心的原理是利用摊薄物料堆积厚度以及利用自然对流、定时翻动等措施强化含水料层内部的传质和传热。同时，在条件具备情况下借助太阳辐射对物料进行低强度加热。一方面，由于生物质料层内部的传热和传质阻力大，物料厚度必须非常薄，意味着这类干燥需要占据非常大的面积；另一方面，干燥过程基本发生在常温环境下，干燥所需的热量供应不充分，所以干燥过程的强度低，一般需要相当长的时间才能达到初步干燥。由于上述特点，采用自然晾晒工艺干燥生物质物料必然存在占地面积大、干燥能力低的缺点。将物料在较大的面积上摊薄以及干燥后的收拢操作都需要大量的人工消耗，干燥效果受气温、湿度、风力和日照等多方面环境因素影响，同时还存在突发降雨等风险因素。但是即便存在上述缺点，在我国的生物质能源行业中，该方法还是一定程度上被采用，这主要是由于我国生物质能源项目有时需要处理含水量高达 50%~60% 的高湿度生物质原料，自然晾晒利用太阳能辐射以及自然风力，在场地条件允许、人力成本不高的条件下，和其他方法相比可以以较低成本除去高水分原料中的部分自由水，例如将物料平均含水量在一到两天内从 55% 降低到 40%。图 6-13 为某生物质直燃发电项目利用厂区道路进行高水分树皮原料晾晒干燥的情形。

图 6-13　生物质电厂利用晾晒干燥物料

　　自然晾晒存在的诸多弊端决定了其在大多数情况下只能是一种无奈的选择或者权宜之计。在有外部热源供应的情况下，对干燥过程进行优化组织，利用专门设计的干燥装置对生物质物料实施人工强制干燥是更加合理的选择。

　　工业上常见的各种干燥类型大多可以在生物质的干燥中得到应用，其中最常见的主要有回转式干燥设备和带式干燥设备两类。无论采用哪种干燥方式，均需要采用高温气体作为干燥介质，通过工艺组织强化气流和物料之间的接触，从而促进物料内、外的传热传质过程，尽可能提高干燥过程的强度和效率，用来标示两种工艺特点的"回转"和"带式"正是用来表述实现气固相接触的核心装置的特点。

　　回转式干燥技术和设备是采用相对密封的水平放置圆柱筒体作为干燥工艺空间，作为干燥介质的热风和作为被干燥物料的生物质原料分别从圆筒的一端进入，从另一端排出。工作过程中圆筒以一定速度旋转，依靠圆筒内壁的摩擦或者圆筒内部的几何结构带动筒内的物料翻滚，以强化和圆筒中流过的热风之间的接触，其基本工作原理如图 6-14 所示。

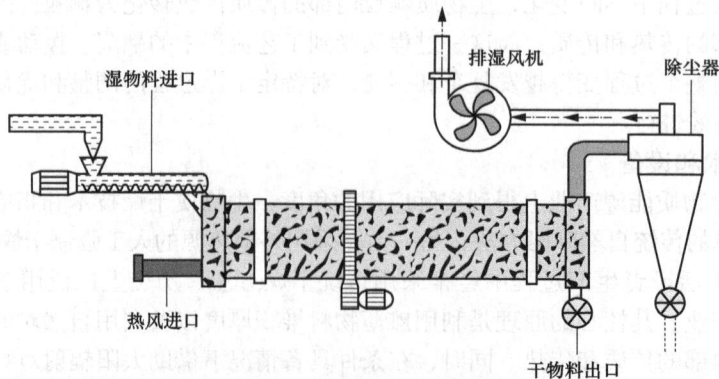

图 6-14　回转式干燥装置原理图

回转式干燥设备内部的生物质和热风直接接触，且物料处于不停的翻滚运动中，热风和物料外表面的传热，以及析出颗粒表面的水蒸气被热风携带等过程效率非常高，这对干燥过程非常有利。大多数情况下，干燥过程的主要限制因素是生物质颗粒的内部传热和传质。显然，生物质回转式干燥过程中如果能采用较小的粒度，将会显著提高系统的干燥能力。回转式干燥设备设计过程中需要注意两方面：①根据干燥要求估算所需的停留时间，该停留时间是由物料的特性、回转式干燥筒的旋转速度以及回转式干燥筒安装角度、内壁特性等复杂因素决定的，往往需要根据试验或者经验来进行设计；②作为干燥介质的热风在回转式干燥筒空间中流过，为干燥提供所需的能量并携带析出的水蒸气，干燥工艺所需的一定流量的热风在回转式干燥筒空间中流过时必须注意控制风速，过大的风速会导致气流增加对生物质颗粒的携带，缩短颗粒在回转装置中的停留时间，对干燥不利，太小则会大幅度增加回转式干燥筒体的直径，造成设备体积过于庞大，制造成本和运行成本都会随之提高。

在生物质能源工程中应用的典型回转式生物质干燥装置如图 6-15 所示，图中的生物质回转式干燥装置应用于某糖厂，用于对原始含水量在 55%~60% 的蔗渣进行干燥，干燥后的蔗渣作为锅炉燃料。该干燥设备的设计热源为蔗渣锅炉燃烧后排出的热烟气，热风引出位置为引风机后。该回转式干燥筒水平布置，入口烟气温度约 132℃，出口烟气温度为 55℃，可以将原料中的含水量降低约 10%，设备干燥出力为 7~8t/h。采用锅炉排烟余热进行干燥的优点是利用低品位废热，在能量供应方面几乎没有成本，存在的问题是一般电站锅炉的排烟温度较低，能够得到有效利用的烟气热焓不多，这较大地制约了该类烟气干燥工艺的规模和干燥效果。为了克服该问题，一些回转式干燥工艺采用专用于烘干的燃烧装置产生高温烟气，经过与冷空气调配混合成合适温度的热风后通入回转式干燥设备进行物料干燥。图 6-16 所示为某生物质燃烧发电企业运行的配有木材燃烧装置的生物质回转式烘干装置，图中右侧为以木材为燃料的热风炉，回转式干燥筒体倾斜布置，筒体直径 1.5m，运行中可以将湿树皮含水量从 60% 左右降低到 45% 左右，工作能力约 3.2t/h。该方案的热风温度可以控制在较高温度来强化烘干过程，筒体长度可以得到较大程度的缩短，一定程度上降低了造价。但是考虑到所配热风炉需要燃烧高质量的生物质燃料，其生产成本较高，据计算每吨产出原料在烘干环节的成本即达到 100 元，这将大大降低生物质燃烧电厂运行的经济性。

图 6-15　烟气余热回转式生物质干燥　　　　图 6-16　燃烧热烟气回转式干燥筒生物质干燥

除了上面所述的单个筒体物料烘干装置外，工业上还有结构更为复杂的回转式多滚筒干燥装置，图 6-17 中采用同心平行嵌套的模式在筒体内部设置一层或多层内筒，物料和热风在筒体内空间和夹缝中流动，这种设计可以提高干燥装置的热效率、强化气固相接触、缩小装置的尺寸，特别是长度方向尺寸，但是存在的问题是结构比较复杂，物料流动控制难度增加，气、固两相间的传热传质耦合控制复杂性增加。这种改进型回转式干燥装置在产物附加值较低、粒径和品质控制程度较低的生物质原料烘干领域的应用并不合适。

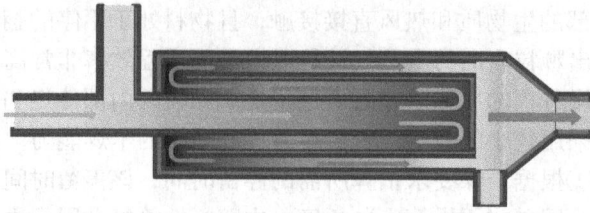

图 6-17　同心平行嵌套式回转式干燥装置结构示意

除了回转式干燥技术，带式生物质干燥设备和技术在生物质能源领域也有一定的应用。其基本原理为：将物料以一定厚度平铺在设计有均匀通气孔的传送带上，用于干燥的热风从传送带下方送入，穿过传送带上方的物料层，在此过程中和物料实现热量和质量的交换，以完成干燥。物料从传送带的一端给入，随着传送带转动被送到出口，整个传送流程的时间根据预先设计的干燥速率计算，所需的停留时间一般在几十分钟量级；与此同时，用于干燥的热风自下而上从物料层穿过，完成一次干燥之后温度降低、含水量提高到丧失干燥能力后被排湿风机排出设备。带式生物质干燥设备示意和内部结构如图 6-18 所示。

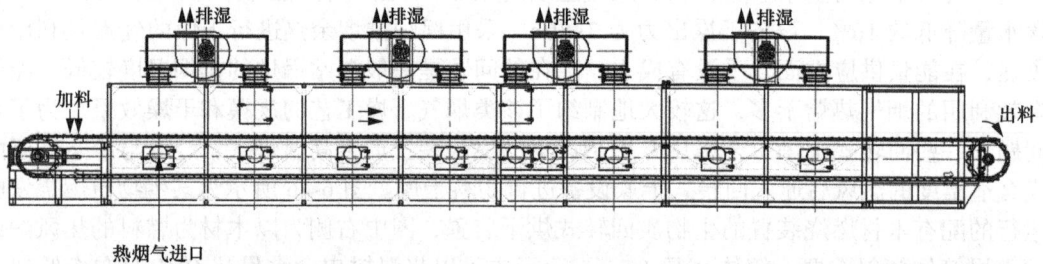

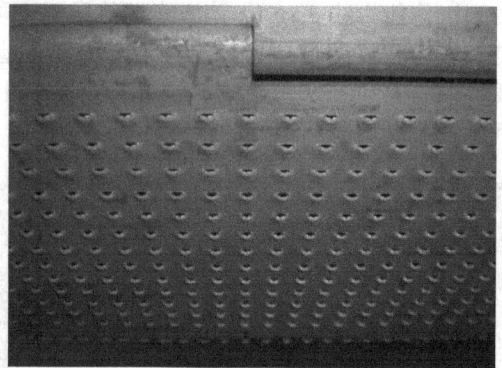

图 6-18　带式生物质干燥设备示意和内部结构

该类带式干燥设备为了确保足够的干燥停留时间，空间上需要很长的距离。承托物料的传送带长期工作在高温潮湿的环境下，一般需要采用不锈钢进行制造，加上涉及多路热风的引入和排出，设备的造价和运行成本均比较高。同时，受制于传送带上料层的品质均匀性和厚度均匀性达到理想状态，热风和物料之间的接触效率不高，甚至可能出现热风短路的情况。一般而言，该类带式干燥机的干燥效果较差，热效率为 60%~70%，低于回转式干燥机 80%~90% 的平均热效率水平。

从总体上看，在生物质能源领域，对生物质原料进行干燥的设备和技术还处于发展的初期，还存在以下瓶颈问题还有待解决。

（1）生物质原料相关产业附加值低、生物质原料能够承受的干燥成本有限，但与此同时，生物质原料的干燥往往涉及极大的物料处理体积流量、非常高的含水量，干燥所需的能量和干燥加热功率非常可观，因此从成本上很难承受采用商品能源来提供能量。

（2）生物质原料干燥中最常见的干燥热源是电站锅炉排出的烟气，由于典型排烟温度仅为130~140℃，且含有相当份额的水蒸气，因而在采用物料和热风直接接触过程中能够利用的仅仅是热烟气的显热，热风温度降低过多就会引起凝露，这大大制约了余热利用的程度。间壁式换热可以隔绝物料与热风，实现烟气中低品位余热的利用，但是间壁式换热较低的综合换热能力将大幅度增加干燥设备的体积和成本。

（3）以烟气为热源的生物质物料干燥还需要面对的问题是必须妥善处理冷却后烟气的再次排放问题，余热利用后的烟气中含尘、含酸性气相污染物以及含有液滴形式存在的凝露，在近地面排放往往不被环保法规所允许，重新送入烟囱则需要新型评估烟囱的拔风和防腐蚀能力。

第三节 生物质烘焙

一、生物质烘焙技术概述

生物质含水量高、吸水性强、能量密度低、不易储存、产量季节性波动大以及产地分散等特点对生物质能的大规模利用造成了困扰，对于这种较低品位的固体能源资源在实施转化利用之前有必要进行适当的预处理以提升其品位。生物质的预处理涵盖内容很广泛，除杂、干燥、破碎、成型、生物预处理以及蒸汽爆破等物理、化学处理工艺均可以在某些方面提升生物质原料的品质。生物质烘焙是这些预处理工艺中的一种，也是近些年来提出的较新的生物质提质方法。其本质是对生物质原料进行低温热解，旨在改善生物质原料的一些物理特性同时提高其能量密度。

烘焙（Torrefaction）可以通过热处理将原生生物质转化为一种外观类似煤炭的物质，和原生生物质相比具有更好的燃烧特性。其处理工艺的本质是低温热解，即在无氧或者缺氧的条件下将生物质加热到200~300℃温度区间，脱除生物质中的水分和部分轻质挥发分的过程。

烘焙是一种行之有效的生物质热化学预处理工艺，具有如下特点：

（1）烘焙除去了生物质中原有的水分，提高了生物质原料的低位发热量并能够使之形成外观类似煤的产物，且具有良好的疏水特性。

（2）烘焙处理大大降低了新鲜生物质在存储过程中由于微生物降解而导致的腐败变质情况，极大地优化了其存储特性。

（3）烘焙得到的生物质半焦具有更高的能量密度，从而有利于降低其存储运输成本，如果将烘焙产物成型则可以进一步提高能量密度。

（4）烘焙破坏了原生生物质的木质纤维素结构，使烘焙产物的可磨性较原生生物质大幅度提高，烘焙产物制取的粉体流动性也更好，这非常有利于在煤粉锅炉或者粉煤气化炉中实现生物质大规模混合利用。

（5）研究显示，烘焙得到的产物在后续气化过程中产生的焦油含量显著低于原生生物质气化。

二、生物质烘焙工艺

生物质烘焙的本质是特定的较低温度参数下的热解。一般而言，烘焙过程会失去30%的原始质量，但是能量损失仅为10%；固体产物是烘焙过程的主要目标产物，过程中还会产生部分可燃气体，这部分气体通常通过燃烧器燃烧，产生的热量用来供应烘焙工艺所需热量。当然，根据烘焙产物的用途不同，所希望得到的热解程度会有所区别，因而固体产量和气体产率均会发生较大程度的变化；此外，由于原始生物质的含水量差异很大，水分蒸发所需的热量也会有相应的变化，因而烘焙过程所需热量并非一个确定值，有时利用烘焙产生的可燃气体燃烧供热可以满足整个工艺的用能要求，但有时也会出现需要外加能量的情况。

相关的研究显示，以常见农业废弃物棉花秸秆和小麦为例，当烘焙温度从200℃上升到300℃，烘焙固体产率从百分之八九十降低到百分之五六十，相应的挥发分（轻质气体和挥发性焦油组分）的产率则相应从百分之十几升高到百分之四十以上，该产物分布的变化显示了烘焙过程的本质——热解过程对生物质大分子结构的热分解破坏程度。生物质有机大分子组分主要由纤维素、半纤维素以及木质素构成，图6-19给出了这三种组分在不同温度下的热解特性曲线。由图可见，随着温度升高，半纤维素首先发生热分解失重，分解温度从200℃开始，峰值发生在280℃左右；纤维素的主要分解温度范围为280~370℃，在340℃附近达到峰值；而木质素的分解强度低，温度范围广，发生在280~500℃温度范围内。显然，200~300℃的烘焙过程中主要是半纤维素，伴随着少部分纤维素和木质素的热分解。对于半纤维素而言，在烘焙过程中主要发生了脱水反应、脱羧基反应以及脱乙酰反应。烘焙过程析出的气体主要组分是水蒸气、CO_2和CO。

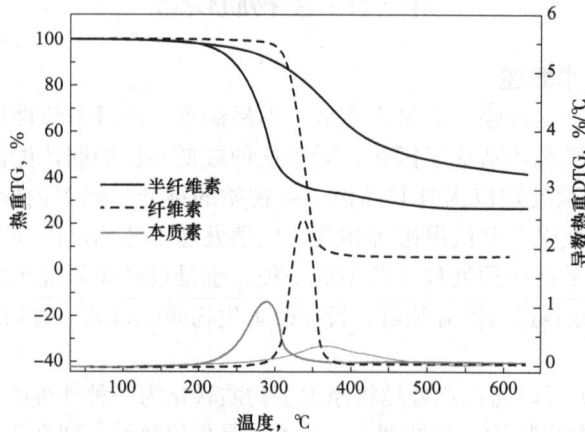

图6-19　生物质有机大分子组分热解特性曲线

三、生物质烘焙产物分析

（一）固相产物

和原生生物质相比，作为烘焙主要目标产物的固体半焦在低温热解过程中性质发生了较大变化。首先随着热解温度的升高，固体产物的颜色由黄褐色逐渐变成黑色，表观体积明显缩小，而且固体的产物变得脆而易碎，其形状向圆柱形或球形方向发展；由于固体产物脱去了大部分的水分和挥发分，低位发热量显著提高，其能量密度也相应得到了提高；而且这种产物具有疏水性，烘焙温度越高，产物的吸水速率越慢，平衡吸水率越低，经过260℃烘焙预处理，典型生物质的平衡吸水率可以比原始生物质降低40%。这主要是由于原始生物质的水分主要以氢键形式结合于构成细胞壁的有机大分子的羟基上，烘焙减少了氢和氧含量，并使得半纤维素发生了脱羟基反应，这使得烘焙固体产物可吸附的水分明显降低。

考察生物质烘焙前后的元素分析和工业分析等特性数据可以发现，随着热解温度的升高，和原物质相比，烘焙产物元素分析中炭的比例有所上升，H、O比例降低，硫、氮在烘焙过程中基本留存在固相中，因而随着烘焙程度提高，硫、氮含量有所提升。需要指出的是，虽然烘焙过程损失了部分挥发分，但固体产物中挥发分的含量还是高达50%~60%，依然是一种容易着火的高挥发分原料，这主要是由于烘焙仅仅是一个低温热解的过程，生物质中有机质热分解的程度并不高，此外还由于烘焙造就了疏水性的固体产物，烘焙产物在和环境平衡后的含水量一般只有2%~3%。

由于烘焙可以去除水分，且烘焙产物中炭的含量得到提高，可以预计，烘焙产物的发热量也会随之提高，典型烘焙产物的低位发热量可达到19~21MJ/kg，显著高于典型原生生物质。

烘焙过程比较彻底地分解了生物质大分子结构中的半纤维素，并对纤维素和木质素结构也有一定程度的破坏。木质纤维素类生物质基体的强度来源于纤维素构成的微纤丝作为骨架支撑木质素组分，半纤维素夹杂其中作为黏合剂。这种结构组成在烘焙过程中由于半纤维素的分解殆尽而受到了严重削弱，宏观上体现为烘焙产物的可磨性大幅度提高。以典型的棉花秆为例，在250℃、30 min条件下经过烘焙后的固体产物与未经处理的原料都研磨到相同的粒径分布，前者大约只需后者所需能量的15%。

（二）液相和气相产物

烘焙产生的挥发分经过冷凝可以得到部分液相产物以及不凝性气相产物。其中液体产物的颜色为黄褐色有刺激性气味，主要是水分、乙酸，还有少量的甲醇、乳酸、糠醛等；气体产物主要为CO、CO_2、CH_4等小分子永久气体。随着热解温度的提高，液体产物的产量增加，颜色加深。上述气液产物的主要来源是半纤维的分解，低温烘焙时，液体产物产率很低，并且水分占了相当大的比率，因为水是首先以蒸发的方式释放出来。随着温度升高到250~300℃，半纤维素分子间及分子内易形成氢键的羟基脱落形成水，同时发生脱羧基、糖苷键断裂、环内C—O基团断裂、C—C键断裂等过程，并形成一系列的酸、醇、醛、醚类等焦油组分及CO、CO_2、CH_4等气体化合物。随着温度的升高，得到的液体产物和气体产物产量迅速增加。

（三）烘焙能量效率和可行性

生物质烘焙过程中，随着烘焙程度的增加，固体产物的发热量有显著提高，但同时烘焙固相产物的得率会呈现出降低的趋势。作为一种能源工业所用原料的预处理工艺，从能量角度衡量烘焙预处理工艺的效率是非常必要的。

烘焙作为一种低温热解所消耗的能量可以利用差示扫描量热仪（DSC）进行定量分析。有研究显示，对于干燥的生物质，例如玉米秸秆，在240~300℃温度范围内进行40min的热解过程所需热量仅为420~890kJ/kg，实际工艺过程中大多数能量主要用于烘干水分以及提升固体的温度。考虑到大部分烘焙工艺都是采用气相产物燃烧供应烘焙所需热量，且能达到整体工艺自供热而无需外加能量，在能量效率计算中只需要简单地计算输入原料和输出产物的质量和发热量即可。以典型的棉花秆和小麦秸秆为例，在200℃、250℃以及300℃三个温度下进行烘焙预处理的能量效率如图6-20所示。由图可见，随着烘焙程度增加，工艺的整体能量效率表现出显著的降低趋势。这主要是由于深度烘焙过程中大量能量以挥发分形式析出，降低了分配到固相产物中的能量份额。当然，进行较深度烘焙的优势在于可以获得能量密度更高的固体产物。因此，在工艺能效以及产物品质两方面存在一个适当的平衡，这需要根据实际应用条件来确定。

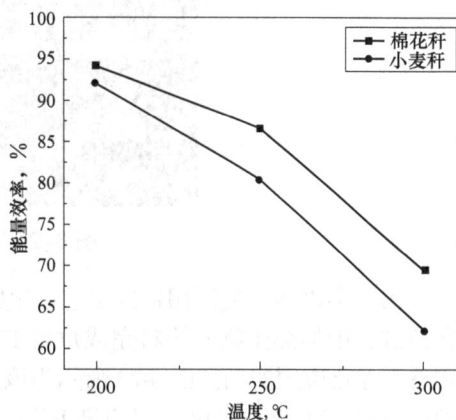

图6-20 烘焙过程整体能量效率随烘焙温度变化趋势

能量效率仅仅是衡量烘焙工艺过程可行性的指标参数之一，决定是否采用烘焙工艺、采用何种程度的烘焙需要综合考虑多方面的因素。以典型的棉花秆原料为例，采用250℃、30min的烘焙，可获取的烘焙产物产率为75.8%，过程的能量效率为87.5%，即存在12.5%的能量损失，得到的好处是产物的发热量和原料相比增加了14.3%，烘焙后的产物可以很容易研磨成为粉状物质，这种粉体所占的体积仅仅为初始生物质的1/4~1/3，而这个研磨过程消耗的能量仅仅为研磨原生生物质的1/6~1/3。考虑到发热量的提升和体积的大幅度降低，和原生生物质相比，烘焙研磨后，单位热量的运输成本可以降低到原来的10%作用，存储的成本可以降低到原来的1/4~1/3。显然，在运输和存储上大幅度地降低成本是烘焙工艺最核心的价值体现。

四、烘焙工业化概况

生物质烘焙技术提出以来，由于具有大幅提升生物质原料品质，降低运输存储成本的潜力，处理后的生物质在很多场合可以非常轻易地替代煤炭等化石燃料，因而在追求工业生产低碳可持续的今天受到大量的关注。欧洲和美国都有公司进行生物质烘焙技术的工业化开发和应用。由于烘焙的核心工艺为低氧环境下的低温热解，因而烘焙工艺的核心是热解反应器，且由于热解所需热量均来源于烘焙析出挥发分的燃烧放热，因此大多数烘焙技术采用热烟气直接加热生物质原料。根据气固接触模式的不同，有不同的烘焙工业化技术路线。

比较常见的有类似回转式干燥的回转式烘焙装置，如图 6-21 所示美国 TSI 公司的生物质项目，其基本原理为在回转式筒体一端加入以木片为原料的生物质的同时也给入挥发分燃烧产生的热烟气，热烟气加热木片进行低温热解。与此同时，旋转的回转筒体依靠内壁特殊设计的抄板等结构提升并抛下木片，一方面强化木片和热烟气之间的换热，另一方面抄板可以对不同尺寸的木片起到一定的分类处理效果，即通过抄板结构的设计，让较小粒度的木片在筒体旋转的过程中较快地向前移动，而较大的木片前进速度放慢，这样的设计符合大木片需要较长停留时间（9~15min），而小木片达到同样的烘焙程度所需时间较短（1~5min）的客观规律，可以提高反应器的工作效率，确保得到高品质的稳定的烘焙产物。采用该原理的烘焙技术目前已经投入商业运行，相关公司提供的设备生产规模可以达到 25 万 t/a。

图 6-21　典型回转式生物质烘焙装置

另一类烘焙工艺采用带式工艺，生物质在固定或者附加了振动机构的传动带上移动，热烟气在该过程中加热生物质原料完成烘焙工艺。该类型的烘焙技术和装备也已经发展到工业化程度，并有工业化应用实例。图 6-22 所示为该类烘焙集合研磨成型工艺的工业化设备，产出的烘焙产物颗粒原料（black pellets），具有非常高的能量密度，可以在常规燃煤电厂的破碎和燃烧设备中燃烧，从而可以以较低的改造成本实现煤和生物质的大规模混烧，是生物质能源利用非常有前景的方向。

图 6-22　烘焙集合研磨成型工艺的工业化设备和产出的颗粒原料

由于烘焙工艺能够在现有生物质基础上提升其能量密度，尤其是将烘焙后的生物质压缩成型制作成颗粒原料之后，其在运输和存储方面的成本已经接近煤炭等化石燃料。根据目前的发展趋势，在不久的将来可能在生物质替代化石燃料领域发挥重要的作用，例如替代煤炭在小型热电厂中作为燃料，在大型燃煤发电厂中替代部分煤炭实现煤与生物质混烧，或者在生物质气化以及其他生物质高品位燃料制备工艺中作为原料使用。

第四节　生物质蒸汽爆破

一、技术背景

生物质有机体主要由纤维素、半纤维素和木质素三种生物质大分子构成，其中纤维素和木质素的含量较高。纤维素是一种有机高聚物，由五碳糖单体呈线状聚合构成，纤维素的聚合度很大，其聚合度可因来源的不同在 100~14000 不等。线性的纤维素大分子有规则地平行排列在一起，在大部分区域呈现出规则的结晶状，结晶区域内的多糖分子上的羟基几乎全部包含于氢键中，形成的总氢键能非常大。纤维素正是通过链内和链间的氢键，加强了其分子间的相互作用，使纤维素的微晶结构很难打开。这些氢键的大量存在，使得纤维素分子链彼此高度牢固地键合在一起，成为刚性的高度不溶的微纤丝和纤丝，这种强韧的结构是生物质有机体能抵抗自然界各种物理化学降解的基础。在生物质能源利用领域，对生物质进行转化利用存在两个限制因素：①必须打开纤维素的这种大分子间紧密结合的结构，才能将纤维素按照工艺的需求切割成各种小分子组分进一步转化处理。例如采用生化方法利用纤维素生产乙醇的工艺中，就需要利用纤维素切割酶来实现对纤维素大分子的分解，纤维素这种链内和链间的结合态势成为纤维素酶对其进行降解的一个主要限制因素。②从生物质有机体的构成看，木质素包裹着纤维素和半纤维素，类似于包裹在钢筋外层的混凝土；而木质素由于其高度芳香化的结构几乎无法进行生物降解，从而使各种生化处理中用于转化纤维素的微生物或者生物酶难以接触到纤维素和半纤维素大分子，大大降低转化效果。

显然，为了提高降解和转化效果，对上述木质纤维素类生物质进行适当的预处理非常有必要。生物质的预处理方法种类很多，可以分为物理预处理、化学预处理、物理化学预处理和生物预处理四大类。

（1）物理预处理法包括机械粉碎（球磨、压缩球磨）、冷冻粉碎、爆破处理、超声波破碎、微波处理、高能辐射等，一般会与其他工艺配合使用。

（2）化学预处理中主要有高温蒸煮、酸水解、碱水解、臭氧分解、有机溶剂分解、氧化降解木质素等方法。

（3）物理化学预处理主要指将化学药品添加到蒸汽爆破处理的物料中（化学处理与物理处理相结合），达到相互弥补缺陷的目的，从而提高预处理效果。

（4）生物质预处理是利用分解木质素的微生物除去木质素，以解除其对纤维素的包裹作用。

从宏观上看，预处理可以减小颗粒的大小，增加生物降解过程中的表面积，提高处理过程中的均匀度；从化学上看，非常重要的是通过预处理改变其中有机物成分的性质，使得它们易于被分解。蒸汽爆破方法作为生物质预处理技术的一种，即是为解决上述问题提出的。

二、蒸汽爆破工艺和对生物质作用

蒸汽爆破预处理工艺主要是利用高温高压水蒸气处理木质纤维素类原料，并通过瞬间泄压过程实现原料的组分分离和结构变化。爆破过程可分成两个阶段：

（1）将具有细胞结构的植物纤维原料在高压、高温条件下气相蒸煮，半纤维素和木质素产生一些酸性物质，使半纤维素降解成可溶性糖，同时复合胞间层的木质素软化和部分降解，从而削弱了纤维间的黏结，为爆破过程提供选择性机械分离的可能。

（2）爆破过程，即突然减压，介质和物料共同完成物理的能量释放过程。物料内的气相介质喷出，瞬间急速膨胀，同时物料内的高压液态水迅速暴沸形成闪蒸，对外做功，最后使物料从胞间层解离成单个细胞。

由上述描述可知，蒸汽爆破包含的物理分离和化学预降解两个层面的过程，是比较具有产业化前景的预处理方法之一，是结合化学物理作用将原料细胞壁结构破坏，提高纤维素可及性的可行的方法，对于纤维素乙醇生产预处理工艺，蒸汽爆破的条件一般为 3.5MPa、2 min。图 6-23 为实验室规模进行生物质蒸汽爆破装置和泄压状况。

图 6-23　实验室规模蒸汽爆破装置和泄压状况

蒸汽爆破对秸秆等木质纤维素物质的作用具体有如下几个方面：

（1）类酸性水解作用及热降解作用。蒸汽爆破过程中，高压热蒸汽进入纤维原料中，并渗入纤维内部的孔隙。由于水蒸气和热的联合作用产生纤维原料的类酸性降解以及热降解，低分子物质溶出，纤维聚合度下降。

（2）类机械断裂作用。在高压蒸汽释放时，已渗入纤维内部的热蒸汽分子以气流的方式从较封闭的孔隙中高速瞬间释放出来，纤维内部及周围热蒸汽的高速瞬间流动，使纤维发生一定程度上的机械断裂。

（3）氢键破坏作用。在蒸汽爆破过程中，水蒸气渗入纤维各孔隙中并与纤维素分子链上的部分羟基形成氢键。同时高温、高压、含水的条件又会加剧对纤维素内部氢键的破坏，游离出新的羟基，增加了纤维素的吸附能力。瞬间泄压爆破使纤维素内各孔隙间的水蒸气瞬间排出到空气中，打断了纤维素内的氢键。分子内氢键断裂同时纤维素被急速冷却至室温，使纤维素超分子结构被冻结，只有少部分的氢键重组，大幅度提升后续工艺溶剂分子与纤维素大分子链的反应能力。

（4）结构重排作用。在高温、高压下，纤维素分子内氢键受到一定程度的破坏，纤维素链的可动性增加，有利于纤维素向有序结构变化。同时纤维素分子链的断裂，使纤维素链更容易再排列。

需要指出的是，蒸汽爆破虽然可以在多方面对木质纤维素大分子结构进行破坏，可以在对原料无需过细破碎的条件下以比较低的能耗快速处理原料，具有工艺过程无污染、后续酶解效率高、应用范围广等优点，但是单纯的水蒸气爆破法工艺中存在半纤维素损失率高、木质素去除率低以及会产生对后续工艺有毒害作用的毒副产品等缺点。在蒸汽爆破过程中添加少量化学催化剂如 SO_2、CO_2 和 NH_3 等，可以大大降低能耗，并提高残渣的酶解率，这主要是因为在加入催化剂形成的酸性或碱性环境下，木质纤维素类生物质的半纤维素和木质素更容易被去除。特别是在碱性条件下，如氨爆预处理的反应温度可以降低到 90℃，大约有 20%~50% 的木质素被去除，纤维素酶解率可以达到90%。

三、蒸汽爆破的其他应用

除了应用在纤维素乙醇生产的前端，蒸汽爆破也可以应用在其他不同领域。例如作为环保吸附材料，利用蒸汽爆破处理秸秆提升原料比表面积，充当活性炭的廉价替代物用于污水处理，这种工艺所需反应条件一般为压力1.2~1.7MPa，维压时间5~10min；用于饲料生产，蒸汽爆破处理的秸秆发酵效果大大优于没经处理的秸秆，所得产品富集了蛋白和纤维素酶，具有丰富的营养；可用于生产有机肥料及腐殖酸，蒸汽爆破产物秸秆中的木质素是生物与化学联合固氮的最好载体，木质素在缓慢的微生物降解中，可产生植物生长激素，对苗木的生长具有奇特的功效；还可用于制取纸浆及醋酸纤维素，制备醋酸纤维素的蒸汽爆破适宜条件是123℃，2h硫酸催化剂用量为7%。

习题

1. 生物质能源行业中为什么要对生物质进行破碎？
2. 为什么说生物质是亲水性原料？
3. 生物质能源行业用的生物质原料水分高可能会带来的危害有哪些？
4. 从干燥原理角度分析采用摊晒自然晾晒的优缺点。
5. 在生物质能源行业采用大规模干燥技术对原料进行干燥的主要障碍是什么？
6. 生物质烘焙的能量效率如何定义？
7. 生物质烘焙工艺的意义和价值，并讨论其可能的工业化应用场合。
8. 试从物理和化学两个层面说明蒸汽爆破对生物质的预处理作用。

第七章 生物质成型燃料

第一节 概述

生物质作为一种能源资源和常规化石能源相比最大的缺点是能量密度低，以质量能量密度估算每千克干物质所含能量计算：典型生物质所含能量为17~20MJ，而典型煤炭的能量含量约为27.2MJ，石油的能量含量约为42.7MJ，如表7-1所示。

表7-1 各种能源资源的质量能量密度 MJ/kg（干物质）

能源资源	质量能量密度	能源资源	质量能量密度
芦苇	17.2	硬木	19.2
秸秆	17.4	泥煤	21.5
柳树	18.3	煤炭	27.2
锯末	19.2	石油	42.7
商品木颗粒	19.2		

如果考虑不同种类能源资源的密度因素，生物质能源的上述弱点将愈发突出，松散堆积的秸秆、木屑等的堆积密度仅为50~250kg/m³；典型硬木在生物质中具有相对较高的真实密度，破碎成木片形式的木材的堆积密度为300~500kg/m³；而煤炭和石油的堆积密度分别为1300kg/m³和800kg/m³。显然，如果以单位容积所含能量多少来评估生物质的能量密度，差距将更为明显：1m³石油所含的能量相当于6m³木片或者18m³的木屑或者秸秆。

生物质的低能量密度给生物质的收集、运输、存储、预处理和给送等各个环节均带来非常大的困难，生物质致密成型工艺正是直接针对该问题提出的一种有价值的解决方案。经过致密成型的生物质密度可达0.8~1.1t/m³，含水量一般低于15%，低位发热量为14~16MJ/kg，体积能量密度相比松散的原生生物质提高十倍左右，可以和中低发热量的煤炭相当。这种品质提升的积极意义在于：可以破解生物质资源分散、难以收集实现大规模集中使用的困局；单位能量所需体积的降低可以大幅度降低运输、存储过程的成本；成型后的生物质含水量低，不易腐烂变质且具有较高的低位发热量。显然，生物质致密成型是一种将低品位、低热量密度的原生生物质能提质转化为具有较高能量密度的较高品质生物质能源的工艺方法。通过该工艺可以在一定程度上将低品质多样化的生物质原料转化为具有较确定且均一特性参数的生物质商品能源。图7-1所示为各种不同种类的生物质成型燃料，图7-1（c）为以木质生物质压缩成型获取的木颗粒，在生产过程和产品品质符合特定标准的情况下，目前已经是一种在国际上大宗交易的商品能源，具有充分发展的收集、预处理、运输、仓储、配送以及终端消费等各环节配套技术和设备。生物质成型以机械压缩等物理过程为主要手段，是生物质转化利用技术中物理转化技术途径的主要代表，目前在生物质能源利用领域中有非常广泛和大规模的应用。

(a) 块状生物质成型燃料

(b) 中空棒状成型燃料

(c) 粒状生物质成型燃料

(d) 棒状生物质成型燃料

图 7-1　不同类型的生物质成型燃料

木颗粒（wood pellets）是当今全球范围生物质成型燃料中最典型、应用最广泛的一种。木颗粒来源于木质生物质，木质生物质在各种典型生物质中属于密度较高、质量较好的一类，绝大多数的木质生物质是林业或者木业生产加工的副产品或下脚料，因而被一定程度富集，其收集成本得以有效降低。在世界范围内，木质生物质能消费量占生物质能总消耗量的 85% 以上。这都有助于木颗粒作为大宗商品能源得以在全球范围迅速发展。但是需要指出的是，以木颗粒为主的生物质成型燃料产业的应用主要还是集中在欧美等发达国家，这一方面是由于欧美国家木质生物质资源丰富；另一方面，这些区域已经建立了成熟的生物质商品能源市场体系也是个主要因素。

我国的生物质资源情况有较大的不同，作为一个农业大国，我国的秸秆等农业生产废弃物产量巨大，构成生物质资源主体；由于森林资源相对匮乏，对木质原料需求旺盛，我国的林木加工产业对木质生物质的利用非常充分，加工剩余物和副产品量随着产业进步不断减少。在上述因素作用下，一般认为我国的生物质资源构成中，以秸秆为主体的农业生物质废弃物资源占比超过60%，林业废弃物资源占比低于15%。这种生物质资源的构成势必会影响到我国生物质成型燃料产业的发展。

一方面，从产业发展的角度，以秸秆为代表的农业废弃物生物质作为我国生物质资源的主体必然会成为我国生物质成型燃料产业的主要原料；另一方面，成型工艺对于质地疏松、易燃易腐的农业废弃物更为适用，可以大幅度提升该类原生生物质的品位，将其能量密度提升到与木质成型原料类似的水平。但是农业废弃物成型产业的发展显然不能照搬国外已有的木颗粒产业发展经验，这主要是因为：

（1）秸秆的成型工艺和木质生物质的成型工艺有所不同，主要体现在木质素含量不同造成的成型机理差异、含灰量和灰特性导致的压缩特性不同以及秸秆多样性引发的设备原料适应性不足和预处理工作难度增加。

（2）原生秸秆极低的能量密度提升了收储成本，从而制约成型工厂的生产规模。典型的木颗粒生产规模可以轻易达到十吨到数十万吨的年产量，但是农业废弃物由于资源丰度低、难以长途运输和大量存储，其成型燃料的生产必然是就地小规模生产，例如以农业村或者镇为覆盖范围的小规模生产。

（3）农业生物质的季节性和多样性会要求成型设备具有较强的原料适用性以及可移动性，从而可以适应农业生产多变的组合，尽可能高地提升设备的利用率，只有这样才能提高经营效益以确保成型产业的可持续发展。

（4）成型的秸秆等农业废弃物生物质燃料的密度、水分、灰分、尺寸、成型强度、碱金属含量等参数与木颗粒相比必然会有一定的差异，这些特性会对成型燃料的燃烧过程产生影响，因而在应用侧必须要做相应的改进和研发，并不能照搬欧美木颗粒产业发展的经验和模式。

第二节　生物质成型原理

一、生物质成型原理

生物质成型的基本概念是：在一定温度和压力作用下，利用木质素充当黏合剂，将各类分布散、形体轻、储运困难、使用不便的生物质原料经压缩成型工艺，加工成具有一定几何形状、密度较大的成型燃料，以提高燃料的能量密度，改善燃烧性能，使之成为商品能源。成型过程的核心是在外力作用下，使松散物料的颗粒先后经历重新排位、机械变形和塑形流变等阶段，使其体积大幅度减小并保持一定形状的压缩状态。生物质成型也被称为"生物质压缩成型""生物质致密成型""生物质固化成型"以及"生物质压块"。生物质成型工艺获得的产品具有较为均一的特性，在很大程度上克服了原生生物质能量密度低、输送存储以及给送成本过高的弊端，可以方便地用于后续的生物质能源利用转化工艺。由于采用燃烧利用成型产品的情况较为普遍，所以生物质成型产品通常也被称为生物质成型燃料。

木材、秸秆等木质纤维素类生物质均由纤维素、半纤维素和木质素三大组分为主体构成，或者说上述三大组分是构成植物基体细胞壁的主要成分。在微观上，纤维素、半纤维素和木质素不均匀地分布在细胞壁中形成骨架物质、缔结物质和硬固物质，具体地说：纤维素分支排列规则且聚集成束，组成强韧的"微纤维"，是植物细胞壁的骨架物质，其中的间隙被非结晶的缔结组织半纤维素和硬固物质木质素填充，如果把生物质细胞比作钢筋混凝土建筑物，那么可以近似地说，纤维素是建筑物中的钢筋，木素是混凝土，半纤维素则是钢筋与混凝土之间的连接物。三大组分之间通过各种化学键相互联结，例如纤维素和半纤维素、木质素分子之间的结合主要依赖于氢键，半纤维素和木质素之间除了氢键外还存在共价键的结合。这种在分子和大分子层面紧密而强悍的内在结合造就了植物有机体化学上抵抗外部环境各种生物、化学降解，物理上抵抗重力、风力等各种外力侵袭的能力。对于成型工艺而言，三大组分中的木质素是影响成型过程的最主要因素，木质素普遍存在于各种植物中，但是含量随着植物种类不同存在差异，木材中一般含20%~30%的木质素，且针叶树种的含量高于阔叶树种；而水稻秸秆类农业废弃物生物质中的木质素含量较低，一般为5%~15%。

木质素是具有芳香族特性、非结晶性和三度空间结构的高聚物，其基本结构单元是苯基丙烷，彼此以醚键（C—O—C）和碳碳键（C—C）联结。高温和水分可以对木质素造成显著的影响，在高温和有水分存在的条件下，木素会软化并塑化。在温度作用下开始发生热塑化的温度区随着植物品种不同而略有差异，例如针叶材木质素为170~175℃，阔叶材为160~165℃，若是水、热同时作用，则上述塑化温度会有所降低。木质素在高温下的这种特性可以归因为其大分子结构的非结晶特性，在高温下体现出类似非晶体没有特定熔点，但是在一定温度区域会出现软化点并随温度升高软化程度加剧的特性。木质素在软化状态，当受到机械力作用时，外部压力可使其与纤维素紧密黏结并与相邻颗粒相互胶结，冷却后即可固化成型。木质素的上述软化、塑化特性是绝大多数生物质成型工艺的基础，由于需要在较高温度下进行，也称为热压成型，该种成型工艺理论上可以不用任何添加剂、黏结剂，从而有助于降低加工成本，而且利用木质素软化、液化的特点，在一定范围内提高热压成型时的温度有利于减少挤压能耗。

上述木质素软化塑化是生物质成型的核心基础，从生物质成型的整个过程来看，宏观上结构疏松的生物质原料在外力作用下的成型可粗略划分为两个阶段：第一阶段，在压缩初期，较低的压力传递至经过破碎后形成的生物质颗粒中，使原先松散堆积的固体颗粒排列结构开始改变，生物质内部孔隙率减少，颗粒内部孔隙结构被破坏，体积显著缩小。第二阶段，当压力逐渐增大时，生物质大颗粒在压力作用下破裂，变成更加细小的粒子，并在温度作用下发生变形或塑性流动，粒子开始充填孔隙，粒子间更加紧密地接触而互相啮合，一部分残余应力储存于成型块内部，使粒子间结合更牢固。经过这两个阶段后的生物质成型物料被撤去外部压力并降低温度，物料在经过不同程度的膨胀以及释放应力后随着温度降低到木质素重新硬化而达到稳定。在这个过程中，含水量和颗粒尺寸也是两个不可忽视的重要条件。生物质原料中适量的结合水和自由水对于成型过程而言是一种润滑剂，可以使粒子间内摩擦变小，流动性增强，从而促进粒子在压力作用下滑动而嵌合。一方面，过高的水分虽然可以保证粒子在垂直于主应力的方向上充分延展，但是过多的水分被挤出后分布于粒子层间，使粒子层间不能紧密贴合，从而可能对成型带来负面影响。另一方面，对于一些特殊的成型工艺，例如冲压成型等，由于压缩容积处于密闭状态且压缩过程非常迅速，原料中过高的水分在压缩过程中由于快速蒸发引发的膨胀可能会危害设备的安全性。颗粒尺寸是成型过程的另一个重要因素，成型前处理工艺将原料破碎的越细，构成成型块的粒子越细小，粒子间充填程度就越高，接触越紧密；当粒子的粒度小到一定程度（几百至几微米）后，成型块内部的结合力方式和主次甚至也会发生变化，粒子间的分子引力、静电引力和液相附着力（毛细管力）开始上升为主导地位。这些复杂的内部颗粒作用机制会在很大程度上影响成型过程能耗、成型产物的品质，甚至可以影响成型工艺的可行性。

需要指出的是，生物质原料中的木质素对于生物质的压缩成型起了关键作用，但是生物质中的其他组分对成型也有相应的贡献，例如生物质中的适量的水就是一种必不可少的组分。成型过程中，流动于生物质团粒间的水分可以在压力作用下与果胶质或糖类混合形成胶体，起到黏结剂的作用。水分还有降低木质素玻变（熔融）温度的作用，使生物质在较低加热温度下成型。生物质中的半纤维素在成型过程中部分水解转化为木糖，从而也可起到黏结剂的作用。纤维素分子连接形成的纤丝，也能在黏聚体内发挥类似混凝土中"钢筋"的加强作用，成为提高成型块强度的"骨架"。此外，生物质所含的腐殖质、树脂、蜡质等对压力和温度比较敏感，采用适宜的温度和压力也有助于在压缩成型过程中发挥黏结作用。

二、生物质成型关键参数

不论采用何种成型工艺，成型过程中都存在一些非常关键的工艺参数，主要包括：成型压力、原料含水量、原料颗粒度、成型温度、原料种类以及黏结剂特性。

生物质成型是一个对物料的压缩过程，成型压力是生物质在模具中成型的主要驱动力，其直接用于破坏原生生物质的物相结构并形成较为致密的新的物相结构。较高的成型压力通过挤压让物料中微粒相互接近，并通过微粒变形改变原生物质有机体中纤维素微纤丝的形状及其与木质素、半纤维之间的相对位置和镶嵌模式，加强大分子尺度内各部分物质间的凝聚力，从而提高成型块的强度和维持特定形状的能力。随着成型压力施加到生物质原料上，生物质体积收缩，密度随之增加，随着生物质中的孔隙被挤压填充殆尽，密度的增加幅度开始迅速降低，即使进一步提升压力，也很难将已经充分压实的物料的密度显著提升。因而对于不同类型的生物质原料存在一个较为合理的成型压力范围，压力过小，成型产品的密度过低，成型强度不高；但是成型压力过大对产品的密度提升有限，反而会引起能耗的增加。当然合适的成型压力还和生物质原料的种类、破碎粒度、成型温度以及模具的设计等密切相关，在生产实践中往往需要经过大量的工程实践探索才能掌握。

成型过程中水分的作用是多方面的，一方面水分可以和生物质中果胶质、糖类等有机组分形成具有黏结作用的胶体辅助成型，促进木质素在较低温度下出现塑形形变，降低成型能耗，因而过低的水分不利于成型；但是另一方面，如果水分过高，势必出现从生物质成型块内部向外逸出的情况，由于大多数情况下成型工艺所需温度大于100℃，水在物料内部蒸发膨胀逸出的过程本身就会降低成型质量，如果蒸汽不能顺利地排出，轻则造成成型块表面开裂，严重时会出现爆鸣、放炮损坏设备并威胁生产安全，尤其是在采用封闭式模具的成型工艺中，危害尤为严重。显然，生物质成型中原料水分存在一个适宜的范围，这是大部分的成型工艺中都包含了水分调整环节的主要原因。生物质的最佳含水量随着原料种类和成型工艺的不同而不同，表7-2给出了典型的热压平模成型工艺中，不同原料含水量对成型效果的影响。从表可见，对于常规的生物质热压成型工艺，典型生物质原料所需的含水量在8%~10%。由于生物质是亲水性物料，原生生物质的自然含水量往往高于该含量，因而对原料进行预干燥往往是成型加工必不可少的环节。通常情况下，干燥成本是生物质成型产品生产成本中重要的组成部分。

表7-2 原料含水量对热压平模成型工艺的影响

含水量 / %	木屑	秸秆
4	不成型	不成型
6	成型	成型
8	成型	成型
10	成型	成型
12	成型	不成型
14	不成型	不成型

原料颗粒度是成型工艺的另一个重要参数，因为成型的本质是机械压缩，一般而言在相同的压力及实验条件下，原料粒径越小，颗粒之间的间隙越小，颗粒间的滑移越容易，成型本身的能耗越低，也越易成型。因而原料颗粒度在很大程度上影响成型机的效率及成型产品的质量。当然，较小粒度给成型过程带来的上述好处必须与原料破碎环节的能耗和效率综合起来考虑才全面。生物质原料独特的物理性质导致其破碎能耗较高，特别是对于农作物秸秆等质地轻软、缠绕性强的物料，高效而均匀的破碎并不容易，为了得到较小的粒度往往需要采用高能耗的多次重复破碎，否则原料的粒度分布不匀，会降低成型产物的质量，例如成型强度降低、表面易出现裂纹等。需要指出的是，对于某些特殊的成型工艺，例如冲压成型，并不是原料粒径越小越好，较大尺寸的原料或较长的纤维会对提高成型块质量有一定的帮助。

成型温度也会影响原料的成型和成型机的工作效率。最为常见的热压成型中，成型过程的温度一般控制在150~300℃，最佳温度往往需要在工程实践中根据原料的品种、品质和形态以及成型机模具情况进行调整。成型温度对成型工艺的影响包括以下方面：①成型过程将物料加热到特定的高温是为了使原料中含有的木质素软化，起到黏结剂的作用，此外高温也能使原料本身变软，降低压缩所需能耗，因而成型温度过低往往造成原料不能成型以及成型功耗增加；②成型温度过高，物料温度显著超过纤维素热解温度后会出现原料热解炭化程度加重、成品表面炭化发黑、由于挥发分析出导致热量损失以及对环境的污染等问题；③在很多情况下，过高的温度会造成成型机械运行偏离设计工况，物料输送过快，不能形成有效压力，从而导致颗粒挤压不实，密度变小，容易断裂破损。

除了上述参数，成型工艺亦受生物质原料种类影响，不同生物质的结构差异极大，压缩成型特性差异也很大，原料种类不但影响成型质量，而且影响成型机的产量及动力消耗。例如不加热条件下，木材废料一般较难压缩，而纤维状植物秸秆和树皮等容易压缩；但加热条件下，木材废料反而容易成型，植物秸秆和树皮等却不易成型。为了达到较好的成型效率和效果，成型工艺往往需要根据原料的特性进行针对性设计。在某些成型工艺中，为了确保成型质量，往往需要加入少量的黏结剂强化工艺的成型能力，黏结剂必须能够保证成型块具有足够的强度和抗潮解性，而且在燃烧时不产生烟尘和异味，最好黏结剂本身能够燃烧。考虑到黏结剂效果、成本和可获得性，常见的生物质成型工艺用黏结剂有如下几种：①无机黏结剂：水泥、黏土、水玻璃等；②有机黏结剂：焦油、沥青、树脂、淀粉等；③纤维类黏结剂：废纸浆、水解纤维等。

第三节　生物质成型技术与设备

一、生物质成型工艺流程

生物质成型技术可以根据原料、成型机理或者产物要求的不同做各种类型的划分，从成型过程机理角度，一般可以将生物质成型技术分为热压缩成型、冷压缩成型以及炭化成型三大类。

热压缩成型技术的工艺核心是压缩在较高的温度下进行，利用高温下生物质原料中木质素的塑化特性实现较高密度的压缩并保持成型后产品的强度和形状。一般的热成型工艺需要预先调制原料含水量并进行破碎，然后把粉碎后的生物质在一定的高温及高压下压缩成高密度成型燃料，密度可达到 $1t/m^3$ 左右。从工艺角度，"热压缩"技术由原料粉碎、干燥、加热（外加热或者压缩过程摩擦生热）压缩、产物冷却等过程组成。热压缩中水分对工艺过程有较大影响，因而对成型前的生物质原料含水量有严格要求，对木制生物质能原料而言，必须控制在 8%～12%。热压缩成型工艺是目前生物质成型领域的主流技术，技术流派繁多，产品线也非常丰富。

冷压缩成型技术，其核心为成型过程不存在热压缩工艺中导致木质素显著塑化的温度条件，通常在常温下进行，且压缩过程摩擦生热加热物料的效应不显著。冷压缩工艺中也有不同技术路线：一类湿压成型工艺使用水分较高的原料，有时甚至需要将原料在常温下浸泡数日，使其湿润皱裂并部分降解，该状态下利用机械和模具将生物质中的水分挤出，压缩成燃料块；另一类冷态压缩工艺的成型机理是在常温下，通过压辊等特定挤压方式使破碎后的生物质形成圆柱或棱柱形，再通过切割获取成型产物，其成型原理也是利用摩擦热形成的木质素塑化使纤维结构互相镶嵌包裹而定型。和热成型工艺比，冷压缩成型工艺过程温度低、产物密度低、原料含水量范围较宽，其本质是热成型工艺的简化低配版。冷压缩具有原料适应性强，特别是对含水量适应性强、设备工艺简单、吨电耗低、产量较高、成本较低等优点，但同时也有原料含水量高，发热量、密度、能量密度显著低于热压缩成型工艺等弊端。

炭化成型技术最突出的特点为构成成型燃料的物质不是原生的木质纤维素类生物质，而是生物质热解脱挥发分后形成的半焦（也称为生物质炭）。根据工艺流程分为两类：先成型后炭化和先炭化后成型。先成型后炭化一般先用压缩成型机将生物质物料压缩成具有一定密度和形状的棒料，然后在炭化炉内炭化成为木炭。先炭化后成型则是先将生物质原料炭化或部分炭化，然后在生物质炭中加入一定量的黏结剂压缩成型。炭化成型的产品为完全或者部分发生热解后的生物质，其中的挥发分全部或者大部分已经析出，构成的主要元素为碳，因而炭化成型产物具有很高的能量密度。尤其是前述先炭化后成型工艺的产物，由于炭化后的生物质挤压加工性能得到改善，压缩过程功率消耗也明显下降，因而在被压缩成致密的炭块后具有非常高的能量密度。需要指出的是，炭化后的原料在挤压成型后维持既定形状的能力较差，故成型时一般都要加入一定量的黏结剂。

以生物质热压缩成型工艺为例，根据其机理和技术要求，典型的成型工艺流程如图7-2所示，往往由原料的收集部分，包含粉碎、水分调制在内的原料预处理部分，包括预压、压缩、保型工序在内的成型部分，以及包含切割、包装、成品储运在内的成品处理部分构成。根据原料不同、成型工艺不同以及对成品要求的不同，上述流程往往还需要进行取舍或者工序调整。

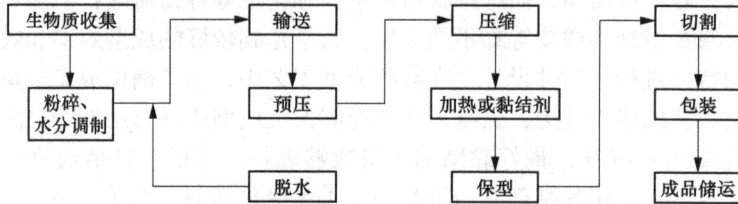

图 7-2　生物质成型工艺流程

图7-2中所示的生物质收集运输环节情况差异很大，以木质生物质为原料的成型通常依托林业或者木业加工产业，原料相对集中，获取比较容易，以木片和木屑为基本原料形式的生物质在存储运输过程中都有比较成熟的输送设备和装置可供利用。对于非木质的生物质原料，情况有所不同。可以在农产品加工或其他产业中进行预先富集的原料，如谷壳、棕榈壳、糠醛渣、废弃菌菇培养基等，可以以较低的成本收集；但是对于秸秆等直接来源于农业的非木生物质，通常由于质地疏松，堆积密度极低，且往往存在分布丰度低、采收季节性强等问题，收集环节往往需要大量的人力物力，从而收集成本难以控制，该问题是困扰秸秆类生物质资源利用的瓶颈问题，对于以该类生物质为原料的生物质成型工艺而言同样存在。图7-3为我国目前针对软质的稻麦秸秆小规模利用中较多采用的人力收集［见图（a）］和农用车短距离运输模式［见图（b）］，以及为了延长经济运输半径而采用的软秸秆打捆［见图（c）］以及包捆机械化运输［见图（d）］。

(a) 人力收集

(b) 农用车短距离运输

(c) 软秸秆打捆

(d) 包捆机械化运输

图 7-3　针对软质秸秆的典型收集运输环节

在收集机械和收集组织制度没有根本性提高的情况下，减少成型工艺的加工规模、降低秸秆类生物质所需原料量，或者将成型装置设计为可移动式是比较可行的两个途径，但是上述两个途径同时也会制约成型工艺的技术水平和成型产品的质量等级。所以目前生物质成型产业中将农业秸秆处理为几何尺寸较大、质量要求相对较低的块状、棒状原料比较普遍，很少能看到采用大规模、高精度成型机械生产附加值较高的秸秆颗粒的应用。

服务于成型工艺的生物质破碎环节需要满足成型工艺的要求并适应所用的原料类型。对于锯末、稻壳等粒度较为均一的生物质，一般只需清除尺寸较大的异物，无需粉碎；但是对于木片、树皮、农作物秸秆等尺寸较大的原料则必须选择合适的破碎机械进行粉碎。以典型的直径6~10mm 的生物质颗粒成型为例，一般需要将 90% 以上的原料粉碎到 2mm 以下，才能确保成型产物的质量。对于尺寸较大的棒状或者块状成型产品，所要求的原料粒度可以适当大些。为了保证破碎质量，工艺流程上往往会设置二次或者三次破碎，尤其是对于质地较软的秸秆类生物质原料，常用的锤片式破碎机破碎效率较低，往往采用筛网或者离心分离装置进行初步分离，将未破碎到要求尺寸的颗粒进行二次破碎。原料的粉碎是生物质成型过程中能耗较大的一个环节，常规的鼓式或者锤片式破碎机械破碎木片等硬质生物质时每吨原料电耗 6~7kWh，但是破碎质地较软的秸秆时，吨电耗达到 20~30kWh；即便是采用专门为软秸秆设计的破碎机械，吨电耗也达15~18kWh。高效低能耗地对软质秸秆进行破碎目前还是一个有待突破的瓶颈问题。

干燥环节设置的必要性在于：含水量低于或者超过特定数值时都会使物料难以成型，或者降低成型质量。对于典型的生物质颗粒成型，物料湿度一般要求在 10%~15% 之间，间歇式或低速压缩工艺中可适当放宽。常用的干燥机有回转式圆筒干燥机、立式气流干燥机。

典型的回转式圆筒干燥机的工作原理如图 7-4 所示：破碎后的原料进入干燥筒，干燥筒做低速回转运动，干燥筒一般会向出口方向下倾 2°~10°，并在筒内安装有抄板。物料在随干燥筒回转时被抄起后落下，由热风发生炉产生的热风加热干燥，由于干燥筒的倾斜及回转作用，原料被移送到出料口经气固分离后排出机外。回转式干燥的优点是生产能力大、运行可靠、操作容易、适应性强、流体阻力小、动力消耗低；缺点是设备复杂、体积庞大、一次性投资高、占地面积大。

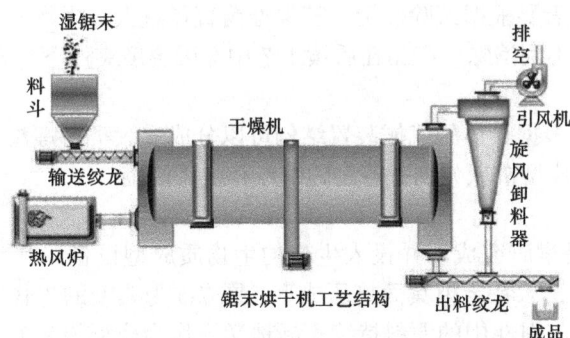

图 7-4　典型回转式圆筒干燥机工作原理图

立式气流干燥工艺利用气流携带固相颗粒提供传热传质条件实现物料干燥，其工作流程如图 7-5 所示。热风发生炉产生的热风在抽风机作用下被顺序吸入上行和下行干燥段干燥管道内，被干燥的原料由加料口加入与热风汇合，二者在干燥管内充分混合并向前流动，完成干燥过程。干燥后的物料被吸入离心分离器分离，然后从出料口排出，湿空气被引风机抽出排放。立式气流干燥的特点为：原料在气流中分散性好，故干燥的有效面积大、干燥强度高、生产能力大，从而干燥时间大大缩短；干燥过程中采用顺流操作，入口处气温高而原料湿度大，能充分利用气体的热能，故热效率高；设备简单、占地面积小、一次性投资少，可同时完成输送作业，工艺流程简化，便于实现自动化作业。

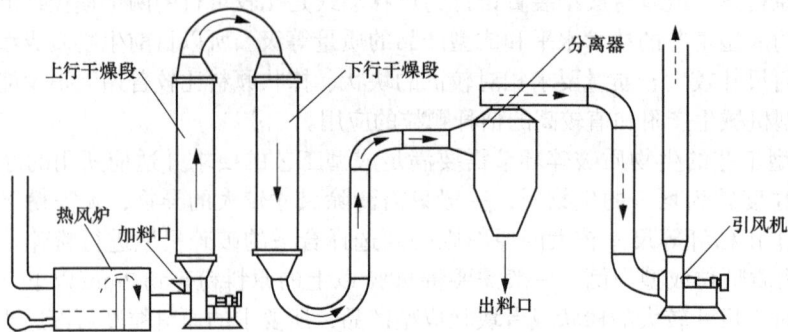

图 7-5　立式气流干燥装置

　　成型工艺流程中的预压缩、压缩、加热/加入黏结剂以及保型等环节是成型的核心过程，随着成型类型、成型设备以及所用原料的不同而差异极大。从工艺上看，可在物理上分隔为若干个设备顺序完成，也可能整合到一个核心设备中完成；根据原料和目标产品的不同，其中的某些环节亦可能省略。成型工艺中的预压缩环节主要是为了提高生产率，工作过程为在推进器开始做功成型前先把松散的物料预压一下，然后再推入主成型模具，预压多采用螺旋推进器、液压推进器。加热环节是为了确保成型过程中原料中的木质素能进入塑性状态。加热的实现形式可以使用电阻丝加热、导热油从外部进行加热，也可加大成型模内壁的夹角，利用物料颗粒相互挤压过程中摩擦热从内部自身加热提升温度。内部摩擦加热温度均匀、设计合理条件下成型效果好，但动力消耗大，有模具磨损加剧的风险。生物质成型所需的温度根据不同工艺要求，一般在150~300℃范围内。生物质成型过程中添加黏结剂的目的主要是为了增大原料颗粒之间的黏结力，减少成型过程中的动力输入，采用黏结剂时一般需要生物质颗粒尺寸较小，便于黏结剂均匀接触；一般在预压前输送的过程中添加，以便于搅拌混合。生物质成型工艺中保型工艺的目的是使已成型的生物质成型块消除部分应力，使料块形状固定下来。具体实施时可以让生物质成型后直接进入保型套筒，此段套筒内径略大于压缩成型的最小部位直径，成型料进入后适量膨胀，消除部分应力。保型筒的直径需要根据试验确定，若保型筒直径过大，生物质会迅速膨胀，容易产生裂纹；直径过小，应力得不到消除，产品在后续工艺中会因温度突然下降发生破碎。

二、成型设备

　　生物质压缩成型设备根据具体的机械装置结构可以分成三大类：螺旋挤压成型、活塞冲压成型以及轧辊式成型。三类成型机械分别有各自的特点和适用范围。

（一）螺旋挤压成型

　　螺旋挤压式成型是最早研究成功并投入生产的生物质成型设备，其基本成型原理为采用机械螺旋结构将生物质物料送入特定模具而挤压成型。图7-6为典型的生物质螺旋挤压成型过程示意。驱动轴带动挤出螺旋将料斗中的原料持续不断地送入作为成型模具的成型套筒中，成型套筒内径在物料前进方向上逐渐缩小，挤入的物料在套筒和挤出螺旋形状的作用下受到压缩。图中的成型套筒外壁设置有加热装置，加热套筒内受到压缩的生物质物料促进生物质中的木质素发生塑化以最终达到成型目的。该类螺旋挤压式成型机械的运行较为平稳，可以实现连续生产，且生产出的棒状生物质成型产品具有中空结构，因而有助于成型产品的燃烧或者炭化，在我国以及东南亚国家有较为广泛的应用。螺旋挤压成型根据具体的机械结构还可以分为单螺杆挤压成型和双螺杆挤压成型；另外根据加热与否还可以分为外部加热螺旋挤压式成型机以及纯压缩的锥形螺杆压缩机，前者通常用于小型成型场合，后者则依靠挤压驱动物料摩擦产生的高温实现木质素塑化变形，一般多见于生产能力较大的机械。

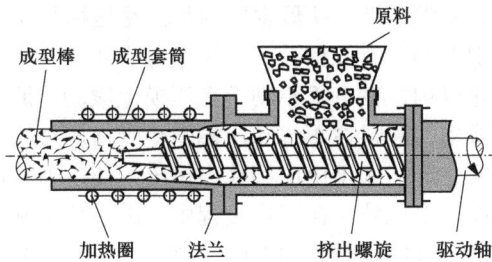

图 7-6　生物质螺旋挤压式成型设备

螺旋挤压式成型机对原料的预处理要求不高，可以容忍较大的原料破碎粒度，在典型的棒状成型块生产过程中，原料破碎到 3~8cm 即可，对含水量在 20%~25% 的高含水生物质也能适应；其主要缺点是螺旋头和模具磨损严重，寿命短，如果原料是含灰较高、灰质地较硬的生物质，如花生壳、稻壳等，其螺旋头的寿命往往只有几百甚至几十小时，磨损后需采用硬质合金修补，维修费用高。

（二）活塞冲压成型

活塞冲压成型的原理如图 7-7 所示，生物质原料的成型是靠活塞的往复运动实现的。图中当活塞后退时，粉碎的生物质原料从入料口进入套筒，活塞前进时把原料压紧到减缩的锥形模具内成型。在压缩过程中由于摩擦生热作用，生物质会被加热，从而使生物质中的木质素软化起黏结作用，也可以采用对模具外部加热的方式增强木质素的黏结作用。

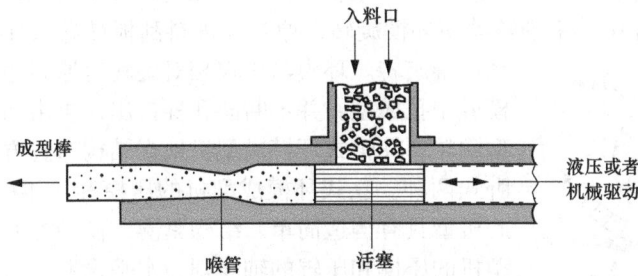

图 7-7　生物质活塞冲压成型设备

活塞冲压成型生产工艺的成型温度为 140~200℃。进料和出料都是间歇进行的，即活塞每工作一次可以形成一个压缩块。一般而言，成型燃料块长度为 10~30cm，离开成型机后在自重的作用下自行分离。产品通常为实心燃料棒或燃料块，密度在 1.0~1.2t/m³ 之间。活塞冲压与前述的螺旋挤压相比，改变了成型部件与原料的作用方式，冲头与生物质原料间没有相对滑动，故磨损小，成型部件使用寿命大幅度提高，单位产品能耗降低；缺点是压力作用时为间断式冲击，有不平衡现象，产品不适宜炭化。活塞冲压技术根据驱动力不同可分为机械驱动压缩和液压驱动压缩两种。机械驱动压缩一般依靠存储于飞轮中的转动动能，通过曲柄连杆机构带动活塞做高速往复运动，压缩成型原料，具有生产能力大，产品密度大的特点，但设备庞大，震动强烈且噪声剧烈；液压驱动压缩装置利用液压油缸所提供的压力，带动活塞冲压生物质成型，运行稳定性得到极大提高，噪声也小，明显改善了操作环境，根据液压驱动方式还可以细分为单向驱动和双向驱动。

（三）轧辊式成型

轧辊式生物质成型装置通常由相互啮合运动的压辊和压模两部分构成，压辊的直径较小，工作过程中绕自己的轴转动，外周一般加工成齿状或槽状，使原料不打滑；压模有平模与环模两种，压模上加工有成型孔。轧辊式成型设备主要用于生产尺寸较小的颗粒成型燃料。

图 7-8 是典型的轧辊式平模成型机，其最主要的特点是压模是水平放置的圆盘状部件，在圆盘压模与压辊接触的环状面积上加工有成型孔，压模上方有 4~6 个压辊。工作时，压辊可随压辊轴做圆周运动，压辊通过减速机构，在电机驱动下在压模上滚动，原料从料斗加入成型机内，由于压辊和压模之间存在相对滑动，原料在压辊和压模间受到挤压被粉碎，同时粉碎的原料被压入压模成型孔内压成圆柱形或棱柱形，从压模成型孔中挤出，切割刀将压模成型孔中挤出的压缩条按需要长度切成颗粒，颗粒被排出机外。在工作过程中，由于压辊和压模之间存在相对滑动，对原料可起到磨碎的作用，所以允许使用粒径稍大的原料。轧辊式平模成型机还可以根据压辊的形状分为锥辊式和直辊式两种；按照压辊和压模的相关运行状态，也分为动辊式、动模式以及辊模双动式，其中第一类一般用于较大的机型，后两类多见于小规模设备。

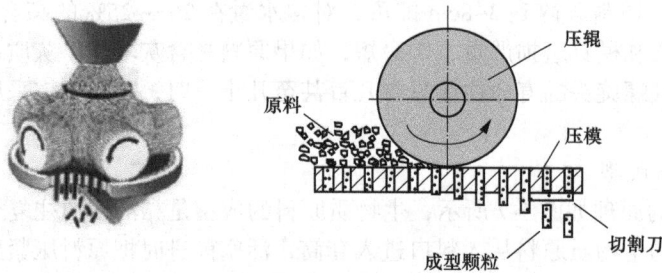

图 7-8　轧辊式平模成型机外形和原理

轧辊式环模成型机的特点为压模为环形结构，圆柱形压辊在环状的压模内部旋转工作，如图 7-9 所示。成型机工作中，主轴转动使环模旋转，原料经进料刮板被卷入环模和压辊之间，并带

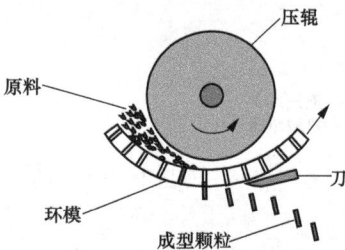

图 7-9　轧辊式环模成型机原理

动压辊旋转。环模与压辊相对旋转对原料逐渐挤压，将其挤入环模成型孔成型，并不断向孔外挤出，再由切刀按所需长度切断成型颗粒。轧辊式环模成型机根据结构布置方式不同可分为立式和卧式两种。立式环模成型机的压模和压辊的轴线都为垂直设置，此机型具有构造简单、结构紧凑、使用方便等特点。卧式环模成型机的压模和压辊的轴线则为水平设置，这种机型具有压模更换保养较为方便、结构和速度放大较为容易的特点，因而适合较大规模生物质颗粒燃料的生产，是当今颗粒成型机的主流机型。

总体来说，轧辊式成型过程一般依靠物料挤压成型时所产生的摩擦热使物料软化和黏合，不需要外部加热，若原料中木质素含量低，可添加少量黏结剂。此外，由于压辊压缩速度较低，使原料中所含空气和水在成型孔中有足够的时间逸出，故对原料含水量要求较宽，根据不同要求，原料含水量可在 10%~30% 之间。

三、生物质成型产品的性能指标

生物质成型产品由于原料的种类不同，成型方式各异，产品品质特性差异较大。为了便于定量比较，有必要对其进行性能指标评估。生物质成型产品的评判指标包括成型产品的物理特性，考虑到生物质成型产品大多数情况下会作为燃料使用，因而在评判指标中还包括了其燃烧特性。

生物质成型产品的物理特性直接影响成型产品的使用要求、运输要求和收藏条件，除了常见的几何尺寸、含水量等外部特性外，通常还需要考虑成型产品的松弛密度和耐久性。

松弛密度和常见的生物质成型块物理密度的概念略有差异，它是指生物质成型块在出模后，由于弹性变形和应力松弛，其压缩密度逐渐减小，一定时间后密度趋于稳定，此时成型块的密度称为松弛密度。该密度与生物质的种类、压缩成型的工艺条件有密切关系，生物质的含水量、组成成分也对其有显著影响。生物质成型的目的是提高生物质的能量密度，为了提高压缩密度，一方面可以采用适宜的压缩时间，特别确保足够的保型时间，控制成型块在模具内的应力松弛和弹性变形，阻止成型块出模后压缩密度持续减小的趋势；另一个有效措施是通过强化生物质粉碎，尽可能减小生物质原料颗粒粒度，并适当提高生物质压缩成型的压力、温度或添加黏结剂比例，最大限度降低成型块内部的孔隙率，增强结合力。当然，上述措施也会一定程度降低成型工艺的生产能力以及增加生产成本，因此需要进行综合评估。

生物质成型产品的耐久性反映的是成型块的黏结性能，是由成型块的压缩条件及松弛密度决定的。耐久性体现在成型块的不同使用性能和储藏性能方面，该特性是个综合特性，可以具体细化为：抗变形性——采用强度试验测量其拉伸强度和剪切强度，用失效载荷值表示成型块的强度；抗跌碎性、抗滚碎性——用跌落试验和翻滚试验或冲击试验来检验；抗渗水性——计算成型块在一定时间内浸入水中的吸水率或记录成型块在水中完全剥落分解的时间。

生物质成型产品作为燃料使用时必须考虑其燃烧方面的特性。可燃物的燃烧特性也是一个综合的概念，主要体现了这种可燃物本身在燃烧过程中体现出的各种特性，也就是燃料特性分析中常用的工业分析、元素分析、发热量以及灰成分、灰熔点等一整套性能指标的综合体现。基于上述概念的生物质成型产品燃烧特性本质上和成型所用生物质原料的燃烧特性基本一致，可能的差异主要来源于成型过程原料中的含水量进行了调整，或者来源于可能在成型过程中添加的黏结剂。但是另一方面，作为成型产物，生物质块在成型过程中形成了独特的形状、尺寸和质地，而这些特性在成型产物作为燃料使用的过程中显然会对燃烧过程产生影响，从而体现出相应的燃烧特性。从这个角度看，生物质成型燃料的燃烧特性涵盖了更为丰富的内容，和燃料的燃烧组织模式紧密关联。由于该部分的内容属于生物质燃烧范畴，将在第八章进行介绍。总体而言，和原生生物质相比，生物质成型燃料密度较大，挥发分的析出速度和燃尽速度都会显著降低，在典型燃烧条件下的燃烧过程可描述如下：燃烧开始时挥发分慢慢分解，燃烧处于动力区，随着挥发分燃烧逐渐进入过渡区和扩散区，燃烧速度适中；待挥发分燃烧完毕，剩余的焦炭骨架结构紧密，运动的气流通常不能使其进入悬浮状态，大多数情况下炭骨架保持层状燃烧，形成层状燃烧核心，直至最后燃尽剩余物为灰渣。

习题

1. 根据常识估算一辆大型厢式/板车（货舱尺寸：长 9.6m× 宽 2.3m× 高 2.7m）运载以下集中物料情况下的运输量和运输物料的总能量：破碎后的稻草、打捆的稻草、木颗粒以及煤炭。

2. 试分析我国生物质成型产业和国外的差异点。

3. 简述水分在生物质压缩成型过程中作用。

4. 试给出烧烤店常用的炭棒的生产工艺过程，并简述烧烤店采用炭棒作燃料的合理性。

5. 简述生物质成型燃料生产过程中的保型工艺的意义和必要性。

6. 估算生物质木颗粒的成本构成，并给出所占成本份额前三的工艺流程。

7. 简述轧辊式成型机中具有不同结构特性的分类情况。

8. 生物质成型燃料的耐久性如何衡量？

第八章　生物质直接燃烧技术

燃烧是一类快速进行的化学反应，一般伴随着发光、发热等现象。其内在反应机理涉及活性基团以及连锁反应等燃烧学概念，实际过程往往非常复杂。为了简化理解，燃烧过程可描述为可燃物和空气中的氧气或者其他氧化剂发生剧烈的氧化反应，放出大量热量的过程。

根据可燃物的形态，从燃烧学角度通常可以将常规燃烧分为气体燃料燃烧、液体燃料燃烧以及固体燃料燃烧三类，每一类燃烧都有各自的特点：例如天然气或者煤气等气体燃料的燃烧，最突出的特点是燃料气和作为氧化剂的空气同为气相，通过流动组织即可以在分子层面实现良好的混合，非常有利于组织高效燃烧；对于液体燃料例如汽柴油、酒精等的燃烧，其核心环节在于液体燃料的蒸发为可燃气，根据燃料特性通过雾化、加温等措施促进液体燃料蒸发然后组织可燃气燃烧是液体燃料燃烧的本质；固体燃料情况则有所不同，煤、木材等燃料需要与作为氧化剂的气相空气或者氧气接触才有可能发生燃烧，而氧化剂通过固体燃料表面向内部扩散的能力非常有限，因而燃烧一般发生在固相物质的外表面，由于需要持续的氧化剂供应以及燃烧产物驱除，固相的燃烧往往伴随着复杂的组分流动和浓度梯度引发的热、质传递。另一方面，大多数固体燃料有在受热情况下热分解析出挥发分的现象，挥发分析出动力学、挥发分的流动和燃烧、热解后固相基质特性的改变等均会影响燃烧过程，从而进一步增加了固体燃料燃烧的复杂性。

本章中涉及的生物质特指木质纤维素类的固体生物质原料，例如木材、秸秆、稻壳、树皮等，属于典型的有机固体燃料燃烧。在燃烧机理层面涉及生物质的热解、挥发分燃烧、半焦燃尽以及灰渣高温特性等几个在时间、空间上相互耦合的过程；在燃烧应用层面涉及小型民用/户用规模生物质燃烧和大型动力领域燃烧供热发电；在技术途径层面涉及不同固体燃料燃烧反应器类型的选择等。本章中将针对上述问题进行讨论。

第一节　生物质燃烧原理

众所周知，煤炭是远古的植物在特定地质条件下经历漫长的泥炭化、成岩和变质阶段形成的，煤炭的芳香构架大分子结构来源于木质纤维素类生物质大分子结构，区别在于损失了部分富含氢、氧元素的官能团以及部分桥键的断裂、缩聚导致的大分子构型改变。从燃烧角度来看，生物质和煤炭等常见的固体燃料相比有很多相似之处，例如，它们作为燃料的有效可燃组分都是以碳氢氧为主体的有机质，燃烧过程也包括热解、挥发分燃烧以及半焦燃尽等几个典型步骤；但是和煤炭相比，生物质燃料还具有一些特殊的性质，必须在燃烧组织和燃烧装置设计中予以重视。

一、生物质燃料特性

从表观物理特性看，生物质燃料相比煤炭最突出的特点就是形态多样化和低密度。煤随着煤化程度不同，颜色、光泽、密度、纹理、质地有一定的变化，但是总体而言是一种较为致密的黑褐色有机生物岩，真实密度为 1.3~1.8g/cm³；常见的生物质燃料以农林业生产废弃物的形式出现，主体为农林作物的根、茎、叶以及果实等的全部或者局部加工残余物，因而表观形态千变万化，有块状的树根、废弃菌菇培养基、碎片状的木片和稻壳、粉末状的蔗渣和糠醛渣乃至纤维状水稻秸秆、甘蔗叶等。固体燃料的燃烧过程本质是气固相化学反应，燃料的粒度和形态直接影响燃料颗粒和作为氧化剂空气的接触，因而对于生物质燃烧组织而言，破碎等预处理环节的重要性凸显。

原生生物质燃料的密度和煤相比要低得多，生物质燃料本质上是植物有机体，微观上看是构成植物植株的细胞单元，确切地说是植物细胞的细胞壁。一般而言作为燃料的生物质有机体均已经死亡，且生命状态下为保证有机体生命活动而存在的大部分水分已经逸散，构成植株基体的细胞内容物已经随着水分的丧失而大幅度收缩凝固，仅仅留下整齐排列起到支撑保护作用的细胞壁结构，如图 8-1 所示，图中是水稻秸秆组织的显微照片。显然，原生生物质内部这种中空的细胞腔室结构是生物质原料表观密度低的一个主要成因。同时，生物质有机体结构上还普遍存在较大尺度的中空、片层、气孔、疏松纤维状等形态，这进一步降低了原生生物质燃料的密度。常见生物质燃料中密度较大的硬木密度可以接近 1.0 g/cm³，但是大多数生物质燃料的表观密度在 0.15~0.5g/cm³。考虑到不同破碎条件下物料堆积环节还会引入额外空隙，在工程应用中生物质燃料堆储的密度远远低于煤炭，这导致生物质燃料的收集、运输和存储所需成本大幅升高。

图 8-1　水稻秸秆组织基体微观结构

在燃料的燃烧特性中，工业分析和元素分析可以提供非常全面的信息。从工业分析角度看，生物质和煤炭相比具有显著的高挥发分、低灰分特点，生物质大分子结构中含有更多的含氧官能团和易断裂的小分子片段，因而在 250℃ 以上的温度作用下可以显著析出挥发分，进入气相的组分质量份额（干燥基）高达 60% 以上；与之相对比，典型煤炭的干燥基挥发分在 10%~40% 之间，挥发分显著析出的温度一般都在 400℃ 以上。由于挥发分含量的高低和析出挥发分的难易程度在很大程度上决定了固体燃料在着火初期热量获取的难易程度，因而直接影响燃料的着火难易程度，显然生物质燃料和煤炭相比更容易着火，同等条件下着火的温度也显著低于煤炭。生物质经过氧化气氛高温煅烧后剩下的无机组分份额表述为含灰量，典型生物质的含灰量一般小于 8%，木质类生物质的灰分含量甚至小于 2%；而煤炭由于在成煤过程中经历有机组分析出以及不同类型的无机杂质夹杂，含灰量会显著高于生物质。从灰成分角度看，植物生长需要无机钾的参与，生物质灰中的钾含量显著高于煤炭，较高的含钾量往往造成生物质燃烧过程中出现沉积、结渣和高温腐蚀等灰侧问题，是需要格外关注的燃料特性。此外，来源于木本植物的生物质灰中一般含钙较高，而草本生物质灰中含硅较高，生物质的灰成分显著地受植物品种、部位、生长阶段和生长环境等因素的影响。

从对原料的元素分析看，生物质和煤炭的主体都由碳、氢、氧、氮、硫构成，但是生物质中含氧基团比例高，因而氧元素所占比例大大高于煤炭，这也是导致生物质在化学和热化学转化过程中活性较高的主要因素之一。此外，由于植物对于硫元素的耐受和吸收富集程度很低，原生生物质的含硫量一般小于 0.5%，典型值在 0.1%~0.2% 之间，这一点和煤炭区别较大，生物质燃烧利用过程中基本无需考虑硫氧化物排放和污染问题。

生物质中可以提供发热量的元素是碳、氢、硫，由于对发热量没有贡献的氧含量较高，生物质燃料的干燥基发热量显著低于常见煤炭，典型的木质纤维素类生物质干燥基发热量为 14~16MJ/kg，而典型烟煤的发热量可以达到 20MJ/kg 以上。同时，生物质具有亲水特性，容易吸收水分，常规收集堆储条件下的木质纤维素生物质典型含水量为 20%~35%，高于 40% 含水量的情况也较为常见，这进一步降低了其发热量，特别是低位发热量。

表 8-1 为生物质常见燃料特性和煤炭的对照表。

表 8-1　　　　　　　　　　生物质和煤炭常见燃料特性对照

性质	生物质	煤炭
密度 /（kg / m³）	150~500	约 1300
典型含水量 / %	20~40	10~20
C /[%（质量分数），以干重计]	42~54	65~85
O /[%（质量分数），以干重计]	35~45	2~15
H /[%（质量分数），以干重计]	5~6	3~5
S /[%（质量分数），以干重计]	Max　0.5	0.5~7.5
SiO₂ /[%（质量分数），以干重计]	23~49	40~60
K₂O /[%（质量分数），以干重计]	4~48	2~6
Al₂O₃ /[%（质量分数），以干重计]	2.4~9.5	15~25
Fe₂O₃ /[%（质量分数），以干重计]	1.5~8.5	8~18
灰分 /[%（质量分数），以干重计]	1~14	25~40
挥发分 /[%（质量分数），以干重计]	65~70	7~38
着火温度 / K	418~426	490~595
脆性	低	高
干燥基发热量 /（MJ / kg）	14~21	23~28

二、生物质燃料燃烧过程

生物质燃烧从化学反应角度看，是构成生物质的有机物质与空气中的氧气发生剧烈氧化反应并放出热量的过程；从能量转换角度看，是蕴含在生物质有机体中的化学能通过氧化反应转化成热能的过程。具体可以写成式（8-1）所示化学式：

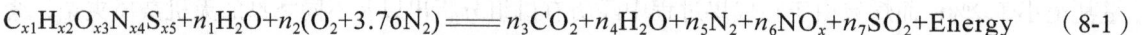

$$C_{x1}H_{x2}O_{x3}N_{x4}S_{x5}+n_1H_2O+n_2(O_2+3.76N_2) = n_3CO_2+n_4H_2O+n_5N_2+n_6NO_x+n_7SO_2+Energy \quad (8-1)$$

式中：x_i 表征不同生物质元素构成；n_i 表征化学反应式两边配平状态的系数组合。

上面的化学式仅仅表征了生物质中有机组分在理论过量空气系数为 1 的条件下完全燃烧的情况。实际燃烧过程中，为了尽可能达到完全燃烧，往往需要将过量的空气送入燃烧系统，因而产物中通常还含有过量空气带入的 O_2、N_2，未完全燃烧产生的 CO、碳氢化合物，生物质带入的未出现在式（8-1）中的灰相，以及灰在高温燃烧过程中可能发生转化后形成的碱金属氯化物、硫酸盐、碳酸盐、硅酸盐等复杂的无机物质。

如果考虑到生物质和空气间的燃烧反应属于气固异相反应，且木质纤维素类生物质高温下有复杂的热分解特性，燃烧过程可以划分为包含干燥、热解、挥发份燃烧和半焦燃烧等在时间空间上顺序或者并行的不同阶段，且各个过程耦合了化学反应、传热、传质及流动，所涵盖的内容极为丰富。

（一）生物质热解

木质纤维素生物质燃料受热升温到 200℃ 以上就会开始出现显著的热分解失重现象，析出气态的挥发分，称为热解。生物质热解的本质为高温的反应条件对生物质大分子结构的解构和破坏。高温可以非常有效地破坏生物质有机分子间和分子内部结构中较弱的桥键、剥离官能团、分解大分子结构、降低聚合度乃至引起缩聚形成具有石墨化结构的焦炭。图 8-2 和图 8-3 是几种典型生物质在惰性气氛下的热重（TG）和导数热重分析（DTG）分析数据。

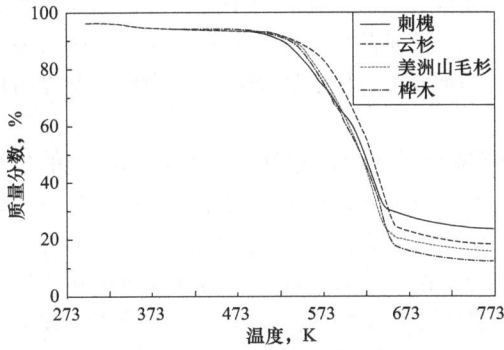

图 8-2 生物质 TG 分析数据

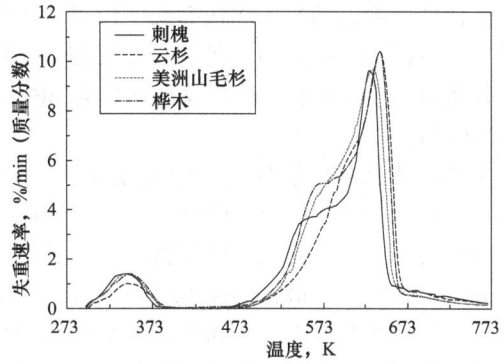

图 8-3 典型生物质 DTG 分析数据

图中的热重数据清晰地显示了各种生物质在缓慢升温过程中由于热解挥发分析出而导致的原料质量减轻的动态过程，直接反映了热解的效果。大量的挥发分在生物质温度达到 200℃ 之后开始迅速析出进入气相，该过程一直延续到生物质温度接近 400℃ 左右才出现变化。400℃ 以后生物质的热解析出挥发分的剧烈程度显著降低，此时生物质大分子结构中可以被高温破坏并释放出小分子气相产物的部分已经消耗殆尽，后期在高温下的停留期间更多的是促进热解焦炭内部进一步缩聚和石墨化。图中不同种类的生物质热解特性在宏观上表现出非常类似的热解性质，这在一定程度上反映了木质纤维素类生物质有机体的主要构成组分——纤维素、半纤维素和木质素在分子结构上的相似性。DTG 分析数据体现了热重数据随着时间变化率的信息，因而可以更加准确地给出热解脱挥发分进行的速度，图 8-3 中低于 100℃（373K）发生的失重峰体现了生物质原料中水分在物料温度升高过程中蒸发析出的过程，干燥的生物质在低于 200℃ 的情况下维持较为稳定的状态，未出现显著的分解失重，显著的热解过程发生在 210~390℃ 范围内，该温度区间内生物质原料析出了绝大部分挥发分，这和从热重曲线观察到的现象是一致的。DTG 分析数据中，200~400℃ 期间热解形成的失重速度峰明显具有多峰形重合的特征，这可以粗略地用构成生物质有机体的纤维素、半纤维素和木质素具有不同热分解特性来解释，这几种大分子结构的构成基元、聚合度、官能团的种类和数量具有显著区别，在高温下被破坏的速度和程度也会有所区别，这都会在一定程度上影响热解失重速率。但是从整体看，构成生物质的大分子结构在 400℃ 的高温下会受到彻底的破坏，丧失所有的有机体结构特征，高温摧毁有机大分子过程中释放出的氢气、一氧化碳、二氧化碳、甲烷、水蒸气、轻质碳氢等永久气体和高温下处于蒸气状态、室温下可凝结的富含芳香结构的中小分子有机物均来源于生物质大分子结构、官能团桥键在高温下的破坏重组。

从燃烧的角度看，热解对于固体燃料的着火非常关键，因为在点火阶段需要外部提供热量，热量用来提升燃料的温度，依次完成燃料的干燥并使燃料开始热解。热解析出的可燃挥发分比较容易发生着火燃烧。点火阶段需要热解析出的挥发分累积到一定浓度后着火放热，放热量增加到可以替代外加热量提升燃烧体系继续升温后，才能完成从外部强制加热点火到自发燃烧放热的状态过渡。显然热解发生的温度越低，热解析出可燃挥发分的速度越快，着火过程所需外部加热的程度越低，着火就越容易。由于和煤炭相比，生物质热解发生温度低、挥发分含量高，因而从燃烧角度生物质更加易于着火。这对于工业燃烧设备的启动是一个有利条件，但同时也会增加生物质燃料存储、运输过程的消防压力。

（二）生物质挥发分燃烧

典型生物质燃料的干燥基挥发分含量大于 60%，这意味着在燃烧过程中，60% 以上的生物质质量是以气相挥发分的形式参与燃烧并释放出 50% 以上生物质所含热量，这和通常概念中的固体燃烧有较大的差异。从这个角度看，典型生物质的燃烧更加接近液体燃料例如柴油、重油等燃料油的燃烧过程，而不像经典的碳颗粒在空气中发生的气固相燃烧。在燃料油燃烧过程中，几乎所有的液体油都会以油气（油在高温下形成的蒸汽）的形式参与燃烧。由于生物质的这个特性，在有的工业应用中，将生物质研磨成非常细的颗粒后，由于细颗粒的受热非常迅速，可燃挥发分可以迅速析出，生物质粉体的燃烧组织原则和燃烧状态确实和燃料油燃烧器非常类似，甚至可以替代油燃烧器。

显然，生物质的燃烧过程中必须对挥发分的燃烧给予充分的重视，这是任何种类的生物质燃烧装置设计中都不能忽视的环节。在不同的燃烧组织条件下，挥发分的燃烧状况差异较大，从燃烧理论角度，以下是两种极限情况：一种情况下环境温度非常高，气相混合条件非常好，气相挥发分析出就可以以极快的速度燃烧完全，但是生物质颗粒较大，此时热解挥发分的析出速率决定了挥发分的燃烧速率，生物质燃料颗粒的受热升温情况和生物质热解动力学主导了挥发分的燃烧；另一种情况是生物质颗粒粒径非常小，受热升温迅速，挥发分快速析出，但是燃烧室温度还不高，或者燃烧室内气相混合条件不良，挥发分的燃烧速率相对较慢，此时挥发分的燃烧速度取决于挥发分的气体燃烧反应动力学因素和挥发分与空气的混合条件。一般而言，工业燃烧装置中温度水平都较高，气相的混合条件也较好，因而挥发分燃烧过程更加接近上述第一种情况。从生物质颗粒进入高温燃烧反应室后的整个燃烧历程看，挥发分燃尽所需的时间远小于半焦燃烧所需时间。

生物质燃料的挥发分含量高、析出速率快，在燃烧组织过程中如果出现设计不当或者给料操作不当，容易出现大量挥发分在有限的炉膛空间内集中析出，短时间大幅增加炉膛截面气体流速，导致炉膛内局部压力升高，引起所谓的炉膛"冒正压"问题，这种情况往往伴随着炉内气相混合条件急剧恶化，燃烧用空气不能及时进入炉膛内的挥发分集中析出区域，导致挥发分燃烧不充分，轻则烟气中 CO 浓度大幅增加，气体不完全燃烧损失增加，重则可燃挥发分在缺氧高温下析碳出现黑烟滚滚的情况，甚至析出的挥发分原封不动排出燃烧室，排出具有刺激性气味的黄烟，后两者属于严重的燃烧恶化状况，不但会造成燃烧效率大幅降低，还会给周边环境带来巨大的危害。因此，组织生物质燃料燃烧需要对挥发分的析出和流动有准确的估算，在合适的部位给入充足的空气，使给入的空气能够和挥发分之间形成充分的混合，并确保挥发分和空气的混合物在炉内的高温条件下有数秒钟的停留时间。上述几点是通常情况下确保生物质挥发分良好燃烧的最主要因素。

（三）生物质半焦燃烧

生物质半焦通常指生物质原料在缺氧或者惰性高温环境下大部分或者全部挥发分热解析出后剩余的固相残余物。半焦形成过程中由于原料中绝大多数的氢和氧挥发进入气相，因而构成半焦的元素以碳为主，仅有少量的氢、氧以及生物质原料中所含的少量无机组分。由于大份额的挥发分析出，生物质半焦通常呈高度发达的孔隙结构，较大的比表面积为半焦应用于工业中常见的气、液相吸附过程或者参与后续气固相燃烧反应提供了良好的条件。

半焦燃烧过程随着生物质燃烧组织方法或者原料特性的不同而不同。但是一般而言，不论是在固定床、流化床或是在粉体悬浮燃烧室中，实质上半焦的燃烧都会伴以先行的、并行或相继进行的挥发物燃烧，挥发分析出和燃烧对半焦颗粒周边气氛、温度和混合条件均可能会有不同程度的影响，有时甚至会成为关键控制因素。受制于非均相反应的诸多制约，半焦燃烧所需时间会远远大于挥发分，因而为了确保生物质燃尽，深入认识半焦燃烧反应过程并掌握其影响因素具有特殊的意义。

从固体燃料燃烧理论角度，生物质半焦燃烧属于典型的气固相反应，半焦和空气中的氧气之间所发生的燃烧反应是在半焦表面的相分界面上发生的。具体过程为：作为气相反应物的氧分子扩散到半焦表面的相分界面，反应物分子在半焦表面被吸附，被吸附的分子在半焦表面与半焦发生化学反应，然后反应生成的生成物从半焦表面解吸附，最后解吸附的生成物通过扩散等过程离开半焦。上述几个过程顺序进行，任何一个过程受到阻碍，都会影响半焦燃烧反应的进行。从反应速度方面看，半焦表面的碳与氧燃烧时，"反应分子氧气在表面发生吸附作用"和"燃烧反应生成物从半焦表面解吸附"的过程进行得非常快，而反应物/反应产物通过扩散作用靠近/离开相分界面的速度以及碳燃烧化学反应的速度一般较慢，反应分子的扩散和碳氧发生燃烧反应的动力学反应速度共同决定了半焦燃烧的速度。根据燃烧过程中决定燃烧速度的扩散因素和动力学因素的相对重要程度，可以将生物质半焦燃烧过程划分为三种类型：动力燃烧、扩散燃烧和过渡燃烧。动力燃烧指半焦燃烧过程中当化学动力学反应速度影响燃烧进程的程度比反应物/产物扩散造成的影响大得多时，半焦燃烧的整体速度取决于化学反应速度，常出现在燃烧室处于较低温度下的燃烧情况。此时化学反应速度很低，从远处扩散到半焦表面的氧消耗得很少，使得半焦表面氧的浓度约等于远处环境中氧的浓度，如图 8-4 中线 1 所示情况。扩散燃烧的情况正相反，当反应物/反应产物扩散的阻碍比化学反应因素对燃烧的阻碍大得多时，半焦燃烧速度取决于反应物氧分子的扩散速度，故称为扩散燃烧。此时，半焦表面上氧气浓度接近于零，相当于在高温下的燃烧情况，此时由于温度高，化学反应能力已大大超过扩散能力，使所有扩散到碳表面的氧立即全部反应掉，从而导致碳表面的氧浓度为零，如图 8-4 中线 4 所示，此时整个燃烧进程完全取决于氧气向半焦表面扩散的速率。当化学反应速率方面的阻力和物理扩散方面的阻力在同一数量级时，则两者均不能忽略，此时燃烧工况处于扩散控制和动力控制之间，故称为过渡燃烧，如图 8-4 中线 2、3 所示。

和挥发分燃烧相比，半焦燃烧的影响因素显然更加复杂。由于实际燃烧过程中

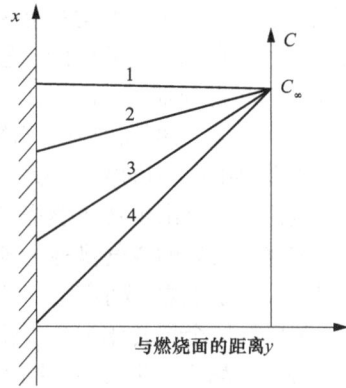

图 8-4 不同燃烧模式下半焦颗粒外部的氧浓度分布
1—动力燃烧；2、3—过渡燃烧；4—扩散燃烧

燃烧反应速度以及燃烧所需空气的扩散条件均受多重因素影响，因而对上述不同类型的燃烧模式进行准确判断需要多方面考虑，有时单一条件的变化可能会从根本上改变燃烧过程的控制因素，例如减小燃料颗粒粒径可以大幅度增加颗粒比表面积，从而强化颗粒边界的空气扩散能力，此时动力燃烧就只能在更高的温度下才会出现；且随着温度升高，进入扩散燃烧的状态会推迟。用实际例子说明，如果某燃烧室内 10mm 直径的燃料颗粒在 1000℃ 以上进入扩散燃烧模式，但是当颗粒粒径降低到 0.1mm 时，相应的进入扩散燃烧的温度需要达到 1700℃。此外，由于生物质半焦通常呈孔隙非常发达的多孔结构，半焦和外部气相组分发生相间燃烧反应的过程将更为复杂，因为扩散和燃烧过程将不仅仅发生在颗粒外表面上，而且有可能通过半焦发达的孔隙结构深入到颗粒内部进行。以具有典型孔隙分布结构的木炭颗粒为例，颗粒内部的反应表面积理论上可以达到 $57\sim114cm^2/cm^3$，显然在实际燃烧过程中颗粒内部的燃烧反应份额是不容忽视的。颗粒内部能够参与燃烧反应的比例受颗粒内外的温度和气相扩散条件制约：当半焦颗粒温度较低时，碳和氧反应速率很慢，此时氧向碳粒孔隙内部的扩散速率远远大于碳粒孔隙内表面上的反应速率，因此内表面上各处的氧浓度都相同，且等于碳粒外表面的氧浓度，此时碳粒内部所有的表面都参与燃烧反应；当半焦颗粒温度很高时，碳和氧的反应速度很快，因此氧向碳粒孔隙内部的扩散速率远远小于碳粒孔隙内部化学反应的需要，这时碳粒内表面氧气浓度接近为零，碳粒内表面停止了碳和氧的一次反应，只有外表面能和氧发生反应；其他情况下，燃烧反应将在半焦颗粒内部某较浅的深度发生，属于前述两种极端情况之间的过渡工况。

如果考虑工程条件下的燃烧组织，半焦的燃烧过程还会牵涉更多层面上的复杂因素，例如单颗粒燃烧过程中碳粒孔隙随着燃烧进程会不断发展变化，半焦燃烧过程灰相在固相的形成和发

展，灰中特殊的无机物质对半焦燃烧过程可能的催化作用，这些都会显著影响半焦颗粒的燃烧进程。在颗粒群层面，影响半焦燃烧的因素有颗粒与颗粒之间碰撞可能导致的半焦结构破碎、烟气或者挥发分析出改变周边半焦颗粒周围的化学组分、颗粒群运动的特定空气动力场改变半焦颗粒周边的对流扩散条件等。在反应器层面，特殊设计的气相停留时间、炉膛内配风、受热面布置形成的燃烧区域温度水平更是直接影响半焦的燃烧过程，决定半焦的燃尽程度。

三、生物质燃烧过程设计

对于生物质的燃烧设计计算，最首要的任务是根据燃料特性和燃烧装置的功率需求确定燃烧过程所需要的燃料量、空气量、燃烧产生的烟气量以及产生的灰渣量；其次是理解生物质挥发分和半焦的燃烧特性，制订合理的配风和半焦燃尽方案，并妥善处理好灰渣的排放问题；当然，选择合理的换热面积和工质流动尽可能地将高温烟气中的热量吸收利用，也是燃烧设计中需要顾及的。下面介绍一些燃烧设计中需要注意的重要参数。

（一）生物质燃烧过程所需空气量和产生的烟气量

生物质作为一种有机质主要由碳、氢、氧、氮、硫元素构成，在燃烧过程被空气中的氧气充分氧化，完全燃烧产物分别为 CO_2、H_2O、SO_2 以及 N_2，其中碳、氢、硫被统称为可燃元素，需要和氧气反应结合生成上述氧化后的燃烧产物。根据物质平衡，生物质燃烧过程中所需的氧气量可以通过生物质燃料中所含可燃元素完全燃烧所需的总氧量减去燃料自身含氧量求得，进而可以根据空气中含氧比例推算出生物质燃烧过程所需空气量。一般将根据上述理论计算出的每千克生物质燃料完全燃烧时所需的空气量称为理论空气量，单位为 m^3/kg（标准状态下），这个空气量是基于化学当量比计算获得的最小所需空气量。如果近似认为燃烧所需的空气含有体积比 21% 的氧，燃料中的碳燃烧后全部转化为二氧化碳，氢完全转化为水，硫完全转化为二氧化硫，且燃烧过程中涉及各种气体均为理想气体，则可以用式（8-2）计算 1kg 生物质燃料完全燃烧所需的理论空气量 V^0（m^3/kg，标准状态下）：

$$V^0 = 0.0899(C_{ar}+0.375S_{ar})+0.265H_{ar} - 0.0333O_{ar} \qquad (8-2)$$

式中：C_{ar}、S_{ar}、H_{ar} 和 O_{ar} 分别为生物质燃料的收到基碳、硫、氢和氧元素质量分数，%。

在实际燃烧过程中，由于固体生物质在空气环境下的燃烧属于异相燃烧反应，作为燃料的生物质有机质和空气中的氧气之间的接触传质效率受限，空气中的氧气难以充分和生物质燃料接触并发生燃烧，因而实际燃烧过程为达到尽可能高的燃尽，需要给入燃烧体系的空气量往往大于理论空气量。实际给入的空气量和理论空气量之比一般称为过量空气系数，这是一个在燃烧组织中非常重要的参数，表征燃料燃烧过程所需的空气是否充足。以大规模工业燃煤为例，通常选取 1.2 的过量空气系数，即燃烧阶段给入的总空气量比理论上完全燃烧所需空气量多 20%，此时即可以达到较好的燃尽效果，又不会由于给入了太多的空气而降低燃烧区域温度以及造成过大的排烟损失。根据不同的燃烧组织形式和燃料特性，最佳过量空气系数会在一定范围内变化，燃料挥发分越高、燃烧特性越好、燃料在炉膛空间分布得越均匀、停留时间越长，则对应的最佳过量空气系数越小，例如典型的油、气锅炉的最佳过量系数约为 1.05，就低于典型燃煤锅炉所需要的 1.2 的常用过量空气系数。

1 kg 生物质燃料完全燃烧产生的烟气量也可采用与理论空气量计算类似的原则进行计算。在供应理论空气量 V^0 条件下完全燃烧的前提下，每 1kg 生物质燃料产生的烟气量称为理论烟气量 V_g^0（m^3/kg，标准状态下），可按式（8-3）计算：

$$V_g^0 = 0.01866C_{ar}+0.007S_{ar}+0.008N_{ar}+0.79V^0+0.111H_{ar}+0.00124M_{ar}+0.0161V^0 \qquad (8-3)$$

式中：C_{ar}、S_{ar}、N_{ar}、H_{ar} 和 M_{ar} 为生物质燃料的收到基碳、硫、氮、氢元素质量分数（%）和收到基水分的百分含量，%；V^0 为燃烧所需理论空气量，m^3/kg。

式（8-3）中计算了燃料中各可燃元素完全燃烧后产生的燃烧产物的体积、燃料中水分蒸发带来的水蒸气以及燃烧所需空气中带入烟气的氮气和水蒸气体积。需要指出的是，由于实际燃烧组织中引入的空气通常大于燃烧理论空气量，这部分过量的空气也会进入烟气中，从而进一步增加烟气体积。具体的烟气量 V_g(m³/kg，标准状态下) 可按照式（8-4）计算：

$$V_g = V_g^0 + (\alpha-1)V^0 + 0.016(\alpha-1)V^0 \tag{8-4}$$

式中：α 为过量空气系数。

在生物质燃烧组织和燃烧装置设计中，烟气量是用于计算炉膛和烟道尺寸的重要依据。合适的炉膛容积一方面可以保证燃料有足够的停留时间以完成燃尽，另一方面可以方便炉膛受热面的布置以通过炉膛热平衡来达到合理的燃烧室温度分布；对于烟道而言，由于燃烧后的烟气中携带着燃料燃烧释放的热能流经烟道，烟气量和烟气焓值决定了尾部烟道的几何尺寸和构造，一定的烟气量条件下，烟道截面尺寸影响各级受热面中烟气流动速度，从而决定了各级受热面的换热能力和烟气流动阻力，烟道长度决定了能布置多少级受热面，最终能将烟气中的热量吸收利用到什么程度。显然，对烟气量的准确计算也是生物质燃烧组织过程中的核心要素。

（二）生物质燃烧过程的配风和燃尽

生物质燃烧过程中一个突出的特点是挥发分开始析出的温度低，挥发分析出量比较大。从生物质热解特性可知，典型生物质在加热到230℃以上就可以发生明显的热解反应，析出大量可燃气体组分。加热速率越高、加热终温越高，挥发分的析出越迅猛。总挥发分质量可占生物质原料的60%~70%。这个特点对于生物质燃料的燃烧组织既可以说是一个优势，但同时也是一个挑战：一方面大量可燃挥发分在燃烧初期燃烧温度较低的情况下析出对于燃料的着火是非常有利的，可以大幅度降低燃料着火的难度，让燃烧反应器尽快从着火阶段过渡到自发进行剧烈放热的稳定燃烧阶段；但是另一方面，挥发分为气态，在燃烧反应器内受热快速析出后体积会急剧膨胀，如果炉膛空间有限，容易出现挥发分没能和空气充分混合就快速流出燃烧室的情况，接触不到氧气的挥发分无法发生燃烧，且其中有机大分子组分在缺氧高温下会分解析出炭黑，形成常见的燃烧组织不良导致的冒黑烟现象。这类挥发分燃烧不良的问题不同程度地存在于各种不同规模的生物质燃烧装置中，尤其在燃烧启动的初期；甚至在一些大型电站锅炉中，即便已经通过设计计算选取了合适的炉膛容积和烟气停留时间等关键参数，还是有可能在点火启炉阶段出现挥发分燃尽程度差，烟气排放中的 CO 浓度急剧上升的燃烧恶化情况。

以上情况说明，要实现生物质燃料的高效燃烧，组织好挥发分的燃尽很关键，而挥发分的燃尽与燃烧所需空气如何送入密切相关，也就是生物质燃烧过程的配风问题。在工业规模燃烧组织中通常把与燃料一起送入燃烧室的风称为一次风，把单独送入炉膛的用于助燃的空气称为二次风，此外还有三次风、火上风（燃尽风）或者周界风等各种定义、功能不同的空气送入形式，这种燃烧用空气的分级供应方案就是所谓的配风方案。配风方案针对不同燃料、不同燃烧模式以及不同设计目的取向而差异很大，但是对典型生物质必须要考虑到应对生物质挥发分的燃烧：一方面，必须意识到生物质燃烧中挥发分燃烧所占份额要远大于常见的煤炭等燃料，挥发分燃烧所需空气量以及燃烧放热量比例大；另一方面，生物质挥发分可在较低温度下迅速热解析出这一点也需要在配风方案中慎重考虑，常规燃煤配风方案中主要以一次风来满足挥发分燃烧的方法对生物质并不合适。生物质燃烧组织中常用的配风思路是一次风主要用于协助生物质给送或者实现所需的运动状态，一般情况下风量较小，难以满足所有挥发分燃烧所需；二次风作为燃烧所需的主要空气供应源在炉膛中挥发分集中析出的部位和空间送入，二次风可以分层分级送入，结合燃烧室结构确定适当的流速和射流刚性以保证能和挥发分充分混合以确保燃尽。此外，对于炉膛容积较小、烟气停留时间不足或者燃烧室温度较低、燃烧反应速度较慢等情况，有时还会在炉膛出口等部位布置燃尽风，补充送入少量新鲜空气以进一步强化生物质挥发分和半焦的燃尽。需要指出的是，上述配风思路绝非固定不变，配风方案需要和燃烧反应器类型和具体锅炉炉膛的设计要求紧密结合，是高度订制化的并需要通过理论和实践反复验证才能获得较好的效果。

　　由于大量挥发分的析出，生物质半焦的孔隙结构非常发达，因而和煤焦相比具有更高的燃烧活性，在同样条件下可以更快、更彻底地燃烧。在针对生物质半焦燃烧组织中需要考虑的是由于半焦颗粒孔隙发达、含灰量低而具有特别低的表观密度以及低强度、易破碎等特性。生物质半焦的这种物理性质极大地提升了其被烟气携带的能力，因此分析考察半焦在特定炉膛结构和烟气流场中的运动停留轨迹则是一个需要格外注意的问题，必须确保半焦颗粒在一定氧浓度和温度的条件下有充足的燃尽时间，否则非常容易造成轻质的生物质半焦颗粒在含碳量很高的情况下就随着烟气被携带出走，从而造成未完全燃尽损失。

图 8-5　生物质循环流化床飞灰照片

　　在民用燃烧领域，设计良好的生物质燃烧组织条件下作为半焦燃烧主要固相产物的灰渣中碳含量应该低于 15%；在工业燃烧领域，对于循环流化床而言，由于存在未燃尽半焦颗粒可以被多次循环回炉膛参与燃烧的机制，飞灰含碳量可以稳定在 2%~3%，此时目测观察烟气中分离收集到的飞灰已经呈浅灰白色，如图 8-5 所示。典型的生物质炉排锅炉由于轻质飞灰随烟气逃逸的情况难以避免，飞灰含碳量会略高些，一般在 5%~8%。

（三）生物质燃烧过程的灰相关问题

　　用作燃料的生物质是绿色植物光合作用合成的有机质残体，除了碳、氢、氧构成的有机大分子主体，绿色植物在生命过程中还需要为数众多的宏观和微观元素以保证复杂的生理过程顺利进行，这些无机杂质在绿色植物残体成为生物质燃料的过程中绝大多数依然得到保留。这些留存的无机物和生物质原料收集、运输以及预处理过程中混入的尘、土等其他无机杂质一起构成了生物质燃料的灰分。

　　灰特性和燃烧过程密切相关，和煤炭等化石燃料相比，生物质的灰含量很低，典型含灰量质量分数为 1%~3%。这从燃烧组织和燃烧固相污染物的控制角度看是个有利条件：低灰分意味着半焦由外而内的逐层燃烧过程中残留在半焦炭骨架上的惰性灰分少，更加多的氧气有机会接触到炭粒，从而有利于半焦燃烧反应的快速进行；另一方面，低含灰量意味着同等条件下生物质燃烧后烟气中含灰量低，有利于烟气的除尘净化。但是，未发生熔融情况下生物质的灰也具有发达的孔隙，质地轻、软、非常容易破碎，在气流中的跟随性远远高于煤灰或其他类型的灰分。生物质燃烧设计中，在对灰平衡评估计算时需要充分关注这点。燃烧中通常假设燃料带入的灰为惰性物质，质量不发生变化，根据不同燃烧类型，进入系统的灰可能通过不同的形式排出，例如底渣、冷灰斗灰或者烟道灰等，这些灰由于质地较重，都是在燃烧装置的不同部位沉降后被收集，定义底渣占总灰量的比值为底渣份额，类似的，有冷灰斗灰份额、烟道灰份额等；而跟随烟气流动无法通过沉降分离的那部分灰分就是所谓的飞灰，飞灰份额就是飞灰占总入炉灰量的质量百分比，前述的灰平衡即所有的灰、渣份额之和为 1。显然，在灰质地较轻的生物质燃烧中飞灰份额会显著高于煤炭燃烧，例如生物质流化床燃烧飞灰份额一般大于 95%，而煤炭燃烧的飞灰份额通常在 70%~80%。不同的燃烧模式也能在很大程度上改变飞灰份额，例如生物质在典型炉排炉燃烧条件下，飞灰份额仅有 50%~60%，显著低于生物质流化床燃烧工况。灰平衡是设计计算燃烧项目中烟气除尘装置和灰、渣的储存、输运工艺流程的重要依据。

第二节　传统炉灶及其改进

生物质是传统的民用生活用燃料，其为人类利用的历史可以上溯到远古时代。在科学技术未得到充分发展前的漫长年代中，生物质燃烧和炉灶的发展均停留在较低水平。近代科学普及之后，燃烧技术水平迅速提升，但是人类利用的主要燃料也迅速切换到煤炭、油气等化石能源资源，民用生物质燃烧应用主要集中在不发达国家和偏远的农村，难以得到足够的重视和相应的发展，存在很多问题。即使到今天，该领域依然存在极大的进步空间。

一、民用生物质炉灶概况

民用领域的生物质炉灶通常指农村地区以燃烧秸秆、薪柴或者成型生物质燃料以提供炊事和供暖所需生活用能的炉灶（炕）。民用炉灶根据具体用途，可细分为炊事用炉灶（见图8-6）、供暖炉（见图8-7）和炊事供暖一体炉（见图8-8）等三大类。至于"灶"与"炉"在含义上并无本质差别，炉是一个比较宽泛的概念，表征该设备可以实现独立燃用，而习惯上将可用于炊事的炉称为灶。

图 8-6　民用生物质炊事炉灶

图 8-7　民用生物质供暖炉　　　　**图 8-8　民用生物质炊事供暖一体炉**

以上生物质炉灶的基本构成都比较类似，通常采用手工给料，分批将一定量的生物质燃料放入炉膛，炉膛内的燃烧组织方式属于典型的炉排燃烧，炉膛的下部有可以让空气从下而上流动的炉算或者炉栅板，生物质放置于其上部经历着火、燃烧和燃尽过程，燃烧的火焰或者燃烧产生的热烟气向上以火焰辐射和/或烟气对流的模式加热设置在炉膛上部和/或烟道上的炊具、换热管道、换热表面或者黏土、砖石等蓄热材料，完成炊事或者取暖用能功能。燃烧后产生的灰渣通过炉算孔隙落入下方的灰坑，以一定的周期进行手动清理。通过对该类炉灶工作过程的分析和测试发现，常见的民用生物质炉灶的燃烧组织往往在大部分工作时间里大幅度偏离最佳工况，因而其能量利用率非常低，典型热效率只有10%左右，造成了非常大的能源浪费；此外该类炉灶运行中往往伴随严重的未完全燃尽和污染问题，主要是挥发分的燃尽度差，烟气中焦油类大分子、炭黑、一氧化碳及复杂的气溶胶微小颗粒排放浓度很高，严重威胁用户健康。

二、燃烧过程典型问题

从燃烧组织的角度,前述各种生物质炉灶的工作过程是一个以一定周期运行的非稳态批进料燃烧过程,这一点和现代大规模工业燃烧组织时追求稳定的燃烧组织工况,从而可以寻找最佳工况点的思路有很大差异,客观上要对其进行优化的难度大大增加,主要体现在以下方面:

(1)典型民用生物质炉灶工作时,在向炉膛内投入一定量的生物质燃料后,燃烧所需空气的供应完全依赖自然通风,通风量一方面受炉膛内部堆积物料的孔隙分布和透风能力影响,另一方面则取决于烟道流动阻力结构与排烟与环境温差形成的拔风能力,这种特性往往造成在炉膛内有大量燃料的情况下,由于燃料堆积通风阻力大、空气供应不足而处于缺氧燃烧状态,燃烧效率降低;而在后期,炉内燃料大部分已经燃烧掉,此时炉膛料层通风阻力大幅减少,而烟道内高温烟气导致的拔风能力依然强大,此时往往导致进入炉膛的空气过多,降低了炉膛温度并增加了排烟损失。综上所述,这种典型的民用炉灶运行中偏离最佳工况点是常态,很难做到高水平运行。

(2)民用炉灶由于热功率限制,炉膛的容积和高度往往很小,烟气在炉膛的停留时间难以保证,生物质受热后快速析出的挥发分很难有机会和空气充分混合并在炉膛中燃尽。挥发分未燃尽的问题非常严重,尤其是在燃用农作物秸秆等质地疏松的生物质情况下,由于薄壁中空的秸秆进入炉膛受热后升温快,挥发分迅速析出后膨胀,如果一次给入的秸秆过多,在受限的炉膛空间内会造成瞬间压力升高,严重时甚至会从给料口反窜出大量未燃尽挥发分,然后炉温迅速下降,这种剧烈的燃烧波动不但燃烧效率低、排放大量污染物而且容易造成人身伤害和火灾隐患。

(3)受限于炉灶设计指导思路以及制造成本等问题,民用炉灶很少会将降低排烟温度作为设计诉求,经过单一的灶具或者炕道后烟气温度往往高达400~500℃,烟气中大量的热量未得到有效的利用就排入烟囱,排烟损失大极大地降低了炉灶的热效率。

三、设计要点和改进

鉴于传统的民用生物质炉灶存在诸多问题,为了改善农村能源使用状况,同时也为了减少民用炉灶排放对使用者健康的威胁,我国相关科研院所以及农村能源管理部门也相继组织开展了对民用生物质炉灶的一些改造,并在相关技术指标上获得显著的进步。例如表8-2给出了某地区对改造后民用生物质炉灶的一些基本要求。

表 8-2 某地区对生物质民用炉灶技术要求

项目	具体要求或性能指标
炉具结构	设计合理,操作方便
外观要求	造型美观,表面光滑清洁,无毛边、毛刺,应防锈,保温材料不外露
热性能指标	A. 额定供热量不小于标称值
	B. 热效率: 炊事炉 ≥ 35% 采暖炉 ≥ 35% 炊暖炉 ≥ 35%
	C. 炊事火力强度 > 2kW
烟气排放指标	A. 一氧化碳平均浓度 < 0.2%
	B. 二氧化硫平均浓度 < 50mg/m³
	C. 烟尘排放平均浓度 < 50mg/m³
	D. 格林曼黑度:1 级

由表8-2可见,国家从政策角度对生物质民用炉灶的技术水平要求已经大幅度提升了,尤其

是对炉灶的热效率以及污染物排放指标方面，提出了明确的要求。为了达到上述指标，根据之前对民用生物质炉灶运行特点的分析，需要从以下几个方面对生物质炉灶进行优化改造。

（一）配风方案的优化

生物质燃烧的主体是挥发分燃烧，确保挥发分燃尽不但是大型燃烧装置的追求目标，对于小规模民用炉灶的设计同样重要。为此，一方面需要合理配置一次风和二次风的比例，从燃料底部进入的空气主要帮助半焦颗粒的燃烧，在炉膛中上部应该送入大量的空气以匹配挥发分燃烧需求，这是适应生物质燃料特性的基本要求，图8-9是一种典型户外木材灶具的设计，利用孔洞和通道尺寸的设计，在一定的拔风能力情况下，可以在生物质挥发分火焰的不同位置以恰当的风量给入燃烧所需空气，可以较好地保证挥发分的燃尽，从而提升燃烧效率；同时，要注意二次风给入的流场和气流的刚性，以确保其和挥发分能良好混合，必要时可以采用强制通风，增加给风的可控性。图8-10中采用强制配风以及专门的二次风道来实现良好的燃烧控制。

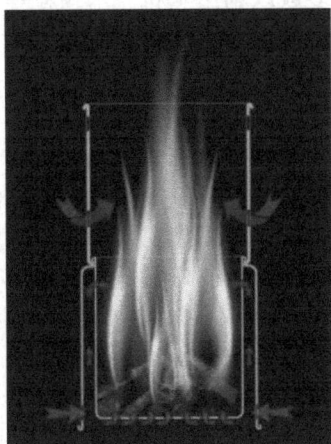

图 8-9　生物质炉灶二次风设计案例

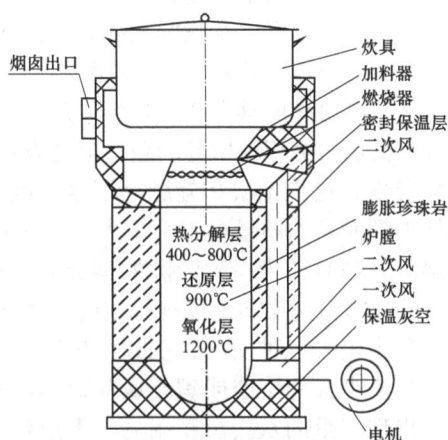

图 8-10　强制配风生物质炉灶

（二）适当地延长烟道燃烧流道

由于民用炉灶热功率较小，炉膛的几何尺寸通常都比较小，为了保证充分燃烧，除了优化空气供应外，适当地延长烟道，特别是绝热的高温烟道的长度，是确保挥发分和其中携带的半焦颗粒有充分燃尽时间的一个有效手段。如图8-11所示的采暖炊事炉的结构，其设计思路就是采用了大量的绝热材料，构建了烟气流动途中B和C两段高温燃烧流道，从而可以达到很高燃烧效率。

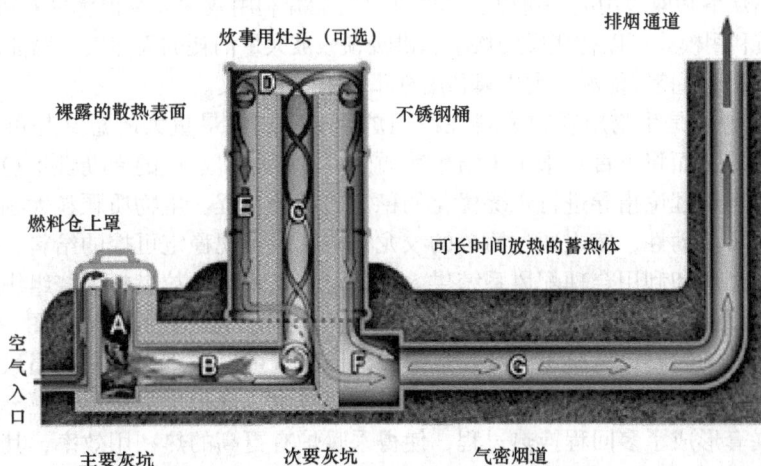

图 8-11　一种高效生物质采暖炊事炉方案

（三）受热面的合理布置

炉灶设计中首先需要确保高的燃烧效率以将燃料中的化学能彻底转化为热能进入高温烟气，然后还需要利用合理的受热面布置将高温烟气中的热能逐步逐级地吸收利用，将烟气温度尽可能降低后排放，只有这样才能达到较高的炉灶热效率。根据具体的应用场合和需求，民用炉灶设计中通常可以根据所需热能品位的高低，按照炊事所需高温猛火、取暖用高温辐射烟管、取暖用低温辐射重质蓄热体、高温生活热水、低温辐射地暖热水、燃烧用空气预热等不同用途沿着烟气流动从高温到低温的流程布置相应的受热面，以实现对高温烟气中热能的梯级高效利用。采用多个复合受热面组合形式，往往可以大幅度提升炉灶的热效率。例如生活中常见的炊事采暖热水一体炉灶正常工作时的综合热效率可以达到 60%~70%，而单一功能炉灶即使在进行优化情况下热效率也很难超过 30%~40%。

（四）避免燃烧中碱金属问题

民用生物质燃料在不同国家和地区差异很大，欧美大多数以利用木材、木颗粒等木质生物质为主，但是欠发达地区以及我国大部分农村地区受限于资源，可获取的生物质原料大多为农业生产废弃物，例如农作物秸秆等。木质生物质，特别是不含树皮、细枝丫的清洁木材或者由其加工而得的木颗粒燃料一般具有灰含量少、灰熔点高的特性，在灶具中燃烧使用较为便利，不易出现炉膛结渣、受热面沉积结垢等问题；但是农业废弃物生物质通常来源于一年生草本作物，灰含量较高，且受生长过程土壤和施肥等因素影响，灰中含有较高的钾和氯等无机杂质。例如常见的稻麦秸秆中钾元素的质量通常会占到秸秆干重的 1%~2%，这些钾富集在灰中会大幅度降低秸秆灰的灰熔点；同时作为一种活泼的碱金属元素，含钾的无机杂质在高温下也表现出很强的活性，可通过不同的物理化学过程进行迁徙和转化，这种特性往往造成在以农业秸秆为燃料的民用炉灶燃烧过程中出现各种问题，例如：炉膛内灰熔融使炉箅或者炉膛截面堵塞导致排灰和烟气流通不畅；灰渣中含钾熔渣或碱金属氯盐蒸汽在高温下腐蚀炉灶结构的金属构件；锅灶或其他受热面表面出现严重的灰渣沉积附着，形成污垢隔热层阻碍换热等。燃用农业废弃物的民用炉灶由于成本和运行工况周期性波动等原因，无法完全杜绝上述问题的出现，但如果能对上述碱金属引发的问题有所认识，还是能在设计和运行中采用选择/预处理原料，降低炉膛最高温度和峰值热功率，简化清灰、除垢操作难度以及尽可能减少炉膛内高温区金属构件等方法和措施来应对。

（五）使用成型燃料

生物质原料成型作为现代生物质能利用领域一种有效的能源品位提升手段已经在全球范围得到广泛应用，特别是将优质生物质燃料加工成标准的生物质颗粒燃料，在合理设计的中小规模生物质炉灶中提供民用炊事和取暖用能，可以达到非常高的能源利用效率以及很优良的污染物排放控制水平。这种生物质利用模式可以替代民用炊事和供暖领域被大量消耗的天然气、燃油以及宝贵的电力，对于生物质这种低碳可持续能源的大规模利用有非常积极的意义。

成型燃料，特别是生物质颗粒燃料在民用炉灶上应用的最重大的意义是可以非常容易地实现可控连续给料，从而将千百年来手工给生物质炉灶补充燃料造成的周期性不稳定燃烧过程转化为可以利用现代燃烧理论指导进行工况优化的稳定的燃烧过程。生物质颗粒大幅提升了生物质燃料的能量密度和可流动性，使之通过简单的绞龙机构就能实现稳定可控的给料，恒定的燃料给入量、稳定的燃料品质和利用合理配风系统供入的稳定空气量为颗粒燃料燃烧组织的优化奠定了坚实基础。图 8-12 为一台典型的用于取暖的生物质颗粒燃料燃烧装置的结构简图。由图可见，由于取消了灶口和敞开的给料口，避免了敞口热损失，该装置可以采用强制平衡通风模式精确控制燃烧室内的烟风流动，并可采用反烧及多风口分级燃烧技术，使得生物质燃烧更充分。装置的燃烧系统包裹的水夹套形成了多回程换热过程，使得采暖炉有更高的热利用效率，其综合热效率可达80%。

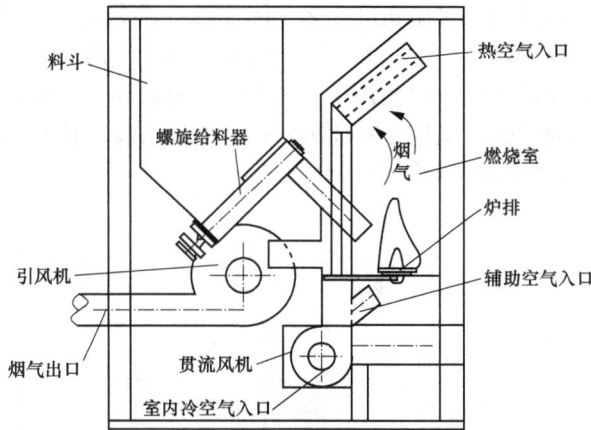

图 8-12 典型生物质颗粒燃烧采暖炉

第三节 生物质直接燃烧发电

生物质直接燃烧发电是 20 世纪末期在能源危机和环境问题逐渐引发重视的大背景下发展起来的，用于部分替代人类社会大规模使用的油、气和煤炭等化石能源来生产电力。由于其可再生和碳排放中性的独特优势而得到越来越多的重视。在全球范围内，不同的地区和国家都将生物质直接燃烧发电列为优先鼓励发展的技术方向，并大力扶持相关产业的发展。

在常见的大规模生物质能源利用领域，生物质燃烧发电是现阶段产业化程度最高、利用规模最大的生物质能转化利用途径，在国内外均较为成熟并已形成一定的产业规模。以我国为例，2018 年底建成投产的农林生物质燃烧发电项目有三百多个，总装机规模达八百多万千瓦；年发电量接近 400 亿 kWh，每年消耗的生物质燃料量约 5000 万 t，已经在可再生能源发电和农林废弃物能源化处置领域发挥出了重要作用。

一、工业燃烧技术概述

生物质燃烧发电的基本原理和化石燃料燃烧发电类似，属于火力发电的一个分支，同样采用以水蒸气为工质的朗肯循环发电。生物质燃料首先在生物质锅炉中燃烧将化学能转化为热能并被水蒸气工质吸收后转为工质的热力学能，具有高焓值的高温高压蒸汽再送到汽轮机膨胀做功，将蒸汽中的能量转化为机械能并带动发电机旋转从而实现向电能的转化。典型生物质燃烧发电系统简图如图 8-13 所示。这是一个典型的以追求高效率、大规模、高可靠为核心诉求的现代化电力生产流程，上述特点决定了工业领域的生物质燃烧与民用小规模燃烧相比无论在技术路线还是技术发展导向上都存在显著的差别。

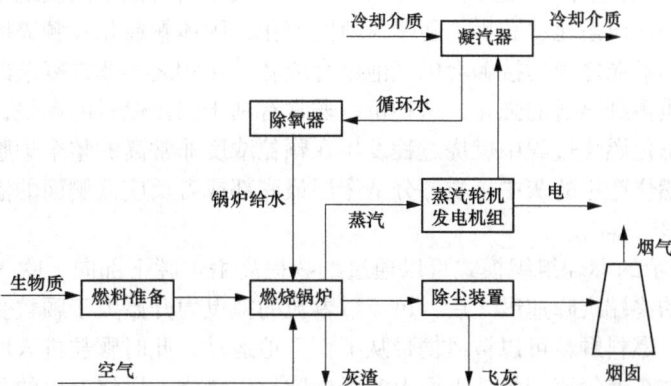

图 8-13 生物质燃烧发电系统

工业领域的生物质燃烧从燃烧理论角度看属于固体燃料燃烧范畴，与燃料油或者气体燃料的燃烧有显著差别。固体燃料燃烧过程中，固体燃料与和作为氧化剂的空气中氧气之间的异相反应需要充分的传质、传热，而这个环节往往是燃烧组织中的薄弱环节，如何设计和处置该环节往往体现了固体燃料燃烧的本质特性。从这个特征出发，总体说来有三种燃烧组织模式或者说三种类型的燃烧反应器可供选择，如图 8-14 所示。

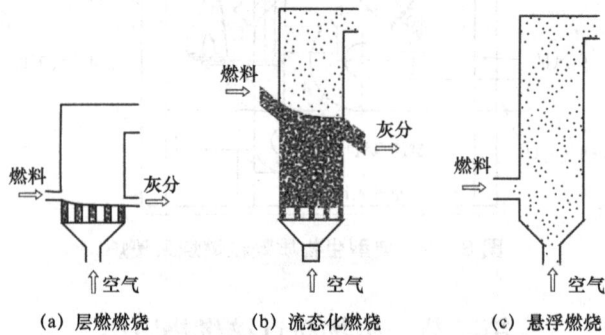

图 8-14　三种典型的固体燃料燃烧组织模式

图 8-14（a）所示的燃烧组织模式为固体燃料送入炉膛后在炉膛底部的炉箅上堆积，燃烧所需空气从炉箅底下透过炉箅孔隙向上流动和燃料发生接触。这种情况下，燃料和炉箅之间相对静止，因此该类燃烧反应器被称为固定床反应器，也称为炉排炉反应器。固定床反应器的燃烧过程和之前描述过的民用小规模生物质炉灶相同，为了克服民用炉灶间歇给料导致的周期性波动，工业固定床燃烧装置通常采用图 8-15（a）中所示的机械移动式炉箅，从炉箅的一侧连续给入生物质燃料，通过炉箅的水平移动让生物质燃料从一侧进入炉膛并以一定速率向另一侧运动，在炉箅运动的过程中逐渐完成燃尽，在炉膛的另一侧排出燃烧后产生的灰渣。这种连续的进料和排灰可以维持一种稳定的燃烧工况，如果仔细分析，会发现炉排上生物质燃料的主要燃烧发生在炉排上燃料层上表面附近的空间上，炉排上的处于不同燃尽阶段的生物质以一定的规律逐层分布，因而这种燃烧模式又被称为层燃燃烧。

图 8-14（b）所示的燃烧组织模式称为流态化燃烧，是工业规模固体燃料燃烧的另一种重要形式，也称为流化床燃烧。在固体燃料的密度和粒径满足一定条件的情况下，如果将固定床炉排下的风速提高，风速超过一个特定值后会出现一种特殊的现象，此时从炉排下方送入的高速空气吹过燃料颗粒时对颗粒产生的拖曳和扰动可以使固体颗粒发生运动。随着风速增加，整个燃料堆积层无法维持原有的静止状态，而是随着风速增加进入一种特殊的状态，这种状态称为流态化。进入流态化的固体原料层会体现出某些类似流体的状态：固体物料上表面在炉体倾斜时也可以维持水平，可以发生溢流，不同密度的颗粒加入其中可以表现出类似不同质地颗粒在水中那样的上浮或下沉等行为。进入流态化状态后，随着风速的变化，固体颗粒相互频繁撞击并可在整个反应器内迁移，而空气和颗粒之间的接触会以气泡聚合或者乳化相之类非常复杂的模式频繁发生，气固相间的传热和传质得到显著的强化，这种机制非常有利于固体燃料的燃烧，特别有助于劣质固体燃料的燃尽。流态化燃烧过程中燃烧过程发生在颗粒浓度非常高的整个炉膛容积空间内。随着新燃料不断加入，燃烧产生的灰中重质部分从床层最底部或者反应器侧面的溢流口排出，轻质部分随着烟气以飞灰形式排出。

图 8-14（c）所示的燃烧组织模式可以通过继续提高由炉膛下部向上吹入的风速来实现。在风速大于燃料颗粒的终端沉降速度之后，风流过颗粒的拖曳力开始大于颗粒受到的重力。随着风速的进一步的提升，燃料颗粒可以被风携带从下而上地运动，此时颗粒进入所谓的悬浮状态，所有给入的燃料颗粒被高速气流携带从下而上流经炉膛发生燃烧，燃烧产生的灰颗粒也在烟气气流

携带下流出炉膛出口，从而实现稳定的燃烧。这种气力输送状况下燃料颗粒和空气之间存在大小为颗粒终端沉降速度的速度差，可以提供很好的传质和传热条件，一般称这类燃烧组织模式为悬浮燃烧。目前世界上绝大多数燃煤火力发电厂都会将煤炭制成非常细的煤粉采用这种模式来组织燃烧。

二、生物质燃烧发电技术发展

以发电为主要目的生物质燃烧应用一般规模较大，这是电力生产的基本特性决定的。较大的机组规模虽然机组建设造价会较高，但是如果折算到每单位千瓦造价，则机组规模越大，单位千瓦的造价越低。但是，和以油、天然气或者煤炭等化石能源为燃料的发电项目不同，生物质燃烧发电同时还受到生物质资源量和获取成本等因素的制约，生物质资源的低丰度和高运输成本决定了一个生物质发电项目的规模受周边可收集生物质资源量的制约，过大的项目规模会导致周边生物质原料市场供需失衡，从而抬升原料成本而导致项目不可行。在我国，经过多年行业发展摸索发现，典型生物质发电应用规模以每小时发电 30000kWh（即所谓的发电规模 30MWe）为宜，这种规模的项目一般会依托一个县域面积 1000~2000km^2 的中等农业县的生物质资源，每年消耗的生物质原料量在 20 万 t 左右。该规模的生物质燃烧发电项目所配备的生物质燃烧设备一般为一台蒸发量为 130t/h 级的生物质蒸汽锅炉，或者两台 75t/h 级生物质蒸汽锅炉。当然，根据不同地区的生物质资源，生物质发电项目的机组规模可以小到 6MWe，对应的生物质锅炉蒸发量级别为 35t/h；也可以大到 50MWe，对应的生物质锅炉蒸发量可以达到 220t/h 级别。根据锅炉蒸发量的不同，生物质锅炉主蒸汽的参数也可以从中温中压级别增加到高温超高压级别，一般而言生物质锅炉主蒸汽的参数越高，发电机组的发电效率越高。

生物质燃烧发电所用的锅炉主要采用层燃燃烧技术和流态化燃烧技术，其中生物质层燃锅炉可适用于蒸发量小于 130t/h 级别的各种项目，该技术大型化较为困难，但对于小型装置上有设备和运行成本较低的优势；流化床生物质锅炉广泛适用于各种不同规模机组，适合大型化，技术成熟可靠，但是由于成本和运行要求较高，在蒸发量小于 20t/h 的项目中竞争力不强。悬浮燃烧应用于单一生物质原料的案例非常少，国际上有将少量木质生物质燃料投入到大型悬浮燃烧煤粉锅炉中进行煤/生物质混烧发电的工程案例，但这属于混烧范畴，不在此展开讨论。以下仅就层燃和流态化生物质燃烧技术进行阐述。

生物质层燃燃烧大多采用如图 8-15 所示的移动炉排。图（a）为该类层燃锅炉的燃烧原理图，其燃烧系统主要部件为炉膛下方可以缓慢运动的炉排，生物质燃料由左侧料斗给入，以一定厚度铺在炉排上被炉排承托，从左方缓缓向右方运动。被带入炉膛的生物质料层受高温炉膛内高温辐射从上而下逐层依次发生干燥、挥发分析出及燃烧等过程。如图（c）所示，燃料在炉排上从左侧进入到右侧排出所经历的时间即为燃料在炉膛内的燃烧时间，合理的设计可以确保燃料在如图（d）所示炉膛右侧排出之前已经基本燃尽。图（b）为一台典型生物质炉排发电锅炉的结构示意，图中显示了锅炉内主要受热面布置情况。炉排上燃料燃烧产生的高温烟气在炉膛中向上流动，依次经过围绕构成了炉膛空间的水冷壁、炉膛出口的凝渣管、高温过热器、尾部烟道竖井中从上到下排列的低温过热器、省煤器和空气预热器等，经过这些受热面的换热，烟气中的热能才能被有效地吸收利用。采用炉排锅炉燃烧生物质燃料操作直观、简便，运行稳定、可控，设备造价也不高，非常适合小规模生物质燃烧。但是同时也需要看到，这种燃烧模式比较依赖于生物质燃料层在炉排上均匀分布，只有均匀的料层才能让下方风室供应的空气可以均匀穿透料层，为燃烧提供足够的空气；此外，风室的供风量要与其上方炉排上处于不同燃烧阶段的燃料的消耗量相匹配，且燃料的燃烧历程受燃料粒度影响，由于燃料粒径分布的客观存在，要确保几何尺寸不同的燃料都能达到燃尽在实际操作上非常困难；此外，生物质半焦颗粒易破碎且质地轻，在配风不良的情况下容易被烟气携带进入气相而导致飞灰中未完全燃烧碳比例较高。显然，实际运行中由于燃料特性波动、料层厚薄不匀、破碎粒径不均一、炉膛内空气动力场不合理等因素难以避免，要始终维持高效的燃烧是比较困难的，而且从运行角度能够调整的仅仅有炉排速度和风室的布风，往往起不到预期的改善效果，这是采用炉排锅炉燃烧模式的一个主要问题。

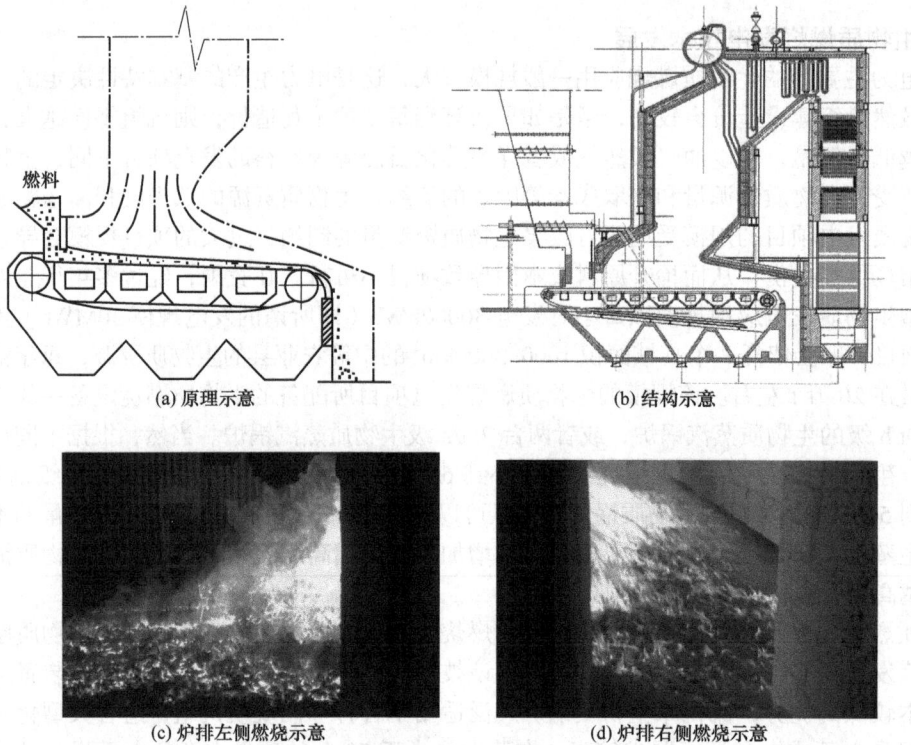

(a) 原理示意　　　　　　　　　　　　　　　　　　(b) 结构示意

(c) 炉排左侧燃烧示意　　　　　　　　　　　(d) 炉排右侧燃烧示意

图 8-15　典型生物质炉排发电锅炉

流态化燃烧是生物质燃烧发电另一种主流方案。在介绍生物质流态化燃烧之前需要指出的是：绝大多数种类的原生生物质，即使是经过预处理破碎后的生物质，由于密度轻、粒径大，通常都属于不可流化或者不易流化颗粒；此外，由于生物质的灰含量少，质地也非常轻，因而无法做到像煤炭流态化燃烧那样，以煤灰为流化介质，煤燃烧后产生的煤灰可以补充成为新的床料。因而，以生物质为燃料的流态化燃烧都需要采用外加床料的模式才能运行，即在设备运行前往流化床内加入合适粒径的惰性沙石充当流化介质，流态化燃烧过程中炉膛内生物质颗粒的质量一般只有床料颗粒蓄积质量的百分之几。可以近似认为，生物质流化床炉膛中的每颗生物质燃料都处于被其四周大量惰性的沙石颗粒裹挟夹带而运动的状态，其受热、着火、燃烧以及破碎和燃尽过程在很大程度上受这些流化颗粒影响。燃烧过程中，流化床内大量高温惰性床料蓄积了大量热量，可以使新加入炉的温度较低的生物质燃料快速干燥和点火，同时由于床内颗粒流态化模式下的剧烈运动，强化了气固混合，使燃料表面的灰分剥落，有利于新鲜燃料表面和氧气充分接触燃烧。

此外，流化床内床料颗粒和燃料颗粒间频繁的碰撞导致颗粒间热量可以非常高效地交换，这意味着燃料燃烧放出的热量可以迅速被大量的床料带走，炉膛内流化区域内任何温度差异都会由于这种非常高效的颗粒间传热而趋于均匀，这构成了流态化燃烧的另一个重要特点：可以实现"低温"燃烧。这个低温的概念是相对层燃燃烧或者悬浮燃烧模式中难以避免的高温燃烧区而提出的，层燃或者悬浮燃烧中剧烈燃烧的燃料放出的大量热量加热烟气，使热容量很低的烟气剧烈升温并通过气体辐射向周边传递热量，该过程缺乏流化床中大量具有大热容量且可以和燃料颗粒实现高效换热的床料的协助，因而在燃烧常见的固体燃料时，炉内高温区域的温度通常都大于

1000℃，甚至高达 1200℃。与之相对应，流化床燃烧中由于床料的存在带来的巨大的热缓冲能力，炉膛温度的可控性非常高，例如对于燃煤的流化床，可以将床温控制在 850~900℃，这样既能保证燃尽，又可以利用石灰石进行炉内脱硫。除了可控制在较低燃烧温度，流化床更为可贵的特质在于：良好流态化条件下颗粒间高效的换热能力和对燃料颗粒的分散能力可以确保流化床内的温度均匀，可以有效地抑制炉膛内出现局部热点，这是流态化燃烧另一个优势。炉内均匀可控的温度对于燃烧过程氮氧化物的控制和生物质燃烧过程的碱金属问题的抑制都有非常重要的意义。

根据炉内流态化的程度，流态化燃烧可以分为鼓泡流化床和循环流化床两类，主要区别是：鼓泡流化床内气流速度较低，大部分固相床料在炉膛下部流化，存在明显的气固相分界；循环流化床内气流速度高，床料颗粒被风携带进入炉膛上部的比例大幅增加，炉膛内不存在明显的气固分界面，只存在下浓上稀的床料浓度分布。为了维持稳定，循环流化床必须配备气固分离和物料返送装置，这样可以将逃逸出炉膛的细颗粒（包括床料和半焦）捕获后重新送回炉膛，以维持炉膛内床料的平衡。这两类流态化技术都可以应用于生物质燃烧发电项目，也都有大规模的工程应用。

图 8-16 是一个典型的生物质循环流化床锅炉示意，图中可见循环流化床炉膛内生物质弥散在整个炉膛容积内发生燃烧，炉膛后连接的三个旋风惯性分离器用于将未燃尽的半焦和较细小的床料从烟气中分离出来并通过旋风筒底部的返料装置送回炉膛，在这样的燃烧组织模式下，较大的生物质颗粒，例如木片、大块的树皮或者树枝等会停留在炉膛中下部，在粗床料包围且频繁撞击的情况下发生干燥、脱挥发分、半焦形成与燃烧，挥发分和半焦燃烧后期破碎后形成的较小、较轻的炭颗粒会和细床料一起被携带到炉膛中上部燃烧。一般而言，炉膛高度造成的烟气停留时间需要保证挥发分在一次通过过程中尽可能燃尽，而小炭粒在气固分离和物料回送装置的作用下可以被多次送回炉膛燃烧，直到被燃尽并进一步破碎为粒径小于 $50\mu m$ 以下的细灰才会从分离器逃逸成为烟气中的飞灰。需要注意的是，生物质循环流化床燃烧过程中生物质带入的灰绝大部分以飞灰形式逃逸，是无法起到补充床料的作用的。运行前预先加入的惰性床料通常以河沙、石英砂为主，质地

图 8-16　生物质循环流化床锅炉示意

较为坚硬、粒径分布稳定，可以较长时间稳定地在炉内循环。但是从长期运行的角度来看，客观上床料总会有一定程度的磨削损失。且有时需要从炉膛底部排出燃料带入的石块、铁质异物时会造成床料的损失。因此，这种燃烧模式原理上需要定期进行床料的补充。但是，工程实践中发现生物质燃料在收储运环节一般都会混入一定量的沙土，这部分沙土中所含的惰性无机组分大部分情况下可以起到补充床料的作用，因此床料补充与否还需根据实际情况判断。

生物质燃烧发电技术发展中还有一个重要的领域是污染物控制，作为大规模生物质能高效利用的主流技术，生物质燃烧发电过程必须关注各种污染物的排放问题。对固体燃料燃烧关注的主要污染物类型为飞灰排放浓度、氮氧化物排放浓度和硫氧化物排放浓度。

对于现代生物质大规模燃烧装置，无论是采用炉排燃烧还是流态化燃烧，都有相当份额的灰分会被烟气携带而成为飞灰。如果不加控制，这部分灰分会随着烟气的排放而进入大气，造成固体烟尘污染。生物质的灰含量和煤炭相比较低，烟气中飞灰的绝对浓度并不高，采用常规的布袋除尘器等飞灰脱除装置即可满足要求。一般而言设计合理、质量合格的布袋除尘器可以将生物质燃烧装置烟气中的飞灰含量降低到 5 mg/m³（标准状态下）以下，满足超低排放指标。当然，在布袋除尘器的选用和运行中需要关注布袋的使用温度范围、烟气含氧量、寿命以及过滤气速等一

系列指标参数要求，才能确保其达到设计参数。

生物质燃料中的硫元素含量显著低于煤炭，燃烧烟气中所含的 SO_x 浓度水平也大大低于燃煤机组。在典型生物质燃烧工程中，采用炉排燃烧模式的项目 SO_x 排放浓度一般在 10~40 mg/m³（标准状态下），一般无需任何脱硫措施即可满足超低排放要求；采用流化床燃烧模式的生物质锅炉的典型 SO_x 排放浓度更低，一般在 10 mg/m³（标准状态下）以下，这主要是由于流态化燃烧给生物质灰和烟气提供了更好的接触机会和更长的反应时间，而生物质灰通常含有钙和钾等碱金属组分，呈弱碱性，具有一定的自脱硫能力，可以捕获烟气中的硫氧化物形成硫酸盐，从而实现了更低的硫氧化物排放水平。

氮氧化物排放控制是目前生物质燃烧发电产业污染物排放控制的主要对象。生物质燃烧后烟气中的氮氧化物有三种生成机理：热力氮来源于 1300℃ 以上的高温燃烧条件下空气中的氮气有机会被氧化形成氮氧化物；快速氮指燃料中碳氢化合物在燃料浓度较高的区域使空气中的氮气发生反应被氧化成氮氧化物；燃料氮则来源于生物质中所含的氮。以上三种途径中第一、二两种形成的 NO_x 在生物质燃烧中基本可以忽略，主要考虑的是燃料氮。生物质燃料中元素氮的含量差异较大，主要受生物质有机体内蛋白质含量的影响，对于木材、秸秆等常见农林业废弃物类生物质，干燥基含氮量与煤炭类似，为 0.3%~0.6%。生物质燃料中的氮在燃烧过程中的迁徙转化途径较为复杂，典型的含氮组分在高温热解和燃烧条件下会形成 NH_3、HCN、HNCO 或者 NO 等前驱体物质即过渡产物，这些组分在热解或燃烧的高浓度活性基团以及周边组分、气氛以及复杂的催化的共同作用下，会形成 N_2、NO_x 以及半焦或者灰中的固相残留氮等不同形态产物，其中的影响机理和具体途径还有相当多不清楚的地方，需要深入研究。目前从工程角度来看，一般认为典型燃烧条件下，生物质中的氮绝大部分会最终转化为无害的 N_2，但是还有会有小部分燃料氮形成气相 NO_x 污染物，这个形成比例和形成的具体形式受各种复杂因素影响，通常得到认同的观点是：燃烧过程中过量的氧气将促进含氮过渡产物向 NO_x 转化，而在燃烧组织中降低氧气的供应，提供尽可能大的还原性区域，有助于含氮中间体被还原成氮气。该认知是目前在低氮燃烧技术领域广泛应用的各种燃料分级、空气分级、浓淡燃烧等低氮燃烧技术的基本出发点，即通过各种途径确保燃烧初期为缺氧富燃料的状态，确保含氮中间组分尽可能向氮气转化，然后再安排充足的氧气以实现对燃料的燃尽，此时燃料中的氮气已经形成，氧化气氛已经无法促进 NO_x 的形成。当然上述过程并不容易实现，这主要是因为固体燃料燃烧过程的复杂性导致燃烧反应器空间中温度和化学组分分布的不稳定和难以精确预测的现状往往会大幅度降低既定低氮燃烧措施的效果。

在生物质燃烧发电产业中，一般采取的低氮燃烧措施是空气分级，无论是炉排炉还是流化床，都在配风设计中将燃烧所需空气分级、分区域给入炉膛，以造成炉膛下部区域内是富燃料燃烧状况，降低 NO_x 的形成，在炉膛的中上部，待燃烧主体已经完成后再给入足量空气实现燃尽。当然这种低氮燃烧的效果还受很多其他因素影响，例如空气和燃料接触的均匀性、分级送风的份额和位置、二次风的动量和混合程度、炉内温度和气氛场的温度等都会影响低氮效果。因为前述富燃料或者低氧区域的前提在于均匀性，一旦燃料和空气接触时射流做不到足够的混合或者出现炉内压力波动导致火焰锋面变化，则很有可能在总体缺氧的区域形成局部的氧气过量，这种局部区域形成的 NO_x 足以导致排放超标，让所采取的低氮燃烧设计落空。正是由于上述因素，在工程实践中即便燃用同样的燃料，生物质燃烧发电项目的 NO_x 排放浓度水平也差异较大，有的可达 300~500mg/m³（标准状态下），但是有的可以做到在无额外脱硝措施条件下，锅炉本体排放浓度低于 50mg/m³（标准状态下）。一方面，流态化燃烧炉膛内的温度和气氛比较均匀，氮氧化物排放控制的浓度显著较低；而炉排炉受限于燃料和空气之间的接触模式，锅炉 NO_x 排放浓度控制能力要略差。另一方面，对于采用同样低氮措施的燃烧装置，燃料的均匀性越好、燃料给入量控制越稳定的装置、炉内的燃烧越稳定的项目，其氮氧化物排放水平往往也越低。当然，上述的氮氧化物控制主要是从燃烧角度进行讨论的，为了满足环保排放要求，实际投运的项目均会采用各种烟气

脱硝技术来降低 NO_x 的排放，该部分内容就不在此展开了。

三、针对秸秆的燃烧发电技术

在生物质燃烧发电方向，针对农业废弃物类生物质的燃烧技术是一个重要的发展领域，特别是我国的生物质资源状况有别于欧美，可供生物质能源行业使用的木质生物质资源占比很少，这主要是由于我国森林资源匮乏、林木废弃物深加工行业发达等因素造成的。与之相对应的，由于有大量的农耕面积和对土地资源快节奏的耕作利用，农业废弃物资源每年的产出量超过 5 亿 t，且很多处于大量废弃、急需处置的境地。因而针对秸秆等农业废弃物的燃烧发电利用在我国具有特殊的意义。秸秆燃烧发电和堆肥、饲料、工业原料等其他秸秆利用途径相比，具有处置潜力大，处理效率高，环境效益显著的优势且可以有效地扩大低碳、可持续的生物质能利用规模。

（一）技术特点

以秸秆为燃料进行燃烧发电的特殊性主要体现在：①秸秆资源的收集、存储、预处理和给送等环节，该问题已经在之前章节有过论述；②以秸秆为燃料进行燃烧利用过程中会出现严重的碱金属问题。和小规模民用生物质炉灶相比，以发电为目标的大规模生物质燃烧设备需要高效可靠地连续产出高温、高压的蒸汽，对燃烧过程组织、受热面换热效果、压力管路安全、检修维护的便利以及烟气排放的指标都有更为严苛的要求。为此有必要基于大规模燃烧发电应用的背景，对秸秆带来的各类碱金属问题进行阐述。

结渣是在锅炉内烟气侧受热面出现的严重影响锅炉正常稳定运行的故障现象，通常是燃料灰分在炉内高温环境下出现熔融，熔融的灰渣黏结在受热面上的现象。秸秆灰中含有大量的钾元素会显著降低灰熔点，非常容易出现结渣问题。图 8-17 是水稻秸秆在 1000℃ 环境下的灰熔融现象。一般而言炉膛是锅炉中温度最高的区域，也是结渣高危区。和民用炉灶不同，生物质电站锅炉炉膛内的燃烧强度要大得多，炉膛区域的温度平衡依赖包覆在炉膛四周的水冷壁持续吸收火焰辐射热量才能维持，一旦出现炉膛结渣，熔渣黏结在水冷壁上，一方面会大幅度降低水冷壁吸热，减少锅炉蒸发量，另一方面熔渣向火侧会在火焰辐射作用下继续升温，熔融程度加剧黏附更多的灰颗粒；此外，熔渣改变炉膛热平衡而导致炉膛温度升高也会强化炉膛空间中固态灰渣的熔融，这种情况会诱使炉膛结渣情况向恶化的方向加速发展，形成巨大的渣块，甚至引发如图 8-18 所示的事故。

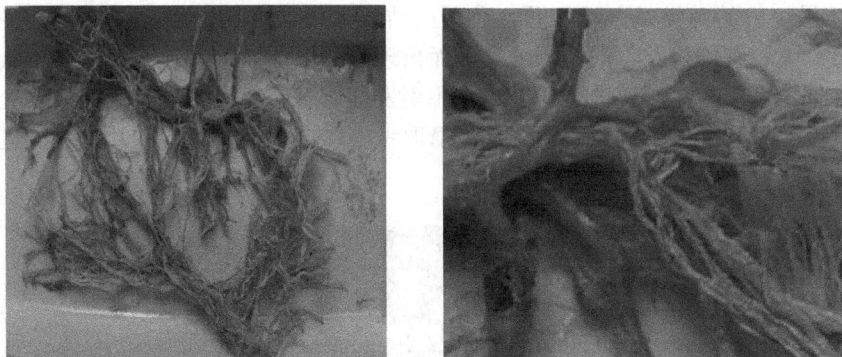

图 8-17　水稻秸秆灰熔融现象

高温腐蚀问题是秸秆燃烧过程中另一个突出问题。秸秆中含量较多的钾和氯在原料中通常以氯化钾的无机盐形式存在，氯化钾的性质比较活泼，在 800℃ 以上的高温燃烧条件下，有相当部分可以通过升华或者其他化学转化形式进入气相，在烟气中形成一定浓度的氯化钾盐蒸气。和炉膛高温燃烧区域相比，炉内布置的各种受热面由于受到管内部流动工质的冷却，其管壁金属温度会显著低于炉膛温度，这正好给在气相中以盐蒸汽形式存在的氯化钾提供了凝结的条件，于是高温烟气中的部分氯化钾就会通过这种凝结以固态盐结晶的形式附着在锅炉内的金属管壁上。氯化钾在高温环境下对合金钢是一种非常强的腐蚀剂，其显著作用的温度范围在 500℃以上，温度越高，腐蚀速度呈指数关系增加，能够在数千个小时达到数毫米的腐蚀深度，图 8-19 所示为某锅炉过热器管壁剥离表层沉积后的金属表面腐蚀情况。而这种腐蚀是针对常见合金钢用于形成钝化保护膜的镍、铬元素进行破坏，目前除了昂贵的钛管，几乎没有任何电厂常用金属材料能抵抗这种腐蚀。就是由于这种腐蚀，生物质燃烧发电无法通过提高蒸汽温度来进一步提升发电效率，目前能达到的最高过热汽温只有 540℃，因为只有在这个温度以下才能让过热器寿命勉强保持在可接受的范围。

图 8-18　秸秆锅炉炉膛结渣照片

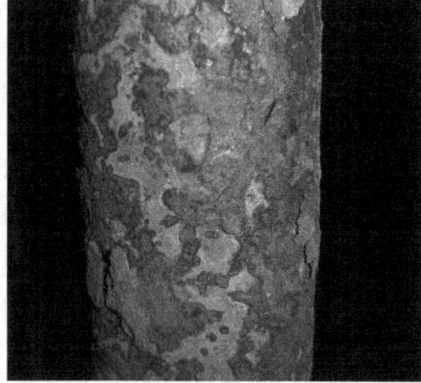

图 8-19　锅炉过热器管金属表面腐蚀情况

受热面沉积也是秸秆燃烧过程中碱金属问题的一个重要体现。各受热面上沉积的碱金属盐在管子外壁形成了一层热不良导体，一方面阻碍传热，另一方面还会通过局部熔融、吸附、沉降等不同机制捕集烟气中的固体灰颗粒，并随着时间积累通过复杂的物理化学过程增加沉积层厚度，进一步阻碍传热。这类受热面沉积随着燃料特性、烟气流速、管壁温度以及颗粒冲刷情况等诸多条件组合而呈现出多种多样的形态，有的致密，有的疏松，有的可以在一个月时间内增厚数十毫米，有的体现出显著的多层结构，如图 8-20 所示。这类受热面沉积给运行带来最大的问题是影响受热面的正常传热，从而让锅炉设备的运行偏离设计值，降低设备的热效率；某些情况下，特定部位的沉积异常增厚甚至会堵塞烟气流道，从而发生威胁运行安全的重大事故。

除了上述最突出的几类碱金属问题，在利用秸秆为燃料进行燃烧发电的工业实践中，还会由于燃料水分、燃料特性以及不同的锅炉设计而出现碱金属诱发的其他问题，例如低温受热面腐蚀、氯化铵在低温烟道板结、腐蚀磨损复合作用引发的爆管、风帽结垢、聚团导致流态化失败以及返料回路堵塞等各种问题，都需要结合具体情况考虑碱金属相关物质的性质才能进行正确分析并提出有效的解决方案。

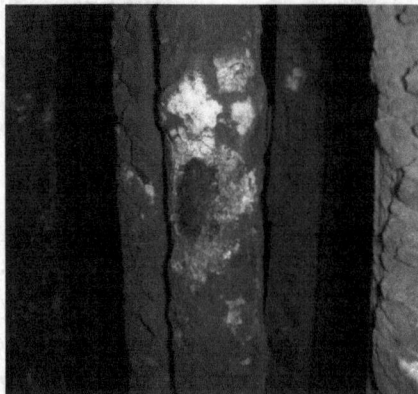

图 8-20　某高温过热器表面沉积（剥除外部沉积露出内层的盐结晶层）

（二）炉排炉燃烧技术简介

在以秸秆类生物质为单一燃料的燃烧发电领域，水冷振动炉排秸秆燃烧技术是源自丹麦的先行者。由于丹麦国内生物质资源以农作物秸秆为主的格局，丹麦非常注重对碱金属问题的研究，并在此基础上开发了专门针对秸秆类生物质的水冷震动炉排秸秆燃烧技术。

图 8-21（a）为丹麦水冷震动炉排秸秆锅炉结构示意，和常规的生物质炉排锅炉最大的不同是炉排的设计，如图 8-21（b）所示。该设计抛弃了传统移动炉排那种耐热钢通过锁扣连接的链板式结构，也不需要机械驱动炉排水平移动，该技术中炉排的主体为内部通水冷却的管排以及管排间连接的鳍片，这种类似水冷壁的结构形成了承托入炉生物质燃料的炉排表面，为了使炉排下方风室的风能够透过炉排向上流动，管排间的鳍片上有规律地开了通风孔。为了让炉排上的燃料能从入料口一侧随着燃烧进程逐步挪到另一侧的排渣口，整个炉排采用了较大角度的倾斜布置，入料口端高，出渣口侧低，同时入料口处安装有机械振动装置，使炉排可以以出渣侧的联箱为固定点振动，越靠近进料侧炉排垂直方面增幅越大，这种振动机构的设计，结合一定的振动周期和强度设置，可以在一定程度上保证入炉的燃料按照设计的路线挪动。

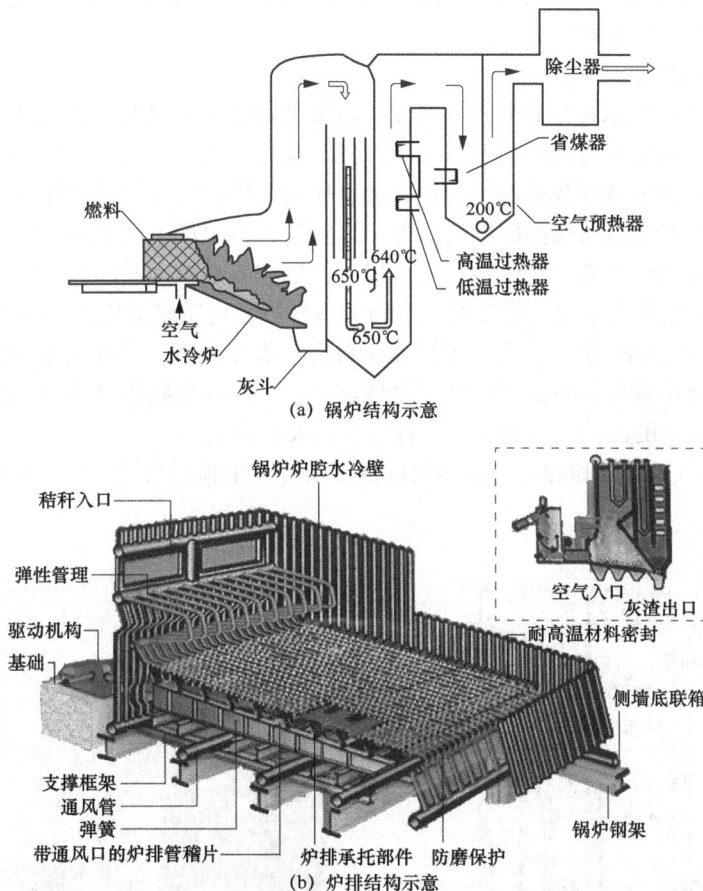

(a) 锅炉结构示意

(b) 炉排结构示意

图 8-21　水冷震动炉排秸秆锅炉和炉排结构示意

这种炉排结构和运行方法的设计是在充分考虑秸秆的燃烧特性基础上做出针对性的改进。由于层燃燃烧组织条件下炉膛高温燃烧区的温度必然会超过秸秆灰熔点，灰渣出现熔融现象几乎不可避免，因此设计这种充分水冷，可以时刻保持炉排较低的壁面温度，确保生物质灰渣受炉膛火焰高温辐射时即使已经发生熔融，在接触炉排面的时候也会被冷却凝结，此时可靠的机械振动可以有效地防止冷凝的灰渣在炉排上的粘黏，从而可以确保灰渣顺利从出渣口排出。

图 8-21（a）中锅炉炉膛出口后烟道和各级受热面的布置也和常规生物质炉排锅炉有较大差异，这也是考虑秸秆类生物质燃烧特殊性而作的针对性设计：由于生物质灰熔点低，容易在尾部受热面上形成结渣，为此该锅炉设计中并没有在炉膛出口按照常规原则布置管束间间距很小的对流受热面，而是专门设计了一跨烟道，利用大节距的类似凝渣管设计的屏式受热面来冷却烟气以确保发生熔融的固相颗粒在之后的受热面不处于熔融状态，从而不会对后续受热面产生危害。为了应对沉积导致的受热面工作能力降低以及可能的烟气流通截面减少，该技术在尾部各级受热面的设计中充分利用多回折烟道提供宽裕的空间，采用大节距的原则布置充裕的受热面以抵消沉积所带来的换热能力降低的同时确保足够的烟气流通截面。此外为了应对碱金属高温腐蚀，在设计中采用了调整过热器流程的方法，将蒸汽温度最高的高温过热器末端布置在烟气温度次高的位置，从而降低了高温过热器高温区金属受热面的热流密度，起到了降低金属壁温、延长受热面寿命的作用。

如上所述，丹麦水冷振动炉排秸秆燃烧技术的开发中充分考虑了秸秆作为特殊生物质燃料所带来的各种碱金属问题，妥善应对了结渣、沉积和高温腐蚀等问题，确保了设备长期安全可靠运行。该技术自从 2007 年引入我国以来，在生物质燃烧发电领域已经有数十家成功应用，是秸秆燃烧发电领域内主要备选技术方案之一。

（三）流化床燃烧技术简介

秸秆的流态化燃烧技术是在充分借鉴丹麦水冷振动炉排技术思路，针对碱金属问题发生、发展的控制规律进行细致研究后提出的全新解决方案。其主要出发点为：温度是碱金属问题造成各种危害的核心要素，温度越高灰熔融越严重，碱金属物质析出进入气相诱发沉积腐蚀的趋势越明显，而生物质燃料本身具有的极高的燃烧活性可以实现较低温度下的燃尽，将生物质燃烧的温度做适当降低既不会对燃烧带来不良影响，又可以有效遏制各种碱金属问题的发生。在上述思路指导下，我国科研单位基于流态化燃烧开发了全新的秸秆类生物质燃烧技术方案。

流态化燃烧由于在燃烧组织中引入了惰性床料这个附加因素，具有优异的燃料适应性、优越的炉内气固相化学反应条件以及独特的低温燃烧能力。在高碱生物质燃烧中对于解决燃料差异对燃烧影响和碱金属带来的沉积、腐蚀问题具有非常积极的意义。

图 8-22 为我国自行设计和建设的国际上首台以秸秆类生物质为燃料的生物质循环流化床燃烧发电项目。

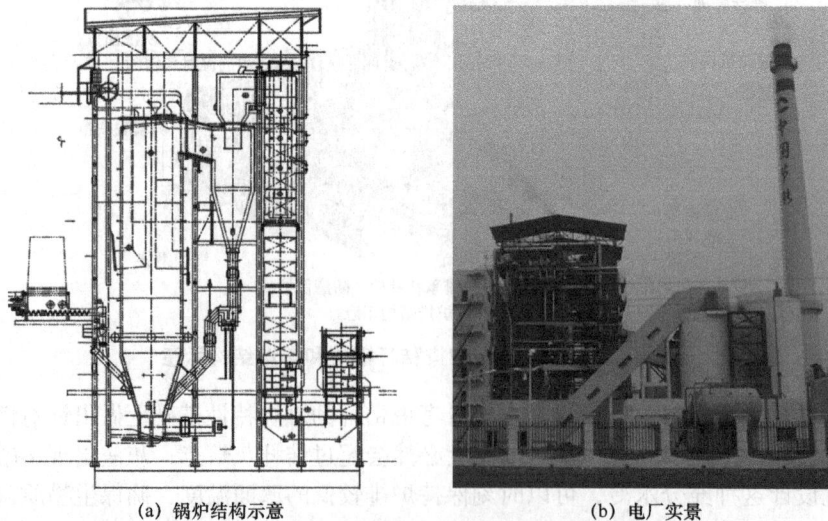

(a) 锅炉结构示意　　　　　　　(b) 电厂实景

图 8-22　我国秸秆类生物质循环流化床燃烧发电锅炉结构示意和电厂实景

该锅炉的基本情况见表 8-3。

表 8-3　　　　　　　　　　我国首台秸秆生物质循环流化床锅炉参数

项目	参数	项目	参数
锅炉额定蒸发量 /（kg / h）	75000	省煤器入口压力 /MPa	4.61
过热蒸汽出口压力 /MPa	3.82	冷空气温度 /℃	20
过热蒸汽出口温度 /℃	450	燃料低位发热量 /（kJ / kg）	14351.35
给水温度 /℃	150	锅炉设计效率 / %	90.2
汽包工作压力 /MPa	4.37	输入秸秆量 /（t / h）	15.66

该技术的主要技术特色为，采用低风速高流化数的中高循环倍率流态化方案，利用惰性床料作为蓄热介质吸收缓冲炉膛内挥发分剧烈燃烧导致的高温区域；采用中温分离方案，在分离器前布置两级过热器降低物料循环回路温度，确保物料循环的通畅；利用较低温度的返料实施对炉膛下部区域的温度控制，以避免聚团对流化的威胁。以上措施综合作用，成功地实现了秸秆类生物质的中低温燃烧技术路线，在实现高效燃烧的基础上最大程度上抑制了秸秆原料中碱金属物质的析出和熔融，规避了结渣现象的发生，并大幅抑制了受热面沉积。

和前述水冷振动炉排燃烧技术方案相比，循环流化床生物质燃烧具有如下特点：

（1）燃料适应性强。这不但表现在对于不同品种、不同质地、不同品质的生物质燃料在循环流化床中都能实现顺利点火和燃烧，更为重要的是在燃料条件变化剧烈，特别是水分变化和粒度变化的情况下，对未燃尽物质的再循环燃烧可以确保锅炉始终维持非常高的燃烧效率，这对于我国现有生物质资源条件下的生物质直燃利用具有重要意义。

（2）炉膛燃烧温度低抑制碱金属问题。炉内床料循环可有效控制炉膛内的燃烧温度，抑制局部区域的集中燃烧和热量集中释放，从而避免形成炉排炉炉膛剧烈燃烧区域内的局部高温。维持在较低温度下的燃烧可以有效抑制燃料中含钾物质进入气相或熔融，大大缓解受热面上沉积的形成，避免炉膛受热面的结渣。

（3）循环流化床炉膛内颗粒流动可缓解受热面沉积问题。工程实践显示循环流化床炉膛水冷壁面的高浓度颗粒回流可以杜绝局部熔融的生物质灰颗粒在炉膛上的结渣，高浓度的炉内颗粒流动可有效控制炉内辐射受热面上沉积的发展，极大地降低了常规生物质燃烧过程中的检修、清理、维护工作量。

（4）锅炉制造工艺简单、成本低。循环流化床锅炉没有活动部件，从制造工艺角度看成熟度高、难度小、成本容易控制。另外生物质循环流化床的运行温度比燃煤循环流化床低 100~200℃，在耐火材料的选择、分离器的安排以及保温设计上都有一定的成本优势。同时循环流化床的截面风速较高、炉膛截面较小、炉内传热强烈、容积燃烧负荷高也有利于控制锅炉的制造成本。

（5）气相污染物排放特性优异。生物质燃料中的硫在循环流化床温度条件下可以优先与碱金属结合成硫酸钾盐，避免以气相硫氧化物排放。低温燃烧可以避免热力氮氧化物的生成，而且由于炉膛内燃烧稳定可控，且存在高浓度的含碳颗粒为氮氧化物前驱物还原为 N_2 提供了很好的条件，因此循环流化床燃用生物质可以在不采用任何措施的条件下轻松满足最严格的气相污染物排放环保指标。

（6）灰渣综合利用价值高。生物质原料中含有作物生长过程中吸收的钾，作为植物生长所需的主要营养元素之一，钾的循环利用对于土地肥力的维持与可持续发展有重要意义。生物质循环流化床锅炉的低温燃烧特性可以确保燃料中大多数的钾以可溶的形式留存在灰渣中，保证了灰渣还田的肥用价值。相比之下其他燃烧模式中上千度的燃烧温度会使相当部分的钾烧结转化为不溶于水的复杂含钾硅酸盐形式，这部分钾对于农作物的生长是无效的。

（7）适合于大规模生物质直燃应用。循环流化床的燃烧发生在炉膛的整个容积空间中，与炉排炉的炉排上二维燃烧或者鼓泡床密相区中的受限区域燃烧有显著的区别，循环流化床的三维容积燃烧模式在锅炉容量增加过程中优势明显，只有循环流化床可以在放大设计中灵活调整炉膛三维尺度以确保炉膛形状的优化，并且具有相对较小的几何尺寸。

综上所述，循环流化床生物质燃烧技术得益于流态化燃烧方式固有的特点，和其他燃烧形式相比有明显的优势，其突出的优点在于抑制了碱金属问题并且适合我国生物质资源状况，具有强大的生命力。经过十余年的工业实践和完善改进，目前我国自主研发的针对农林废弃物的流态化燃烧技术已经成为我国生物质燃烧发电产业的主流，在生物质能利用领域发挥了重大作用。

习题

1. 什么叫燃烧，燃烧的要素有哪些？
2. 从燃烧特性上看，生物质和煤炭的主要区别有哪些？
3. 简述生物质燃烧的基本过程。
4. 生物质热解脱挥发分发生的温度范围，挥发分的主要成分？
5. 简述扩散燃烧和动力燃烧的概念以及如何实现两种类型燃烧的转化？
6. 典型的农村灶台中燃烧秸秆会出现什么问题，一般该如何解决？
7. 某生物质的元素分析见表 8-4，计算采用该生物质为燃料，燃料消耗量为 10t/h 的燃烧装置所需空气量是多少？

表 8-4   某生物质燃料的燃料特性   %

特性	参数	特性	参数
水分 M_{ar}	26.12	氧 O_{ar}	30.22
灰分 A_{ar}	5.15	氮 N_{ar}	0.44
碳 C_{ar}	33.41	硫 S_{ar}	0.05
氢 H_{ar}	4.61		

8. 简述对燃烧过程进行烟气量计算的作用。
9. 如何提升民用炉灶的效率？
10. 简述秸秆燃烧过程中常见的碱金属问题和成因。
11. 对比三种典型固体燃烧组织模式的特性差异。
12. 为什么采用流态化燃烧比较适合燃烧秸秆？

第九章　生物质混烧技术

第一节　概述

生物质燃烧利用具有转化工艺简单、强度大、效率高以及用途广泛等诸多特点，是生物质能源利用领域重要的主流技术途径。生物质燃烧利用技术可根据燃料组成做进一步细分，之前章节主要介绍了不同规模的完全以生物质作为燃料的燃烧利用技术，包括小型的民用生物质炉灶和大规模的生物质燃烧发电等；实际上，在现代生物质能源利用技术中还有另外一个分支：生物质燃料仅仅是燃烧装置所用全部燃料的一部分，这种生物质燃烧技术，即所谓的生物质混烧技术。

一、混烧技术背景和意义

现代工业社会运作需要的巨量能源目前主要还是由化石能源提供的，规模巨大的燃煤、燃油、燃气电站源源不断地提供着强大的电力。和这些能源生产规模相比，即便是现代最大规模的生物质燃烧发电也无法与之相提并论。以中国为例，当前主力燃煤发电机组的装机规模为600MWe 和 1000MWe 的超超临界参数机组，而生物质燃烧发电机组的典型装机规模为高温高压参数的 15MWe 和 30MWe 机组；我国最大的燃煤电厂总装机规模都在 5000~6000MWe 级别，而单一生物质燃烧发电项目总装机规模很难突破 100MWe。形成这种差异的主要原因是燃料资源量和收集储运特性不同。此外，生物质燃料，尤其是农业废弃物生物质高温燃烧过程中难以避免的碱金属高温腐蚀问题也是生物质燃烧发电难以提升蒸汽参数等级的直接原因。上述差异带来的直接问题是投资成本和发电效率的差异：在我国，1000MWe 级超超临界压力煤电机组的单位千瓦造价 3500~4500 元，机组效率约 45%，供电标煤耗约 270g/kWh；而 30MWe 高温高压生物质燃烧发电机组的单位千瓦造价为 7500~10000 元，机组效率约 30%，供电标煤耗超过 400g/kWh。显然，生物质燃烧发电虽然具有清洁、低碳、可再生、农林废弃处置等种种光环，但如果仅仅从为社会供应生产电力的角度衡量，确实算得上是一种既昂贵又缺乏效率的方案。

生物质混烧就是在上述背景下提出的一种可行的改良途径。如果能将生物质作为附加燃料直接或者间接加入现有的燃用化石能源的大规模高效燃烧装置一起参与混烧发电，在我国而言，主要是指在现有的大规模高参数燃煤锅炉中直接或者间接加入一定份额的生物质，则可能以非常小的代价让生物质资源实现非常高效的转化利用，从而大幅度扭转生物质燃烧发电昂贵低效的痼疾，大大促进生物质能源产业发展。综上所述，生物质混烧指在现有燃煤（或者其他化石燃料）机组上进行必要的改进，使生物质燃料可以替代一部分原有化石燃料进入该燃烧装置从而实现较高效率的能源转化利用。由于化石能源生产规模巨大，而生物质资源受供应和运输限制在燃料中所占份额往往非常小，典型的生物质掺混比例一般都低于 10%（能量比）。尽管也存在一些出于降低综合燃料成本或者受政府政策影响建设的在较小规模的化石能源燃烧发电机组中掺混较高能量份额生物质（如 30%~50%）的混烧项目，但是总体而言，生物质混烧的意义和价值在于能够利用现有的大规模高效化石能源燃烧利用装置，以尽量小的改造代价实现生物质能源的高效利用。

生物质混烧在美国和欧洲已经有相当长时间的应用历史，美国已有大量的生物质混烧工业生产运行的案例，欧洲更是在该领域投入大量研发力量，发展出各种不同技术形态的混烧方案。我国在生物质混烧领域已经进行了少量的工业示范，国家已经认识到该技术路线的优势和特点，目前正处于大规模推进产业发展的前期。

　　我国的大型先进燃煤电厂在全国范围内均有分布，很多与农业、林业或者农林业加工集中区域重合，有丰富的本地生物质燃料资源。如果实施生物质混烧，可以充分利用现存燃煤电厂设施做适当改造，仅需很小的改造时间和投资成本代价，在掺烧比例小的情况下甚至可以不对锅炉进行改造就可以实现对当地农林废弃物类生物质资源的高效转化利用，既有助于降低电力生产的碳排放，又能有效提升生物质能源利用水平，同时还切实解决了当地农林废弃物的处置问题。

　　从技术层面，农林废弃物由于具有燃烧活性强、挥发分含量高、硫和灰含量低等特性，在和煤掺混燃烧的过程中可以有效改善混合燃料的着火特性，提高燃料的总体燃尽率；大量挥发分有利于强化炉膛内还原性气氛区域，从而降低 NO_x 排放；生物质燃料的含硫量一般比煤炭低一个量级，且弱碱性的灰渣有助于炉内自脱硫的进行，因而混烧可以在一定程度上降低 SO_x 排放量。低灰的生物质燃料替代煤炭可以降低烟气中飞灰浓度，从而降低除尘设备负担。

　　在生产组织方面，生物质混烧也具有很明显的优势，突出体现在灵活的燃料掺混比例，避免过度依赖生物质燃料的供应，使混烧发电厂完全摆脱了生物质资源受季节、气候和人为因素的影响，可以从容面对生物质燃料市场的品质和燃料波动，非常有利于以较低成本获取合理数量的本地优质农林废弃物。

二、混烧技术面临的挑战

　　生物质混烧工艺的实施需要对运行安全、稳定、高效、环保要求极高的大型燃煤电站锅炉本体及相关辅机进行改造，使之在一定程度上适应品质多变、能量密度低且预处理难度大的生物质燃料，还是存在一定挑战的。

　　首先是生物质燃料在现有燃煤电厂中的预处理、存储等环节的实现和优化。生物质燃料质地轻软、容易吸水、流动性差、容易缠绕，在运输入场、卸车转运、除杂破碎以及进入燃煤锅炉的入炉环节都需要解决诸多问题，处置难度和煤炭相比要大得多，必须予以充分的重视。通过借鉴单一燃烧生物质发电项目生产组织过程中的经验会大有裨益，但是需要指出的是：一方面，生物质原料储运处理环节需要大量的场地，在已有燃煤电厂实施生物质混烧改造必须从工程一开始就要对这个问题有所考虑和准备；另一方面，大型燃煤电厂通常采用悬浮燃烧模式，煤炭在制粉系统中被制备为粒径仅为几十微米的煤粉被空气携带进入炉膛并在从下而上流经炉膛的过程中被燃尽，在这种燃烧组织模式中混烧生物质，通常需要将生物质进行一定程度的破碎，但考虑到大部分生物质为木质纤维素有机大分子构成的纤维束结构，机械破碎效率通常不高，因而需要慎重考虑和对待，一般均需要根据混烧工程中生物质原料种类、燃煤电厂现有制粉设备状况以及生物质进入燃煤锅炉燃料流程的部位等具体情况，在实践指导下综合考虑各方面因素才能得出可行的方案。

　　挑战还体现在混烧带给锅炉燃烧组织的影响，现代大型煤粉锅炉炉膛内的燃烧组织过程都是根据所用煤种的燃烧特性，结合大量理论和实践经验进行专门设计后确定的。每一股喷入炉膛的煤粉气流的空气动力学特性以及煤粉进入炉膛后的加热、干燥、脱挥发分燃烧和半焦形成后燃尽的历程都被仔细权衡和考量过，炉膛内正常燃烧状态下的颗粒浓度场、温度场、不同区域烟气组分的构成、燃料燃烧放热的强度和受热面结构布置等都和锅炉设计中确保高效燃尽、降低污染物排放以及避免炉膛受热面结渣、腐蚀等诸多诉求紧密关联，牵一发而动全身；而改变燃料配比，加入一定量的燃烧特性迥异的生物质燃烧必然会对原有燃烧模式带来扰动，如何规避各种风险，甚至实现更好的参数指标是实现混烧发电所必须面对的挑战。

　　对于燃用农业废弃物生物质的混烧项目，燃料中碱金属等无机杂质还会构成另一方面的挑战。农业废弃物为单一燃料的燃烧利用中，钾、氯等碱金属物质导致的结渣、沉积和高温腐蚀等问题会造成很大的困扰。在混烧过程中，由于生物质掺混比例通常不高，带入混烧炉膛的碱金属物质浓度较低且一定程度受到炉膛内大量存在的煤灰颗粒稀释，碱金属问题显现的程度会低很多。但是需要指出的是，混烧项目中以煤为主要燃料，所有的燃烧组织条件围绕煤炭的燃尽设定，对一般的煤粉燃烧而言，炉膛内燃烧核心温度区的温度会在1200℃以上，这对遏制结渣、沉积而言都是不利因素；此外煤粉锅炉一般采用超临界、超超临界参数，主蒸汽温度甚至高达700℃，此时末级过热器的局部管壁温度势必高于700℃，由于主流超临界参数煤粉锅炉的过热器依然使用Inconel740H、617B、HR6W、Sanicro25等含较高比例铬、镍元素的材质，因此碱金属高温腐蚀的危险依然存在，需要谨慎评估。此外，生物质燃料带入的碱金属还会改变原有燃煤锅炉的灰特性，钾在灰中含量的提高一方面可能会影响煤粉锅炉飞灰的二次利用：通常情况下被称为粉煤灰的煤粉炉飞灰可以在水泥行业得到利用，但是过高的钾含量可能会影响其所生产水泥的安定性，从而降低产出水泥的品质；另一方面现有燃煤机组通常会采用SCR脱硝工艺降低NO_x排放，而灰中碱金属含量的增加可能会对烟气脱硝催化剂造成毒害，从而降低脱硝装置工作的效率。

当然，除上述技术层面的挑战外，生物质混烧产业的发展还受一些政策和法规层面的影响，例如环保排放规则的制定、生物质燃料收购环节的补贴、发电配额或者电价补贴规则的制订、项目批复的程序和监管之类，在此就不再展开了。

第二节　直接混烧

生物质混烧有多种实现途径，将生物质燃料直接送入锅炉炉膛和煤炭一起燃烧发电的模式称为直接混烧模式，这是最简单、最直接也是应用最广的一种混烧模式，如图9-1所示。这种模式下原生农林生物质燃料经过一定的物理层面的预处理流程，例如干燥、除杂、破碎、成型、制粉等环节中的部分或者全部后被送入锅炉，和煤炭一起进行燃烧利用。与之相对应的，如果农林生物质经过一些化学转化过程，例如经过气化产生合成气、经过热解获得了热解油或者热解炭，再将这些合成气、热解油或炭送入燃煤锅炉，这种生物质间接入炉混烧的模式则称为间接混烧。

图9-1　直接混烧模式中生物质和煤炭混合后参与燃烧

生物质直接混烧根据燃煤锅炉情况的不同也可以进行细分，现代大型燃煤锅炉有两大类：一种是采用流态化技术的燃煤循环流化床锅炉，一种是采用悬浮燃烧的煤粉锅炉，直接混烧模式也可据此进行划分。

一、流化床直接混烧

循环流化床锅炉因其燃料适应性广、负荷调节性强及环保性能优良等特性在我国得到了快速发展。经过短短的十几年，我国已经成为世界上循环流化床燃煤电站锅炉装机数量最多、装机容量最大的国家，机组参数和规模已经达到600MW超临界参数等级。这为我国的基于大型燃煤循环流化床的生物质混烧项目的开展提供了良好的条件。

典型燃煤循环流化床以粒径分布在0~8mm范围的碎煤为燃料，以燃烧产生的煤灰颗粒作为床料，多用于燃用灰分较高、发热量较低的劣质煤炭。由于细小的未完全燃尽的炭粒可以被高效的气固分离装置和返料机构送回炉膛，反复参与燃烧，因而可以达到很高的燃烧效率。同时，炉内高浓度的循环物料提供了非常大的热容量，使其可以适应劣质燃料并具有对燃料特性波动不敏感的独特优势。上述特性对生物质直接混烧应用非常有利。

由于生物质在煤炭循环流化床中的混烧模式非常类似生物质在外加沙石惰性床料的单一生物质燃料流化床中燃烧，对燃料粒度并不敏感，因而简单破碎后的生物质燃料可以直接加入流态化炉膛中得到充分的燃烧，无需像在煤粉炉内混烧那样需要先粉碎。因此，从燃烧组织模式角度，简单破碎的生物质燃料可以直接兼容燃煤循环流化床锅炉。此外，循环流化床锅炉以较低的燃烧温度为特征，燃煤循环流化床典型的运行温度为850~900℃，大幅低于煤粉锅炉，非常有利于抑制高温诱发的各类碱金属问题。与此同时，混烧过程煤炭燃烧产生新的床料也起到显著的稀释碱金属、抑制碱金属问题的作用。根据上述讨论，同等情况下流化床生物质混烧可以掺入更大份额的生物质而无需过多担心其对原有锅炉正常运行的不良影响。

早在21世纪初期，我国的相关企业就尝试在燃煤循环流化床上进行过生物质混烧工业实验。实验所用的锅炉为75t/h次高温次高压锅炉，实验主要对该锅炉的生物质存储、进料、输送、控制计量、入炉设备、消防和联锁保护等子系统进行了改造。对稻壳、木屑、树枝条、树皮、棉花秆、芦苇等多种生物质燃料进行了混烧实验，实现了以稻壳、锯木屑为主要生物质燃料的30%（热量比）混烧运行。为了进一步测试掺烧比例对锅炉运行的影响，该企业还进行了极限测试，实验显示该75t/h燃煤循环流化床锅炉在不改造本体的情况下，短时间掺烧生物质达到热量比80%是可行的。

燃煤循环流化床电站锅炉掺烧生物质比例很大程度上取决于原有燃煤锅炉的设计燃烧，原有设计燃料越接近生物质，则掺烧潜力越大。以位于芬兰境内的Oy Alholmens Kraft热功率550MW热电厂为例，其设计燃烧为煤10%、泥煤45%、森林废弃物10%、工业废木材35%，已经成功运行多年。由于燃料中的泥煤燃料特性和生物质非常接近，该机组实质上可以以任何比例混烧生物质，包括100%生物质。实际上如果将泥煤认为是生物质的话，该电厂可以被认为是世界上最大的生物质燃烧发电厂，可以输出的最大电能为240MW，同时产生160MW的蒸汽供附近的工厂和居民使用。

国内外的工程经验充分证明了燃煤循环流化床在生物质混烧改造方面具有巨大的潜力，这一点对我国有特殊的意义。因为截至目前，由于动力燃料资源方面的特点，全世界绝大多数大型高参数燃煤循环流化床电站锅炉都在我国，而这些锅炉可以在几乎无需本体改造的情况下以最小的代价实施生物质混烧项目，实现对周边生物质资源的高效利用，这是我国在该方面的巨大优势。

二、煤粉锅炉直接混烧

煤粉锅炉是目前世界上装机量最多、装机规模最大的电站锅炉，生物质在煤粉锅炉中直接混烧方面也有最充分的研究和工业实践。如图9-2所示，该技术领域的技术路线繁多。

图9-2中途径①~④为属于直接混烧范畴的生物质煤粉锅炉混烧技术途径，途径⑤、⑥分别为间接混烧和平行混烧，将在后面的章节介绍。

在大型煤粉电站锅炉中混烧生物质原料，主要需要解决的是生物质燃料颗粒在进入炉膛后与悬浮燃烧的兼容问题。经过简单破碎呈颗粒、片状或者条状的原生生物质虽然质地轻，但是由于粒度和形状等因素，绝大多数在直接进入炉膛炉后无法被煤粉炉炉膛内固有的烟气流场可靠携带，形状各异的生物质燃料颗粒之间还存在相互缠绕、表面由于卡涩而相互黏附的情况，从而难以组织有效的燃烧，无法被炉膛内烟气有效携带的生物质颗粒或半焦颗粒则可能落入冷灰斗，失去与空气接触燃尽的机会，甚至会触及炉膛水冷壁诱发结渣或者局部腐蚀等问题。图9-2中的①~④途径都致力于解决这一矛盾。

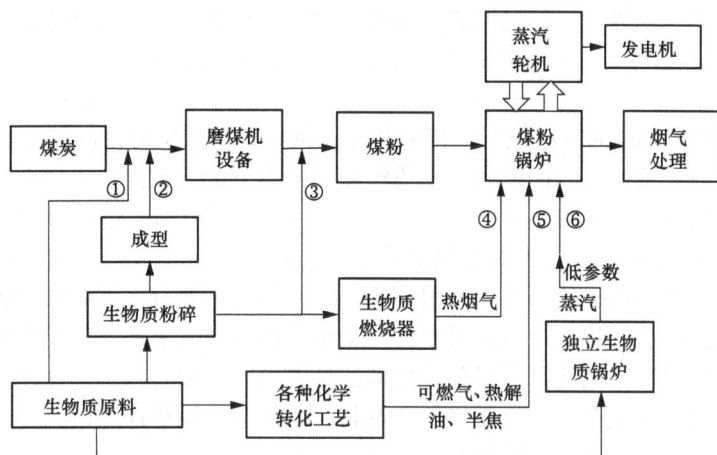

图 9-2　生物质煤粉炉混烧技术路线图

途径①是最直观的解决方案，将生物质和煤按照设定比例进行预混，然后在现有煤粉制备系统中进行混合燃料的研磨，并沿用已有的煤粉输运和储藏系统将混合粉体配送到煤粉燃烧器中进行燃烧。这种途径确保了只需要对原有煤粉系统做最低程度的改动，所需改造投资最低，是火电厂运行人员最希望采用的一种混烧模式。但是其弊端也是显而易见的，由于煤粉制备系统和煤粉燃烧器并不是为生物质燃料设计，该方案在技术上存在较大的风险，主要是磨煤系统可能难以适应加入的生物质原料，破碎效率低下，加入的生物质比例高的情况下甚至会危害磨煤设备的正常运行；粉碎后的生物质粒径差异较大，通过气力输送模式和煤粉共同输运过程中可能会堵塞煤粉输送系统，尤其是煤粉分离器、煤粉分配器等部件；原有的煤粉燃烧器难以适应混入的生物质原料，燃烧器内部管道的风粉浓淡分离或者配送通道容易堵塞。上述问题的存在极大地限制了该途径应用。

途径②实际是使用标准化的木颗粒燃料来进行生物质混烧。木颗粒燃料品质稳定、能量密度高、杂质含量少，是优良的高品质生物质商品原料，但是使用成本远远大于就地获取的本地生物质资源。该混烧模式比较广泛地应用于对生物能源扶持力度较高、电力等商品能源的价格也较高的经济发达地区，在交通便利的码头区域附近的电厂采用作为大宗商品通过国际贸易大批量船运的进口木颗粒燃料，利用针对木颗粒燃料的高效大规模装卸转运技术，电厂可以非常方便地利用木颗粒燃料实现较大规模的混烧。这种情况下，考虑生物质的获取、转运、存储、预处理等所有环节的综合成本还是可以接受的。由于木颗粒在压制前即经过粉碎，因而在现有磨煤机中的适用性要好得多，粉碎后的木粉既可以利用原有煤粉燃烧器入炉燃烧，又可以通过专门的生物质粉体燃烧器参与炉内混烧。丹麦的 Adedore 混烧电站、英国的 Drax 生物质混烧电站都是采用这种模式运行的大型生物质混烧项目，由于木颗粒是高质量的生物质燃料，含灰和无机杂质量非常少，所以这类工程通常可以达到很大的混烧比例，生物质提供的热量占比均可以达到60% 以上，甚至可以达到 100% 替代。

途径③和途径④是使用当地生物质资源，利用专门的生物质磨机实施破碎，然后根据锅炉情况选择或者通过对现有煤粉燃烧器做适当改造实现煤粉和生物质粉体的燃烧，或者采用单独设计生物质燃烧器在锅炉炉膛上单独开孔的形式实现混烧。图 9-3 所示的就是专用生物质磨机，由于可以适应生物质原料的特性，生物质物料的粉碎质量有一定的保证，这有力地确保了后续生物质粉体在煤粉锅炉中的燃烧组织质量。一般而言，

图 9-3　生物质专用磨机照片

这类方案需要更高的资本投资，但是混烧比例比方案①要高很多。英国及北欧国家已经完成了很多利用预磨生物质直喷混烧技术的生物质利用项目，可以使系统在较高的生物质混烧比率工况下工作。

图 9-4 所示为荷兰 Gelderland 电厂，原有机组为 635MW 煤粉炉，进行生物质混烧改造之后以废木料为辅助燃料，采用专门的木质生物质粉碎设备和工艺，在锅炉中增设新的生物质燃烧器实现混烧，该项目每年平均消耗 6 万 t 木材（干重），相对于锅炉输入总热量的 3%~4%，替代燃煤约 4.5 万 t。需要指出的是：在现有燃煤锅炉中安装新的生物质混烧专用燃烧器，对于电厂来说，虽然维持现有的煤粉燃烧能力是一个很好的选择，但是依然有许多技术难题及商业风险需要研究，因为新燃烧器的位置将对现有的煤粉燃烧系统及锅炉的效率都有很大的影响，还可能为锅炉的运行带来潜在的风险，因此需要对新燃烧器的位置进行仔细的评估。此外，针对生物质的专用燃烧器的设计开发也很复杂，包括燃烧机理及其控制机制都需要仔细研究，而且单独的生物质燃烧器在现有锅炉上的安装成本通常都很高。

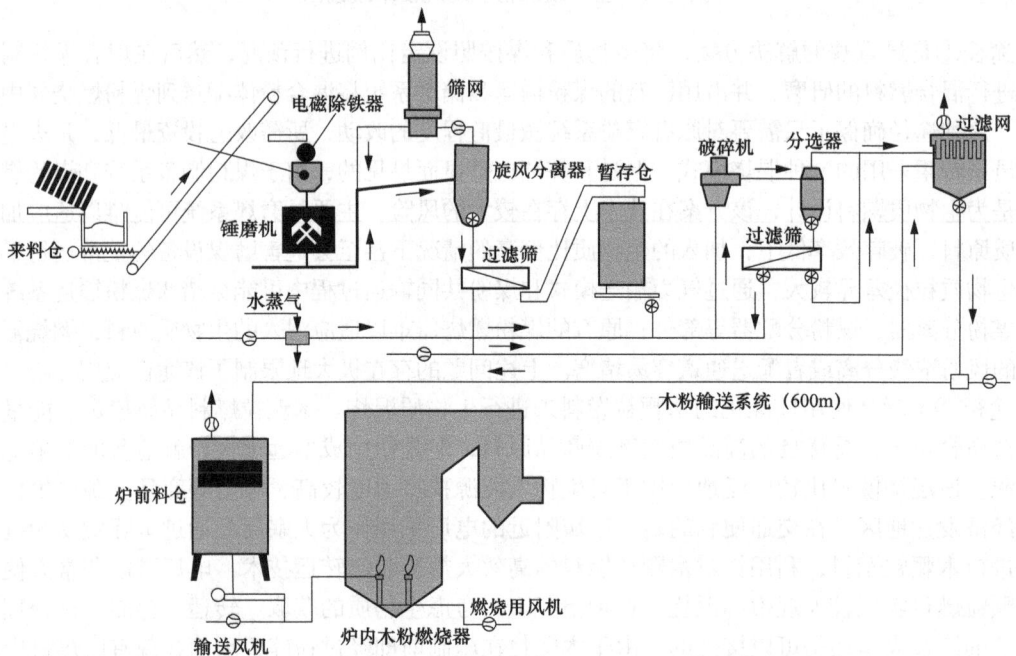

图 9-4　荷兰的 Gelderland 电厂生物质混烧流程

第三节　间接混烧

相对前述的直接混烧，间接混烧途径中进入煤粉锅炉参与燃烧的并不是生物质原料，而是经过特定转化工艺后的产物，例如将生物质转化为可燃气、焦油或者半焦后再送入煤粉锅炉，如图 9-2 中的途径⑤所示。采用间接混烧由于对生物质增加了一次转化过程，能源效率上必然有损失，设备成本也会提高，但是通过转化获得的生物质中间产物的形态或者特性发生了一定的变化，而这种变化对后续混烧工艺带来的益处或者便利是该类技术途径存在的基础。

一、生物质气化间接混烧

生物质气化间接混烧是最常见的间接混烧模式，在欧洲和我国均有工业应用，例如奥地利的 Zeltweg 电厂、荷兰的 Amer 电站、我国湖北省华电襄阳 6 号机组以及大唐吉林长山热电厂都是典型的气化间接混烧项目。生物质较高的挥发分含量和半焦气化反应活性决定了它是一种比较容易气化的原料。各种常见的固定床、流化床和气流床反应器都可以实现生物质原料的气化。将气化过程作为生物质混烧的前置预处理带来的益处主要有：气化产生的可燃气可以很方便地通过管道输运，可灵活布置；气体燃料的燃烧非常便捷高效，所需燃烧器结构简单，改造难度低，在低掺混比例情况下甚至可以将燃气充当再燃燃料直接在炉膛特定部位开孔送入，如图9-5所示；在适当的气化工艺条件下，生物质气化过程中几乎所有的灰分和大部分的碱金属物质都会留存在固相残渣中，被带入产品气的份额很小，这种情况下由于混烧带入燃煤锅炉的碱金属的量可以得到大幅度降低，混烧可能引发的锅炉碱金属危害得到有效抑制，这一点对于以农业秸秆为混烧原料及以较大生物质掺混比例为目标的混烧项目显得尤其重要；此外，由于气体流量和组分的在线监控技术比较成熟，采用可燃气作为混烧燃料有助于进行精确计量掺混热量比例，与之相对应，生物质原料直接混烧中，如果想精确在线测量入炉生物质原料质量流量的难度就要大得多，该特性对于扶持政策的落实有重要意义。

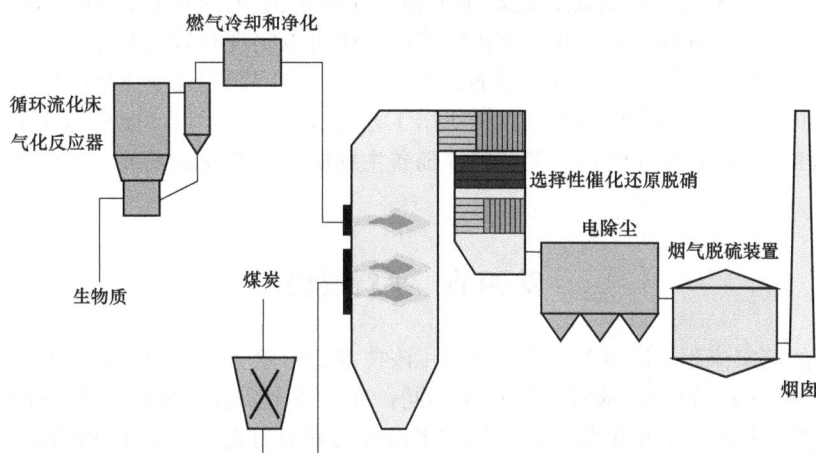

图 9-5　生物质燃气作为再燃燃料实现间接混烧

　　生物质气化的间接混烧工艺在实施过程中遇到的主要问题是如何提高气化效率，将生物质原料中的能量尽可能转化进入到可燃气中。此外，气化产生的可燃气后处理也是一个技术难点，高温可燃气中一般含有一定量的重质焦油，处置不当而发生冷凝会给气体管线和沿途装置设备带来很大麻烦，但是要除去焦油需要复杂的煤气净化设备，而且一般需要降低可燃气温度，这就会显著降低工艺热效率。如果直接让可燃气以高温状态送去锅炉燃烧虽然可以规避焦油问题、简化工艺并提高效率，但是处于膨胀状态的高温煤气输送需要口径巨大的管道和昂贵的保温措施，更麻烦的是大口径的燃气管线布置和燃煤锅炉炉膛四周空间内密布的煤粉和风管往往存在不可调和的矛盾。该技术途径的深入实践和优化还有待未来有更多的相关工程的实施。

二、其他生物质间接混烧

　　其他类型的生物质间接混烧主要为将生物质先进行特定条件的热解以获取包含大部分生物质原料能量的生物油或者半焦，再将这些中间产物送入燃煤锅炉进行燃烧。

　　生物油间接混烧的提出基于一个事实：生物质在500~600℃的中等温度范围，如果采用闪速热解，可以得到占原料质量比60%~70%的液相产物，即所谓的生物油（也称为热解油）。热解油是一种成分复杂、性质不太稳定、有一定酸性和生物毒性的黑色或者棕黑色油状液体，主要成分是生物质木质纤维素大分子结构在不充分热解聚状态下形成的酚类、醛类、酮类、聚糖类物质以及部分水，热解油可以在合适的燃烧组织情况下像重油那样在锅炉中燃烧放热。生物油的发热量可达18~25MJ/kg。和原生生物质相比，以单位体积衡量能量密度得到了大幅提升，利用这个特点可以设想：采用建设分布式闪速热解油加工点的模式，利用分布在各处的小型加工点处理周边的生物质原料，然后利用热解油是液态、能量密度大，且可以用桶罐等常规方法低成本运输的特性，在合适的位置集中一个较大范围地区内所有加工点产出的生物质热解油，建设一个中央工厂，对其进行集中处置利用。这种模式可以解决生物质资源限制，不宜长途运输因而无法扩大规模的弊端。如果中央工厂是一个燃煤电厂，则可以将热解油像重油那样在大型燃煤电站锅炉上安装专门的热解油燃烧器加以高效转化利用。目前，这种模式还只是一种构想，有待今后实践验证。

基于生物质半焦的间接混烧利用目前也还处于构想阶段，该途径的提出主要是考虑到烘焙作为一种生物质低温热解技术已经有了一定的理论和工程实践经验积累。工程实践已经证明，烘焙中所需的200~300℃的低温热解转化在合理的工艺设计下可以完全由该过程析出的可燃挥发分燃烧提供热量，无需外加能源，烘焙获得的半焦不但蕴含着原料中大部分能量，最有价值的是：经过烘焙的生物质由于木质纤维素大分子结构中的半纤维素被分解破坏，失去了强韧的表观机械强度，使得破碎所需能耗大幅度降低，这对于生物质在煤粉锅炉中的混烧利用具有非常重大的意义。生物质经过烘焙预处理后的半焦在常规锤式磨机中可以实现高效地粉碎，产生的碳粉和煤粉之间的相容性可以使煤粉管道中混合输送遇到堵塞、停滞等问题的几率大幅降低，从而极大地降低了实现后续混烧的难度和实施成本。目前烘焙工艺更多地被用于生产能量密度更高的半焦成型颗粒（black pellets）或者用作气化工艺原料，随着生物质混烧产业的发展，该技术途径应该会有较快的发展。

第四节　平行混烧

平行混烧的基本流程见图9-2中的途径⑥，该技术的出发点是希望大幅度提高高碱农业生物质燃烧发电效率。由于资源和能源市场状况不同，在世界上关注农业废弃生物质燃烧发电的国家和地区并不多，丹麦是其中的先行者，该技术路径目前只有在丹麦有工业应用。图9-6是丹麦Avedore热电厂二号机组的原理图（丹麦 dongenergy.com 网站资料）。

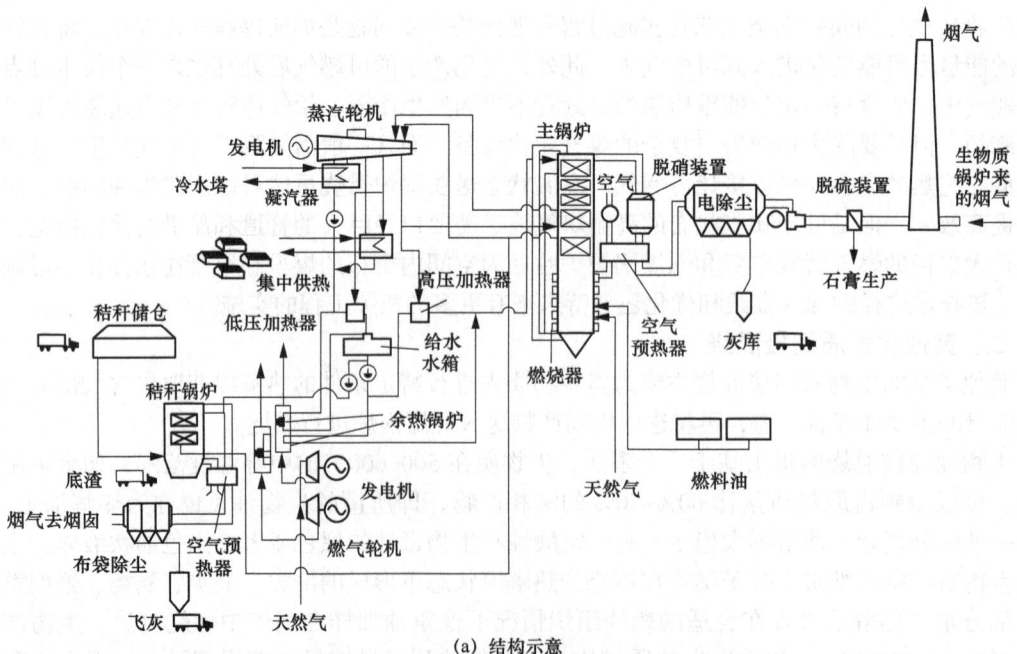

(a) 结构示意

图9-6　丹麦 Avedore 热电厂二号机组混烧原理（一）

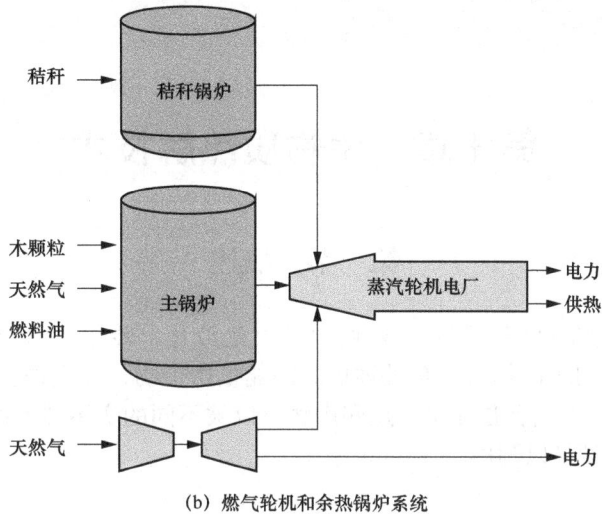

(b) 燃气轮机和余热锅炉系统

图 9-6　丹麦 Avedore 热电厂二号机组混烧原理（二）

如图 9-6 所示，秸秆在独立的秸秆锅炉中燃烧，产生 310Bar、540℃的过热蒸汽后通入主锅炉的过热器系统，主锅炉实际上是一个燃烧木颗粒破碎后的木粉、天然气和重质燃料油的混烧油气锅炉，由于直接燃用的都是不含碱金属的清洁燃料，该锅炉是蒸汽参数为 300bar、560~600℃的超超临界压力机组。通过这样的组合，秸秆的能量通过过热蒸汽的接力，实际上是在一台超超临界参数的 543MWe（纯凝工况）发电机组上实现利用的，其标称的发电效率为纯凝工况 47%，热电联产工况 89%，远远大于秸秆直接燃烧发电的 30% 左右的电效率。

当然，作为一种生物质混烧技术途径，这种方案也有着明显的弊端：这种平行运行模式一定程度上丧失了混烧发电所具备的灵活性，生物质锅炉和主锅炉的参数和受热面布置在设计阶段就需要考虑，很难通过对主锅炉进行改造来实施；且横向比较，这类方案显然是一个投资建设成本较高的选项。该方案的价值主要在于可以很好地应对大份额高碱秸秆燃料的混烧。

习题

1. 和纯烧生物质相比，生物质的混烧利用有什么优势？
2. 混烧对原有燃煤锅炉的污染物排放有什么影响？
3. 混烧的实现在技术上的主要挑战是什么？
4. 为什么燃煤循环流化床锅炉容易实现较大份额的混烧？
5. 利用生物质气化实现生物质间接混烧的技术难点有哪些？

第十章　生物质热解技术

第一节　概述

热化学转化技术包括燃烧、气化、热解以及直接液化，转化技术与产物的相互关系见图10-1。热化学转化技术初级产物可以是某种形式的能量携带物，如生物炭（固态）、生物油（液态）、生物质燃气（气态）或者是能量。这些产物可以被不同的实用技术所使用，也可通过附加过程将其转化为二次能源加以利用。

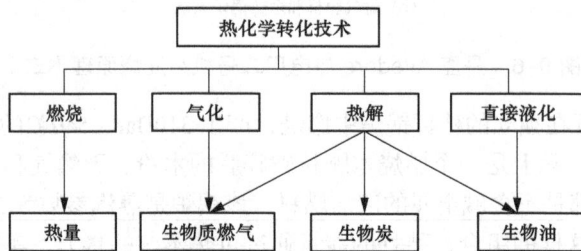

图 10-1　热化学转化技术与产物的相互关系

由于生物质与煤炭具有相似性，生物质热解、气化和直接液化技术，最初来源于煤化工（包括煤的干馏、气化和液化），都是以获得高品位的液体或者气体燃料以及化工制品为目的，本章中主要围绕生物质热解展开。

一、生物质热解概念

热解（pyrolysis，又称裂解或者热裂解）是指在隔绝空气或者通入少量空气的条件下，利用热能切断生物质大分子中的化学键，使之转变成为低分子物质的过程。可用于热解的生物质的种类非常广泛，包括农业生产废弃物及农林产品加工业废弃物、薪柴和城市固体废物等。

关于热解最经典的定义源于斯坦福研究所 J. Jones，他提出的热解定义为"在不向反应器内通入氧、水蒸气或加热的一氧化碳的条件下，通过间接加热使有机物发生热化学分解，生成燃料（气体、液体和固体）的过程"。他认为通过部分燃烧热解产物来直接提供热解所需热量的情况，严格地讲不应该称为部分燃烧或缺氧燃烧。他还提出将严格意义上的热解和部分燃烧或缺氧燃烧引起的气化、液化等热化学过程统称为 PTGL（pyrolysis，thermal gasification or liquification）过程。

生物质由纤维素、半纤维素和木质素三种主要组分组成。纤维素是 β-D-葡萄糖通过 C1—C4 苷键联结起来的链状高分子化合物；半纤维素是脱水糖基的聚合物，当温度高于 500℃时，纤维素和半纤维素将挥发成气体并形成少量的炭；木质素是具有芳香族特性的、非结晶性的、具有三度空间结构的高聚物。由于木质素中的芳香族成分受热时分解较慢，因而主要形成炭。此外，生物质还含有提取物，主要由萜烯、脂肪酸、芳香物和挥发性油组成，这些提取物在有机和无机溶剂中是可溶的。三种成分的含量因生物质原料的不同而变化，生物质热裂解产物的产量和各组成成分含量有关。

二、生物质热解技术分类及现状

生物质热解的最终生成的产物为生物油、生物炭（简称炭）和生物质燃气（简称燃气），而三种产物的比例取决于热裂解的工艺和反应条件。一般来说，低温慢速热裂解（小于500℃），产物以炭为主；高温闪速热裂解（700~1100℃），产物以燃气为主；中温快速热裂解（500~650℃），产物以生物油为主。如果反应条件合适，可获得原生物质80%~85%的能量，生物油的产率可达到70%（质量分数）以上。

根据热解条件和产物的不同，生物质热解工艺可分为以下几种类型。

（1）烧炭：将薪炭材放置在炭窑或烧炭炉中，通入少量空气进行热分解制取炭的方法。一个操作期一般需要几天的时间。

（2）干馏：将木材原料在干馏釜中隔绝空气加热，制取醋酸、甲醇、木焦油抗聚剂、木馏油和炭等产品的方法。很久以前，古埃及人就使用木材干馏技术生产焦油和焦木酸，用于防腐的目的。直到20世纪初，木材干馏技术还大量用于生产可溶性焦油、沥青和杂酚油等化工原料。这种技术直到石油化工的兴起才没落。根据温度的不同，干馏可分为低温干馏（温度为500~580℃）、中温干馏（温度为660~750℃）和高温干馏（温度为900~1100℃）。

（3）快速热解：把林业肥料（木屑、树皮）以及农业副产品（甘蔗渣、秸秆等）在缺氧的情况下快速加热，然后迅速将其冷却为液态生物油的热解方法。

表10-1总结了秸秆热解的主要工艺类型。

表 10-1　　　　　　　　　　　秸秆热解的主要工艺类型

工艺类型		滞留期	升温速率	最高温度/℃	主要产物
慢速热解	炭化	数小时~数天	非常低	400	炭
	常规	5~30min	低	600	气、油、炭
快速热解	快速	0.5~5s	较高	650	油
	闪速（液体）	<1s	高	<650	油
	闪速（气体）	<1s	高	>650	气
	极快速	<0.5s	非常高	1000	气
	真空	2~30s	中	400	油
反应性热解	加氢热解	<10s	高	500	油
	甲烷热解	5~10s	高	1050	化学品

热解过程中生物质中的碳氢化合物都可转化为能源形式。通过控制反应条件（主要是加热速率、反应气氛、最终温度和反应时间），可得到不同的产物分布。以木材为例，根据热解过程的温度变化和生成产物的情况等特征，可以划分为以下四个阶段。

（1）干燥阶段：温度为120~150℃，热解速度非常缓慢，过程主要是生物质所含水分依靠外部供给的热量进行蒸发。

（2）预炭化阶段：温度为150~275℃，生物质的热解反应比较明显，生物质的化学组分开始发生变化，其中不稳定组分（如半纤维素）分解生成CO_2、CO和少量醋酸等物质。

上述两个阶段需要外界提供热量以保证温度上升，为吸热反应阶段。

（3）炭化阶段：温度为275~450℃，生物质急剧地进行热分解，生产大量的分解产物，这一阶段放出大量反应热，为放热反应阶段。

（4）煅烧阶段：温度为450~500℃，依靠外部供给热量进行炭的煅烧，排除残留在炭的挥发物质，提高炭中固定碳含量。

应当指出的是，以上四个阶段的界限难以明确划分。此外，由于干馏釜各处受热的情况不同，木材热导率较小，因此不同位置的木材甚至大块木材的内部和外部，也可能处于不同的热解阶段。

在实验室条件下，以桦木、松木和云杉为原料热解得到的产物比例见表 10-2。试验是在小型干馏釜进行的，釜内每次可装木材 1~1.5kg，每次干馏的总时间为 8h，热解的最终温度为 400℃。

（1）固体：生物质热解时残留在干馏釜内的固体产物为炭。炭疏松多孔，是制造活性炭、二硫化碳的原料。

（2）液体：从木材干馏设备导出的蒸汽气体混合物经冷凝分离后，可以得到液体产物（粗木醋酸和水）和气体产物（不凝性气体或生物质燃气）。粗木醋酸是棕黑色液体。除含有大量水分外，液体产物中还含有二百种以上的有机物化合物，包括饱和酸、不饱和酸、醇酸、杂环酸、饱和醇、不饱和醇、酮类、醛类、酯类、酚类、内酯、芳香化合物、杂环化合物及胺类等。

以阔叶材为例，干馏时得到的粗木醋酸液澄清时分为两层，上层为粗木醋酸，下层为沉淀木焦油。粗木醋酸是从黄色到红棕色的液体，有特殊的焦气味，主要含有 80%~90% 的水分和 10%~20% 的有机物。粗木醋酸进一步加工处理可得到醋酸、丙酸、丁酸、甲醇和有机溶剂等产品。沉淀木焦油是黑色、黏稠的油状液体，其中含有大量的酚类物质，经加工可得到杂酚油、木馏油、木焦油抗聚剂和木沥青等产品。

（3）气体：干馏得到的可燃气主要成分为 CO_2、CO、CH_4、C_2H_2 和 H_2 等，其产量与组成因温度和加热速度不同而各异。

表 10-2　　　　　　　　　**三种木材热分解产物（干燥基）比例**　　　　　% （质量分数）

产物		桦木	松木	云杉
炭		33.66	36.40	37.43
粗木醋酸		48.34	45.58	45.40
沉淀木焦油		3.75	10.81	10.19
溶解木焦油		10.42	10.81	5.13
挥发酸（以醋酸计）		7.66	3.70	3.95
醇（以甲醇计）		1.83	0.89	0.88
醛（以甲醛计）		0.50	0.19	0.22
酯类（以醋酸甲酯计）		1.63	1.22	1.30
酮（以丙酮计）		1.13	0.26	0.29
水		21.42	22.61	23.44
气体	CO_2	11.19	11.17	10.95
	CO	4.12	4.10	4.07
	CH_4	1.51	1.49	1.58
	C_2H_2	0.21	0.14	0.15
	H_2	0.03	0.03	0.04
	总计	17.06	16.93	16.79
损耗		0.94	1.09	0.38

秸秆等木质纤维素类生物质快速热解液化技术是当今世界可再生能源发展领域中的前沿技术之一。北美洲对生物质快速热解液化技术的研究较早，20 世纪 80 年代初期，加拿大滑铁卢大学研制出流化床反应器快速热解技术。随后，美国国家可再生能源研究室开发出涡动烧蚀热解反应器，对该技术的研究起到了推动作用。20 世纪 80 年代后期，加拿大 Ensyn 公司开发出循环流化床反应器用于生产食品调味剂。随后，欧洲也对生物质快速热解技术的研究产生了浓厚的兴趣。我国在这方面的研究起步较晚，自 20 世纪 90 年代初，国内许多高校及科研单位才开展生物质热解液化技术的研究。

第二节　生物质热解原理

一、生物质热解过程

生物质热解是复杂的热化学反应过程，包含分子键断裂、异构化和小分子聚合等反应。在热解反应过程中，会发生一系列的化学变化和物理变化，前者包括一系列复杂的化学反应（一次、二次），后者包括热量传递和物质传递。很多研究者对此进行了详细的解释。Kilzer（1965）提出一个被许多研究者所广泛采用的概念性框架，其反应途径如图 10-2 所示。

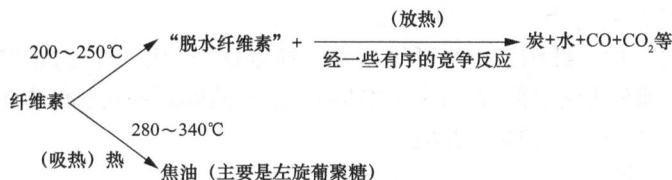

图 10-2　Kilzer 提出的纤维素热解途径

从图 10-2 中明显看出，低的加热速率倾向于延长纤维素在 200~280℃范围内滞留的时间，结果以减少焦油为代价增加了炭的生成。

Antal 等对图 10-2 进行了评述：首先，纤维素经脱水作用生成脱水纤维素，脱水纤维素进一步分解产生大多数的炭和一些挥发物。在略高的温度与脱水纤维素反应竞争的是一系列相继的纤维素解聚反应，产生以左旋葡聚糖（1,6 脱水 – β –D– 呋喃葡糖）为主的焦油。根据实验条件，左旋葡聚糖焦油的二次反应或者生成炭、焦油和气体，或者主要生成焦油和气。例如纤维素的快速热解把高升温速率、高温和短滞留期结合在一起，实际上排除了炭生成的途径，使纤维素完全转化为焦油和气；慢速热解使一次产物在基质内的滞留期加长，从而导致左旋葡聚糖主要转化为炭。

一些研究者相继提出了与二次裂解反应有关的生物质热解途径，但基本上都是以 Shafizadeh 提出的反应机理为基础的。

（一）从物质和能量的传递分析

首先，热量被传递到颗粒表面，并由表面传到颗粒的内部。热裂解过程由外至内逐层进行，生物质颗粒被加热的成分迅速分解成炭和挥发分。其中，挥发分由可冷凝气体和不可凝气体组成，可冷凝气体经过快速冷凝得到生物油。一次热解反应生成了炭、一次生物油和不可凝气体。在多孔生物质颗粒内部的挥发分还将进一步裂解，形成不可凝气体和热稳定的二次生物油；当挥发分气体离开生物颗粒的同时，还将穿越周围的气相组分，进一步裂化分解，称为二次热解反应。生物质热解过程最终形成生物油、不可凝气体（燃气）和炭（见图 10-3）。反应器内的温度越高且气态产物的停留时间越长，二次热解反应则越深。为了得到高产率的生物油，需快速去除一次热解产生的气态产物，以抑制二次热解反应的发生。

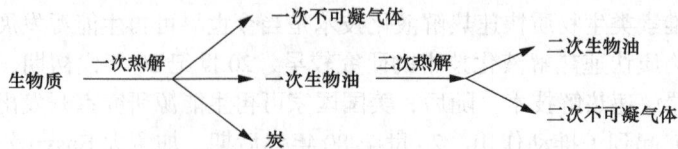

图 10-3 生物质热解过程示意

与慢速热解产物相比，快速热解的传热过程发生在极短的原料停留时间内，强烈的热效应导致原料极迅速地聚合，不再出现一些中间产物，直接产生热解产物，而产物的迅速淬冷使化学反应在所得产物进一步降解之前终止，从而最大限度地了增加了液态生物油的产量。

（二）从反应进程分析

生物质的热解过程分为三个阶段。

（1）脱水阶段（室温 ~100℃）。在这一阶段秸秆只是发生物理变化，主要是失去水分。

（2）主要热解阶段（100~380℃）。在这一阶段秸秆在缺氧条件下受热分解，随着温度的不断升高，各种挥发物相应析出，原料发生大部分的质量损失。

（3）炭化阶段（>380℃）。在这一阶段发生的热解非常缓慢，产生的质量损失比第二阶段小得多，该阶段通常被认为是 C—C 键和 C—H 键的进一步裂解所造成的。

二、生物质组分热解行为

在生物质热解过程中，纤维素、半纤维素和木质素这三种聚合体的热解常被假设为独立进行的，且都可以简单地分为两个阶段，即一次热解和二次热解。一次热解是木质纤维素原料的降解，二次热解则是一次热解产物的继续降解。

（一）纤维素的热解

在生物质的所有组分中，纤维素的特性受到的关注最多，主要是由于它在生物质中的含量比较多（质量分数约为 50%），结构为人们所熟悉，且提取过程比较简单。

通常认为纤维素的一次热解有两条互相竞争的途径：一是纤维素脱水生成炭、CO_2 和 H_2O；二是纤维素破碎和解聚主要生成中间产物炭和左旋葡聚糖等。图 10-4 给出了纤维素在不同温度下的一次热解，其过程受温度影响比较大。

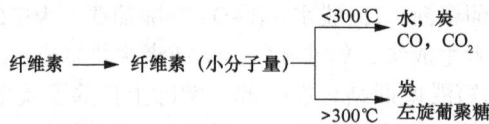

图 10-4 纤维素在不同温度下的一次热解

纤维素在超过 150℃后就会缓慢地发生热解反应，在低于 300℃的温度范围内，纤维素热解主要包括聚合度和分子量的降低，自由基的形成，水分的脱除，羰基、羧基和羟基的形成，CO_2 和 CO 的形成，以及最后焦炭的生成。

当温度高于 300℃时，破碎和转糖基反应是热解过程的主要反应，在这个过程中纤维素主要转化为液体产物，它主要由左旋葡聚糖和脱水糖组成，左旋葡聚糖是关键的中间产物。对转糖基反应一般有两种理论解释：自由基理论和异裂解聚理论，每种理论都有一定的实验支持，但到现在还没有统一的结论。

第一种理论认为糖苷键是均匀断裂的，在自由基的作用下发生解聚反应；第二种理论认为解聚作用是非均相的，在带正电的中间产物离子的作用下发生。Shafizadeh 指出，纤维素的结构改变和弹性增加才能导致非均相转糖基作用的发生，而这种情况是由于氢键在纤维素接近转变为玻璃体时发生断裂所引起的，其中涉及复杂的化学反应过程。

左旋葡聚糖和其他的中间产物如 1,6- 酐 -b-D- 呋喃葡萄糖、1,2- 酐和 1,4- 酐等，在气相环境中发生二次热解从而形成最终的产物。二次热解包括聚合、分裂和重组等反应，中间产物的再次聚合生成炭或焦油，焦油中含有芳香族的物质如甲苯和苯酚等，分裂反应产生了稳定的气体产物如 CH_4、H_2、CO 和 CO_2，以及一些小分子的产物如蚁酸、乙酸、乙醛、乙二醛、丙烯醛和甲醇等。二次热解反应与气相滞留时间、压力、灰分、加热速率、温度以及反应环境等密切相关。

左旋葡聚糖作为纤维素热解产物的标志，是纤维素在真空反应条件和很低加热速率（<100℃/min）下发生热解反应的结果。实际上，当纤维素在有灰分存在的情况下热解，左旋葡聚糖的生成量会减少，而且在为了提高液体产率的反应条件下（中等反应温度和高加热速率），羟基乙醛就成了反应的主要产物。

Scott 等最初认为羟基乙醛是由左旋葡聚糖经过连续有序的分解得到的，但他们现在已赞同 Richards 的观点，即羟基乙醛是由纤维素中葡萄糖酸酐单体生成的，剩下的葡萄糖碎片重新组合生成丙酮醇、蚁酸、乙酸和乙烯乙二醇等其他产物。图 10-5 所示即为 Richards 的纤维素热解模型。

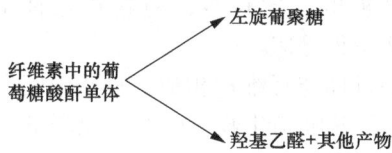

图 10-5 Richards 的纤维素热解模型

Scott 等在 Richards 的反应机理基础上提出了 Waterloo 模型，该模型主要考虑在纤维素的一次热解过程存在两条互相竞争的反应途径，每条途径都可以稍微改变反应形式而得到不同的热解产物，这些反应的途径和产物如图 10-6 所示。

反应途径和纤维素的形态、解聚的程度、碱性阳离子的存在以及其他因素如温度和加热速率有关。左旋葡聚糖是由纤维素分子链的解聚形成的，羟基乙醛则是由环的断裂形成的，其他次要的反应途径可与最主要的两条反应途径同时发生并生成一些产物，这些中间产物随后发生二次热解。

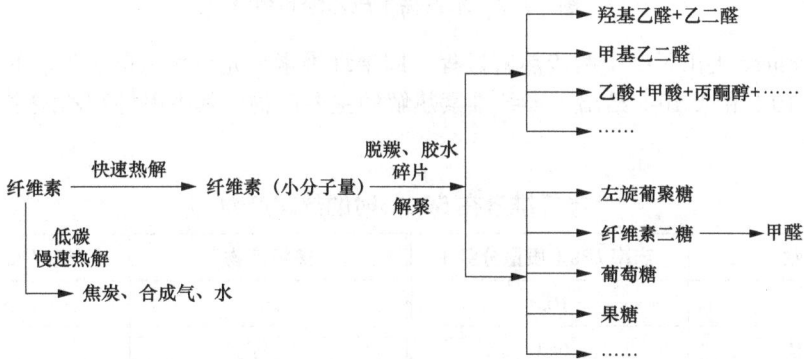

图 10-6 Waterloo 的纤维素热解模型

反应途径和反应条件对纤维素的热解过程有很大的影响，表 10-3 和表 10-4 列出了纤维素在 500℃时候的热解产物分布情况。

表 10-3 　　　　　　　　　　　　　纤维素在 500℃时的热解产物

热解产物	产率/%（质量分数）	热解产物	产率/%（质量分数）
有机液体	72.5	生物炭	5.4
水	10.8	气体	7.8

表 10-4 有机液体的主要组成

主要组成	产率 / %（质量分数）	主要组成	产率 / %（质量分数）
羟基乙醛	15.3	甲基乙二醛	0.8
左旋葡聚糖	7.0	蚁酸	5.5
纤维二糖	4.0	乙酸	4.9
葡萄糖	1.0	乙烯乙二醇	1.7
果糖	2.0	甲醛	1.2
乙二醛	3.5	丙酮醇	2.2

（二）半纤维素的热解

半纤维素在生物质中的含量虽然比较少，但它在三种组分中的反应活性却最强，在150~350℃的范围内热解过程发生得很迅速。

一般认为，半纤维素的热解机理与纤维素相似，只是中间产物由左旋葡聚糖变为呋喃衍生物。但实验结果显示，糠醛（一种呋喃衍生物）的产率比较低。例如在一个真空度较高的环境中，300℃下热解只得到了 6% 的糠醛。如图 10-7 所示，糠醛产率偏低的原因可能是其活性较高导致在热解条件下发生了二次热解，还可能是戊聚糖分子分解为小分子后不能形成呋喃环。

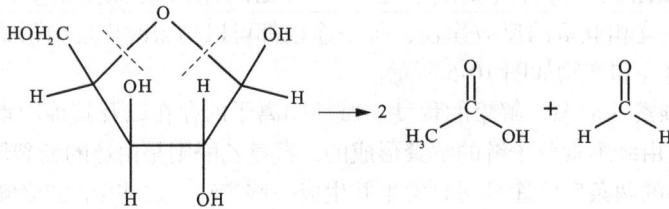

图 10-7 木聚糖生成乙酸和甲醛

Elder 和 Soltesc 提出了一个两步热解过程，即半纤维素首先热解为可溶于水的物质，然后分解为气体。表 10-5 和表 10-6 给出了半纤维素热解的主要产物，其中甲醇和乙酸来源于甲基基团和乙酰基基团。

表 10-5 半纤维素在 500℃时的热解产物

热解产物	产率 / %（质量分数）	热解产物	产率 / %（质量分数）
炭	10.0	水	7.0
有机液体	64.0	气体	8.0

表 10-6 有机液体的主要组成

主要组成	产率 / %（质量分数）	主要组成	产率 / %（质量分数）
甲醇	1.3	2- 糠醛	4.5
乙醛	2.4	丙酮 - 丙酸乙醛	0.3
乙酸	1.5	2,3- 丁二酮	0.4
呋喃	1.2	3- 羟基 - 丁酮	0.6
1- 羟基 -2- 丙酮	0.4		

（三）木质素的热解

木质素是生物质三种组分中最复杂、了解最少和热稳定性最好的一种组分。对木质素组分缺乏了解是因为其结构极为复杂。

木质素的一次热解一般发生在热软化温度 200℃，由其氢键断裂和芳香基失稳所引起。随着温度的升高，木质素的热解受其结构的影响，首先形成高分子物质，这是由木质素结构中含烷基的分子链中双键的形成引起的，然后高分子物质开始主要形成轻芳香族物质如邻甲氧基苯酚等。在小分子物质的形成过程中木质素的热解达到顶峰之后便结束。

Evans 和 Milne 利用分子束质谱学得到的数据，指出木质素后期的热解是由于芳香烯烃的形成导致了氢含量的减少才发生的。他们更进一步指出，在缺少氢元素的结构中，键的断裂还会发生缩合反应，从而形成更加稳定的物质，这种物质中氢转移后会进一步液化，形成稳定的芳香族物质如邻甲氧基苯酚等。

木材热解过程中生成的大部分生物质炭都来自木质素，这是由于木质素中的芳香环很难断裂，而纤维素和半纤维素中的糖苷键很容易断裂，在较低的反应温度（≤ 400℃）和较慢的加热速率（≤ 100℃/min）下，木质素热解可以得到超过 50% 的生物质炭。Shafizadeh 利用从固体核磁 CP/MAS^{13}C-NMR 光谱得到的数据，指出高碳产率是由于木质素中存在的一些没有参与热解反应的甲基苯基官能团，他们在一个温度为 400℃、氮气氛围的加热炉上进行了实验，将木质素在其中加热 5min，最后得到 73.3% 的炭产率，分子式可以表示为 $C_6H_{5.0}O_{1.3}$，其结构是交叉的芳香族结构，与木质素有些类似。

木质素热解的液体产物中有芳香族物质，如苯酚、二甲氧基苯酚、甲酚等，这是由于在木质素热解过程中存在一种不同于缩合反应生成炭的另外分解反应所形成的。

Jegers 和 Klein 在一个微管反应器中进行了牛皮纸木质素的热解实验，控制温度为 300~500℃，他们检测并测定了 33 种产物，其中 12 种气体、水、甲醇和 19 种芳香族物质如苯酚、甲酚和邻甲氧基苯酚。Iatridis 和 Gavalas 利用一个密封的小反应器进行了牛皮纸木质素的热解实验，温度为 400~700℃，时间为 10~120s，得到了 60%（质量分数）的挥发分，其中有 3%~4%（质量分数）的单环酚类物质。Nunn 等在密封容器中进行了快速加热实验，在 500℃ 以上最主要的产物是液体，在 625℃ 时液体产物达到最大值 53%（质量分数），液体主要为芳香族物质，其中多环芳香物也是木质素热解的产物。

温度高于 600℃ 时，前面提到的产物会发生分裂、脱氢、缩合、聚合和环化等二次热解。分裂反应产生一些小分子物质如 CO、CH_4 和其他气态烃、乙酸、羟基乙醛和甲醇等，聚合和缩合反应则形成一些其他芳香族聚合物、稳定的可冷凝物（如苯、苯基苯酚、香豆酮和萘等）。

Antal 对由纤维素和牛皮纸木质素热解过程中得到的挥发分在 500~750℃ 的温度下进行了热解实验，证实了在热解过程中存在着两条互相竞争生成大分子稳定可凝物和小分子或气体产物的反应途径。随着温度的升高，气相产率增加，液相产率减少。Evans 和 Milne 也得到了相同的结果。

为了了解木质素的热解机理和反应动力学，常用的方法是采用模型化合物进行研究。Klein 和 Virk 在模型化合物苯乙基苯基醚（PPE）热解实验研究的基础上提出了木质素的烷芳醚断裂模型，并根据动力学研究的结果，进一步提出了与自由基理论相对立的协同周环氢转移机理（周环反应就是键的断裂或生成形成了环状物）。

由于木质素的结构非常复杂并且还没有了解清楚，有些学者就利用数学模型去预测木质素的结构和热解特性，如 Monte Carlo 方法可模拟木质素的结构和低聚物的降解，这种模拟连同模型化合物反应途径和基于马尔可夫链（Markov-chain）的低聚物反应动力学，就可以预测液体中烃类、酚类、邻甲氧基苯酚和苯磷二酚的含量，但其准确性依赖于模型化合物反应速率常数和木质素结构参数。

用牛皮纸木质素对 Monte Carlo 模拟中的联苯乙烷模型速率的敏感性进行了研究。实验结果发现，对初级产物的形成速率，模拟预测的结果和实验结果基本相似，但在初级产物分解速率上却有很大的差异，其主要原因是对各个模型速率常数和木质素结构预测评价的准确度不够高。

模型化合物研究和数学描述是用来了解木质素热解机理和特性的常见方法，然而其准确性却依赖于模型化合物及其反应速率常数、木质素的结构参数和与这些模型综合在一起的一些关联数据。这些参量的获取都是比较困难的，因此限制了这些方法的应用。因此，木质素的模型化合物研究和数学模型使用非常有限，除非在一些特定的条件下对生成一些高价值的产物如苯酚和 BTX（苯、甲苯和二甲苯）有一定的用处。

三、生物质热解的主要影响因素

生物质热解产物主要由生物油、生物质燃气及生物炭组成。下面从反应条件和原料特性两个方面进行介绍。

（一）反应条件的影响

1. 温度的影响

研究表明温度对生物质热解的产物分布及生物质燃气的组成有着显著的影响。一般地说，低温、长滞留期的慢速热解主要用于最大限度地增加生物炭的产量，其质量产率和能量产率可分别达到 30% 和 50%；常规热解当温度小于 600℃时，采用中等反应速率，其生物油、不可凝气体和炭的产率基本相等；快速热解温度在 500~650℃范围时，主要用来增加生物油的产量，其生物油质量产率可达 80%；同样的快速热解，若温度高于 700℃，在非常高的反应速率和极短的挥发分滞留期下，主要用于生产气体产物，其质量产率可达 80%。

D.S.Scott 采用输送及流化床两种不同反应器，以纤维素及枫木木屑为原料进行了试验，用于考察温度在快速热解中的作用，在挥发相滞留期为 0.5s，热解温度为 450~690℃条件下，两种物料、两种反应器得到一致的结果。结果表明对于上述任何一种反应器，如果生物质颗粒加热到 500℃之前，生物质颗粒失重率小于 10%，那么对于给定的物料和给定的挥发分滞留期，生物油、炭及燃气的产量仅由热解温度决定。

随着温度的升高，炭的产率减少，燃气产率增加，为获得最大生物油产率，有一个最佳温度范围，其值为 400~600℃。

Wagnnar 对生物质喂入率为 10kg/h 的旋转锥反应器进行试验研究，得到与 A.G.Liden 和 D.S.Scott 报道相一致的观点，随设定的热解温度的提高，炭产率减少，燃气产率增大，而生物油产率有一个明显的极值点，当热解温度为 600℃时，生物油质量产率为 70%。

因此，为获得最大的生物油产率必须选择合适的热解温度。

2. 固相和挥发物滞留期

Wagannar 研究表明，在给定颗粒粒径和反应器温度条件下，为使生物质彻底转化，需要很小的固相滞留期。

Miechael Boroson 等指出，木材加热时，固体颗粒因化学键断裂而分解。在分解初始阶段，形成的产物可能不是挥发分，还可能进行附加断裂以形成挥发产物或经历冷凝/聚凝反应而形成高分子量产物。上述挥发分在颗粒的内部或者以均匀气相反应或者以不均匀气相与固体颗粒和炭进一步反应。当挥发物离开颗粒后，焦油和其他挥发产物还将发生二次热解。在木材热解过程中，依据反应条件不同，粒子内部和粒子外部的二次反应可能对热解产物产量与产物分布产生中等强度的控制性的影响。所以，为了获得最大生物油产量，在热解过程中产生的挥发产物应迅速离开反应器以减少焦油二次热解的时间。因此，为获得最大生物油产率，挥发分滞留期是一个关键的参数。

3. 含水量

Kelbon 等研究了含水量对颗粒温度的影响，实验所用的原料的含水量为 10%、60% 和 110%，木屑厚度为 0.5、1.0cm 和 1.5cm，热通量为 8.4、16.8 cal/（cm² · s）和 25.1 cal/（cm² · s）。结果发现，含水量增大使得热解反应开始的时间延后，最多可延后 150s，从而影响了颗粒的温度变化规律：颗粒开始的升温速率降低；在某一特定的时间内的破碎率降低，最大可达到 20%。这一切都是因为颗粒的加热过程被颗粒中水分的蒸发过程所阻碍，并且颗粒因此在较低的温度下发生热解反应。

Schoeters 等分别用干燥的原料和含水量为 10% 的原料进行了热解研究，发现含水原料的热解气体中比不含水原料的热解气体中多了 10% 的水分。由此认为，采用干燥的原料得到的热解气体中的水分来源于热解过程本身。

热解液体产物可能存在三种不同来源的水：原料本身的水分、流化载气中的水蒸气以及热解过程中产生的水。水分的存在对生物油的理化特性都有影响，并可能会导致生物油出现油相和水相的分离。

生物质含水量将直接影响热解时间和所需热量。当生物质含水量较高时，热解所需的时间较长，热解反应所需的热量也要增加。当生物质含水量较低时，虽然可以缩短热解的时间，但不能过于干燥。例如，木材干馏时，较干的木材在放热阶段反应会过于猛烈，降低炭的产量和机械强度。

4. 压力

压力的大小将影响挥发分滞留期，从而影响二次热解，最终将影响热解产物产量分布。Shafizadeh 和 Chin 在 300℃氮气气氛下，以纤维素热解为例说明了压力对炭及焦油产量的影响。在 1atm（1atm=10325Pa）下，炭和焦油的质量产率分别为 34.2% 和 19.1%，而在 1.5mmHg（1mmHg= 133. 322Pa）下质量产率分别为 17.8% 和 55.8%，这就是由于二次热解的结果。较高的压力下，挥发分的滞留期增加，二次热解较大；而在低的压力下，挥发分可以迅速地从颗粒表面离升，从而限制了二次热解的发生，增加了生物油产量。

木材在 0.01mmHg 的真空状态下热解时，几乎不释放出热量，而在 31.5atm 下热解时将释放出大量热量，可以认为一次产物进行二次、三次分解或聚合反应是放热的主要原因。对于热解产物，当压力升高时，蒸汽在设备中与炭接触的时间较长，将会增加炭的产量，从而降低焦油的产量。

5. 升温速率

升温速度对热解的各个阶段也有一定的影响。当升温速度增加时，焦油的产量将显著增加，而炭产量则大大地降低。因此，如果以最大限度增加炭的产量，应采用低温、低传热速率（长滞留期）的慢速热解方式，其质量产率和能量产率分别可达到 30% 和 50%；而如果要尽最大可能获得生物油，则应采用具有较高传热速率的快速热解方式，生物油的质量产率可达到 80%。

6. 反应的气氛

木材在通常条件下热解得到的产品，除炭以外，其他产品产量都是比较低的。为了提高其他产品的产量，研究者们采用了多种反应气氛，并进行了大量的基础性研究工作。例如，为了提高醋酸产量，有人使用 250~270℃过热蒸汽处理云杉木屑和木片，总得酸率约为 8.0%；当时用桦木木屑和木片作为热解原料，其总得酸率为 10.5%~12%。

7. 灰分

有学者研究了添加有机盐或灰分对热解过程的影响，并且知道它们可以增加生物炭产率、减少生物质燃气，这可能是由于盐的加入降低了热量传递速率。如 Shafizadeh 等已经对在纤维素热解过程中加入碱性或酸性物质进行了试验，发现酸性物质如 $FeCl_3$ 和 $CoCl_2$ 对脱水和缩合反应有很大的影响，这些物质提高了左旋葡聚糖、呋喃衍生物和炭的产率；碱性物质如 Na_2CO_3 和

NaOH 促进了分裂和歧化反应，提高了乙二醛、乙醛、小分子羰基物质和炭的产率。因此，如果要制备生物油，无机物要越少越好，因为它们都会提高炭产率。

　　8.催化剂

　　生物质热解转化为生物油的过程，从本质上讲是具有一定特性的物料在一定条件下发生特定化学反应的过程，因此，选用合适的催化剂也可以有选择性地控制物料的反应进程。华东理工大学颜涌捷等提出，如果采用合适的催化剂能够促进快速热解中生成 CO_2 的反应，将生物质中的氧以 CO_2 的形式脱除，则生物油的含氧量将会减少，生物油的发热量和稳定性等将会提高。还有学者利用 Zr-iCl_2 催化剂改变了热解产物的组成，使苯酚、呋喃等氧含量低的化合物含量得到提高，从而相对降低了含氧量高的化合物的含量。

　　（二）原料特性的影响

　　1.原料种类

　　由于不同生物质的化学组成和组分含量不同，因此快速热解反应的特征、产物组成和含量也存在差异。为了获得高产优质的生物油，选择合适的生物质或对其进行一定改性后再热解也是今后的研究方向之一。浙江大学王树荣等利用快速热解流化床，以花梨木、水曲柳、杉木、秸秆为原料，探究了原料种类对生物油产率的影响。实验结果表明，不同原料的生物油产率是不一样的，纤维素组分越高的物料就越容易挥发，生物油的产率相应也就越高；且原料灰分对热解的影响也非常大，灰分越高越不利于生物油的生成，但有利于生成小分子量的气体产物，其原因可能是灰分以催化剂的方式促进了热解挥发分的二次裂解。

　　表 10-7 列出了 Elliott 以硬木和软木为原料进行的热解试验结果，两种原料的热解生物油的化学组成有所不同。利用色质联用分析（GC/MS）发现，这两种生物油之间的主要区别是由软木制得的生物油基本上不含有二甲氧苯类物质，而由硬木制得的生物油中却含有相当一部分这类物质。研究者认为这个区别是由软木和硬木的木质素结构不同引起的。

　　Evans 和 Milne 发现硬木热解生物油中含有更多的乙酸，他们认为这是由于硬木中含有木聚糖，而木聚糖有较多的乙酰基团。

　　近年来，藻类植物快速热解制取生物油获得广泛关注，因为藻类含有较高的脂类、可溶性多糖和蛋白质，故而快速热解获得的生物油含氧量低、发热量高，其高位发热量平均可达 33MJ/kg，是源于农作物秸秆制取生物油的 1.6 倍。某些藻类如葡萄球藻、盐藻、小球藻经过适当条件的培养，所得藻粉具有更高的脂类含量，快速热解制取的生物油发热量会更高。此外，藻类易热解组分含量高，而木材以木质素、纤维素和半纤维素等难热解组分为主，因此，藻类需要的热解温度更低。但藻类快速热解之前必须要耗费大量能量进行烘干预处理，以及藻类的种植和单位面积产量等因素，均是影响藻类大规模热解液化的瓶颈所在。

表 10-7　　　　　　　　　　　　　不同木材的热解实验结果

项目		硬木（白云杉）	软木（白杨木）
热解条件	反应温度 /℃	500	508
	含水量 /%（质量分数）	7.0	5.9
	最大颗粒粒径 /mm	1.0	0.6
	挥发分滞留时间 /s	0.65	0.47
产物质量产率 /（%，干燥基）	有机液体	66.4	67.6
	水	11.6	9.8
	炭	12.2	13.7
	气体	9.8	8.9

续表

项目		硬木（白云杉）	软木（白杨木）
有机液体中主要组分 / [%（质量分数），干燥基]	乙酸	3.86	5.81
	蚁酸	7.15	6.35
	羟基乙醛	7.67	7.55
	乙二醛	2.47	1.75
有机液体元素分析 / （%，干燥基）	H/C（物质的量之比）	1.51	1.40
	O/C（物质的量之比）	0.54	0.53

2.原料物理特性

一般而言，生物质是多孔状非均相结构，如对于某些种类的木材，其纵向渗透性可达横向的 10^4 倍。所以，生物质热解时，挥发分应该是沿纹理方向释放的，如图 10-8 所示。

渗透性差会增加一次热解气体的滞留时间，使得二次热解如聚合和分裂的反应发生的可能性增大，这样就加大了生物炭和不可凝气体的产率。

Lee 等人利用一个 250W 的二氧化碳激光辐射器，通过在一定范围内 [4.2~12.6J/（cm² · s）] 控制加热速率对木材进行了热解试验，检测得到颗粒内部横向的最大压力梯度为 200kPa/cm、最大气体压力为 30kPa，而颗粒纵向的最大压力梯度为 100Pa/cm、最大压力为 300Pa，他们认为导致这个差异的原因是颗粒横向渗透性较差。他们还发现沿着颗粒纵向加热，颗粒更容易破碎，这是因为颗粒的挥发分是从内部释放到表面的。

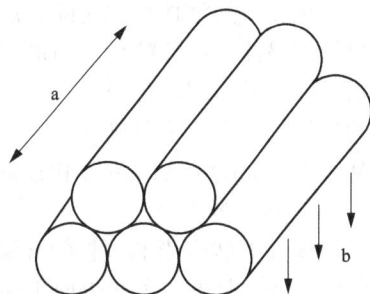

图 10-8 木材挥发分的析出方向
a—平行于纹理方向；
b—垂直于纹理方向

Chan 等人研究了沿着纹理和垂直于纹理方向加热木材对热解的影响，发现在低加热速率 [8.4J/（cm² · s）] 下，加热方式对挥发分的释放没有太大的影响，而当加热速率达到 25.1J/（cm² · s）时，垂直于纹理方向的加热方式明显地出现传质阻力增大。

采用垂直于纹理方向的加热方式，开始时挥发分的析出速率较平行于纹理方向的加热方式要快，但能达到的最大值却低一些，这是因为垂直于纹理方向加热时，颗粒内部的温度会相对低一些。平行于纹理方向加热时，挥发分释放过程中的传质阻力变小，因此挥发分析出速率的峰值出现得更早一些。

上述试验采用的是单颗粒一维反应器，它可以加热颗粒的一面而使另一面绝热，而在实际情况下，几乎没有办法控制只加热一个特定的方向。但不论如何，生物质的各向异性都会影响热解产物的产率和组成。

3.颗粒粒径

颗粒尺寸会影响加热速率，随着颗粒粒径的增大，传热速率就会降低，从而导致炭产率的增加和生物油产率的减小。

Beaumont 和 Schwob 利用 0.05~0.5mm 的山毛榉树颗粒研究了颗粒粒径对热解的影响，试验温度为 300~500℃氮气氛围。在快速热解的条件下，发现大颗粒原料的炭和燃气产率多一些，而液体产率则少一些，但产率的差别很小（约为 2%），对于慢速热解则没有发现区别。

Scott 和 Piskorz 以不同颗粒的白杨木为原料进行快速热解，但结果却令人迷惑：随着颗粒粒径的减小，炭产率则增加，燃气产率减小。他们对实验结果做了这样的解释，小颗粒原料

（0.004~0.105mm）的炭产率增加是由于小颗粒被加热到过高的温度或迅速被吹出反应器而没有热解完全，而大颗粒原料（0.25~0.50mm）的燃气产率增加主要是由于大颗粒在反应器中停留时间过长，使得木质素得到了充分热解，主要生成了气体产物。因比，获得最高液体产率的应是中间粒径的颗粒（0.105~0.25mm），换言之，对于给定的反应器结构和设定的反应条件，存在着最佳的颗粒粒径，从而可以获得最高的液体产率。

Schoeters 等也在这方面做了研究，他们在一个温度为 800℃、滞留时间为 20s 的反应器中进行试验，所用原料的粒径为 1.5~2.5mm。随着粒径的增大，热解的炭产率从 18% 增为 20%，液体产率从 40% 增为 46%，燃气产率从 39% 降为 32%。他们认为随着粒径的增大，颗粒中心温度升高到最终反应温度的时间会变长，因此颗粒的内部和表面之间存在着温度梯度，颗粒内部就会在较低的温度下发生热解反应，从而使液体产率增加；炭产率的微量增加则是由于焦油在高温的颗粒表面裂解使得碳沉积下来。实验没有预料到的是，液体产率在这种反应条件下能达到这么高。

由于热解液体产率是随着加热速率、温度和水分等因素变化的，因此，需要针对不同的条件寻找到最佳的颗粒粒径，如果粒径过小，可能会发生热解不完全现象；反之，如果粒径过大，则颗粒的升温时间就会增加，从而在较低的温度下发生热解反应以及二次裂解，增加了炭和不可凝的气体的产率。不同热解反应器对颗粒的粒径要求是不同的，一般流化床式反应器要求颗粒粒径都小于 5mm，特别是对于快速热解，颗粒粒径应控制在 1mm 以内。

4. 颗粒形状

颗粒形状会影响颗粒的升温速率并进而影响热解过程。Saastamolnen 和 Richard 采用平直状、圆柱状和球状的三种比表面积相同的原料进行试验，发现平直状的原料质量损失最快，而球状颗粒最慢，这是因为平直状颗粒的传热速率最快。

Schoeters 等也研究了圆柱状（直径 1.4mm）、矩形（1.4mm × 1.4mm）和长方形（0.5mm × 1.4mm）颗粒几何特性对热解的影响，发现在温度为 600~900℃下，得到最高液体产率的是圆柱状颗粒，其次是正方形颗粒，最差的是长方形颗粒。这可能是因为圆柱状颗粒的热传递速率最慢，颗粒内部温度比较低，从而形成了较多的液体产物。

Roy 等人在这方面也进行了研究，如表 10-8 所示，采用粉状颗粒的液体产率最高，其原因是这时的传热传质阻力最小。

表 10-8 颗粒形状对真空热解产物的影响（白杨木，450℃）

产物质量产率 / (%，无灰干燥基)	1cm 块状	1cm 片状	粉末状
有机液体	50.7	56.7	60.8
水分	16.3	13.9	12.8
炭	20.4	18.1	15.8
气体	12.6	11.3	10.6

实际上，反应器的几何形状决定了可以使用的颗粒形状，例如，片状（长宽高之比为 5:1:1）颗粒在很多自由流化反应器中并不能使用，它们容易架桥，很难流化，如果原料中有太多这样形状的颗粒，就会导致很大的压力损失。

第三节 快速热解工艺与技术

快速热解是指生物质在缺氧状态下，在极短的时间（0.5~5s）加热到 500~540℃，然后其产物迅速冷凝的热解过程。快速热解的主要产物是液体燃料（生物油，bio oil），它在常温下具有一定的稳定性，发热量一般在 16~18MJ/kg 之间，相当燃油的一半，可以替代传统化石燃料应用于燃烧等场所，具有一定的应用空间。

由于生物油在存储、运输和热利用等方面具有明显的优势，自 20 世纪 70 年代后期，国外的大量研究机构对生物质快速热解工艺与技术开展了卓有成效的研究工作，研究了多种生物质快速热解工艺和反应器，开发了一些示范和商业化的工艺和项目。我国在此方面的研究尚处于起步阶段，国内的一些研究机构处于基础性研究阶段。

一、快速热解工艺过程及要求

生物质快速热解工艺流程如图 10-9 所示。生物质首先需要干燥，将含水量降低到 10% 以内；然后进行粉碎，颗粒尺寸小于 2mm，以确保反应速率。已经粉碎的生物质进入流化床反应器，反应温度一般控制在 500℃ 内，滞留时间低于 2s。从反应器出来的热解产物包括不可凝的气体、水蒸气、生物油和炭，经过除尘器可分离出炭。炭一般为干燥和热解过程提供热量。从除尘器上部出来的气体通过冷凝器快速冷却，尽可能最大量地获得液体产物——生物油。余下不可凝气体包括可燃气和惰性气体，可用来提供热源或作为流化介质。

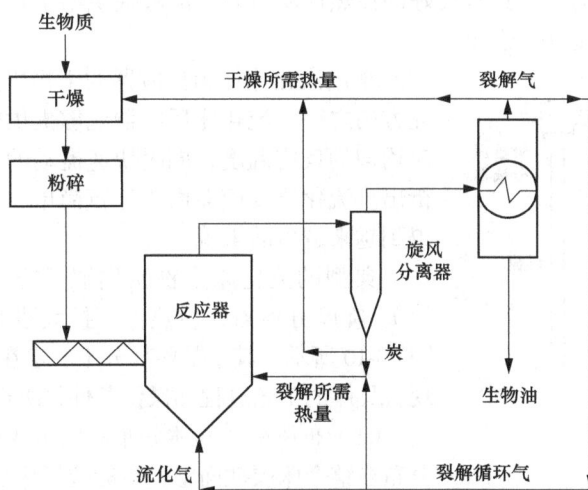

图 10-9　生物质热解液化工艺流程

快速热解工艺要求如下：

（1）干燥。为了避免原料中过多的水分被带到生物油中，对原料进行干燥是必要的。一般要求物料含水量在 10% 以下。

（2）粉碎。为了提高生物油产率，必须有很高的加热速率，故要求物料有足够小的粒度。不同的反应器对生物质颗粒粒径的要求也不同，旋转锥所需生物质颗粒粒径小于 200μm；流化床颗粒粒径要小于 2mm；传输床或循环流化床颗粒粒径要小于 6mm；烧蚀床由于热量传递机理不同可以采用整个的树木碎片。但是，采用的物料颗粒粒径越小，加工费用越高，因此，物料的颗粒粒径需在满足反应器要求的同时综合考虑加工成本。

（3）热解。热解生产生物油技术的关键在于要有很高的加热速率和热传递速率、严格控制中温以及热解挥发的快速冷却。只有满足这样的要求才能最大限度地提高产物中生物油的比例。

（4）炭和灰的分离。几乎所有的生物质中的灰都留在了生物炭中，所以炭分离的同时也分离了灰。但是，炭从生物油中的分离较困难，而且炭的分离并不是在所有生物油的应用中都是必要的。因为炭会在二次热解中起催化作用，并且在液体生物油中产生不稳定因素，所以，对于要求较高的生产工艺，快速彻底地将炭和灰从生物油中分离是必需的。

（5）气态生物油的冷却。热解挥发分由产生到冷凝阶段的时间及温度影响着液体产物的质量及组成，热解挥发分的停留时间越长，二次热解生成不可凝气体的可能性越大。为了保证生物油产率，需快速冷却挥发物。

（6）生物油的收集。生物质热解反应器的设计除需保证温度的严格控制外，还应在生物油收集过程中避免由于生物油的多种重组分的冷凝而导致的反应器堵塞。

相对于传统的热解技术主要产物炭，快速热解技术最多可将80%的生物质转变为生物油，其副产品（炭和燃气）可作为热解反应器的热源，反应过程中无需其他额外热源。

二、典型反应器及工艺

（一）流化床反应器

循环流化床（CFBs）与鼓泡流化床（BFBs）具有一些相似的特征，但与BFBs明显的区别是，CFBs中炭的停留时间与蒸汽的几乎相同（约1s），其流体力学性质更为复杂，目前已被用于高产量的石化工业。

1.流化床生物质热解反应器结构及工作原理

流态化是指固体颗粒通过与流体接触而转变成类似流体状态的操作。流化床内固体颗粒在流化床阶段具有很强的流动性，具有良好的传热传质效果，能够提供给生物质较大的升温速率，是生物质热解反应器比较理想的选择。

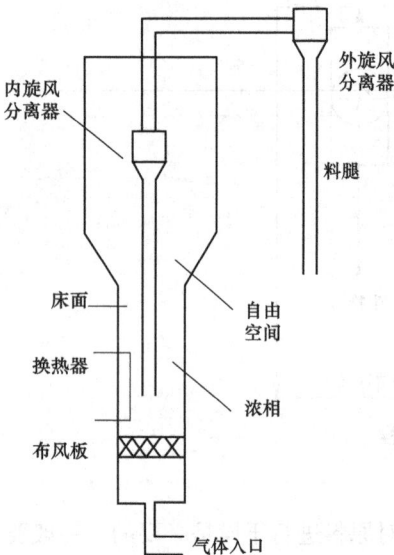

图10-10　流化床生物质热解反应器示意

采用流化床作为反应器的生物质热解技术是当前主要研究方向之一。流化床反应器能够提供较高的加热速率以及相对均匀的反应温度，同时快速流动的载气便于一次产物及时析出。流化床反应器由于运行简单、结构紧凑、适合放大而得到越来越多的重视。

典型的流化床生物质热解反应器由气体分布器（布风板）、旋风分离器、换热器、扩大段和床内构件等组成，如图10-10所示。其中某些部分不一定在每一具体的流化床中出现，具体的工艺过程和操作条件将决定每个流化床的特点。

（1）布风板。气体分布器的主要作用是将流化气体均匀分布在整个床层截面上，一般位于床层底部。在许多情况下，布风板还起到支撑流化颗粒的作用。布风板的形式多种多样，如多孔板式、微孔板式、多管式、泡罩式、浮阀式、多层板式等。一般来说，布风板需要有足够的压降才能保证气体在整个床层截面上的均匀分布。布风板压降大于整个床层压降的10%~30%是对布风板压降较常见的要求。但在实际工作中，床层较高，为了减少压头损失，布风板的压降有时设计为全床压降的5%左右。流化床中气泡初始尺寸与布风板的形式有很大关系。在布风板上方的一定距离内，气固两相的流动行为受布风板影响而与床层主体有明显不同，该区域习惯上称为布风板控制区。布风板控制区内的流体流动行为及传热、传质对流化床的功效都有较大影响。

（2）自由空间和扩大段。流化床内气固浓相界面以上的区域被称为自由空间。由于逸出床面时的弹射作用和夹带作用，一些颗粒会离开浓相床层进入自由空间。一部分较大的颗粒在重力作用下返回浓相，而另一部分较细小的颗粒则最终被气流带出流化床。颗粒是否被带出流化床取决于颗粒的特性（尺寸、密度和形状）、流化气体的特性（密度、黏度）、流化气速和自由空间的高度等。

扩大段位于流化床上部，其直径大于流化床主体的直径，并通过一锥形段与主体相连。扩大段可以显著地降低气流速度，从而有利于自由空间内的颗粒通过沉降作用返回浓相，减少颗粒带出及降低自由空间内的颗粒浓度。对于流化床反应器来说，较低的自由空间颗粒浓度对于减少不利的副反应往往是至关重要的。

（3）旋风分离器和料腿。旋风分离器是利用离心力原理分离气流中的颗粒。旋风分离器可以设置在流化床内部（内旋风分离器），也可以设置在流化床外部（外旋风分离器）。多个旋风分离器还可以串联使用（称为多级旋风分离器）以增强分离效果。两级和三级旋风分离器在工业上比较常见。在大型流化床中，还经常可以看到多组多级旋风分离器同时使用的情况。

旋风分离器所分离的颗粒经过一根连接在旋风分离器锥形段底部的管道返回床层或进入收集颗粒的容器。料腿是旋风分离器下部排灰出口的一根管道，对外旋风分离器而言，料腿底部可以与床体相连以回返所分离的颗粒；而对于内旋风分离器，料腿直接向下伸入床中，其末端可以浸入浓相床中，也可以悬在自由空间中。旋风分离器成功操作的一个重要因素是料腿中不能有向上倒窜的气流，而只能有向下流动的固体颗粒。因此，在料腿末端一般设有特殊的反窜气装置，如出口在自由空间的料腿底部常安装有翼阀，浸入浓相的料腿底部也往往设有锥形堵头一类的装置。

除常见的旋风分离器外，流化床还可以采用其他方法分离出口气流中的颗粒，如陶瓷管过滤器、布袋过滤器等。

（4）内部构件。内部构件是指密相床内除气体分布器、换热器和旋风分离器之外的所有物件，包括水平挡板、斜向挡板、垂直管束和其他各种构件，如塔形构件和脊型构件。广义上，换热器和料腿也可归入内部构件，因为它们在影响床内气固两相流动行为方面与其他形式的内部构件具有相似的功效。

内部构件的功能主要包括限制气泡、破碎气泡、促进气固两相接触和减少颗粒带出。对于较粗颗粒系统，内部构件的功效比较显著；而对于较细颗粒的系统内部构件的功效相对较小。各种形式的内部构件在限制气泡长大和破碎气泡方面的效果也有很大差别，而且与床层的操作条件密切相关。在某些情况下，使用不恰当的内部构件还会恶化流化床内的气固接触。与换热器和料腿一样，内部构件既可以完全浸没于浓相之中，又可以部分或全部暴露在自由空间中。

2.流化床生物质热解液化装置工艺流程

流化床生物质热解液化装置主要由4部分组成：供热装置、生物质喂入装置、流化床反应器和收集装置。

（1）供热装置。该部分为整个系统的能量来源。一般包括流化气体的供热和流化床辅助加热两部分。供热方式可以是电炉直接加热或用油炉及煤炉间接加热流化气体。辅助加热可采用在流化床的管壁外侧缠绕电阻丝加热。

（2）生物质喂料装置。生物质热解液化的前提是首先能够保证热解原料连续、均匀、顺利地输送到反应器中。生物质颗粒粒度较小，属于粉末状物料，输送较困难，喂料装置的合理设计是实现生物质热解液化的关键技术之一。生物质粉末通常由螺旋喂料器输送到热解反应器中。螺旋输送机结构简单，密封性能好，制造成本低。

（3）流化床反应器。反应器是生物质热解的重要场所，反应器的尺寸参数决定了流化床体和热解气的滞留时间，从而影响了生物质的热解程度和热解过程。反应器主体一般由几段（3~4段）耐热不锈钢管螺栓连接而成。钢管外部围绕有电阻丝作为辅助加热元件，加热元件外部覆盖耐高温的保温材料。加热元件一般分为上、中、下三部分，下部加热元件预热惰性载气，中部和上部加热元件用于辅助加热流化床并维持床内恒温。

（4）收集装置。收集装置包括生物油的收集和炭的收集，由旋风分离器、冷凝器、集油器和集炭箱等组成。热解气离开反应器后，先进入旋风分离器，由于离心作用，炭被分离出去。热解气进入冷凝器中，大部分可凝热解气在冷凝器内被冷凝成生物油，流入集油器中。通过冷凝器后，剩余的不可凝气体排出装置外。反应后的炭被收集到集炭箱中排出。冷凝器的结构形式主要有两种：一种是间接冷凝方式如列管冷凝器、填料冷凝器等；另一种是直接喷淋方式，即用冷生物油对热解气直接喷淋的方式冷凝，如各种喷淋塔设备。

（二）烧蚀反应器

在烧蚀反应器（ablative reactor）热解过程中，木材紧贴着受热旋转面融化，然后留下随后蒸发的油膜。该工艺没有采用热载体，而且该工序受限于反应器的加热速率而不是热源到生物质的传热速率，因此可使用较大颗粒的原料。其产量的放大和传热面呈线性关系，并不会由于其他系统的放大而提高其经济性。

烧蚀反应器（ablative reactor）的工艺流程见图10-11。反应器工作原理是通过外界提供的高压使生物质颗粒以相对于反应器表面较高的速率（>1.2m/s）移动并热解，反应器表面温度低于600℃，生物质颗粒是由一些变角度叶片压入到金属表面。在600℃时，生成77.6%的生物油、6.2%的气体和15.7%的炭。

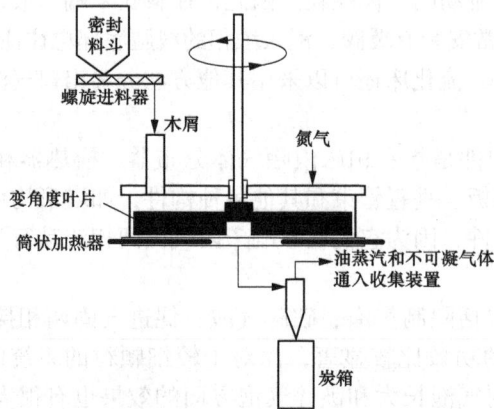

图10-11 烧蚀式反应器生物质热解液化工艺

（三）携带床反应器

携带床反应器生物质热解液化工艺如图10-12所示。它以燃烧后的高温烟道气作为载流气，采用较大的载流气流量（其和生物质的质量比约为8:1），以0.30~0.42mm的木屑为原料，所得生物油的收率为58%。

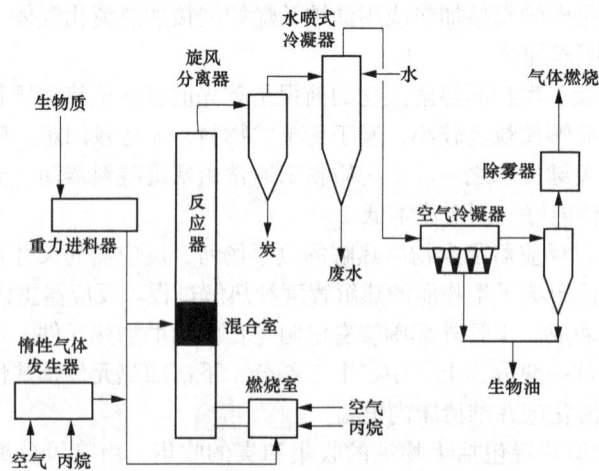

图10-12 携带床反应器生物质热解液化工艺

（四）旋转锥反应器

旋转锥反应器（rotating cone reactor）是一种新型的生物质热解反应器，它能最大限度地增加生物油的产量。除生物质热解外，旋转锥反应器还可用于页岩油、煤、聚合物、渣油的热解。

生物质颗粒加入惰性颗粒流（如砂子等），一同被抛入加热的反应器表面发生热解反应，同时沿着高温锥表面螺旋上升，炭和灰从锥顶排出，工作原理见图 10-13。在 600℃的反应温度下，生成 60% 的液态产物、25% 的气体和 15% 的炭。

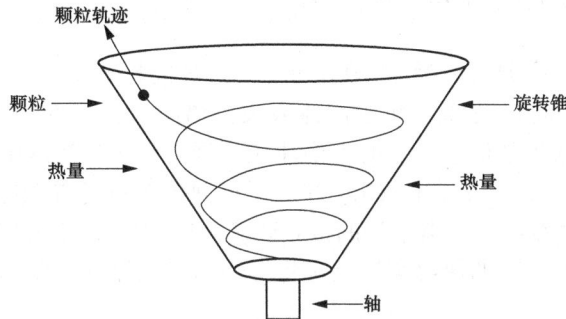

图 10-13　旋转锥反应器工作原理

该反应器旋转锥顶角为 $\pi/2$，最大直径为 650mm，热解产物为生物油、不可凝气体和炭。如果需要，可以堵塞旋转锥内部的部分空间以减少旋转内部的气相容积，从而减少反应器中挥发分相滞留期，这可抑制挥发分相中生物油的二次热解反应，以达到增加生物油产率的目的。

旋转锥反应器生物质快速热解液化装置组成如图 10-14 所示，该装置包括喂入、反应器、收集三个主要部分。

1. 喂入部分

由氮气喂入装置（1）、物料（木屑）喂入装置（2）和砂子喂入装置（4）组成。预先粉碎的生物质被喂料器输送到反应器中，并且，在喂料器和反应器之间通入一些 N_2 以加速生物质颗粒的流动，防止生物质颗粒堵塞；与此同时，预先加热的惰性热载体砂子也被传送到反应器中。

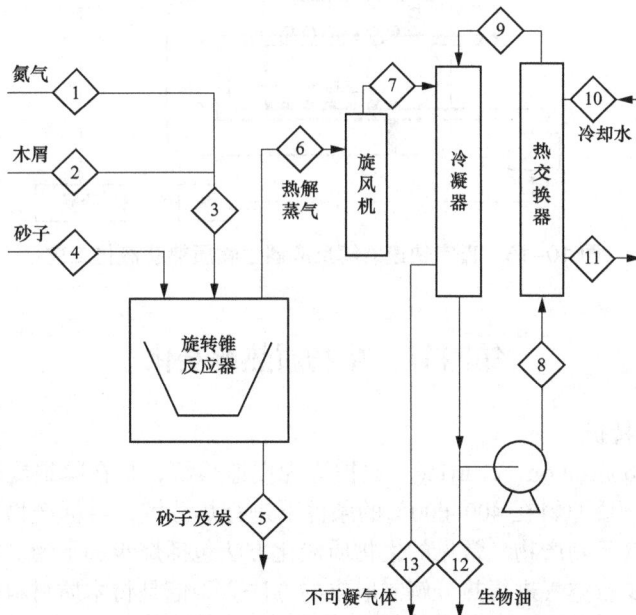

图 10-14　旋转锥反应器生物质快速热解液化装置组成

1—氮气喂入装置；2—物料喂入装置；3—混合管；4—砂子喂入装置；5—砂子及炭接收箱；
6—热裂解气管道；7—旋风机；8—循环泵；9—热交换器及冷凝器；10—冷却水进口；
11—冷却水出口；12—生物油；13—不可凝气体

2. 反应器部分

喂入到旋转锥反应器底部的生物质与预先加热的惰性热载体砂子一起沿着高温锥壁呈螺旋状上升，在上升过程中，炽热的砂子将其热量传给生物质，使生物质在高温下发生热解而转变成热解蒸汽，这些蒸汽迅速离开反应器以抑制二次热解。

3. 收集部分

由旋风机（7），热交换器及冷凝器（9）和砂子及炭接收砂箱（5）组成。离开反应器的热解蒸汽首先进入旋风机（7），在旋风机中固体炭被分离出去，接着，热解蒸汽进入冷凝器中，大部分蒸汽被冷凝而形成生物油，产生的生物油在冷凝器和热交换器中循环，其热量被冷却水（10）带走，最后生物油从循环管道中放出。不可凝的热解蒸汽排空燃烧。使用后的砂子及产生的另一部分炭被收集到联结在反应器下端的接收砂箱（5）中，砂子可以重复利用。应该说明一点，在商业化装置中，不可凝的热解蒸汽及炭将燃烧用于加热反应器，以提高系统的能量转化效率。

（五）真空移动床反应器

生物质原料在干燥和粉碎后，由真空进料器送入真空移动床反应器（vacuum moving reactor）。原科在水平平板上被加热移动，发生热解反应。融盐混合物加热平板并维持温度在530℃。热解反应生成的蒸汽气体混合物由真空泵导入两级冷凝设备，不可凝气体通入燃烧室燃烧，释放出的热量用于加热盐，冷凝的重油和轻油被分离，剩余的固体产物离开反应器后立即被冷却（工艺流程见图10-15）。反应器的产物为 35% 的生物油、34% 的炭、11% 的气体和 20% 的水分。

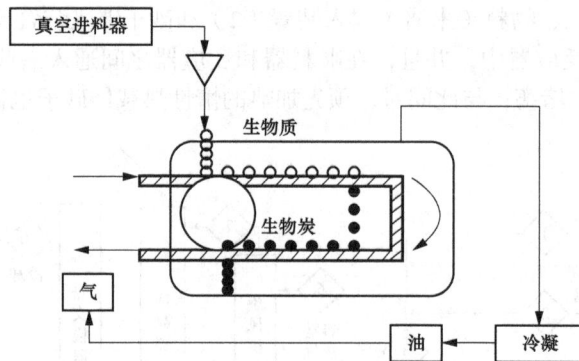

图 10-15　真空快速裂解反应器生物质热解液化工艺

第四节　生物质热解炭化

一、炭化原理与特征

生物质炭化（carbonization，charring）也被称为慢速热解，是在隔绝或限制空气（主要指氧气）的条件下，将生物质原料在 400~600℃ 的条件下进行热分解，目标产物是炭，同时得到可以利用的木醋液和木煤气等副产物。常见的生物质炭化方法包括烧炭和干馏。烧炭是指生物质在炭窑或烧炭窑中，通入少量空气进行热分解制取炭的方法。干馏是将木质材料放置于干馏釜中，隔绝空气热解，制取醋酸、甲醇、木焦油抗聚剂、木馏油和炭等产品的方法。

生物质热解通过控制反应条件（主要是加热速率、反应气氛、最终温度和反应时间）可得到不同的产物分布。而生物质热解炭化是复杂的多反应过程，干燥阶段、预炭化阶段、炭化阶段和煅烧阶段这四个热解阶段的界限难以明确划分，由于干馏炭化设备各个部位受热量不同，木质材料的导热系数又较小，因此，设备内木质材料所处的位置不同，甚至大块木材的内部和外部，也可能处于不同热解阶段。

干馏工艺特点可概括为以下三点：

（1）较小的升温速度，一般在 30℃/min 以内。相对于快速加热方式，慢速加热方式可使生物炭的产率提高。

（2）较低的热解终温。500℃以内的热解终温有利于炭的产生和良好的品质保证。

（3）较长的气体滞留时间。根据原料种类不同，一般要求在 15min 至几天不等。

二、炭制备影响因素

原料类型对炭的元素组成、灰分及挥发分含量、比表面积及孔隙结构等影响显著。一般来说，与草本植物相比，木质材料制备的炭总碳元素（C）含量较高，比表面积较大，孔隙结构更发达；原料的灰分含量高，制备的炭灰分含量也较高，虽然对应的比表面积对较低，却可以提供更多的矿物质养分元素，如氮（N）、磷（P）、硫（S）等。生物质原料中所含的水分在热解过程中会吸收大量的热量，导致热解升温速率和反应效率降低；同时，水分还会参与到反应中，与碳元素结合形成挥发性气体脱离反应体系，不利于炭的生产。

炭化温度升高，炭产率会逐渐下降，但其分子结构变得更加规则，分子间晶面间距逐渐增大，有利于孔隙结构的扩展和比表面积的提高；高温热解产生的较高的灰分能够赋予炭更高的反应活性；同时，较高的反应温度有利于降低炭中挥发分的含量，减小炭粒径，提高石墨化程度，从而提高炭的密度和机械强度。但是当反应温度过高时（>900℃），过度烧蚀导致孔壁受到严重破坏，孔隙结构发生变形，反而会降低炭的比表面积。此外，炭表面存在大量官能团，如羧基、羰基、酚羟基、酯键等，其中酸、醇和酮类等热稳定性较差的官能团会随着温度的升高而逐渐消失。

炭的产率随升温速率的增加而逐渐降低，较高的升温速率会使挥发分分解、软化，但是却没有足够的时间从炭表面脱离，因此氢氧元素含量较高，不利于孔隙结构的扩展和比表面积的提升。

三、炭的性质

炭根据炭质划分为白炭和黑炭。两种炭的烧制方式相同，烧成后熄火方式不同。白炭表面呈现白色，又硬又重，非常耐烧；黑炭又软又轻，容易点燃，易燃烧。白炭和黑炭简易区分法见表 10-9。

常见的碳包括：

竹炭：古代就开始利用竹子烧炭，但最近才广为利用。

果核炭：用果壳、果核（椰子壳、桃核）等木质原料烧制。

秸秆炭：利用农作物秸秆烧制而成。

其他的炭：从蔬菜到水果，几乎所有的生物质都能制成炭。

表 10-9　　　　　　　　　　　　白炭和黑炭简易区分法

项目	白炭	黑炭
炭化温度	1000℃以上	400~700℃
熄火方式	高温精炼后扒出窑外用消火粉熄火、冷却	在密封的窑内完全熄火、冷却
颜色	外表呈灰白色	完全呈黑色
强度	强度高，炭质坚硬	强度低，易碎

续表

项目	白炭	黑炭
质量	很大	轻，易浮在水上
火力	瞬间火力不高，但能持久	瞬间火力高，但持续性差
点燃	发火点高，为 350~520℃（平均 460℃）	易燃，为 250~450℃（平均 350℃）
火力标准用途	烧烤用	用于冶炼金属等
传导性	良好	不可
不纯物含有量	几乎全部消除	少量残留
碳素含量	约 93%	65%~85%
主要用途	炊事、净水、洗浴、净化空气、阻断电磁波、健康用品、烧烤用	消臭，调节湿度，工业、农业和畜牧业用
负离子产生	每毫升约 134 个（以柞木炭为准）	不可
磁性实验	很快带磁性	不可
酸碱度	弱碱性	弱酸性

（一）炭的元素组成

尽管各种木材的化学组成不同，但它们的热解规律是相同的。也就是说，各种木材在热解的各个阶段生成的炭，其元素组成相同。炭主要成分是碳元素，灰分很低，此外还有氢氧氮以及少量的其他元素，其含量与树种的关系不大，主要取决于炭化的最终温度。不同温度下桦木炭和松木炭的元素组成见表 10-10。

表 10-10　　　　　　　　　不同温度下桦木炭和松木炭的元素组成

温度 /℃	炭的得率 / %		炭的元素组成 / %					
	桦木炭	松木炭	桦木炭			松木炭		
			C	H	O+N	C	H	O+N
350	39.5	40	73.3	5.2	21.5	73.2	5.2	21.5
400	35.3	36	77.2	4.9	17.9	77.5	4.7	17.8
450	31.5	32.5	80.9	4.8	14.3	80.4	4.2	14.4
500	29.3	30	85.4	4.3	10.4	88.3	3.9	9.8
600	26.8	27.3	90.3	3.3	6.4	90.2	3.4	604
700	24.5	24.9	92.3	2.8	4	92.9	2.9	4.2
800	23.1	23.8	94.9	1.8	3.3	94.7	1.8	3.5
900	23.5	22.6	96.4	1.3	2.3	96.2	1.2	2.6

同一种木材，制成白炭与黑炭的元素含量也有所不同，见表 10-11。

表 10-11   炭的元素组成   %

炭类别	C	H	O+N	灰分
白炭	90~96	0.1~2.4	2.00~6.57	1.04~3.66
黑炭	79~94	1.0~4.0	3.03~9.44	0.91~3.80

1. 固定碳

通常将炭放入白金坩埚内，在喷灯火焰中，温度为 900℃ 下煅烧 5min，或在电炉内加热 2.5h 将温度升高到 900℃ 来测定其固定碳的含量。由于热解方法和炭化最终温度不同，炭中可能含有 70%~86% 的固定碳。随着煅烧温度的升高，炭中固定碳的含量将会增加，其含量范围见表 10-12。

表 10-12   炭化最终温度与固定碳含量的关系

炭化最终温度 / ℃	C / %	炭化最终温度	C / %
400	69.3	600	88.7
450	73.0	700	94.4
500	78.8	800	97.1
550	87.2	900	97.7

2. 挥发分

挥发分的测定方法是将炭试样放置在坩埚内，在温度为 850℃ 的马弗炉中隔绝空气加热 7min。当炭化温度在 300~700℃ 之内时，随着温度的升高，炭中所含的 CO_2、CO 和 CH_4 含量逐渐降低，而 H_2 含量逐渐增加。

3. 灰分

炭中的灰分一般为无机物，在炭完全燃烧后，剩余呈白色或淡红色的物质。炭中的灰分含量及其组成与炭化最终温度、原料种类和组分等因素有关。炭化最终温度越高，灰分含量越大，典型的灰分含量见表 10-13。

表 10-13   几种炭的灰分含量

原料	灰分 / %	原料	灰分 / %
桦木	2.78	硬阔	2.71
山毛榉	2.42	混合阔	2.45
千金榆	2.18	松木	0.75

4. 水分

刚出炉的炭含有 2%~4% 的水分，随着存放时间的增长，含水量逐渐增加。长时间储存在空气中，即使不淋雨雪，其含水量也可达到 10%~20%。若存放几年，含水量可能超过 50%，此时炭很易破碎，而且不能用于冶炼。炭的吸湿程度取决于其表面性质。炭表面性质受热解方法和热解最终温度的影响。炭的表面氧化得越多，吸收水分就越多，因此炭存放时间越长，就越容易吸水。

图 10-16 是桦木炭的吸湿性随热解温度的变化曲线。从图中可以看出，500℃ 左右热解的炭吸附水蒸气最多，进一步升高温度反而会明显地降低炭表面的吸湿性。

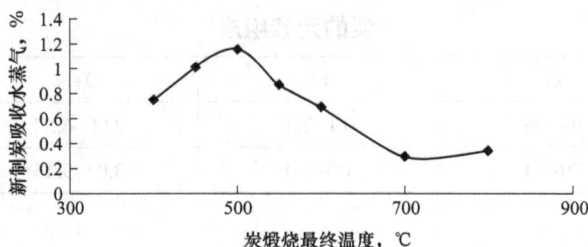

图 10-16　桦木炭的吸湿性随热解温度的变化曲线

5. 发热量

炭的发热量为27210~33490kJ/kg。炭的发热量主要取决于炭的含碳量，炭化温度高，炭的含碳量就大，也就是说，炭的发热量取决于炭化温度。对于木材，当炭化温度为380~500℃时，得到的炭发热量为31380~34183kJ/kg；而炭化温度为600℃左右时，其发热量可达到34476kJ/kg。另外，炭与炭化原料的类别有关，秸秆压缩成型燃料炭化后的发热量要比锯末压缩成型燃料炭化后的发热量少1/4左右。

（二）炭的物理性质

炭的物理性质包括机械强度、相对密度、孔隙度等，对于其在工业应用方面有着重要意义。

1. 炭的机械强度

炭一般都有大量的裂缝，裂缝来源于：①木材在生长过程中形成的裂缝。②更多的裂缝是在木材热解和炭冷却过程中形成的。这与木材的结构特征主要是密度有关，密度在树干的径向上最明显，还与年轮树脂道及各种生长缺陷有关，此外还与偏心、病害等的存在也有关系。

提高炭强度的主要途径有以下两种方法：①选择比较结实、健康的木材用于热解。②在木材热解与炭冷却过程中创造适当的条件，保证尽量少产生裂缝。

2. 炭的相对密度

炭的相对密度随炭化原料、炭化温度、炭的含量不同而不同。炭化原料的相对密度大，烧成的炭相对密度也大；炭含碳量大，则炭相对密度大；炭化温度越高，则炭相对密度越大。

3. 炭的孔隙度

炭是一种多孔物质，孔隙的总体积占炭体积的70%以上，因此炭有较强的反应能力和吸收能力。炭的总孔隙率主要与木材的树种有关，此外还与生产炭的方法、炭的粉碎程度、木材的部位、木材的年龄和木材的生长条件等有关。

炭的孔隙度是炭性质比较活泼的原因之一。一般来说，孔隙度增加，固体碳素的反应性能也随之增加。比如，反应活性木炭大于焦炭，焦炭大于石墨。它们的孔隙度依次为：木炭65%~75%，焦炭37%~57%，石墨12%~35%。

四、炭的应用

炭具有发热量较高、燃烧时无烟、反应能力强等特点，在生活与生产中得到了广泛应用。在冶金行业，可用来炼制铁矿石，熔炼的生铁具有细粒结构、铸件紧密、无裂纹等特点，适于生产优质钢；在有色金属生产中，炭常用做表面阻熔剂；大量的炭也用于二硫化碳生产和活性炭制造；此外，炭还用于制造渗碳剂、黑火药、固体润滑剂、电极碳制品等产品中。

（一）可直接作民用燃料和转化成气体燃料

作燃料用可烘烤食品、饮食燃用、采暖。炭具有低挥发分、高发热量、燃烧完全、燃烧过程清洁的突出优点，是一种优良固体生物燃料。用炭烧烤的食品风味独特，在世界的各个角落都十分流行。随着生活水平的提高和旅游业发展，炭消费量持续增长。出于对森林资源的保护和利用农业残余物的考虑，近年来各种用木屑、秸秆、稻壳生产的生物炭逐渐占领了市场，成为燃料炭的主要品种。

（二）用于冶炼高质量的有色金属和铸铁

炭用来冶铁已有很长的历史，其冶炼的生铁具有晶粒细小、铸件紧密、缺陷少的优点，这是因为炭对氧化铁的还原过程可以在较低温度下进行。用炭生产的铁含氢、氧气体少，铸件紧密均匀，杂质少，适于生产优质钢。在有色金属生产中，炭常用作表面助溶剂，在熔融金属表面形成保护层，使金属与气体介质分开，既可以减少熔融金属的飞溅损失，又可以降低熔融物中气体饱和度。炭在铜及铜合金（铜磷合金、铜硅合金）、锡合金、铝合金、锰合金、硅合金、铍青铜合金等生产中广泛用作表面助溶剂。

（三）用于晶体硅的生产

晶体硅是重要的电子工业和新能源材料，工业晶体硅对杂质含量有严格要求，为了保证产品纯度，需要使用高品质还原剂，炭的纯度、孔隙度、反应能力与介电性都比其他碳素材料更能满足以上要求，因此广泛地用于生产晶体硅。生产晶体硅需用不含炭头、低灰分和杂质含量的炭。生产晶体硅时，炭、石油焦与石英石共同在电炉中加热，反应区温度高达 2000℃，石英石蒸发的二氧化硅蒸气与赤热生物炭反应，放出一氧化碳，逐步还原为一氧化硅和纯硅，生产 1t 晶体硅需消耗生物炭 1.4t。

（四）做机械零件的渗碳剂，提高钢制零件表面的硬度和耐磨性

渗碳处理是钢制零件的重要热处理方式，渗碳后零件表面具有较高硬度和耐磨性，而中心具有良好韧性，大大改善了零件力学性能。用来进行渗碳处理的含碳混合物称为渗碳剂，其中主要成分是炭。单纯炭的渗碳效果较差，而且在渗碳过程中，产生的一氧化碳会逐渐减少，因此需要加入一定数量的接触剂，如碳酸钡和碳酸钠等。渗碳剂中炭含量约为 80%，主要工艺是将碳酸钡浆液在搅拌机中涂敷到炭表面，然后用回转滚筒干燥机干燥。

（五）制造二硫化碳

二硫化碳是挥发性无色有毒液体，具有强折光性，是良好的溶剂，对硫、磷、生橡胶、各种油脂和树脂类物质有良好溶解作用，应用于人造丝、玻璃纸、橡胶轮胎帘子线等的生产，还用于制造四氯化碳等。炭是制造二硫化碳的优质原料，每年都有大量炭用于制造二硫化碳。工业上制造二硫化碳的方法是：先对炭进行 500~600℃ 的干燥和煅烧，除尽水分，降低挥发分含量，然后将硫磺蒸汽通过高温炭层，反应温度约 800℃。生产 1t 二硫化碳要消耗炭 0.5t。

（六）可制成石墨

炭石墨材料兼有金属材料和非金属材料的优点，如自润滑性、耐高温、耐腐蚀、高导热性、低膨胀性、易加工等，被广泛用于机械制造工业中。比如碳石墨材料可作为良好的固体润滑剂及润滑添加剂，这对于无法使用润滑油的转动零件非常重要。

（七）在农林业中的应用

炭孔隙结构发达，吸附性能好，能够使土壤疏松通气、保持水分、促进微生物繁殖，具有改良土壤的作用，炭吸附了化肥和农药以后，能够缓慢释放，延长化肥和农药作用的时间。在我国南方和东南亚等易板结酸性土壤中施用炭粉后，能够明显提高农产品的产量。

（八）用来制作活性炭

炭制成活性炭后，应用就更加广泛，在化工、医药、环保等方面都有应用，如用于化学药剂的提纯、糖的脱色与提纯、脂肪的除臭、分离气体、回收溶剂、净化饮水和空气、过滤有害物质、做防毒面具等。

五、生物质炭化工艺和装置

烧炭在我国已有 2000 年以上的历史。在我国长沙马王堆出土的汉墓中，发现生物炭层厚 30~40mm，约 5000t，说明我国早在公元前 100 多年前，已经开始生产生物炭。唐朝著名诗人白居易曾在《卖炭翁》中描述道"卖炭翁，卖炭翁，伐薪烧炭南山中。满面尘灰烟火色，两鬓苍苍十指黑"，表明了烧炭作坊在当时已经是相当普遍。表 10-14 给出了几种常见的炭化设备的性能特点。

表 10-14　　　　　　　　　　常见的炭化设备的性能特点

名称	原料	基本特征
炭窑	薪炭材	炭窑烧炭是最简单的一种木材热解方法，采用筑窑烧炭法，由炭化室、烟道、燃烧室和排烟孔等组成，得炭率为25%，周期3~7天。其中，使用闷窑熄火得到的为黑炭，在窑外熄火得到为白炭
移动式炭化炉	薪炭材	为克服筑窑烧炭劳动强度大、受季节影响而设计，由2 mm钢板焊接而成，由炉下体、炉上体和顶盖叠接而组成。得炭率为25%左右，周期24h
果壳炭化炉	果壳	果壳经风选，送至炉顶的加料槽，分别通过预热段、炭化段、冷却段从卸料器出料，得炭率为25%~30%，周期4~5h，灰分小于2%，挥发分8%~15%
流态化炉	木屑等粉状或颗粒原料	为立式圆筒或圆锥形的炉体，用螺旋加料器从下部送料，从底部吹入空气作为流态化气体，使原料进行流态化炭化，得炭率为20%

习题

1. 生物质热解一般分为哪几个阶段？温度和产物分别是什么？
2. 影响生物质热解的因素有哪些？是怎样产生影响的？
3. 请简要概括生物质快速热解工艺流程。
4. 请查阅文献，了解活性炭、制备复合肥等农业应用的生物质炭性质和制备方法。

第十一章　生物质气化技术

第一节　概述

一、生物质气化定义与背景

生物质气化是在高温条件下使生物质原料与气化剂发生部分氧化反应，通过热化学反应将生物质燃料转化为可燃气的过程。生物质气化产生可燃气主要有效成分为 CO、H_2 和 CH_4 等小分子不可凝气体，称为生物质燃气（简称燃气）。

生物质气化可将低品位的固态生物质转换成高品位的可燃气体，比原有原始生物质更易用通用，可用于电力燃气发电机、燃气轮机或者用于制取化学品或液体燃料。由于设备和操作简单，能源转换效率较高，生物质气化被公认为生物质主要转换技术之一。

生物质气化技术在历史上曾经发挥过重要作用。早期的生物质气化技术主要以木炭为原料，气化后获得的燃气作为驱动内燃机的燃料。在石油被大规模开发使用以前，气化炉与内燃机结合一直是人们获取动力的有效方法。二战期间，生物质气化技术应用达到鼎盛时期，当时绝大部分燃油都被用于战争，民用燃料非常匮乏，因此德国大力发展了车载气化炉并形成与汽车发动机配套的完整技术。超过一百万部民用汽车装备了车载型固定床气化炉。二战后，中东地区油田大规模开发使世界经济发展获得优质廉价的能源，几乎所有发达国家能源结构都转向以石油为主，生物质气化技术在较长时期陷入停顿状态。20 世纪 70 年代世界石油危机爆发，西方主要工业国家认识到化石能源的不可再生性，出于对能源和环境的战略考虑，各国纷纷投入大量人力物力进行可再生能源研究。作为一种重要的新能源技术，生物质气化研究重新活跃起来，并且近些年各学科技术的渗透使得生物质气化技术发展达到了新高度。

20 世纪 70 年代，美国、日本、加拿大、欧盟等就开始了生物质热裂解气化技术研究与开发，到 20 世纪 80 年代，美国就有 19 家公司和研究机构从事生物质热裂解气化技术的研究与开发，美国可再生能源实验室（NREL）和夏威夷大学（University of Hawaii）在进行生物质燃气联合循环（IGCC）的蔗渣发电系统的研究；加拿大有 12 个大学的实验室在开展生物质热裂解气化技术的研究；德国鲁奇公司（Lurgi Gmbh）建立了 100MW IGCC 的发电系统示范工程；瑞典能源中心利用生物质气化、联合循环发电等先进技术在巴西建立了一座装机容量为 20~30MW 的蔗渣发电厂；荷兰特温特（Twente）大学进行流化床气化炉和焦油催化裂解装置的研究，推出了无焦油气化系统，还开展研究将生物质转化为高氢燃气、生物油等高品质燃料，并结合燃气轮机、斯特林发动机、燃料电池等转换方式，将生物质转化为电能。

我国生物质气化技术研究始于 20 世纪 80 年代初期，至今已广泛开展了生物质能高品位转换技术以及装置的研究和开发，形成了生物质气化集中供气、燃气锅炉供热、内燃机发电等技术，把农林废弃物、工业废弃物等生物质能转换为高品位的煤气、电能或蒸汽，提高生物质能源的利用效率，实现以生物质替代气、油和煤。我国已从单一固定床气化发展到流化床、循环流化床、双循环流化床和富氧气化流化床等高新技术；由低发热量气化装置发展到中发热量气化装置；由户用燃气炉发展到工业烘干、集中供气和发电系统等工程应用，建立了各种类型的试验示范系统；多种较为成熟的固定床和流化床气化炉，以秸秆、木屑、稻壳、树枝等为原料，生产发热量为 4~10MJ/m³ 的燃气，用于村镇级秸秆气化集中供气系统；兆瓦级木屑、稻壳气化发电系统已经进行实际应用。

二、生物质气化原理

在原理上，气化与燃烧都是有机物与氧发生反应，两者的区别在于是否供给足够的氧气。燃烧过程中提供充足的氧气，燃烧后的产物是二氧化碳和水等不可再燃烧的烟气，并放出大量的反应热，即燃烧主要是将原料的化学能转变为热能；而生物质气化是在一定的热力学条件下，只提供有限氧的情况下使生物质发生不完全燃烧（部分氧化），生成一氧化碳、氢气和低分子烃类气体等可燃气体，即气化是将化学能的载体由固态转换为气态，气化反应中放出的热量则小得多，气化产出的可燃气体通过燃烧利用则可进一步释放出其具有的化学能。

生物质气化与热解的区别在于气化反应需要气化剂，而热解则不需要气化剂。气化和热解通常是相互依存的，一般认为热解是气化的第一步。

三、生物质气化基本反应

生物质气化涉及高温、多相条件下物理和化学过程的相互作用，是一个非常复杂的反应体系。如图 11-1 所示，一颗固态生物质燃料颗粒经历的气化反应可以分为加热干燥、热解、气固反应和气相反应四个阶段。

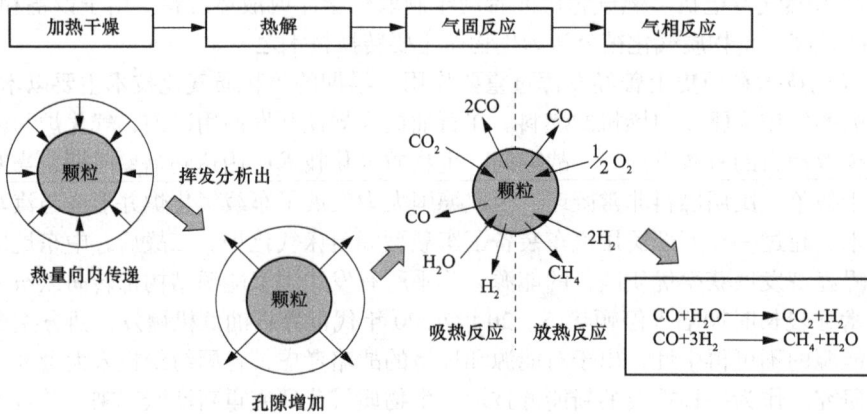

图 11-1　生物质气化过程原理示意

1.燃料干燥、热解与挥发分的燃烧气化

在高温条件下，生物质燃料受热速度很快，燃料中的残余水分快速蒸发，同时发生快速的热解过程脱除挥发分，生成半焦和气体产物（CO、H_2、CO_2、CH_4 以及其他碳氢化合物 C_mH_n）。

由于生物质的干燥及热解都是吸热过程，需要通过直接或间接方式给气化炉提供热量。若采用间接供热形式，则无需向气化炉通入氧气；若采用直接供热形式，则需要通入氧气，氧化部分中间产物以产生热量。在氧气气氛下，生物质热解生成的气体产物中的可燃成分（CO、H_2、CH_4、C_mH_n）迅速与氧气发生燃烧反应，并放出大量的热，使炉膛温度急剧升高，并维持气化反应的进行。

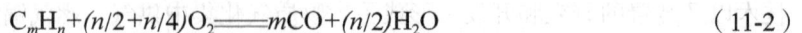

$$C_mH_n+(m+n/4)O_2 \Longrightarrow mCO_2+(n/2)H_2O \tag{11-1}$$

$$C_mH_n+(n/2+n/4)O_2 \Longrightarrow mCO+(n/2)H_2O \tag{11-2}$$

$$2CO+O_2 \Longrightarrow 2CO_2 \tag{11-3}$$

$$2H_2+O_2 \Longrightarrow 2H_2O \tag{11-4}$$

$$CH_4+2CO_2 \Longrightarrow 2H_2O+CO_2 \tag{11-5}$$

2.气固反应

气固反应包含颗粒或焦炭与气化剂或者反应生成气体之间发生的系列反应。

（1）固体颗粒与气化剂（氧气、水蒸气）间的反应。

脱除挥发分的固体颗粒或半焦中的固定碳，在高温下与气化剂进行气化反应。挥发分的燃烧反应以及剩余的氧气与碳发生的燃烧和气化反应，使氧气消耗殆尽。

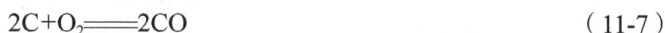

$$C+O_2 \rightleftharpoons CO_2 \tag{11-6}$$

$$2C+O_2 \rightleftharpoons 2CO \tag{11-7}$$

炽热的半焦与水蒸气进行水煤气反应，生成 CO、CO_2 和 H_2。

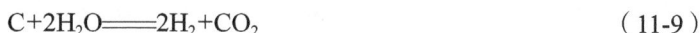

$$C+H_2O \rightleftharpoons H_2+CO \tag{11-8}$$

$$C+2H_2O \rightleftharpoons 2H_2+CO_2 \tag{11-9}$$

（2）生成的气体与固体颗粒间的反应。

高温半焦颗粒除与气化剂（水蒸气和氧气）进行气化反应外，与反应生成气也存在气化反应。主要有布多阿尔（Boudouard）反应和甲烷生成反应。

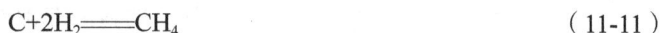

$$C+CO_2 \rightleftharpoons 2CO \tag{11-10}$$

$$C+2H_2 \rightleftharpoons CH_4 \tag{11-11}$$

以上反应的进行程度将决定气化炉中的碳转化率。气化炉中的温度一般较高，因而这些反应转化程度也很高。以上反应除 Boudouard 反应外均为放热反应。

3. 气相反应

气化反应生成的气体，在高温条件下，活性很强。在它们自身被生成的同时，其相互之间也存在着可逆反应。主要包括水煤气变换反应及甲烷生成反应。

$$CO+H_2O \rightleftharpoons H_2+CO_2 \tag{11-12}$$

水煤气变换反应是制取 H_2 为主要成分的气体燃料的重要反应，也是提供气化过程中甲烷生成反应所需 H_2 源的基本反应。为有利于此反应的进行，通常要求反应温度高于 900℃。由于该反应易于达到平衡，通常在气化炉出口温度条件下反应达到平衡，从而该反应决定了出口燃气的组成。在用生物质生产合成气时，常常在气化炉后设置专门的一氧化碳变换反应器，利用这个反应将一氧化碳转变为氢气，以调整合成气的氢碳比。

$$CO+3H_2 \rightleftharpoons CH_4+H_2O \tag{11-13}$$

$$CO_2+4H_2 \rightleftharpoons CH_4+2H_2O \tag{11-14}$$

$$2CO+2H_2 \rightleftharpoons CH_4+CO_2 \tag{11-15}$$

可燃气中的甲烷由两部分组成，一部分由热解阶段析出，另一部分由碳与氢气反应式（11-11）和气体产物之间的甲烷生成反应，即式（11-13）~ 式（11-15）。以上四个生成甲烷的反应都是体积缩小的反应，在高压下利于甲烷生成反应进行，而在常压下甲烷生成速率很低。

上述反应都伴随有热效应发生。热效应分两种形式：一是放热反应，包括 C-O_2 反应、CO-O_2 反应、H_2-O_2 反应、水煤气变换反应和甲烷的生成反应；二是吸热反应，包括 C-CO_2 反应以及 C-H_2O 反应等。另外，根据相数又可以分为均相反应和非均相反应。均相反应是指在均一的同一气相混合物中各种气体之间进行的反应；非均相反应是指在固定碳相的界面上半焦与气体之间进行的反应。反应式（11-1）~ 式（11-5）和反应式（11-12）~ 式（11-15）为均相反应；反应式（11-6）~ 式（11-11）为非均相反应。

在实际的气化过程中，上述反应同时进行，改变温度、压力或组分浓度都对反应的化学平衡产生影响，从而影响产气成分。而且由于气体的停留时间很短，不可能完全达到平衡。因此，在确定合理的操作参数时，应综合考虑各反应的影响。

四、典型生物质气化过程

随着气化装置的类型、工艺流程、反应条件、气化剂种类、原料性质等条件的不同，生物质气化反应的过程也不相同。不过这些过程的基本反应包括固体燃料的干燥、热解反应、氧化反应和还原反应四个过程。生物质原料经过干燥、热解析出挥发分后，与气化剂进行氧化反应和还原反应，提供气化需要的热量并完成固体燃料到气体燃料的转变。下吸式固定床气化炉中的气化过程是一种典型的生物质气化过程，如图11-2所示。

（1）原料干燥阶段。生物质原料在进入气化炉后，在热力作用下，首先被加热析出吸附于生物质表面的水分，在100~150℃主要为干燥阶段，大部分水分在低于150℃条件下释出，这阶段的过程进行比较缓慢，因需要供给大量的热，而且在表面水分完全脱除之前，被加热的生物质温度是不上升的。原始生物质（含水量为5%~35%）经干燥后，物料内部含水量将低于5%。

（2）热解阶段。当温度达到160℃以上便开始发生高分子有机物热解反应，并且随着温度升高，热解愈加激烈。由于生物质原料中含有较多的氧，当温度升高到一定程度后，氧将参加反应而使温度迅速提高，从而加速完成

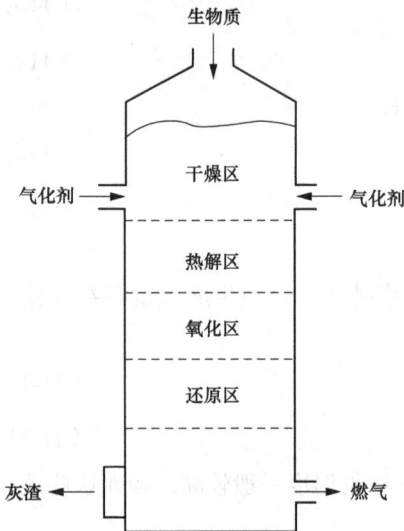

图11-2 下吸式固定床气化区域分布图

热解。热解是一个十分复杂的过程，其真实的反应可能包括若干不同路径的一次、二次甚至高次反应，不同的反应路径得到的产物也不同。但总的结果是大分子的碳水化合物的链被打碎，析出生物质中的挥发分，留下炭构成进一步反应的床层。生物质的热解产物是非常复杂的混合气体和固态炭，其中混合气体至少包括数百种碳氢化合物，有些可以在常温下冷凝成焦油，不可凝气体则可直接作为气体燃料使用，是相当不错的中发热量干馏气，发热量可达15MJ/m³（标准状态下）。

原料种类及加热条件是生物质热分解过程的主要影响因素。由于生物质原料中的挥发分高，在较低的温度下（300~400℃）就可能释放出70%左右的挥发分，而煤要到800℃时才释放出约30%的挥发分。热解速率随着温度的升高和加热速率的加快而加快，只要有足够的温度与加热速率，热解会以相当快的速率进行。完成热解反应所需要时间随着温度的升高呈线性下降，由试验可知当温度为600℃时，完成时间约27s；当温度达900℃时，则只需9s左右。而足够的挥发分滞留期和较高的温度则会使二次反应在很大程度上发生，从而使最终的不可凝气体产量随着温度的升高而增加。热解过程中产生的一些重烃类焦油冷凝以后容易堵塞管道，影响用气设备的运行，需要抑制其产生并从燃气中完全去除。

（3）氧化反应阶段。生物质气化过程中的干燥、热解以及还原反应都是吸热反应，为了维持反应的高温条件必须有充足的热量供应。提供气化反应所需热力条件的一种最为经济的方式是在气化过程中不断向气化炉中提供限量的空气或氧气，使生物质原料发生部分燃烧释放出大量热量。在固定床气化炉的氧化区中，燃烧释放的热量可使温度到达1000~1200℃，氧化反应进行得非常剧烈，生成的热气体进入还原反应区参与一系列还原反应。

（4）还原反应阶段。由于还原反应区已经没有氧气存在，生物质热分解后得到的炭与气流中的CO、CO_2及H_2发生还原反应生成可燃气体，从而完成固体燃料向气体燃料的转变。还原反应是吸热反应，温度越高，反应越强烈。随着反应的进行，温度不断下降，反应速率也逐渐降低，温度低于600℃时，反应已相当缓慢。

通常，我们把氧化反应和还原反应统称为气化反应，而把干燥和热解过程统称为燃料预处理过程或者燃料准备过程。应该指出，生物质气化过程中发生上述四个过程的区域只在固定床气化

炉中有着明显的特征，而在流化床气化炉中这四个过程的分布区域是无法确切界定的。事实上，即便是固定床气化炉的过程分界面也是模糊的，一个区可以局部地渗入到另一个区，所以这些过程有部分是相互交错进行的。

五、生物质气化反应动力学

由上述内容可知，气化反应是由多个独立反应组成的热化学反应过程，反应体系十分复杂。目前生物质气化反应的化学平衡和反应动力学已经经过了大量的实验研究，气化反应的现象和行为得到了详尽的描述。

反应动力学是研究气化反应机理和速度的，气化炉内主要反应是碳与气相之间的非均相反应和气相之间的均相反应。各反应的动力学参数分别见表 11-1。

对于均相反应 $A(g)+B(g) \longrightarrow C+D$，反应速率为

$$V_i = k_{gi} C_A C_B \qquad (11-16)$$

$$k_{gi} = k_{g0i} e^{-E_a/RT} \qquad (11-17)$$

式中：k_{gi} 为气体反应速率常数；C_A、C_B 分别为反应物 A、B 的浓度；E_a 为反应活化能，kJ/mol；R 为气体常数，其数值为 8.314 J/(mol·K)；T 为生物质颗粒温度。

对于非均相反应 $A(s)+B(g) \longrightarrow C+D$，反应速率为

$$V_i = k_{gi} C_B \qquad (11-18)$$

$$k_{gi} = k_{g0i} e^{-E_a/RT} \qquad (11-19)$$

式中：k_{gi} 为气体反应速率常数；C_B 为气相反应物 B 的浓度。

表 11-1 　　　　　　　　　　　　各气化反应动力学参数

类型	反应式	频率因子 k_{gi} / s⁻¹	活化能 E_a / (kJ / mol)
均相反应	$CO+H_2O(g) \longrightarrow CO_2+H_2$	2.978×10^{12}	3.695×10^5
	$CO_2+H_2 \longrightarrow CO+H_2O(g)$	6.245×10^{14}	3.983×10^5
	$2CO+O_2 \longrightarrow 2CO_2$	3.09×10^4	9.976×10^4
	$2H_2+O_2 \longrightarrow 2H_2O$	8.83×10^8	9.976×10^4
	$CH_4+2O_2 \longrightarrow CO_2+2H_2O(g)$	3.552×10^{14}	9.304×10^5
非均相反应	$C+H_2O(g) \longrightarrow CO+H_2$	0.0833	1.214×10^5
	$C+CO_2 \longrightarrow 2CO$	5.55×10^3	3.061×10^5
	$C+2H_2 \longrightarrow CH_4$	0.208	2.33×10^5
	$C+O_2 \longrightarrow 2CO_2$	2.25×10^4	1.113×10^5

从表 11-1 中可以看出，气相之间的均相反应速率远高于碳与气相之间的非均相反应。因此，气化过程主要是碳和气化剂之间的非均相反应。两者之间的总反应速度除了与化学反应速度有关，还与气化剂和中间生成气向碳表面的分子扩散速度有关。

当气化反应温度不太高（<600℃）、碳与气相反应物之间的化学反应速度不快时，气体总反应速度完全取决于化学反应速度且较缓慢，即处于动力学反应区。此时即使气相反应物浓度不高，也可充分进入碳的表面，其数量可以满足碳的外表面和碳粒内部反应表面的需要，碳粒表面及其内部的气化强度相等。

根据阿累尼乌斯公式（Arrhenius equation），随着温度的升高（>800℃），非均相反应的化学

反应速度急剧加快，而扩散速度的增加却相当缓慢，碳粒表面的气相反应物浓度大大降低，将趋向于零。此时，气化反应总速度将取决于碳粒表面上的扩散速度，即处于扩散反应区，非均相反应的强度与碳粒表面的活性无关。此时若增加气流线速度并缩小燃料颗粒，则可强化气相反应物向扩散区的流动过程。当反应温度超过1200℃时，燃料的反应活性渐趋平稳，此时气相反应物的消耗主要取决于气流特性、气流速度和碳粒形状等。

在实际气化过程中，并没有明显的动力学反应区和扩散反应区，而是在介于这两个区域之间的中间过渡区或毗邻于某个边界区进行。所以，气化过程的总反应速度往往是既与化学因素有关，又与物理因素有关。尽管生物质气化反应的中间过程是相当复杂的，但最终产物是较为简单的气体混合物。由于氧化和还原反应的自平衡机制，进入气化炉的空气量只是改变了燃气产量，并未显著影响燃气成分和燃气发热量。因此，固定床生物质气化工艺设计时并不需要过多地考虑其中各个中间反应的过程，重要的是建立稳定的反应条件和反应床层，而且通过控制进入气化炉的空气量，就可以简单地调整气化炉负荷。

六、生物质气化反应的影响因素

生物质的气化是非常复杂的热化学过程，受很多因素影响。影响气化指标的因素取决于以下几个方面。

（一）原料的气化特性

原料的气化特性不但影响气化指标，而且也决定气化方法和器型选择。生物质作为气化原料比煤作为气化原料有突出的优点。

（1）挥发分高、固定碳低。煤的挥发分一般在20%左右，固定碳在60%左右；而生物质特别是秸秆类，固定碳在20%左右，而挥发分则高达70%左右。在较低的温度（约400℃）时，生物质大部分挥发分析出，而煤在800℃时才释放出30%的挥发分。

（2）炭反应性高。炭在较低的温度下，以较快的速度与CO_2及水蒸气进行气化反应。例如：在815℃、2MPa，He（45%）、H_2（5%）及水蒸气（5%）的气体中，80%炭能在7min内被气化，泥煤炭只能有约20%被气化，而褐煤炭几乎没有反应。

（3）生物质灰分少。生物质灰分一般少于3%（稻壳等除外），并且灰分不易黏结，从而简化了气化器的除灰设备。

（4）含硫量低。生物质含硫量一般少于0.2%，不需要气体脱硫装置，降低了成本，又有利于环境保护。生物质的发热量明显低于煤，一般只相当于煤的1/3~1/2。气化原料不同时，生物质产生的可燃气成分不同。表11-2则表示不同生物质气化后可燃气的成分。

表 11-2　　　　　　　　　不同生物质气化后可燃气的成分

原料	燃气成分 / %							低位发热量 / (kJ / m³)，标准状态下
	CO_2	O_2	CO	H_2	CH_4	C_nH_m	N_2	
木材	8.9	1.5	23.1	7.2	3.3	0.9	55.1	5448
玉米芯	10.3	0.4	21.9	10.0	4.3	0.5	52.4	5724
花生壳	8.4	2.0	20.9	6.9	2.7	0.3	59.7	4456
锯末	9.9	2.0	20.2	6.1	4.9	0.7	56.3	4544
油菜籽壳	11.0	1.6	17.9	12.2	4.5	0.3	52.2	5335
稻壳	7.5	3.0	19.1	5.5	4.3	0.1	60.5	4594

（二）原料的挥发分

一般原料中挥发分越高，燃气的发热量就越高。但燃气发热量并不是按挥发分量成比例地增加。挥发分中除了气体产物外，还包括煤焦油和合成水分。当这些成分高时，燃气发热量就低。此外，气体中的成分组成不同也明显影响发热量。

（三）原料的反应性和结渣性

反应性好的原料，可以在较低温度下操作，气化过程不易结渣，有利于操作，也有利于甲烷生成。矿物成分往往可在燃料燃烧层反应中起催化作用，例如将木灰（1.5%）喷在加热中的木材面上，就可使反应性加强，反应时间减少一半；如加入CaO（5%）也具有同样效果，如图11-3所示。生物质和煤中灰的组成主要有 SiO_2、Al_2O_3、Fe_2O_3、TiO_2、CaO、MgO、K_2O 等，对于反应性和结焦性差的原料，应在较高温度下操作，但不得超过生物质灰分的熔化温度，以促使二氧化碳还原反应加强，提高水蒸气的分解率，从而增加煤气中的氢和一氧化碳的含量。

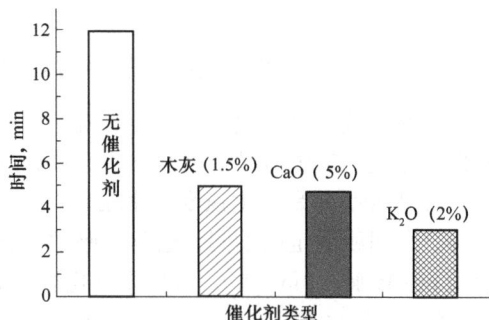

图11-3　木材在750℃时转化95%所需的时间

（四）原料粒度及粒度分布

原料粒度及粒度分布对气化过程影响较大，粒度较小能提供较多的反应表面，但通过气化炉的压降增大。颗粒粒度分布的均匀性是影响气流分布的主要因素。如果将未筛分过的原料加入固定床内，会造成大颗粒在床层中的分布不均，形成阻力较大和阻力较小的区域，造成局部强烈燃烧，温度过高，使气化局部上移或烧结形成"架空"现象。严重时气化层可能越出原料层表面，出现"烧穿"现象。此时，从"烧穿"区出来的气化剂就会把器膛产生的气体燃料烧掉，严重降低气体燃料质量，使气化炉处于不正常操作状态。因此，气化炉用原料必须经过筛分，原料最大与最小粒度比一般不超过8。

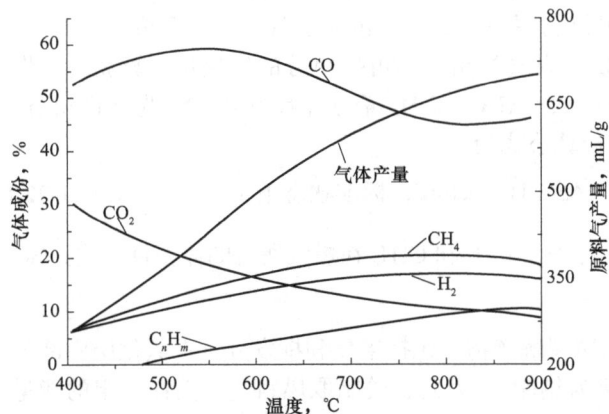

图11-4　反应温度对气体成分和产量的影响

（五）气化条件

反应温度、反应压力、物料特性、气化设备结构等也是影响气化过程中的主要因素。不同的气化条件，气化产物成分的变化很大，图11-4显示了反应温度对气体成分和产量的影响。

图11-4中 CO_2 的含量随着温度的升高而急剧下降，在400℃时，CO_2 含量达30%，而在800℃时，CO_2 含量降至10%。而其他可燃组分，如 CH_4、H_2 等，则均随温度的升高而增加。图11-4中反应温度对气体产量的影响，显示最终的不可凝气体产量随着温度的升高而迅速增加。特别是当有活性介质（如氢气、水蒸气）存在时，可影响一次热解反应和二次热解反应。综上所述，反应温度是影响气化过程的主要因素，在400~900℃范围内升高温度有利于气化反应的进行。

七、生物质气化主要评价参数

生物质气化工艺的经济性能取决于诸多因素。评价生物质气化工艺的主要指标包括气化强度、气体产率、气体发热量、气化效率、气化热效率、碳转化率等。这些评价指标并不是独立的指标，它们之间有很强的关联性。在评价生物质工艺性能时，必须综合考虑这些指标。

（一）气化强度

气化强度 P 是指单位时间内，单位横截面积的气化反应器处理生物质原料的能力，其值等于生物质进料速率除以气化炉横截面积。气化强度计算公式如下：

$$P = \frac{W_b}{A} \left[kg /(m^2 \cdot h) \right] \qquad (11\text{-}20)$$

式中：W_b 为生物质进料速率，kg/h；A 为气化炉横截面积，m^2。

气化强度反映了气化炉的生产能力。气化强度越大，气化炉的生产能力越大。气化强度与原料性质、气化剂供给量、炉型结构等有关。在实际生产中要结合这些因素确定合理的气化强度。

需要说明的是气化强度的比较只在炉型相同时才有实际意义。对于不同炉型，由于炉膛形状差异，截面积的定义不同，通常上吸式气化炉的 P 值为 100~300 kg/（$m^2 \cdot h$），下吸式气化炉的 P 值为 60~350kg/（$m^2 \cdot h$），流化床气化炉的 P 值为 2000kg/（$m^2 \cdot h$）。

（二）气体产率

气体产率 G_p 是指单位质量生物质气化后所获得的燃气在标准状态下的体积。气体产率可分为湿气体产率（包括水分在内的气体量）与干气体产率。气体产率与生物质种类有关，取决于原料中的水分、灰分及挥发分。对于同一类型的原料，惰性组分（灰分和水分）越少，可燃组分含量越高，则气体产率越高。气体产率计算公式如下：

$$G_p = \frac{V_g}{M_b} \left(m^3 / kg \right) \qquad (11\text{-}21)$$

式中：V_g 为燃气在标准状态下的体积，m^3；M_b 为气化生物质的质量，kg。

（三）气体发热量

气体发热量是指在标准状态下，单位体积燃气所包含的化学能。气体发热量有高位发热量（HHV）和低位发热量（LHV）之分，前者是指燃气完全燃烧所释放出的总能量，包括水蒸气所含潜热；后者是指燃气完全燃烧所释放的可供利用的能量，不包括水蒸气所含潜热。

气体低位发热量可通过实测获得，也可根据燃气的组成和可燃组分的发热量计算获得。燃气组成表示为容积分率或分压分率。通常 CO、H_2、CH_4、C_2H_4 等为有效组分，N_2 为惰性组分，CO_2，H_2S 等为杂质。气体低位发热量 Q_g 简化计算公式为

$$Q_g = 126CO + 108H_2 + 359CH_4 + 665C_mH_n \text{（kJ/m}^3\text{，标准状态下）} \qquad (11\text{-}22)$$

式中：CO、H_2、CH_4 和 C_mH_n 分别代表 CO、H_2、CH_4 和 C_mH_n 在燃气所占的体积百分比，%。

（四）气化效率与气化热效率

生物质气化是生物质部分氧化过程，生物质裂解产物（包括半焦和挥发分）在氧化层中部分被氧化为整个气化过程提供热量（化学能转化为热能）。因此，要制取燃料气，消耗一定的能量是不可避免的。另外在气化过程中必然会有热量损失，例如燃气泄漏等引起的损耗。也就是说，生物质中的能量并不能完全转移到燃气中。常用气化效率和气化热效率评价生物质气化过程中的能量转移及转化的效率。

（1）气化效率。气化效率 η 是指单位质量的生物质气化后，燃气所包含的化学能与气化原料所包含的化学能之比，它是衡量气化过程的主要指标之一。气化效率计算公式如下：

$$\eta = \frac{Q_g \cdot G_p}{Q_b} \times 100\% \qquad (11\text{-}23)$$

式中：Q_b 是指生物质原料的发热量，kJ/kg；Q_g 是指燃气的发热量，kJ/m^3（标准状态下）；

G_p 是指燃气的产率，m^3/kg（标准状态下）。

　　一般在计算气化效率时，燃气和生物质原料的发热量均采用低位发热量，此时的气化效率也称为冷煤气效率。生物质气化效率反映的是生物质中的能量有多少能转移到燃气之中。提高冷煤气效率意味着把生物质中蕴含的化学能更多地转化为燃气的化学能。国家行业标准规定 $\eta \geq 70\%$，固定床气化炉 η 通常为 $75\%\sim80\%$，流化床气化炉 η 最高已超过 80%。

　　（2）气化热效率。气化热效率反映能量的利用程度，也称热煤气效率。气化热效率计算公式如下：

$$\eta_{th} = \frac{Q_g + KQ_R}{Q_{coal} + Q_{air} + Q_{steam}} \times 100\% \tag{11-24}$$

　　式中：η_{th} 为气化热效率，%；Q_{air} 为气化单位原料空气带入的热量，kJ/kg；Q_{steam} 为气化单位原料水蒸气所带入的热量，kJ/kg；Q_R 为气化单位原料可回收的热量，kJ/kg；K 为热量有效回收系数。

　　气化热效率与燃气显热利用程度有密切关联，燃气显热利用得越充分，气化热效率越高。若燃气显热不回收利用，气化热效率则低于气化效率，即热煤气效率低于冷煤气效率。在实际生产过程中由于存在各种热损失，实际气化效率只能达到理想气化效率的 $50\%\sim83\%$。当回收燃料气热量用于生产蒸汽或者过热气化剂，可有效提高气化炉气化热效率。

　　（五）碳转化率

　　碳转换率 η_c 是指生物质燃料中的碳转换为气体燃料中的碳的份额，即气体中含碳量与原料中含碳量之比。它是衡量气化效果的指标之一。碳转化率计算公式如下：

$$\eta_c = \frac{C_{CO} + 12C_{CO_2} + C_{CH_4} + 2.5C_{C_nH_m}}{12 / W_{CH_xO_y}} \cdot G_p \tag{11-25}$$

　　式中：C_{CO}、C_{CO_2}、C_{CH_4}、$C_{C_nH_m}$ 为相应的气体在燃气中所占的体积百分比；$W_{CH_xO_y}$ 为生物质特征分子式的分子量。

　　生物质气化过程中，相对碳及挥发分的燃烧反应，C 与水蒸气和 CO_2 的气化反应是比较慢的，这两个反应进行的程度最终决定了碳转化率的高低。

　　C 与水蒸气和 CO_2 的气化反应均为吸热反应。因此，无论从热力学角度还是动力学角度，提升反应温度均有利于提高气化过程的碳转化率。从化学反应速率的角度讲，当气化温度一定时，气化进行的程度取决于反应物的分压（或浓度）。在气化反应的后期，水蒸气和 CO_2 的浓度逐渐趋近平衡，这时反应进行的程度主要由反应时间长短决定。因此，对于气化过程而言，延长停留时间特别是延长二次热解反应的时间有利于提高气化过程的碳转化率。

第二节　生物质气化技术与工艺

一、生物质气化炉

　　气化炉是用来气化固体燃料的设备。气化炉是生物质气化系统中的核心设备，生物质在气化炉内进行气化反应生成可燃气。根据气化炉结构，可以将生物质气化炉分为固定床气化炉（fixed-bed）、流化床气化炉（fluidized-bed）和气流床气化炉（entrained-flow bed）三种类型。不同结构的气化炉又有多种形式，如图 11-5 所示。

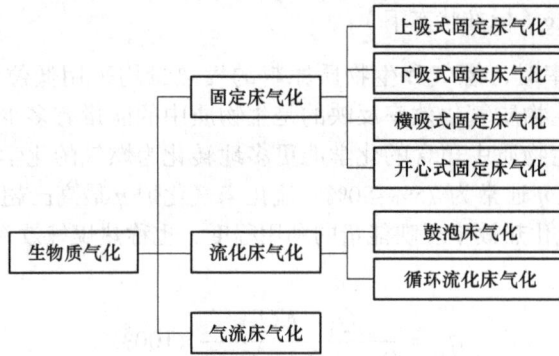

图 11-5　生物质气化技术按气化炉结构分类

（一）固定床气化炉

固定床气化炉是指气流在通过物料层时，物料相对于气流处于静止状态。一般情况下，固定床气化炉适用于气化块状及大颗粒生物质原料。固定床气化炉具有以下优点：①制造简便，成本低，运动部件少；②热效率高。其主要缺点为：①气化过程难以控制；②物料在气化炉内易搭桥形成空腔；③原料处理量小，其气化强度和单机最大气化能力相对较低，分别约为 250kg/（$m^2 \cdot h$）和 400kg/h。

按照气流在反应器内的流动方式，固定床气化炉可以分为上吸式（updraft）、下吸式（downdraft）、横吸式（crossdraft）和开心式（outdraft）四种类型，如图 11-6 所示。

1. 上吸式固定床气化炉

上吸式固定床气化炉的工作原理如图 11-7（a）所示。生物质原料从气化炉顶部加入，然后依靠重力逐渐由顶部移动到底部，气化剂由炉膛底部进入气化炉，向上经过各反应层，产出的燃气从顶部排出，反应后灰渣由底部排出。

在上吸式固定床气化炉中，气流流动方向与向下移动的物料运动方向相反，所以也称为逆流式气化炉。进入气化炉的生物质原料向下移动的过程中遇到下方上升的热气流，首先脱除水分，当温度提高到 200~250℃时发生热解反应，析出挥发分。产生的炭进入还原区，与氧化区产生的热气体发生还原反应，生成 CO、H_2 和 CH_4 等可燃气。上吸式固定床气化炉的氧化区位于还原区的下方，为四个区的最底部，其反应温度可达到 1000~1200℃以上。还原区未消耗完的炭与气化剂在氧化区发生氧化反应，灰分则落入灰室。在氧化区、还原区、热解区和干燥区生成的混合气体自下而上流动由气化炉上部引出炉外。上吸式气化炉温度分布如图 11-7（b）所示，氧化区温度最高，可以达到 1100℃以上，从还原区到干燥区温度逐渐降低，至气体出口降到 300℃左右。

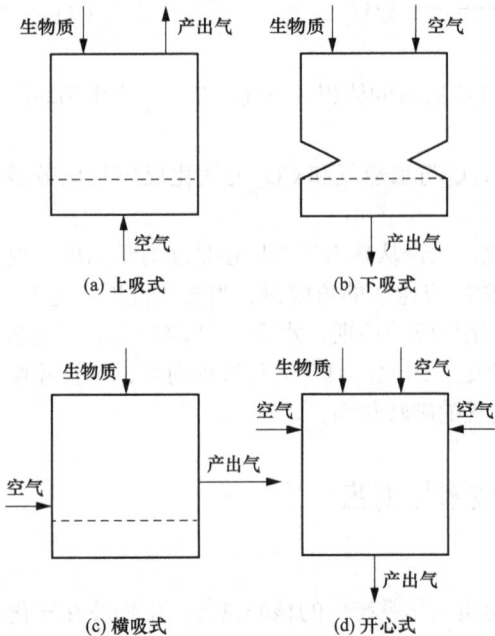

图 11-6　固定床气化炉分类

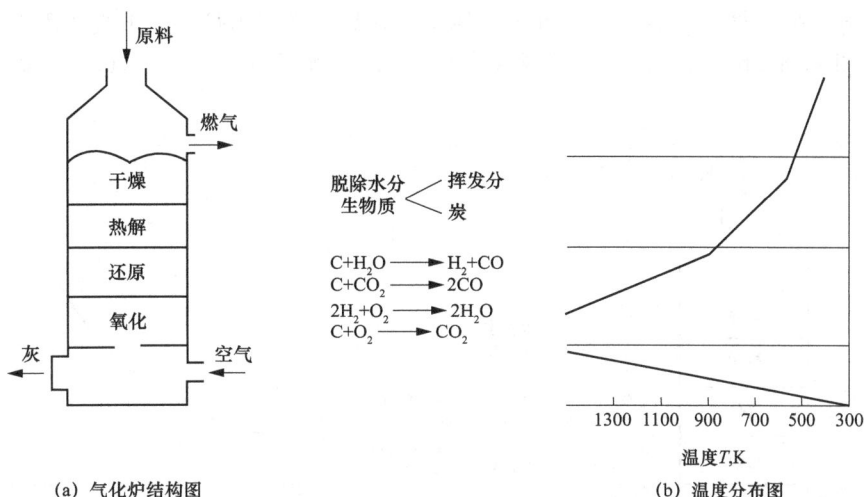

图 11-7　上吸式固定床气化炉

上吸式固定床气化炉补给气化剂的方式有两种：一种是采用安装在气化机组上游的风机将空气吹进气化炉，气化炉内的工作环境为微正压；另一种是采用安装在气化机组下游的罗茨风机或真空泵将空气吸入气化炉，气化炉的工作环境为微负压。这两种方式都可以通过改变进风量的大小来控制气化炉的供氧量。但为防止燃气由生物质加料口向外泄漏，必须要采取专门的加料措施才可实现连续加料，或将炉膛上部做得较大，能储存一段时间的用料，运行时将加料口密闭，待炉内原料用完后再停炉加料。两种方式的不同之处在于炉膛下部的出灰，前者需要增加专门的装置才可连续出灰，而后者则不要专门装置即可连续出灰。

上吸式固定床气化的主要优点如下：①气化效率较高，主要是因为产出气体经过热解区和干燥区时直接同物料接触，将其携带的热量直接传递给物料，使物料干燥裂解，同时降低了产出气体的温度，使得气化炉热效率有所提高；②燃气发热量较高，主要是因为燃气直接混入了有较高发热量的挥发分；③由于热气流向上流动，炉排受到进风的冷却，工作比较可靠；④产出气体中灰分含量较低，这是因为热解区和干燥区对流过的产出气有一定的过滤作用。

上吸式固定床气化炉的主要缺点为：①燃气中 H_2 产量低，这是由于原料中的水分由燃气带出气化炉，不参与反应，减少了 H_2 的产出；②燃气中焦油含量高，这是上吸式固定床气化炉最大的缺点。这是由于燃气直接混入了挥发分中的焦油而使气体中的焦油含量较高，以木材为原料进行气化，气体中的焦油含量一般会高达 $20g/m^3$ 以上，这对于气体的使用是一个很大的问题，因为焦油冷凝后会沉积在管道、阀门、仪表和灶具上，严重时可破坏系统的正常运行。自生物质气化技术问世以来，如何清除焦油一直没有得到很好的解决。固定床上吸式气化炉一般应用于粗燃气无需冷却净化即直接使用的场合，在必须使用清洁燃气的场合，如直接作为锅炉等热力设备的燃料气等，就只能用硬木或炭作为气化原料。

2. 下吸式固定床气化炉

下吸式固定床气化炉的结构简图如图 11-8（a）所示：生物质原料由炉膛顶部进入，依靠重力逐渐移动至底部，气化剂从上部进入，向下穿过各个反应区，燃气由反应层下部吸出，灰渣从底部排出。由于原料移动方向与气体流动方向一致，所以也称为顺流式气化。刚进入气化炉的生物质遇到下方上升的热气流，首先脱除水分；向下移动过程中当温度提高到 250℃ 左右时发生热解并析出挥发分；挥发分与气化剂一同向下流动，当进入氧化区时，挥发分和一部分生物质焦炭与气化剂中的氧气发生不完全氧化反应，并使炉内局部温度迅速升至 1000℃ 以上；在氧气耗尽后的还原区，剩余焦炭与气体中的二氧化碳和水蒸气发生还原反应而生成一氧化碳、氢气和甲烷等可燃气体；最后，这些混合气体由气化炉下部引出炉外。下吸式固定床气化炉的温度分布如图 11-8（b）所示，还原区温度为 800℃，热解区温度为 500~700℃，而干燥区温度为 300℃ 左右。

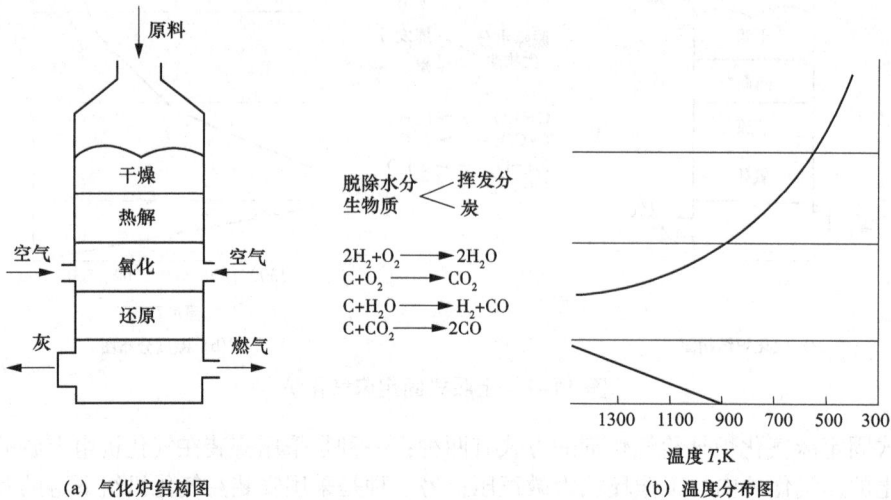

2H₂+O₂ → 2H₂O
C+O₂ → CO₂
C+H₂O → H₂+CO
C+CO₂ → 2CO

（a）气化炉结构图　　　　　　（b）温度分布图

图 11-8　下吸式固定床气化炉

下吸式固定床气化炉的主要优点是：①结构比较简单，加料方便；②产出气体中焦油含量低，因为挥发分中的焦油在氧化层和还原层得到一定程度的氧化和裂解；③操作方便，运行安全可靠，因为下吸式固定床气化炉工作环境为微负压。也正因为微负压运行，其加料口无需严格的密封即可实现连续进料。由于秸秆堆积密度小，要设计一个能容纳一定时间料量的炉膛相当困难，下吸式固定床气化炉有利于秸秆类生物质稳定燃烧。

下吸式固定床气化炉的主要不足是：①产出气体中灰分较多；②相对于上吸式固定床气化炉，下吸式气化炉的产出气体温度较高，热利用效率较低；③炉排处于高温区，容易粘黏熔融的灰渣，寿命难以保证；④当气化秸秆和草类等低品质原料时，下吸式固定床气化炉热解层和氧化层易发生局部穿透，不利于气化炉稳定运行。因为秸秆等物料在挥发分大量析出后体积会迅速缩小，从而使得秸秆半焦依靠自身重力向下移动的能力变差，此时热解层和氧化层极易发生局部穿透。为了及时填充穿透空间并阻止气流短路，合理设计加料机构和炉腔形状，辅以合理的拨火方式是非常必要的。

此外，微负压工作环境导致炉膛下部连续出灰困难，若不增设专门的连续出灰装置，则只能将炉膛底部做得足够大以存放灰渣，运行时每隔一段时间停机清除一次灰渣。

3. 横吸式固定床气化炉

横吸式固定床气化炉气化结构及气化反应区示意如图 11-9（a）所示。生物质原料由气化炉顶部加入，灰分落入下部的灰室。横吸式固定床气化炉的不同之处在于其气化剂从气化炉的侧向提供，燃气从对侧流出，气流横向穿过氧化区，在氧化区及还原区进行热化学反应，反应过程与其他固定床气化炉相同，但是反应温度很高，容易使灰熔化，造成结渣。所以该种气化炉一般用于灰含量很低的物料，如炭和焦炭等。

如图 11-9（b）所示，横吸式固定床气化炉中存在一个高温燃烧区，该高温区是通过一具单管进风喷嘴进行高速、集中鼓风实现的。进风管需要用水或少量风进行冷却，在高温燃烧区温度可超过 2000℃。高温区的大小取决于进风喷嘴的形状及进气速度，不宜太大或太小。横吸式固定床气化炉已投入商业化运行，该炉型主要应用在南美洲。

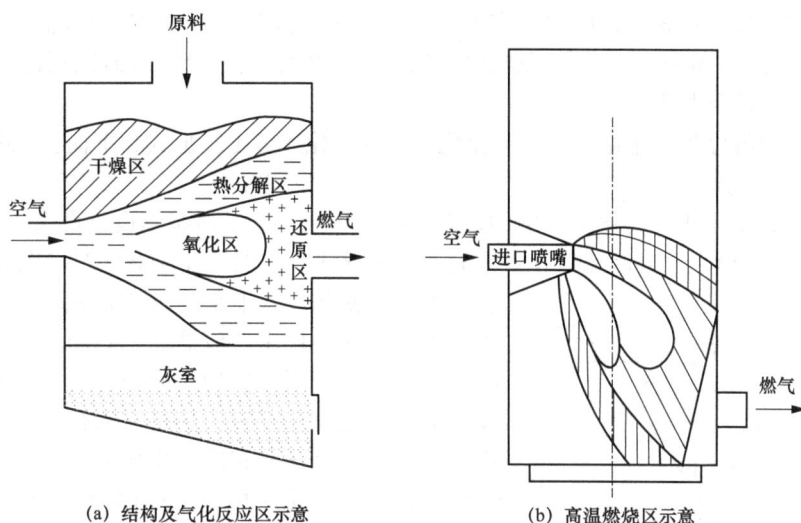

(a) 结构及气化反应区示意　　　(b) 高温燃烧区示意

图 11-9　横吸式固定床气化炉

4. 开心式固定床气化炉

开心式固定床气化炉结构及气化反应区示意如图 11-10 所示,开心式固定床气化炉的结构与气化反应与下吸式固定床气化炉相类似,是下吸式固定床气化炉的一种特别形式。它以转动炉栅代替了高温喉管区,主要反应在炉栅上部的气化区内进行,该炉结构简单,氧化还原区小,反应温度较低。开心式固定床气化炉是由我国研制的成果,目前已经投入商业运行多年,主要用于稻壳气化。

(二)流化床气化炉

在流化床气化炉中,以砂子为流化介质形成一个热砂床,生物质原料的燃烧和气化反应都是在该热砂床上进行。在吹入气化剂的作用下,气化介质、原料颗粒和砂子充分接触,实现炉内流态化。流化床气化炉具有较高的气-固传热、传质速率,床层中气固两相的混合接近于理想混合反应器,原料颗粒、流化介质(砂子)和气化介质充分接触,温度均匀,气化反应速度快,产气率高。

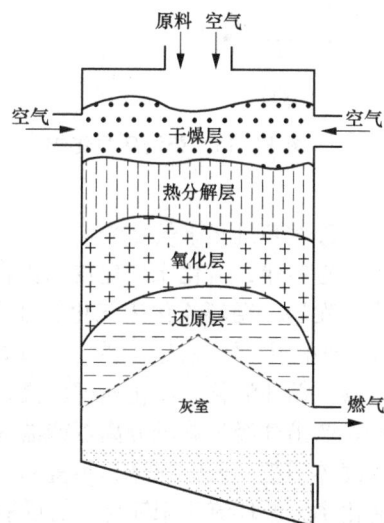

图 11-10　开心式固定床气化炉结构及气化反应区示意

流化床气化过程与固定床有许多相似之处,床层同样存在氧化区和还原区。当流化床层流化不均匀时,会产生局部高温,甚至导致局部结焦,影响流化床的稳定操作。为了避免结渣,一般流化床的气化温度控制在 750~900℃。流化床中颗粒气化反应和焦油裂解反应均在床内进行,产出气体中焦油含量低。流化床气化炉原料适应性强,具备大规模应用前景,因而受到广泛关注。

与固定床气化相比,流化床气化的主要优点如下:①由于生物质原料粒度较细,伴随着剧烈的气固混合流动,床层内传热传质效果较好,因而,气化效率和气化强度都比较高,尤其是气化强度要比固定床气化高 2~3 倍;②由于流态化的操作范围较宽,故流化床气化能力可在较大范围内进行调节,而气化效率不会明显降低;③流化床使用的燃料颗粒很细,传热面积大,故传热效率高。由于床温不是很高且比较均匀,因而灰分熔融结渣的可能性大大减弱。

与固定床气化相比,流化床气化的主要缺点如下:①由于气体出口温度较高,用于自身气化的显热热量很少,故产出气体的显热损失较大;②由于流化速度较高,物料颗粒又细,故产出气体中的固体带出物较多；③流化床要求床内物料、压降和温度等分布均匀，因而运行控制和检测手段较复杂；④对于鼓泡床化，最好在床层内添加一些热容量比较大的惰性热载体，否则气化效率和气化强度都难以令人满意。

流化床气化炉可分为单流化床、循环流化床和双流化床等工艺形式，下面分别介绍。

1. 单流化床气化炉

通常情况下，单流化床气化炉采用的是鼓泡床气化炉，这是最基本也是最简单的一种流化床气化炉。如图11-11所示，鼓泡床气化炉只有一个流化床反应器，反应器一般可以分为上下两段，下部为气固密相段，上部为气固稀相段。气化剂从底部经布风板进入流化床反应器，生物质原料从布风板上方进入流化床反应器。生物质原料与气化剂一边向上作混合运动，一边发生干燥、热解、氧化和还原等反应，这些反应主要发生在密相段，生成的反应气体直接由气化炉出口送入净化系统中，反应温度一般控制在800℃左右。稀相段的作用主要是降低气体流速，使没有转化完全的生物质焦炭不致被气流迅速带出反应器而继续留在稀相段发生气化反应。

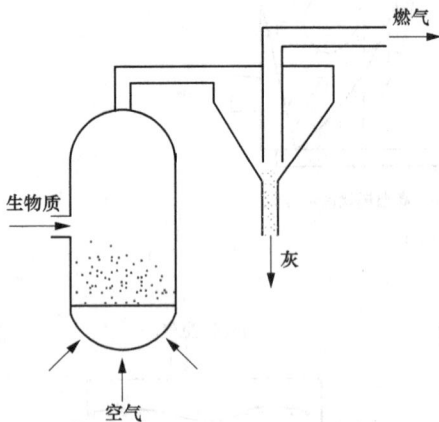

图 11-11 鼓泡床气化炉

鼓泡床气化炉流化速度较慢，比较适合于颗粒较大的生物质原料，且一般情况下必须增加热载体，即流化介质。总的来说鼓泡床气化由于存在着飞灰和夹带炭颗粒严重、运行费用较高等问题，不适于小型气化系统，只适于大中型气化系统。

2. 循环流化床气化炉

近些年，流化床气化技术正在由低速鼓泡床向高速循环流化床发展。循环流化床气化炉如图11-12所示，它与单流化床气化炉的主要区别是在燃气出口处，设有旋风分离器或滤袋分离器。循环流化床流化速度较高，使产出气中含有大量固体颗粒。产出气经过旋风分离器或滤袋分离器后，通过料脚，使这些固体颗粒返回流化床，再重新进行气化反应，如此提高碳的转化率。循环流化床气化炉的反应温度一般控制在700~900℃，它适用于较小的生物质颗粒，在大部分情况下可以不必加流化床热载体。

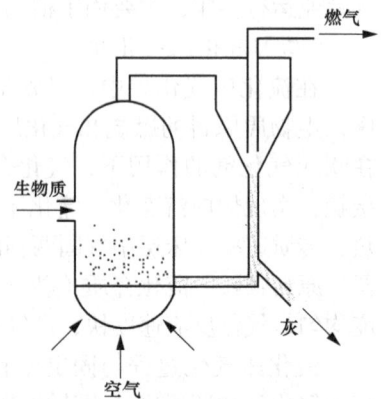

图 11-12 循环流化床气化炉

循环流化床中较高的滑移速度保证了气固两相的充分混合，促进了气化炉内热质传递。相比于单流化床，循环流化床具有很高的循环率，有利于原料的快速升温，减少了焦油的产生。循环流化床另一个重要特点是对颗粒的大小和形状无特殊要求，因此非常适合应用于生物质气化。

与单流化床气化相比，循环流化床气化的优点主要有：①由于操作气速可明显提高而不必担心碳的转化率，故气化效率尤其是气化强度可以得到进一步提高；②它可以适用更小的原料粒径，在大部分情况下可以不加流化热载体，运行较为简单。循环流化床气化的缺点主要是回流系统较难控制，料脚容易出现下料困难的现象，且在炭回流较少的情况下容易变成串流。

3. 双流化床气化炉

双流化床气化炉通常由气化炉和燃烧炉两个部分组成，其组成如图11-13所示。在气化炉中，生物质原料发生裂解反应，生成气体排出后，送入净化系统。裂解生成的炭粒经料脚送入燃烧炉。在燃烧炉中炭粒进行氧化燃烧反应，使床层温度升高，经过加热的高温床层材料通过料脚返回气化炉，从而保证气化炉的热源，双流化床气化炉碳转化率较高。

双流化床气化系统是鼓泡床和循环流化床的结合，它将燃烧和气化过程分开，燃烧床采用鼓泡床，气化床采用循环流化床，两床之间靠热载体即流化介质进行传热。因此，控制好热载体的循环速度和加热温度是双流化床系统中最关键也是最难的技术。

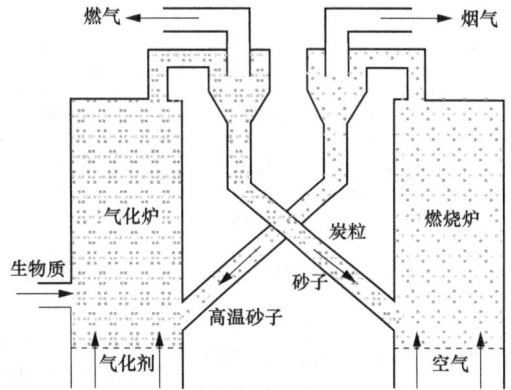

图 11-13 双流化床气化炉工作原理图

（三）气流床气化炉

气流床又称为射流携带床，是利用流体力学中射流卷吸的原理，将生物质颗粒与气化介质通过喷嘴高速喷入气化炉内，射流引起卷吸，并高度湍流，从而强化了气化炉内的混合，有利于气化反应的充分进行。气流床气化炉的结构示意如图 11-14 所示。生物质气流床气化时，生物质原料破碎成粉状颗粒，由气化剂直接将粉状生物质原料喷入后进行燃烧和气化，运行温度高达 1100~1300℃，气化速度非常快，气体在炉内的滞留时间只需 1~2s，其出口煤气中的焦油及可凝物含量很低，碳转化率接近 100%。

气流床气化炉的高温、混合较好的特点决定了它有在单位时间、单位体积内提高生产能力的最大潜能，符合大型化工装置单系列、大型化的发展趋势，代表煤或生物质气化发展的主流方向之一。

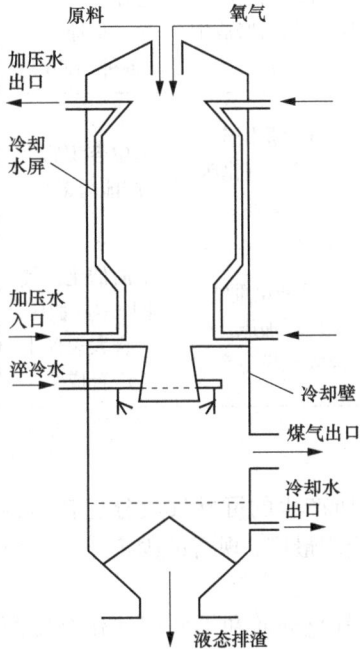

图 11-14 气流床气化炉结构示意

以上分别介绍了三种气化炉型的结构及运行原理，不同气化炉特性的比较见表 11-3。

表 11-3 三种气化炉特性的比较

指标	固定床（移动床）		流化床		气流床
	上吸式	下吸式	鼓泡床	循环流化床	
原料类型	固体	固体	固体	固体	气、液和固体
固体颗粒粒度 /mm	5~100	5~100	0.5~5	0.5~5	< 0.1
气化温度/℃	500~800	500~800	750~1000	750~1000	1300~1500
气体出口温度 /℃	400~500	400~500	700~900	700~900	900~1400
原料停留时间	15~30min	15~30min	5~50s	5~50s	1~10s
焦油含量	12000mg/m³	90~150g/m³	2000mg/m³	2000g/m³	< 50mg/m³
气化效率	60%~70%	70%~80%	75%	75%~80%	80%

续表

指标	固定床（移动床）		流化床		气流床
	上吸式	下吸式	鼓泡床	循环流化床	
碳转化率	较高	较高	80%~90%	＞90%	90%~100%
H₂/CO	0.88	0.66	1~1.5	1.52	2（O₂、水蒸气）
灰渣排放	固态排渣	固态排渣	灰渣含碳较高	灰渣含碳较高	液态熔渣
原料适应性	原料不需预处理，可适用于含水量高生物质	大块原料不经预处理可直接使用	适用各种生物质，但原料需预处理	适用各种生物质，但原料需研磨成细颗粒	适用各种生物质，但原料需各种预处理
设备实用性（单炉生产能力，结构复杂程度）	生产强度小，结构简单，加工制造容易	生产强度小，结构简单，容易实现连续加料	生产强度是固定床4倍，但受气流速度限制	生产强度是固定床8~10倍，流化床的2倍	单位容积的生产能力最大
与费托合成系统匹配性	燃气需催化重整，后续要加压设备，适合小规模生产	燃气需催化重整，后续要加压设备，适合小规模生产	燃气需催化重整，后续要加压设备，适合较大规模生产	燃气需催化重整，气化炉可加压，适合大规模生产	不需催化，气化炉本身加压，适合大规模生产合成气

二、生物质气化气化剂

生物质气化采用不同原料和气化剂（空气、氧气和水蒸气）所产生的可燃气成分也各不相同。其中以空气和水蒸气同时作为气化剂而得到混合燃气的技术应用最广，现行的固定床生物质气化系统基本上采用这种气化方式。

生物质气化有多种形式，如果按使用的气化介质可分为使用气化介质和不使用气化介质两种，使用气化介质则分为空气气化、氧气气化、水蒸气气化、空气（氧气）-水蒸气混合气化和氢气气化等，不使用气化介质的有热分解气化。

（一）空气气化

以空气为气化剂是所有气化技术中最简单、最普遍的一种。空气中的氧气与生物质中的可燃组分进行氧化反应，产生可燃气并放出热量，为还原反应、热分解过程以及原料的干燥提供所需的热量，因此空气气化过程是一个自供热系统。但由于空气中氮的存在，稀释了燃气中可燃组分的含量，可燃气中氮气含量高达50%左右，使产生的可燃气体发热量较低，通常为5439~7322kJ/m³（标准状态下）。气化树叶、畜粪而产生的可燃气体其发热量更低，只有4100kJ/m³（标准状态下）左右。因而这种可燃气体不适宜用管道输送至远方，而适合作紧密连接的锅炉或内燃机燃料。

（二）氧气气化

为了提高可燃气的发热量，发展了用氧气作为气化介质。与空气气化比较，氧气气化的特点是产生的可燃气体不被氮气所稀释（氮含量只有1%），反应温度提高，反应速率加快，反应器容积减小，热效率提高，故可燃气具有中等发热量[10878~18200kJ/m³（标准状态下）]，与城市煤气相当，气体质量也有所提高，它可用管道输送，建立小型的集中供气系统。氧气气化产生的可燃气也可用作化工合成的原料，如制造甲醇等。由于使用氧气气化成本会略有增加，国外用氧气气化城市固体垃圾已发展到生产规模。

（三）水蒸气气化

水蒸气气化是指水蒸气同高温下的生物质发生反应，它包括水蒸气-碳的还原反应、CO与水蒸气的变换反应、各种甲烷化反应以及生物质在气化炉内的热分解反应等，常用的催化剂有镍-硅-铝等，镍是生成甲烷的催化剂，硅催化剂起到使可凝有机化合物裂解的作用。由于水蒸气气化的主要反应是吸热反应，因此需要外供热源，但反应温度不能过高，因而技术较复杂，不易控制和操作。生成的可燃气中氢气和甲烷的含量较高，为中发热量气体，发热量为 $10920\sim18900$ kJ/m³（标准状态下），可用于合成燃料，如双流化床气化反应器中有一个床是水蒸气气化床。典型的水蒸气气化可燃气组成为 H_2 20%~26%，CO 28%~42%，CO_2 23%~10%，CH_4 20%~10%，C_2H_4 2%，C_2H_6 1%，C_3 以上成分 2%~3%。

（四）空气（氧气）- 水蒸气混合气化

空气（氧气）- 水蒸气混合气化是指空气（氧气）和水蒸气同时作为气化剂的气化过程。空气（氧气）- 水蒸气混合气化是自供热系统，不需要复杂的外热源；气化所需要的一部分氧气可由水蒸气提供，减少了空气（或氧气）消耗量，并可生成更多的 H_2 及碳氢化合物；特别是在有催化剂的条件下进行 CO 生成 CO_2 反应，降低了气体中 CO 的含量，使气体燃料更适合于用作城市燃气。因此，空气（或氧气）- 水蒸气气化是比单用空气或水蒸气都优越的气化方法。在 800℃、水蒸气与生物质比为 0.95、氧气的比消耗量为 0.2 情况下，氧气 - 水蒸气气化的气体成分（体积分数）为：H_2 32%、CO_2 30%、CO 28%、CH_4 7.5%、C_mH_n 2.5%；气体低位发热量为 11.5 MJ/m³（标准状态下）。

（五）氢气气化

氢气气化是使氢气同碳及水发生反应生成大量甲烷的过程，其可燃气发热量可达 $22260\sim26040$kJ/m³（标准状态下），属高发热量燃气，但因其反应需在高温高压且具有氢源的条件下进行，条件苛刻，应用较少。表 11-4 为不同气化技术的产物及用途。

表 11–4　　　　　　　不同气化剂生物质燃气特性及主要用途

气化剂	空气	氧气 / 水蒸气	氢气
气体发热量 /（MJ/m³）	4.2~7.6	11~19	22~26
气体属性	低发热量气体	中发热量气体	高发热量气体
主要用途	锅炉、干燥、动力	区域供气、合成气	工艺热源、管网输送气

第三节　燃气净化

一、净化目的和要求

生物质气化炉出口的燃气中含有一些杂质，也称为粗燃气。粗燃气中的杂质主要是固体杂质、液体杂质和少量的微量元素，粗燃气中的各种杂质特性如表 11-5 所示。如果将粗燃气直接送入下游用气系统会危害输配管网及用气设施的安全运行，因此粗燃气必须进行净化处理，使之成为符合用气系统燃气质量要求的洁净燃气。

表 11–5　　　　　　　　　粗燃气中的各种杂质特性

杂质种类	典型成分	可能引起问题	净化办法
颗粒	灰、焦炭等	磨损、堵塞	过滤、水洗
碱金属	钠、钾等化合物	高温腐蚀	冷凝、吸附、过滤
氮化物	氨、HCN	形成 NO_2	水洗 SCR 等

杂质种类	典型成分	可能引起问题	净化办法
焦油	各种芳香烃等	堵塞、难以燃烧	裂解、除焦、水洗
硫、氯	HCl、H_2S	腐蚀污染	水洗化学反应法

在气化系统中主要考虑脱除固体杂质和液体杂质。

固体杂质是指气化后灰分和微细的炭颗粒组成的混合物。根据所用原料的不同，灰粒的数量和大小各异。炭或木材原料中含灰量很少，而且炭的结构比较强，所以只在气化的最后阶段才出现被燃气携带的细小炭粒。粗燃气中灰粒的含量为 $5\sim10g/m^3$。秸秆类原料情况要严重得多，除了秸秆灰含量较高外，其热解后的炭结构很弱也较轻，很容易被气流携带。因此秸秆气化后燃气中的固体杂质量较大而且颗粒的直径也大，粗燃气中灰含量可能在每立方米数十克的数量级。

液体杂质主要是指常温下能凝结的焦油和水分。水分的清除是容易的，因为水的流动性很好，而焦油冷凝后是黏稠的液体，容易黏附在物体的表面。焦油是一种可凝有机物质的复杂混合物，美国 NREL 的 Milne 在对焦油的研究中给出以下定义：任何有机材料在加热或部分氧化（气化）作用下产生的有机物，可通称为焦油，且通常认为其主要是较大的芳香族类物质。

根据气化方式和原料的不同，粗燃气中的焦油含量在每立方米数克到上百克的范围内。在粗燃气中焦油是蒸汽态，随着温度的下降，就开始凝结成为黑色黏稠油状物。总体而言，焦油的危害有以下几种：①焦油冷凝后与固体杂质混合，将形成结实的灰垢，堵塞在管道内，腐蚀金属，严重影响设备稳定、安全运行；②焦油占秸秆气总能量的 5% 左右，在低温下难以同秸秆气一同被燃烧利用，造成能量浪费；③焦油成分中的多核芳香族在净化及燃烧时对环境及人类健康构成严重危害；④焦油难以完全燃烧，燃烧产物中的炭黑等颗粒对燃气利用设备如燃气轮机、内燃机等造成严重损害。

根据气化工艺的不同，粗燃气中所含焦油的数量和成分也有所差异。下吸式气化炉中燃气的焦油含量较低，仅为 $0.5\sim1g/m^3$，但是由于气流穿过灰层，带灰较多；上吸式气化炉中燃气经上部原料层过滤，灰含量较少，但是干燥、热解过程产生的焦油和水分不经过高温分解层直接排出，因此焦油含量较高，通常可达 $50g/m^3$。流化床气化炉炉内温度低、气流速度高，燃气中焦油含量在 $10g/m^3$ 的数量级。

生物质粗燃气的净化是生物质燃气使用过程中不可或缺的一个环节，是生物质气化技术的一个重要研究课题。燃气净化的一般流程是在燃气稳定显著下降之前先脱除炭和灰尘等固体杂质，然后逐步脱除焦油和水分。因为在脱除焦油和水分过程中多半采用了冷却工艺，气体温度也随之下降到常温。

二、焦油和灰尘脱除方法

对于生物质燃气中焦油和灰尘脱除方法，常见的有物理净化方法和热化学转化方法。

（一）物理净化方法

生物质气化产生的焦油从气相向冷凝相进行转移、脱离，进而达到与燃气分离，实现减少燃气中焦油的目的。物理净化方法并不能真正将焦油除去，只是将焦油转移。物理法分离的焦油杂质不能被直接利用，易造成二次污染，同时也会带来能量的浪费。目前采用较多的物理净化方法包括旋风分离、湿式净化、干式过滤等方法。

1. 旋风分离法

采用旋风分离器来脱除燃气中焦油，其原理是燃气沿切线方向进入旋风分离器而产生旋转运动，燃气中液体颗粒在离心力作用下被抛向器壁，并与器壁碰撞和摩擦而失去动能，在重力作用下沉降下来，被净化的燃气沿分离器轴向引出。

旋风分离器类型较多，按结构分为圆筒式、旁通式和扩散式。圆筒式结构简单，阻力小，但焦油去除率低，对于粒径为 $100\,\mu m$ 左右的颗粒分离效率小于 60%~70%，一般用于捕集密度和粒径大的颗粒。旁通式是在圆筒体上设螺旋形的灰尘隔离室并与锥体连通，在隔离室的上端和下端设分离口，分别分离细颗粒和粗颗粒，分离效果高于圆筒式。扩散式是采用 180° 蜗壳式入口，圆筒体较短，下接倒锥体，倒锥体底部设反射屏，用于捕集粒径 $10\,\mu m$ 以下的颗粒。实践证明，采用圆筒式和扩散式分离器联合脱除焦油，效果较为理想。

若仅采用旋风分离器来去除燃气中的焦油，还达不到城市燃气规范对焦油含量的要求，必须采用进一步净化。将筒体分层，并在内腔设置填料层，使气体在经过旋风分离器后，再经过填料层的过滤，增强除尘、除焦效果。根据对焦油含量的要求，还可再连接生物质过滤器或活性炭焦油吸附器，来满足燃气规范要求。

2．湿式净化

湿式净化法又称为水洗法，其净化焦油的机理主要是慢碰撞，用水将燃气中的部分焦油带走。湿法除焦主要用冷却洗涤塔、文丘里洗涤塔、除雾器、湿静电除尘器等设备。在操作中根据所需气体的纯度，常常采用其中一组或几组单元对气体进行净化。

（1）冷却洗涤塔和文丘里洗涤塔。冷却洗涤塔通常配合旋风分离器使用，常用作旋风分离器后的第一个湿洗单元。冷却洗涤塔中重质焦油能够被完全冷凝下来，但是一般意义上的焦油液滴和气态、液态烟雾却能被气流带走。因此，冷却洗涤塔仅是表面上将能冷凝下来的焦油除去了，焦油液滴和烟雾还不能有效去除。为了彻底将焦油液滴和烟雾脱除，在冷却塔的后面通常与文丘里洗涤塔连用。文丘里洗涤塔根据压力突变的原理，可以将气态中的较重物质除去。

（2）湿静电除尘器。湿静电除尘器的工作原理是使燃气通过高压的负电区域，使颗粒带电，然后再通过一个带有正电的极性板，从而将带电颗粒从燃气中除去。湿静电除尘器对于去除液体颗粒很有效，但是一旦焦油呈气态时就会失效，所以要有效除焦必须避免高温，在应用静电除尘器之前气体必须先冷却。

湿式净化是一种非常有效的除焦油和灰尘方法，它能将焦油冷凝在气相产品之外。但是值得注意的是湿式净化法会产生大量的废水，而且在把焦油从燃气里去除的过程中，燃气的发热量减少，气化过程的整体效率降低。焦油洗涤产生的废水包括大量的有机不溶物、无机酸和金属等，因而不能随意排放，而且其后续处理过程非常烦琐，操作费用也较高。因此，湿式净化法除焦油和灰尘得到更广泛应用的前提是必须找到合适的废水处理方法。

3．干式过滤法

离开气化炉的原料气温度一般 400~800℃ 在之间。如果后续操作是要进行热气过滤和焦油裂解或重整转化，处理温度应当保持尽量高。在容器内填放粉碎的玉米芯、木屑、谷壳或炭粒，让燃气从中穿过，从热燃气中去除接近干燥的可凝性焦油。但是这种中温、干法除焦技术还很少被应用，其中的原因可能是有大量的焦油还保留在气相中，通过过滤器后也没有完全截留下来，另外干法除焦操作成本较高。

（二）热化学转化方法

热化学转化方法主要是通过创造炉内局部高温环境或添加催化剂，使气化过程中产生的焦油进一步裂解，生成小分子的永久气体，达到减少气化伴生焦油、避免二次污染、提高气化效率的目的，去除焦油的燃气经过简单的物理分离即可将灰尘去除。热化学转化方法除焦不仅在根本上去除了焦油，消除了焦油对设备破坏和环境污染的隐患，而且有效地回收了能量。另外，焦油通过化学反应后大部分也转化成了同气化反应产生的气体相类似的无机气体和小分子烃化合物，增加了生物质的转化率，提高了原料的利用率。热化学转化方法主要有热裂解法和催化裂解法两种。

1．热裂解法

热裂解是在较高的温度水平下使气流中的焦油发生深度裂化，较大分子的化合物通过断键脱氢、脱烷基以及其他一些自由基反应而转变为较小分子气态化合物（如 H_2、CO、CO_2、CH_4 等）。一般在温度大于 1100℃ 以上时，焦油才能很好地裂解，这么高的温度不仅对设备自身材质要求很高，而且要求有良好的保温条件。在这样的条件下进行热裂解需要很大的能耗，在经济上不合理，所以想通过单纯提高温度的方法来增强焦油裂解反应是不实际的，实际操作中往往通过加入水蒸气和部分氧化的方法来降低焦油的含量。

　　2.催化裂解法

　　由于一般的气化体系中很难达到热裂解法除焦油所需的反应温度，因而热裂解除焦油效率有限。如果在裂解过程中引入催化剂来降低焦油转化所需活化能，裂解温度就可以大大降低（如 750~900℃），使焦油能在较低的温度下裂解，还提高了焦油的转化效率。目前，催化焦油裂解效率能达到 90% 以上，甚至有的工艺还实现了焦油的全部转化。催化裂解是一种非常具有潜力的焦油脱除方法，因其高效性和先进性，已经成为该领域中研究的重点。焦油催化裂解采用的催化剂种类很多，大致可主要分为三大类：非金属氧化物催化剂、镍基催化剂和复合催化剂。

　　焦油处理方法优缺点及工程应用情况如表 11-6 所示。当前生物质燃气净化装置主要是基于煤化工系统建立起来的，生物质燃气净化过程成熟度依然较低，其经验主要停留在实验室及中试规模阶段，商业规模运行时间很短。虽然农林废弃物类生物质气化粗燃气硫、氯化合物很少，但焦油、碱金属等含量很高，是净化过程中需要关注的污染物。特别是当燃气在下游有进一步利用如制备氢气或合成液体燃料时，需对燃气进行深度净化和有针对性的组分调变以达到后续用气设备的要求。

表 11-6　　　　　　　　　　焦油处理方法优缺点及工程应用情况

焦油处理方法		优点	缺点	工程应用
物理净化	旋风分离	设备简单，操作方便，成本低廉	燃气流速度要求严格，只有对粒径较大的焦油颗粒（100μm）有效	用于中小型气化设备燃气的初级净化
	湿式净化	结构简单，操作方便，成本低廉	二次环境污染，大量焦油不能利用，焦油粒子直径要求严格，气化效率降低	采用多级湿法联合除焦油，是目前国内气化工程采用较多的方法
	干式过滤	无二次污染，分离净化效果高且稳定，对 0.1~1.0μm 微粒有效捕集	燃气流速度不能过高，焦油沉积严重，黏附焦油的滤料难以处理，存在一定的能源损失	采取多级过滤，与其他净化装置联合使用，用于燃气终极处理
化学净化	热裂解	充分利用焦油所含能量，提高气化效率，无二次污染	热解温度高，对气化设备材料、制造要求较高	有发展潜力的焦油脱除方法，工程中加入水蒸气进行氧化降低焦油
	催化裂解	降低裂解温度（750~900℃），提高气化效率，充分利用焦油所含能量，无二次污染	催化剂的使用增加燃气成本，催化剂的添加温度控制严格，气化工艺要求高	目前最有效、最先进的方法，在大、中型气化炉中逐渐被采用

第四节　生物质气化技术的应用

　　生物质气化技术的发展和应用与人们对电、气、热等不同能源需求的变化、能源总体效率提升的要求、产品多样化和经济附加值的提高等因素密切相关。生物质气化及其应用技术正是在上述推动力的作用下不断发展变化。目前，生物质气化技术已在供热、集中供气、发电、制氢、化工合成等多个领域获得应用。

一、生物质气化供热

生物质气化供热是指生物质经过气化后，生成的燃气送入下一级燃烧器中燃烧，产生的高温烟气在燃气炉内与被加热介质（水或空气等）进行间接热交换，烟气通过引风机由烟囱排向室外，而被加热介质则通过循环装置送往用热系统释放热量后回到燃气炉内再次加热，从而可连续为终端用户提供取暖或烘干用的热能。图11-15是生物质气化供热工艺原理图，该系统的特点是气化炉产生的可燃气可在下一级燃气锅炉等热力设备中直接燃烧，通常不需要高质量的气体净化和冷却系统，系统相对简单，但热利用率较高。气化炉以上吸式固定床为主，燃料适应性较广。

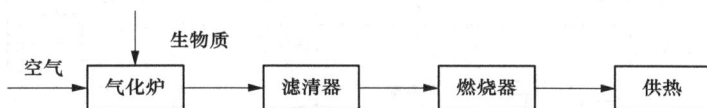

图 11-15　生物质气化供热工艺原理图

生物质气化供热技术广泛应用于农村小城镇集中供热和木材、谷物等农副产品的烘干等。图11-16是生物质气化区域供热的工艺流程。

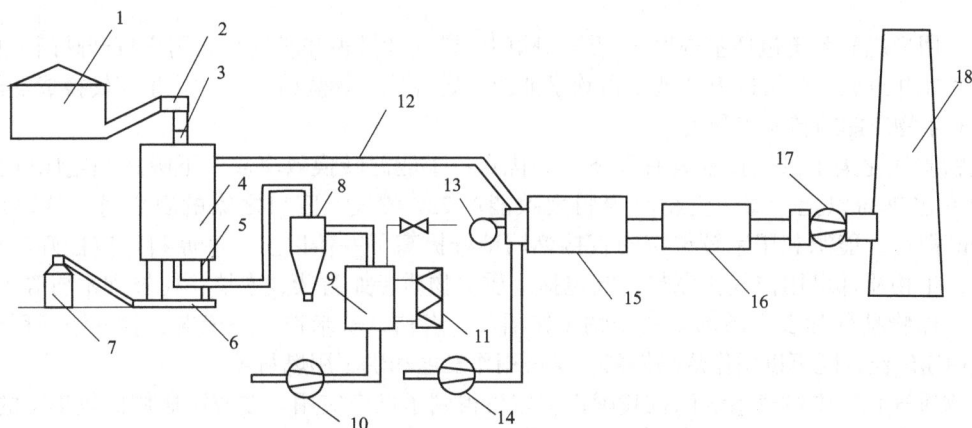

图 11-16　生物质气化区域供热工艺流程示意

1—燃料仓；2—燃料输送器；3—给料机；4—气化炉；5—除灰器；6—灰输送机；7—储灰箱；8—沉降分离器；9—加湿器；10—气化进气风机；11—盘管式热交换器；12—烟气管道；13—可燃气燃烧器；14—燃烧进气风机；15—燃气锅炉；16—省煤器；17—排气风机；18—烟筒

二、生物质气化集中供气

生物质气化集中供气是以自然村为单位的小型燃气发生和供应系统，该系统将各种以秸秆为主的生物质原料气化转换成生物质燃气，然后通过管网送入农村居民家中用作炊事，替代薪柴、煤或液化气使得农村居民使用上便宜的管道煤气。

生物质气化集中供气系统工艺流程如图11-17所示，整个系统由燃气发生系统、燃气输配系统及用户燃气系统组成。其中气化炉、燃气净化系统和燃气输配系统组成了生物质气化机组，是整个系统的核心部分。

（1）燃气发生系统包括必要的原料处理设备、进料装置、气化炉、燃气净化系统（旋风分离器、冷却器、过滤器）、罗茨风机、水封器等。

（2）燃气输配系统由储气柜、输气管网和必要的管路附属设备如阻火器等构成。储气柜是系统中体积最大的设备，其作用是以恒定压力储存一定量的燃气，当外界燃气负荷发生变化时仍能保持稳定供气，从而使得用户燃气灶具能够稳定燃烧。

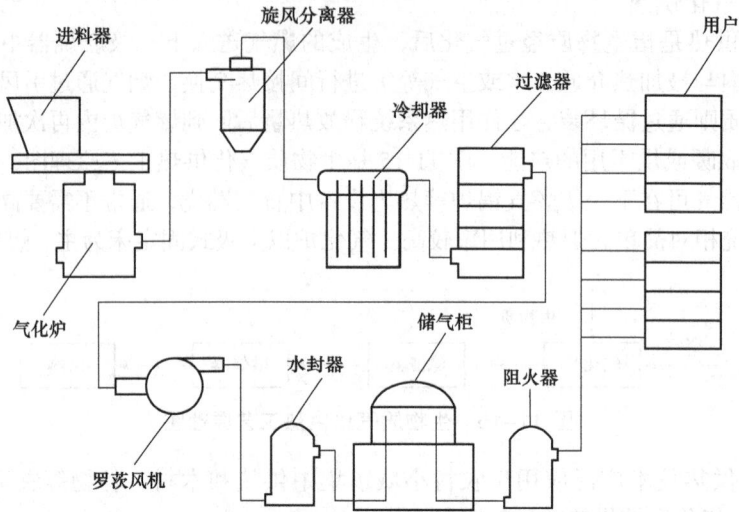

图 11-17 生物质气化集中供气系统工艺流程示意

（3）用户燃气系统包括室内燃气管道、阀门、燃气计量表和燃气灶。用户打开阀门，将燃气引入燃气灶并点燃，就可以方便地获得炊事能源。燃气灶的燃烧将燃气的化学能转换成热能，最终完成对生物质能的转换和利用。

生物质气化集中供气技术具有以下显著优点：①能源转换效率高。下吸式固定床气化炉的气化效率在 70% 以上，每千克秸秆原料大致能产 $2m^3$ 燃气。四口之家的农户每天炊事用气只需 5~6m^3 即可，能源利用率较传统的直接燃用秸秆提高了一倍以上。②原料适应性好。几乎所有的固体生物质都可用作气化原料，既包括木质生物质（如薪柴、木块、树枝和木屑等），又包括各类农作物秸秆和农产品加工残余物（如稻草、麦秸、玉米秸、玉米芯、甘蔗渣、稻壳等）。③燃气用途广泛，既可以用作炊事燃料，又可用作发电和供暖用燃料等。

生物质气化集中供气系统已在我国许多省份得到了推广应用，在农民居住比较集中的村屯，建造一个生物质气化站，就可以解决整个村屯居民的炊事用气体燃料。但是生物质气化集中供气系统也存在着诸多问题，限制了其发展：①燃气焦油含量高，净化困难，采用多级过滤和水洗净化需要妥善处理含有焦油的废水，否则易造成二次污染；②单一炊事用气，气化系统间断运行，设备运行效率低，经济效益较差；③设备的频繁启停还导致了系统焦油和粉尘易于黏附在设备和管道上，造成系统故障率高、劳动强度大、维护管理困难。因此，近年来农村区域的生物质集中供气正逐步朝着气热电联产联供方向发展，在满足居民的炊事燃气需求的同时，多余的燃气可用于发电，同时副产热水为附近居民提供生活热水和采暖，构成了典型的小型分布式能源供应系统，在保证系统连续运行的情况下提高了经济性。

三、生物质气化发电

生物质气化发电的基本原理是把生物质转化为可燃气，然后利用净化后的可燃气来推动燃气发电设备进行发电。生物质气化发电过程包括三个方面：①生物质气化，把固体生物质转化为气体燃料；②气体净化，气化得到的燃气经过净化系统把杂质除去，以保证燃气发电设备的正常运行；③燃气发电，利用燃气轮机或燃气内燃机进行发电，有的工艺为了提高发电效率，发电过程可以增加余热锅炉和蒸汽轮机如图 11-18 所示。

从气化过程来看，生物质气化发电可以分为固定床气化发电和流化床气化发电两大类，其中固定床气化发电系统都有代表性产品。流化床气化发电工艺中研究和应用最多的是循环流化床气化发电。为了实现更大规模的气化发电，提高气化发电效率，目前国际上正在积极开发高压流化床气化发电工艺。

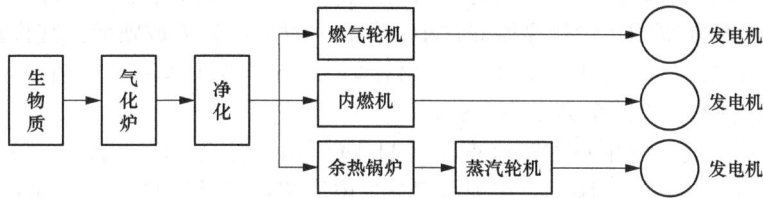

图 11-18　生物质气化发电

内燃机发电系统以简单燃气内燃机组为主，可单独燃用低发热量燃气，亦可是燃气、燃油两用，其特点是设备紧凑、简单，技术可靠、成熟。燃气轮机发电机组可利用低发热量燃气，燃气需要增压，否则发电效率较低。鉴于燃气轮机对燃气质量要求较高，且需要有较高的自动化控制水平，因此一般单独采用燃气轮机的生物质发电系统较少。燃气－蒸汽联合循环发电系统可以有效提高发电效率，该系统是在内燃机、燃气轮机发电的基础上增加余热蒸汽的联合循环。一般来说，燃气－蒸汽联合循环生物质气化发电系统采用的是燃气轮机发电设备，配合高压气化构成的系统称为生物质整体联合循环（B/IGCC），其系统效率可达到 40% 以上，是目前国际上重点研究发展的生物质气化发电技术之一。

传统 B/IGCC 技术包括生物质气化、燃气净化、燃气轮机发电及蒸汽轮机发电。由于生物质燃气发热量低，气化炉出口温度较高，要提高 IGCC 效率，必须具备两个条件：一是燃气进入燃气轮机之前不能降温；二是燃气必须是高压的。这要求系统必须采用生物质高压气化和燃气高温净化两种技术才能使得 IGCC 总体效率达到 40% 以上。如果采用一般常压化和燃气降温净化，由于气化效率和带压缩燃气轮机效率都低，总体效率一般都低于 35%。

生物质气化发电按照发电规模又可分为小型、中型和大型三种，各类型技术特点及应用如表 11-7 所示。

表 11-7　　　　　　　　　　　　生物质气化发电技术特点及应用

规模	气化设备	发电设备	主要应用
小型系统 功率（≤ 200kW）	固定床气化	内燃机	分布式用电
	流化床气化		中小企业用电
中型系统 功率（500~3000kW）	常压流化床气化	内燃机	大中企业自备电站
	循环流化床气化	微型燃气轮机	小型上网电站
大型系统 功率（≥ 5000kW）	循环流化床气化	燃气轮机	大型企业自备电站
	加压流化床气化	蒸汽轮机	上网电站
	双流化床气化	燃气轮机 + 蒸汽轮机	独立能源系统

小型发电系统的发电功率不大于 200kW，简单灵活，特别适宜缺电地区作为分布式电站使用，或作为中小企业的自备发电机组，它需要的生物质数量少，种类单一，所以可以根据不同生物质原料选用合适的气化设备。

中型发电系统的发电功率一般在 500~3000kW 之间，适用性强，是目前生物质气化发电的主要方式。常用作大中型企业的自备电站或小型上网电站。中型生物质气化发电系统可以适用于一种或多种生物质，所需生物质数量较多，需要粉碎、烘干等预处理，一般以流化床气化发电技术为主。

大型生物质发电系统发电功率一般在 5000kW 以上，常作为上网电站，可以适用的生物质较为广泛，所需原料的数量巨大，必须配备专门的生物质原料供应中心和预处理中心。虽然大型生物质发电系统与常规能源相比仍然显得非常小，但在生物质能发展成熟后，其将是今后替代常规能源电力的主要方式之一。通常，发电功率 1MW 以下工程的发电效率一般在 20% 左右，发电功率在 5MW 以上工程的发电效率为 26%~28%。

某稻壳流化床气化发电项目工艺流程如图 11-19 所示，机组发电功率 1.2MW，年发电量 480 万 kWh，采用常压流化床气化装置。该项目气化发电系统包括燃气发生和冷却净化系统、内燃机组 / 输变电系统、洗焦废水 / 灰处理系统三大部分，工艺流程为：气化装置产生的燃气首先采用惯性除尘器和旋风分离器在热态下除去大部分飞灰，然后经过两级文氏管和喷淋塔除去剩余的飞灰和焦油，同时把燃气冷却至室温。净化后的燃气进入储气罐，再送入由多台内燃机并联组成的燃气发电机组发电。由于稻壳灰分含量较高，所以炉内气化产生的稻壳灰一部分作为床料，气化炉内无需再加入其他床料，其余灰渣在气化装置底部采用螺旋干式连续排灰排出，稻壳灰装袋打包后出售，用于铸造保温材料生产。净化产生的废水经水处理系统处理后循环使用。该项目技术指标如表 11-8 所示。

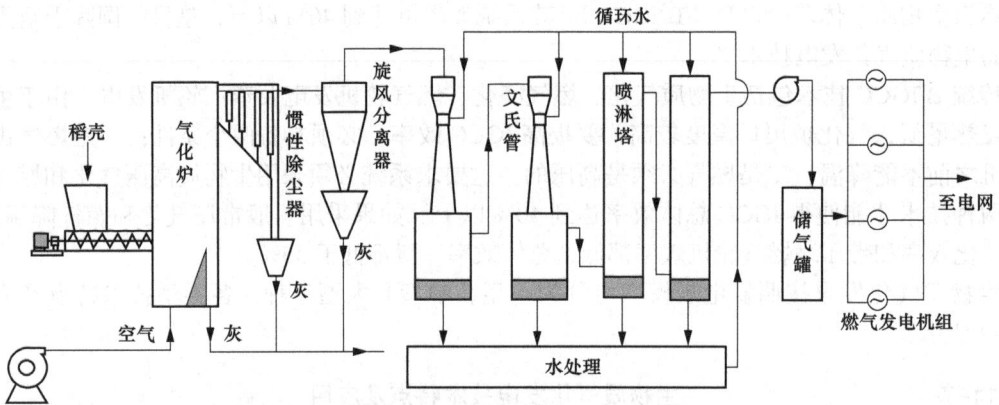

图 11-19 某稻壳流化床气化发电工艺流程简图

表 11-8 某流化床生物质气化发电项目技术指标

项目	指标
生物质原料	水分 < 15%，处理量 400~1500kg/h
气化介质	室温空气，热态流化速度 0.8~1.2m/s
产气量	500~3000m³/h（标准状态下）
气化装置运行温度	700~800℃
气化装置	常压流化床
燃气质量	发热量 5453~6407kJ/m³（标准状态下）
系统发电效率	18%
发电设备	多台 200kW 燃气内燃发电机组并联，排气温度 500℃

四、生物质气化合成

生物质气化合成工艺也称生物质间接液化，即先将生物质进行定向气化，气体产物经净化与组分调整成为合成气后，再经催化合成得到液体燃料。目前，除了借鉴煤炭液化制备液体燃料的热解液化过程外，人们已开始关注著名的费托合成反应（Fischer-tropsch），试图以更快捷、更经济的方法生产生物质液体燃料。费托合成反应是以煤、石油、天然气为原料的有机化工中常用的一碳化学反应，是生物质合成液体燃料的原理基础，已成为经典一碳化学的新分支，也是生物质裂解气新的应用领域。合成燃料产品纯度较高，几乎不含 S、N 等杂质，系统能源转换效率高，原料丰富，各种生物质均可以被利用。

生物质气化合成液体燃料的生产过程是通过热化学转化和化学有机合成相结合的方式完成的。首先，通过先进的生物质气化工艺，生产出高质量的生物质合成气；然后，合成气经调整 H_2/CO 比后经费托合成过程将 CO 和 H_2 合成、精制为液体燃料。通过控制反应条件，如温度、压力、H_2/CO 比等，在选择性催化剂的作用下，可以生产出不同的液体产物作为燃料，主要包括甲醇、二甲醚和烷烃（柴油）。

生物质气化合成液体燃料的工艺过程虽较为复杂，但工艺原理清晰，技术成熟。许多生物质都可以作为合成液体燃料的生产原料。生物质的一般工艺流程见图 11-20。

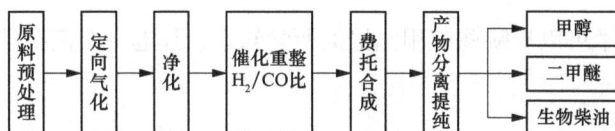

图 11-20　生物质一般工艺流程图

由此可见，生物质间接液化相对于其他液化技术有自己的优势：从气化角度来说，生物质气化技术已经相当成熟，原料适应性广，生产成本低，气化效率高；从合成角度来说，费托合成的技术也已经十分成熟，选择不同的 H_2/CO 比可以定向生成所需燃料，生成物燃料组分单一，纯度高，通过简单的分离就可以实现提纯燃料，并可以进一步进行化工生产。

生物质间接液化的第一步是制取合成气（主要为燃气中 CO 和 H_2），以生产合成气为目的的生物质定向气化，与以生产燃气为目的的常规气化有着本质区别，即它不是以发热量为追求目标，而是要使木质纤维素尽可能多地转化为富含 H_2、CO 和 CO_2 的混合气体，其中的无用气体和碳氢化合物要尽可能少，以减轻后续重整变换的难度。通常采用以下方法实现生物质定向气化：

（1）提高气化反应温度。气化反应温度是影响气化产物的一个最主要因素，温度越高，所产气体中的 H_2、CO 和 CO_2 就越多，CH_4 等碳氢气体就越少。经验表明：不同炉型的气化炉，其反应区的温度也有所不同，一般是气流床最高，流化床次之，固定（移动）床最低。

（2）纯氧和水蒸气复合并用。采用纯氧作为气化剂，在避免带入大量 N_2 对合成气稀释的同时，还可以有效地提高气化反应区的温度，从而为加注适量水蒸气创造了条件。水蒸气的作用是多方面的，它既可以直接与炙热的炭反应生成 H_2 和 CO，又可以与碳氢化合物发生水蒸气变换反应，生成对合成甲醇有用的气体，从而减轻气体重整变换的工作量。

（3）延长反应物的滞留时间。气化反映实际是由生物质的热解反应和热解产物与气化剂之间氧化还原反应所组成的，但无论是哪种反应，在一定条件下，反应物的滞留时间越长，反应就越充分，生成物也就越多。

（4）提高气化反应压力。压力也是影响气化产物的一个主要因素，压力越高越有利于 CH_4 等烃类气体的生成。因此常规气化压力越高越好，而定向气化则是压力越低越好。从后续合成工艺来看，压力越高合成效率越高，通常合成压力一般都在 4MPa 以上。因此有两种选择：一种是先常压下气化，合成时再加压；另一种是直接加压气化以获得所需的合成压力。经验表明，后一种选择更为经济。

　　气体重整变换工艺主要由净化、重整和变换三部分组成。气体净化是为了防止合成气中的微细粉尘颗粒和微量液滴状焦油进入后续工艺，可采用陶瓷过滤器进行气体净化。气体重整是通过加入适量水蒸气将气体中的烃类成分和焦油进行重整，生成 H_2、CO。气体变换是通过水煤气变换反应增加气体中 H_2 含量，调节气体中的氢碳比，使之达到化工合成工艺的最终要求，例如甲醇合成要求 $H_2 / (2CO+3CO_2)$ 约为 1.05。

习题

　　1. 什么是生物质气化？典型生物质气化过程分为哪几个阶段？分阶段简述生物质气化的基本原理。

　　2. 生物质气化反应的影响因素有哪些？如何影响？

　　3. 生物质气化可以使用的气化介质主要有哪些？简述各类气化介质对得到的生物质燃气组分的影响。

　　4. 为什么需要对生物质气化得到的燃气进行净化？主要的净化手段有哪些？各对应哪些杂质？

　　5. 生物质气化技术可以有哪些应用？根据所学知识，任选一个简要谈谈你对生物质气化技术应用前景的看法。

　　6. 计算：

　　假设在某工况下进行氧气气化实验，使用的原料为麦秆，给料量 360g，其收到基元素分析数据如下：C：45.17%，H：5.75%，O：25.66%，N：0.86%，S：0.14%。获得的合成气冷却到标准状况下体积为 3.65L，组分体积分数分别为 H_2：34.12%，CO：30.93%，CO_2：29.62%，CH_4：5.30%。请问该过程碳转化率是多少？查阅各气体组分的低位发热量，估算合成气的低发热量。

第十二章 沼气技术

第一节 概述

沼气又被称为生物燃气或生物天然气，是有机物在隔绝空气和一定的温度、湿度、酸碱度等条件下，经过厌氧性微生物的分解代谢生成的一种可燃性混合气体。这一过程广泛存在于自然界，如沼泽、湖底、泥潭或反刍动物的瘤胃中。

沼气的主要成分为甲烷和二氧化碳，通常情况下甲烷含量为 55%~70%，二氧化碳含量为 25%~40%。此外甲烷中还含有少量的氮气、氢气、硫化氢、一氧化碳、氨气和其他微量气体等，其构成主要取决于发酵底物、发酵过程以及沼气工程的技术设计。沼气作为一种混合可燃气体，工程应用中具有实际意义的是低位发热量。由于成分不同，沼气的低位发热量为 20~22 MJ/m³，其火焰温度一般为 900~1100℃，略低于甲烷，可广泛用作民用炊事、工业锅炉助燃以及小型发电设备等。沼气发酵过程有以下四个特点：

（1）沼气微生物自身耗能少。沼气发酵过程中沼气微生物自身生长繁殖所需的能量较少。对于有机物质来说，大约 90% 的化学需氧量（COD）被转化成沼气。由于沼气微生物生长缓慢，基质的分解速度较慢，为保证基质有较长滞留时间，需要较大的发酵容器。

（2）沼气发酵能够处理高浓度的有机废物。好氧条件下，一般只能处理 COD 含量在 1000 mg/L 以下的有机废水，而沼气发酵处理的废水 COD 含量可高达 10000 mg/L 以上。如酒糟废液中 COD 含量通常在 30000~50000mg/L，这种废水可以不经过稀释直接进行沼气发酵。

（3）沼气发酵能处理多种有机废物。除了人、畜粪便，各种农作物的有机废物外，各厂废物，如豆制品厂废水、合成脂肪酸废水等都可用来进行沼气发酵。但沼气发酵只能去除 90% 以下的有机物，要达到国家排放标准，沼气发酵处理后的废液仍需要再进行好氧处理。

（4）沼气发酵受温度影响较大。沼气发酵温度高，则处理能力强，即沼气产气率高。实际上，对不同发酵温度，有其相适应的菌群。沼气发酵过程一般分为高温（50~60℃）、中温（30~35℃）和常温（自然温度）三种类型。高温发酵处理能力最强，中温次之，但这两类发酵都需要输入一定热能来维持所需的发酵温度。

第二节 沼气发酵原理

一、沼气发酵过程

沼气由有机物在多种微生物联合厌氧消化作用下产生。厌氧消化过程是指在无氧条件下，由兼性厌氧菌和专性厌氧菌联合降解有机物，生成二氧化碳和甲烷等气体的过程。关于沼气发酵的过程有两阶段理论、三阶段理论和四阶段理论几个不同观点，目前国内外学者中持四阶段理论观点的居多，所以这里仅对四阶段理论进行介绍。该理论认为沼气发酵过程可以分为水解、酸化、乙酸化和甲烷化等四个阶段，如图 12-1 所示，每个阶段都由一定种类的微生物完成有机物的代谢过程。

第一阶段为水解阶段，也称为液化阶段。水解是指有机大分子在细菌胞外被分解成可溶性单体或低聚体的过程。由于发酵性细菌无法直接利用复杂的有机物，所以该步骤是非常重要的预发酵过程。参与此过程的水解菌产生胞外酶（如纤维素酶、肽酶和脂肪酶等），发酵原料中的蛋白质、碳水化合物、脂肪等复杂化合物被分解为简单的有机化合物，如氨基酸、糖类和脂肪酸等。水解过程通常是大颗粒物质，如猪粪、牛粪及污水处理厂污泥等降解过程的限速步骤，而甲烷生成过程则是容易降解物料消化过程的限速步骤。

第二阶段为酸化阶段。水解过程产生的有机化合物在产酸菌的作用下进一步分解，形成乙酸、丙酸、丁酸等短链脂肪酸，同时伴随二氧化碳和氢气的生成，并产生少量乳酸和醇类。这一阶段产物的特性受中间物氢浓度的影响。

第三阶段为乙酸化阶段。挥发性有机酸、乳酸和醇类等酸化产物被乙酸菌转化为沼气的前体物质，如乙酸、氢气和二氧化碳。氢分压在这个环节十分重要，过高的氢气含量会阻止中间产物的转化，从而丙酸、丁酸等有机酸会逐渐积累，并抑制甲烷生成。所以产乙酸菌必须与产甲烷菌存在于同一个封闭生物群落中，从而确保产乙酸菌处于合适的生存环境。

第四阶段为产甲烷阶段，也是沼气生成的最后阶段。乙酸、氢气和二氧化碳被严格厌氧的产甲烷菌转化为甲烷。食氢产甲烷菌利用氢气和二氧化碳产生甲烷，而食乙酸产甲烷菌利用乙酸生成甲烷。农业沼气工程中普遍的情况是，有机负荷较高时，甲烷主要利用氢自养反应途径形成；只有在有机负荷较低时，甲烷才通过乙酸裂解的反应途径形成。在污泥发酵过程中，70% 的甲烷来源于乙酸裂解，30% 的甲烷来自氢气合成。然而在一个农业沼气工程中，只有在处理能力大、停留时间短的发酵罐才会出现这种情况。

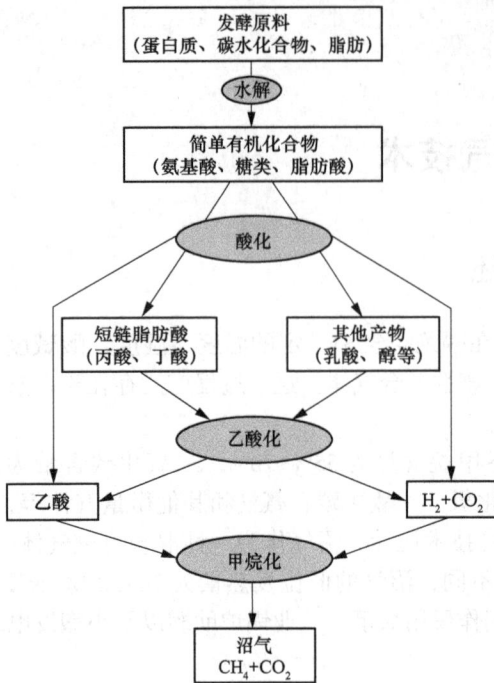

图 12-1　沼气发酵示意

二、沼气发酵微生物群落相互作用

沼气的产生是各种微生物相互平衡、协同作用的结果。通常将沼气发酵设备内的全部微生物分为不产甲烷菌和产甲烷菌两大类。其中不产甲烷菌主要为兼性厌氧菌，包括产酸发酵、产氢产乙酸菌、同型产乙酸菌和产甲烷菌。

（一）产酸发酵菌

产酸发酵菌通过向胞外释放水解酶，将蛋白质、碳水化合物和糖类等不溶性有机物水解为氨基酸、糖和脂肪酸等小分子水溶性有机物，并进一步将小分子转化为乙酸、丙酸、丁酸、氢气和二氧化碳等。目前已发现的产酸发酵菌有几百种，主要是专性厌氧和兼性厌氧的异养菌。

（二）产氢产乙酸菌

产氢产乙酸菌是严格厌氧菌，能将产酸发酵菌分解产生的丙酸、丁酸等挥发性有机酸和乙醇等进一步转化为乙酸、氢气和二氧化碳，为产甲烷菌群提供反应底物。产氢产乙酸菌在营养生态位上位于产酸发酵菌群和产甲烷菌群之间，起到承上启下的重要作用。

（三）同型产乙酸菌

同型产乙酸菌又称为耗氢产乙酸菌，属于混合营养型细菌，它们既可以代谢氢气和二氧化碳自养生活，也能代谢糖类等多碳化合物异养生活。其代谢产物是乙酸，所以在厌氧消化中的主要作用是增加甲烷的直接前体物质——乙酸。由于同型产乙酸菌在代谢氢气和二氧化碳时消耗氢气，而在代谢有机物时不产生氢气，所以同型产乙酸菌的代谢活动可使发酵液中维持较低的氢分压，有利于沼气发酵过程的正常进行。

（四）产甲烷菌

产甲烷菌为严格厌氧菌，包括食氢产甲烷菌和食乙酸产甲烷菌。产甲烷菌在厌氧条件下将细菌代谢的终产物转化为气体产物甲烷和二氧化碳，使有机物在厌氧条件下的分解作用得以顺利完成。

在沼气发酵系统中，不产甲烷菌和产甲烷菌相互依赖，互为对方创造良好的环境条件，构成互生关系；同时又互相制约，使厌氧发酵处于平衡状态，它们之间的相互作用主要表现为以下几个方面：

（1）不产甲烷菌为产甲烷菌提供生长和产甲烷所需的底物。沼气发酵过程中，复杂的有机物首先被不产甲烷菌降解、酸化，最终转化成氢、二氧化碳、乙酸等。产甲烷菌以这些产物作为反应底物，合成细胞物质和生产甲烷。通过不产甲烷菌和产甲烷菌的联合作用完成沼气发酵过程。

（2）不产甲烷菌为产甲烷菌创造适宜的厌氧环境。产甲烷菌是严格厌氧菌，但在反应器运行中，加料时难免会有空气进入，这时不产甲烷菌中的某些兼性厌氧菌可以将氧气消耗，从而降低了反应器的氧化还原电位，最终为产甲烷菌提供了适宜的厌氧条件。

（3）不产甲烷菌为产甲烷菌清除有毒物质。一些发酵原料中可能含有酚类、氰化物、重金属等对产甲烷菌有毒害作用的物质。某些不产甲烷菌具有降解有毒物质的能力，而且硫酸盐还原菌生成的硫化氢可以与重金属结合生成沉淀，这些作用解除了有毒物质对产甲烷菌的不利影响。

（4）产甲烷菌为不产甲烷菌的生化反应解除反馈抑制。大部分不产甲烷菌多存在产物反馈抑制问题。如氢的积累可抑制氢的继续产生，酸的积累可抑制不产甲烷菌继续产酸，并且积累浓度越高反馈抑制作用越强。在正常的发酵过程中，产甲烷菌能利用不产甲烷菌产生的酸、氢、二氧化碳等代谢产物，避免发酵系统中酸和氢的过多积累，从而促进不产甲烷菌正常生长和代谢。

（5）产甲烷菌与不产甲烷菌共同维持适宜的 pH 值。发酵过程初期，不产甲烷菌将原料中的糖类、脂类等物质降解，产生大量有机酸和碳酸盐，使发酵液 pH 值明显下降。此时，不产甲烷菌群中的氨化细菌能迅速分解蛋白质产生氨，中和部分酸，起到一定的缓冲作用。另外，产甲烷菌利用乙酸、甲酸、氢和二氧化碳合成甲烷，消耗酸和二氧化碳。不产甲烷菌和产甲烷菌的共同作用使发酵系统 pH 值稳定在适宜范围内。

三、沼气潜力

一个沼气工程的沼气产量本质上取决于底物的组成。为了确定混合底物的产气潜力，有可能的话应该开展混合底物的发酵测试。如果无法实现，沼气的产量只能从组成进料的底物的沼气总产量上进行估算。几种常用发酵原料的产气量如表 12-1 所示。

表 12-1   常用发酵原料的产气量

发酵原料	每吨干物质产生的沼气量 / m^3	沼气中甲烷含量 / %	产气持续时间 / d
人粪	240	50	30
牛粪	280	59	90
马粪	200~300	60	90
猪粪	561	65	60
玉米秸	250	53	90
谷壳	230	62	90

对于发酵测试中不太常见的、没有数据的底物，沼气产量可以利用发酵系数估算，因为沼气工程的分解过程与反刍动物的消化过程是类似的。这些数据可以从德国农业协会（DLG）的原料组成表中的可再生资源（能源作物）部分获取。这些数据展示了在 Weende 饲料分析中，与干物

质（DM）相关的粗灰分（CA）、粗纤维（CF）、原油血脂（CL）、粗蛋白（CP）和不含氮提取物（NFE）的浓度以及它们的降解系数（DC）。CF 和 NFE 的浓度共同构成了碳水化合物的浓度。

这些数据可以用于计算每千克干物质中挥发性固体和相应的可发酵物质的质量（下式中的灰分、粗蛋白、粗脂肪和粗纤维质量分数单位为 g/kg）：

挥发性固体含量：（1000 - 灰分）/10（% DM）

可发酵蛋白质含量：（粗蛋白 × DC_{CP}）/1000（kg/kg DM）

可发酵脂肪含量：（粗脂肪 × DC_{CL}）/1000（kg/kg DM）

可发酵碳水化合物含量：[（粗纤维 × DC_{CF}）+（不含氮提取物 × DC_{NFE}）]/1000（kg/kg DM）

不同的物质组成具有不同的沼气产量和甲烷浓度，如表 12-2 所示，这主要是因为它们具有不同的碳浓度。

表 12-2　　　　　　　　　　单位质量特定底物的沼气产量和甲烷含量

物质组成	沼气产量 /（L / kg）	甲烷含量 / %（体积分数）
可发酵蛋白质（CP）	700	71
可发酵脂肪（CL）	1250	68
可发酵碳水化合物（CF+NFE）	790	50

四、沼气发酵工艺条件

沼气发酵过程中涉及多种细菌群的生长代谢过程，对温度、酸碱度、营养物质等环境因素都有一定的要求。为达到较高的沼气生产率、污水净化率和废弃物处理率，需要控制发酵过程中的一些条件，以适宜厌氧消化细菌的培养和积累。实践表明，维持良好的发酵工艺条件是实现沼气高效发酵的重要保证。

（一）严格的厌氧环境

沼气发酵过程中的核心菌群——产甲烷菌，是一种严格厌氧性细菌，微量氧气的存在便会使其生命活动受到抑制，甚至死亡。因此建造一个不漏水、不漏气的密闭沼气池是人工制取沼气的关键和先决条件。

在沼气发酵初期，反应器内或发酵原料会存在一定的氧气，另外每天投入的新料中也有氧气。这些氧气不用人工去除，通过沼气池内的好氧菌和兼性厌氧菌的代谢作用可将氧气消耗，从而为产甲烷菌提供严格厌氧环境。

厌氧程度一般利用氧化还原电位或称氧化还原势来表示，可用带专门电极的 pH 计测定。一种物质的氧化程度越高则电势趋于正，还原程度越高则电势趋于负。厌氧条件下体系的氧化还原电位是负值。正常的沼气发酵过程中氧化还原电位一般低于 -300mV。

（二）营养物质

厌氧发酵过程中细菌需要大量不同的营养元素，可分为常量元素和微量元素。常量元素是所有种类的细菌都大量需要的营养元素，常量元素主要包括氮、磷，微量元素是大多数细菌正常代谢过程中少量需要的元素，主要包括钴、铁、镍和硫等。氮和磷元素几乎对所有微生物降解过程来说都是必需的。它们以铵盐和磷酸盐的形式被包括产甲烷菌在内的厌氧菌利用。在厌氧反应器中，部分无机营养物质对限速反应（乙酸转化为甲烷步骤）有重要影响。

产甲烷菌拥有独特的酶系统进行降解消化，因此它们对微量元素的需求不同于其他细菌。产甲烷菌对某些微量元素的需求非常严格，特别是钴、铁、镍和硫元素是其正常生长代谢的必需元素。其他微量元素，如硒和钨等是产甲烷菌的辅酶元素。酶与辅酶微量元素的相互作用不仅是厌氧消化有效进行的基础，其对整个发酵系统的稳定运行也是至关重要的。因此除关注产甲烷菌厌氧发酵过程中所需的常量元素外，还需要同时注意相关的微量元素。

（三）发酵原料

发酵原料为沼气发酵细菌进行正常生命活动提供营养和能量，同时也是产生沼气的物质基础。简言之，凡是以糖水化合物、蛋白质、脂肪、纤维素和半纤维素为主要成分的生物质物料都能作为沼气发酵的原料，如农业废弃物、农产品加工的残余物、污泥处理厂的污泥、多种能源植物、城市有机垃圾及生活污水等。几种常用发酵原料的产气量和产气速度如表12-3所示。

表12-3　　　　　几种常用发酵原料的产气量和产气速度（批量发酵，30℃）

发酵原料	正常产气期间平均产气率 / [$m^3 / (m^3 \cdot d)$]	产气量 / (m^3 / kg)	产气速度（占总产气量的比例 / %）			
			0~15d	15~45d	45~75d	75~135d
牛粪	0.20	0.12	11	34	21	34
水葫芦	0.40	0.16	83	17	0	0
水花生	0.38	0.20	23	45	32	0
水浮莲	0.40	0.20	23	45	32	0
猪粪	0.30	0.22	20	32	25	23
干青草	0.20	0.21	13	11	43	33
稻草	0.35	0.23	9	50	16	25
人粪	0.53	0.31	45	22	27	6

为了确切地表示固体或液体中的有机物含量，一般采用总固体（TS）和挥发性固体（VS）来描述原料或发酵残渣的有机质含量。原料中水分、TS、VS和灰分的关系如图12-2所示。

在厌氧处理有机废水的情况下，绝大部分有机质都是以溶解态存在于废水中，且挥发性很强，在样品烘干过程中会挥发逸出。因此不能用TS和VS来描述样品的有机质含量，而采用化学需氧量（COD）和生化需氧量（BOD）来描述。COD指在强酸并加热条件下，用重铬酸钾作为氧化剂处理水样时所消耗的氧化剂的量。COD反映了水中还原性物质污染的程度，水中还原性物质包括有机物、亚硝酸盐、亚铁盐、硫化物等。BOD是指在规定条件下，微生物分解存在于水中的某些可氧化物质，特别是有机物，所进行的生物化学过程中消耗溶解氧的量。

图12-2　水分、TS、VS和灰分的关系

按照物理形态，沼气发酵原料可以分为固态原料和液态原料；按照营养成分又可以分为富氮原料和富碳原料。

富氮原料通常是指富含氮元素的原料，如人、畜和家禽的粪便。此类原料经过了人和动物肠胃系统的充分消化，含有大量低分子化合物，同时含水量也较高。在进行沼气发酵时，此类原料无需进行预处理就容易厌氧分解，产气速度快，发酵周期短。

富碳原料通常是指富含碳元素的原料，如秸秆和秕谷等农作物的残余物。此类原料富含纤维素、半纤维素、果胶以及难降解的木质素和植物蜡质，干物质含量比富氮的粪便原料高，且质地疏松、相对密度小，进入沼气池后容易漂浮并形成发酵死区——浮壳层，所以发酵前一般需经预处理。富碳原料厌氧分解比富氮原料要慢，产气周期较长。

沼气发酵是培养微生物的过程，发酵原料或所处理的废水应看作是培养基，因而必须考虑微生物生长所必需的碳、氮、磷以及其他微量元素和水及维生素等，其中发酵原料中有机碳素和氮

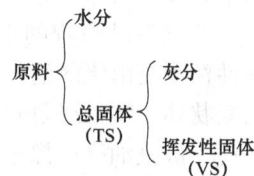

素含量的比值（碳氮比）尤为重要。沼气生产适宜的碳氮比为 20~30。原料碳氮比超过这个范围发酵就会受到抑制。对于碳氮比不适宜的发酵，可以通过添加化学物质（如尿素等）或者利用不同碳氮比的发酵原料混合发酵来改变进料的碳氮比。几种常用发酵原料的碳氮比如表 12-4 所示。

表 12-4　　　　　　　　　　　　　　几种常用发酵原料的碳氮比

发酵原料	碳素 / %（质量分数）	氮素 / %（质量分数）	碳氮比
干麦秸	46.0	0.53	87：1
干稻草	42.0	0.63	67：1
玉米秸	40.0	0.75	53：1
大豆茎	41.0	1.30	32：1
野草	14.0	0.54	27：1
鲜马粪	10.0	0.42	24：1
鲜猪粪	7.8	0.60	13：1
鸡粪	35.7	3.70	9.7：1
鲜人粪	2.5	0.95	2.9：1

（四）接种物和厌氧活性污泥

为了加快沼气发酵的启动速度、提高沼气池产气量，需向沼气池中加入富含沼气微生物的物质，即接种物。沼气发酵菌种在自然界中广泛存在，如正常产气的沼气池中的沼液、沼渣，城市污水处理厂的污泥等，特别是屠宰场、食品加工厂和酿造厂的污泥，都是良好的接种物。

沼气发酵过程的正常进行，除了启动时添加接种物外，还需要大量的厌氧活性污泥。厌氧活性污泥是由厌氧消化细菌、悬浮物和胶体物质结合在一起形成的具有很强吸附分解有机物能力的絮状体、颗粒或附着膜。厌氧消化过程中生成的 H_2S 使厌氧活性污泥呈黑色，因此发育良好的污泥一般呈油亮的黑色。厌氧活性污泥的计量常用挥发性悬浮固体（VSS）的量表示。目前还没有统一规范的厌氧活性污泥的折算方法。一般采用每克 VSS 的每天最大甲烷产量 750 mL 的污泥为标准厌氧活性污泥，各种厌氧活性污泥可按这个标准值进行折算。正常情况下消化器中标准厌氧活性污泥的量与消化器负荷及产气率正相关，即消化器中标准厌氧活性污泥浓度越高，厌氧消化器的效率也越高。由于厌氧消化过程中厌氧活性污泥的生成率低，特别是污泥中产甲烷菌生长慢，因而设法在消化器内保留较高浓度的厌氧活性污泥、减少污泥流失，则成为消化器设计与运行的首要问题。厌氧消化工艺一直沿着保留消化器内最大数量的厌氧活性污泥以及使污泥活性得以充分发挥的发展方向。

厌氧活性污泥在消化器中可以保存数年而不需要投加养料，仍能保持活性。当重新投入原料运行时，其消化能力可以很快恢复。这一特性对季节性开工的农产品加工业的污水处理十分有利。

（五）发酵温度

沼气发酵微生物只有在一定的温度条件下才能进行正常的代谢活动，参与发酵过程的微生物有不同的适宜温度。如果发酵温度比微生物所需的适宜温度偏高或偏低，这些微生物的生长可能被抑制，甚至遭受不可挽回的损失。因此温度是影响沼气发酵的重要因素，它的影响主要包括以下几个方面：

（1）通过影响厌氧微生物细胞内的某些酶的活性而影响微生物的生长速率和其对基质的代谢速率；

（2）通过影响有机物在生化反应器中的流向、各种物质在反应介质中的溶解度以及某些中间产物的形成而影响反应过程；

（3）影响剩余污泥的成分、状态及性质；

（4）影响整个工艺系统的耗能和运行成本。

沼气发酵过程在 8~65℃范围内都能进行，温度高低不同造成产气量不同，温度越高产气量越大，但产气量并不是始终与温度的升高成正相关，而是在 30~60℃范围内出现两个产气高峰，一个介于 30~40℃，另一个介于 50~60℃。出现这两个高峰的原因是在这两个高峰温度下，有中温菌和高温菌两种不同的微生物菌群参与作用。35℃左右为中温发酵的高峰。40~50℃是沼气微生物菌群活动的过渡区间，它们在这个温度范围内都不太适应，因而此时产气速度会下降。当温度升到 53~55℃时，沼气微生物中的高温菌活跃，产沼气的速度最快。

沼气发酵温度的突然上升或下降对产气量都有明显的影响。在恒温发酵时，一小时内的温度波动不宜超过 ±（2~3）℃。短期内温度升降 5℃，沼气产量会明显下降，甚至会停止产气。然而温度波动不会使厌氧消化过程受到不可逆的破坏，即温度瞬间波动对发酵的不利影响只是暂时性的，温度一经恢复正常，发酵的效率也随之恢复。当温度波动时间较长时，产气效率恢复所需的时间也相应延长。

（六）pH 值

pH 值对厌氧消化作用的影响主要通过影响酶的活性从而影响菌群的生长代谢与繁殖来实现的，产甲烷菌对 pH 值的敏感度要远远高于非产甲烷菌。Lay 等发现对于以产甲烷为主要目的的厌氧过程来说，pH 值在 6.6~7.8 范围内，含水量在 90%~96% 时产甲烷速率最高。pH 值低于 6.1 或高于 8.3 时，产甲烷菌效率会明显降低甚至会停止。发酵初期，由于系统产生大量有机酸，若 pH 值控制不当则会导致局部酸化，延长发酵周期，进而破坏整个反应系统。由于 pH 值能够及时快速地反映厌氧反应器的状态，许多垃圾处理厂的实际运行都通过监测 pH 值来判断厌氧消化的运行。

影响 pH 值变化的因素主要有以下几点：①发酵原料的 pH 值，如酒精费醪、丙酸丁醇费醪等，这些原料由于含有大量的有机酸，pH 值一般在 3.5~5.5。如果向正常运行的消化器内按消化器可承受的负荷投入原料，有机酸很快被分解，因而不会引起消化器的酸化，也不必对原料的 pH 值进行调整。但如果在短时间内向消化器内大量投入这类原料，会引起消化器内 pH 值下降。②在沼气启动时投料浓度过高，接种物中的产甲烷菌数量不足，以及在消化器运行阶段突然升高负荷，都会因产酸与产甲烷的速度失调而引起挥发酸的积累，导致 pH 值下降。这往往是造成沼气池启动失败或运行失常的主要原因。③进料中混入大量强酸或强碱，如味精废水中含有较多盐酸或硫酸，造纸黑液中含有大量 NaOH，这些原料都会直接影响发酵液的酸碱度，在进料前应加以调整。在有条件的地方，可以把强酸和强碱的废水混合处理，如将造纸黑液与糖醛废水进行混合后，其 pH 值接近中性，则可使厌氧消化过程容易进行。

（七）沼气池的有机负荷

有机负荷是废水处理中每单位体积（m^3）废水或发酵罐的单位容积每天可以除去废水中的有机物质的数量，常以 kg（TS）/（$m^3 \cdot d$）或 kg（VS）/（$m^3 \cdot d$）及 kg（COD）/（$m^3 \cdot d$）来表示。各种类型的沼气发酵有一定的有机物负荷能力。如果负荷太低，由于营养物质不足，会使细菌处于饥饿状态而使发酵效率下降；但如果负荷太高，使其中的微生物处于超负荷状态，往往会出现酸化速度大于甲烷化速度，造成有机酸的积累，使产气机制受到抑制，发酵不能继续进行。

沼气发酵的处理能力，中温发酵为 2~3 kg（COD）/（$m^3 \cdot d$），高温发酵为 5 kg（COD）/（$m^3 \cdot d$）左右。常温发酵则大大低于以上两种发酵的处理能力，其处理能力还随自然温度的变化而异。在处理中如果能提高污泥的浓度，在发酵罐内滞留大量微生物，则可以显著地提高沼气发酵的处理能力。

与有机负荷密切相关的因素是投料率和滞留期。投料率是指每天向发酵罐单位容积投入的原料量 [单位为 kg（TS）/（$m^3 \cdot d$）] 同时排出等量的旧料。滞留期指原料在发酵罐内的相对停留时间，以天或小时计。

（八）毒性化合物

所谓毒性化合物是相对的，在非常低的浓度情况下它们可能对沼气发酵有促进作用，只有这些物质达到一定浓度才会产生毒性作用，各种物质达到毒性作用的浓度各不相同。大多数重金属包括无机盐类，如汞、银、铅、锌、铜等都有很强的毒性。因为它们能与蛋白质或酶结合时使其变性，引起酶反应的抑制或细胞死亡。

有些有机氯毒性很强，如 CH_2Cl_2、$CHCl_3$ 和 CCl_4 等，浓度在 1mg/kg 左右就有较强的抑制作用。因而以三氯甲烷为溶剂黏结剂的消化器，常因引起中毒而使发酵失败。另外，厌氧发酵过程的最终和中间产物（如挥发性有机酸、氢离子和 H_2S 等）也会对厌氧发酵产生抑制作用，这是厌氧发酵过程的一大特点。应当注意的是，一些毒性化合物的允许浓度受沼气发酵工艺及工艺参数的影响，低负荷的工艺有可能允许较高的浓度。

（九）搅拌

在厌氧消化器中，生物化学反应是依靠微生物的代谢活动进行的，这就要使微生物与被消化的物料充分接触。搅拌既促进了微生物与物料、营养物质的相互作用，又可以平衡反应器内的温度。搅拌的作用主要体现为以下几个方面：

（1）缓慢、温和的搅拌能保证产酸细菌和产甲烷细菌有效地相互接触，从而有效促进产酸细菌和产甲烷细菌的协同代谢作用。

（2）搅拌有利于发酵原料水解产生有机酸及促进醇类物质的生成。如搅拌可以避免不可溶性淀粉聚集结块，使水解菌与淀粉颗粒成分接触，加速淀粉降解过程。

（3）适当的搅拌可以降低浮渣和沉渣的形成。在批量投料消化器里，发酵料液通常自然沉淀而分层，从上到下分别为浮渣层、上清液层、活性层和沉渣层四层。在这种情况下厌氧微生物只限于在活性层内活动较为旺盛，而其他各层或因可被利用的原料缺乏，或因条件不适宜微生物的活动，使厌氧消化难以进行。搅拌可以打破分层现象，使活化层扩大到全部发酵液内，有效防止沉渣沉淀，防止产生或破坏浮渣层，促进气、液分离。

常用的搅拌方法包括发酵液回流搅拌（液体搅拌）、沼气回流搅拌（气体搅拌）和机械搅拌，如图 12-3 所示。

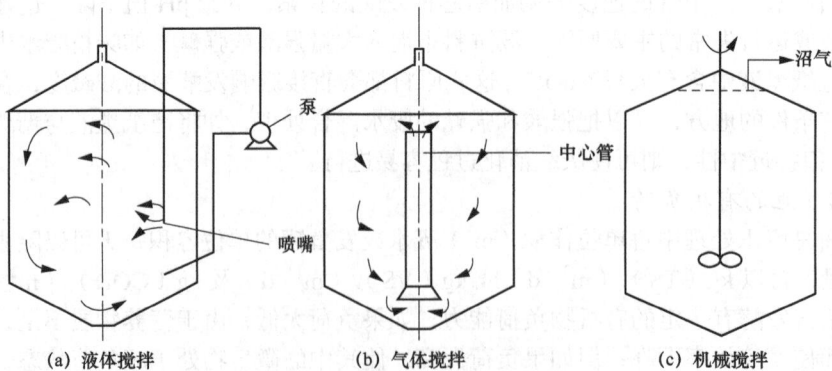

图 12-3　三种常用的搅拌方法

机械搅拌可控性强但能耗大且故障多，因此在工程上多采用液体回流或沼气回流方式进行搅拌。在利用酒精费醪及鸡粪等沉降性能好的原料进行沼气发酵时，采用升流式固体反应器则不需要搅拌，效果也很好。由于发酵原料从底部进入，旺盛的产气集中于消化器的下部，气泡向上逸出时的搅拌作用足以使发酵液得以充分地混合。

第三节 沼气发酵工艺及厌氧消化反应器

一、沼气发酵工艺分类

沼气发酵工艺是指从发酵原料到生产沼气的整个过程所采用的技术和方法，包括原料的收集和预处理、接种物的选择和富集、沼气发酵装置的发酵启动和日常操作管理等。

由于沼气发酵是由多种微生物共同完成的，各种有机物质的降解及发酵过程的生物化学反应极为复杂，因而沼气发酵工艺也比其他发酵工艺复杂，发酵工艺类型较多，从不同的角度有不同的分类方法，下面从发酵温度、投料方式、发酵阶段、发酵浓度等不同角度对沼气发酵工艺进行分类。

（一）以发酵温度分类

温度对沼气发酵的影响很大，一定温度范围内，沼气发酵的产气率随着温度升高而提高。按发酵温度的不同，沼气发酵过程通常可以分为高温发酵、中温发酵和常温发酵三种。

1. 高温发酵

高温发酵工艺指发酵料液温度维持在 50~60℃ 范围内，实际常将温度控制在（ 53±2 ）℃。该工艺的特点是：微生物生长活跃，有机物分解速度快，产气率高，滞留时间短。采用高温发酵工艺可以有效地杀灭粪便中各种致病菌和寄生虫卵，具有较好的卫生效果，从除害灭病和发酵剩余物肥料利用的角度看选用高温发酵是较为实用的。

维持发酵温度的办法有许多种，最常见的是利用锅炉加温。锅炉加温沼气池有两种方法：一是蒸汽加温，即将蒸汽通入安装于池内的盘旋管中加温发酵料液，由于管内温度很高，管外很容易结壳，影响热量扩散，也可将蒸汽直接通入沼气池中，但会对局部微生物群体造成伤害；另一种方式是利用 70℃ 的热水在盘管内循环，效果比较好。但不论采用哪种加温方式，都应该注意要尽量减少运行中热量散失，特别是在冬季要提高新鲜原料进料的温度，因此原料的预热和沼气池的保温都是非常重要的。

高温发酵对原料的消化速度很快，一般都采用连续进料和连续出料。高温沼气发酵必须进行搅拌。对于蒸汽管道加温的沼气池，搅拌可使管道附近的高温区迅速消失，使池内发酵温度均匀一致。

2. 中温发酵

高温发酵消耗的热能太多，发酵残余物的肥效较低，氨态氮损失较大，这使得中温发酵工艺得到了比较普遍的应用。中温发酵工艺过程中温度维持在 30~40℃ 范围内，实际温度多控制在（ 35±2 ）℃ 范围内。与高温发酵相比，这种工艺消化速度稍慢一些，产气率低一些，但维持中温发酵的能耗较少，沼气发酵能总体维持在一个较高的水平，产气速度比较快，料液基本不结壳，可保证常年稳定运行。这种工艺因料液温度稳定，产气量也比较均衡。

3. 常温发酵

常温发酵是指在自然温度下进行的沼气发酵，所以也称为自然温度发酵，发酵温度随气温而变化，我国农村户用型沼气池基本都采用这种工艺。这种埋地的常温发酵沼气池结构简单、成本低廉、施工容易，便于推广。其特点是发酵料液的温度随气温、地温的变化而变化。常温发酵不需要对发酵料液温度进行控制，节省保温和加热投资，沼气池本身也不消耗热量；但在同样投料条件下，一年四季产气率相差较大。南方农村沼气池建在地下，一般料液温度最高时为 25℃，最低温度仅为 10℃，冬季产气率虽然较低，但在原料充足的情况下还可以维持用气量。但北方地区建的地下沼气池冬季料液温度仅 5℃，无论是产酸菌和产甲烷菌都受到严重抑制，产气率不足 $0.01 \text{ m}^3 / (\text{m}^3 \cdot \text{d})$。当发酵温度在 15℃ 以上时，产甲烷菌的代谢活动才活跃起来，产气量明显升高，产气率可达 0.1~0.2 m³ / (m³·d)。因此为了确保北方的沼气池安全越冬并维持正常产气，一般需建在太阳能暖圈或日光温室下；低于 10℃以后，产气效果很差。

（二）以投料方式划分

沼气发酵微生物的新陈代谢是一个连续的过程，根据该过程中的投料方式的不同，可分为连续发酵、半连续发酵和批量发酵三种工艺。

1. 连续发酵

连续发酵是指沼气池加满料正常产气后，每天分几次或连续不断地加入预先设计的原料，同时排走相同体积的发酵料液，使发酵过程连续进行下去。

大中型沼气工程通常采用连续发酵工艺。发酵装置不发生意外情况或不检修时均不进行大出料。沼气池内料液的数量和质量基本保持稳定状态，因此产气量也很均衡。这种发酵工艺可以维持稳定的发酵条件、保持比较稳定的原料消化利用速度、维持比较稳定的发酵产气。这种工艺流程技术先进，但发酵装置的结构和发酵系统比较复杂，造价昂贵，因而适用于大型的沼气发酵工程系统，如大型畜牧场粪污、城市污水和工厂废水净化处理等。该工艺要求有充分的物料保证，否则就不能充分有效地发挥发酵装置的负荷能力，也不可能使发酵微生物逐渐完善和长期保存下来。因为连续发酵不会导致因大换料等原因而造成沼气池利用率的浪费，从而使原料消化能力和产气能力大大提高。

2. 半连续发酵

沼气发酵装置初始投料发酵启动一次性投入较多的原料（一般占整个发酵周期投料总固体量的 1/4~1/2），正常产气后，定期、不定量地添加新料。在发酵过程中往往根据其他因素（如农田用肥需要）不定量地出料。到一定阶段后，将大部分料液取走另作他用。我国农村的沼气池大多属于此种类型。这种工艺的优点是：比较容易做到均衡产气和计划用气，能与农业生产用肥紧密结合，适宜处理粪便和秸秆等混合原料。

3. 批量发酵工艺

批量发酵是一种简单的沼气发酵类型，即将发酵原料和接种物一次性装满沼气池，中途不再添加新料，产气结束后一次性出料。发酵初期产气较少，随后逐渐增加，然后产气保持基本稳定，再后产气又逐步减少，直到出料。一个发酵周期结束后，成批换上新料，开始第二个发酵周期，如此循环往复。

科学研究测定发酵原料产气率时常采用这种工艺。固体含量高的原料，如农作物秸秆、有机垃圾等，由于日常进出料不方便，进行沼气发酵也采用批量发酵。这类发酵方式的有机负荷、池容产气率都只能计算平均值。这种工艺的优点是：投料启动成功后，不再需要进行管理，简单省事；缺点是产气分布不均衡，高峰期产气量高，其后产气量低，因此所产沼气适用性较差。

（三）以发酵阶段分类

按沼气发酵不同阶段，可将发酵工艺划分为单相发酵工艺和两相发酵工艺。

1. 单相发酵

单相发酵是将沼气发酵原料投入到一个装置中，产酸和产甲烷阶段在同一装置中自行调节完成。我国农村全混合沼气发酵装置和现在建设的大中型沼气工程大多数采用这一工艺。

2. 两相发酵

两相发酵最早由 Pohland 和 Ghose 于 1971 年提出，也被称为两步发酵或两步厌氧消化。该工艺将原料的水解产酸阶段同产甲烷阶段分别安排在两个不同的消化器中进行，水解酸化罐和产甲烷罐的容积主要根据它们各自的水力停留时间来确定和匹配。水解、产酸罐通常采用不密闭的全混合式或塞流式发酵装置，产甲烷罐则采用高效厌氧消化装置，如污泥床、厌氧滤器等。

由于水解酸化细菌繁殖较快，所以水解酸化罐体积较小，通常靠强烈的产酸作用将发酵液的 pH 值降低到 5.5 以下，这样在该消化器内就足以抑制产甲烷菌的活动。产甲烷菌繁殖速度慢，常成为厌氧消化的限速因素，因而产甲烷罐体积较大，其进料是经酸化和分离后的有机酸溶液，悬浮固体含量很低。两步厌氧消化适用于处理固体物含量高并且产酸较多的有机废物。

从沼气微生物的生长和代谢规律以及对环境条件的要求等方面看，产酸菌和产甲烷菌有着很大的差别。为它们提供各自需要的最佳繁殖条件和生活环境，促使其优势生长、迅速繁殖，因此将消化器分开来是非常适宜的。这既有利于环境条件的控制和调整，也有利于人工驯化、培养优异的菌种，总体上便于进行优化设计。两相法发酵较单相发酵工艺过程的产气量、效率、反应速度、稳定性和可控性等都要优越，而且生成沼气中的甲烷含量也比较高。从经济效益看，这种工艺流程加快了挥发性固体的分解速度，缩短了发酵周期，从而降低了生成沼气的成本和运转所需费用。

（四）以发酵浓度分类

按发酵原料中干物质含量的不同可将沼气发酵过程分为液体发酵和干发酵。

1. 液体发酵

液体发酵为发酵料液的干物质含量控制在 10% 以下的发酵方式。在发酵启动时，加入大量的水或新鲜粪肥调节料液浓度。由于发酵料液浓度较低，出料时大量残留的沼渣、沼液如用作肥料，运输、存储或施用都不方便，如经处理后实现达标排放，水处理运行所需的高昂费用是难以承受的。目前液体发酵面临的问题是发酵后大量沼渣和沼液的利用和消纳问题，如果不解决好发酵料液的后续处理问题，很可能带来对环境的二次污染，因此提高发酵料液的浓度、减少粪污水的排放量已成为沼气发酵工艺中亟待研究的问题。

2. 干发酵

干发酵的概念由 Sghulze 在 1958 年提出，又称固体发酵，发酵原料的总固体含量（TS）在 20% 以上。该工艺的主要优点是节约用水，节省管理沼气池所需的工时，池容产气率较高，可缩小池体积等，因此可以在增加产气量、提高运行负荷、简化后处理工序、降低生产成本的条件下，获得优质的沼气能源和优质的沼肥，并且不会对环境产生二次污染。

由于干发酵时水分太少，同时底物浓度又很高，在发酵开始阶段有机酸大量积累又得不到稀释，因而常导致 pH 值严重下降使发酵原料酸化，导致沼气发酵过程的失败。为了防止酸化现象的产生，常用的方法是：①加大接种物用量，使酸化与甲烷化速度能尽快达到平衡，一般接种物用量为原料量的 1/3~1/2；②将原料进行堆沤，使一大部分易于分解产酸的有机物在好氧条件下分解，同时降低了 C/N 值；③原料中加入 1%~2% 的石灰水，以中和所产生的有机酸。堆沤会造成原料的浪费，所以在生产上应首先采用加大接种量的方法。

干发酵工艺因发酵原料的流动性差，进出料困难而在大中型沼气工程中的应用受到了一定的限制。目前，不同原料的干发酵工艺研究正在进行中。

二、厌氧消化反应器

我国的沼气发酵已有 100 多年的发展历程，形成了各种各样的沼气池，按储气方式可分为水压式、浮罩式和气袋式三类；按几何形状可分为圆筒形、球形、椭球形、拱形等多种类型；按发酵机制可分为常规型、污泥滞留型和附着膜型三类；按埋设位置可分为地下式、半埋式和地上式三类；按发酵温度可分为常温发酵、中温发酵和高温发酵；按阶段划分可分为单相发酵和两相发酵。这些划分方式都是根据沼气发酵装置的结构或运行的某一方面的特点，但缺乏本质的区分。一个厌氧消化反应器（可简称消化器或反应器），无论是哪一种类型工艺，在具备适宜运行的条件基础上，决定其功能特性的构成因素主要是水力滞留期（HRT）、固体滞留期（SRT）和微生物滞留期（MRT），据此可以对消化器进行分类。

（一）水力滞留期（HRT）

厌氧消化器的 HRT 是指一个消化器内的发酵液被全部置换所需要的时间，通常以天或小时为单位，可按式（12-1）计算：

$$HRT(d) = \frac{消化器有效容积 \ (m^3)}{每天进料量 \ (m^3)} \qquad (12\text{-}1)$$

当消化器在一定容积负荷条件下运行时，其 HRT 与发酵原料有机物含量成正比，即有机物含量越高所需 HRT 则越长，这有利于提高有机物的分解率。降低发酵原料的有机物浓度或增加消化器的负荷都可适当缩短 HRT，但过短的 HRT 会使大量沼气发酵细菌从消化器里冲走，除非采取一定措施增加固体和微生物滞留期，否则有机物的分解率和沼气产量就会大幅度降低，消化器的运行将难以稳定。

（二）固体滞留期（SRT）

SRT 是指悬浮固体物质从消化器里被置换的时间。在一个混合均匀的完全混合式消化器中，SRT 与 HRT 相等；而在一个非完全混合式的消化器里，如果能测定出消化器内和出水里的悬浮固体浓度和密度，则其 SRT 可通过式（12-2）算出：

$$SRT = \frac{(TSS_r)(RV \times D_r)}{(TSS_e)(EV \times D_e)} \qquad (12\text{-}2)$$

式中：TSS_r 为消化器内总悬浮固体的平均质量分数；TSS_e 为消化器出水的总悬浮固体的平均质量分数；RV 为反应器体积；EV 为每天出水的体积；D_r 为消化器内固体物的密度；D_e 为出水里的固体物的密度。

从式（12-2）可以看出，在非完全混合消化器中 SRT 与 HRT 无直接关系，在消化器内污泥密度与出水里的污泥密度基本相等的情况下，消化器体积与出水体积不变时，SRT 与消化器内总悬浮固体的平均质量分数成正比，而与出水里的总悬浮固体的平均质量分数成反比。研究表明，固体有机物的分解率与 SRT 成正相关，延长 SRT 是提高固体有机物消化率的有效措施。

当消化器在长 SRT 运行时，一部分衰老的微生物细胞被分解，为新生长的微生物提供营养物质，从而减少微生物对原料的营养要求。由于蛋白类物质的分解率提高，发酵液中氨态氮含量也随 SRT 的延长而逐渐上升。一方面因 SRT 的延长固体有机物分解得更为彻底，另一方面因衰亡微生物的分解使细菌得到更多的营养物质，因而较长的 SRT 使污泥的甲烷化活性提高，污泥的沉降性能得到改善。所以高悬浮固体有机物的厌氧消化设法得到比 HRT 长得多的 SRT 至关重要。在消化器里，沼气发酵微生物常附着于固体物表面生长，SRT 的延长也增加了微生物的滞留期。因此除附着膜型消化器外，SRT 与 MRT 是难以分开的，所以 SRT 的延长也同时增加了微生物的量，减少了微生物的排出。这也是在长的 SRT 条件下固体有机物具有较高分解率的原因之一。

（三）微生物滞留期（MRT）

微生物滞留期指从微生物细胞的生成到被置换出消化器的时间。在一定条件下，微生物繁殖一代的时间基本保持稳定。如果 MRT 小于微生物增代时间，微生物将会从消化器里被冲洗干净，厌氧消化将被终止。如果微生物的增代时间与 MRT 相等，微生物的繁殖与被冲出处于平衡状态，则消化器的消化能力难以增长，消化器则难以启动。如果 MRT 大于微生物增代时间，则消化器内微生物的数量会不断增长。根据 Monod 方程，消化器的反应速度与微生物的量成正比。可见在一定条件下，消化器的效率与 MRT 成正相关。如果 MRT 无限延长，则老细胞会不断死亡而被分解。这样也可以使微生物的繁殖和死亡处于平衡状态，就不会有多余的微生物排出。因此延长 MRT 不仅可以提高消化器处理有机物的效率，并且可以降低微生物对外加营养的需求，还可以减少污泥的排放，减轻二次污染物的产生。

在处理低浓度有机污水时，在 HRT 很短的情况下运行，这就必须设法延长 MRT 来维持厌氧消化过程的产酸与产甲烷的平衡。只有延长了 MRT 才能阻止对生长缓慢的产甲烷菌的冲击。增加产甲烷菌在消化器内的积累，防止微生物生长不平衡现象的产生。

三、厌氧消化器的分类

HRT、SRT 和 MRT 的长短直接影响着消化器的性能，根据 HRT、SRT 和 MRT 的不同，如表 12-5 所示，可将厌氧消化器分为常规型、污泥滞留型和附着膜型三种类型。

表 12-5　　　　　　　　　　　　　厌氧消化器分类

类型	滞留期特征	消化器举例
常规型	MRT = SRT = HRT	常规消化器 全混合式消化器 塞流式消化器
污泥滞留型	MRT 和 SRT > HRT	固体回流式反应器 升流式厌氧污泥床 升流式固体反应器 内循环式厌氧反应器
附着膜型	MRT > SRT 和 HRT	厌氧滤器 流化床或膨胀床反应器

1.常规消化器

常规消化器是一种结构简单、应用广泛的发酵装置，其特征为 MRT、SRT 和 HRT 相等，即液体、固体和微生物混合在一起，在出料同时被淘汰。由于消化器内没有足够的微生物，并且固体物质得不到充分的消化，因而效率较低。此类消化器包括常规消化器、全混合式消化器和塞流式消化器等。

（1）常规消化器。

常规消化器结构如图 12-4 所示，该消化器内无搅拌装置，发酵原料在消化器内呈自然沉淀状态，一般分为四层，从上到下依次为浮渣层、上清液层、活性层和沉渣层，其中厌氧消化活动旺盛场所只限于活性层内，因而效率较低。

（2）全混合式消化器。

全混合式消化器（continuous stirred tank reactor，CSTR）是在常规消化器内安装了搅拌装置，使发酵原料和微生物处于完全混合状态，使活性区遍布整个消化器，其效率比传统常规消化器有明显提高，所以又称为高速消化器，其结构如图 12-5 所示。该消化器常采用恒温连续投料或半连续投料运行，适用于高浓度且含有大量悬浮固体原料的处理，如污水处理厂好氧活性污泥的

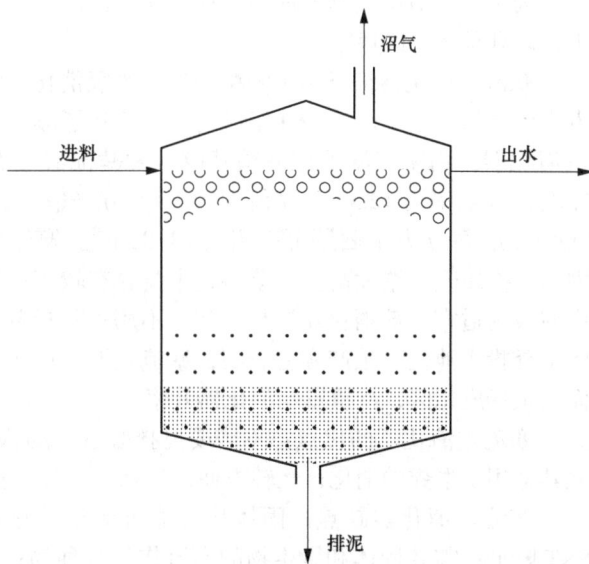

图 12-4　常规消化器示意

厌氧消化多采用该工艺。在该消化器内，新进入的原料由于搅拌作用很快与消化器内的发酵液混合，使发酵底物浓度始终保持相对较低状态；其排出的料液又与发酵液的底物浓度相等，并且在出料时微生物也一起被排出，所以出料浓度一般较高。该消化器是典型的 HRT、SRT 和 MRT 完全相等的消化器。为了使生长缓慢的产甲烷菌的增殖和排出速度保持平衡，要求 HRT 较长，一般在 10~15d 或更长时间。中温发酵时负荷为 3~4 kg COD / (m³·d)，高温发酵为 5~6 kg COD / (m³·d)。

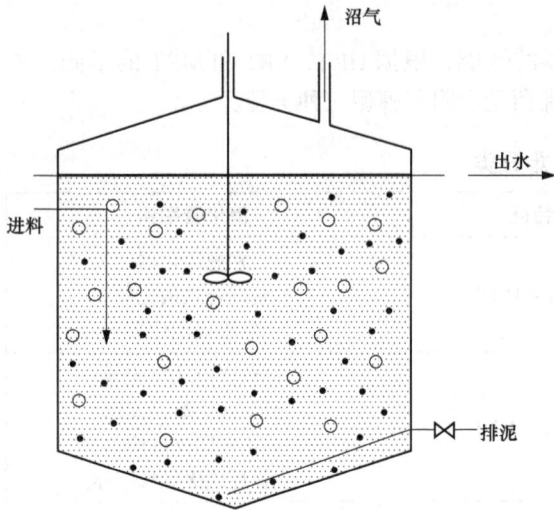

图 12-5　全混合式消化器示意

全混合式消化器的优点：可以利用高悬浮固体含量的原料；消化器内温度和物料分布均匀，避免了分层状态，增加了底物和微生物接触的机会；进入消化器的抑制物质能够迅速分散，保持较低浓度水平；避免了浮渣、结壳、堵塞、气体逸出不畅和短流现象；易于建立数学模型。

全混合式消化器的缺点：由于该消化器无法做到使 SRT 和 MRT 在大于 HRT 的情况下运行，所以需要较大的消化器体积；CSTR 消化器运行时要有足够的搅拌，因此能量消耗较高；底物流出该系统时存在未完全消化的现象，同时微生物随出料而流失。

（3）塞流式消化器。

塞流式消化器（plug flow reactor，PFR）也称为推流式消化器，是一种长方形的非完全混合式消化器，高浓度悬浮固体原料从一端进入，从另一端流出，如图 12-6 所示。由于消化器内沼气的产生，呈现垂直的搅拌作用，而横向的搅拌作用甚微，原料在消化器的流动呈活塞式推移状态。在进料端呈现较强的水解酸化作用，甲烷的产生随着向出料方向的流动而增强。由于进料段缺乏接种物，所以要进行固体回流。为了减少对微生物的冲出，在消化器内部应设置挡板，以利于运行的稳定。

塞流式消化器最早用于酒精费醪的厌氧消化，河南省南阳酒精厂于 20 世纪 60 年代初期就修建了隧道塞流式消化器，用来高温处理酒精费醪。发酵池温为 55℃

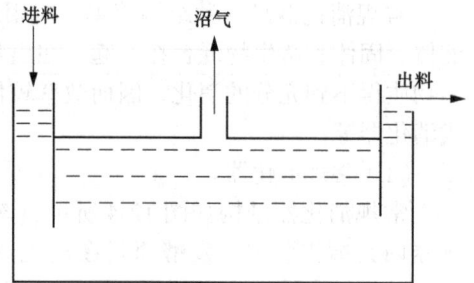

图 12-6　塞流式消化器示意

左右，投配率为 12.5%，滞留期为 8 天，产气率为 2.25~2.75 m^3 /（$m^3 \cdot d$），负荷为 4~5 kg COD/（$m^3 \cdot d$），每立方米酒醪可产沼气 23~35 m^3。塞流式消化器在牛粪厌氧消化上有较广泛的应用。因为牛粪质轻、浓度高、长草多，本身含有较多产甲烷菌，不易酸化，所以用塞流式消化器处理牛粪较为适宜。该消化器进料粗放，不用去除长草，不用泵或管道输送，可使用搅龙或斗车直接将牛粪投入池内。生产实验表明，塞流式池不适用于鸡粪的发酵处理，因其沉渣多，易生成沉淀而大量形成死区，严重影响消化器效率。

塞流式消化器的优点：不需要搅拌装置，结构简单，能耗低；适用于高悬浮物物料的处理，尤其适用于牛粪的消化；运转方便，故障少，稳定性高。

塞流式消化器缺点：固体物可能沉淀于消化器底部，影响消化器的有效体积，使 HRT 和 SRT 降低；需要固体和微生物的回流作为接种物；因该消化器面积/体积比值较大，难以保持一致的温度，效率较低；易生成结壳。

2. 污泥滞留型消化器

污泥滞留型消化器的特征为通过采用各种固液分离方式使污泥滞留于消化器内，将 MRT 和 SRT 与 HRT 加以分离，从而在较短的 HRT 的情况下获得较长的 MRT 和 SRT，即在发酵液排出时，微生物和固体物质所构成的污泥得到保留。MRT 和 SRT 的延长可以提高消化器的效率，缩小消化器的体积。该类型消化器主要包括固体回流式反应器（CSTR）、升流式厌氧污泥床（UASB）、升流式固体反应器（USR）和内循环反应器（IC）等。

（1）固体回流式反应器。

固体回流式反应器（CSTR，又称厌氧接触工艺）是在全混合式消化器之外加一个沉淀池，从消化器排出的混合液首先在沉淀池中进行固液分离，上清液由沉淀池上部排出，沉淀污泥重新回流至消化器内。这样既减少了出水中的固体含量，又通过沉淀和回流增加了微生物和未反应固体的滞留期，从而在一定程度上提高了设备的有机负荷率和处理效率。它广泛应用于工业废水的处理，如酒精废液等。固体回流式 CSTR 需要额外的设备来实现固体和活性微生物沉淀与回流，如图 12-7 所示。

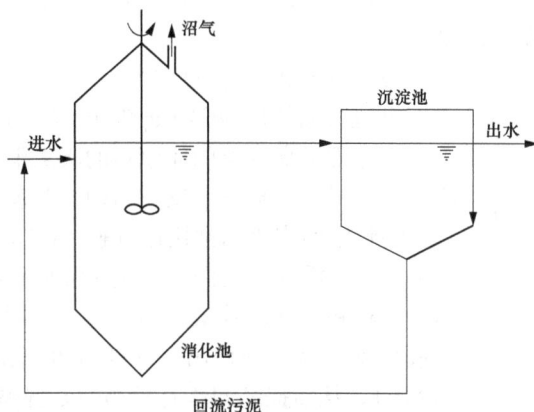

图 12-7　固体回流式反应器 CSTR 示意

（2）升流式厌氧污泥床。

升流式厌氧污泥床（up-flow anaerobic sludge bed，UASB）是目前发展最快的消化器。消化器内部分为三个区域，从下至上分别为污泥床、悬浮层和三相分离器。消化器的底部是浓度很高并且有良好沉淀性能和凝聚性的絮状或颗粒状污泥形成的污泥床，污水从底部经布水管进入污泥床，向上穿流并与污泥床内的污泥混合，污泥中的微生物分解污水中的有机物生成沼气。污泥床区虽然只占消化器体积的 30% 左右，但 80%~90% 的有机物在这里被降解。沼气以微小气泡的形式不断放出，并在上升过程中不断合并成大气泡。在上升的气泡和水流的搅动下，消化器上部的污泥处于悬浮状态，形成一个浓度较低的污泥悬浮层。在消化器上设有气、液、固三相分离器。在消化器内生成的沼气气泡受反射板的阻挡，进入三相分离器下面的气室内，再由管道经水封而排出。固、液混合物经分离器的窄缝进入沉淀区，在沉淀区由于污泥不再受上升气流的冲击，在重力作用下而沉降。沉淀至斜壁上的污泥沿着斜壁滑回污泥层内，使消化器内积累起大量的污泥。分离出污泥后的液体从沉淀区上表面进入溢流槽而流出，如图 12-8 所示。

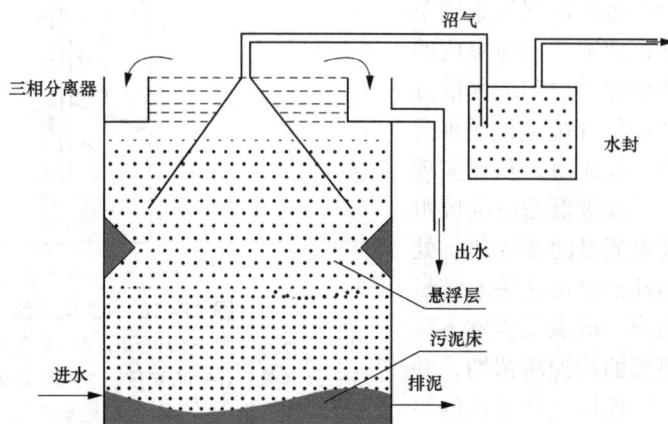

图 12-8　UASB 消化器结构示意

　　UASB 消化器中，分离器将气体分流并阻止固体漂浮和冲出，使 MRT 比 HRT 大大增加，产甲烷效率明显提高。UASB 工艺由于结构简单、运行费用低、处理效率高而得到广泛应用。

　　升流式厌氧污泥床的优点为：除气/固分离器外消化器结构简单，没有搅拌装置及填料；SRT 和 MRT 较长，实现了很高的负荷率；颗粒污泥的形成使微生物天然固定化，增加了工艺的稳定性；出水悬浮物含量低。

　　升流式厌氧污泥床的缺点为：需要安装气/固分离器；消化器内有短流现象，影响处理效果，需要安装有效的布水装置，使进料能均布于消化器的底部；对进料水质和负荷剧烈变化敏感，耐冲击力较差，要求具有较高的管理水平。

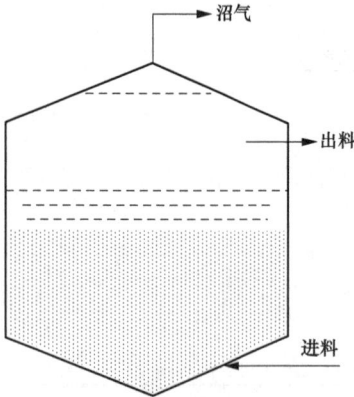

图 12-9　升流式固体反应器示意

（3）升流式固体反应器。

　　升流式固体反应器（upflow solid reactor，USR）是一种结构简单、适用于高悬浮固体原料的厌氧消化反应器，结构如图 12-9 所示。物料从底部进入反应器内，与反应器内的厌氧活性污泥接触，物料中的有机物被快速分解。USR 反应器内不需要安置三相分离器，不需要污泥回流，也不需要搅拌装置。未消化的生物质固体颗粒和沼气发酵微生物靠重力作用沉降滞留于反应器内，上清液从反应器上部排出，这样就可以得到比 HRT 高得多的 SRT 和 MRT，从而提高固体有机物的分解率和消化器的效率。

　　USR 最大的特点是能够处理高含固率的发酵料液，水力滞留时间长，一般在 10~20 天。在中温发酵或近中温发酵条件下，处理禽畜粪便的容积负荷宜为 3.0~6.0 kg COD/（m³·d），根据发酵原料的不同容积产气率一般在 1.0~3.2 m³/（m³·d）。

　　（4）内循环式反应器。

　　内循环式（internal circulation，IC）反应器是目前世界上效能最高的厌氧消化反应器。该反应器集 UASB 反应器和流化床反应器的优点于一身，利用反应器所产生沼气的提升力实现发酵料液内循环。

　　IC 反应器的基本结构如图 12-10 所示，如同将两个 UASB 反应器叠加在一起，反应器高度可达 16~25m，高径比可达 4~8。在反应器内部增设了沼气提升管和回流管，上部增加了气液分离器。反应器启动时，投加了大量颗粒污泥。运行过程中，第一反应室所产生的沼气经集气罩收集并沿提升管上升，把第一反应室内的发酵液和污泥提升至反应器顶部的气液分离器，分离出的沼气从导管排走，泥水混合物沿回流管返回第一反应室，从而实现了下部料液的内循环。处理低浓度的废水时，循环流量可达进水流量的 2~3 倍；处理高浓度废水时，循环流量可达进水流量的 10~20 倍。结果使第一厌氧反应室不仅有很高的生物量、很长的污泥滞留期，并且有很大的升流速度，使该反应室内的污泥和料液基本处于完全混合状态，从而大

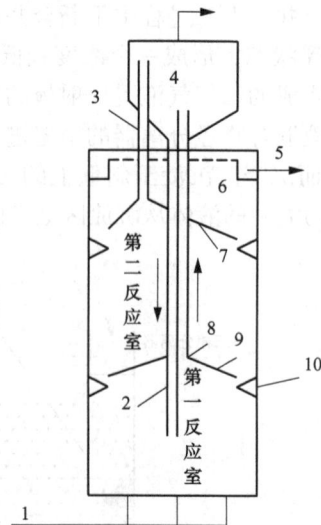

图 12-10　IC 反应器结构示意

1—进水管；2—回流管；3—集气管；4—气液分离器；5—出水管；6—沉淀区；7—第二反应集气罩；8—提升管；9—第一反应集气罩；10—气封

大提高第一反应室分解有机物的能力。经第一反应室处理的废水，自动进入第二厌氧反应室。废水中的剩余有机物可被第二反应室内的颗粒污泥进一步降解，使废水得到更好的净化。经过两级处理的废水在混合液沉淀区进行固液分离，清液由出水管排出，沉淀的颗粒污泥可自动返回第二反应室，这样废水完成了全部的处理过程。

IC 反应器通过两层三相分离器（集气罩）实现较长的固体滞留时间，反应器内污泥浓度高；容积负荷率高、节省建设投资和占地面积；依靠沼气提升作用实现内循环，不必外加动力实现内循环，节省运行能耗；抗冲击负荷能力强，具有缓冲 pH 值的能力、出水的稳定性好等技术优点。

但 IC 反应器内部结构比较复杂，工艺设计和运行管理要求较高。同时反应器高径比较大，进水动力消耗大，内循环泥水混合液的上升溶液容易出现堵塞现象，使内部循环瘫痪，降低系统处理效果。

3. 附着膜型消化器

附着膜型消化器内装有惰性介质供微生物附着，形成生物膜。在进料中，液体和固体穿流而过的情况下，滞留微生物于消化器内，在 HRT 相当短的情况下，阻止微生物冲出，从而使消化器有较高的效率。研究和应用较多的附着膜反应器包括厌氧滤器、流化床和膨胀床。

（1）厌氧滤器。

厌氧滤器（anaerobic filter，AF）内部安置有焦炭、煤渣、塑料制品、合成纤维等惰性介质（又称填料），沼气发酵细菌尤其是产甲烷菌呈膜状附着于惰性介质上，并在介质之间的空隙互相黏附成颗粒状或絮状存留下来。当污水通过生物膜时，有机物被细菌利用而生成沼气。该反应器可以考虑用作两阶段厌氧消化的甲烷化阶段，不适用于高悬浮物含量的进料，因为它们能很快堵塞该体系。AF 结构示意如图 12-11 所示。

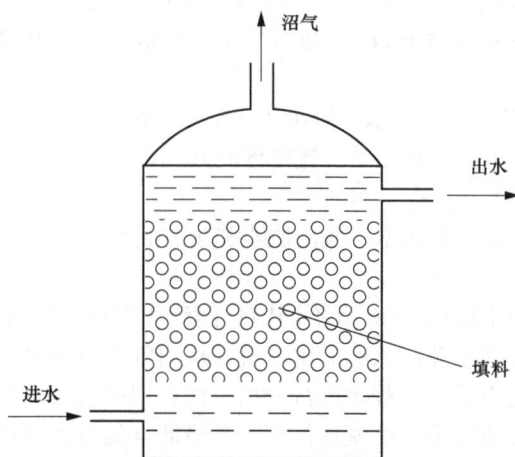

图 12-11　厌氧滤器示意

AF 优点：具有较高的负荷率，消化器体积较小；微生物呈膜状固定和附着在惰性介质上，MRT 长，污泥浓度高，运行稳定，运行技术要求较低；能够承受负荷变化；长期停运后可更快地重新启动。

AF 缺点：填料的费用较高，而且安装施工较复杂，填料寿命一般为 1~5 年，需要定时更换；易产生堵塞和短路；只能处理低悬浮固体（SS）含量的废水，对高 SS 废水效果不佳并易造成堵塞。

（2）流化床反应器和膨胀床反应器。

流化床反应器（fluidized bed reactor，FBR）和膨化床反应器（expanded bed reactor，EBR）结构如图12-12所示。反应器内部添有大小一样（0.2~0.5mm）的惰性颗粒（如细砂）或活性颗粒（如活性炭）供微生物附着。当有机污水自下而上经过颗粒层时，污水及所产气体流速足以使介质颗粒形成膨胀或流化状态。每一个介质颗粒表面都被生物膜所覆盖，其比表面积可达 $300m^2/m^3$，能支持更多的微生物附着，创造了比 HRT 更长的 MRT，因而使反应器具有更高的效率。

这两种反应器可以在相当短的 HRT 情况下，允许进料中的液体和少量固体物穿流而过，适用于消化低固体物含量的有机污水处理。系统的优点是：有更大的比表面积供微生物附着，可以达到更高的负荷；系统运行稳定，并能承受负荷变化，在长时间停运后可更快地启动。系统缺点是：为使颗粒膨胀或流态化需要 0.5~10 倍料液再循环，增加了过程能耗；介质颗粒可能被冲出，损坏泵或其他设备；不能接受高固体含量的原料；可能需要脱气装置从水中有效地分开介质颗粒和悬浮固体。

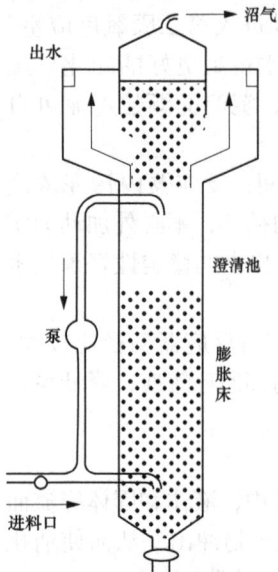

图 12-12　流化床和膨胀床反应器结构示意

第四节　沼气提纯

沼气中含有甲烷、二氧化碳、硫化氢和水蒸气等成分。为保护沼气利用设备不受严重磨损和损坏，并达到下游净化设备的要求，必须进行沼气提纯。硫化氢不但腐蚀管道、燃具和沼气发电设备，而且毒性很强，其浓度达到 0.1%~0.2% 时，就会使人中毒，对人身安全造成威胁。因此沼气需要脱水脱硫后输送和使用。如果沼气燃烧放出 SO_2，和水结合形成酸性溶液同样造成较大的危害。导输气管中积累的水会溶解 H_2S，也容易腐蚀管道。沼气中的 CO_2 降低了沼气的能量密度，影响燃烧效果。

沼气使用以前，一般需要经过脱水、脱硫（H_2S）工序。另外，为了提高沼气能量密度和燃烧质量，还应考虑脱除沼气中的二氧化碳、氮气等成分。

一、脱水工艺与技术

常见的沼气脱水方法包括冷凝脱水、吸附脱水和吸收脱水。

（一）冷凝法脱水

冷凝法是利用蒸汽在不同温度下具有不同饱和蒸汽压力这一物理性质，采用降低系统温度或提高系统压力的方法，使处于蒸汽状态的水冷凝并从沼气中分离出来的过程。通常在气体管道进行沼气冷却。可以通过重力法将冷凝水进行分离，即利用气水分离器的方法将冷凝水脱除。此外，如果以适当的倾斜度安装管道，冷凝在位于管道最低点的分离器进行。除水蒸气外，其他杂质如水溶气体、气溶胶也会在冷凝器中被脱除。由于需要定期对冷凝水分离器进行排水，所以操作必须方便进行，任何沼气流量下都能利用冷凝干燥工艺。

（二）吸附法脱水

吸附法脱水是采用多孔性的固体吸附剂处理气体混合物，使其中一种或多种组分吸附于固体表面上，其他组分不被吸附，从而达到组分分离的目的。固体吸附剂的吸附容量与吸附剂的特性、吸附剂的比面积、孔隙率以及吸附质的特性、分压和吸附温度等有关。常用于沼气脱水的吸附剂包括硅胶、活性氧化铝和分子筛等。吸附剂安装在固定床上，可在常压或 600~1000kPa 的压力下运行，适用于中小沼气量的干燥。吸附材料可以通过有热或无热再生。

（三）吸收干燥

吸收工艺是将乙醇、乙二醇或三乙烯乙醇等与沼气逆向注入吸收塔的水分吸收过程。以乙二醇作为吸收液时，通过将溶剂加热到200℃使其中杂质挥发来实现吸收剂的再生。从经济性看，该方法适用于较高流量（>500m³/h）的沼气，因此吸收干燥工艺可以考虑作为沼气提纯并网利用的预处理方法。

二、脱硫工艺与技术

农村大中型沼气工程中使用禽畜粪便、植物秸秆和生活垃圾等原料，产生的沼气中H_2S体积含量一般在28~4500mg/m³，而我国城市燃气中H_2S限值为20mg/m³。H_2S对环境、设备、管路、仪表和人体等产生污染、腐蚀和毒害作用，所以无论是将沼气用于居民供气或发电，都需要对沼气进行脱硫处理。根据脱硫原理的不同，沼气的脱硫工艺可分为干法脱硫、湿法脱硫和生物法脱硫。目前大中型沼气工程中所使用的干法脱硫技术和湿法脱硫技术均属于化学方法。生物脱硫技术是通过脱硫细菌的代谢活动将沼气中的H_2S转化为单质硫或硫酸盐，从而实现沼气脱硫和硫的资源化利用。

（一）干法脱硫

干法脱硫也称干式氧化法脱硫，是利用氧使H_2S氧化成硫或硫氧化物的一种脱硫方法。沼气以一定空速通过装有固体脱硫剂的脱硫装置，经过气-固接触交换将气相中的H_2S吸附到脱硫剂上，从而达到净化沼气的目的。目前大中型沼气工程中常用的固体脱硫剂主要有氧化铁、氧化锌等。

常温氧化铁干法脱硫技术是将氧化铁（$Fe_2O_3 \cdot H_2O$）粉末和木屑混合制成脱硫剂，在相对湿度为35%左右的情况下填充于脱硫装置内。低流速的沼气从脱硫装置一端经过装有脱硫剂的填料层，脱硫剂中的氧化铁与H_2S反应生成硫（S）硫化铁（Fe_2S_3）后滞留在填料层中，从而去除H_2S。氧化铁脱硫的原理如下：

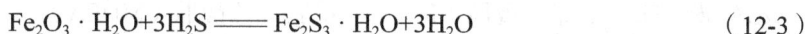

$$Fe_2O_3 \cdot H_2O + 3H_2S \Longrightarrow Fe_2S_3 \cdot H_2O + 3H_2O \qquad (12\text{-}3)$$

随着沼气不断通过脱硫塔，氧化铁不断吸收H_2S，随着脱硫剂中氧化铁的减少，脱硫剂对H_2S的去除率降低。当脱硫剂中的氧化铁含量减少到30%以下时，脱硫效果明显变差。当脱硫装置出口端净化后的沼气中H_2S超过20mg/m³时就需要对脱硫剂进行再生处理。脱硫剂再生是将失去活性的脱硫剂与空气接触，把Fe_2S_3还原析出硫磺，再生过程反应式如下：

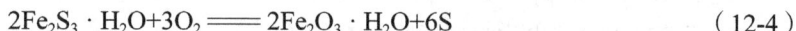

$$2Fe_2S_3 \cdot H_2O + 3O_2 \Longrightarrow 2Fe_2O_3 \cdot H_2O + 6S \qquad (12\text{-}4)$$

式（12-4）表明硫化铁的还原过程需要氧气做氧化剂，通过空气压缩机在脱硫塔之前向沼气中投加一定量的空气即可满足脱硫剂还原对氧气的要求，此工艺即为沼气干法脱硫的连续再生工艺。

（二）湿法脱硫

湿法脱硫是利用特定的溶剂与气体逆流接触而脱除其中的H_2S，溶剂再生后重新利用。湿法脱硫既可以在常压下操作运行又可在加压下操作运行，脱硫率可达99%。沼气湿法脱硫技术包括碱性溶液吸收法、络合铁法、MSQ法、PDS法等。

（三）生物脱硫

生物脱硫是利用微生物的代谢作用，通过H_2S溶解、微生物吸收和微生物分解转化三个阶段，实现沼气中硫化物转化为单质硫或硫酸盐，达到去除H_2S的目的。生物脱硫可不在厌氧反应器内部进行脱硫，而是设立独立脱硫单元，对产生的沼气进行后续生物净化处理。生物脱硫工艺设备简单、能耗低、效率高、过程容易控制、二次污染少，尤其适合低浓度含硫气体的处理。生物脱硫工艺中，脱硫细菌主要分为光能自养型和化能自养型两大类。

光能自养型脱硫细菌为一类在无氧光照条件下，以二氧化碳为碳源，可见光为能源，以H_2S、S或H_2作为供氢体的光合细菌，主要包括蓝细菌、紫硫细菌和绿硫细菌等。

化能自养型脱硫细菌以二氧化碳为碳源，同时在氧化硫化物的过程中获得能量，主要包括脱氮硫杆菌、嗜酸氧化硫杆菌、排硫杆菌以及混合菌种等。化能自养型脱硫细菌将硫化物转化为单质硫，既能在有氧条件下进行，也能在无氧条件下进行。

三、脱碳工艺与技术

沼气中 CO_2 的脱除方法包括物理和化学吸收、分子筛吸附和膜分离法。

（一）物理和化学吸收法

吸收法是利用 CO_2 在某些液体中比 CH_4 具有更强的溶解性的特点，实现生物燃气净化提质，可分为物理吸收法和化学吸收法。物理和化学吸收方法应用广泛，即使在气体压力很低的情况下也能有效分离 CO_2，而且工艺流程比较简单，需要的基础投资和成本相对较低。

最简单和便宜的吸收剂是水。在温度变化较小时，CH_4 在水中的溶解度随压力变化不大，而 CO_2 和 H_2S 在较高压力下溶解度增大，当压力降低时因在水中的溶解度变小而释放出来，从而将 CO_2 和 H_2S 从沼气中分离出来。沼气通过压缩后从吸收塔底部进入，水从顶部进入进行逆流吸收。吸收了 CO_2 和 H_2S 的水可以通过减压或用空气吹脱再生。CO_2 和 H_2S 的去除率与吸收塔的尺寸、气体压力、气体组分浓度以及水的流速和纯度有关，理论上可以达到 100 % 的去除率。Dubey 的研究表明，气体压力和水的流速对去除率的影响大于吸收塔直径的影响

另一种常用的吸附剂为 Selexol，主要成分为二甲基聚乙烯乙二醇（DMPEG）。与水相比，CO_2 和 H_2S 在 Selexol 中的溶解度比在水中的溶解度大。另外，水和卤化烃（主要来自填埋场沼气）也可以用 Selexol 洗涤去除。一般使用水蒸气或者惰性气体吹脱 Selexol 进行再生。

水和 Selexol 对 CO_2 和 H_2S 的吸收是纯粹的物理过程，而化学吸收法是指沼气中的 CO_2 与溶剂在吸收塔内发生化学反应形成富液，然后富液进入脱吸塔再生，吸收与解吸交替进行，实现 CO_2 的分离。化学吸收溶剂主要有醇胺溶液和碱溶液，如单乙醇胺（MEA）、二乙醇胺（DEA）、三乙醇胺（TEA）、二甘醇胺（DGA）、甲基二乙醇胺（MDEA）、二异丙醇胺（DIPA）、NaOH、KOH、Ca（OH）$_2$ 和氨水。目前工业中广泛采用的是醇胺法吸收 CO_2，其实质是弱碱和弱酸发生的可逆反应。通过调节温度控制反应方向，一般在 311K 反应正向进行生成盐，吸收 CO_2；在 383K 反应逆向进行，放出 CO_2。该技术不适合含 O_2 的沼气，因为 O_2 会氧化吸收溶剂，造成吸收溶剂发泡变质。

（二）分子筛吸附

分子筛吸附过程也称为变压吸附 PSA（pressure swing adsorption），是 20 世纪 60 年代以后发展起来的一项常温气体分离与净化技术。该方法是利用吸附剂对不同气体在吸附量、吸附速度、吸附力等方面的差异，以及吸附剂的吸附容量随压力变化而变化的特点，在加压时完成混合气体的吸附分离，在降压时完成吸附剂的再生，从而实现气体的分离。常用的吸附剂有天然沸石、分子筛、活性氧化铝、硅胶和活性炭等。整个过程由吸附、漂洗、降压、抽真空和加压五步组成，其分离效果与分子特性和分子筛材料的亲和力有关。选择不同孔径的分子筛或调节不同的压力，能够将 CO_2、H_2S、水汽和其他杂质选择性地从沼气中去除。

（三）膜分离法

膜分离法是以选择透过性膜为分离介质，由于膜两侧的气相分压不同，依靠气体在膜中的溶解度不同和扩散速率差异，来选择性"过滤"气体某些组分，从而达到分离的目的。气体分离膜的材料主要有高分子材料、无机材料和金属材料三大类。高分子材料主要有聚二甲硅氧烷、聚砜、聚酰胺和聚亚酰胺、醋酸纤维素、中空纤维等；无机材料包括陶瓷膜、微孔玻璃膜和碳分子膜等；金属膜主要是稀有金属。适用于沼气脱除 CO_2 的是中空纤维膜。

膜分离工艺包括高压气相分离和气 - 液相吸收膜分离。高压气相分离工艺中膜的两侧都是气相，但是所需压力较高。增压至 3.6MPa 的沼气首先通过活性炭床去除卤化烃和部分 H_2S，然后进入滤床和加热器，再进入到膜分离单元中，实现 CO_2、H_2O 和 H_2S 等极性分子的分离，但不能分离 N_2。气相 - 液相吸收膜分离工艺中，膜的一侧为气相，另一侧为液相，不需要较高压力。沼气

从膜的一侧流过，其中的 H_2S 和 CO_2 分子能够扩散穿过膜，在另一侧被相反方向流过的液体吸收，吸收膜的工作压力仅为 0.1MPa，温度为 25~35℃。液相的吸收剂可以用化学吸收中提到的胺溶液和碱溶液。

第五节 沼气技术应用案例

某秸秆沼气集中供气示范工程总容积 720m³，年产沼气约 11 万 m³，能够为 305 户村民提供清洁生活用能。该项目采用全混合"自载体生物膜"发酵技术和带温室增温的半地下卧式反应器，序批式进料，利用地温、温室和沼气多能互补的加热保温方式，可实现全年稳定产气和供气，所采用的工艺路线如图 12-13 所示。

秸秆首先经搓揉机进行搓揉，搓揉后的秸秆在预处理间采用专用预处理剂处理。把一定量的专用处理剂融合于水中，然后通过喷洒系统均匀喷洒到搓揉好的秸秆中，在常温下自然放置，让预处理剂能够充分地与秸秆进行作用，3 天后即可使用。

预处理好的秸秆被送入半地下卧式厌氧发酵罐进行厌氧发酵。采用全混合"自载体生物膜"厌氧发酵技术，秸秆既是微生物生命活动的"食料"，又是微生物依附生存的"载体"。针对秸秆容易吸收膨胀、容易产生"飘浮"和"分层"现象、厌氧菌与物料接触不充分、营养传送和传热传质效果差的问题，采用卧式反应器形式和斜搅拌与侧搅拌组合搅拌方式，强化物料的混合。

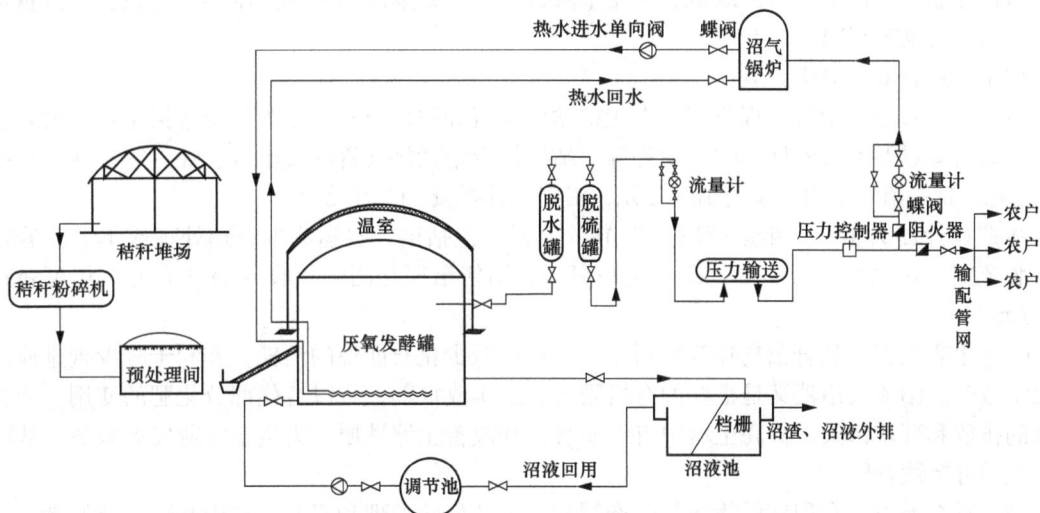

图 12-13 秸秆厌氧消化产沼气工艺路线

生产的沼气先经过脱水、脱硫净化处理，然后被加压和储存在储气罐中。储气罐中储存的沼气经调压后，通过地下输送管网被输入至用户家中。在输送管网各处设有凝水器、调压器和检测井等。

采用太阳能温室、地温和沼气加热相结合的多能互补方式，对发酵池进行加热和保温。系统产出的沼液 70% 作为预处理调节用水回用，沼渣和剩余部分沼液作为有机肥料，用于附近蔬菜生产基地的温室蔬菜用肥。实现了沼渣沼液的完全生态循环利用。

该秸秆沼气集中供气示范工程技术特点包括：

（1）简单、高效、环保的预处理技术。秸秆中的木质纤维素含量较高，不容易被厌氧菌消化，导致秸秆产气率低。这是不能用纯秸秆规模化生产沼气的主要原因。解决方法之一就是在秸秆进入发酵罐前，对秸秆进行预处理，把不易消化的秸秆预先转化成容易被厌氧菌消化的"食料"。该工程采用一种秸秆专用预处理剂。通过这种预处理剂的处理，可以有效破坏秸秆中木质素和纤维素、半纤维素之间的联系，部分破坏纤维素和半纤维素的化学结构，有效提高秸秆的生物降解性能，并使更多的碳水化合物从木质素的包裹中释放出来，可使秸秆的产气率提高50%~120%。并且，预处理过程非常简单，时间很短（只需3天时间），也不产生任何污染。

（2）全混合"自载体生物膜"发酵技术。利用搓揉后的秸秆呈固态丝状，以其自身为依附生存的"载体"，厌氧消化菌附着在其表面上生长形成"生物膜"，同时对秸秆进行消化利用。秸秆既是微生物依附生存的"载体"，又是微生物生命活动的"食料"。这种双重功能使得微生物与物料能够充分接触。

（3）多能互补的加热保温技术。采用太阳能温室、地温和沼气加热相结合的多能互补方式，对发酵池进行加热和保温。首先，发酵池是半地下式布置方式，可以利用部分地温；其次，发酵池放置在温室内，可以吸收和利用部分太阳能对物料进行加温；在冬季温度低时，再补充使用部分沼气，通过沼气锅炉加热热水，热水循环到发酵池内对发酵料进行加热。这种多能互补方式可以有效地利用多种自然能量，减少自身加热用能，明显提高系统的能效比。在阳光充足的地区，可无需额外增加热量，在夏季实现高温发酵，在春、秋实现中温发酵。在冬季仍需加热，但加热能耗大大减少。

（4）沼液回用技术。沼气生产工程一个重要的问题是沼渣、沼液的处理和利用问题。该工程采用北京化工大学研发的沼液回用技术，通过科学调配，可以实现70%以上沼液的回用。回用沼液作为秸秆原料的调节用水，既减少了用水量，又可有效解决沼液利用困难，且减少外排量可能导致的二次污染等问题。

该工程综合效益分析如下：

（1）经济效益。沼气工程投资成本包括站内投资和站外投资。站内投资包括土建、太阳能温室、厌氧发酵罐及附属配件、配套设备等。站外投资包括供气管网及土方、灶具等。项目总投资280万元，其中沼气站内总投资165万元；沼气站外投资115万元。

按照设计能力生产，年运行成本为14.6万元，包括秸秆收运成本、预处理成本、营养补充剂、脱硫剂、水电费、人工费、设备维修费等；销售沼气和沼肥年收入18.7万元，年可获利约4.1万元。

（2）生态效益。秸秆沼气作为燃料使用，可以减少化石能源的消耗，有利于减少碳排放，缓解温室效应。沼渣、沼液又是很好的有机肥料和土壤改良剂，可以替代部分化肥的使用，减少氮和磷的排放和环境污染，提高土壤中有机质含量和改善土壤性质，为生态农业发展服务，从而促进农业的可持续发展。

（3）社会效益。利用秸秆为原料生产沼气，为秸秆的处理和资源化利用开辟了新的途径，可以有效减少秸秆焚烧带来的大气污染问题，解决农村秸秆乱堆乱放现象；同时，还可以生产生物能源，为村民提供高品位的清洁能源，显著改善村民的生活质量，提高生活水平，是社会主义新农村建设的重要内容。

习题

1. 何谓沼气发酵？简要说明沼气发酵的生物学机制。
2. 简述沼气发酵应具备的物质和条件。
3. 牧草青储参数如表12-6所示，请计算每千克该牧草的沼气产量和甲烷含量。

表 12-6　　　　　　　　　　　　　　　　**牧草青储参数**

项目	参数	项目	参数
DM / %	35	DC_{CL} / %	69
粗灰分（CA）/ [g / kg（DM）]	102	粗纤维（CF）/ [g / kg（DM）]	296
粗蛋白（CP）/ [g / kg（DM）]	112	DC_{CF} / %	75
DC_{CP} / %	62	不含氮提取物（NFE）/ [g / kg（DM）]	453
粗脂肪（CL）/ [g / kg（DM）]	37	DC_{NFE} / %	73

4. 简述厌氧反应器的分类依据，并说明各类型反应器优缺点。

5. 简述我国沼气利用技术存在的不足以及我国沼气的发展方向。

第十三章 生物质热解油提质改性

第一节 生物质热解油的特性

一、生物质热解油组分与分析

生物质快速热裂解产生的生物质热解油是一种具有刺激性气味的棕黑色的液体，其性质与石油原油相比具有较大差距，表13-1所示为生物质热解油（简称生物油）、水热液化生物油和重质石油的宏观物理化学性质与元素组成对比。

其中，生物油与其热解原料中的有机元素含量（质量分数）基本相当，碳元素组成范围为40%~50%（水热液化得到的碳含量更高）、氢元素组成范围为5.5%~8%、氧元素组成范围为45%~55%，三者占总含量的95%以上。生物油中有效 H/C 比在0.1~0.58之间，远低于重质燃油的1.5。对于烃类燃料来说，氢元素含量越高，氧元素含量越低，其发热量就会越高。生物油中的高含氧量和低氢碳比降低了生物油的发热量，未加工的生物油发热量为16~19MJ/kg；同时也造成了生物油和常规石油无法混溶。由于生物质中硫含量较低，明显少于原油中的硫含量，燃烧后产生 SO_x 较少。

表 13-1 　　　　　　生物质热解油、水热液化生物油和重质石油性质对比

参数		生物质热解油	水热液化生物油	重质石油
物理特性	水分 / %（质量分数）	15~30	5.1	0.1
	pH 值	2.5	—	—
	比重	1.2	1.2	0.94
元素分析	C / %（质量分数）	54~58	73	85
	H / %（质量分数）	5.5~7.0	8	11
	O / %（质量分数）	35~40	16	1.0
	N / %（质量分数）	0~0.2	—	—
	灰分 / %（质量分数）	0~0.2	—	0.1
	高位发热量 / MJ/kg	16~19	36	40
	黏度（50℃）/（m·Pa/s）	40~100	15000（61℃）	180
	颗粒物 / %（质量分数）	0.2~1	—	1
	蒸馏残余物 / %（质量分数）	大于50	—	1

生物质主要由纤维素、半纤维素以及木质素组成，在热解过程中会发生非常复杂的反应。得到的生物油是由几百种物质所组成的复杂混合物，主要包括酸类、醛类、酮类、醇类、酯类、醚类、酚类、呋喃类、糖类以及低聚物，还有大量的水和少量固体颗粒。此外，不同生物质原料热解制备的生物油其具体组分也有所不同。针对生物油，科研机构已检测出超过 400 种的物质，其中，只有水和乙酸等质量分数大于 5%，其余组分的质量分数普遍在 1% 以下，因此难以用单一的手段检测所有的生物油组分。

目前气相色谱质谱联用（GC-MS）仍然是分析生物油组分最常规的方法。国际能源署在 1997 年发起了一项对生物油中组分进行定量分析的活动，其中有 4 个实验室对生物油中的油相、有机酸、醛、酮、醇、糖类、芳香烃等几十种成分进行了定量分析，检测出 18 种羧酸类化合物，其中乙酸的含量最大，质量分数为 2%~11%；检测出甲醛、乙醛、乙二醛、乙醇醛、糠醛、羟基丙酮、丙酮、1- 羟基 -2- 丙戊烯酮、甲醇、乙醇、2- 丙醇和丁醇等醛、醇、酮类化合物，其中甲醛、乙醇醛和羟基丙酮是含量最多的，质量分数为 1%~10%；检测出的酚类有 15 种，质量分数为 1%~4 %。有三个实验室均检测到左旋葡聚糖，这是生物油中重要的糖类化合物。

二、生物油的物理化学性质

（一）水分

生物油中的含水量高达 15%~30%，是生物油中含量最多的组分。生物油中的水分来源于生物质原料中的水分以及热解过程中发生的缩合和缩聚反应生成的水，与热解蒸汽一同进入冷凝器并被收集。生物油中的水不能通过常规的蒸馏方法除去，主要是由于生物油的热稳定性较差，加热到 80~90℃时就会发生某些缩合缩聚反应而结焦。水分的存在会降低生物油的发热量，此外还有一些不利的影响：生物原油中水分如果过高会导致生物油发生分层；生物油点火困难且火焰温度降低；烟气排放增多。但是另一方面，水分降低了生物油的黏度；生物油较低的燃烧温度有利于减少 NO_x 的生成；水在燃烧过程中会产生的微爆现象可以增强生物油的二次雾化，有利于燃烧效率的提高。

（二）pH 值

生物油的 pH 值较低，大约为 2.5，这主要是因为生物油中含有大量的有机酸。较低的 pH 值表明生物油具有一定的腐蚀性，这直接影响了生物油在车用燃料中的使用，同时也意味着生物原油只能储存在能抵抗酸腐蚀的容器中。

（三）黏度

黏度对于燃油的输送、油泵稳定工作以及燃烧器喷嘴的雾化都有着很大影响。生物油的黏度在 40~100 MPa·s 之间，随着温度的升高，生物油的黏度会有所下降。尽管生物油黏度低于重质燃油，但远高于汽柴油等车用燃油，会导致发动机管道堵塞等问题。一般而言，随着生物油的老化，其黏度会相应增加，因此，黏度也可以用来衡量生物原油的老化程度。

（四）发热量

燃料的发热量是指单位质量或单位体积的燃料完全燃烧后，再冷却至原始基准温度时释放的全部热量。发热量可分为高位发热量（HHV）和低位发热量（LHV）两种，其差别在于水蒸气的气化潜热。与重质石油相比，生物油的发热量较低，仅为 16~19 MJ/kg，这主要是因为生物油中氧含量较高所造成的。Oasmaa 等根据不同原料热解制备生物油的发热量测定总结出，木质类和秸秆类生物质原料制备的生物油干燥基发热量分别为 19~22 MJ/kg 和 18~21 MJ/kg。虽然常规生物油的发热量仅为柴油等化石燃料发热量（41~43 MJ/kg）的五分之二，但由于生物油的密度一般为 1.1~1.3 g/mL，高于柴油等化石燃料的密度（0.8~1.0 g/mL），因此生物油的体积能量密度可以达到柴油的 50%~60%。

（五）灰分以及固体不溶物

生物油中的灰分含量在 0~0.2% 之间，主要是生物质原料中所含的碱金属以及碱土金属元素。

生物油中的灰分在储存过程中能加速生物原油的老化，在发动机使用中也会对发动机造成沉积以及侵蚀。随着裂解后剩余的碳质颗粒粒径的减小，旋风分离器的分离效率会有所降低，这将增加生物油中的固体不溶物。另一方面，随着生物油的老化，生物油中大分子物质的不断增多也会导致固体不溶物的增加。固体颗粒会加速生物油的老化，磨损并腐蚀喷嘴，增加生物油黏度，腐蚀设备部件，导致燃烧排放 PM2.5 超标，等等。通过高温气体过滤技术降低生物油中的固体不溶物和灰分对生物油的储存、利用和提质具有重要的作用。

（六）闪点和凝点

闪点是燃油使用过程中防止发生火灾的安全指标，是指液体燃料加热到一定温度后，液体燃料蒸气与空气混合接触火源而闪光的最低温度。生物油闪点与其水分和挥发分的含量密切相关。不同研究者得到棕榈壳生物油的闪点为 54℃，山毛榉和橡木生物油的闪点为 70℃；稻草、松木和硬木生物油的闪点分别为 56℃、76℃ 和 106℃。凝点是指燃料失去流动性的最高温度。生物油的凝点一般在 −35～−15℃。

（七）着火特性

生物油的着火特性较差，不能自燃着火，在锅炉燃烧中，需要外加辅助点火源才能着火。生物油的着火特性差，除了含水量高以外，也与生物油中烃类少、氧含量高和不挥发性物质含量高有关。表征生物油的着火特性可以采用十六烷值，十六烷值的定义是：正十六烷和 α-甲基萘混合燃料中正十六烷的含量（%），通常规定正十六烷的十六烷值为 100、α-甲基萘的十六烷值为 0。Ikura M 等测得生物油的十六烷值为 13～14，而柴油机燃料一般要求十六烷值达到 40～50。

第二节　生物质热解油物理改性

由于生物质油的诸多特性不利于其直接应用于燃料油，因此需要对其进行改性，以提高生物油品质，包括提高发热量、降低黏度、改善燃烧特性、提高油品稳定性等。具体的提质方式可分为两类，即物理改性与化学改性。物理改性不会改变生物油自身的化学组成，主要包括添加轻质醇类、分级蒸馏与萃取、乳化等方法。其中，将生物油与柴油掺混制成乳化油是一种较为简单可行的方法。

通过添加柴油，可以改善生物油整体的燃烧效果，同时降低腐蚀性、含水量以及提高安定性，从而使生物油可以直接应用于现有的内燃机，不需要对内燃机结构进行重新设计。但是生物油中含有大量的含氧基团有机物并溶于水中，其余不溶于水的非极性有机组分则以微乳液的形式悬浮于水相中，因此生物油不能直接与烃类混溶，需要在乳化剂的帮助下使两者混合。

一、乳化的基本概念

乳化是一种或几种液体以微小液滴（直径为 0.1～10μm）或液晶形式均匀地分散在互不相溶的另一种液体中的现象。乳化液是一种较为稳定的多相分散体系的胶体，其外观通常呈乳白色不透明状，这也是其名称的由来。形成乳化液的过程中，两种液相的界面是不断增大的，界面能随之提高，因此在热力学上是不稳定的。以常见的油和水为例，当将两者剧烈搅拌后，是可以使得一种液体分散在另一种当中，但是一旦停止搅拌静置一段时间，油和水又会很快分离分层。为了提高乳化液的稳定性，需要加入第三种物质以降低体系的界面能，这种能够使得不相容的两相液体形成稳定分散体系的物质称为乳化剂。乳化剂是一种表面活性剂，能够降低溶剂的表面张力，容易在两相的界面上吸附，形成稳定的吸附层。例如在苯和水的体系中，加入加肥皂水并摇晃，就可得到两者的乳化液。

乳状液中被分散的一相称作分散相或内相，另一相则称作分散介质或外相。内相是不连续相，外相是连续相。在乳状液中通常一相是水或极性溶剂，称为"水"相；另一相是极性小或非极性的有机液体，称为"油"相。按照两相的不同位置，可以将乳化液分为两种类型：

一种是油分散在水中，油为分散相，水为连续相，例如蜂蜜、牛奶等，称为水包油型乳状液（O/W 型）；另一种是水分散在油中，水为分散相，油为连续相，例如防晒霜，称为油包水型乳状液（W/O 型）。此外，还有复合乳化液，其分散相自身也是一种乳化液，例如 W/O 型分散于水相中，形成复合的 W/O/W 型乳状液。对于生物油乳化来说，由于目标是在内燃机和锅炉中进行燃烧，因此 W/O 型更加合适。这是因为水作为连续相会限制燃烧效果，并且无法实现二次雾化。而使用 W/O 型乳化液，在加热过程中由于水的沸点比油低，因此水先达到沸点而开始蒸发，在一个大的液滴中，表面覆盖为不能及时蒸发的油相薄层，同时内部多个小气泡逐渐聚合。当水过热到超过油液滴的表面张力及环境压力综合作用所对应的饱和温度时，水蒸气将冲破油膜而使油滴发生爆炸，形成大量更细小的油滴，从而提高表面积，改善油气混合效果，提高燃烧效率。

二、乳化在生物油中的应用

在具体应用中，选择合适的乳化剂非常关键。目前通用的是亲水 - 亲油平衡值 HLB（hydrophilic and lipophilic balance），是指表面活性剂分子中亲水基团与亲油基团的比值。HLB 越高，亲水性越强；反之 HLB 越低，亲油性越强。这一比值反映了分子结构中亲油与亲水两种基团的平衡情况。

表面活性剂的 HLB 值是一个相对数值，一般规定亲油性强的油酸 HLB 值为 1，亲水性强的油酸钠 HLB 值为 18，十二烷基硫酸酯钠的 HLB 值为 40。以这些表面活性剂的 HLB 值为标准，就可确定其他表面活性剂的 HLB 值。通常表面活性剂的 HLB 值在 4 ~ 8 之间能形成 W/O 型乳化油，9 ~ 13 之间能形成 O/W 型乳化油。若乳化剂为一个多组分的混合体系，则总体的 HLB 值可由式（13-1）得到：

$$HLB_t = \sum_{i=1}^{n} M_i HLB_i \tag{13-1}$$

式中：M_i 为各组分的含量。

在生物油的实际乳化应用中，使用非离子型表面活性剂司班、吐温系列等发现效果较好。这是因为非离子型表面活性剂与离子型表面乳化剂相比，对生物油介质酸性不敏感，同时具有临界胶束浓度低、胶束聚集数大、乳化能力强等特点。司班（spans）即失水山梨醇脂肪酸酯，是由山梨糖醇及其单酐和二酐与脂肪酸反应而成的酯类化合物的混合物，不溶于水，易溶于乙醇，在酸、碱和酶的作用下容易水解，外观为黏稠状、白色至黄色的油状液体或蜡状固体，其 HLB 值为 1.8~3.8，是常用的油包水型乳化剂，结构如下：

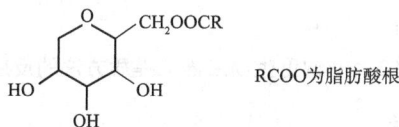

吐温（tweens）是聚氧乙烯失水山梨醇脂肪酸酯，是由失水山梨醇脂肪酸酯与环氧乙烷反应生成的亲水性化合物。外观为黏稠的黄色液体，热稳定，但在酸、碱和酶作用下也会水解。易溶于水和乙醇以及多种有机溶剂，不溶于油，低浓度时在水中形成胶束，其增溶作用不受溶液 pH 值影响，其结构如下：

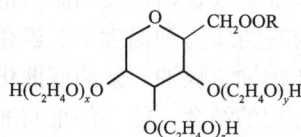

在生物油与柴油乳化的实际操作中，乳化时间、乳化温度、生物油浓度、乳化剂添加量和单位体积输入功对混合后的乳化油性能有显著影响。有研究者发现，后 3 种因素对乳化油的影响较为明显，当生物油浓度为 10%~20%，乳化剂添加量为 0.8%~1.5% 时，乳化油的性能较好，其发热量为 2 号柴油的 1/3，十六烷值为 5.6，对金属的腐蚀性降低为原生物油的 1/2。

第三节 生物质热解油催化提质

与常规车用燃油或航空燃油相比，生物油具有低发热量、低 pH 值、高黏度、不稳定等不良性质。此外，生物油成分复杂，仅 GC-MS 检测出来的物质就达到数百种，生物油这些不良性质与生物油中的某些组分有很大关系。为了使生物油能用于车用或者航空用动力机械，需要对生物油进行提质改性。一般生物油提质改性有物理和催化两种方法，但为了能从根本上提高生物油的品质，即改善其酸性、含氧量、发热量以及提高其作为化工原料的附加值，还是需要通过催化提质的方式来实现。催化方法包括加氢脱氧、催化裂解、超临界态催化、催化酯化等方法，能够将生物油组分中不理想的部分，即酸、酚、醛、酮进行高效的分离，或是转化为更稳定、含氧量更低、更稳定的组分。

如图 13-1 所示，催化提质可按大类分为两类，催化裂解（catalytic cracking）以及催化加氢（hydrodeoxygenation）。通过不同的路径，均实现将反应物分子中的氧元素以 CO、CO_2、H_2O 的形式脱除，从而达到提高发热量、稳定性并提高产物附加值的效果。

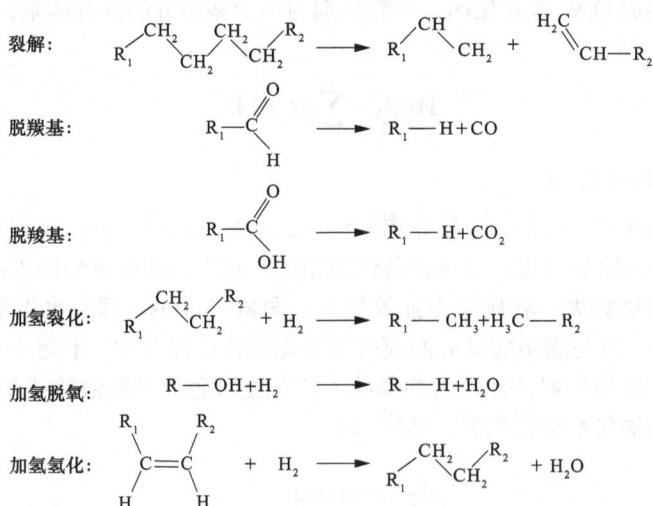

图 13-1 常见生物油催化提质方法的反应路线

一、生物油加氢脱氧提质

生物油提质方法大都是由传统石油化工的提质方法中借鉴而来。加氢脱氧提质是石化中常用的提高油品质量的工业步骤，可分为两种方法，一是加氢处理，二是加氢裂化。①加氢处理指在氢气（低压）和催化剂存在的条件下，使油品中的硫、氧、氮等有害杂质转变为相应的硫化氢、水、氨而除去，并使烯烃和二烯烃加氢饱和、芳香烃部分加氢饱和，以改善油品的质量。有时，加氢精制指轻质油品的精制改质，而加氢处理指重质油品的精制脱硫。常采用硫化的 CoMo 或者 NiMo 催化剂。②加氢裂化则是在较高的压力和温度下，经催化剂作用使重质馏分油发生加氢、裂化和异构化反应，转化为轻质油（汽油、煤油、柴油或催化裂化、裂解制烯烃的原料）的加工过程。加氢裂化是加氢和催化裂化过程的结合，能够使重质油通过催化裂化反应生成汽油、煤油和柴油等轻质油品，又可以防止生成大量的焦炭，还可以将原料中的硫、氮、氧等杂质脱除，并使烯烃饱和。加氢裂化常采用贵金属为活性相的催化剂。

生物油中的加氢脱氧与之类似，是在高压（7~20MPa）、中温（300~600℃）以及存在氢气或供氢溶剂的条件下，生物油在催化剂的作用下发生加氢、脱氧和重整等多种反应，其中氧主要以水的形式脱除，从而得到高碳氢含量、高能量密度的液体燃料。加氢脱氧具有液体产物产率较高、产物 H/C 较高且产物品质较好的优势，是生物油催化提质的常用方法之一。整体过程可由式（13-2）表示：

$$CH_{1.33}O_{0.43} + 0.77H_2 \longrightarrow CH_2 + 0.43H_2O \qquad (13\text{-}2)$$

图 13-2 展示了一组典型的加氢脱氧提质后典型产物质量转化率数据，上部分为从生物质开始计算的质量转化率；下部分为生物质中碳元素的质量转化率。可以看到，加氢过程中碳元素大部分通过提质生物油的方式得以保留，而不会转化为 CO、CO_2 等作为废气被排出，因此碳转化率较高。

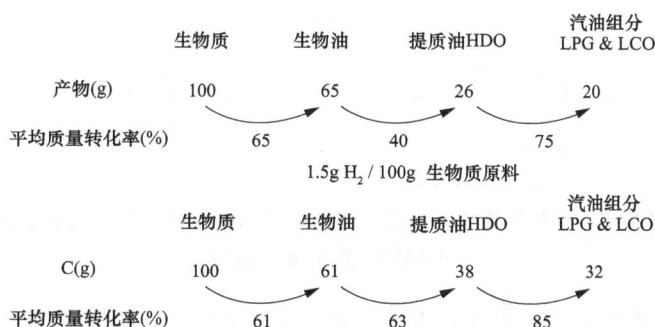

图 13-2　常规实验条件下生物油加脱氧氢提质的典型产物质量转化率结果

催化提质中，对于整个反应影响最大的就是催化剂的选择。常用的催化加氢催化剂有硫化态催化剂如硫化 Co-Mo 和硫化 Ni-Mo 催化剂等，以及贵金属催化剂如 Pt、Ru、Pd、Rh 等。

（一）硫化态催化剂

与成熟的重质石油和煤焦油加氢脱硫工艺中所使用的催化剂类似，在生物油加氢脱氧研究的初始阶段，所使用的催化剂主要是硫化 Co-Mo 和硫化 Ni-Mo 催化剂。其中，S 上的缺电子空穴为主要活性位，Ni 或 Co 主要作为助催化剂，向 Mo 提供电子使得 Mo 与 S 之间的键强度降低，促进 S 的空穴位的出现。

硫化态过渡金属催化剂具有独特的催化特性，选取生物油中三种常用物质，即分别代表酮类、酯类和酚类的 4-甲基苯乙酮、癸酸乙酯和愈创木酚，图 13-3 展示了它们在硫化态催化剂 Co-Mo 和 Ni-Mo 上的反应路径。4-甲基苯乙酮上的羰基首先发生加氢反应生成 α,4-二甲基苯基醇，然后苯环侧链上的醇羟基发生脱水反应生成 4-甲基苯乙烯，之后其侧链双键发生加氢反应，得到 4-乙基甲基苯。癸酸乙酯在 Co-Mo 和 Ni-Mo 催化剂上有三条反应路径：①发生加氢生成癸醇和乙醇，然后癸醇上醇羟基发生加氢脱氧，最后生成癸烷；②脱羧基得到壬烷；③脱酯生成癸酸，之后癸酸加氢成为癸醇，脱羧基得到壬烷。愈创木酚的反应路径也有两条：①脱甲基生成儿茶酚，儿茶酚发生加氢脱氧得到苯酚；②直接脱甲氧基生成苯酚，最后苯酚可以进一步加氢脱氧生成苯、环己烯以及环己烷。研究结果表明，羰基的加氢脱氧反应发生在 200℃ 左右，而羧基和愈创木酚的加氢脱氧活性比羰基低得多，需要 300℃ 以上的温度才能发生。

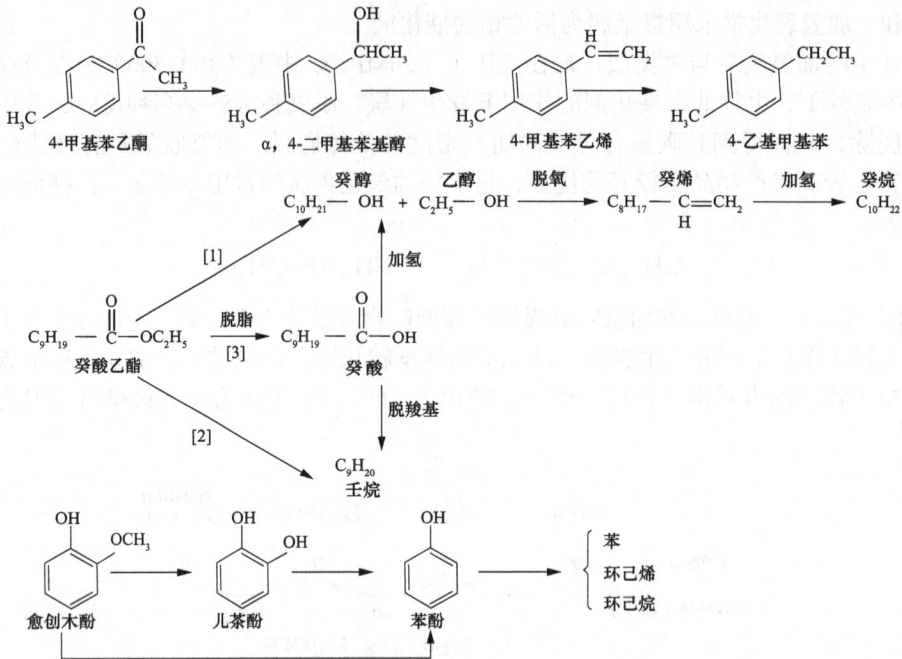

图 13-3　模化物 4- 甲基苯乙酮、癸酸乙酯和愈创木酚在硫化态催化剂 Co-Mo 和 Ni-Mo
上的加氢脱氧反应路径

　　理想化的酚类加氢脱氧是将氢气分子完全利用在对于苯环上羟基的 C—O 键加氢上，有别于对于苯环上碳的加氢，这种方式又被称为直接加氢脱氧（direct hydrodeoxygenation，DDO）。硫化态过渡金属催化剂具有一定的 DDO 能力，可以将酚类直接转化为单环芳香烃，从而显著提高其产品附加值。以 2- 乙基苯酚为例具体的加氢脱氧反应路径示意如图 13-4 所示。

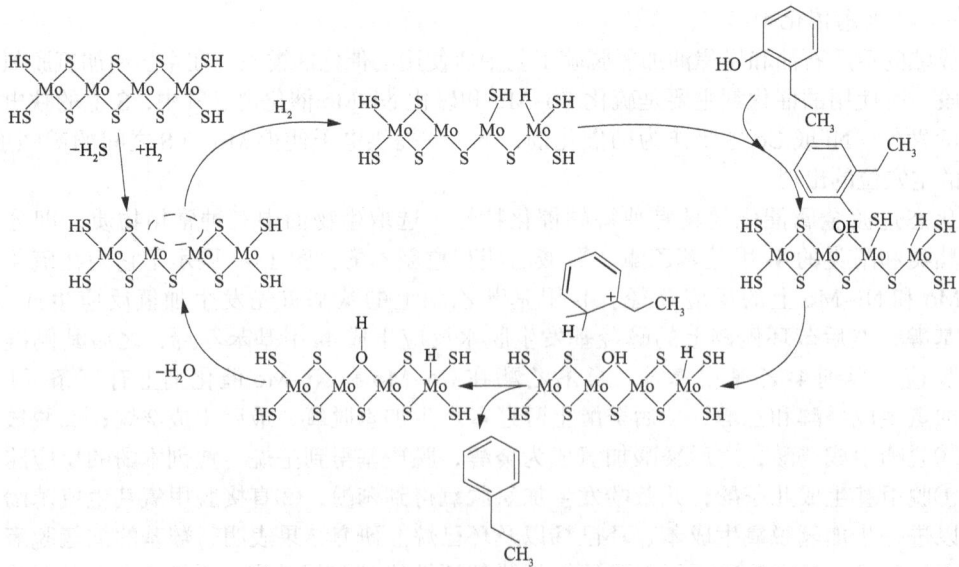

图 13-4　Co-MoS₂ 催化剂上理想化的 2- 乙基苯酚加氢脱氧反应路径示意

（二）贵金属催化剂

　　由于贵金属（Pt、Ru、Pd、Rh 等）中参与配位的 d 电子数在总电子数中比例较大，具有较高的加氢活性，因此有大量的研究者使用贵金属催化剂来催化生物油的加氢脱氧提质。以愈创木酚在 Rh 催化剂和硫化的 Co-Mo、Ni-Mo 催化剂上的加氢脱氧反应为例，Rh 基催化剂不仅加氢脱氧活性比硫化 Co-Mo 以及 Ni-Mo 催化剂高，而且愈创木酚在两类不同催化剂上的加氢脱氧的路径也不相同，如图 13-5 所示。在贵金属催化剂作用下，愈创木酚的苯环首先加氢生成甲氧基环己醇或者甲氧基环己酮，苯环加氢产物经过进一步加氢脱氧生成最终产物环己烷。在硫化 Co-Mo 或者 Ni-Mo 催化剂作用下，愈创木酚首先通过脱甲基、脱甲氧基以及加氢脱氧分别得到儿茶酚、苯酚以及甲基苯酚，然后这些得到的产物再经历加氢脱氧反应得到苯，苯经过加氢生成环己烷。

　　为了解决生物油在高温时不稳定所造成的反应器堵塞以及催化剂结焦积碳等问题，还有研究者提出生物油两步加氢的方法，即在 300 ℃以下首先以 Ni 或者 Co-Mo 为催化剂对生物油进行加氢预处理（类似于石化中的加氢处理），使较活泼的醛类等组分还原，提高生物油的热稳定性，然后再在高温下进行加氢脱氧（即为石化中的加氢裂化），使较不活泼组分如酚和酸等脱氧。以 Ni-Mo /Al$_2$O$_3$ 作为催化剂为例，两步反应后生物原油中含氧量（质量分数）由 20.7% 降低到 9.42%。

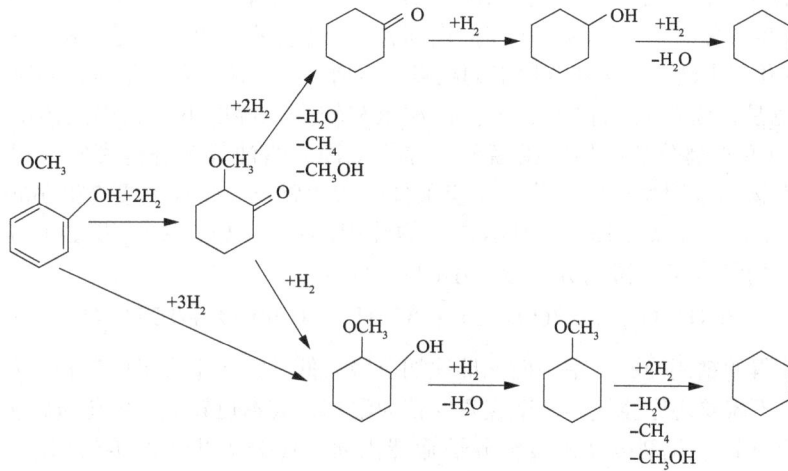

(a) 在Rh基催化剂作用下的加氧脱氢反应路径

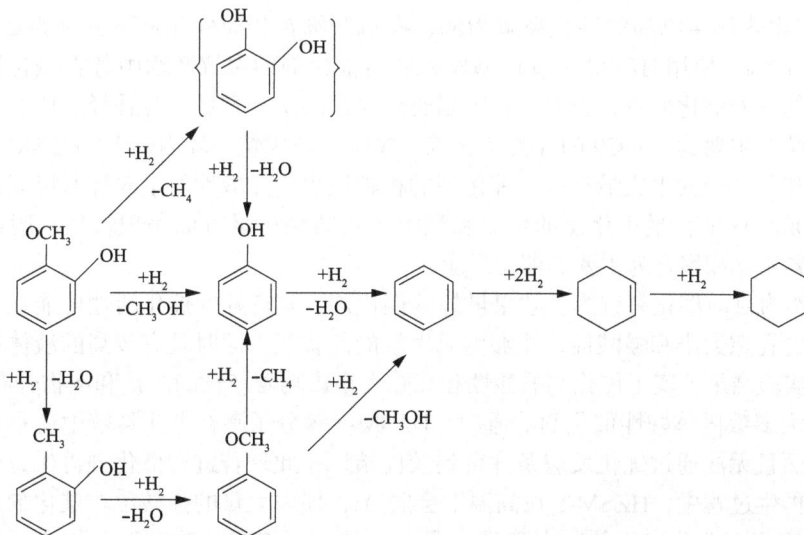

(b) 在硫化Co-Mo或Ni-Mo催化剂作用下的加氢脱氧反应路径

图 13-5　愈创木酚在 Rh 基催化剂和硫化 Co-Mo 或 Ni-Mo 催化剂作用下的加氢脱氧反应路径

加氢需要高压高温，条件苛刻，生物油易结焦，设备复杂、成本较高。为了降低成本，一些研究者将热解得到的生物油蒸气直接与氢气混合后通过催化剂层，进行生物油提质，即在线加氢。这种技术可以利用热解时的反应热量，减少能耗，而且当生物油蒸气通过催化剂床层时，由于气、固相接触的覆盖度较低，催化剂的使用寿命得到一定的延长。Rocha 先使用固定床热解纤维素获得生物油蒸气，然后以经过硫化的 Ni-Mo 为催化剂，在 520℃的条件下对生物油蒸气加氢处理，当氢气压力为 2.5 MPa 时，生物油中氧的质量分数为 31.7%，当氢气压力为 10 MPa，生物油中氧的质量分数为 9.8%。

尽管加氢脱氧能将生物油提质为与汽柴油相当的燃料，但仍然有以下问题有待解决：①加氢过程中的高氢气消耗；②更高催化效率催化剂的研究；③催化剂失活机理以及再生的研究；④整个操作工艺流程复杂且设备成本较高。

二、生物油催化裂解提质

由于催化加氢脱氧提质的效果不是十分理想，主要体现在以下方面：①油的产率较低，固体和气体产率过高；②催化加氢脱氧提质需要高压设备，成本较高，运行费用大；③加氢过程还会消耗大量的氢气，从能量投入与产出的角度来看极大降低了生物质液化的能量转化效率；④反应过程中产生的焦炭类物质易沉积在催化剂表面，堵塞催化剂的孔道结构，覆盖催化剂的活性位点，导致催化剂失活。为了克服以上的缺点，有研究者采用催化裂解进行生物油提质。

催化裂解也是传统的石油化工工艺。在常压和较高的温度下，利用固体酸性催化剂，将原油分馏得到的重质馏分油（如减压馏分、焦化柴油、蜡油等）进行裂解，得到裂化气、汽油和柴油等。生物油采用类似的工艺，反应条件一般为常压、反应温度 350~600℃、质量空速 2kg /（h·kg）左右。如式（13-3）所示，生物油中的氧以 H_2O、CO_2 和 CO 的形式除去，从而降低生物油中的氧含量并得到分子量较小的有机产物。

$$CH_{1.33}O_{0.43} + 0.26O_2 \longrightarrow 0.65CH_{1.2} + 0.34CO_2 + 0.27H_2O \qquad (13\text{-}3)$$

催化裂解获得的精制油的产率一般比催化加氢脱氧低，会产生大量的气相产物；但反应可以在常压下进行，不需要还原性气体，反应条件较为温和，成本也较低。催化裂解主要使用酸性催化剂，典型的有硅铝催化剂以及沸石类分子筛催化剂，其中又以 HZSM-5 运用得最为广泛。自 20 世纪 90 年代开始，传统沸石类分子筛（如 HZSM-5、H-Y 等）被广泛用于生物油或生物质热解气的催化脱氧。对比常用的几种分子筛催化剂（HZSM-5、H-Y、H 型丝光沸石、全硅沸石和硅酸铝），以枫木热解生物油的催化裂解为例，有机产物在相应催化剂下分别为 27.9%、14.1%、4.4%、5% 和 13.2%。使用 HZSM-5 和 H 型丝光沸石催化剂的裂解产物中芳香烃含量高于脂肪烃含量，使用其他三种催化剂时，裂解产物中脂肪烃含量高于芳香烃。芳香烃主要有甲苯、二甲苯和三甲苯，脂肪烃主要为 C6~C9 的烃类（己烷、戊烷、环戊烷、环丙烯）。HZSM-5 对于液体产物、烃类总量和芳香烃的生成最有效，催化剂的积碳最少；无酸性的全硅沸石可以降低反应中焦油类物质的生成；H-Y 在最小化焦油生成和最大化脂肪烃产量方面表现较优；脱氧、裂化、环化、芳构化、异构化和聚合为主要的催化反应。

HZSM-5 作为目前催化裂解提质效果最好的催化剂，其良好的催化活性可能在于其独特的三维结构、合适的孔隙大小和强酸性，能够生成大量的芳香烃，同时具有较高的液体产率以及较低的失活速率。实验结果证实了催化剂的酸性和孔隙大小影响着产物的产量和产物分布。

不过就像大多数固体酸性催化剂的通病，HZSM-5 等分子筛在催化裂解中还是很容易因为积碳结焦失活，而且无法通过优化反应条件得到较优结果；此外若进行催化剂再生，催化效果也会显著下降。在再生过程中，HZSM-5 在高温下会脱 Al，损失大量的强酸位。催化剂积碳严重是阻碍该提质路线实现工业化应用的一大障碍。图 13-6 展示了多种生物油模化物（丙醇、丁醇、苯酚、丙酮）在 HZSM-5 作用下的催化裂化反应路径。醇类物质主要生成汽油和轻质烯烃类为主的碳氢化合物；苯酚和愈创木酚生成烃类的反应活性较低，愈创木酚在反应中有固体结焦，随着空速和给料含水量的降低，催化剂积碳和失活降低；乙醛在催化剂作用下生成烃类的反应活性较低，同时由于中间产物发生齐聚反应而引起固体结焦；酮类反应活性低于醇类；乙酸主要通过脱羧和一定程度脱水反应生成丙酮；酮类和酸类主要通过脱羧基、脱羰基以及脱水反应生成烯烃和芳香烃，但是酮类和酸类在转化为碳氢化合物时会生成较多的积碳。

为了解决催化剂失活问题，许多研究者转向对介孔分子筛催化剂进行研究。介孔分子筛具有较大的孔径与比表面积，如 MCM-41、SBA-15、MSU 等。相对而言，介孔分子筛可以有效削减失活现象，但是由于其普遍缺乏强酸位，因此催化活性太低。克服这一问题，可以通过将金属离子、酸性基团或者酸性氧化物引入介孔催化剂中，例如 Al-MCM-41、Al-SBA-15、Cu-SBA-15 以及将 ZrO_2、TiO_2、SO_4^{2-} 负载到 SBA-15 孔道内等。

由于生物油催化裂化所使用的条件与生物质快速热解所使用的条件相似，仅温度有所不同，有研究者提出直接将生物质原料与催化剂混合后加入热解反应器中进行催化热解，降低蒸汽在热解反应器和催化床层间管道内的二次反应，从而提高芳香烃的收率。例如对于锯屑，在空速为 0.5 h^{-1}，温度为 600℃ 时可以得到最高的芳香烃碳收率 14%，此外烯烃（C2、C3）的碳收率也能达到 5.4%，如将产生的丙烯重新通入热解床中可以进一步提高芳香烃的碳收率至 20%。

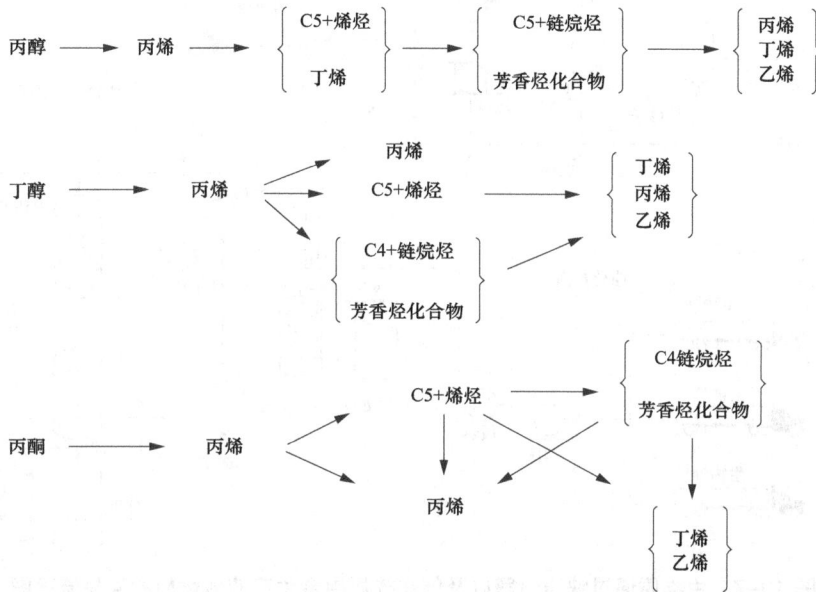

图 13-6 多种生物油模化物在 HZSM-5 作用下的催化裂化反应路径

降低提质过程能耗、提高精制油品质是生物油提质工艺的主要目标。2012 年美国国家再生能源实验室（NREL）发表研究，认为使用催化剂将快速热裂解得到的热解蒸汽原位直接脱氧是制取烃类燃料的有效方法，即在线催化提质。这种方法最大的优势是可以将生物质的所有组分即纤维素、半纤维素和木质素都最终转化为烃类。采用 HZSM-5 的情况下，由松木生成的烃类质量产率高达 36%，单环和双环芳香烃是主要产物，在实验室流化床反应器上得到的提质油含氧量低于3%。直接对热解气催化裂化可避免热解气冷凝和生物油升温过程中无谓的能量损失，降低能耗与成本，也可避免生物油升温过程中热效应所导致的生物油缩合缩聚等问题，且热解气的平均分子量较小，更适合进行催化裂化。

有研究者对于在线催化裂化研究得出下列结论：①在生物油催化裂化反应的最初阶段，结焦生成量非常高，随着反应时间加长，结焦的生成量逐渐降低；②对结焦成分分析发现其中含有含氧化合物，这表明结焦是由单质碳与大分子化合物在催化剂表面缩合的产物共同组成的；新鲜催化剂的不饱和烯烃产量更高，随着再生次数增加，产物中含氧量增加，含碳减少；③催化剂的再生会使芳香烃产量明显减少。

催化裂解可在常压下进行，不需要氢源，能耗较催化加氢要小很多，同时对设备要求较低，容易维护，常规的分子筛催化剂能够大规模生产，价格较为便宜，因此催化裂解的整体提质成本较低。但裂解催化剂普遍寿命短，容易结焦和失活；同时提质油产率较低，芳香烃含量很高，会产生大量气体副产物如 CH_4、CO 和 CO_2；油的品质相对较差，氧含量较高，H/C 比相对较低。因此针对催化剂还需进一步探索与改进，同时也要进行催化过程的优化。

目前针对催化裂解以及催化加氢各自的特性，已经有许多方案提出将两条路线进行整合，发挥各自的优势反应，从而提高提质油的整体收率与品质。例如可以将生物油先进行加氢处理，使得轻质组分大部分得以转化；再直接将油分离，重质组分进行 FCC，即流化态下的催化裂化，可以进一步收集到含量可观的轻质油，如图 13-7 所示。

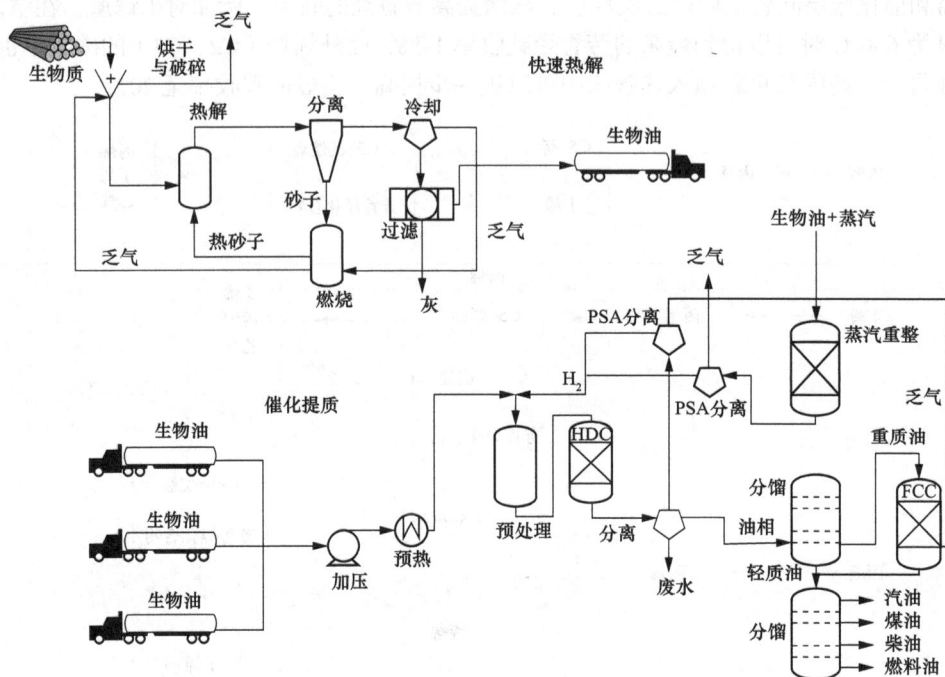

图 13-7 生物质通过快速热解以及催化提质组合生产液体燃料的简易流程图

三、生物油超临界态催化提质

超临界态是指物质的温度和压力均超过其临界温度和临界压力时的状态。超临界态流体兼具气体和液体的性质，比如黏度低，扩散系数高，具有气体的流动和传质特性，同时具有液体较强的溶解能力；超临界态流体热容大，可以快速移除反应热，在放热反应中可以提高转化率；再者超临界态流体不存在表面张力，没有气液两相边界，即不同物质在超临界态可以完全互溶，以超临界态流体作为反应溶剂可以形成均相反应条件，无须使用催化剂。但超临界态反应一般都在高温高压下进行，因此对设备及材料有较高的要求。

近几年有学者开始探索生物油在超临界态流体中改性提质。Peng 等人使用硅酸铝催化剂在高压釜中对稻壳热解生物油进行了超临界态乙醇氛围下改性提质，反应温度为 260℃，系统压力为7.80MPa，反应 3h，实验结果表明提质油组分和品质得到明显改善；由于硅酸铝催化剂在超临界态乙醇氛围下促进酯化反应，生物油中酸类物质转化为酯类，提质后酚类物质含量降低，糠醛和香草醛等醛类物质完全转化；提质油蒸馏后重质组分含量降低；提质油密度和动力黏度降低，发热量和 pH 值增加；通过超临界态乙醇氛围下不使用催化剂和使用催化剂的工况对比，发现催化剂在提质反应中起着重要的作用，同时实验结果表明生物油在超临界态乙醇氛围中改性提质是提升生物油品质的有效手段。

四、生物油催化酯化提质

快速热解得到的生物油中含有大量的乙酸以及其他羧酸组分，有许多研究者提出可以采用催化酯化的方法，将热解油中的羧基与醇类溶剂进行酯化反应，减少甚至除去有机酸并转化为酯类，从而降低生物油的酸性，减少反应基团数目，提高稳定性。由于生物油自身的醇类含量较低，因此常需要额外添加低碳醇类溶剂，如乙醇、甲醇等。整体的反应如式（13-4）所示：

$$R'OH+RCOOH \longrightarrow RCOOR'+H_2O \tag{13-4}$$

酯类具有较好的稳定性，并且在水中的溶解度较低，在选取合适的反应条件下，可以从水溶液中析出，较为容易地与生物油水相部分分离，降低腐蚀性；此外脂肪酸酯类本身就是良好的燃料油替代物，具有较高的发热量以及燃烧效果。

在酸催化的条件下，醇和羧酸的催化酯化通过酰氧键断裂的方式进行，是双分子反应机理，反应符合加成 - 消除过程。首先质子加成到羧酸中羧基的氧原子上，以乙酸和正丁醇反应为例，质子酸作为催化剂先结合在乙酸分子中羰基的氧上；然后，醇分子作为亲核试剂，对已被质子化的羰基碳原子进攻，羰基碳由于更缺电子而有利于正丁醇与它发生亲核加成，这一步是整个反应的速度控制步骤；接下来进行重排，消去水分子，从而得到酯类化合物。每一步反应均处于平衡状态，整个反应大部分过程是可逆的，要提高酯化反应效率，需要不断从反应体系中排出生成的水。

传统的酯化反应中，常采用均相（液相）催化剂，例如硫酸、盐酸、芳磺酸等。在使用催化剂的条件下，反应温度在 70~150℃左右即可顺利发生酯化。此外也可采用非均相酸性催化剂，例如活性氧化铝、固体酸等，反应物通常为气相。酯化反应也可不用催化剂，但为了加速反应的进行，必须采用 200~300℃的高温。若工艺过程对产品纯度要求极高，而采用催化剂时又分离不净，则宜采用高温无催化剂酯化工艺。

五、生物油组分的分离提纯与利用

快速热解得到的生物油具有非常复杂的化学组分，其中不乏大量具有较高化工附加值的单组分，研发从生物油中提取富集此类组分的技术可以大大提高生物油的工业应用潜力。但是由于绝大多数物质含量都很低，同时对于生物油的分析以及分离提纯技术还远未成熟，很难实现针对某一种或几种微量组分的利用。因此，目前生物油的化工应用主要集中在分离利用含特定官能团的某一类组分，例如酚类，以及利用羰基制备缓释氮肥；或是少量几种单组分，主要是乙酸（AA）、羟基乙醛（HAA）、左旋葡萄糖（LG）。目前已有的成熟分离技术主要是国外研究者与企业于 20 世纪 60 年代开始发展起来的，目前已经趋于完善并进行了工业化生产。

（一）提取特定官能团——酚类

酚类是生物油中含量最多的有机组分之一，主要来源于木质素的快速裂解。酚类可以直接用于制备酚醛树脂：酚醛树脂主要应用于生产定向结构刨花板和胶合板等。在生物油中加水可以将木质素裂解物以沉淀的形式分离出来，这部分组分一般占生物油总量的 20%~40%，其中含有 30%~80% 的酚，但是直接加水导致生物油的水相部分被严重稀释，后续应用困难。针对此情况，很多研究者开展了使用可回收的溶剂从生物油中分离酚类物质，一些研究机构如 NREL、MRI、Ensyn 等都已经申请了从生物油中提取酚的专利，其方法基本都是基于利用酚和强碱反应生成酚盐溶于水而不与弱碱反应的特性将其从酸性体系中分开。如图 13-8 所示，首先用乙酸乙酯和水分别萃取生物油，再用碳酸氢钠的水溶液将水相组分的 pH 值调至 8~10，此时水相为有机羧酸盐，残余物即为酚。

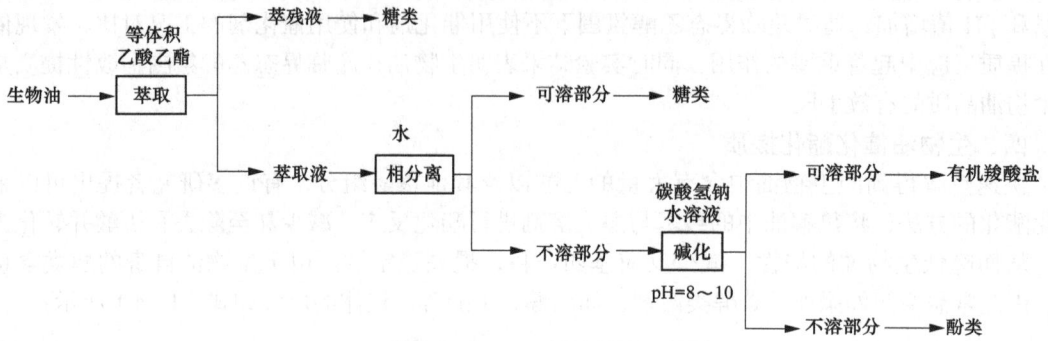

图 13-8 生物油提取酚类路线（1）

此外，也可通过用氢氧化钠溶液萃取生物油得 pH 值为 12 左右的碱性水溶液，利用二氯甲烷萃取中性组分，残液酸化至 pH 值为 8 左右，再用二氯甲烷溶液萃取即可得到酚类组分，如图 13-9 所示。

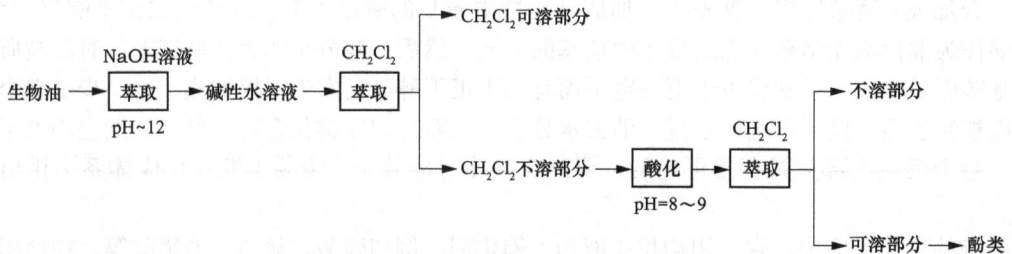

图 13-9 生物油提取酚类路线（2）

很多研究单位已经将由生物油中提取的酚类物质用以制备酚醛树脂，当生物油酚替代传统酚的比例不超过 40% 时，所生产的酚醛树脂完全能够达到产品质量要求。美国的 NERL 和 Biocarbons、加拿大的 Ensyn 和 Pyrovac 及希腊的 ARI 等研究单位都对该部分合成树脂进行了大量的研究，并成功地将其用作为夹板和颗粒板生产的黏合剂。和传统的黏合剂相比，生物油制备的树脂黏合剂具有高黏结强度、低毒性、低成本的优点。这种树脂已经被一些树脂和板材生产商（如 Louisiana Pacific、Weyerhauser、A.C.M.Wood Chemicals 等）商业化生产。

（二）提取乙酸

乙酸（AA）是生物油中含量最高的典型组分之一，它主要通过半纤维素中乙酰基侧链的断裂以及大量长链的二次裂解而形成。用富含乙酰基的生物质作为热解原料时，原始生物油中乙酸的产量可以超过 10%。乙酸是一种比较常见的化学品，可作为涂料和油漆工业的极好溶剂。乙酸酐与纤维素作用生成的醋酸纤维素可用于制造胶片、喷漆等，还是染料、香料、药物等工业不可缺少的原料，并被广泛用作溶剂。乙酸的分离已经实现了商业应用，是一项成熟的工业技术，主要有精馏法、萃取法、酯化法、中和法、吸附法、膜分离法等。

（三）羟基乙醛

羟基乙醛（HAA）在生物油中通常有较高的含量，是最小的糖分子，也是综纤维素的热解产物，单独采用纤维素或半纤维素热解就可以得到很高的羟基乙醛产率，是左旋葡萄糖的竞争产物。它是制备食品着色剂、香料剂、稳定剂、防腐剂以及水性乙缩醛二乙醇分散剂的重要合成原料。首先将生物油利用水进行相分离，得到水相部分，经过在低温下减压蒸馏得到含羟基乙醛等小分子物质的一次馏分，经过再次真空、减压蒸馏除水后得到富含羟基乙醛的二次馏分，再加入二氯甲烷等溶剂，在适当的低温下羟基乙醛就可以从溶液中结晶分离出来（见图 13-10）。

生物油 → 相分离 →水相部分→ 减压蒸馏 →一次馏分→ 减压蒸馏 →二次馏分→ CH_2Cl_2 共溶 → 低温结晶 → 羟基乙醛

图 13-10 生物油分离提取羟基乙醛路线

（四）左旋葡萄糖

左旋葡萄糖（LG）是生物质解聚反应生成的主要的热解产物之一，它是制备杀虫剂、生长剂、表面活性剂的重要原料，同时可以作为合成具有生物活性的规则立构多糖的手性合成纤维；此外左旋葡萄糖可以水解为葡萄糖，这是合成生物乙醇非常快捷的途径之一。

左旋葡萄糖主要通过以下几种方式得到：

（1）快速热解纯纤维素或经过脱灰处理的纤维素可以得到很高的左旋葡萄糖产率，具体流程如图 13-11 所示。

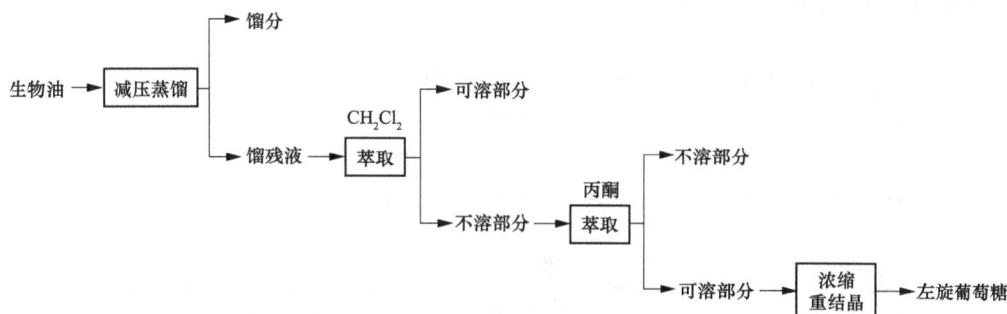

图 13-11 生物油提取左旋葡萄糖路线（1）

（2）采用甲基异丁基酮除去生物油中的木质素裂解物，然后加入过量的氢氧化钙，冷冻干燥后得到含有左旋葡聚糖的固体粉末，在索氏提取器中用乙酸乙酯提取产物（见图 13-12）。

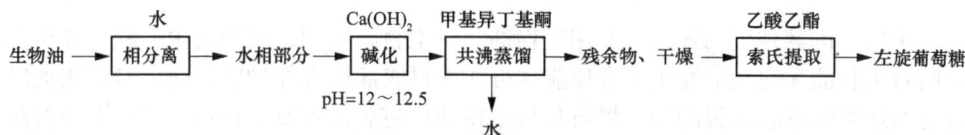

生物油 → 相分离 →水相部分→ $Ca(OH)_2$ 碱化（pH=12~12.5）→ 甲基异丁基酮 共沸蒸馏（→水）→残余物、干燥→ 乙酸乙酯 索氏提取 → 左旋葡萄糖

图 13-12 生物油提取左旋葡萄糖路线（2）

（3）将生物油进行相分离后移去非水相，利用碱金属盐中和水相，并移除有机酸盐沉淀，滤液经除去多余有机酸后，浓缩重结晶得左旋葡聚糖白色晶体。有机酸盐的滤渣可通过加适量水稀释，并加热聚结、沉淀，将沉淀物采用无机酸置换出有机酸（见图 13-13）。

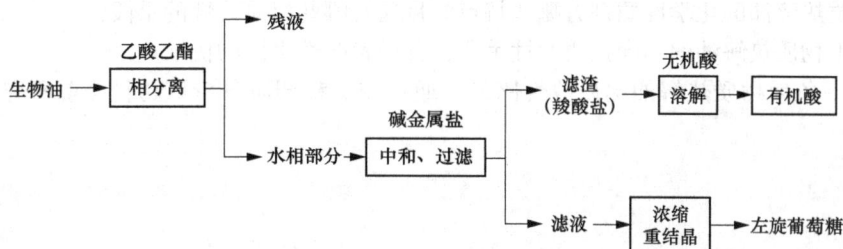

图 13-13 生物油提取左旋葡萄糖路线（3）

目前的快速热解技术的主要目标是达到最大的生物油产率，而热解产物的选择性较差，这使得生物油组分复杂且各组分的含量比较低。针对生物油的化工应用，需要提高某些特定的高附加

值产物产率，可以通过调整热解条件，或者引入适当的催化剂，从而实现生物质的选择性热解液化，提高目标产物的选择性。

（五）制备化学品——缓释氮肥

生物油还可以用于制备缓释氮肥。利用其富含羰基的特性，将羰基官能团与氨水、尿素或其他氨基物质混合反应，通过酰亚胺和酰胺键相连，然后加热除水固化即可得到无毒害的氨基肥料，典型的几种反应如图 13-14 所示。

大约 10% 的氮会以有机物的形式被固定于肥料中。和传统的无机氮肥相比，这种氨基肥料具有很多优点：①可浸出性小，地下水污染轻；②氮释放缓慢，大约 6~12 周氮才能释放完全，符合植物的利用特性，充分提高氮肥利用率；③含有大量的低聚物和木质素热解残片，可以提供土壤调节腐殖质的来源，改善土壤性能；④是很多微量元素如 Mo、Fe、B、Zn、Mn 和 Cu 的良好的螯合剂和络合剂，其中一些官能团还能固定其他营养元素如 Ca、K 和 P；⑤可以调节土壤的酸度；⑥将碳固定于土壤中，实现碳捕获。

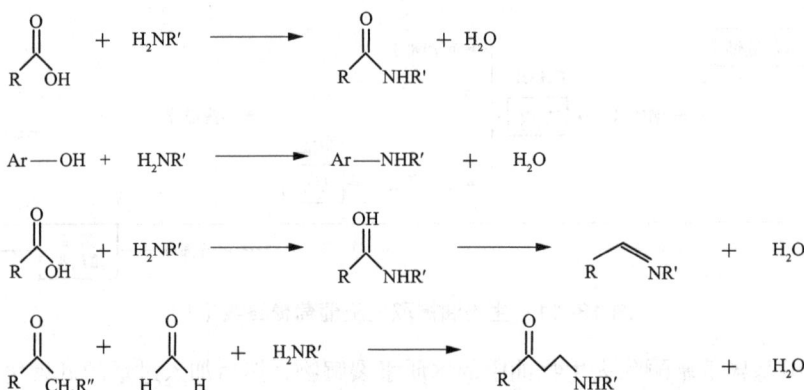

图 13-14　生物油制备缓解氮肥几种典型的反应

此外，生物油的其他应用还包括利用生物油制备木材防腐剂，利用其中的酚类和萜类起到杀虫作用，同时生物油在空气中发生聚合反应，可在木材表面形成保护膜，防止组分流失以及水分渗透。生物油还可制备脱硫脱硝剂，将石灰与生物油反应后得到有机钙盐，又称生物石灰，可以添加入传统燃料中共燃。有机钙可以提高脱硫效率，同时其中一部分有机物可以作为分解 NO_x 的催化剂。

习题

1. 生物质热解油的化学性质都有哪些特点？目前有哪些提质改性的手段？

2. 比较生物质热解油的不同提质改性手段，分析各改性手段的优缺点。

3. 选择一条生物质热解油提质改性路径，通过查文献调研分析该路径当前研究热点及应用前景。

第十四章　生物醇类燃料技术

第一节　燃料乙醇技术的发展概况

一、燃料乙醇的定义和性质

（一）燃料乙醇的定义

乙醇（ethanol）又称为酒精，是由 C、H、O 三种元素组成的有机化合物。GB 18350—2013《变性燃料乙醇》和 GB 18351—2017《车用乙醇汽油（E10）》规定，燃料乙醇是未加入变性剂的、可以作为燃料使用的无水乙醇。

（二）乙醇的燃料性质

乙醇分子由烃基和官能团羟基两部分构成，分子式为 C_2H_5OH，相对分子质量为 46.07，常温常压下是无色透明的液体，具有特殊的香味和刺激性，吸湿性很强，易挥发、易燃烧，可与水以任何比例混合并产生热量。乙醇的主要物理性质见表 14-1。

表 14-1　　　　　　　　　　　　　乙醇的主要物理性质

项目	参数	项目	参数
冰点 /K（℃）	159（-114.1）	混合气发热量 /（kJ / m³）	3.66
常压下沸点 /K（℃）	315.42（78.32）	爆炸极限（空气中）/%	
临界温度 /K（℃）	541.2（243.1）	下限	4.3
临界压力 /kPa	6383.48	上限	19.0
临界体积 /（L / mol）	0.167	自燃点 /K（℃）	1066（793）
临界压缩因子	0.248	闪点 /K（℃）	
密度	0.7893	开杯法	294.2（21.1）
折射率	1.36143	闭皿法	287.1（14.0）
表面张力（25℃）/（mN / m）	231	热导率（20℃）/[W /（m·K）]	0.170
黏度（20℃）/（mPa / s）	17	磁化率（20℃）	7.34×10^{-7}
水中溶解度（20℃）	可互溶	饱和蒸汽压力（38℃）/kPa	17.33
熔化热 /（J / g）	104.6	十六烷值	8
汽化热（在沸点下）/（J / g）	839.31	辛烷值（RON）	111
燃烧热（25℃）/（J / g）	29676.69	理论空燃比（质量）	8.98
比热容（20℃）/[J /（g·k）]	2.72		

乙醇蒸气与空气混合可以形成爆炸性气体，爆炸极限为 4.3%~19.0%（体积分数）。所以，乙醇可作为内燃机燃料，既可作为汽油机的代用燃料，也可作为柴油机的代用燃料，目前主要作为汽油机的代用燃料，可以部分或全部替代汽油用于汽车发动机。燃料乙醇的使用有两种方法，其

一是以乙醇为汽油的含氧添加剂（oxygenate additive）。这是美国使用燃料乙醇的基本方法，这种无铅汽油约含 10%（体积分数）的无水乙醇。另一种使用方法是用无水乙醇部分或完全代替汽油作为内燃机燃料，这是 20 世纪 70 年代巴西采用的方法，当乙醇与无铅汽油的混配比在 25% 以内时，不必对汽油发动机做大的改装，基本可以保持原有动力性；混配比超过 25% 时，需要进行调整汽油发动机的压缩比、改装燃料供给系统、调整点火时间等改装，以保证发动机的功率和性能。由于乙醇的辛烷值（RON）较高，可以代替四乙基铅作为汽油的防爆剂，从而大大减少汽油燃烧时对环境的污染。更重要的是，用生物质原料生产的乙醇是太阳能的一种表现形式，在自然系统中，可形成无污染的闭路循环，可再生且燃烧后的产物对环境没有危害，是一种新型绿色环保型材料，因此越来越受到重视。

二、乙醇发酵机理

（一）生物燃料乙醇制备过程简介

五千多年前，人类就开始利用微生物发酵制作酒精饮料。微生物利用的是生物质原料中的糖类。生物质原料中的糖类以淀粉、单糖或双糖以及纤维素、半纤维素等多糖形式存在，通常的乙醇发酵菌种只能利用单糖或者双糖，不能直接利用淀粉、纤维素、半纤维素等多糖发酵生产乙醇。这就需要将这些多糖转化为可被酵母直接利用的简单糖类，这一转化过程统称为预处理。预处理后，酵母菌利用简单糖类进行乙醇发酵，产生乙醇。经过蒸馏等工艺从乙醇含量较低的发酵醪液中回收乙醇，再脱水精制成为无水乙醇。如图 14-1 所示，可以将生物原料乙醇生产过程分为预处理阶段、乙醇发酵阶段、乙醇回收阶段三个阶段。

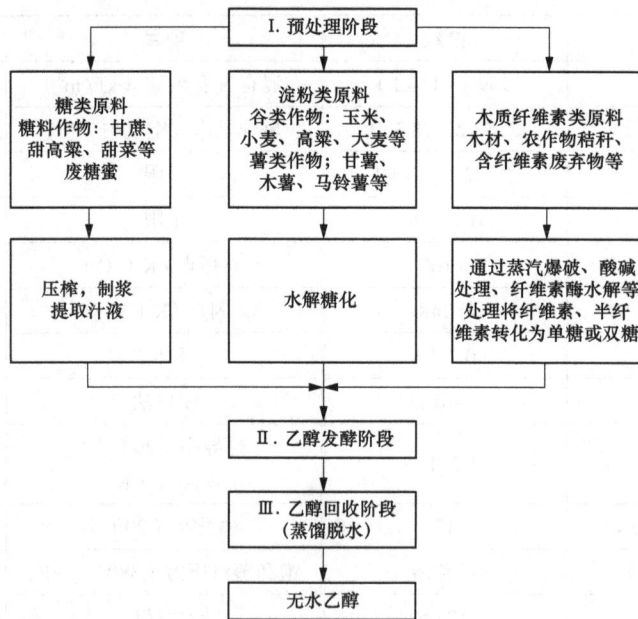

图 14-1　生物燃料乙醇制备过程

其中，乙醇发酵阶段是整个乙醇生产的核心阶段，本节作重点介绍。原料预处理阶段和乙醇回收阶段将分别在本章后面介绍。

（二）酵母菌乙醇发酵的代谢途径

酵母菌乙醇发酵是酵母菌在厌氧条件下利用其自身酶系进行厌氧呼吸，将糖类生物质原料中的单糖或者双糖转化为乙醇，同时产生其自身生命活动所需要的三磷酸腺苷（ATP）的过程，其总的反应式为

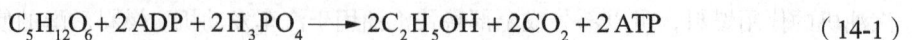

$$C_5H_{12}O_6 + 2\,ADP + 2\,H_3PO_4 \longrightarrow 2\,C_2H_5OH + 2\,CO_2 + 2\,ATP$$

（14-1）

图 14-2 是酵母菌乙醇发酵的代谢途径。

酵母菌乙醇发酵过程是在各种乙醇转化酶的催化作用下发生的，有 12 步生化反应，包括：

第一阶段（1）～（3）：葡萄糖的磷酸化——1,6- 二磷酸果糖。葡萄糖在己糖激酶的催化下，由 ATP 供给磷酸基，Mg^{2+} 激活，转化成 6- 磷酸葡萄糖。6- 磷酸葡萄糖在磷酸己糖异构酶的催化下，转变为 6- 磷酸果糖。6- 磷酸果糖在果糖激酶的催化下，由 ATP 供给磷酸基及能量，进一步磷酸化，生成活泼的 1,6- 二磷酸果糖，反应需要 Mg^{2+} 激活。

第二阶段（4）～（5）：1,6- 二磷酸果糖——3- 磷酸甘油醛。1,6- 二磷酸果糖分解生成两分子三碳糖。一分子 1,6- 二磷酸果糖在醛缩酶的催化下，分裂为一分子的磷酸二羟基丙酮和一分子的 3- 磷酸甘油醛。磷酸二羟基丙酮和 3- 磷酸甘油醛是同分异构体，两者可以在磷酸丙酮异构酶催化作用下互相转化，反应平衡时，平衡点趋向于磷酸二羟基丙酮（占 96%）。

第三阶段（6）～（10）：3- 磷酸甘油醛——丙酮酸。3- 磷酸甘油醛脱氢并磷酸化生成 1,3- 二磷酸甘油酸。1,3- 磷酸甘油酸在磷酸甘油酸激酶的作用下，将高能磷酸（酯）键转移给 ADP，其本身变为 3- 磷酸甘油酸，反应需要 Mg^{2+} 激活。在磷酸甘油酸变位酶的催化作用下，3- 磷酸甘油酸生成 2- 磷酸甘油酸。在烯醇化酶的催化下，2- 磷酸甘油酸脱水，生成 2- 磷酸烯醇式丙酮酸，反应需要 Mg^{2+} 激活。在丙酮酸激酶的催化下，2- 磷酸烯醇式丙酮酸失去高能磷酸键，生成烯醇式丙酮酸。烯醇式丙酮酸极不稳定，不需要酶催化即可转变成丙酮酸。

葡萄糖
(1) ┤ 葡萄糖磷酸激酶，Mg^{2+} / ATP → ADP
6- 磷酸葡萄糖
(2)
6- 磷酸果糖
(3) ┤ 6- 磷酸果糖激酶 / ATP → ADP
1,6- 二磷酸果糖
(4) ┤ 醛缩酶
磷酸二羟基丙酮 ====(5)==== 3- 磷酸甘油醛 ┤ 异构酶
(6) ┤ 磷酸丙糖脱氢酶 / 2NAD → 2NADH$_2$
1,3-二磷酸甘油酸
(7) ┤ 磷酸甘油酸激酶 / 2ADP → 2ATP
3-磷酸甘油酸
(8) ┤ 磷酸甘油酸变位酶
2-磷酸甘油酸
(9) ┤ 烯醇化酶，Mg^{2+} / -2H$_2$O
2-磷酸烯醇式丙酮酸
(10) ┤ 2ADP → 2ATP
烯醇式丙酮酸（丙酮酸）
(11) ┤ 丙酮酸脱羧酶，Mg^{2+} / CO$_2$
乙醛
(12) ┤ 乙醇脱氢酶 / 2NADH$_2$ → 2NAD
乙醇

图 14-2　酵母菌乙醇发酵的代谢途径

以上 10 步反应可以归纳成为（水分子的出入未计入）：

$$C_6H_{12}O_6 + 2NAD + 2H_3PO_4 + 2ADP \longrightarrow 2CH_3COCOOH + 2NADH_2 + 2ATP$$

葡萄糖　　辅酶　　磷酸　二磷酸腺苷　　烯醇是丙酮酸　还原辅酶 三磷酸腺苷 （14-2）

从总反应式可见。1 分子葡萄糖生成 2 分子的丙酮酸及 2 分子的 ATP，并使 2 分子辅酶Ⅰ（NAD）还原成还原辅酶Ⅰ（NADH$_2$），这一段是葡萄糖分解途径中有氧、无氧都必须经历的共同反应历程，称之为糖酵解途径（embden meyerh of parnas pathway，AMP）或己糖二磷酸途径（hexose biphosphate glycolysis）。后者不能积累，必须脱氢重新氧化成 NAD 后才能不断地推动全部反应，NADH$_2$ 上的氢在无氧的条件下可以交给其他有机物；在有氧的条件下，则可经呼吸链最终交给分子氧。

由上述 EMP 途径生成的丙酮酸，在代谢过程中具有重要的作用。在有氧的条件下，进入三羧酸循环，葡萄糖被彻底氧化成二氧化碳和水，并释放出大量能量。

在无氧条件下，酵母菌将丙酮酸继续降解，生成乙醇，其反应过程如下：

（1）丙酮酸脱羧基生成乙醛。在脱羧酶催化作用下，丙酮酸脱羧，生成乙醛和 CO_2，反应需要 Mg^{2+} 激活。

（2）乙醛还原生成乙醇。乙醛在乙醇脱氢酶及辅酶 NADH$_2$ 的催化下，还原成乙醇。

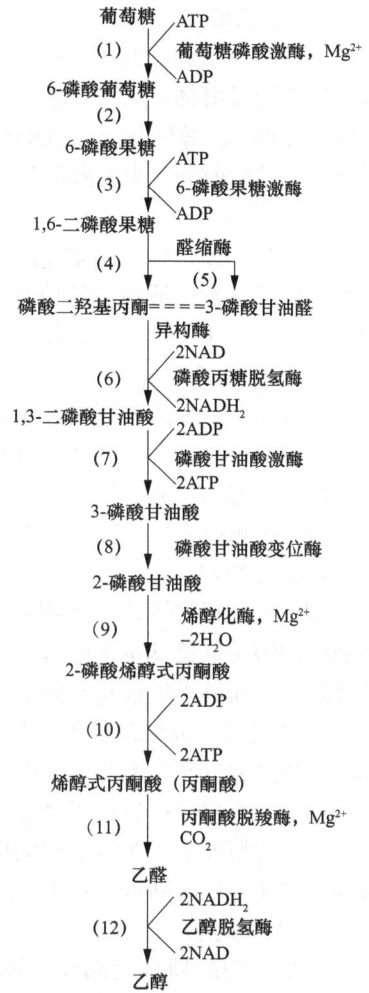

（三）乙醇发酵过程

目前工业上利用糖类原料生产乙醇的菌种多为酿酒酵母（saccharomyes cerevisize），酿酒酵母进入糖液的发酵体系后，体系中的糖分（主要是单糖和麦芽糖）通过酵母的营养运输机制进入细胞内，在糖-乙醇转化酶系统的作用下，最终生成乙醇、CO_2 和热量。乙醇发酵过程从表观上一般可分为发酵前期、主发酵期和发酵后期三个阶段。

1.发酵前期

在发酵前期，糖液与酿酒酵母混合，酵母细胞经过较短的适应期后，由于糖液中溶有一定数量的溶解氧，发酵液中的各种养分比较充足，所以这一阶段酵母繁殖较快，糖分的消耗主要用于菌体生长。由于酵母细胞的浓度较低，发酵作用的强度不大；同时由于发酵液中溶解氧的存在，因而，COQ 和乙醇的生成量都较少，糖分的消耗也比较少，在此阶段发酵液的表面显得比较平静。一般而言，发酵前期的长短取决于酵母菌种的接种量的多少，接种量大，发酵前期的时间就较短，接种量小，发酵前期的时间就较长。一般实际生产酵母的接种量为 5%~10% 较为适宜，间歇发酵的发酵前期的时间为 6~8h。在此期间，因醪中酵母细胞并不多，生长不十分旺盛，易使感染杂菌，影响后发酵，其至造成发酵失败，要加强管理。

2.主发酵期

酵母细胞已经完成大量增殖的过程，发酵液中的酵母数量一般可以达到 10^8 个 /mL 以上，发酵液中的溶解氧已基本被酵母生长消耗完，处于厌氧环境，从而使酵母的代谢活动主要处于厌氧乙醇发酵，而酵母生长基本停止。这一阶段，原料中 80% 以上有效成分转化为乙醇和 CO_2，同时放出大量热量，致使发酵液的温度快速上升。由于大量 CO_2 的产生，从表观上看，发酵液上下翻动，发酵程度较为激烈。此时，应及时采用冷却措施，因为温度较低，有利于保持酵母细胞酒化酶活力，发酵反应进行得彻底，出酒率较高。对于一般菌种而言，主发酵阶段的温度不宜超过 34℃。一般情况下，主发酵时间的长短取决于发酵液糖浓度的高低，糖分高，则主发酵期的持续时间就较长；反之则短。对于一般的间歇发酵，主发酵期持续时间为 12h 左右。

3.发酵后期

发酵液中的糖分大部分已被酵母利用，可发酵糖浓度降低，酵母利用葡萄糖发酵生成乙醇的速度也逐渐降低，CO_2 的产生量也相应降低，产热较少。从发酵液的表观上看，在发酵液表面虽仍有气泡产生，但是发酵强度明显减弱，酵母活力下降，死酵母数逐渐增加，酵母和发酵后固形物逐渐繁凝沉淀。后发酵阶段的温度应根据气候与季节不同进行适当控制，一般菌种以保持在 30~32℃为宜。

上述的三个发酵时段只是根据发酵特征大体上划分的，在实际的发酵中很难将它们截然分开。但是在实际生产中，尽量缩短发酵前期的时间，这对于提高生产效率将有很大的意义。

（四）乙醇生产过程常用的技术指标

1.原料利用率

原料利用率是生产上经常用来衡量发酵过程优劣的指标，一些文献中还用乙醇产率、乙醇得率、发酵率等来表述，其定义为实际出酒率与理论出酒率的比值，可以表示为

$$原料利用率 = \frac{实际出酒率 (\%)}{理论出酒率 (\%)} \times 100\% \tag{14-3}$$

式中：理论出酒率为单位质量的原料理论上可以产乙醇的质量，还可以表示为理论醇糖比，%；实际出酒率为单位质量的原料实际产乙醇的质量，还可以表示为实际醇糖比，%。

由于酵母自身生长和生成各种副产物都要消耗原料中的碳源，因此，实际出酒率要比理论出酒率低。

2.乙醇生产效率

乙醇生产效率是指单位发酵容积每小时生产乙醇的质量，是衡量乙醇生产效率的主要指标，一些文献中还有用乙醇生产强度来表述，其计算公式如下：

$$乙醇生产效率 = \frac{发酵罐有效容积 \times 单位成熟发酵液中乙醇的质量}{发酵罐实际容积 \times 发酵时间} \quad (14-4)$$

式中：发酵罐有效容积等于盛装发酵液的量，通常为发酵罐实际容积的75%~85%，L；单位成熟醪液中乙醇的质量为成熟醪液中乙醇的浓度，g/L；发酵时间为发酵所用时间，h。

除了以上两个指标外，发酵醪液的残糖浓度、pH值、杂质成分及含量等也是衡量发酵生产的重要指标。

（五）乙醇发酵的有关微生物

1.乙醇发酵微生物特性

自然界中可以利用糖分产生乙醇的微生物很多，在众多产乙醇微生物中选择具有应用价值的菌株必须满足下面的要求：

（1）应该具有高的发酵性能，能快速并完全地将有效糖分转化成乙醇；

（2）繁殖速度快，具有很高的比生长速率；

（3）耐高浓度糖和乙醇能力强，即对自身一的代谢底物和产物的稳定性好；

（4）抗杂菌能力好，对杂菌的代谢产物的稳定性好，抗有机酸能力高；

（5）对复杂成分培养基的适应能力强；

（6）对温度、酸度和盐度的突变适应性强，即自身对环境的适应能力强。

2.乙醇生产常用的酵母菌菌株

（1）拉斯2号酵母（Rasse II），又名德国二号酵母，是Linder1889年从发酵醪中分离选育出来的一株酵母菌种，细胞呈长卵形，能发酵葡萄糖、蔗糖、麦芽糖等，不能发酵乳糖。该菌种在玉米醪中发酵特别旺盛，适合淀粉质原料发酵生产乙醇。

（2）拉斯12号酵母（Rasse XII），又名德国12号酵母，由Matthes于1902年从德国压榨酵母中分离得到的。细胞呈圆形或近卵形，可以发酵葡萄糖、果糖、蔗糖、麦芽糖、半乳糖和1/3棉子糖。不能发酵乳糖，适合乙醇生产之用。

（3）K字酵母。该菌种源于日本，适合用于以高粱、水稻、薯类为原料的乙醇生产，在我国有很多乙醇工厂使用该酵母。

（4）南阳5号酵母（CICC 1300）。该酵母是我国南阳乙醇厂自己选育的酵母菌种，可发酵麦芽糖、葡萄糖、蔗糖、1/3棉子糖，不能发酵乳糖、菊糖、蜜二糖，耐乙醇浓度可达13%。

第二节　生物燃料乙醇制备工艺

一、糖类生物质原料的乙醇生产

糖类生物质原料乙醇发酵工艺可以省去淀粉质原料乙醇发酵的蒸煮、糖化等工序，其工艺过程比较简单、周期较短。图14-3为糖类生物质原料乙醇发酵的工艺过程。由于糖类生物质原料中干物质含量较高、产酸细菌多，灰分和胶体物质较多，发酵前要进行必要的预处理。乙醇发酵通常采用连续发酵方式，发酵成熟醪液可以直接进行蒸馏、脱水得到无水乙醇。在一些工艺中（如回收酵母多级连续发酵法），发酵成熟醪液经过固液分离，所得酵母菌泥经过活化后作为菌种回用于乙醇发酵工段，可以减少菌种培养的费用，缩短发酵时间。蒸馏后剩余的废液应进行余热回收与无害化处理。

```
┌──────────┐   ┌──────┐   ┌─────────────┐   ┌──────┐   ┌──────┐   ┌──────┐   ┌──────┐
│糖类生物质原料│→│ 预处理 │→│灭菌、调整浓度、调│→│乙醇发酵│→│成熟醪液│→│蒸馏脱水│→│无水乙醇│
└──────────┘   └──────┘   │整pH值、添加营养盐│   └──────┘   └──────┘   └──────┘   └──────┘
                          └─────────────┘      │回用                 │            │
                                         ┌──────┐   ┌──────┐   ┌──────────┐
                                         │酵母菌泥│←│固液分离│   │蒸馏废液余热│
                                         └──────┘   └──────┘   │回收与处理 │
                                                               └──────────┘
```

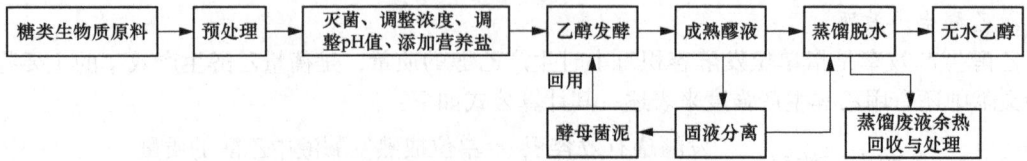

图 14-3 糖类生物质原料乙醇发酵工艺过程

（一）原料预处理工艺

糖类生物质原料因其种类不同，预处理的程序主要有：糖汁的制取、稀释、澄清、添加营养盐和酸化等。

1. 制取工艺

糖汁制取是将原料中的糖分提取出来的过程。不同原料的提取工艺有所不同，在我国用于乙醇生产的糖类生物质原料主要是甘蔗、甜菜、甜高粱茎秆以及制糖工业的废糖蜜等。

甘蔗和甜高粱茎秆糖汁制取采用机械压榨法，主要包括压榨、水洗残渣、沉淀及糖汁过滤等步骤，甜菜糖汁制取的主要工序包括甜菜切丝、热水浸提、沉淀过滤等步骤。为了防止糖汁酸化，达到长期储存的目的，获取的糖汁一般需要浓缩到 75~86g/L。

2. 稀释工艺

糖汁稀释的目的是使糖汁浓度适合酵母生长，减少浓汁中高浓度无机盐对酵母菌的抑制作用。糖汁的稀释有间歇式和连续式两种方法，间歇稀释法是分批在装有搅拌装置的稀释罐中进行的，连续稀释法是将浓糖汁、稀释水及添加剂等不断流入自动计量的连续稀释器中，稀释好的糖液由稀释器出口不断流出。

3. 澄清

糖液中通常含有较多的胶体物质、色素、灰分和其他的悬浮物质，它们的存在对于酵母的正常生长、繁殖和代谢有一定的害处，应尽量予以去除。糖液澄清的方法主要有机械澄清法、加酸澄清法和加絮凝剂澄清法。

4. 添加营养盐

糖类生物质原料中通常缺乏酵母繁殖和发酵的营养成分，要添加必要的营养盐来满足其需要。甘蔗、甜高粱茎秆糖液主要缺乏的营养成分是氮素、镁盐及少量钾、磷等。甜菜糖液中不缺乏氮源，但磷酸盐的含量不足。由于各种糖质原料的来源和制备方法不同，原料中所含盐类成分和数量也不相同，因此必须对糖汁成分进行分析，依此决定添加所要营养物质的种类和数量。

5. 酸化

酸化是为了抑制稀糖汁中杂菌的繁殖，加速灰分与胶体物质沉淀，酵母发酵最适宜的 pH 值为 4.0~4.5，酸化可使体系酸碱度适合酵母菌的生长。甘蔗、甜高粱茎秆的糖汁为微酸性，甜菜糖汁为微碱性，均需要加酸调节。糖汁酸化常用硫酸二盐酸作酸化剂。

（二）糖液的灭菌工艺

糖汁中含有大量野生酵母、白念珠菌及乳酸菌等产酸杂菌。为了保证发酵正常运行，除了加酸提高酸度抑制杂菌生长外，还要用物理法或化学法进行灭菌。

1. 物理法灭菌

物理法灭菌是通过加热达到灭菌目的。通常采用直接通蒸汽的方法将稀糖液加热到 80~90℃，保持 1h 即可达到灭菌目的。加热灭菌可以在专门的灭菌罐内进行，也可以在酸化槽内加装加热蛇管，使加热和酸化工序同时进行。加热还可使胶体絮凝沉淀，起到澄清作用。但物理法灭菌消耗蒸汽量大，又要相应增加设备，一般只有在糖汁被杂菌污染较重时才采用此法灭菌。

2. 化学法灭菌

为了减少能耗，许多工厂都采用添加防腐剂的办法来达到消灭或抑制杂菌的目的，但使用时应注意添加防腐剂的剂量和种类不应对乙醇发酵菌种产生抑制。常用的防腐剂有以下几种。

（1）漂白粉。漂白粉的价格低廉，在乙醇生产中被广泛采用。漂白粉通常的用量为 0.2%~0.5%，即每吨稀糖汁添加 200~500g 漂白粉。

（2）甲醛。甲醛的水溶液俗称福尔马林，用量是每吨稀糖汁需福尔马林 600mL。

（3）氟化钠。这是一种毒性较大的防腐剂，用量为稀糖汁量的 0.1%。

（4）五氯苯酚钠。五氯苯酚钠是一种杀菌效果非常好的防腐剂，它的用量为糖蜜量的 0.04%，五氯苯酚钠遇酸会分解成酚和钠盐，所以应在酸化前加入。五氯苯酚钠对环境会造成一定影响，使用时要谨慎。

（5）三氯异氰尿酸（灭菌灵）。使用量小，对环境无毒无害，一般的使用量为 0.02%。

（6）抗生素。近年来抗生素成本和售价大幅度下降，使得应用抗生素作为乙醇发酵防腐剂成为可能。

（三）糖类生物质原料乙醇发酵工艺

糖类生物质原料乙醇发酵按连续性程度可分为间歇式发酵、半连续式发酵、连续式发酵三大类。目前我国大多数糖蜜乙醇工厂多采用连续发酵法，这种方法自动化程度较高。产量较少的糖蜜乙醇工厂多采用间歇发酵法。

1. 间歇式发酵

间歇发酵也称单罐发酵，发酵过程在一个发酵罐内完成。其过程是把制备好的糖化醪加到发酵罐中接入酒母进行发酵，发酵结束后排出成熟发酵醪送蒸馏工段。排空的发酵罐经清洗消毒后重复下一个发酵过程。根据工艺和设备不同，间歇发酵法又可分为开放式、密闭式、分割式、分段添加和连续流加等方法。

2. 半连续式发酵

半连续式发酵是主发酵阶段采用连续发酵，后发酵阶段采用间歇发酵的方法。按照发酵醪液的流加方式不同，半连续式发酵法分为下述两种方法。

（1）将发酵罐连接起来，使前几只发酵罐始终保持连续发酵的主发酵状态，从第 3 只或第 4 只罐流出来的发酵醪液顺次加满其他发酵罐，完成后发酵，由于前几只发酵罐始终处于连续的主发酵状态，因而可以缩短时间、省去大量酵母种子。

（2）将若干个发酵罐组成一个罐组，每只罐之间用溢流管相连接。先将在第一只发酵罐中加入 1/3 体积的酵母种子，再流加发酵醪液，使其保持主发酵状态。满罐后通过溢流管流入第 2 只罐，当第 2 只罐充至 1/3 时，流加发酵醪液，第 2 只罐加满后，溢流加入第 3 只罐，直至最后一个罐。发酵成熟后，从首罐到尾罐逐个将成熟醪液送去蒸馏。该方法也可以节省大量的酵母菌种，当然每个新发酵周期开始要制备新的酵母。

3. 连续式发酵

间歇式发酵是在糖分不断下降、乙醇含量逐步增加的变化过程中进行的。连续发酵则不然，发酵的每一个阶段是在不同的容器中进行的，对每个容器来讲，醪液的糖浓度、乙醇含量、pH 值、温度等是相对稳定的。酵母在这样的环境中发酵能力加强，发酵率也相应提高。整个发酵过程实现连续化，可方便操作和管理、减轻劳动强度、提高发酵设备利用率。连续式发酵主要包括以下几种方式：

（1）多级连续发酵法。多级连续发酵法又称自流式连续流动发酵法，通常采用 9~10 个罐串联起来，它们的位置可以在同一平面上或者不同平面上。酒母和基本稀糖液以一定的速度连续流入前两个发酵罐，发酵时醪液从 1 号发酵罐上部沿连通管流入 2 号发酵罐底部，再经 2 号发酵罐上部流入 3 号发酵罐底部，这样顺序连续流动，成熟发酵醪从最后的发酵罐中连续排出，送去蒸馏。在此过程中，酵母完成增殖和发酵作用。

多级连续发酵法可分为单浓度连续发酵法和双浓度连续发酵法两种。单浓度连续发酵法是酒母培养与连续发酵醪的糖液均采用同一种浓度（一般含量为 22%~25%）；双浓度连续发酵法酒母的培养液采用低浓度糖液（具体含量为 12%~15%）；连续发酵醪添加的是 32%~35% 的基本稀糖液。

多级连续发酵法的特点是：把前两个发酵罐作为主体罐，在酒母与基本稀糖液连续流加的条件下，酵母处在对数生长期保持旺盛的生命活动能力，发酵一开始便达到主发酵期，发酵时间可以大大缩短。在间歇分批发酵过程中，酵母的萌发期较长，然而在连续发酵过程中，酵母萌发期的时间取决于主罐中醪液交换的速度和第一次加入酵母的数量。如果交换速度过大，在营养物质丰富的情况下，虽然酵母的生长速度加大，但不利于酵母的积累，往往酵母来不及繁殖就有可能被流掉，酵母积累便在后面几个罐内进行，并且速度缓慢。为了消除这一现象，主罐的发酵醪交换速度应比其他发酵罐的低一些，为此可加大主发酵罐的容量，或者利用一组罐的前两罐做主罐，这种方法使酵母的积累在第一罐内结束，而使第二、第三发酵罐酵母细胞含量变化不大，使酵母数量在连续发酵中相对稳定。酵母在主罐中积累过程也取决于它的初始含量，在连续发酵过程中控制主发酵罐的酵母数量甚为重要，需要掌握好发酵醪的流加速度，使其交换速度与酵母的生长速度达到相对平衡。另外，糖蜜连续发酵一些重要的因子，如糖浓度、pH 值、温度、酵母数量和乙醇浓度在各个发酵罐内虽不相同，但能保持相对稳定，最大程度避免代谢产物反馈抑制。

多级连续发酵的缺点是，经常因杂菌感染使连续发酵不能长期维持下去，必须定期更换酵母种子，一般每隔几天，必要时甚至每隔 2~3 天各发酵罐需要交替排空灭菌再重新接入酵母种子进行发酵。

（2）循环（往复）多级连续发酵法。循环（往复）多级连续发酵使用的发酵设备与多级连续发酵法相同，由 9~10 个发酵罐一组串联起来，但管道布置与换种操作有所不同。两者的共同点是酒母与基本稀释糖液的流加都是由 1、2 号罐开始，依次经过所有的发酵罐完成连续发酵的全过程，成熟醪从最终发酵罐排出，送去蒸馏。不同点是，循环多级连续发酵法最终发酵罐成熟醪送去蒸馏后，立即对此罐清洗灭菌，接入新酵母种子，连续流加基本糖液，其他各罐依次排空成熟醪并灭菌后由前一个罐流入发酵罐，以相反的方向进行连续发酵，这样尾罐变成首罐，实现循环连续发酵。该方法的优点是杂菌感染机会少，不需用泵转换，操作简化，节省电力消耗。

（3）通气搅拌多级连续发酵法。为了使乙醇连续发酵在均匀相（或者均质）情况下进行，同时保持足够的酵母数量，我国一些糖蜜乙醇厂在一组发酵罐串联起来的发酵系统中，第一个罐采用通气搅拌或者间歇通气搅拌，在保持较多酵母数量的情况下，通过连续流加基本稀释糖液，使得酵母快速进入对数生长期。在随后的各发酵罐中，随着糖液浓度降低，酵母的生长速度也逐渐缓慢降低，直至发酵成熟。

（4）回收酵母多级连续发酵法。回收酵母多级连续发酵是在 4 个一组串联的发酵罐中进行，成熟酒母及 30%~34% 的糖液从第一个发酵罐的底部连续流入，发酵醪液面向上升起，沿导管流入第二发酵罐的底部，依次流入第三个发酵罐。这样的输送方向保证了酵母在整个发酵期间都处于悬浮状态。由于发酵作用产生的代谢产物乙醇和二氧化碳，醪液密度沿着罐高度逐渐降低，这样能防止发酵醪把刚送来的糖液带走。第三与第四个发酵罐之间上部用导管相连，发酵醪由第四发酵罐的下部放出，使酵母沉降，便于回收再用。发酵醪的流动速度需要调节到保证第一罐发酵度 14%，第二罐发酵度 10%，第三发酵度 6.5%，第四罐发酵度 6.1%。

发酵醪泵入沉降槽，用高速离心分离器将醪液和酵母分离，醪液送去蒸馏，将 15% 左右的酵母浆送至活化罐，添加 11%~12% 的稀糖液并添加硫酸调整酸度，再加过磷酸钙，而不加氮源养料，当糖液浓度降低至 4.5%~5.0% 时，活化完成可送至发酵罐，如此可反复使用 15 次左右。由于回收大量的酵母经过活化后用于新糖液的发酵，发酵一开始便有足够多的酵母，使发酵启动快，缩短发酵时间，提高产率和设备利用率。

（四）糖类原料乙醇发酵案例

近年来，很多学者对甜高粱茎秆汁液液态发酵生产乙醇方面进行了研究，上海交通大学在甜高粱茎秆汁液储藏、固定化粒子制备与强化、流化床反应器等方面开展了深入研究，取得了较大进展。甜高粱茎秆采收后，去除穗、叶及叶鞘，机械压榨取汁，汁液用于液态发酵生产乙醇。甜高粱茎秆残渣可用于稍造纸浆、饲料、食用菌培养基等的原料。液态发酵前，需按工艺要求调整甜高粱茎秆汁液糖浓度、灭菌、添加氮源及营养盐、pH 值，接入乙醇发酵菌种。发酵方式根据生产规模和技术条件可选择间歇式发酵法（发酵时间需 70h 左右）；单双浓度连续发酵法（发酵时间 24h 左右）和固定化酵母流化床发酵法等。因甜高粱茎秆汁液中含有较高的果胶、灰分等，成熟醪中有较多的酯、醛、杂醇等杂质，应采用三塔工艺进行蒸馏。通过该蒸馏工艺获得 95% 左右的乙醇，再经脱水，除去残余的水分，获得无水乙醇。由于发酵成熟醪中含有大量酵母菌体，无菌操作条件较好的工厂可将其回收，经活化作为酵母种子重复利用，也可以与压榨后剩余的甜高粱茎秆残渣混合发酵生产菌体蛋白饲料，蒸馏后的糟液 COD 含量较高，应进行环保处理和资源化利用。

　　本节以固定化酵母流化床发酵法为案例介绍甜高粱茎秆汁液液态发酵生产乙醇的工艺过程，如图 14-4 所示。其工艺过程是，在无菌条件下向反应器中加入经灭菌、调整成分等处理的甜高粱茎秆汁液，再加入一定量的固定化酵母粒子（加入量通常为反应器溶剂的 20%~30%）；发酵开始阶段通入无菌空气，使固定化粒子中的酵母快速增殖，当酵母细胞数量达到工艺要求后，用二氧化碳取代无菌空气，进行快速乙醇发酵。在此过程中，酵母细菌与甜高粱茎秆汁液因气体搅动充分接触，可以使酵母细胞增殖与乙醇发酵快速进行。发酵成熟后，醪液经冷却、气液分离进入蒸馏工段，夹杂少量乙醇蒸气的二氧化碳在排管冷凝器中被冷凝，乙醇蒸气变为乙醇进入醪液。经过气液分离，二氧化碳进入冷却罐净化后回收于储气罐。回收的部分二氧化碳经压缩后返回流化床生物反应器中，不断搅动反应器中的溶液和固定化粒子，成为流化床的动力来源。该工艺的主要装置包括：流化床生物反应器、酵母粒子造粒系统、二氧化碳气路循环系统、空气净化系统、汁液流加系统、乙醇蒸馏脱水系统和控制计量系统等，其中核心部分是流化床生物反应器。

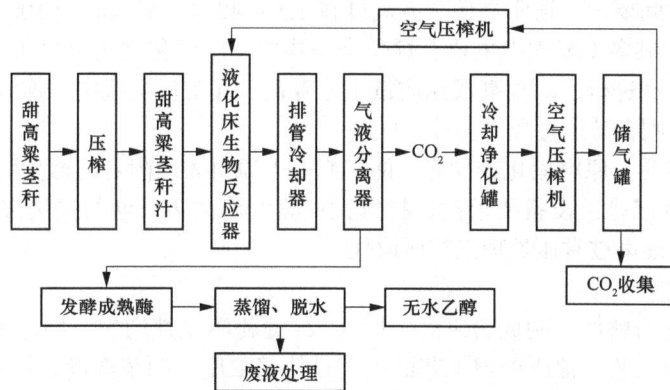

图 14-4　固定床酵母流化床生物反应器发酵甜高粱茎秆汁液生产乙醇工艺流程

二、淀粉类原料乙醇发酵工艺与实例

　　淀粉类生物质原料生产乙醇工艺流程如图 14-5 所示，其与糖类生物质原料乙醇发酵工艺的主要区别是增加了淀粉糖化的环节。后续的酵母培养、乙醇发酵、蒸馏精制、副产品利用和废水废渣处理参见糖类原料乙醇发酵工艺。

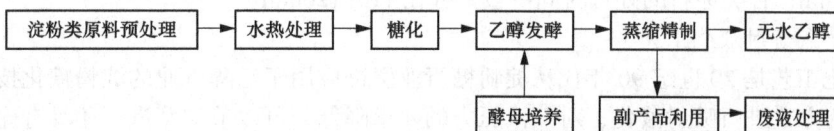

图 14-5　淀粉类生物质原料生产乙醇工艺流程

（一）淀粉类原料预处理

淀粉类生物质原料预处理的目的是清除原料中的杂质，通过破碎将淀粉充分释放出来，以增加淀粉向糖的转化效率。淀粉类生物质原料处理一般工艺流程如图 14-6 所示。

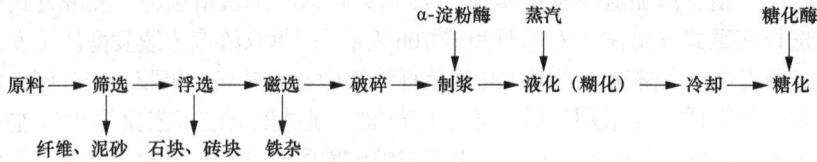

原料 → 筛选 → 浮选 → 磁选 → 破碎 → 制浆 → 液化（糊化）→ 冷却 → 糖化

（筛选↓ 纤维、泥砂）（浮选↓ 石块、砖块）（磁选↓ 铁杂）

（制浆↑ α-淀粉酶）（液化↑ 蒸汽）（糖化↑ 糖化酶）

图 14-6 淀粉类生物质原料预处理一般工艺流程

（二）水热处理

原料的水热处理可分为高温高压处理和常压处理两种方式。近年来，新的水热处理工艺如低压蒸汽喷射液化工艺、生料无蒸煮工艺等不断涌现。

1.高温高压处理工艺

高温高压处理工艺（即高温蒸煮工艺）是将粉料加水制成的粉浆在中间桶内加蒸汽预煮后打入耐压容器，再加入高压蒸汽使粉浆保持 0.3MPa 以上的压力和 130℃以上高温的处理。高温高压处理又分为连续处理和间歇处理两种形式。高温高压处理工艺的关键是粉浆浓度的控制、粉浆加蒸汽预煮温度及时间控制、高压蒸煮温度和时间控制、蒸煮废气的去除等。粉浆浓度一般以料水比来控制，通常采用的料水比为 1：3.0~1：4.5；由于糖在高温高压蒸煮时极易转化为焦糖等物质，预煮温度宜高于植物 α-淀粉酶最适温度范围（60~70℃），以（70~75℃）为宜，预煮时间通常掌握在 20~30min，但必须保证粉浆均匀无结块现象。不同原料应采用不同的高压蒸煮温度和时间，谷类原料、野生植物较薯类原料蒸煮温度要高，蒸煮时间要长；霉变原料要比质量较好的原料蒸煮温度要高，蒸煮时间要长。通常高压蒸煮温度在 120~140℃，蒸煮时间 100~120min。原料经高温高压处理，杂质生成多（废气中主要有烯醛类等物质，工厂称之为乏气），去除这些杂质有利于糖化、发酵工艺顺利进行，对提高成品质量十分有益。在工厂实践中，连续蒸煮采用真空冷却排出废气，间歇蒸煮则在升压过程中排放废气。

高温蒸煮的优点是：原料糊化较彻底，能彻底杀灭原料表面附着的微生物，有利于糖化、发酵的正常进行。其缺点是：设备要求高，投资大；蒸汽消耗多，糖的损失多，杂质产生多，等等。因此，该工艺正逐渐被常压处理工艺所取代。

2.常压处理工艺

常压处理工艺是粉料加水制成粉浆后，加入 α-淀粉酶搅拌均匀，用蒸汽加热至 100℃左右保持一定时间的处理工艺。常压处理工艺的关键是粉浆浓度、制浆温度、拌料时间、α-淀粉酶使用剂量和加热温度及时间等。通常，制浆料水比应掌握在 1：3~1：4 为宜，在不影响物料输送的前提下，应尽量提高粉浆浓度，以减少蒸汽消耗；为使 α-淀粉酶充分发挥作用，制浆温度一般掌握在 60~70℃，拌料时间的设定应考虑到设备利用率，一般以 20~30min 为宜。α-淀粉酶使用剂量一般为 2~4U/g 淀粉，含单宁多的原料要适当加大酶用量，α-淀粉酶加入粉浆后，应快速与粉浆混合均匀。加热液化温度和时间应根据 α-淀粉酶的规格和原料种类来设定，一般耐高温 α-淀粉酶采用 95℃、普通 α-淀粉酶采用 85℃处理。薯类原料较谷类原料加热时间短，一般掌握在 90~115 min；谷类原料的处理时间一般掌握在 110~120min。

3.低压蒸汽喷射液化工艺

喷射液化工艺是 20 世纪 90 年代从淀粉糖行业引进应用于乙醇行业的淀粉糖化技术，由于采用以料带汽的方式进行喷射液化，对蒸汽压力的要求降低，可以节省蒸汽，还具有连续液化、操作稳定、加热均匀、无堵塞、无振动等优点。低压蒸汽喷射液化工艺的关键设备为低压蒸汽喷射液化器。

4. 生料无蒸煮工艺

美国、日本等于 20 世纪 70 年代开发出生料无蒸煮工艺。目前比较成熟的是玉米粉的生料无蒸煮工艺。该工艺是利用生玉米淀粉糖化酶在无蒸煮条件下对淀粉和多糖进行水解糖化的过程。其工艺条件为：玉米粉粉碎粒度 1.5~2.0mm，调浆加水比 1:2.0~1:2.2，生玉米淀粉糖化酶用量为每克原料 50U，接种酵母数 10^6~10^7 个 /mL 糖化液，发酵温度 30℃，发酵时间 100h，成熟醪乙醇含量（体积分数）为 13.5%~14.5%。由于生玉米发酵醪液没有经高温杀菌，其中杂菌较多，如果发酵温度过高，则杂菌生长加快，影响酵母发酵，出酒率降低。因此，生玉米粉进行乙醇发酵的最适温度为 28℃，应适当使用灭菌药剂控制杂菌生长，正常生产灭菌灵使用量为 0.005%，霉变原料适当增加灭菌灵使用量。

表 14-2 是几种水热处理工艺的优缺点对比。目前，高温高压处理工艺因耗能高、副产物多在国内仅有少数酒精厂应用，现被列为淘汰工艺；常压处理工艺的设备投资少，被小厂广泛使用；低压蒸汽喷射液化工艺有诸多优点，但设备要求较高，适宜大中型工厂使用；随着高效酶制剂的开发和控制杂菌污染技术的不断完善，生料无蒸煮工艺将成为重点发展方向。

表 14-2　　　　　　　　　　几种水热处理工艺的优缺点对比

水热处理工艺	优点	缺点	应用情况
高温高压处理工艺	对原料中的杂菌杀灭较彻底	耗能多；设备投入多；易产生焦糖等对发酵有害的物质	国内仅有少数乙醇厂应用，现被列为淘汰工艺
常压处理工艺	耗能少；设备投入少；操作较方便	酶制剂加入一定要均匀	小厂广泛使用
低压蒸汽喷射液化工艺	加热均匀；耗能少；操作方便	蒸汽供给及生产操作要求稳定	适宜大中型工厂使用
生料无蒸煮工艺	耗能少；设备投入少	易染菌；不稳定，操作要求高	发展方向，但有待完善

（三）糖化工艺

糖化操作是水热处理后的糊化醪液进入糖化罐，冷却至一定温度（60℃ ±2℃），加糖化酶保温（25~30min），淀粉和多糖链在糖化酶的作用下水解为单糖、双糖及多糖的过程。糖化可以分为连续式糖化和间歇式糖化。连续糖化方式又可分为混合冷却连续糖化和真空冷却连续糖化。混合冷却连续糖化是前冷却和糖化在糖化罐内完成，边冷却边糖化，此工艺必须注意糖化酶加用时醪液的温度不能高于 62℃，否则可能造成糖化酶消耗的增加，或造成后糖化度的不足，影响原料的淀粉利用率。

糊化质量的好坏主要用糊化率来衡量，糊化率是可溶物与总糖之比。糊化率高，说明原料水热处理充分，但糊化率过高会造成糖分损失增加，对发酵不利；糊化率过低，一部分淀粉不能转化为糖，出酒率也会下降。一般糊化率应掌握在 90% 左右。因糊化率的测定比较烦琐，实际生产中常通过感观鉴定来判断，正常原料经水热处理后醪液色泽浅黄，外观均一透明，味略甜，无焦糖味，颗粒透明，手捻为糊状，无硬心。水热处理过量，醪液色泽呈深褐色，有焦糖香和苦味，不易凝固，颗粒很少；醪液处理不够，色浅不透明、无光泽、味甜、颗粒多且有硬心。霉变原料处理后醪液色发黑。

糖化率是糖化后醪液中还原糖占总糖的百分比，它是反映糖化程度的一个重要指标。一般应控制在 25%~35%。糖化率用以下手段加以控制。

（1）酶制剂的种类和用量：根据原料特点和酶作用机理，选择合适的酶制剂类型和用量。

（2）控制糖化温度：一般糖化酶在 30~70℃均有活性，在此温度内，温度越高，酶促反应速率越快，但酶自身受破坏失活现象也越严重。所以，糊化以后的加酶温度不宜高于 64℃，糖化温度保持在 58~60℃为宜。在此温度下，还有利于杀灭细菌，可减少发酵醪的带菌数。

（3）控制糖化时间：糖化时间长，麦芽糖和葡萄糖生成量过多，将增加不可发酵的异麦芽糖和潘糖的生成量，同时不利于保留酶活性，一般糖化时间应控制在 15~25min。

（4）醪液 pH 值：糖化酶作用的最适 pH 值为 4.2~5.0。醪液 pH 值过高或过低将破坏酶活力，对糖化不利。乙醇生产过程中，糖化醪的自然 pH 值与酶反应的最适合 pH 值相近，一般不需调整酸度。也有一些工厂为控制发酵产酸，在糖化醒中加硫酸以达到控酸目的。

（5）杂菌污染控制：糖化后的醪液营养丰富，极易染菌，要加强糖化设备的清洗杀菌和糖化醪冷却系统及输送管路的清洗杀菌。杀菌后，取压出的残液镜检，若有活细菌存在，应再次杀菌。

（四）淀粉类生物质原料糊化、糖化的酶制剂

α-淀粉酶又称液化酶、淀粉-1,4 糊精酶、内切型淀粉酶，是淀粉类生物质原料糊化液化的主要酶制剂，α-淀粉酶不规则地切开淀粉、多糖类物质的 α-1,4 糖苷键。α-淀粉酶依来源不同可分为细菌 α-淀粉酶、霉菌 α-淀粉酶和植物 α-淀粉酶。不同来源的 α-淀粉酶的适宜作用温度、pH 值以及催化淀粉最终生成的产物成分也有所不同。细菌 α-淀粉酶最适作用温度为 75~95℃、pH 值为 5.5~7.5，催化淀粉最终生成的产物为葡萄糖、麦芽糖和潘糖的混合物；霉菌 α-淀粉酶适宜温度为 50~70℃、pH 值为 4~5，最终产物为葡萄糖；植物 α-淀粉酶适宜温度为 40~60℃、pH 值为 4.7~5.4，主要产物是麦芽糖和葡萄糖，还有一些麦三糖和糊精等。

糖化酶系统名称为 α-1,4 葡聚糖-葡萄糖水解酶。常用名糖化型淀粉酶、葡萄糖淀粉酶、淀粉 1,4 葡萄糖苷酶、淀粉葡萄糖苷酶。与 α-淀粉酶不同，糖化酶是从非还原性末端以葡萄糖为单位顺次切开淀粉、糖类物质的 α-1,4 糖苷键，最终产物为葡萄糖。糖化酶的主要生产菌为霉菌。黑曲霉产生的糖化酶相对分子质量 95000 左右，最适 pH 值为 4.0±0.5，温度 60~65℃时活性最高，高于 65℃时酶活性迅速下降。

α-淀粉酶和糖化酶遇重金属离子如 Ag^+、Hg^{2+}、Cu^{2+}、Pb^{2+} 等活性受到抑制，生产中应避免与这些金属接触。

（五）淀粉质原料乙醇发酵工艺类型

淀粉质原料乙醇发酵工艺有间歇式、半连续式和连续式三种类型。

1.间歇式发酵工艺

间歇式发酵也称单罐发酵，发酵的全过程在一个发酵罐内完成。按糖化醪液添加方式的不同可分为以下几种方法。

（1）连续添加法。将酒母醪液打入发酵罐，同时连续添加糖化醪液。糖化醪液流加速度一般控制在 6~8h 内加满一个发酵罐。流加过慢，延长发酵时间，可能造成可发酵物质的损失；流加过快，因醪液中酵母细胞密度小，对杂菌无抑制，可能发生杂菌污染。连续添加法基本消除了发酵的迟缓期，所以总发酵时间相对较短。

（2）一次加满法。此法是将糖化醪冷却到 27~30℃后，送入发酵罐一次加满，同时加入 10%的酒母醪，经 60~72h 即可发酵成熟醪，可送去蒸馏车间。此法操作简便，易于管理。缺点是初始酵母密度低，初始醪液中可发酵糖浓度高，对酵母生长繁殖和发酵有抑制作用，发酵迟缓期延长。

（3）分次添加法。此法糖化醪液分三次加入发酵罐，先打入发酵罐总容积 1/3 的糖化醪，同时加入 8%~10%的酒母醪；隔 1~3h 再加入 1/3 的糖化醪；再隔 1~3h，加满发酵罐。此法优点是：发酵旺盛，迟缓期短，有利于抑制杂菌繁殖。采用分次添加法必须注意从第一次加糖化醪至加满

发酵罐总时间不应超过 10h；否则，可能造成葡萄糖等可发酵物质不能彻底发酵，导致发酵成熟醪残总糖过高，出酒率下降。

（4）主发酵醪分割法。此方法是将处于主发酵阶段的发酵醪分割出 1/3~1/2 至第二罐，然后两罐同时补加新鲜糖化醪至满罐，继续发酵，当第二罐又处于主醪阶段时，再进行分割。此方法要求发酵罐基本不染菌。在使用此方法时，为抑制杂菌生长繁殖，可在分割时加入 1mL / L 的灭菌灵或 50mL / L 的甲醛。

2. 半连续式发酵工艺

半连续式发酵是主发酵阶段采用连续发酵，后发酵阶段采用间歇发酵的方法。按糖化醪的流加方式不同，半连续式发酵法分为下述两种方法：

（1）第一种方法。将发酵罐串联起来，使前几只发酵罐始终保持连续主发酵状态，从第 3 只或第 4 只罐流出的发酵醪液顺次加满其他发酵罐，完成后发酵。应用此方法可省去大量酒母，缩短发酵时间，但是必须注意消毒杀菌，防止杂菌污染。

（2）第二种方法。将若干发酵罐组成一个组，每只罐之间用溢流管相连接，生产时先制备发酵罐体积 1/3 的酒母，加入第 1 只发酵罐中，并在保持主发酵状态的前提下流加糖化醪，满罐后醪液通过溢流管流入第 2 只发酵罐，当充满 1/3 体积时，向第 2 只罐流加糖化醪，满罐后醪液通过溢流管流加到第 3 只发酵罐，……，如此下去，直至末罐。发酵成熟醪自首罐至末罐顺次蒸馏。此方法可节省大量酒母，发酵时间相对缩短，但每次新发酵周期开始时要制备新酒母。

3. 连续式发酵工艺

淀粉质原料乙醇连续发酵采用阶梯式发酵罐组来进行，梯阶式连续发酵法是微生物（酵母）培养和发酵过程在同一组罐内进行，每个罐本身的各种参数基本保持不变，从首罐至末罐，可发酵物浓度逐罐递减，乙醇浓度则逐罐递增。发酵时糖化醪液连续从首罐加入，成熟醪液连续从末罐送去蒸馏。这种工艺有利于提高淀粉的利用率和设备利用率，自动化程度高，极大减轻了劳动强度，提高了生产效率，是乙醇发酵的发展方向。但因设备投资较大，容易产生杂菌污染，目前未能普遍推广应用。

三、纤维素类原料水解工艺技术与实例

（一）纤维素类原料水解机理

木质纤维素的主要有机成分包括纤维素、半纤维素和木质素三部分。纤维素是由葡萄糖脱水生成的糖苷，通过 β-1,4 葡萄糖苷键连接而成的直链聚合体，其分子式可简单表示为（$C_6H_{10}O_5$）$_n$，这里的 n 为聚合度，表示纤维素中葡萄糖单元的数目，其值一般在 3500~10000。纤维素经水解可生成葡萄糖，该反应可表示为

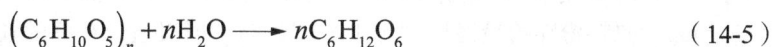

$$\left(C_6H_{10}O_5\right)_n + nH_2O \longrightarrow nC_6H_{12}O_6 \tag{14-5}$$

理论上每 162kg 纤维素水解可得 180kg 葡萄糖。

纤维素大分子间通过大量的氢键连接在一起形成晶体结构的纤维素，这种结构使得纤维素的性质很稳定。它在常温下不发生水解，在高温下水解也很慢，只有在催化剂存在下，纤维素的水解反应才能显著地进行。常用的催化剂是无机酸和纤维素酶，由此分别形成了酸水解和酶水解工艺，其中的酸水解又可分为浓酸水解工艺和稀酸水解工艺。

半纤维素是由不同多聚糖构成的混合物。这些多聚糖由不同的单糖聚合而成，有直链也有支链，上面连接有不同数量的乙酰基和甲基。半纤维素的水解产物包括 2 种五碳糖（木糖和阿拉伯糖）和 3 种六碳糖（葡萄糖、半乳糖和甘露糖）。各种糖所占比例随原料而变化，一般木糖占一半以上，以农作物秸秆和草为水解原料时还有相当量的阿拉伯糖生成（可占五碳糖的 10%~20%）。半纤维素中木聚糖的分子式可表示为（$C_5H_8O_4$）$_m$，m 为木聚糖的聚合度，其水解过程可用式（14-6）表示：

$$\left(C_5H_8O_4\right)_m + mH_2O > mC_5H_{10}O_5 \qquad (14\text{-}6)$$

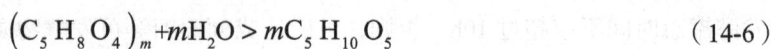

故每 132kg 木聚糖水解可得 150kg 木糖。

半纤维素的聚合度较低，所含糖元数在 60~200，也无晶体结构，故较易水解，在 100℃左右就能在稀酸里水解，也可在酶催化下完成水解。但因生物质里半纤维素和纤维素互相交织在一起，故只有当纤维素被水解时，半纤维素才能水解完。

木质素不能被水解为单糖，且在纤维素周围形成保护层，影响纤维素水解。

一般的酒精酵母除可发酵葡萄糖外，也可发酵半乳糖和甘露糖，1mol 六碳糖可生成 2mol 酒精，或 100g 六碳糖发酵得 51.1g 酒精和 48.9gCO$_2$。

一般的酒精酵母不能发酵木糖和阿拉伯糖，以前曾把这两种五碳糖称为非发酵性糖。但目前已经开发出了能发酵木糖和阿拉伯糖的微生物，对这两种五碳糖的发酵过程可用式（14-7）表示：

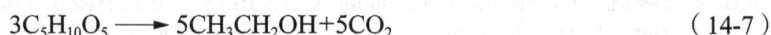

$$3C_5H_{10}O_5 \longrightarrow 5CH_3CH_2OH + 5CO_2 \qquad (14\text{-}7)$$

理论上 100g 五碳糖发酵同样可得 51.1g 酒精。但微生物发酵五碳糖的途径比发酵葡萄糖复杂，发酵过程中所需消耗能量也较多，故五碳糖发酵中的实际酒精得率常低于葡萄糖发酵。

（二）纤维素类生物质原料水解工艺技术

图 14-7 是纤维素类生物质水解发酵工艺的一般流程，其中水解是关键的一步。与淀粉类原料水解的目的一样，纤维素类生物质水解也是为了将纤维素、半纤维素等多糖类物质转化为双糖、单糖等简单的、能被发酵菌种直接利用的糖类。不过，纤维素类生物质水解的难度更大。纤维素类生物质的水解工艺主要有浓酸水解、稀酸水解和酶水解三种类型。因原料性质及生产规模不同可能选择不同的工艺类型。

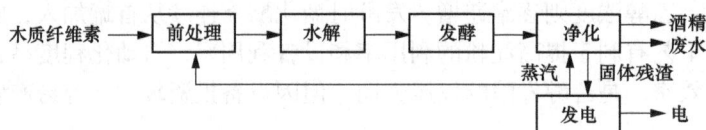

图 14-7 纤维素类生物质水解发酵工艺的一般流程

1. 纤维素类生物质原料的前处理

纤维素生物质原料的前处理主要包括原料的清洗和机械粉碎。原料的粒度越小，比表面就越大，越有利于原料与水解催化剂及蒸汽充分接触，从而破坏木质素 – 纤维素 – 半纤维素之间形成的结晶结构。不同的水解工艺对原料粉碎粒度的要求不同，建议的粒度大小从 1~3mm 到几个厘米不等。一般采用切碎、碾磨两道工序，即先将原料切碎到 10~30mm，再碾磨后原料粒度可达到 0.2~2mm。原料粉碎的最终尺度越小耗能越高。据报道，在高的粒度要求下，用于原料粉碎的能耗可占到过程总能耗的 1/3。

2. 纤维类生物质水解工艺类型

（1）浓酸水解工艺。

浓酸水解的原理是利用浓硫酸（或浓盐酸）在较低温度下可完全溶解木质纤维素的结晶结构，将纤维素链裂解成含几个葡萄糖单元的低聚糖，把此溶液加水稀释并加热，经一定时间后就可以把低聚物水解为葡萄糖。浓酸水解的优点是糖的回收率高（可达 90% 以上），可以处理不同的原料，水解用时较短（总共 10~12h），水解后的糖降解较少；但对设备耐强酸腐蚀的性能要求高，而且必须有完善的酸回收策略。

（2）稀酸水解工艺。

稀酸水解是在高温高压下，溶液中的氢离子容易与纤维素上的氧原子相结合，使氧原子的性质变得不稳定，易于和水反应，纤维素长链即在该处断裂，同时释放出氢离子，使纤维素长链连续解聚，直到分解成最小的葡萄糖单元。稀酸水解工艺较简单，原料处理时间短，但要求高温高压处理，糖的产率较低，且会产生对发酵有害的副产品。但近年来的研究表明，在适当的条件下，也能获得高的糖收率。

稀酸水解工艺的变化比较少，为了减少单糖的分解，实际的稀酸水解常分为两步进行。第一步用较低温度分解半纤维素，产物以木糖为主。第二步用较高温度分解纤维素，产物主要是葡萄糖。

（3）酶水解工艺。

酶水解是利用微生物产生的纤维素酶降解纤维素和半纤维素的生化反应。酶水解优点是：反应在常温常压下进行，微生物的培养与维持仅需较少的原料，过程能耗低，糖产率高（大于95%），副产物少，提纯过程简单，也避免了对环境的污染。酶水解的缺点是所需要的时间长（一般要几天），反应器的体积大。目前酶的生产成本较高，生物质原料要经历充分的预处理，使其结构变得比较疏松，便于酶达到纤维素的表面。

酶水解工艺的流程变化比较多，通常可以分为两类。第一类工艺使纤维素的水解和糖液的发酵在不同的反应器内进行，称为分别水解和发酵工艺（SHF）；第二类使纤维素的水解和糖液的发酵在同一个反应器内进行，由于酶水解的过程又被称为糖化过程，故被称为同时糖化和发酵工艺（SSF）。SSF简化了流程，但水解和发酵的条件不容易匹配，对发酵微生物的要求较高。SSF流程中木糖的发酵和葡萄糖的发酵用不同的发酵微生物在不同的反应器内进行。

除了以上3种主要的水解工艺外，还有研究者提出快速裂解结合水解的工艺，其方法是先在80~90℃下用5%的硫酸对生物质原料进行预处理，使其中的半纤维素水解，所得到的水解液中富含五碳糖，可用作发酵原料。未水解的固体残渣经干燥后在500℃下进行快速裂解，在作为液体产品的焦油中富含葡聚糖，可用萃取法回收，葡聚糖再经水解后可生成葡萄糖，用作发酵原料。

（三）玉米秸秆制燃料乙醇工艺流程

玉米秸秆制燃料乙醇的工艺流程见图14-8，按工艺操作的顺序，将整个流程分解为7个部分：秸秆预处理、酶水解、发酵种子培养、酒精发酵、醪液分离、蒸馏脱水、木糖制备。

（1）玉米秸秆预处理。

玉米秸秆预处理可以采用的方法较多，常见的预处理方法列于表14-3。本系统采用酶水解工艺，选择蒸汽爆破对玉米秸秆进行预处理。步骤是玉米秸秆经除石、除铁、清洗，用切割机切成1.5cm长段，水浸40min，送至间歇蒸汽爆破器的料仓，经余汽预热后加入汽爆器压实，通入蒸汽，压力达到2.5MPa后，保温8min，开启泄压阀将料喷入储仓中。经汽爆玉米秸秆的纤维素水解转化率可达70%以上，汽爆废气中的少量糠醛可回收，对环境影响轻微。蒸汽爆破法渗入纤维内部，当快速降至常温、常压时，蒸汽从原料孔隙中释放出来，木质素与纤维素部分分离、氢键破坏，游离出新的羟基，增加了纤维素的吸附能力，与纤维素酶的接触面增大。

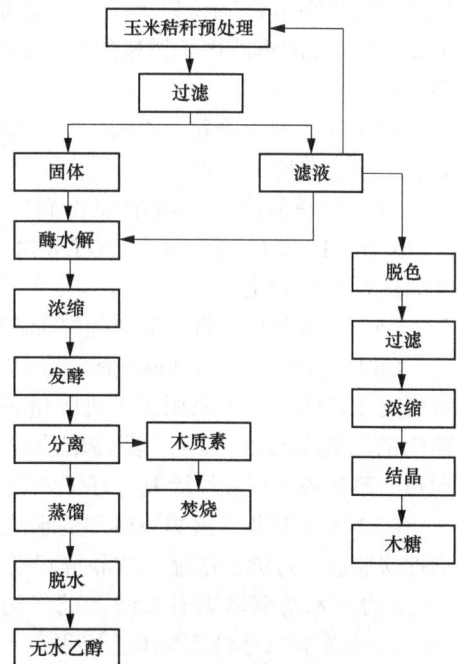

图14-8　玉米秸秆制燃料乙醇的工艺流程图

表 14-3　　　　　　　　　　　　　　　　　不同预处理方法

预处理	简介	评述
机械破碎	用切碎、研磨等方法	能耗大
热裂解	300℃以上使纤维素分解	能耗大
汽爆	高压饱和蒸汽（160~260℃）处理后急剧降压	能耗较大，成本低，抑制物多
氨爆	在高温、高压下与氨水接触后急剧减压	不产生抑制物，需回收氨
碳爆	经二氧化碳处理后爆裂	成本低于氨爆
酸水解	硫酸等强酸处理	需中和，成本高于汽爆
碳水解	NaOH 等碱处理	产生黑液
湿热处理	用 190℃热水处理	不要酸碱，但需回收热能
氧化	过氧化氢处理材料，氧化除去部分木质素和半纤维素	用过氧化氢成本较高
臭氧	臭氧除去部分木质素和半纤维素	常温常压反应，但臭氧成本高
有机溶剂	甲醇、丙醇等在高温或酸催化下破坏木质素	有机溶剂必须回收
微生物处理	用过氧化物酶的白腐菌等降解木质素	条件温和，效率低

（2）酶水解。将汽爆后 10% 的玉米秸秆经水洗后转入产酶罐，加入适量营养盐，接入里斯木霉 Rut-C30 菌种，40h 达到产酶高峰。产酶过程中的洗渣水含 3%~5% 的五碳糖，可回收入糖液罐一并发酵产生酒精，液体 1/3 作为工艺水返回浸泡罐，1/3 收集到另一储罐用于生产木糖。里斯木霉发酵结束后，将此发酵物作为纤维素酶与另外 90% 玉米秸秆汽爆渣混合，50℃保温水解 24h，纤维素转化率达到 70% 以上，经压滤得到 6% 左右的稀糖液，此稀糖液经闪蒸和无机膜超滤浓缩成 20%~24% 的糖液用于酒精发酵。滤渣饼的主要成分是木质素和少量未水解纤维素，用于锅炉燃料。

（3）发酵种子培养。酒精发酵菌种采用可以同时利用六碳糖和五碳糖的休哈塔酵母，用常规方法进行发酵种子培养。

（4）酒精发酵。酶解浓缩得到的 20% 以上糖液加入适量营养盐，接入休哈塔酵母种子（ 0.8×10^9~1.2×10^9 个 /mL），30℃发酵 24h，醪液酒分可达到 10%（体积分数）左右，糖的酒精转化率达到 85% 以上。

（5）醪液分离。将醪液中的酵母菌体用离心分离机分离回收做饲料。

（6）蒸馏脱水。分离除去酵母菌体后的发酵醪液入蒸馏塔蒸馏成 95% 酒精，再入分子筛塔脱水得无水乙醇。由于采用了无机膜超滤浓缩糖液工艺，使发酵所产生的酒精含量达到 10% 左右，蒸汽消耗量降低 2/3 以上。蒸馏塔冷凝水回用于预处理工段浸料和锅炉补水，低压余汽用于原料预热。蒸馏塔底废液经厌氧、好氧处理达标后排放。

（7）木糖制备。汽爆后得到的水洗液中有 5%~6% 的单糖，其中木糖占 60%~70%，水洗液经活性炭脱色、过滤、浓缩、结晶得到副产品木糖。

（四）木屑制取燃料乙醇工艺案例

1. 木屑制取燃料乙醇工艺流程

木屑制取燃料乙醇的工艺已经有很长的历史，但以新技术装备的这类工厂还未见有实际运行的报道。研究者们根据现有的技术对这类工厂作出了不少流程设计和经济分析。下面介绍的是 1999 年 Wooley 等为 NREL 设计的一个 SSCF 酶水解制酒精的工艺流程设计（见图 14-9）及经济分析。

该厂以黄杨木屑为原料，设计规模为日处理原料 2000t（干）。所用工艺为并流稀酸预处理后接 SSCF 酶水解。全年工作时间占 96%，检修时间略多于 2 周。

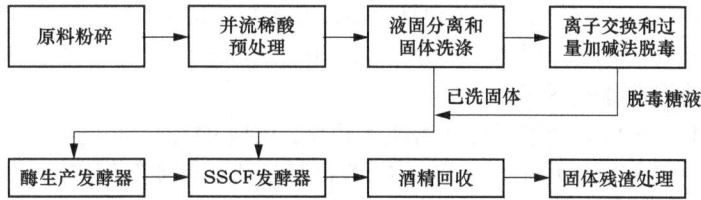

图 14-9 SSCF 酶水解制酒精的基本工艺流程图

原料中含水量为 47.90%，干燥基物质的基本组成为纤维素 42.67%、木聚糖 19.05%、木质素 27.68%、灰分 1.00%、乙酸 4.64%、阿拉伯聚糖 0.79%、半乳聚糖 0.24%、甘露聚糖 3.93%。这里的乙酸指存在于半纤维素中的乙酸基团，它们通常在预处理时转化为乙酸。木聚糖、阿拉伯聚糖、半乳聚糖和甘露聚糖是半纤维素的组成部分。

（1）原料储存和前处理。

工厂每天处理 3670t（湿）原料。工厂内储存 7d 原料。

前处理内容包括对原料的过磅、卸货、输送、清洗、过筛、粉碎和磁力除杂等，粉碎后粒度小于 19mm。

（2）原料预处理和水解液净化。

先用低压蒸汽将粉碎原料预热到 100℃ 左右，该过程可提供预处理所需热量的 1/3，而且可除去随原料带入的空气，因空气进入反应器会影响水解效率。

预处理所用并流式水解反应器以耐腐蚀的海氏合金制造。预处理条件为：0.5% 硫酸，原料停留时间 10min，反应温度 190℃，压力 1.2MPa，固体含量 22%。该过程在破坏纤维素晶体结构的同时，可把 75% 的半纤维素水解为单糖，6.5% 的纤维素水解为葡萄糖；但也有 10% 的木糖和阿拉伯糖转化为糠醛，15% 的半乳糖和甘露糖转化为羟甲基糠醛（HMF），半纤维素中的乙酸基团全部转化为乙酸，这些都是对发酵有害的组分。

离开预处理器的反应混合物进入闪蒸器，压力从 1.21MPa 降到常压。这过程除了降温外，还可把预处理中产生的部分有害物质脱除，其中糠醛和 HMF 的脱除率可达 61%，乙酸的脱除率为 6.5%，这将有助于提高后续发酵工段的效率。

闪蒸器每小时产生 45t、100℃ 的蒸汽，可用于后续产物回收工段醪液的预热。通过和醪液的换热，闪蒸汽全部被冷凝，送到废水处理系统。

水解反应物在闪蒸器内停留 15min 后送过滤器进行液固分离，此时它的固体含量为 26%。通过液固分离可除去 44% 的水分，滤饼中固体的含量为 40%。该滤饼经再次洗涤后送入 SSCF 反应器。

液固分离所得液体在温度降低到 40℃ 后用离子交换树脂处理，可除去 88% 的乙酸和全部硫酸，而糖无损失。然后用硫酸将该液体的 pH 值调节到 2.0，再用石灰将 pH 值调节到 10.0，并通入直接蒸汽将其温度升到 50℃，停留时间为 1h。通过这种过量加碱法可把液体中的发酵有害物随硫酸钙一起除去。最后把液体的 pH 值调回到 4.5 并保持 4h，使过量加碱中生成的石膏晶体长得足够大，可在接下来的旋液分离器和转鼓过滤机中分离掉。净化后的水解液冷却到 35℃ 后也送入 SSCF 反应器。

（3）SSCF 反应。

该工段中需要把经预处理的纤维素水解成葡萄糖，并将其和在稀酸预处理中生成的其他糖发酵成酒精。

该工段中使用 3 组 SSCF 反应器，每组包括 6 个串联的连续搅拌式发酵罐，每个罐的容积为 3600m³。净化过的水解液和经预处理的纤维素一起被连续加入反应器中，每天原料处理量为 8700m³。

SSCF 操作条件为：固体初始含量（包括可溶的和不可溶的）20%，温度30%，原料总停留时间7d，酶用量15FPU/g纤维素。发酵用菌种为转基因Z.moblis，它可以把葡萄糖、甘露糖、半乳糖、阿拉伯糖和木糖都发酵成酒精。

在SSCF反应中，80%的纤维素可水解成葡萄糖，92%的葡萄糖可进一步转化为酒精，而木糖转化为酒精的比率为85%。另外，有7%的可发酵糖转化为乳糖等副产品。

（4）纤维素酶生产。

酶生产工段中，一共采用11个1000m^3的充气式搅拌发酵器，以304不锈钢制造。采用间歇操作，每批生产用时220h，其中的160h用于实际发酵，其他60h用于加料、出料和消毒。这样在任何时候都有8个发酵罐处于实际运行中，其余3个中有1个在加料，1个在出料，还有1个在消毒。用经过预处理并杀菌的生物质为酶生产原料，初始纤维素含量4%，发酵温度为28℃，每分钟向每立方米反应器通入空气0.577m^3，使氧的传递速度达到80mmol/（L·h）。发酵器的酶产率为75FPU/（L·h）。平均每克纤维素或半纤维素可生产200FPU纤维素酶（单位体积纤维素酶所具有的催化能力常用滤纸酶活表示，单位为FPU）。

以Treesei为纤维素酶生产菌种，种子培养也采用间歇操作，逐级扩大培养，每级扩大20倍。计划用3个培养单元，每单元包括3个种子培养器，容积分别为0.125、2.5m^3和50m^3。种子在每个培养器内的停留时间均为40h。

（5）产物回收和水循环。

该工段中先用传统的双塔精馏得到共沸酒精，再用蒸汽相分子筛脱水制得含量为99.5%的无水酒精。

来自发酵工段的醪液先用预处理工段闪蒸器中产生的蒸汽进行预热，然后进入双塔系统中的第一个塔（醪塔）。醪塔直径4.37m，有32块塔板，板间距0.61m，操作回流比为6.1，板效率为48%。醪液在塔顶以下第4块塔板处进入，在该塔内可脱除溶解在液体中的全部CO_2和90%的水。醪塔塔顶排放出的气体中含83.5%的CO_2，12%的酒精和4.5%的水，这部分酒精同样需通过水洗回收。99%以上的酒精则随未脱除的水一起以蒸汽的形式进入第二个塔（精馏塔），蒸汽中酒精含量为37.4%。

精馏塔有60块塔板，操作回流比3.2，板效率为57%。来自醪塔的蒸汽在塔顶以下第44块板处进入，从吸附塔中脱附出来的混合物（酒精含量达72%）则在第19块板处进入。在第44块板以上塔直径为3.5m，第44块板以下塔直径为1.2m。精馏塔顶蒸汽中酒精含量为92.5%（质量分数），塔底液体中酒精含量为0.05%（质量分数），随塔底液体流失的酒精不到进料酒精总量的0.1%。

出精馏塔顶的蒸汽经过预热后进入两个分子筛吸附塔中的一个，每个吸附塔中装填有7.6m高的分子筛填料。在该塔内可脱除蒸汽中95%的水，同时也有少量酒精被吸附下来。出吸附塔的蒸汽中酒精含量达到99.5%，经过换热冷却后进入产品储罐。当一个吸附塔在吸附时，另一个吸附塔正在通过减压脱附把吸在分子筛上的水脱除出来，脱附时需向塔内通入少量99.5%的酒精。脱除出来的水和酒精混合物经冷凝后回到精馏塔中去再分离。通过两个塔的交替吸附和脱附，可实现连续的精馏操作。

醪塔底部排出的废液中含有全部未转化的固体物料，约0.7%的酒精也随废液流失。对这些固体物料用压滤法脱水后送到燃烧炉去做燃料。压滤下来的液体用多效蒸发器处理，蒸发出来的蒸汽经冷凝后可作为洁净的工艺循环用水，蒸发器底部的残浆也送到燃烧炉去做燃料。

（6）废水处理。

通过把废水处理后回用可减少补充水量。把收集来的废水混合在一起后进入厌氧发酵系统，此过程可除去废水中90%的有机物，副产物主要成分是CO_2和CH_4的可燃气，该可燃气可提供燃烧炉8%的燃料。出厌氧发酵系统的废水再进行好氧生物处理，在该过程中，剩余的有机物也有 90% 被转化。经过两级处理的废水再到澄清槽分离出不溶物（主要是以微生物细胞为主的生物污泥）后就得到清水，这些清水可和补充水混合后回到系统中去。澄清槽中分离出的生物污泥一部分压干后作燃料，其余部分再回到好氧处理系统。

（7）产物和原料药剂储存。

酒精的储存量定位 7 天的产量，共 4540m³，用 2 个 2270 的碳钢出槽。考虑到酒精出厂前要加入 5% 的汽油制成变性酒精，故汽油的储存量也定位 7 天的用量，共 241m³，储存在碳钢槽内。

硫酸的储存量定位 5 天的产量，共 72m³，储存在 SS316 不锈钢槽内。

消防水的储存量为 2270m³，相当于 4h 的用量，储存在碳钢槽内。

2. 木屑制取燃料乙醇的设备

采用流化床燃烧炉。燃料主要包括 3 部分：木质素残渣、厌氧发酵产生的可燃气和多效蒸发器底部的残浆，还包括少量的生物污泥。这些燃料已经能满足整个系统的用能，除了运输原料的车辆需要消耗一些柴油外，无需再从外部补充其他燃料。

锅炉产生 510℃和 8.6MPa 的过热蒸汽供汽轮机发电用，锅炉效率为 62%，每小时产蒸汽 235.2t，出汽轮机的部分蒸汽用于预处理反应器、热交换器和蒸发器等处，其余的蒸汽冷凝下来后回到锅炉中去，由于作为直接蒸汽使用的部分不能回收，需要向锅炉补充一部分处理过的井水。

第三节　其他生物醇类燃料

一、低碳混合醇

生物质可以经生物转化法制成醇类等有机氧化物，也可以经热化学法先将生物质转化为合成气，然后合成气再进一步催化制成甲醇、乙醇、低碳醇、二甲醚、费托油品等。

与发酵法相比，热化学法制醇可提高生物质中半纤维素与木质素的利用率。热化学法合成醇类燃料流程如图 14-10 所示。生物质在气化炉中气化并经净化装置后制成合成气，然后选择合适的制醇催化剂以及工艺，在醇合成反应器内，合成气转化成醇类，进而分离、加工制成各种醇类燃料；为提高乙醇以上的更高碳数醇的产率，可以在催化合成工艺上加上甲醇循环。

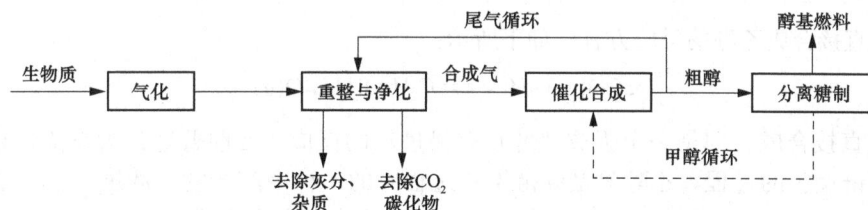

图 14-10　生物质经热化学法合成醇类燃料流程简图

低碳混合醇（简称低碳醇）是指 C1~C6 的醇类混合物，和单一的甲醇或乙醇相比，其与汽油的互溶性更好，发热量更高，有很好的作为替代燃料的前景。低碳混合醇不仅可以作为代用燃料，而且从低碳混合醇中分离为单独的醇类用作化工原料也是一条可供选择的技术路线。由合成气直接合成乙醇和 C2+ 含氧化合物等物质成为 C1 化学研究的热点之一。

合成气制低碳醇的过程中伴有很多副反应，副反应有生成各种烷烃的反应、生成各种烯烃的反应、水煤气变换反应以及可能有部分醇类产物生成酯类、醛类的反应。另外，产物中混合醇的成分复杂，可根据产物的实际组成对其做适当的加工，将其制成含甲醇为主的甲基燃料以及含乙醇为主的乙基燃料。甲基或乙基燃料的使用需要与汽油或柴油混合，并用醇类汽油复合剂改善其燃烧与排放性能。

（一）低碳醇合成反应

由合成气制低碳醇所涉及的反应相当复杂，主要包括甲醇合成反应、低碳醇合成反应、F-T合成反应、水煤气变换反应，一些主要的反应及其过程中的自由能变化与温度的关系如下：

$$CO+2H_2 = CH_3OH \qquad (14-8)$$
$$\Delta G^0 = -114.12+0.2441T$$
$$nCO+2nH_2 = C_nH_{2n+1}OH+(n-1)H_2O \qquad (14-9)$$
$$\Delta G^0 = -160.53n+46.4118+(25.0167n-0.6022)\times10^{-2}T$$
$$nCO+(2n+1)H_2 = C_nH_{2n+2}+nH_2O \qquad (14-10)$$
$$\Delta G^0 = -160.52n+35.158+(25.0167n-0.6022)\times10^{-2}T$$
$$CO+H_2O = CO_2+H_2 \qquad (14-11)$$
$$\Delta G^0 = -34.10+3.2243\times10^{-2}T$$

通过对上述反应的热力学参数 ΔG^0 的研究发现，上述各反应的 ΔG^0 均随着温度的升高而升高。从热力学的角度来看，反应温度越高，ΔG^0 越大，越不利于上述反应的进行。与此同时，低碳醇合成反应还是一个体积缩小的反应。因此，从化学平衡的角度考虑，增加压力或者降低反应温度均有利于低碳醇的合成。

在包括甲醇合成、低碳醇合成和F-T合成的反应条件下，从 ΔG^0 判断水煤气变换反应较为有利。另外，在甲醇和低碳醇的合成过程中均有水产生，也促进了水煤气变换反应的发生。低碳醇催化剂往往都是水煤气变换良好的催化剂。因此抑制水煤气变换反应和烷烃化反应对合成醇是有必要的。

与合成烃类产物及水煤气变换反应等相比，合成醇过程较为不利，不可避免地有大量的副反应发生。避免这种情况发生只能是制备活性和选择性更高的低碳醇合成催化剂。

全球在研制低碳醇合成催化剂的方面进行了广泛的研究和探索，设计出了很多低碳醇合成的催化剂体系，主要为甲基燃料催化剂和乙基燃料催化剂（其产物分别为以甲醇为主的低碳醇和以乙醇为主的低碳醇），一定程度上对合成气合成低碳醇工艺起到了推动作用。

目前研究的合成气化学法合成乙醇有两类方法，即合成气直接合成乙醇法和合成气间接合成乙醇法。

合成气直接合成乙醇的反应方程式如下所示：

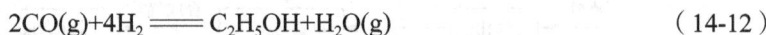

$$2CO(g)+4H_2 = C_2H_5OH+H_2O(g) \qquad (14-12)$$

合成气直接合成乙醇是一个强放热并且容易进行的反应。目前普遍认为合成过程是CO插入并导致碳链增长的过程。乙醇只是碳链增长过程中的一种中间产物，从热力学和动力学上来说，要使反应只停留在乙醇这一步是极其困难的。产物中还存在大量的甲醇、丙醇、丁醇、醛、酮、酸、酯以及烷烃和 CO_2 等副产物。因此乙醇的选择性和收率是很低的，乙醇的收率通常低于20%。目前提到的合成气直接合成乙醇是指合成气合成低碳混合醇（C1~C5醇类的混合物），其中甲醇和乙醇是主要产物。

大量的研究用于开发具有高选择性和产率的催化剂，催化剂可以大致分成4类：Rh基催化剂、Cu基催化剂、改性的F-T合成催化剂和Mo基催化剂。催化剂的研究过程中，主要是探索催化剂活性中心的最佳匹配和构效关系以及合成低碳醇选择性的规律等具有重要影响的方面，目的是提高合成低碳醇过程中CO的单程转化率、C2$^+$OH醇的选择性和低碳醇产率等。Rh基催化剂是合成气合成乙醇催化剂中研究最为广泛的，显示了相对较高的催化活性和乙醇选择性。改性的F-T合成催化剂在合成乙醇的同时，伴有大量的甲醇和碳氢化合物的产生，且温度越高副产物越多。Cu基催化剂和Mo基催化剂要求苛刻的反应条件，且Mo基催化剂反应活化诱导周期长。

近年来研究者开始探索合成气经乙酰基化合物——乙酸和（或）乙酸甲酯间接合成乙醇的技

术路线，以期在为乙酸行业创造机遇的同时获得较高的乙醇收率。其中一条路线为：首先由合成气生产甲醇，甲醇羰基化合成乙酸甲酯和乙酸，然后加氢制取乙醇。乙酸甲酯可直接加氢生成乙醇。乙酸加氢生成乙醇可分为乙酸直接加氢和乙酸酯化加氢。

在乙酸直接加氢技术中，乙酸经催化剂加氢先还原成乙醛，乙醛进一步催化还原得到乙醇。乙酸酯化加氢技术是指乙酸先与甲醇发生酯化反应生成乙酸甲酯，乙酸甲酯再发生加氢反应生成乙醇以及甲醇。其中，甲醇经分离后可返回酯化工序继续参与酯化反应，乙醇经分离和精制后可得到乙醇产品。乙酸直接加氢工艺流程短，能耗相对较低，但是使用贵金属催化剂，催化剂的稳定性和活性仍有待进一步提高，且存在乙酸腐蚀、高温氢腐蚀和氢脆现象。乙酸酯化加氢工艺对设备要求不高，虽然需要增加酯化步骤，但除酯化塔外无需特殊材质，设备投资小。

（二）合成气制低碳醇工艺

合成低碳混合醇的方法最早由法国石油研究所（IFP）于1976年提出。目前合成气合成低碳醇工艺方法中具有代表性的有意大利的MAS工艺、法国的IFP工艺、美国的Sgymol工艺、德国的Octamix工艺。

1. MAS工艺

MAS工艺是由意大利的Snam公司和丹麦托普索公司共同开发的，采用的催化剂为Zn-Cr基催化剂。该工艺通过改进甲醇催化剂和甲醇工艺，实现了在产生甲醇的同时联产C_2^+醇，因此该工艺的产物是以甲醇为主的醇类混合物。该工艺已经实现工业化，也是目前唯一实现工业化的工艺。意大利分别于1979年和1982年建成了中试装置和15×10^3t/a的示范装置，其中试装置顺利地完成了6000h的稳定性考察。

国内对该工艺也有所研究，中科院山西煤化所研发的Zn-Cr催化剂于1986年完成了1000h的小试实验，1988年顺利地通过了工业侧流模式鉴定，该模式可以很好地重现小试实验结果。该工艺的醇类产物中甲醇为主要产物，其次是异丁醇，醇类产物中低碳醇的选择性较差。同时，该工艺对操作温度和操作压力的要求较高。

2. IFP工艺

IFP工艺由法国石油研究所（IFP）开发，选用Cu-Co催化剂体系。该工艺由IFP于1976年初步提出，是最早的工艺方法，其选用两段式低碳醇合成反应器，产物组成是以甲醇为主的低碳醇。通过改进，IFP也设计开发了乙基燃料合成方法（产物为含乙醇为主的低碳醇），其使用的催化剂由碱金属、铜或钛氧化物及添加铁、锰和钒等中的任意一种氧化物而制备，或者添加少量的锌。虽然IFP工艺的温度和操作压力比较低，但合成低碳醇的选择性太差，且合成气整体利用率较低，操作费用和投资比MAS工艺还高，其工业化还待进一步研究。1984年在日本建成7000桶/a中试装置。

3. Sygmol工艺

Sygmol工艺由联碳公司和Dow化学公司共同设计，选用耐硫MoS_2催化剂体系。该工艺的温度和操作压力比较温和（介于Octamix工艺和MAS工艺之间），适宜使用等温反应器；产物的选择性高，水含量也非常低，且C_2^+OH醇含量比较高，可通过改变操作条件和催化剂的组成来提高低碳醇的组成；选用的催化剂耐硫、抗结炭；工艺的操作费用和投资相对最省。Sygmol工艺于1985年顺利通过了1t/d、6500h的中试考察。

在Sygmol工艺的研究方面，北京大学、华东理工大学等高校进行了小试研究，通过改进催化剂和工艺条件，其催化活性优于国外的水平。

4. Octamxi工艺

Octamxi工艺由Lurgi公司开发，选用Cu-Zn催化剂体系。该工艺采用绕管式或列管式等温反应器，通过水进汽出的方法调节过程反应热。该工艺产物选择性比较好，但Cu-Zn催化剂高温容易失去活性；产物组成中C_2^+OH醇/总醇为30%~50%，含水量小于1%，且只需用分子筛脱水即可。目前该工艺在应用研究方面已通过了单管模试。

国内对该工艺的研究也比较多，很多高等院校和研究院对其进行了深入探讨。清华大学通过了该工艺的催化剂小试 200h 的稳定性考察，而南京化学工业公司研究院对该工艺完成了 700h 的模试鉴定，效果都比较理想。

上述四种合成气合成低碳醇工艺中，MAS 工艺的压力和反应温度太高；IFP 工艺的产物成醇选择性低，且产物含量水比较高；Sygmol 工艺和 Octamix 工艺是目前较为先进的低碳醇合成技术，二者不但工艺操作条件比较温和，产物的成醇选择性较高，且粗产品中含水量非常低，因此脱水所需的能耗较 MAS 工艺和 IFP 工艺也大为降低。与 Sygmol 工艺相比，Octamix 工艺的烃产率大大降低，且成醇选择性更高，因此更有利于降低尾气排放量和提高过程热效率。另一方面，从工艺的产物分布上看，Octamix 工艺产物中的异丁醇含量非常高，含量仅次于甲醇，而 Sygmol 工艺的产物低碳醇含量随碳链的增加而降低，故其异丁醇含量非常低。

二、生物丁醇

现今生物能源产品主要以生物乙醇为主并得到了一定程度的应用。而丁醇则具有低挥发性、低吸湿性，其对于设备的腐蚀性也较乙醇更低，在储存与运输的过程中具有较高的安全性和便利性。此外丁醇具有接近汽油的能量密度和辛烷值，并且可与汽油以任意比例互溶，在应用于生物燃料的过程中，不需要对现有的动力设备进行技术改造就可以实现丁醇燃料推广与应用。因此生物丁醇作为一种新型生物燃料，具有巨大的市场潜力。同时丁醇也是一个重要的 C4 化工平台化合物，是多种化工产品与有机试剂的合成原料，其开发意义更为显著，已经受到广泛重视。

目前丁醇（包括正丁醇和异丁醇）的规模化生产主要以石油为原料通过化学合成手段进行生产，利用丙烯羰基合成加氢反应进行正丁醇、异丁醇的化工生产，合成产物为正/异丁醇的混合物，并进一步分离进行产物提纯。化学合成进行的丁醇生产反应条件相对极端，具有高耗能、高污染等特点，从生产安全、生态环境角度和经济可持续发展角度均存在较多弊端。此外，合成催化过程中，催化剂存在环境隐患且成本居高不下。因此，目前的研究普遍将焦点集中在新型生物燃料丁醇的微生物发酵生产领域。

（一）生物丁醇的特性及应用

丁醇作为一种近些年新兴的生物能源，是十分理想的清洁燃料之一。首先与传统化石能源相比，生物丁醇通过微生物发酵进行生产，具有明显的可再生性，若能规模化生产并广泛应用可有效缓解能源危机。与常见的生物燃料——乙醇相比，丁醇具有更高的能量密度，其充分燃烧的能量产出为 36 065.84 kJ/kg，与汽油的能量值相当而远高于乙醇的 29 639.68 kJ/kg；同时丁醇还具有较低的挥发性和吸湿性，与乙醇相比在运输和储存的过程中安全性更高，而且其腐蚀性也较乙醇更低，方便管道运输与储存。与生物制氢相比，液态的丁醇在储存与运输的经济性与安全性方面更具有优势，可以完全依托现有的化石燃料管道与方法。此外，丁醇能够与汽油进行任意比的互溶，其辛烷值也与汽油接近，因此丁醇能够对化石燃料进行有效的替代，而不需要对现有的发动机等设备进行改造，有利于生物燃料的广泛应用。除了在生物燃料方面的应用，丁醇作为重要的四碳化合物，无论直链的正丁醇抑或含有支链的异丁醇均是化工生产领域重要的四碳功能性反应平台，可以作为邻苯二甲酸、脂肪族二元酸及磷酸的正丁酯等产品化工合成原料。此外，丁醇还是多种有机试剂化工合成生产的重要原料，其中间产物或终产物可以广泛用于塑胶制品的化工合成生产中。

目前丁醇的生产主要依靠化学合成的方法实现。羰基合成法的工作原理是以丙烯与一氧化碳为原料，在 3MPa、120℃ 条件及铑络合催化剂的催化作用下，反应生成正丁醇及异丁醛，在进一步的气化条件下加氢反应还原生成正丁醇与异丁醇，两者的比例为 3:1~8:1，需要进后续的纯化加工过程。工业方法进行丁醇合成需耗费大量的石油储备，同时生产的过程本身消耗大量的能源，在化石能源特别是石油资源日趋紧张的今天，耗费如此巨大的资源进行丁醇生产显然在经济效益上是不可持续的，因此条件温和的、可再生的生物发酵生产丁醇的方法成为世界各国研究机构的研究热点。

（二）发酵法生产丁醇

发酵法生产丁醇是以可再生的生物质资源（淀粉、糖蜜等）为原料，通过丙酮丁醇梭菌在一定的条件下进行发酵，发酵液经过蒸馏塔蒸馏分离，最终得到产物丙酮、乙醇、丁醇的生产工艺。

丁醇发酵工业的发展与产丁醇微生物的发现、丁醇用途的开发及原料的选用有关。1861 年，Louis Pameur 首次发现了可以生产丁醇的菌种；1912 年，ChaimWeizmann 发现了可以发酵淀粉生产丙酮、丁醇、乙醇的 clostridium aceto butylicum 菌种，发酵产物比例是丁醇：丙酮：乙醇 = 6：3：1（W/W），CO_2：H_2 = 60：40（V/V）。

由于该工艺的发酵产物是丙酮、丁醇、乙醇三种成分的混合物，国内将该生产技术称为"丙酮 – 丁醇发酵"，因此亦称"ABE 发酵"，发酵液中成分以丁醇为主，是该发酵的主要产品。

1. 丁醇发酵菌种

目前工业生产中主要是通过丙酮 – 丁醇发酵生产丁醇，按照底物的不同可以将生产菌分为淀粉和糖蜜两大主要类别。发酵生产丁醇的菌种主要有 clostridium acetobutylicum、clostridium sacch—aroperbutylacetonicum、clostridium beij erinckii 和 clostridium saccharobutylicum 等梭状芽孢杆菌，统称为丙酮丁醇梭菌，简称为丙丁菌；clostridium acetobutylicum 以发酵玉米、马铃薯等淀粉原料为主，该菌种细胞中具有淀粉酶，不需要糖化就可以直接利用淀粉发酵；clostridium accharoper-butylacetonicum、clostridium beijerinckii 和 clostridiumsaccharo butylicum 是利用糖蜜、纤维素水解液或亚硫酸纸浆废液等糖质原料进行发酵，为严格的厌氧细菌。

2. 丁醇发酵机理

丁醇发酵主要分为产酸期和产醇期。发酵初期，菌体大量繁殖，菌体产生大量有机酸（乙酸、丁酸），使发酵液酸度迅速升高，同时伴随产生 CO_2 和 H_2 两种气体。当菌体繁殖到达平稳期，酸度达到一定数值后，进入产溶剂期。此时有机酸被菌体还原，酸度开始降低，同时产生溶剂（丙酮、丁醇、乙醇等），也伴随有 CO_2 和 H_2 产生。

（1）产酸期。

淀粉质原料经丙酮丁醇菌自身携带酶系转化为单糖，在菌体细胞内经过糖酵解（EMP）途径生成丙酮酸。丙酮酸和 CoA 在酶的作用下生成乙酰 –CoA，同时产生 CO_2。乙酸和丁酸都由乙酰 –CoA 转化而来。

产酸期主要是菌种细胞繁殖期，在此期间细胞数量急剧增加，溶剂产生极少，主要发酵产物是乙酸、丁酸、CO_2 和 H_2。产酸期的淀粉量消耗约占 30%，这个时期为接种后 18~20h，为细胞诱发期，发酵液的酸度从 0.5 开始较快的升高到最高值（5~6），细菌数量达到 20~50 亿 /mL（发酵液），次甲基蓝褪色时间由长变短，pH 值随着酸度升高而降低。

（2）产醇期。

产醇期是碳代谢由产酸途径向产溶剂途径转变的时期。在产溶剂期，中间代谢物主要是乙酰 –CoA 和丁酰 –CoA，它们是生成乙醇和丁醇的原料。丁酰 –CoA 转化成丁醇需要由丁酰乙醛脱氢酶和丁醇脱氢酶进行调控。而在乙醇生成过程中没有发现乙酰乙醛脱氢酶和乙醇脱氢酶，说明乙醇是在特定的条件下生成，不同于丁醇的生成机制。

3. 发酵产物对菌种的毒害作用

ABE 发酵产物对于菌体具有天然的毒性，导致发酵液中丁醇最高浓度维持在 13~14g/L。这是一直以来难以超越的阈值，原因是发酵所生成产物对菌种有强烈的毒害作用，尤其是丁醇对丙酮丁醇梭菌细胞具有致命毒害作用。

在丁醇发酵中，当产物丙酮和乙醇的浓度分别达到 40g/L 的水平时，会使生长速度降低

50%。完全的生长抑制在丙酮浓度为 70 g/L、乙醇浓度为 50~60 g/L 时出现。

而当丁醇浓度在 7.11g/L 时，能够使细胞生长和糖类吸收的速度降低 50%。当丁醇浓度达到 12.16g/L 时，细胞的生长受到完全的抑制。

因此在正常的丁醇发酵过程中，丙酮和乙醇的浓度基本未达到抑制菌体生长的水平。所以丁醇毒性是影响发酵水平进一步提高的重要因素。

丁醇的积累会对细胞进程造成负面的影响，抑制糖的吸收和细胞生长，从而阻碍发酵液中醇类的生产。

人们发现，脂肪酸成分在决定有机溶剂的毒性作用中扮演了重要的角色。正常发酵过程中，当细胞生长处于对数期时，细胞的脂类成分中含有将近 58% 的饱和脂肪酸；而细胞生长处于稳定期时（此时其中丁醇浓度很高），饱和脂肪酸的含量将近 77%。经试验证明，分别在含有 0.5 或 1.0%（V/V）丁醇的培养基中生长的菌体，进入对数期后，饱和脂肪酸含量则分别为 65% 或 73%。说明培养基中存在丁醇能够导致饱和脂肪酸含量提高，这种成分的变化类似于细胞在温度增加的情况下细胞膜所发生的改变，对细胞生长是有害的。

由于丁醇具有较好的亲脂性，它在破坏细胞膜的磷脂组分、增加膜流动性方面，比其他产物具有更强的作用，能够严重破坏细胞质膜的结构，干扰细胞膜的正常生理功能。在丁醇梭菌发酵过程中，当丁醇含量达到 10g/L 时，细胞膜流动性相应提高 20%~30%。从而破坏了细胞内外的 pH 梯度，降低了胞内 ATP 水平，并且影响菌体细胞对葡萄糖的吸收、转化，继而抑制梭菌细胞的生长繁殖乃至杀死菌体细胞。

目前，科学家正在研究利用基因工程和代谢工程手段对菌种进行改良，提高菌体的丁醇耐受性。但是就目前所知，尚无成熟的基因工程菌种面世。因此，丁醇的低产物浓度在短时期内难以提高，是影响发酵法生产丁醇竞争力的重要因素之一。

习题

1. 图文结合简述纤维素制备乙醇工艺流程。

2. 请列出生物质乙醇发酵的主反应及副反应方程式，并简述反应条件及影响因素。

3. 简述燃料乙醇在生活中（如汽车）的应用，并从专业角度上就"燃料乙醇会是生物质的翻身之战吗？"谈谈你的看法。

4. 单糖（葡萄糖、果糖）乙醇发酵的总反应式为

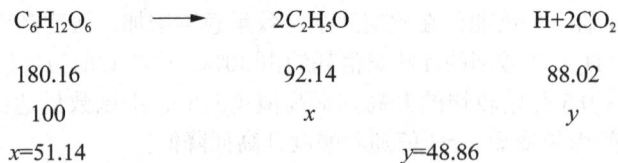

$$C_6H_{12}O_6 \longrightarrow 2C_2H_5O \qquad H+2CO_2$$

$$180.16 \qquad\qquad 92.14 \qquad\qquad 88.02$$

$$100 \qquad\qquad x \qquad\qquad y$$

$$x=51.14 \qquad\qquad y=48.86$$

即：100g 单糖理论上能发酵产生 100% 纯乙醇 51.14g 和 48.86g 二氧化碳，51.14/100 或 0.5114 还可以称为单糖理论醇糖比。求双糖的理论醇糖比。

第十五章　生物柴油技术

第一节　概述

生物柴油是优质的柴油替代品，素有"绿色柴油"之美誉。20世纪80年代石油危机以来，生物柴油的优越性能在国际上引起了高度的重视，成为最受欢迎的石化柴油替代品，也是当前可替代能源研究的热点之一。大力发展生物柴油对推进能源替代、减轻环境压力、控制城市大气污染、可持续发展经济均具有重要的战略意义。

一、生物柴油及其特性

（一）生物柴油

生物柴油（biodiesel）是以动植物、微生物油脂为原料，在催化剂的参与下，与烷基醇经由酯交换反应制备的脂肪酸单烷基酯，最终变成的可供柴油机使用的液体燃料。由于生产工艺不同，生物柴油最终会呈现不同的颜色，一般为金色到深褐色的液体，微溶于水，发热量稍低于石化柴油。生物柴油可以单独或以一定体积比（2%~30%）与柴油混合在柴油发动机上使用，具有良好的稳定性、安全性和环境友好性。

国际上常用的生物柴油与石化柴油的调和比例为2%、5%、10%、20%、30%等，分别为B-2、B-5、B-10、B-20、B-30柴油。其中，生物柴油占比20%以下的调和油可以无需或仅需少许加工即可在柴油设备上使用。对于这类调配制成的柴油，国外并没有专门制定相应的技术标准，但作为其原料的生物柴油则存在标准，如美国规定了只有满足ASTM D 6751标准的生物柴油才可用作柴油添加组分。B-100柴油（纯生物柴油）则对原料、制作工艺和发动机提出了严格的要求，以满足在动力和排放性能方面的变化。

（二）生物柴油特性

1.生物柴油的特点

构成生物柴油的脂肪酸碳原子个数主要集中在C16~C18，与构成石化柴油的碳原子个数C15~C24相近，且发热量与十六烷值较高，相对于其他种类的生物质基液体燃料，更适合作为石化柴油的替代品在柴油机上使用。生物柴油成分单一，芳香族化合物、硫化物等有害成分含量极低，含氧量远高于普通柴油，因此较易完全燃烧，降低排放。与普通柴油相比，生物柴油具有以下优势：

（1）具有良好的经济性。生物柴油与石化柴油性能相近，作为柴油机燃料时无需改造发动机可直接添加使用，也无需另外添设加油设备、存储设备及人员的特殊技术训练，大规模使用的附加成本较低。

（2）具有良好的环保性能。燃用纯生物柴油或在常规柴油中调入一定比例的生物柴油可以显著降低污染物排放，指标满足严格的欧洲Ⅲ号排放标准。生物柴油基本不含硫，相对石化柴油可以降低30%~70%的硫化物排放。生物柴油不含苯或其他具有致癌性的芳香烃，挥发性有机物（VOCs）含量低，使用生物柴油可降低90%的空气毒性，降低94%的患癌率。生物柴油含氧量高，排烟少，研究表明B30柴油相比普通柴油可降低约83%的一氧化碳及33%的可吸入颗粒物排放。生物柴油在环境中容易被微生物降解利用，其生物降解性高达98%，降解速率是普通柴油的2倍，这意味着出现意外泄漏时不易造成二次污染。

（3）具有可再生性。生物柴油的来源决定了其储量可再生，供应量永远不会减少或枯竭，而且随着技术进步，产量有望大幅度增加。例如通过遗传育种，油菜籽的含油量有望从目前的 38% 提高到 58% 以上。

（4）具有良好的燃料性能。生物柴油十六烷值一般高于 45，燃烧均匀，热功率高，抗爆性良好，燃烧性能优于普通柴油。

（5）具有良好的润滑性能。生物柴油燃烧活性硫化物生成极少，对发动机腐蚀小，喷油泵、发动机缸体和连杆的磨损率低，可延长发动机的使用寿命。

（6）闪点高，安全性能良好。

（7）有利于缓解温室效应，实现低碳经济。生物柴油燃烧时排放的二氧化碳远低于植物整个生长过程中所吸收的二氧化碳，因此从全生命周期的角度来看，生物柴油的使用可以显著降低二氧化碳的排放。

此外，生物柴油也存在以下缺点：

（1）生产原料成本和能耗较高，设备投入较大，生产过程有碱液排放污染。

（2）生物柴油的发热量比石化柴油略低，会降低发动机的功率。

（3）生物柴油具有弱酸性，对柴油机及其附件有一定腐蚀性，需定期更换和保养，长期停止不动可能导致机器损坏。

（4）基于生物质季节性的特点，原料无法得到长期稳定的供应，因此在一个周期内原料种类和数量可能会发生数次变化，而原料的不同对生物柴油的性质影响很大。例如，原料中饱和脂肪酸含量高，则生物柴油的低温流动性可能较差；若多元不饱和脂肪酸含量高，则生物柴油的氧化安定性可能较差，需要添加相应的添加剂。

2. 生物柴油的质量指标

为了保证生物柴油的产品质量，多国政府制定了生物柴油标准。生物柴油的质量指标可以分为两类：第一类与石化柴油相同，包括密度、黏度、闪点、残炭量、灰分和十六烷值等；另一类指标衡量生物柴油的杂质成分，与原料和工艺过程有关，如甲醇含量、甘油酯、游离脂肪酸和含磷量等。生物柴油与常规石化柴油的特性比较见表 15-1。

表 15-1　　　　　　　　　　　生物柴油与常规石化柴油的特性比较

主要特性		生物柴油	柴油
冷滤点	夏季产品 / ℃	-10	0
	冬季产品 / ℃	-20	-20
相对密度 /（g / cm³）		0.88	0.83
40℃动力黏度 /（mm² / s）		4~6	2~4
闭口闪点 / ℃		> 100	60
十六烷值		≥ 56	≥ 49
发热量 /（MJ / L）		32	35
燃烧功效 / %		104	100
S / %（质量分数）		< 0.001	< 0.2
O / %（体积分数）		10	0

生物柴油的密度（15℃）一般为 0.85~0.90g/cm³，国标为 0.82~0.90g/cm³，略高于石化柴油国标 0.810~0.855g/cm³。密度对燃料从喷嘴喷出的射程和油品的雾化质量都有一定影响。

当可燃液体加热至一定温度时，其中分子量小、沸点低的成分将首先汽化，此时如有火源与液面接触，在液面上将会出现瞬间的一闪即燃现象，产生这一现象的最低温度称为闪点。闪点是表示油品蒸发性和着火危险性的重要指标，闪点越低，着火危险性越高。生物柴油的闪点超过 130℃，远远高于石化柴油的 64℃和汽油的 -45℃，因此在储存、运输和使用中安全性很高，但反过来说，高闪点也降低了燃料的点火性能。闪点与生物柴油中甲醇的含量相关，很多国家的生物柴油技术标准中对甲醇残留量均有要求。试验显示，质量分数为 0.1% 的甲醇将使生物柴油的闪点从 170℃降低到 130℃。少量的甲醇一般不会影响到燃料的性能，但由此导致的低闪点存在一定的安全隐患。

黏度是液体流动时内摩擦的量度，是影响燃油雾化质量的主要因素。生物柴油的平均分子量比石化柴油大，因此运动黏度也高于柴油，润滑性更高，但高黏度会导致燃油雾化系统恶化，降低燃料喷射器操作的精度。降低产品中的甘油含量或加入添加剂可以降低黏度。不同原料制成的生物柴油运动黏度受脂肪酸单酯碳链数影响。

十六烷值是表示柴油在柴油机中燃烧时的自燃性指标，是影响柴油燃烧性能的主要指标。以纯正十六烷的十六烷值为 100，纯甲基萘的十六烷值为 0，以不同比例混合起来，可以得到十六烷值为 0~100 的不同抗爆性等级的标准燃料，在一定结构的单缸机上试验对比即可得到待测柴油的十六烷值。十六烷值过高会造成着火后仍有燃油继续喷入燃烧室，只是燃油分子发生高温局部缺氧裂解，冒黑烟，柴油消耗量也会增加；十六烷值过低则会使燃烧延迟和不完全，引起敲缸，加速机件磨损，甚至损坏机器。一般认为十六烷值 45~60 最佳。生物柴油的十六烷值较高，抗爆性能优于柴油。

低温流动性能包括倾点、凝点和冷滤点，是柴油质量的重要指标，也是当前生物柴油亟待解决的一大技术难题。生物柴油的主要成分是混合脂肪酸甲酯，因此脂肪酸甲酯的成分与生物柴油的低温流动性能关系密切。脂肪酸甲酯的熔点随碳链长度增加而提高，随不饱和度的增加而降低。除此之外，长链脂肪酸甲酯含量越高，低温流动性能越差；反之，支链含量越高，低温流动性能越好。

3. 生物柴油的排放特性

生物柴油的排放特性是指生物柴油燃烧过程中排放气体的状况，以及这些排放物对环境造成的污染程度。生物柴油碳链一般在 C14~C18，所含双键数目少，含氧量较高，含碳支链数目少，使生物柴油燃烧较为完全，燃烧特性良好。据研究，生物柴油的燃烧尾气与普通柴油等矿物燃料相比，除了 NO_x 浓度稍有升高外，烟尘颗粒、SO_x、CO、HC 的排放均有明显下降。此外，生物柴油不含芳香烃，燃烧后不会产生芳香烃和 PAHs。因此，生物柴油的应用对于控制温室效应、控制酸雨和可吸入颗粒物排放等都有积极作用。生物柴油的排放特性如下：

（1）CO 排放特性。发动机高负荷下燃用生物柴油的 CO 排放浓度明显低于普通柴油，而低负荷时两者基本持平。生物柴油的高含氧量（10%）对高负荷下的完全燃烧有利，同时生物柴油的十六烷值较高，有利于柴油机启动。

（2）HC 排放特性。生物柴油 HC 排放稍低于普通柴油。这是由于生物柴油芳香烃含量很少，滞燃期较短，未燃碳氢和裂解碳氢均较少，高含氧量对 HC 减排也有利。

（3）NO_x 排放。高负荷下生物柴油的 NO_x 略高于普通柴油，低负荷下两者基本一致。这是由于生物柴油中的氧原子起到了助燃作用，增加了 NO_x 的排放。

（4）碳烟排放。燃用生物柴油碳烟的排放显著低于普通柴油，排放量降低近 50%。生物柴油芳香烃含量低，因此其烟度低，同时氧原子具有助燃作用，减少了燃料的缺氧燃烧，因此生物柴油的碳烟排放较低。

二、生物柴油发展现状

（一）国外发展现状

生物柴油具有的性能优越、环境友好和可再生的特点，受到了许多国家，尤其是石油资源贫乏国家的青睐。20世纪90年代以来，美国、法国、意大利等国相继成立了专门的研究机构，为生物柴油生产技术工艺的进步做出了卓越的贡献。欧洲国家对替代燃料的立法支持，如差别税收、油菜籽生产补贴及相关质量标准的完善等，也对欧洲生物柴油产业的快速发展起到了关键的促进作用。根据京都议定书对CO_2减排的要求，欧盟发布指令规定机动车使用生物动力燃料的最低份额，降低生物柴油税率，促进了生物柴油市场的稳定增长。一些国家现行的生物柴油标准见表15-2。

表 15-2　　　　　　　　　　一些国家现行的生物柴油标准

指标	美国 ASTM D6751-06e	欧盟（车用） EN 14214	巴西 ANP255	德国 DIN E51606	法国 Journal Official
密度（15℃）/ （kg/m³）	—	860~900	同柴油	875~900	870~900
运动黏度（40℃）/ （mm²/s）	1.9~6.0	3.5~5.0	同柴油	3.5~5.0	3.5~5.0
95% 馏程温度 /℃	—	—	≤ 360	—	≤ 360
90% 馏程温度 /℃	≤ 360	—	—	—	—
闪点（闭口）/℃	≥ 130	≥ 101	≥ 120	≥ 110	≥ 100
冷滤点 /℃	—	各国自定	—	≤ -10	—
浊点 /℃	报告	—	同柴油	—	—
倾点 /℃	—	—	—	—	≤ -10
硫含量 / %	≤ 0.0015（S15）/ 0.0500（S50）	≤ 0.001	≤ 0.001	≤ 0.01	—
100% 康氏残炭 / %	—	—	≤ 0.05	≤ 0.05	—
10% 康氏残炭 / %	≤ 0.050	≤ 0.3	≤ 0.3	—	≤ 0.3
硫酸盐灰分 / %	≤ 0.02	≤ 0.02	≤ 0.02	≤ 0.03	—
水分 /（mg/kg）	≤ 500	≤ 500	—	≤ 300	≤ 200
总污染物 /（mg/kg）	—	≤ 24	—	≤ 20	—
铜片腐蚀（50℃， 3h）/ 级	≤ 3	≤ 1	≤ 1	≤ 1	—
十六烷值	≥ 47	≥ 51	≥ 45	≥ 49	≥ 49
酸值 /（mg KOH/g）	≤ 0.08	≤ 0.5	≤ 0.8	≤ 0.5	≤ 0.5

指标	美国 ASTM D6751-06e	欧盟（车用） EN 14214	巴西 ANP255	德国 DIN E51606	法国 Journal Official
醇含量 / %	—	≤ 0.2	≤ 0.5	≤ 0.3	≤ 0.1
含量 / %	—	≥ 96.5	—	—	≥ 96.5
油单酸酯含量 / %	—	≤ 0.8	≤ 1.0	≤ 0.8	≤ 0.8
油双酸酯含量 / %	—	≤ 0.2	≤ 0.25	≤ 0.4	≤ 0.2
甘油三酸酯含量 / %	—	≤ 0.2	≤ 0.25	≤ 0.2	≤ 0.2
游离丙三醇含量 / %	≤ 0.020	≤ 0.02	≤ 0.02	≤ 0.02	≤ 0.02
丙三醇总量 / %	≤ 0.240	≤ 0.25	≤ 0.38	≤ 0.25	≤ 0.25
亚麻酸甲酯含量 / %	—	≤ 12	—	—	—
聚不饱和甲酯（双键 ≥ 4）/ %	—	1	—	—	—
碘值 /（gI / 100g）	—	≤ 120	报告	≤ 115	≤ 115
磷含量 /（mg / kg）	≤ 10	≤ 10	≤ 10	≤ 10	≤ 10
一价金属含量（Na， K）/（mg / kg）	—	≤ 5	≤ 10	≤ 5	≤ 5
二价金属含量（Ca， Mg）/（mg / kg）	—	—	—	—	—
水分和沉积物 / % （体积分数）	≤ 0.05	—	≤ 0.02	—	—
氧化安定性（110℃） / h	—	≥ 6	≥ 6	—	—

　　美国为缓解能源消费过度依赖国际市场的压力，一直以来都在积极寻找各种替代能源，是最早开展生物柴油研究的国家。20 世纪 80 年代，美国就开始进行利用油脂转化为脂肪酸甲酯生产生物柴油的理论研究。20 世纪 90 年代开始，美国可再生能源国家实验室对生物柴油的生产、燃烧特性、车辆实验、产业化情况、经济与环境背景等进行了详细而深入的调查。2005 年，美国的生物柴油产量开始了爆发性的增长，从 2005 年的 33.04 万 t 左右上涨到 2011 年的 270.76 万 t。美国已有 40 个州的多个城市使用生物柴油，使用方式主要是 20% 生物柴油与 80% 石化柴油调和使用，广泛应用于环保要求较高的领域，如城市公共交通、卡车、地下采矿业等。此外，美国也积极开辟新的生物柴油原料，成功研制出了高油含量的工程微藻，作为制备生物柴油原料的后备补充。世界生物柴油主要生产国情况见表 15-3。

表 15-3　　　　　　　　　　世界生物柴油主要生产国情况

国家	生物柴油比例[①]	主要原料
美国	B-10、B-20	豆油

续表

国家	生物柴油比例[①]	主要原料
德国	B-100、B-5、B-20	菜籽油、豆油
巴西	—	蓖麻油、大豆油
奥地利	B-100、B-5	菜籽油、废弃油
澳大利亚	B-100	动物脂肪
法国	B-5、B-30	菜籽油
意大利	B-20、B-100	菜籽油
丹麦	B-2、B-30	菜籽油
比利时	B-5、B-20	菜籽油
阿根廷	B-20	豆油
保加利亚	B-100	豆油、向日葵
马来西亚	—	棕榈油
韩国	B-5、B-20	糠油、豆油、废弃油
加拿大	B-2、B-100	桐油、动物油
日本	B-5、B-30	废弃油

① 生物柴油的比例指燃料中所含生物柴油的体积分数,如 B-10 表示燃料中所含生物柴油的体积分数为 10%。

世界其他国家和地区也在积极寻求富有地方特色、符合国情的柴油替代能源。加拿大是世界上首个强制规定柴油燃料和取暖用油中必须添加一定比例（大于 2%）可再生生物柴油的国家,据估计这一规定可以每年减少 400 万 t 温室气体排放。印度为了应对石化柴油造成的污染,制定了国家生物液体燃料发展计划,并出台了一系列刺激政策,资助种植 1000 万公顷的麻疯树,每年生产 750 万 t 生物柴油,提供 500 万个工作岗位。巴西是最早掌握植物油转化制生物柴油技术并实现替代石化柴油的国家之一,为了促进生物柴油的应用,巴西推行生物柴油计划,自 2008 年 1 月 1 日起必须在传统柴油中添加 2% 的生物柴油。阿根廷为了减少对石油的依赖,积极利用本国大豆油产量高的优势生产生物柴油。马来西亚是世界最大的油棕种植与棕榈油生产国,政府也积极参与推广生物柴油。日本人口众多,土地和石油资源缺乏,因此日本积极发展餐饮废油脂（地沟油）制生物柴油的技术,现在已经发展到 4 万 t/a 的规模,兼顾了环境保护和清洁能源生产。

（二）国内发展现状

我国生物柴油产业起步较晚,但发展迅猛,研究内容涉及油脂植物的分布、选择、培育、遗传改良及其加工工艺和设备,部分科研成果已达到国际先进水平。清华大学研制成功生物酶法转化可再生油脂原料制备生物柴油新工艺,突破传统酶法工艺瓶颈,产品产率可达 90% 以上;中国农业科学院油料所采用共沸蒸馏甘油酯化技术用废弃油脂生产生物柴油,实现了废弃油脂游离脂肪酸酯化和油脂酯交换的高效反应,开辟了废弃油脂转化制生物柴油的新路径。新工艺包括高压醇解成套新工艺、双溶剂多相催化酯交换工艺、超声波酯交换工艺、固体碱催化酯交换工艺等,各方面的研究都取得了阶段性成果。

我国生物柴油产业秉承"不与人争粮,不与粮争地"的原则,以低质量废弃油脂和低等油料油脂为原料,以改性酸碱和固体酸碱催化剂生产生物柴油。由于各种因素的制约,虽然我国生物柴油产业发展迅猛，但距离形成一定规模的产业链还有相当远的距离。2019 年中国生物柴油全年实际产量约 120 万 t，生物柴油企业共 38 家，其中正常生产的 26 家，不能正常生产的 12 家。

目前，GB/T 20828—2015《柴油机燃料调和用生物柴油（BD-100）》已批准实施（见表 15-4），B-5、B-10、B-20 等其他有关国家标准也正在加紧制定中。

表 15-4　　　　　　柴油机燃料调合用生物油（BD-100）技术要求和试验方法

项目	质量指标		试验方法
	S50	S10	
密度（20℃）/（kg/m³）	820~900		GB/T 2540
运动黏度（40℃）/（mm²/s）	1.9~6.0		GB/T 265
闪点（闭口）/℃	≥ 130		GB/T 261
冷滤点	报告		SH/T 0248
硫含量/%（质量分数）	≤ 0.05（S500）/ 0.005（S50）		SH/T 0689
10% 蒸余物残炭/%（质量分数）	≤ 0.3		GB/T 17144
硫酸盐灰分/%（质量分数）	≤ 0.020		GB/T 2433
水含量/%（质量分数）	≤ 0.05		SH/T 0246
机械杂质	无		GB/T 511
铜片腐蚀（50℃，3h）/级	≤ 1		GB/T 5096
十六烷值	≥ 49		GB/T 386
氧化安定性（110℃）/h	≥ 6.0		EN 14112
酸值/（mg KOH/g）	≤ 0.80		GB/T 264
游离甘油含量/%（质量分数）	≤ 0.020		ASTM D 6584
总甘油含量/%	≤ 0.240		ASTM D 6584
90% 馏程温度/℃	≤ 360		GB/T 6536

三、生物柴油原料及其特性

（一）生物柴油的生产原料的分类

（1）植物油脂，来源包括油料作物如菜籽、棉籽、蓖麻、大豆、花生等，木本植物如黄连木、麻风树、光皮树、油棕等。

（2）动物油脂。

（3）微生物油脂与工程微藻。

（4）废弃油脂，如城市潲水油（地沟油）、餐饮废油等废弃食用油脂；各种油脂加工厂下脚料、酸化油，废机油、汽油、柴油等回收利用。

目前，我国生物柴油生产原料以动植物油脂和废弃油脂为主。

原料种类对生物柴油的质量有一定的影响，油脂中所含的脂肪酸的碳链长短、不饱和键的多少直接影响生物柴油的闪点、十六烷值、凝固点等性质，因此不同产地、不同品种的油脂化学成分差别较大。植物油一般含有大量容易被空气氧化的不饱和脂肪酸，会给生物柴油带来稳定性问题。不同植物油制备的生物柴油所含的饱和脂肪酸和不饱和脂肪酸甲酯的组成有很大区别，但基本以棕榈酸甲酯、油酸甲酯和亚油酸甲酯为主。动物油脂则具有较高的饱和脂肪酸含量，会对生物柴油的黏度、凝固点等指标产生影响。废弃油脂含有较多的游离脂肪酸。这是由于油脂原料在加工使用过程中经过加热，发生了水解和氧化反应，导致脂肪酸从甘油三酸酯的分子中分离，成为游离态。夏季的高温也会导致一部分游离脂肪酸的生成。若以这样的原料制备生物柴油，游离脂肪酸会与碱发生皂化反应，造成分离困难，生产成本增加。普通植物油的燃料特性见表15-5。

表 15-5   普通植物油的燃料特性

黏度 / （mm²/s）	十六烷值	发热量 / （kJ/kg）	凝固点 /℃	闪点 /℃	密度（20℃）/ （kg/L）	硫 /%
29.7	—	37274	−31.7	260	0.9537	0.01
34.9	37.6	39500	−40.0	277	0.9095	0.01
33.5	41.8	39468	−15.0	234	0.9148	0.01
53.6	44.6	40482	−12.2	274	0.9044	0.01
27.2	34.6	39307	−15.0	241	0.9236	0.01
39.6	41.8	39782	−6.7	271	0.9026	0.01
37.0	37.6	39709	−31.7	246	0.9115	0.01
31.3	41.3	39519	−6.7	260	0.9144	0.01
41.2	49.1	39516	−20.6	273	0.9210	0.02
36.5	40.2	39349	−9.4	260	0.9133	0.01
32.6	37.9	39623	−12.2	254	0.9138	0.01
33.9	37.1	39575	−15.0	274	0.9161	0.01

（二）草本油料

草本油料是优质的生物柴油生产原料，具有可再生、无毒害、可生物降解等优点，在欧美国家广受欢迎。植物通过光合作用吸收空气中的 CO_2 作为碳源进行生长，因此燃用草本油料生产的生物柴油仅仅是释放了这部分碳，相对普通柴油可以有效降低 CO_2 排放。

草本油料的化学成分因其种类和生长地区的不同而存在一定差别。一般来说，草本油料是由各种甘油三酸酯、非油脂物质和少量游离脂肪酸组成，含有 C、H 和 O 元素。草本油料的物理和化学特性与柴油相比有较大不同，根据国外相关的研究，在内燃机上直接燃用草本油料会出现雾化困难、点火燃烧困难、积炭结焦严重等问题。为了改善草本油料的燃料性能，对草本油料进一步深加工制成生物柴油，可以大大降低平均分子量，从而降低黏度，提高挥发性，使其物理和化学性质接近柴油。同时生物柴油以大比例与柴油掺混，其黏度也能符合要求。

草本油料作物的种类繁多，包括油菜、花生、向日葵、大豆、芝麻、蓖麻等，棉籽、玉米胚、米糠等也可用于榨油。我国对于油料作物的研究已经积累了丰富的成果，在合理规划土地，对粮食供给不造成负面影响的情况下，可为我国发展生物柴油提供大量优质的原料。

（三）木本油料

木本油料植物是指可生产油料的木本作物，是最早实现人工经营的经济林木之一。目前，全世界主要有 11 种木本食用植物油，年产量约为 6000 万 t，其中棕榈油、椰子油、橄榄油和茶油四大木本油料植物产油量约占 30%。木本油料植物在山地和丘陵地区生长，不与粮争地，且抗逆性强，管理容易，出油率高，具有广阔的发展前景。

木本油料包括油棕、黄连木、麻风树、光皮树、文冠果等，所生产的生物柴油理化性质优良，部分已经达到或超过目前国内轻柴油标准。我国发展木本油料的优势和潜力巨大。目前我国已有木本油料树种总面积超过 600 万公顷，果实产量达 400 万 t 以上，大部分没有得到有效利用。我国尚有宜林荒山荒地 5400 多万公顷，按照初步规划，大约 15% 可用于发展能源林。此外，盐碱地、沙地、矿山、油田复垦地等边际性土地也适于我国发展能源林。丰富的土地资源和油料植物资源将可为我国发展生物柴油产业提供雄厚的物质基础。不同草本油料生物柴油中脂肪酸甲酯相对含量见表 15-6。

表 15-6　　　　　　　　不同草本油料生物柴油中脂肪酸甲酯相对含量

脂肪酸甲酯名称	花生油	棉籽油	葵花籽油	大豆油	芝麻油	玉米油	菜籽油	椰子油	棕榈油
月桂酸甲酯（12：0）	—	—	—	—	—	—	—	45.0	—
肉豆蔻酸甲酯（14：0）	—	0.4	—	—	—	—	—	13.4	1.0
棕榈酸甲酯（16：0）	10.9	20.4	5.8	10.5	8.1	11.8	3.1	7.5	40.1
硬脂酸甲酯（18：0）	2.7	1.4	3.7	3.6	4.0	1.3	1.0	1.0	4.1
花生酸甲酯（20：0）	1.1	—	0.2	0.3	0.4	—	0.5	—	—
山萮酸甲酯（22：0）	1.7	—	0.4	0.2	—	—	0.3	—	—
二十四碳烷酸甲酯（24：0）	0.6	—	—	—	—	—	0.5	—	—
十六碳烯酸甲酯（16：0）	—	0.3	—	—	—	—	—	—	—
油酸甲酯（18：1）	46.3	15.1	23.8	23.5	40.4	30.9	32.3	8.2	43.0
二十碳烯酸甲酯（20：1）	0.7	—	0.2	0.2	0.2	—	6.8	—	—
芥酸甲酯（22：1）	0.3	—	0.2	—	—	—	32.8	—	—
亚油酸甲酯（18：2）	35.4	62.4	65.5	54.7	46.7	55.2	14.5	8.6	11.0
二十二碳二烯酸甲酯（20：2）	—	—	—	—	—	—	0.3	—	—
亚麻酸甲酯（18：3）	0.1	—	0.3	7.1	0.2	0.8	7.7	—	0.2
饱和脂肪酸甲酯	17.0	22.2	10.0	14.5	12.5	13.1	5.4	66.9	45.5
不饱和脂肪酸甲酯	83.0	77.9	90.0	85.5	87.5	86.9	94.6	33.1	54.3

注　脂肪酸甲酯名称后方的比例表示该脂肪酸甲酯中碳原子个数与 C══C 双键个数，例如月桂酸甲酯碳原子个数为 12，C══C 双键个数为 0。

（四）微藻

微藻油可以作为生产生物柴油的原料。首先从自然界筛选合适的藻种，利用多种方式对初步筛选的藻种进行选育，通过选育得到优质的微藻种；然后根据情况选择适宜的培养方式和系统，目前微藻的培养仍然以自养方式为主，培养系统主要有开放式和封闭式系统。培养过程中根据藻种选择添加合适的 N、P、Fe 等营养元素，增加微藻的生物质产量。微藻的采收是规模化培养过程中的一个重要环节，现有采收技术能耗和成本较高。采收后的微藻经过脱水干燥提取藻油，进而通过再加工获得生物燃料。

（五）动物油脂

动物油脂是一类潜在的生物柴油原料，主要从动物的屠宰废料、动物皮毛处理及食用肉类残油中得到，全国每年产量达上千万吨。动物油脂 C16~C18 脂肪酸比例高，饱和脂肪酸远高于不饱和脂肪酸，因此熔点和黏度较高，与甲醇互溶性较差，因此需要强力的搅拌来保持反应体系的良好混合和传质性能。低质量的混合油脂难以作为其他化学品的生产原料，但可以作为生产生物柴油的经济原料开发利用。

（六）废弃食用油脂

废弃食用油脂是指由于化学降解（氧化作用、氢化作用）破坏了食用油脂原油的脂肪酸和维生素，或由于污染物（如苯类、丙烯醛、己醛、酮等）的累积，而不再适合于食品加工的油脂，主要为废植物油（包括菜籽油、葵花籽油、花生油、亚蔻麻油、棕榈油、大豆油和橄榄油等），也包含少量动物脂。废弃食用油脂主要来源于家庭烹饪、餐饮服务业和食品加工工业等（如油炸工序）等。

依据产生源特点和收集方式的不同，废食用油脂可大体分为三类：①食品生产经营和消费过程中产生的不符合食品卫生标准的动植物油脂，如菜酸油和煎炸老油；②从含有动植物油脂废水或废物（如餐厨垃圾）中提炼的油，俗称潲水油或泔水油；③进入排水系统，经油水分离器或隔油池分离处理后产生的动植物油脂等，俗称地沟油或垃圾油。

第一类废弃食用油脂产生源集中，成分较单一，水和杂质含量较少，便于定点收集、分类收集和回收利用，国外统计可回收的废食用油脂主要指这一类；后两类产生点较分散，成分复杂，水和杂质含量高，回收较为困难，其非法回收利用，是废弃食用油脂造成人体健康和环境风险的主要原因。废弃食用油脂中混有大量污水、垃圾、洗涤剂，经非法加工，无法去除细菌和有害化学成分。废弃食用油脂经过多次反复油炸、烹炒后，含有大量的致癌物质，如苯并芘、黄曲霉素等，长期食用会导致慢性中毒，容易罹患肝癌、胃癌、肠癌等疾病。废食用油脂经由下水道进入城市污水处理厂或自然水体，会堵塞排水管道，影响污水处理厂的正常运行和破坏自然水体的生态等。

随着城市餐饮业的发展，各种废弃的动植物油数量巨大，也造成了严重的污染。目前我国年食用油消费总量约为 4 千万 t，如果按消费总量 10% 计算，则产生 4 百万 t 废油脂。大量餐饮业废油也是一种可循环利用的资源，是生物柴油生产原料的重要组成部分。但需要注意的是，餐饮废油脂和动植物油下脚料成分复杂，游离脂肪酸含量明显高于新鲜原料油，必须经过严格的预处理工艺才能满足化工生产的要求。各国废食用油脂组成见表 15-7。

表 15-7　　各国废用油脂组成

来源	奥地利废植物油	爱尔兰废植物油	英国废植物油	法国废植物油	爱尔兰牛油脂	中国			食用植物油
						潲水油	菜籽油	煎炸老油	
游离脂肪酸/%	0.78~2.64	1.9~7.4	2.6~5.8	<4	—	—	—	—	—
酸值/(mgKOH/g)	—	—	—	—	140	149	15.54	≤3	—
水含量/%	0.25~2.25	1~5	0.3~1.8	<1	—	0.12~6.98	—	—	—
脂肪组成[①]/% C14(0)	—	0.46	—	—	2.77	0.92~1.40	0.06	4.00~4.40	0~0.1
C14(1)	—	—	—	—	—	0~0.08	—	0.67~0.75	—
C15(0)	—	—	—	—	—	0~0.31	0.31	0.47~0.61	—
C16(0)	5.82~10.28	4.6~14.5	8.2~23.9	20~25	23.58	19.50~28.61	18.10	26.39~27.20	8.0~14.0
C16(1)	0.25~0.41	0.0~2.4	—	0.3~0.7	2.43	1.11~1.58	0.71	3.26~3.37	0~0.2
C17(0)	—	—	—	—	—	0~0.13	0.57	1.72~3.39	0~0.1
C18(0)	2.16~4.75	1.4~5.9	2.4~5.6	7~9	19.47	6.86~7.20	7.17	12.37~16.3	1.0~4.5
C18(1)	47.74~58.90	52.9~65.8	48.0~60.4	45~51	39.82	42.97~49.03	36.00	39.4~42.45	35.0~67.0
C18(2)	19.15~29.43	15.4~20.7	16.4~20.0	15~19	4.52	18.11~20.32	38.94	2.76~6.9	13.0~43.0
C18(3)	4.35~8.76	4.1~8.8	2.5~8.2	0.4~0.7	0.69	0~2.51	—	0.09~0.15	0~0.3
C20(0)	0.48~1.25	0.6~1.0	0.0~0.4	—	—	0~0.26	0.23	0~0.02	1.0~2.0
C20(1)	0.40~1.30	0.4~2.3	0~0.6	—	—	0.34~0.60	0.31	0~0.82	0.7~1.7
C22(0)	0.16~0.56	0.36	0~0.3	—	—	—	—	—	1.5~4.5
C22(1)	0.0~0.20	0.43	—	—	—	—	—	—	0~0.3
其他	—	1.72	—	—	5.00	0.04~0.48	—	0.11	0~3.0
饱和脂肪酸/%	8.73~16.03	6.6~21.4	10.6~30.2	29~36	45.82	28.70~32.02	26.44	48.37~50.41	—
单元不饱和脂肪酸/%	49.21~59.77	53.5~70.5	48.0~71.0	45~53	42.25	44.97~50.85	37.02	44.52~46.63	—
多元不饱和脂肪酸/%	25.65~34.01	19.5~29.5	18.9~28.2	14~21	5.21	17.95~20.62	38.94	2.91~6.99	—
碘值/[g/(100g)]	96~107	99~118	—	60~80	—	—	—	—	—
过氧化值/(meq/kg)	—	—	—	—	—	0.18~16.2	9.6	14.3	≤8

注　食用植物油数据基于中华人民共和国国家标准《食用植物油卫生标准》(GB 2716—2018)和《花生油》(GB 1534—2017)。

① Cn(m),其中 n 代表碳原子数,m 代表不饱和双键。

第二节　生物柴油制备原理与方法

生物柴油的制备方法可以归纳为物理法、化学法和高温裂解法三大类。物理法利用了动植物油脂具有高能量密度和可燃烧的特性生产柴油代用燃料，包括直接混合法和微乳液法两种，是生物柴油问世早期应用广泛的制备方法。物理法生产的生物柴油是一种分散的多相体系，稳定性较差，且其物化性能指标难以控制，目前应用已经越来越少。高温裂解法是在常压、快速加热、超短反应时间的条件下，使生物质中的有机高聚物迅速断裂为短链分子，获得最高产率的液体产物。该类产物包括汽油和柴油组分，优点是黏度小、流动性好，燃烧性能好，但设备投资和操作费用较高，生产安全性要求高，而且副产物较多，产物组分复杂。化学法将动植物油脂进行化学转化，改变其分子结构，使主要组成为脂肪酸甘油酯的油脂转化为分子量仅为其 1/3 的脂肪酸低碳烷基酯，使其从根本上改善流动性和黏度，成为完全均匀的液态产品，能与石化柴油以任意比互溶，形成单一的均相体系，是目前工业生产广泛采用的方法。本节重点围绕化学法进行介绍。菜籽油酯交换前后理化特性比较见表 15-8。

表 15–8   菜籽油酯交换前后理化特性比较

指标项目	生物柴油	菜籽油原料
密度（20℃）/（g/cm）	0.882	0.922
运动黏度（20℃）/（mm²/s）	6.6	62.2
酸度/（mgKOH/100mL）	35.6	275
水含量/%（体积分数）	—	0.175
脂肪酸甲酯/%	98	—
闪点/℃	＞139.7	—
凝点/℃	−3.5	—
50% 馏程回收温度/℃	335.7	—
90% 馏程回收温度/℃	345.7	—
95% 馏程回收温度/℃	350.7	—
铜片腐蚀（50℃，3h）	1 级	—
十六烷值	50	—
色度	1 号	—
总不溶物/（mg/100mL）	2.37	—
冷滤点/℃	−2.8	—
灰分（质量分数）/%	0.009	0.121
10% 蒸余物残留/%（质量分数）	0.26	—
机械杂质	—	—

数据来源：湖北省石油产品质量检测中心。

一、基本反应

化学法是把生物油脂和甲醇等低碳一元醇（通常为 C1~C4 醇）进行酯化或转酯化反应生成相应的脂肪酸低碳烷基酯，再经分离甘油、水洗、干燥等适当处理后而获得生物柴油（见图 15-1）。化学法涵盖了均相催化法、非均相催化法、生物催化法和超临界法等多种方法，常压连续转酯化和加压连续转酯化生产技术已在欧美等发达国家形成大规模工业化生产。

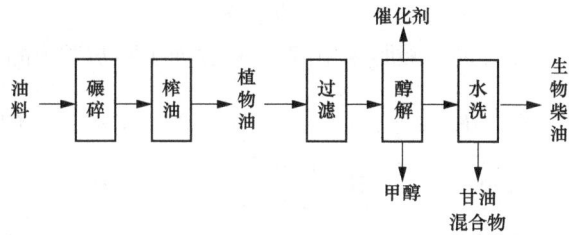

图 15-1　生物柴油化学法工业生产流程

（一）酯化反应

酯化反应是指醇和羧酸或含氧无机酸反应生成酯和水的反应。酯化反应的一般通式可描述为

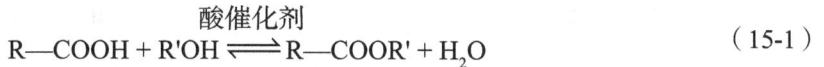

$$R—COOH + R'OH \underset{酸催化剂}{\rightleftharpoons} R—COOR' + H_2O \qquad (15\text{-}1)$$

在生物柴油生产中，酯化反应的主要目的是为后续酯交换反应除去游离脂肪酸。酯化反应是可逆的，它的逆反应是水解反应。在通常情况下，该可逆反应需要很长时间才能达到平衡，为了缩短达到平衡的时间，常用浓硫酸和阳离子交换树脂作为催化剂。酯化反应通常由羧酸提供羟基，首先是羧酸的羟基质子化，使羟基碳原子带有更多的正电荷，醇就容易发生亲核加成，然后质子转移，消除水，再消除质子，就形成了酯。酯化反应机理如下：

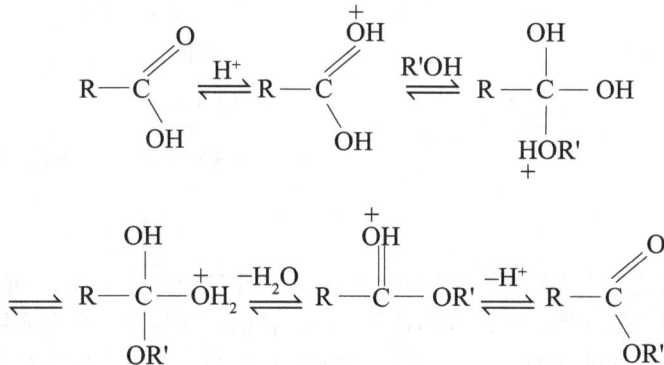

由于羧酸与醇反应生成副产物水，在反应体系中降低了反应物醇的浓度，如不予处理，将使反应速度急剧降低，反应时间将大幅延长。在制取生物柴油的过程中，为了加快反应速度，除了要使用一定的催化剂外，需要不断把副产物水除去，使酯化反应尽可能朝正方向进行，从而提高生物柴油的产量。

（二）酯交换反应

酯交换反应（又称酯的醇解，简称醇解）是指将一种酯与另一种脂肪酸、醇、自身或其他酯混合并伴随羧基交换或分子重排生成新酯的反应。基于甲醇的酯交换反应可以用通式简单表示如下：

在酯交换反应中，甲氧基取代了长链脂肪酸上的甘油基，将甘油基断裂为三个长链脂肪酸甲酯，缩短碳链长度，降低了油料的黏度，从而显著改善了油料的流动性和雾化性能。这种方法不需要经过化学反应改变脂肪酸组成就能改变油脂特性。

在不用催化剂的条件下，油脂的酯交换可在250℃以上的高温下进行，但酯交换过于缓慢，油脂本身容易分解或聚合。碱金属的醇盐是最有效的酯交换反应催化剂，例如氢氧化钠，兼具易溶于油脂和价廉的优点，并且在反应温度低至0℃时也有催化效果，在工业生产中被广泛采用。

但使用此类催化剂易出现几何或位置异构化副反应，降低了收率，并可能有皂化物生成。

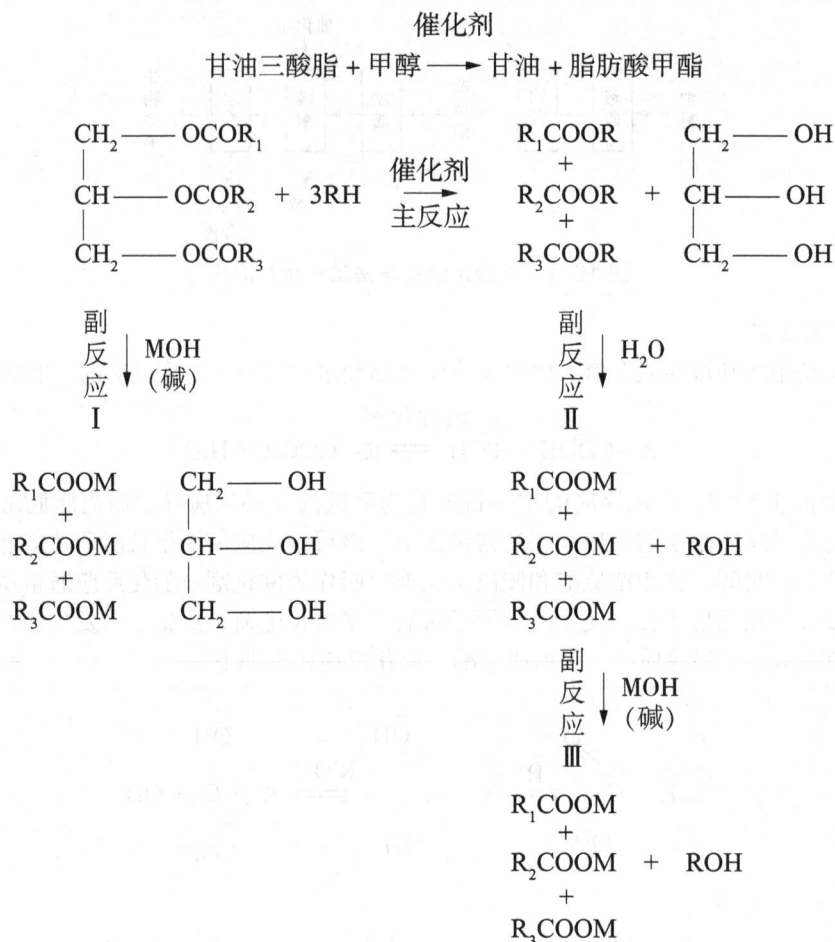

$$
甘油三酸脂 + 甲醇 \xrightarrow[\text{主反应}]{催化剂} 甘油 + 脂肪酸甲酯
$$

$$
\begin{array}{c}
CH_2 \!-\!\!-\! OCOR_1 \\
| \\
CH \!-\!\!-\! OCOR_2 \\
| \\
CH_2 \!-\!\!-\! OCOR_3
\end{array}
+ 3RH
\xrightarrow[\text{主反应}]{催化剂}
\begin{array}{c}
R_1COOR \\
+ \\
R_2COOR \\
+ \\
R_3COOR
\end{array}
+
\begin{array}{c}
CH_2 \!-\!\!-\! OH \\
| \\
CH \!-\!\!-\! OH \\
| \\
CH_2 \!-\!\!-\! OH
\end{array}
$$

副反应 $\downarrow$ MOH（碱）　　　　　　　　　　　　副反应 $\downarrow$ H$_2$O

I　　　　　　　　　　　　　　　　　　　　　II

$$
\begin{array}{c}
R_1COOM \\
+ \\
R_2COOM \\
+ \\
R_3COOM
\end{array}
\quad
\begin{array}{c}
CH_2 \!-\!\!-\! OH \\
| \\
CH \!-\!\!-\! OH \\
| \\
CH_2 \!-\!\!-\! OH
\end{array}
\qquad\qquad
\begin{array}{c}
R_1COOM \\
+ \\
R_2COOM \\
+ \\
R_3COOM
\end{array}
+ ROH
$$

副反应 $\downarrow$ MOH（碱）

III

$$
\begin{array}{c}
R_1COOM \\
+ \\
R_2COOM \\
+ \\
R_3COOM
\end{array}
+ ROH
$$

　　酯交换反应是通过三个连续可逆反应完成的，每一步反应都会生成一种酯。第一步是甘油三酯与醇反应生成甘油二酯和酯；第二步则是进一步将甘油二酯与醇反应生成甘油一酯和酯；第三步则是将第二步反应生成的甘油一酯与醇反应生成甘油和酯。这三步反应在整个反应体系中是同时进行的。通过这三步反应，天然油脂的分子量下降至原来的 1/3，黏度降低近 90%，同时提高了燃料的挥发度，最终得到与柴油性质相近的产品。

　　在实际操作中，将 NaOH 直接加入油料中，酯交换收率将会很低。这是因为在无水的油相体系中，NaOH 很难分散，实际上形成了多相催化，起作用的只是固体催化剂表面，因此反应速率很低。但如果先把 NaOH 溶解到甲醇中，将发生如下反应：

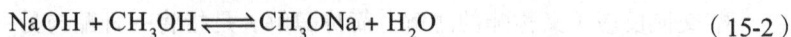

$$
NaOH + CH_3OH \Longrightarrow CH_3ONa + H_2O \tag{15-2}
$$

　　在酯交换反应中真正起催化作用的是式（15-2）等号右边的甲氧基负离子（CH_3O^-）。随着反应的进行，CH_3O^- 不断消耗，反应平衡不断向生成 CH_3O^- 的方向移动。这一过程将原本的多相催化体系变成一个均相催化体系，提高了反应速率。以上过程的详细机理表述如下：

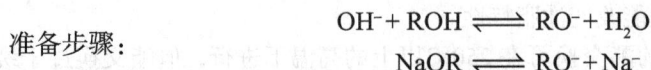

准备步骤：
$$
OH^- + ROH \Longrightarrow RO^- + H_2O
$$
$$
NaOR \Longrightarrow RO^- + Na^-
$$

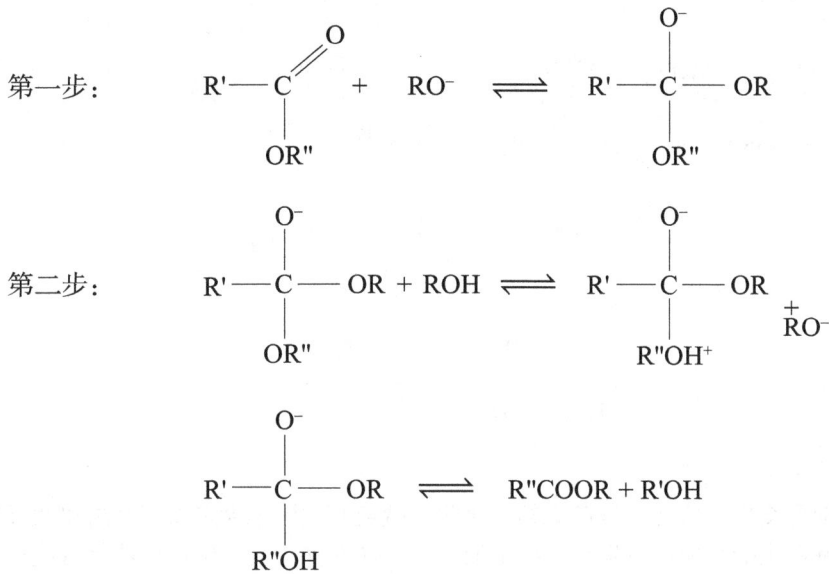

第一步：

第二步：

其中

二、制备方法

酯交换法是目前最常用的制备生物柴油的方法。催化剂的作用对于温和条件下酯交换反应的进行非常重要。根据催化剂的不同可以分为液相（均相）酸碱催化法、固体（非均相）酸碱催化法、生物酶催化法等。

（一）酸碱催化法

化学催化酯交换法是目前生物柴油工业化生产的主流技术，即以动植物油脂、废弃油脂、微生物油脂等为原料，在催化剂的催化下与低碳一元醇发生酯化和酯交换反应制取生物柴油，而酸、碱则是工业上最常用的催化剂。碱性催化剂包括 NaOH、KOH、$NaOCH_3$、$KOCH_3$、有机碱（均相）及各类固体碱催化剂（非均相），酸性催化剂包括 H_2SO_4、HCl、H_3PO_4 等易溶于醇的催化剂（均相）及各类固体酸性催化剂（非均相）。

酸催化酯交换反应机理

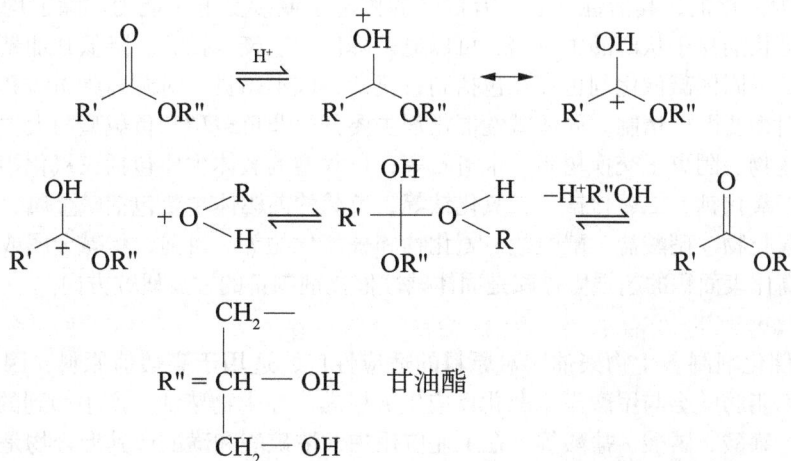

碱催化酯交换反应机理

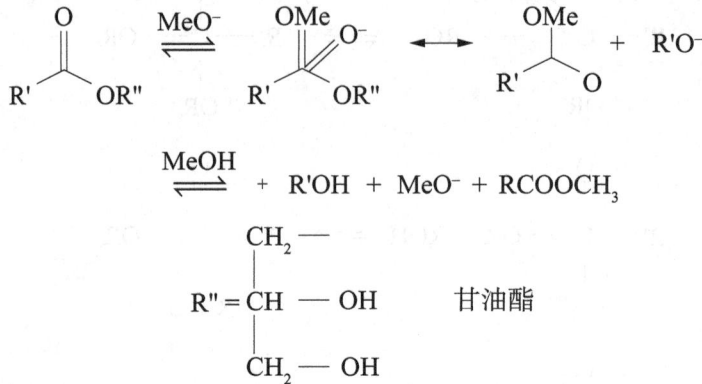

$$R' - C(=O) - OR'' \xrightleftharpoons{MeO^-} R' - C(OMe)(O^-) - OR'' \longleftrightarrow R' - C(OMe)(O^-) + R'O^-$$

$$\xrightleftharpoons{MeOH} + R'OH + MeO^- + RCOOCH_3$$

$$R'' = CH_2-,\ CH-OH,\ CH_2-OH \qquad 甘油酯$$

1. 碱性催化剂

碱性催化剂是目前酯交换反应使用最广泛的催化剂，欧美发达国家大多以菜籽油和大豆油等优质原料，采用均相碱催化酯交换反应生产生物柴油。使用碱性催化剂的优点是催化活性高，反应条件温和，反应速率快，不腐蚀设备等。在无水情况下，碱性催化剂酯交换活性通常比酸性催化剂高。传统生产过程采用在甲醇中溶解度较大的碱金属氢氧化物作为均相催化剂，其催化活性与其碱度相关，例如 KOH 比 NaOH 具有更高的活性。

在碱性催化剂催化的酯交换反应中，真正起活性作用的是甲氧阴离子。甲氧阴离子攻击甘油三酯的羰基碳原子，形成一个四面体结构的中间体，然后这个中间体分解成一个脂肪酸甲酯和一个甘油二酯阴离子，这个阴离子与甲醇反应生成一个甲氧阴离子和一个甘油二酯分子，后者会进一步转化成甘油单酯，然后转化成甘油。所生成的甲氧阴离子又循环进行下一个的催化反应。

碱性催化剂不能在游离酸较高的情况下使用，游离酸的存在会使催化剂中毒。油脂中含有游离脂肪酸时，游离脂肪酸与甲醇发生酯化反应生成脂肪酸甲酯，即

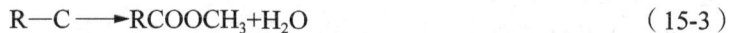

$$R-C \longrightarrow RCOOCH_3 + H_2O \qquad (15-3)$$

该反应适用于酸作催化剂，以碱做催化剂时游离脂肪酸容易与碱反应生成皂，其结果使反应体系变得更加复杂。皂在反应体系中起到乳化剂的作用，产品甘油可能与脂肪酸甲酯发生乳化而无法分离，同时消耗额外的脂肪酸和催化剂。因此，碱性催化剂对植物油原料的质量要求高，只能使用脂肪酸和水含量低的原料。特别是在我国这样以餐饮废油脂、油脚等游离脂肪酸含量高的废油脂为原料的情况下，需要先用酸性催化剂对原料进行预酯化，再加入碱性催化剂进行酯交换反应，最终导致工艺流程加长。

固体碱作为催化剂，其活性中心具有极强的供电子或接受电子能力。除了均相催化剂的特点外，固体碱催化剂易于从产品中分离，可以显著降低"三废"排放，降低甘油精制成本，提高生物柴油收率。但固体碱催化剂也存在包括制备复杂、成本昂贵、对游离脂肪酸和水非常敏感等缺点，因此原料需要严格精制。固体碱性催化剂主要分为非负载型和负载型两大类。非负载型包括碱土金属氧化物、阴离子交换树脂、水滑石等；负载型的载体主要包括三氧化铝、分子筛、活性炭、氧化镁、氧化钙、二氧化锆、二氧化钛等，负载的前驱体主要包括碱金属、碱金属氢氧化物、碳酸盐、氟化物、硝酸盐、醋酸盐、氨化物和叠氮化物等。目前，将碱金属或其盐负载到多孔载体上得到高比表面积的超强固体碱是固体碱性催化剂制备的主要研究方向。

2. 酸性催化剂

采用强酸催化剂制备生物柴油，对原料的适应性广，适用于高酸值原料，因为在酸性催化剂存在下，游离脂肪酸会与甲醇发生酯化反应生成甲酯。在生物柴油生产中用到的酸（一般为 B 酸）包括硫酸、磺酸、磷酸、盐酸等。在工业应用中，浓硫酸和磺酸或其混合物是最常用的酸性

催化剂。硫酸吸水性强，价格便宜，但腐蚀性强，且较容易与碳碳双键反应，导致产物的颜色较深。磺酸催化活性较弱，但不攻击碳碳双键，其他问题也较少。酸催化体系需要对水含量进行严格的控制，这是由于酯交换过程中生成的碳阳离子容易与水反应生成碳酸，从而降低生物柴油收率。工业生产中常采用边反应边脱水的方法或间歇操作，排除水分之后再补充甲醇继续反应。与碱性催化反应相比，酸性催化反应的速率慢，反应温度高，能耗大，收率低，设备腐蚀严重，因此国外采用优质原料的生物柴油生产工艺很少采用酸性催化剂。我国现有生物柴油企业主要以高酸值的废弃油脂为原料，规模小，多数使用液体酸性催化剂，也有少数开发使用固体酸。

传统的均相酸、碱催化各有优缺点，选择哪种主要取决于原料的类型和品质。当采用酸值较高的原料时，酸性催化法更适用；而采用优质的精炼油为原料时，碱性催化法更适用。

（二）生物酶法

生物酶法是通过脂肪酶进行酯交换反应制备生物柴油，具有反应条件温和，醇用量小，产品易于收集且无污染等优点。脂肪酶可以催化酯交换反应，同时也可以催化甘油三酯合成和分解，广泛分布于动物、植物和微生物组织和器官中。作为一种生物催化剂，脂肪酶具有较高的催化效率和经济性。实际用于催化合成生物柴油的脂肪酶主要是真菌类脂肪酶，这些酶的生产较为方便，与动物脂肪酶相比具有更高的活性。

甲醇、乙醇等短链醇对脂肪酶具有一定毒性，易造成脂肪酶不可逆失活，转化率仅为40%~60%。在无溶剂反应体系中，采用两步或三步间歇式的方法添加甲醇，从而避免体系中甲醇过多，可以显著提升甘油三酯的转化率；假单胞菌脂肪酶在无溶剂体系中体现了良好的甲醇耐受能力，可以一次完成间歇式酶法催化合成，转化率超过90%。

固定化脂肪酶是目前生物酶法的研究热点。通过吸附、交联、包埋等方法固定化脂肪酶，可以在反应结束后从体系中分离，重新催化新的反应，实现酶的长期使用，降低工艺成本。诺维信公司已经研发出一种用于非水系统的固定化脂肪酶的廉价方法，并已有成品问世。鉴于廉价、易于活化和制备的固定化酶载体很难得到，副产物甘油和水也会对产物形成抑制，且甘油对固定化酶有毒性等一些缺陷，生物酶催化法制备生物柴油技术实现工业应用还需要一段时间。不同催化剂催化性能及优缺点评价见表15-9。

表 15-9　　　　　　　　不同催化剂催化性能及优缺点评价

化剂类型	催化性能	优点	缺点	代表
统酸催化	一般	价格便宜，原料适应性强	催化速率慢，能耗较大，收率较低，腐蚀性强，污染严重	硫酸、磺酸等
统碱催化	高	催化活性高，反应速率快，温度低，腐蚀小	原料要求高，污染严重，后处理繁杂，催化剂无法回收	氢氧化钠、氢氧化钾、甲醇钠等
体酸催化	视种类而定（偏低~较高）	易分离，可循环利用，环境友好	制备复杂，成本较高，催化速率慢，副产物多	乙酸酯、硫酸氢钠、阳离子交换树脂等
体碱催化	视种类而定（一般~较高）	反应活性高，条件温和，选择性好，易分离，可循环，腐蚀小	制备复杂，成本高，强度较差，极易被污染	水滑石、阴离子交换树脂、负载型固体碱等
物酶催化	一般	可循环，反应条件温和，醇用量小，无污染，无腐蚀	成本高，产率低，甲醇易造成催化剂中毒	脂肪酶

（三）超临界法

在常压低温条件下，植物油与甲醇不能互溶，在反应期间要不断搅拌，所以传统制备方法所用的时间较长。此外，由于在反应过程中用酸或碱作催化剂，会有部分皂化产物生成，降低了生物柴油的产率，在产物进行分离的时候还要反复冲洗去掉其中的催化剂，不仅使整个操作显得非常烦琐，而且产生了大量含酸含碱废水。

为了克服传统酯交换方法的缺点，一些新技术正在被广泛研究，其中最引人注目的就是在超临界条件下进行酯交换反应。所谓超临界状态，指的是当温度超过临界温度时气态和液态将无法区分，于是物质处于一种施加任何压力都不会凝聚的流动状态。超临界流体具有不同于气体或液体的性质，它的密度接近于液体，黏度接近于气体，而热导率和扩散系数则介于气体和液体之间；其黏度低、密度高且扩散能力强，能够令提取与反应同时进行。因此，超临界流体既可作为反应介质，又可直接参加反应。作为反应介质时，它的物理化学性质如密度、黏度、扩散系数、介电常数以及化学平衡和反应速率常数等可以通过改变操作条件进行调节，从而控制产率、选择性和反应产物回收。一般认为，在超临界相中进行的化学反应，由于其传质性质的改善，反应速率比液相中更快。

在酯交换反应制备生物柴油的过程中，当反应体系的温度和压力进一步提升，达到甲醇的临界点时（甲醇的临界温度为239.4℃，压力为8.09MPa），甘油三酯能完全溶于甲醇而形成单相体系，传质和反应速率直线上升，在很短的时间内就可获得极高的转化率，甚至无需使用催化剂。采用超临界法的酯交换反应产率和速率高于普通的催化过程，同时还可舍去催化剂分离的环节，原料要求也更低（对油脂中的游离脂肪酸和水含量没有任何要求），使整个工艺流程更加简单、安全和高效。超临界法酯交换反应机理如下：

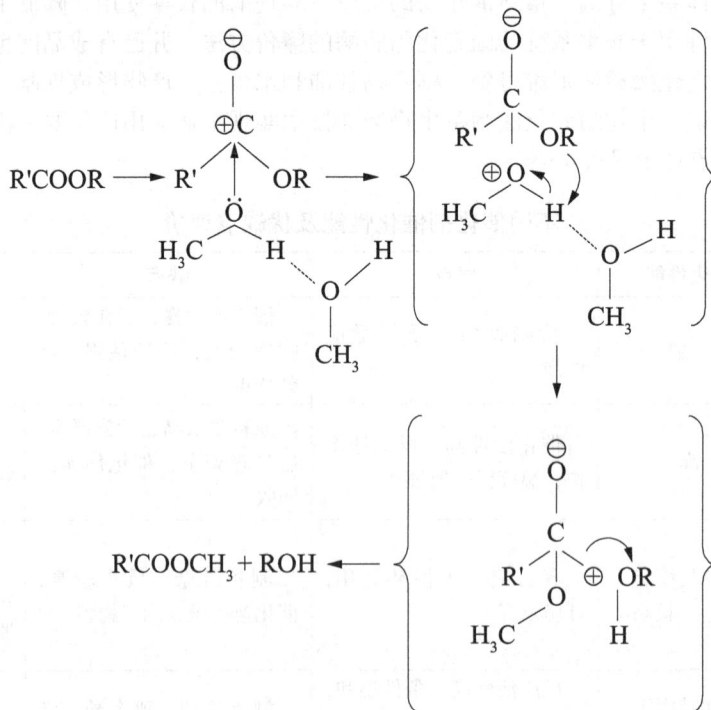

由于达到超临界需要高温高压，对设备的选型及操作安全性要求较高，并且能耗及甲醇消耗较大，所以超临界法尚处于实验室研究阶段。生物柴油生产方法评价对比见表15-10。

表 15-10   生物柴油生产方法评价对比

方法	超临界法	生物催化法	化学催化法
催化剂	无	酶	酸或碱
反应条件	≥300℃、40~60MPa	30~60℃、常压、需醇	40~80℃、常压、需醇
反应时间	数分钟	10h 左右	40min 左右
产率	≥98%	≥88%	≥95%
原料要求	很低	一般	对酸值和水分有严格要求
皂化	无	无	有
醇油比	40	3~4	6~10
催化剂分离	不需要	不需要	需要

第三节 生物柴油生产工艺与技术

目前主流的生物柴油生产技术为酯交换法，产品的主要成分为脂肪酸单烷基酯。根据催化剂的不同，酯交换法又分为均相酸碱催化法、非均相酸碱催化法、生物酶催化法和超临界法。均相催化法就是以液体酸、液体碱为催化剂，在较温和的条件下制备生物柴油。代表技术有德国的 Lurgi 工艺、Sket 工艺、Connemann 工艺以及加拿大的 BIOX 工艺等。其中，德国的 Lurgi 工艺占世界生物柴油产量的 60% 以上。该技术的特点是设备投资小、操作简单、反应条件温和，但存在原料要求苛刻、工艺复杂、环境污染大和催化剂不能回收等问题。非均相催化法以固体碱或固体酸为催化剂，采用固定床工艺制备生物柴油。代表技术有法国研究院开发的 Esterfip-H 固体碱两段反应工艺和美国 Benefuel 技术，其具有产物易分离、无废水排放、副产物甘油纯度高等优点，是近年来研究和开发的重点。酶催化酯交换法反应条件温和，醇消耗量小，但催化剂昂贵，酶易失活，短期内还难以推广应用。超临界法在国内外都有工业应用案例。日本京都大学开发了基于超临界法的生产工艺并在旭化成公司实现应用。中国石化石油化工科学研究院开发的超临界甲醇醇解工艺（SRCA）已在中海油 6 万 t/a 生物柴油装置上成功应用。

一、酸碱催化化学法生产工艺

酸碱催化化学法生物柴油生产工艺可分为间歇法和连续化两种。间歇法生产规模小，设备投资费用低，操作灵活性大，可适用于不同的油脂原料。连续化工艺的生产能力大，能有效降低单位生物柴油的生产成本，且生产过程便于自动化控制。目前生物柴油生产装置的规模在不断扩大，连续化工艺逐渐取代间歇工艺。连续装置可以更好地实现热量利用、产品精制、过量甲醇的回收和循环，不仅使产品质量稳定，而且使生产成本大大降低。本节将主要围绕连续化生产工艺介绍几个典型案例。连续化生产工艺可采用均相或非均相催化技术。

（一）连续均相催化工艺

1.Lurgi 工艺

酸碱均相催化法中，代表性的工艺有德国 Lurgi 公司使用液体碱催化技术的两级连续醇解工艺，是目前世界上工业化装置最成熟、应用最广泛的技术。该工艺以精制油脂为原料，采用二段酯交换和二段甘油回炼工艺，催化剂消耗低。油脂、甲醇与催化剂在一级反应器中进行酯交换反应，分离出甘油；进入二级反应器与补充的甲醇和催化剂进行反应，反应产物沉降（或离心）分离出粗甲酯后，再经水洗和脱水得到生物柴油。Lurgi 生物柴油生产工艺流程见图 15-2。Lurgi 公司的两级连续醇解与普通的二段酯交换工艺相比，优势在于二级反应器后分离出的甲醇、甘油及催化剂的混合物作为原料返回一级反应器参加反应，提高了原料的利用率，同时减少催化剂的消耗。但该工艺对原料要求较高，且废液排放较多。Lurgi 公司每生产 1t 生物柴油所需消耗的物料及用量见表 15-11。

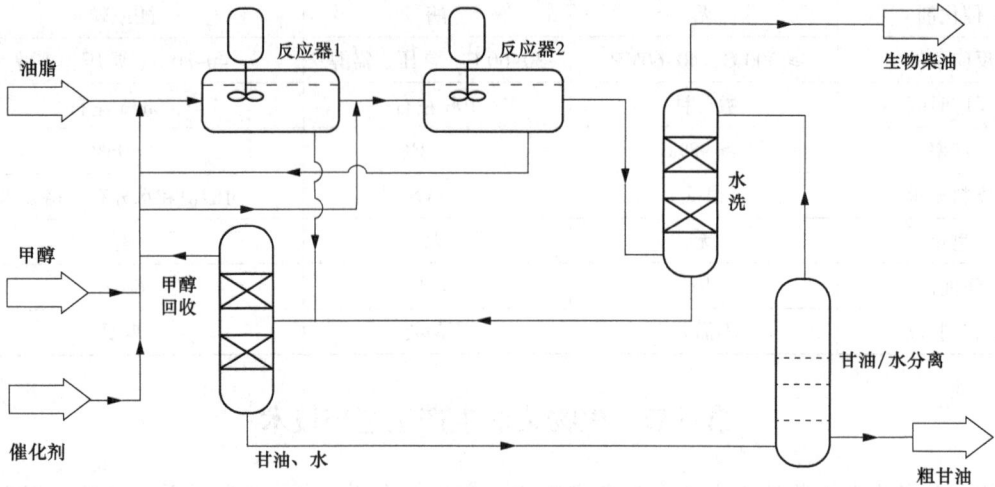

图 15-2　Lurgi 生物柴油生产工艺流程

表 15-11　　　　　　Lurgi 公司每生产 1t 生物柴油所需消耗的物料及用量

输入	每生产 1t 生物柴油的原料消耗	输入	每生产 1t 生物柴油的原料消耗
原料	1000kg 植物油	盐酸（37%）/ %	10kg
蒸汽消耗	415kg	烧碱（50%）	1.5kg
电力消耗	12kWh	氮气（标准状态）/ %	1m³
甲醇	96kg	水	20kg
催化剂（甲酸钠）	5kg		

2.BIOX 工艺

BIOX 工艺由加拿大多伦多大学开发，包含酸催化和碱催化两个过程，且原料适应性好，可以采用废弃油脂和地沟油等。目前，加拿大 BIOX 公司已将该工艺推向工业化。BIOX 技术能提高反应速率和转化效率，可以用酸性催化步骤使任何含 30% 以下的游离脂肪酸原料转化成生物柴油，可使生产成本降低 50%。

此工艺过程首先使脂肪酸在一个活塞流反应器内进行酸催化反应转化成甲酯，操作温度接近甲醇溶剂的沸点（60℃），反应时间为 40min；然后在第二个活塞流反应器中（共溶剂条件）进行碱催化反应，甘油三酯在几分钟内就可转化成生物柴油和甘油副产物；未消耗的甲醇循环使用，冷凝潜热被回收用于加热进料。

新工艺引入了惰性共溶剂四氢呋喃，产生一个富油的单相系统，整个过程在此单相系统内进行，可提高传质和反应速率。在接近常温常压条件下，碱催化步骤可在几分钟内完成。再与酸催化步骤结合，可使 BIOX 工艺连续运转。该过程油脂转化率高，可达到 99%。

（二）连续非均相催化工艺

酸碱非均相催化法中，代表性的工艺有法国石油研究院的 Esterfip-H 固体碱两级反应工艺（见图 15-3），是首个将固体碱催化技术成功应用于工业生产的生物柴油工艺。该工艺采用尖晶石型的混合金属氧化固体碱催化剂，提高反应温度，并采用两级反应以提高转化率。相比均相反应，非均相工艺要求更高的反应温度，并且需要过量的甲醇。油脂和甲醇经过一级反应器后闪蒸出部分甲醇并沉降分离出甘油，粗甲酯和补充的甲醇进入二级反应器，分离出甲酯和甘油后，对得到的粗酯进行减压蒸馏，得到生物柴油产品。该工艺的油脂转化率接近100%，产品纯度超过99%。该工艺废水排放较少，甘油浓度高。采用该工艺的16万t/a的工业化装置已投入运行。

主要工艺条件与技术指标：①醇油比范围（4~20）:1，其中6:1最为常用；②温度可从常温至250℃，压力范围为常压至15MPa；③催化剂用量占油脂量的0.1%~1.5%；④停留时间6~10min；⑤油脂转化率85%~95%。

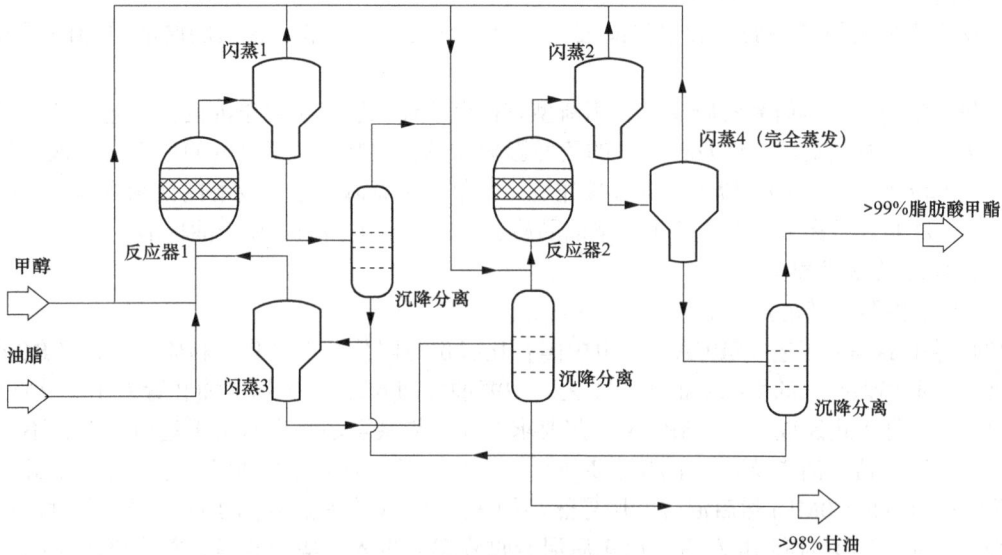

图15-3　Esterfip-H法生物柴油生产工艺流程图

（三）两步法生物柴油生产工艺

国内生物柴油生产一般以两步法工艺为主，见图15-4，即以酸为催化剂先预酯化，降低原料中游离脂肪酸含量，再以碱为催化剂酯化反应生成生物柴油；或直接采用酸为催化剂实现酯化、酯交换反应得到生物柴油。原料以废弃油脂为主，预处理相对复杂，需要进行脱水、脱胶处理才能进入下一步反应；产品转化率低，粗酯需要进行水洗，污水量大。该工艺具有反应时间短、转化率高的特点。

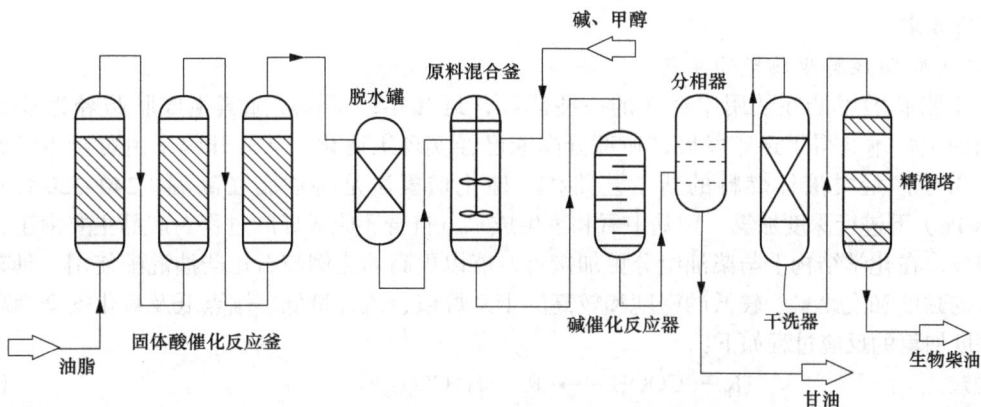

图15-4　两步法生物柴油生产工艺流程图

二、生物酶法生物柴油生产工艺

以酶或全细胞为催化剂的生物酯交换法代替传统的化学酯交换法，可以解决化学法使用的催化剂难以分离、能耗太大等问题。该工艺缺点是一般不使用有机溶剂就达不到酯交换效率，反应体系中甲醇达到一定量会导致脂肪酶失活；酶价格偏高，反应时间较长。因此，提高脂肪酶活性和防止酶失活是该工艺实现工业化生产的关键。采用脂肪酶固定技术使其能重复利用，或采用能产生脂肪酶的细胞作生物催化剂是两种常用的方法。

日本利用丹麦诺维信公司生产的固定化假丝酵母脂肪酶，在30℃反应48h，转化率可达97.3%。日本大阪市立工业研究所研究解决了用发酵法生产生物柴油的技术问题，成功开发出固定化脂肪酶连续生产生物柴油技术，使其生产成本接近化学法，并且实现了零排放生产。该方法混在反应物中的游离脂肪酸和水对酶催化反应无影响，反应液静置后脂肪酸甲酯即可与甘油分离。

清华大学应用化学研究所研发了利用新型有机介质体系制备生物柴油的新工艺，解决了传统生物酶法甲醇与甘油对酶活性及稳定性的负面影响问题，大幅延长了酶的使用寿命。该工艺操作简单，单程转化率达到90%以上，连续操作稳定性好，大幅降低了生物酶的使用成本，可同时催化转化中性油脂和游离酸，生产的生物柴油品质达到欧盟和美国的生物柴油标准。

三、前沿技术发展

（一）超临界甲醇醇解工艺

超临界甲醇醇解工艺（SRCA）是由中国石化股份有限公司石油化工科学研究院（RIPP）开发的具有自主知识产权的生物柴油生产工艺。中海油海南6万t/a生物柴油装置采用了这种技术，于2009年12月正式建成投产。SRCA工艺要求在亚临界甚至超临界状态下进行反应，不使用催化剂，可使用动植物油脂及废弃油脂等多种原料，能够直接加工高酸油脂。原料油和甲醇分别用柱塞泵增压至6.5~8.0MPa然后混合，用导热油加热至260℃左右进入高压反应器，同时进行酯化和酯交换反应，停留时间1h左右。反应后混合物降温后进入甲醇回收塔，首先将过量的甲醇进行回收，然后进行沉降分离，分离出的下部物料为粗甘油混合物，再经过脱甲醇、浓缩操作，形成纯度80%左右的甘油产品；沉降分离出的上部物料为生物柴油混合物，再经过水洗、脱气、真空蒸馏、催化剂三级降酸等操作形成合格的生物柴油产品，产品收率可达93%。废水和废气分别进入相应的处理单元进行处理。

这套装置适用于国内多种常见的原料（如大豆酸化油、棕榈酸化油、餐厨废油等），适当调整工艺参数（压力和醇油比）均能生产出符合GB/T 25199—2017规定的生物柴油产品。整个生产流程无需其他工艺常见的脱水、脱胶、脱磷脂、降酸等环节，降低了原料的精制费用。与传统工艺相比，该工艺废渣减少了约60%，废水减少了约80%，且废水中不含酸碱，排放完全符合有关国家标准要求。

（二）脂肪烃类生物柴油工艺

鉴于脂肪酸甲酯在使用中存在的一些问题，近几年，以深度加氢生成脂肪烃为核心的新的油脂加工技术获得了迅速发展，在部分国家已经实现工业化，从而开辟了由可再生资源（各类油脂）生产烃类液体燃料的新工艺路线。催化加氢法是将油脂在高温（240~320℃）高压（4~15MPa）下进行深度加氢，羧基中氧和氢生成水，自身还原成烃的过程。产品主要由正、异构烷烃组成，在化学结构上与柴油组分更加接近，能以更高的比例与石化柴油混配使用，具有与柴油相近的黏度和发热量、较低的密度和较高的十六烷值、硫含量低、倾点低及氧化安全性高等优势。深度加氢的反应过程如下：

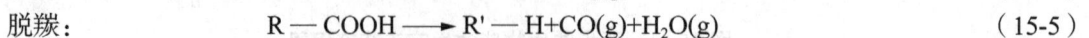

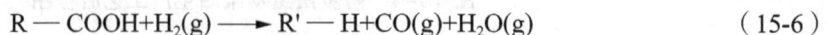

脱羧：　　　　　　　$R — COOH \longrightarrow R — H + CO_2(g)$　　　　　　　（15-4）

脱羰：　　　　　　　$R — COOH \longrightarrow R' — H + CO(g) + H_2O(g)$　　　　　　（15-5）

　　　　　　　　　　$R — COOH + H_2(g) \longrightarrow R' — H + CO(g) + H_2O(g)$　　　　（15-6）

加氢：
$$R' — COOH+3H_2(g) \longrightarrow R — CH_3+2H_2O(g) \tag{15-7}$$

其中，R' 为不饱和直链烷基；R 为饱和直链烷基。

芬兰 Neste oil 公司于 2003 年开发了一套名为 NExBTL 的生物柴油生产工艺（见图 15-5），采用的技术路线是脂肪酸加氢脱氧和加氢异构化。第一套的商业化 NExBTL 设施于 Neste oil 公司的波尔沃炼油厂投产，并于 2009 年在同一地区建成了第二套相同生产能力的装置。美国霍尼韦尔 UOP 公司和意大利 Eni 公司合作，于 2006 年开发出 EcofiningTM 技术，通过固定床加氢脱氧和加氢异构化获得低温流动性良好的第二代生物柴油，柴油收率达到 86%~98%（体积分数），氢耗量为 1.5%~3.8%。UOP 公司在该技术的基础上开发出多产航空生物燃料的 Renewable Jet Process 技术，并于 2008 年建设了一个 8000t/a 的示范生产装置，已生产多批次满足 ASTMD 7566 标准的航空生物燃料。

关于脂肪烃类生物柴油，国内也有科研机构和学者开展相关研究工作，并取得了一些成果。与国外水平相比，国内在油脂加氢脱氧——裂化异构技术方面并不落后，差距主要在于工业化规模生产工艺与装备的放大设计，同时基于国内原料特点，废弃油脂中杂质对工艺过程的影响也需要进行重点研究。脂肪酸甲酯类与脂肪烃类生物柴油性质比较见表 15-12。

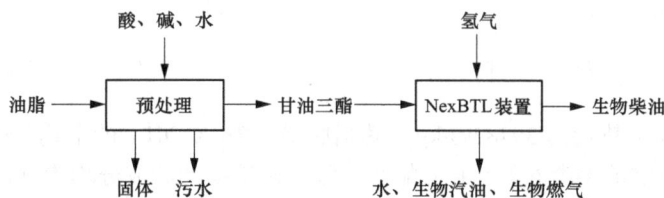

图 15-5　NExBTL 脂肪烃类生物柴油工艺流程示意

表 15-12　　　　　　　　　脂肪酸甲酯类与脂肪烃类生物柴油性质比较

油品性质	无硫柴油	菜籽油生物柴油	NExBTL
密度（15℃）/（kg/m³）	835	885	775~785
十六烷值	53	51	84~99
浊点 / ℃	−5	−5	−30~−5
LHV /（MJ/kg）	43	38	44
硫含量 /（mg/kg）	< 10	< 10	0
品稳定性	稳定	不稳定	稳定

（三）合成燃料类生物柴油工艺

将生物质原料气化后再合成液体燃料。生物质原料经简单的破碎后进入气化炉，在空气、氧气或水蒸气等气化介质中发生高温裂解和氧化还原等反应，生成含有 CO 和 H_2 等物质的合成气，即气化过程。合成气在净化处理后，通过催化加氢及费托合成等技术最终合成柴油，主要产品类型包括甲醇、二甲醚及汽柴油。目前，国外公司采用气化合成路线生产生物柴油的较多，例如美国的 KiOR 公司、S4 Energy Solutions 公司、TRI 公司等。

我国秸秆类农林废弃物资源丰富，合成燃料类生物柴油在我国应用前景广阔。主要发展瓶颈有两点：①秸秆种类多，分布广，原料收储半径较大，导致生物质气化成本过高；②我国还没有开发出适用于大规模工业生产的、适应我国原料特点的生物质气化技术和生产设备，主要问题包括焦油转化率不理想、CO 选择性低和成本高等。

习题

1. 什么是生物柴油？如何制备？

2. 生物柴油有哪些制备方法？它们各自有哪些特点？

3. 简述化学法制备生物柴油的原理，以及化学法成为目前生物柴油工业生产主流工艺的主要原因。

4. 酯交换法是目前最常用的制备生物柴油的方法，简述其原理，根据催化剂的不同可以分为哪几大类。

5. 我国生物柴油产业存在哪些问题需要改善？简要谈谈你对我国生物柴油发展前景的看法。

6. 生物柴油的制备过程发生如下酯交换反应：

$$
\begin{array}{l}
CH_2 - OCOR_1 \\
\quad | \\
CH - OCOR_2 \; + \; CH_3OH \; \xrightarrow{\text{催化剂}} \;
\begin{array}{l} R_1COOCH_3 \\ + \\ R_2COOCR_3 \\ + \\ R_3COOCH_3 \end{array}
\; + \;
\begin{array}{l} CH_2OH \\ | \\ CH\,OH \\ | \\ CH_2OH \end{array} \\
\quad | \\
CH_2 - OCOR_3
\end{array}
$$

甘油三酸酯　　　甲醇　　　　　脂肪酸甲酯（生物柴油）　　　甘油

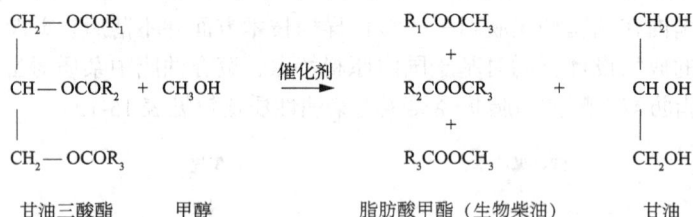

已知某种植物油发热量为 39782kJ/kg，其脂肪酸（RnCOOH）的平均分子量为 290。某生物柴油工厂采用该种植物油年产 6 万 t 生物柴油，假设该植物油的成分均为甘油三酸酯，油脂转化率达到 100% 并分离完全，且没有发生其他反应，请问每年需要消耗多少植物油原料？可以副产多少甘油？

第十六章 其他生物质能技术

本章其他生物质能技术主要介绍生物质制氢技术和微生物燃料电池。

第一节 生物质制氢技术

一、生物质制氢技术概述

（一）氢气的重要性

氢气是一种重要的二次能源。氢能具有环境友好、资源丰富、发热量高、燃烧性能好、潜在经济效益高的特点。虽然氢气在达到爆炸下限时候容易爆炸，但由于质量轻、泄漏性强、扩散性大、燃烧范围宽、着火能低，从总体上来说，氢气作为燃料使用非常安全。提高氢气的产量是人类能够大规模利用氢气的基础。氢能具有以下的优势：

（1）氢是宇宙中含量最丰富的元素。宇宙中 75% 的质量由氢元素构成。

（2）燃烧值高。氢是元素周期表中最轻的元素，与其他物质相比，具有高的能量比。几种物质的燃烧值比较见表 16-1。

表 16-1　　　　　　　　　　几种物质的燃烧值比较

名称	燃烧值 /（kJ / kg）	名称	燃烧值 /（kJ / kg）	项目名称	燃烧值 /（kJ / kg）
氢气	121061	甲烷	50054	汽油	44467
乙醇	27006	甲醇	20254		

（3）清洁无污染。氢气燃烧只生成水，不产生任何污染物，远比化石燃料洁净。

（4）化学简单性。氢气在快速释放能量时，破坏和形成的键相对很少，具有较高的反应速率常数和较快的电极过程动力学，可以用电化学的方法释放其能量。氢在铂电极上放电时的交换电流密度（不施加电压时，基本的动态电荷转移速率）达 $1mA/cm^2$，氢 – 空气（氧）高效燃料电池的原理就是基于这一点。这种燃料电池具有很高的电流密度，可以作为电动车的驱动燃料电池。一般来说，燃料电池的燃料利用率可以达到 40%~50%，而一般内燃机的效率在 30% 左右。

（5）氢气的应用范围广。氢气除了可以作为能源应用于航天飞机、汽车等，还可作为保护气应用于电子工业和高温加工过程。例如，炼油工业需要对柴料油、粗油等进行加氢合成；食用的色拉油就是对植物油加氢处理的产物。

（二）生物质制氢技术

目前制氢的方法很多，根据制氢所用原料的不同主要制氢途径见表 16-2。用水制氢，包括水电解制氢、水热化学制氢、高温热解水制氢。其中，水电解制氢有普通水电解制氢、重水电解制氢、煤水浆电解制氢及压力电解制氢。水热化学制氢是指在水系统中，在不同温度下，经历一系列不同但又相互关联的化学反应，最终将水分解为氢气和氧气的过程。在这个过程中，仅仅消耗水和一定热量，参与制氢过程的添加元素或化合物均不消耗，整个过程构成一封闭循环系统。化石能源制氢，包括煤制氢、气体原料制氢、液体化石能源制氢等。其中，煤制氢主要是煤炭气化技术制氢及煤的焦化制氢；气体原料制氢包括天然气水蒸气重整制氢、部分氧化重整制氢、天然气催化热裂解制氢、天然气新型催化剂制氢等；液体化石能源制氢主要有甲醇、乙醇、石油制氢等。生物质制氢，包括热化学转化技术制氢、微生物转化技术制氢。其中，热化学转化技术包括生物质热解制氢、气化制氢、超临界气化制氢等；微生物转化技术制氢包括暗发酵制氢、光合发酵制氢和暗-光微生物联合制氢。

表 16-2 主要制氢途径及其特点

用水制氢	化石能源制氢	生物质制氢
水电解制氢：产品纯度高，操作简便，但电能消耗高	煤制氢：生产投资大，易排放温室气体，新型技术正在研发	热化学法制氢：产氢率和经济性是选择工艺的关键所在
水热化学制氢：能耗低，可大规模工业生产，可直接利用反应堆的热能，效率高，反应过程不易控制	气体原料制氢：是化石能源制氢工艺中最为经济合理的方法。主要有4种方法，工艺过程仍需改进	
高温热解水制氢：过程复杂，成本高	液体化石能源制氢：甲醇、乙醇、轻质油及重油制氢工艺过程各有利弊	微生物转化技术制氢：对于光合细菌产氢，如何提高光能转化效率是关键；厌氧发酵制氢产率较低，先进的培养技术有待开发

二、水热化学制氢

水热化学制氢是以生物质为原料，以氧气（空气）水蒸气作为气化剂，在高温条件下通过热化学反应将生物质中可以燃烧的部分转化为可燃气的过程。和煤相比，由于生物质的挥发分高，硫、氮含量低，灰分小，因此比煤更适合热化学转化加工。此法制成的可燃气体成分主要有氢气、一氧化碳、甲烷和二氧化碳，若要得到更纯的氢气还需要进行气体分离。下面介绍几种常见的生物质水热化学制氢方法。

（一）气化催化制氢

1. 基本原理

生物质气化催化制氢（简称生物质气化制氢）在生物质气化炉中发生，以流化床生物质反应器最为常用。过程主要是生物质碳与氧的氧化反应、碳与 CO_2、水等的还原反应和生物质的热分解反应，通常炉中的燃料可分为干燥、热解、氧化、还原四层，各层燃料在同时进行着各自不同的化学反应，这一点在本书的生物质气化中有详细的介绍。

生物质气化制氢与单纯的气化过程相类似，此处不再赘述，仅简单介绍在气化制氢过程中催化剂的使用情况。目前国内外研究较多的催化剂主要有以下5类：①天然矿石类，如白云石、橄榄石等；②镍基催化剂；③碳酸盐类，如 K_2CO_3、Na_2CO_3、$CaCO_3$ 等；④金属氧化物类，如 CaO、Al_2O_3、SiO_2、Cr_2O_3；⑤其他类，如 $ZnCl_2$、复合催化剂等。

其中，催化效果比较好的主要有白云石和镍基催化剂，这两类应用广泛并且催化活性较高。但镍基催化剂由于价格昂贵，造价成本高。白云石催化剂存在3个很大的缺陷：①自身强度低，很容易破碎成粉末，造成管路的堵塞；②随着反应的进行，反应活性逐渐降低，使用寿命短；③高温下易分解释放出 CO_2，不利于反应的正向进行。

如果能够研发出一种新型更加有效的催化剂，在提高氢气产量的同时，降低热解的温度，促进焦油的二次裂解，将对生物质气化制氢的工艺与产业化产生很大的促进作用。

2. 主要工艺

生物质气化制氢以生物质（木屑、稻壳、秸秆等）为原料，在气化炉内，高温下通过气化介质（空气、氧气、水蒸气）与生物质进行反应，温度一般为 800~1000℃，使其转化为富氢燃气的过程。生物质气化制氢工艺如图16-1所示。

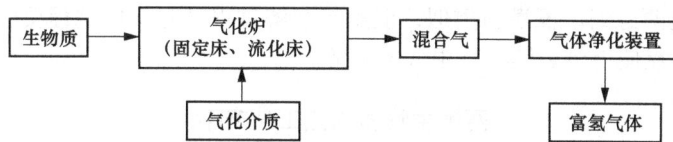

图 16-1　生物质气化制氢工艺

（二）热裂解制氢

1.基本原理

生物质热裂解过程是指在隔绝空气或供给少量空气的条件下使生物质受热而发生分解的过程。根据工艺的控制不同可得到不同的目标产物，一般生物质热解产物有燃气、生物油和炭。

2.主要工艺

在生物质热裂解过程中有一系列复杂的化学反应，同时伴随着热量的传递。生物质热裂解制氢就是对生物质进行加热使其分解为可燃气体和烃类，增加气体中的氢含量，然后对热解产物再进行催化裂解，使烃类物质继续裂解，再经过变换将 CO 也转化为氢气，最后进行气体的分离。图 16-2 所示为生物质热裂解反应器结构示意。

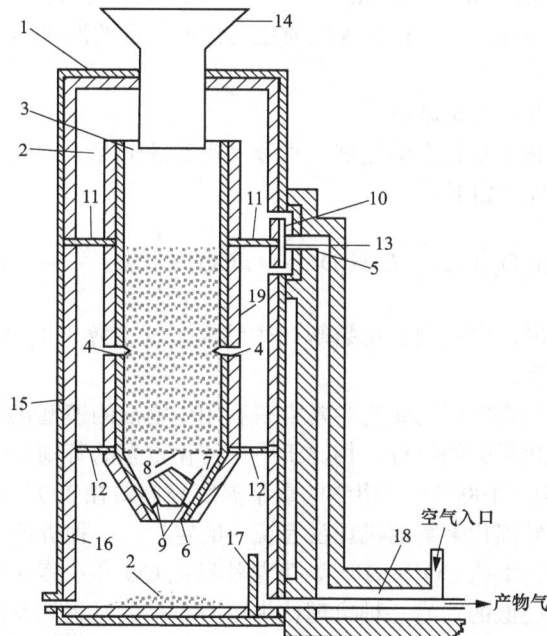

图 16-2　生物质热裂解反应器结构示意

1—反应器；2—下吸式反应室；3~5—空气入口；6—气体出口；7—红外辐射收集器；
8—屏栅；9—载体；10—导管；11、12—隔板；13—空气分布阀门；14—布料器；
15—外套；16—红外辐射防护层；17—凸缘；18—热交换器；19—炭床

这项技术被许多科研单位所重视，美国对煤和生物质的高温热解过程进行了长期的研究，并制取了氢气、甲醇及烃类。其他欧洲国家的能源研究机构也都进行了研究和示范。美国 NREL 实验室开发的生物质热裂解制氢工艺流程经过变压吸附（PSA）装置后的氢气回收率达到 70%，产量为 10.19kg/d。Chittick 设计的生物质热裂解反应器由于安装了红外辐射防护层，可大大降低热裂解过程中的热量损失，使裂解在 800~1000℃进行，且产物中基本不存在炭和焦油。

3.热裂解工艺与气化工艺的比较

热裂解与气化是两种不同的工艺，但经常会有人将两者混为一谈。表 16-3 对比了这三种方法的产氢潜力，虽然这两者的产氢潜力类似，但是热裂解过程没有气化过程反应强烈，也不需要很大的氧气用量，这两点使得热裂解具有很大的优势。

表16-3　　　　　　　　　　两种生物质制氢工艺产率

工艺途径	H_2 产率 /% （质量分数）	H_2 高位发热量 / 生物质发热量 / %
热解 + 催化重整	12.6	91
气化 + CO 变换	11.5	83

（三）生物油催化重整制氢

1. 生物油的性质

生物油的成分非常复杂，并且因富含碳氧双键稳定性差，长期放置及受热容易发生聚合，生成大分子化合物，进而造成分层、絮凝、积碳等问题。同时，生物质油由于含酸量高，新鲜生物油的 pH 值一般为 2~3，且含水量高，质量分数可达 15%~50%。因此，生物油不宜直接作为动力燃料使用，需要进行提制处理，将其转化为性质稳定性能优良的液体燃料，或是转化成高效清洁的气体燃料，如氢气。

2. 生物油催化重整制氢的基本原理

生物油催化重整制氢技术是指在催化剂和水蒸气存在的情况下，生物油通过高温重整得到氢气的过程，其总的反应方程式如下：

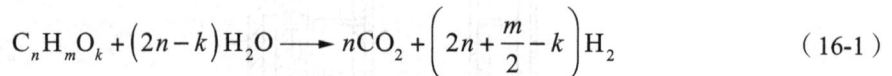

$$C_nH_mO_k + (2n-k)H_2O \longrightarrow nCO_2 + \left(2n + \frac{m}{2} - k\right)H_2 \tag{16-1}$$

从式（16-1）可以看出，生物油催化裂解产生的氢不仅来源于生物油本身所含有的氢元素，还有一部分来源于水中的氢。

生物油成分复杂，所以在实际的研究中常常是利用生物油的模型化合物。下面我们就从甲醇开始进一步了解生物油催化裂解的过程。相比于甲烷催化重整的苛刻条件（反应器的进口温度为 500~550℃和出口温度为 750~1000℃），甲醇的重整温度只需要在 300℃甚至更低，并且催化剂的选择也更多。目前对于甲醇催化裂解的机理没有统一的定论。一种机理是认为被吸附在催化剂上的甲醇完全发生脱氢反应，生成 CO 和 H_2，紧接着就发生 CO 和水蒸气的水汽变化反应，这与碳氢化合物的催化重整是相类似的。另一种机理认为甲醇重整的过程涉及两个关键的中间产物——甲酸甲脂（HCOOCH$_3$）和甲酸（HCOOH），而甲酸作为甲酸甲脂的水解产物，可以直接被转化成 CO_2 和 H_2，不会生成 CO。

3. 主要工艺

生物油催化裂解制氢技术首先是由美国可再生能源实验室的 D.Wang 等人提出的。该实验室对此概念进行了详尽的热力学分析、化学分析和经济可行性分析。如果建立中小型的生物质制备站，重点针对当地的农作物、植物和纤维素废料等进行裂解制备生物油，然后将裂解油集中运至氢能需求较大的地区，进行集中制氢，同时得到氢和酚类替代品。根据当时氢气的市场销售价进行经济分析，得出此制氢途径在经济上是可行的。经济上的可行性分析为这个产业打下了基础，在后续的研究中，制氢也都是跟制取生物油结合起来的。图 16-3 所示为这一过程的概念图，因为生物质和生物油中含硫量很少，所以整个过程不需要脱硫系统。根据热力学模拟结果，重整天然气的温度需要 825~900℃。水蒸气与碳的比例需要根据实验结果和经济性来确定，一般为 5~7。图 16-3 提出的生物油水蒸气重整制氢路线可描述如下：有数量众多的将生物质快速热解制取生物油的小型工厂分散于各地，得到的生物油运输到处于地缘中心的大型酒精制厂后，加水萃取得到热解木质素（固相）和液相两个组分。固相热解木质素既可用来生产酚醛树脂，也可转化为芳香烃和醚后添加于高辛烷值汽油用作混合燃料；液相主要是含氧碳氢化合物的混合物，经催化水蒸气重整反应和水气变换反应可制取纯氢。经估算，100 kg 生物油可得到 6 kg（不经水气变换反应）或 10 kg（经水气变换反应）H_2。

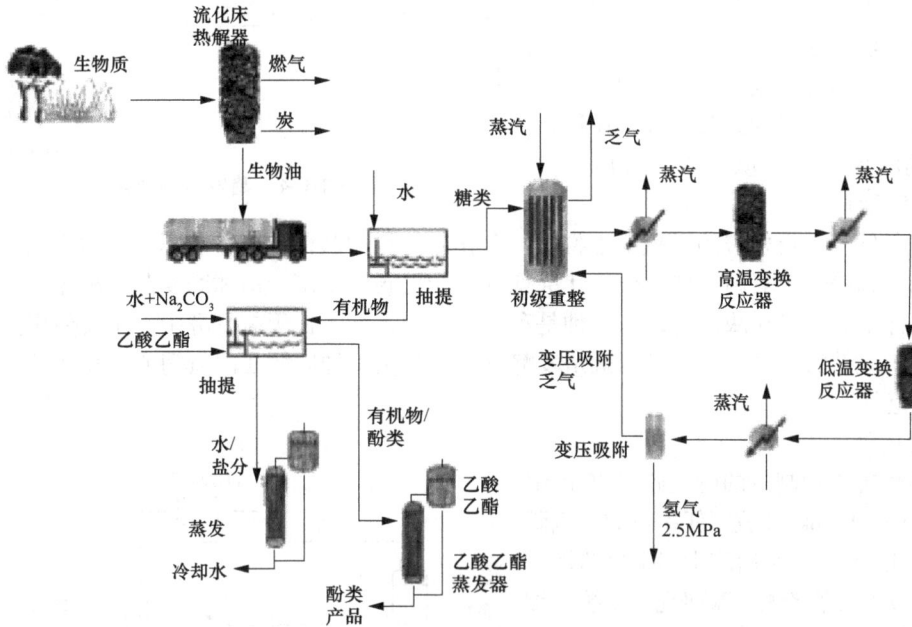

图 16-3　生物质快速裂解重整制氢工艺流程图

（四）水相催化

水相重整是指加压使水在反应温度下呈液态条件，与反应物在催化剂上进行重整反应。此技术与水蒸气重整反应相比各有特点：水蒸气重整反应温度高（600℃以上），涉及大量的水汽转换，能耗大，适合容易气化的小分子有机物，如甲醇、乙醇和乙酸等；而水相重整一般采用高压反应釜，反应温度较低，但是单程转化率较低，并对设备有耐压要求，适合不易气化多碳有机物，如多元醇、糖类等。该技术主要用于生物质衍生物的多元醇转化制氢，如乙二醇、丙三醇、山梨醇和葡萄糖等。

三、微生物法制氢

微生物制氢是利用微生物自身的新陈代谢途径生产氢气的方法，生成氢气的反应是在常温、常压和接近中性的温和条件下进行的。此外，生物质制氢所用原料可以是生物质、城市垃圾或者有机废水，这些原料来源丰富、价格低廉，且其生产过程清洁、节能，不消耗矿物资源，在生产氢气的同时净化了环境，具有废弃物资源化利用和减少环境污染的双重功效，成为国内外制氢技术的一个主要发展方向。

总的来说，能够产氢的微生物主要有两个类群：暗发酵细菌和光合发酵细菌。在这些微生物体内存在着特殊的氢代谢系统，而固氮酶和氢酶在产氢过程中发挥重要作用。微生物制氢主要包括暗发酵制氢、光合发酵制氢和暗 - 光合微生物联合制氢。

（一）暗发酵制氢

1. 基本原理

暗发酵制氢是通过厌氧微生物将有机物降解制取氢气。许多厌氧微生物在固氮酶或氢酶的作用下能将多种底物分解得到氢气。这些底物包括甲酸、丙酮酸、一氧化碳和各种短链脂肪酸等有机物、硫化物、淀粉纤维素等糖类。这些物质广泛存在于工农业生产的高浓度有机废水和人畜粪便中，利用这些废弃物制取氢气，在得到能源的同时保护了环境。图16-4所示为暗发酵制氢示意。

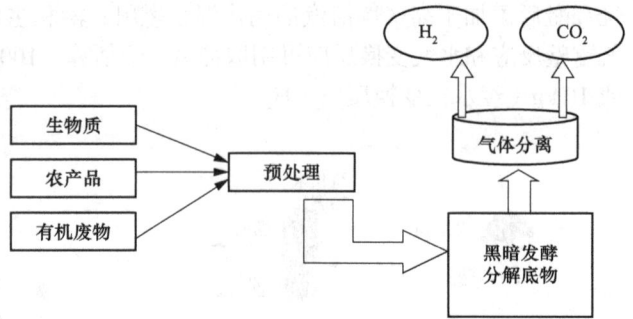

图16-4 暗发酵制氢示意

在厌氧条件下进行发酵的厌氧微生物中，存在着产氢的菌种，能够发酵有机物产氢的细菌包括专性厌氧菌和兼性厌氧菌，如丁酸梭状芽孢杆菌、大肠埃希菌、褐球固氮菌、根瘤菌等。制氢反应过程一种是利用氢化酶进行，另一种是利用氮化酶进行。在厌氧发酵中，主要使用氢化酶进行氢气的生产。总的来说，制氢过程就是发酵型细菌利用多种底物在固氮酶或氢化酶的作用下分解底物制取氢气。

2. 工艺流程

厌氧发酵有机物制氢的研究始于20世纪60年代。其中，Suzuki和我国任南琪的产氢研究最具代表性。Suzuki利用琼脂固定化菌株对糖蜜酒精废液进行了产氢试验研究，系统用带搅拌的固定化微生物厌氧产氢装置，产氢速率随着搅拌速率的提高由7mL/min增加到10mL/min，但固定化细胞颗粒易遭到破坏导致产氢速率下降，副产物的累积也会导致产氢速率下降。典型的氢气发酵装置如图16-5所示。

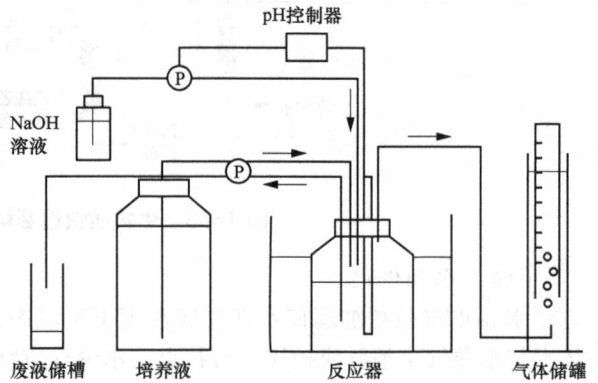

图16-5 典型的氢气发酵装置

发酵方式大多是连续发酵，也有间歇发酵。研究表明，利用两段厌氧处理工艺的产酸相通过发酵法从有机废水中制取氢气是可行的，可将生物制氢工艺和高浓度的有机废水处理相结合，在有效治理有机废水的同时回收大量的氢气，具有很好的经济效益和环境效益，两相厌氧处理工艺的产氢工艺流程见图16-6。

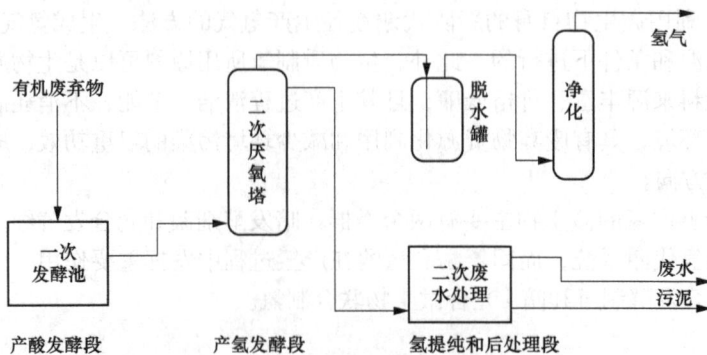

图16-6 两相厌氧处理工艺的产氢工艺流程

（二）光合发酵制氢

1.光解水制氢

蓝细菌和绿藻的产氢属于这种类型，它们在厌氧条件下，通过光合作用分解水产生氢气和氧气，所以通常也称为光分解水产氢途径。其作用机理和绿色植物光合作用机理相似，光合作用路线如图 16-7 所示。这一光合系统中，具有两个独立但协调起作用的光合作用中心：接收太阳能分解水产生 H^+、电子和 O_2 的光合系统 Ⅱ（PSⅡ），以及产生还原剂用来固定二氧化碳的光合系统 Ⅰ（PSⅠ）。PSⅡ产生的电子由铁氧化还原蛋白携带经由 PSⅡ 和 PSⅠ 到达产氢酶，H^+ 在产氢酶的催化作用下在一定的条件下形成氢气。产氢酶是所有生物产氢的关键因素，绿色植物由于没有产氢酶，所以不能产生氢气，这是藻类和绿色植物光合作用过程的重要区别所在，因此除氢气的形成外，绿色植物的光合作用规律和研究结论可以用于藻类新陈代谢的过程分析。

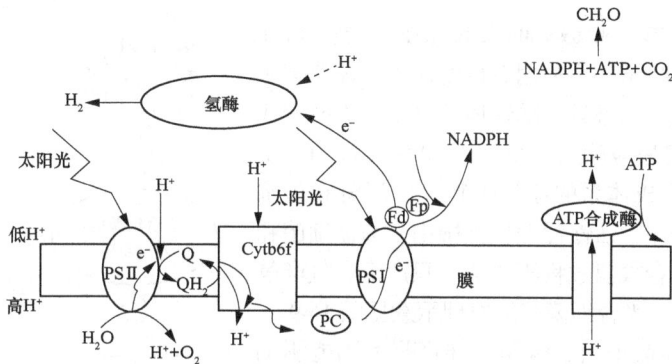

图 16-7　藻类光合产氢过程电子传递示意

PSⅡ—光合系统Ⅱ的反应中心；PSⅠ—光合系统Ⅰ的反应中心；Q—PSⅡ阶段的主要电子接受体；PC—质体蓝素；Cytb6f—细胞色素 b6、细胞色素 f 复合体；Fd—铁氧还蛋白；NADPH—氧化还原酶

间接光解水产氢途径中，光合器官捕获光子，产生的激活能分解水产生低氧化还原电位还原剂。该还原剂进一步还原氢酶形成氢气，综合起来即 $2H_2O \longrightarrow 2H_2 + O_2$。这是蓝细菌和绿藻所固有的一种很有意义的反应，它能够使地球上充足的水资源在不产生任何污染的情况下获得氢气和氧气。Greenbaum 等研究表明，在低光强度和氧气分压极低的条件下，chlomydomonos reinhardtii 可以获得太阳能转化效率 10% 的产氢效果。这一实验结果是在消除了光饱和效应和氧气抑制效应的条件下取得的。由于催化这一反应的产氢酶对氧气极其敏感，所以必须在反应器中通入高纯度惰性气体，形成一个氢气和氧气分压极低的环境，才能实现连续产氢。

为了克服氧气对产氢酶的抑制效应，使蓝细菌和绿藻产氢连续进行，发展出一种使氢气和氧气在不同阶段和（或）不同空间进行的光分解蓝细菌、绿藻生物质产氢的间接产氢途径，如图 16-8 所示。间接光解有机物产氢途径由以下几个阶段组成：

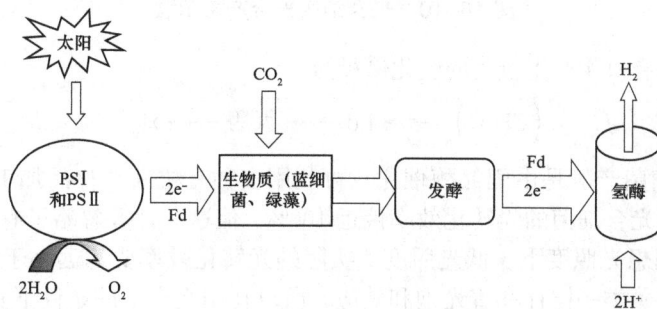

图 16-8　间接光解水产氢示意

（1）在一敞口池子中培养蓝细菌、绿藻，储存碳水化合物。

（2）将所获得的碳水化合物（蓝细菌、绿藻细胞）浓缩，转入另一池子中。

（3）蓝细菌、绿藻进行黑暗厌氧发酵，产生少量氢气和小分子有机酸，该阶段与发酵细菌作用原理和效果相似，理论上 1mol 葡萄糖生成 4mol 氢气和 2mol 乙酸。

（4）将黑暗发酵产物转入光合反应器，蓝细菌、绿藻进行光照厌氧发酵（类似光合细菌）继续将前面分解所得的有机酸彻底分解为氢气。

研究发现通过控制培养基的氮或硫含量可消除黑暗发酵阶段，使蓝细菌、绿藻直接由产氧、固定二氧化碳产生生物质阶段转入产氢阶段，减少操作程序和成本投入，但是仍然可以看出，间接光解有机物产氢过程的第二个阶段浓缩生物质需要消耗巨大的能量，存在成本太高的问题，而且仍处于刚开始研究的阶段。

2. 光合细菌产氢

光合细菌简称 PSB（photosynthetic bacteria），是一群能在厌氧光照或好氧黑暗条件下利用有机物作供氢体兼碳源进行光合作用的细菌，而且具有随环境条件变化而改变代谢类型的特性。它们是地球上最早（约 20 亿年以前）出现的具有原始光能合成体系的原核生物，广泛分布于水田、湖沼、江河、海洋、活性污泥核土壤中。与蓝细菌和绿藻相比，其厌氧光合放氢过程不产氧，只产氢，且产氢纯度和产氢效率较高。光合细菌产氢原理示意见图 16-9。

光合细菌产氢和蓝细菌、绿藻一样都是太阳能驱动下光合作用的结果，但是光合细菌只有一个光合作用中心（相当于蓝细菌、绿藻的光合系统Ⅰ），由于缺少藻类中起光解水作用的光合系统Ⅱ，所以只进行以有机物作为电子供体的不产氧光合作用，光合细菌光合作用及电子传递的主要过程见图 16-10。

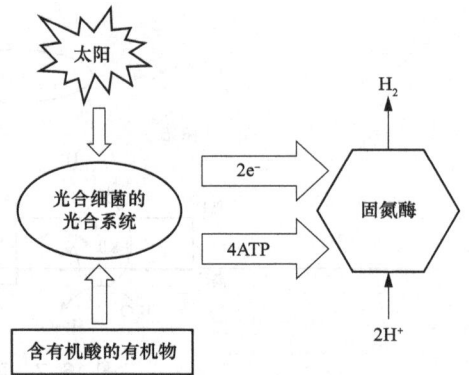

图 16-9 光合细菌产氢原理示意

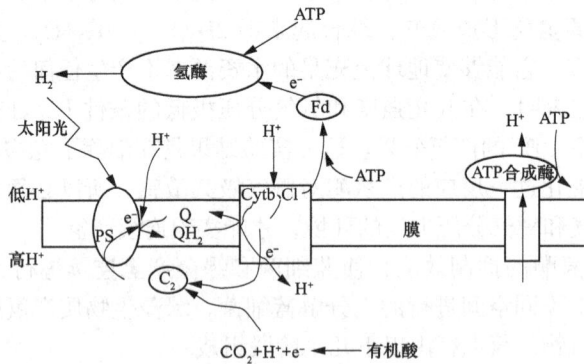

图 16-10 光合细菌光合产氢示意

光合细菌光分解有机物产生氢气的生化途径为

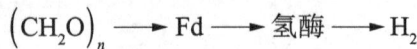

$$(CH_2O)_n \longrightarrow Fd \longrightarrow 氢酶 \longrightarrow H_2$$

目前认为光合细菌产氢是由固氮酶催化，可利用多种有机酸、食品加工和农产品加工的下脚料产氢，计算所得光合细菌的光转化效率接近 100%。但这一计算忽略了有机物中所含的能量。有关专家认为，在理想光照度下（低光照度）实际的光转化效率要远远小于 100%。而且由于光合细菌的光合系统和藻类一样存在着光饱和效应，所以在阳光充足的条件下实际的光转化效率更低。提高光转化效率是所有光合生物制氢技术中有待解决的问题。但是，光合细菌所固有的只有一个光合作用中心的特殊简单结构，决定了它所固有的相对较高的光转化效率。

图 16-11 所示为光合细菌产氢装置。底物为黑暗好氧消化后的猪粪污水，按一定比例稀释到接近猪场二级沉淀池污水浓度 COD 为 5500mg/L 左右，加 0.1% 的葡萄糖。100mL 的反应瓶中装有产氢培养基，待接种高效产氢光合菌种后用胶塞封住，将导气管插入到反应瓶上部预留空间，导气管上有一阀门。为控制一定的温度，反应瓶置于光照生化培养箱内，恒温。为保证光合细菌受光的均匀性，在反应瓶的周围均匀地布置四个白炽灯。由于玻璃瓶为密封，所以产氢仍可近似认为是在厌氧的条件下进行的。

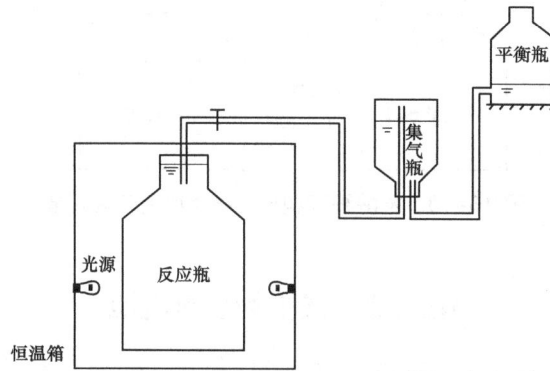

图 16-11 光合细菌产氢装置

（三）暗 – 光合微生物联合制氢

暗厌氧发酵产氢和光合细菌产氢联合起来组成的产氢系统称为混合产氢途径。图 16-12 给出了混合产氢系统中发酵细菌和光合细菌利用葡萄糖产氢的生物化学途径和自由能变化。厌氧细菌可以将各种有机物分解成有机酸获得它们维持自身生长所需的能量和还原力，为消除电子积累产生出部分氢气。由图 16-12 还可以看出，由于反应只能向自由能降低的方向进行，在分解所得有机酸中，除甲酸可进一步分解出氢气和二氧化碳外，其他有机酸不能继续分解，这是发酵细菌产氢效率很低的原因所在。产氢效率低是发酵细菌产氢实际应用所面临的主要障碍。然而光合细菌可以利用太阳能来克服有机酸进一步分解成氢气和二氧化碳所面临的正自由能势垒，使得有机酸得以彻底分解，释放出有机酸中所含的全部氢。另一方面由于光合细菌不能直接利用淀粉和纤维素等复杂的有机物，只能利用葡萄糖和小分子有机酸，所以光合细菌直接利用废弃的有机资源产氢效率同样很低，有时甚至得不到氢气。利用发酵细菌可以分解几乎所有的有机物为小分子有机酸的特点，将原料利用发酵细菌进行预处理，接着用光合细菌进行氢气的生产，是一种双赢的结果。

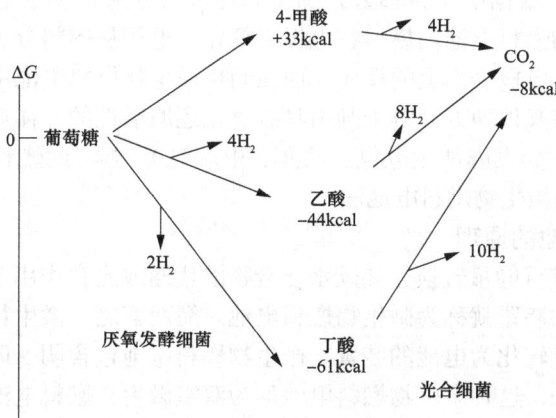

图 16-12 发酵细菌和光合细菌联合产氢途径

由于不同菌体利用底物的高度特异性，其所能分解的底物成分是不同的，光合微生物与发酵型细菌可利用城市中大量工业有机废水和垃圾为底物，要实现底物的彻底分解并制取大量的氢气，应考虑不同菌种的共同培养。图 16-13 所示为发酵细菌和光合细菌联合产氢示意。

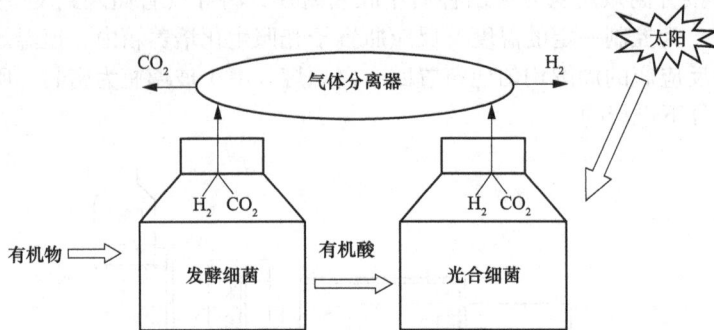

图 16-13　发酵细菌和光合细菌联合产氢示意

第二节　微生物燃料电池

一、微生物燃料电池的历史与种类

1910 年，英国植物学家 Michael Cresse Polter 宣布利用微生物可以产生电流，有关微生物燃料电池的研究由此开始。自 20 世纪 60 年代末以来，直接的微生物燃料电池开始成为研究热点，主要的研究对象是以葡萄糖为阳极燃料、以氧为氧化剂气体的酶燃料电池。但此时恰逢锂和硅电池的研发取得了突破性进展，使这类酶燃料电池的研究受到了冷落。20 世纪 80 年代后，由于氧化还原媒介体的广泛应用，微生物燃料电池的输出功率有了较大的提高，其作为小功率电源使用的可行性增大，进而推动了它的研究和开发。另一方面，由于微生物燃料电池中的阴极与其他燃料电池相似，也可以使用空气中的氧作为氧化剂，所以相关的研究大多集中于阳极。但同时，也出现了具有生物电催化功能的修饰电极代替常规的氧阴极。以天然食物为燃料，能够自给自足的机器人（gastrobots）研究也于近年来取得了一些进展。20 世纪 90 年代初，我国也开始了该领域的研究。

目前，在微生物燃料电池领域的研究工作大多是针对电池阳极区的。因此，按照阳极催化源的不同，微生物燃料电池主要分为微生物燃料电池、酶燃料电池及光催化微生物燃料电池三大类。这三类分别是利用整体微生物中的酶、专性的酶及光催化能量来进行转化的。

微生物燃料电池如果根据电子转移方式的不同还可以分为直接微生物燃料电池和间接微生物燃料电池。直接微生物燃料电池的燃料在电极上氧化，电子从燃料分子直接转移到电极上，生物催化剂的作用是催化在电极表面上的反应；而在间接微生物燃料电池中，燃料并不在电极上反应，而是在电解液中或在其他地方，电子则由具有氧化还原活性的介体运载到电极上去。利用化学方法先生产生物燃料（如发酵法生成氢、乙醇、甲烷等），再将此燃料供应给普通的燃烧电池的方法，有时也称为间接微生物燃料电池法。

二、微生物燃料电池的原理

利用微生物的作用进行能量转换，如碳水化合物的代谢或光合作用等，把呼吸作用产生的电子传递到电极上，这样的装置就称为微生物燃料电池。简而言之，微生物燃料电池是指在微生物的催化作用下，将化学能转化为电能的装置。微生物燃料电池包含阴、阳两个极室，两个极室中间由质子交换膜分隔开来，这种微生物燃料电池称为双室微生物燃料电池，而无分隔的微生物燃料电池称为单室微生物燃料电池。在阳极表面，水溶液或污泥中的有机物，如葡萄糖、醋酸、多糖和其他可降解的有机物，在阳极微生物的作用下，产生 CO_2、质子和电子。电子通过介体或细胞膜传递给电极，然后通过外电路传到达阴极，质子通过溶液迁移到阴极，然后在阴极上与氧气发生反应产生水，使得整个反应过程达到物质的平衡与电荷的平衡，而外部用电器负载也就获得微生物燃料电池所提供的电能。

（一）胞外产电菌

在最初的十亿年里，地球上的生命体是在完全不含氧气的大气中进化的。厌氧微生物经过了数百万年的进化，可以利用尽量少的化合物来支持其新陈代谢，并且在没有气态氧的环境下进行呼吸作用。进化后的细菌很可能利用许多不同类型的电子受体，对于 MFC 而言，最令研究者感兴趣的就是一些能向细胞外传递电子的细菌。通常，将这类细菌称为向外直接转移电子的产电菌（exoelectrogens），以下称为胞外产电菌。exo- 表示胞外的，因为这类细菌有能够将电子直接转移给化合物或间接电子受体的能力，许多厌氧微生物只能将电子传递给可溶性外源化合物（不是细胞合成的），如硝酸盐或硫酸盐。

（二）电子从胞外产电菌到电极的转移机制

迄今为止，科学家们发现有三种将电子从胞外产电菌转移到电极表面的机制，分别为纳米导线、细胞 - 表面间直接电子传递及中介体。如图 16-14 所示，Gorby 及其同事发现并报道了 Geobacter 和 Shewanella 菌属的导电附属产物，并将其称为细菌的纳米导线。他们使用传导扫描隧道显微镜（STM）将样品放入一个高度规则的热解石墨表面（一个非常平的导电表面），在恒定电流成像的条件下，检测出扫描的部分与石墨表面之间具有导电性。

然而，纳米导线的存在并不意味着电子只能通过纳米导线转移，同样的细菌也可以在没有纳米导线生成的时候实现电子从细胞表面到铁或阳极的转

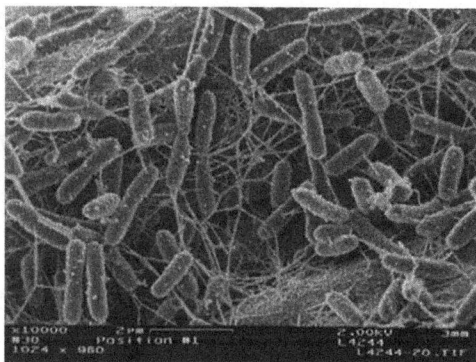

图 16-14　在 MFC 电极上生长的 Shewanella oneidensis MR-1 所产生的纳米导线

移。由图 16-14 的近距离显微镜照片可知，表面存在凸起的小泡，例如不存在纳米导线的表面凸起的位点可能是传导的接触点。当然，我们不可能从这样的显微镜看见从细胞表面转移电子所依靠的小蛋白质。在实际实验中，化学中介体或电子中介体（shuttle）经常被加入 MFC 中，从而使细菌甚至酵母能传递电子。这些外源中介体包括中性红、2,6- 蒽醌、二磺酸（AQDS）、硫堇、铁氰化钾、甲基紫精等。但是现在关于电子传递机制的信息还不充分，尚不能描述这些细菌是如何在金属或电极表面增殖和维持细胞活性的，而且细菌之间在表面的竞争还需要进行深入的研究。

（三）电压的产生

微生物燃料电池通常能实现的最大工作电压为 0.3~0.7V。电压 E 是外电阻 R_{ex}（或是电路负载）和电流 I 的函数，有

$$E = I R_{ex}$$ （16-2）

单个 MFC 产生的电流是很小的，所以在实验室中通常是通过测量外电阻上的电压再通过计算得到电流。MFC 产生的最高电压是开路电压，可以在电路不连通时测得（无穷大电阻，零电流）。功率可以在任何时候由公式 $P=IE$ 计算得到。

MFC 的电压产生远比化学电池要复杂得多。在 MFC 中，微生物需要一段时间以生长在电极表面，并产生酶或是一些结构来完成电子在细胞外的传递。在混合培养过程中，各种微生物都能生长，并产生不同的电位。但即使是在纯培养中，微生物产生的电位都是不可预测的。根据电子供体（底物）和电子受体（氧化剂）的热力学关系，能产生的最大电压是有上限的。

1.基于热力学关系的最大电压

对于各种电池或燃料电池，最大电位 E_{emf} 都可以由式（16-3）表示：

$$E_{emf} = E^{\ominus} - \frac{RT}{nF} \ln \Pi \qquad (16\text{-}3)$$

式中：$E^{\ominus}$ 为标准电池电动势；R 为气体常数，$R = 8.3144 J/(mol \cdot K)$；$T$ 为溶液温度，K；n 为电子转移数；F 为法拉第常数，$F = 96485 C/mol$。

反应系数是指生成物活度与反应物活度的各自化学计量系数次幂的比值，即

$$\Pi = \frac{\left[生成物\right]^{P}}{\left[反应物\right]^{R}} \qquad (16\text{-}4)$$

式中：上标 P 和 R 表示生成物活度与反应物活度的各自化学计量系数。

根据 IUPAC 公约，所有的化学反应都按照化学还原的方向书写，所以产物一般都是还原物，反应物是氧化物（氧化物 + e^- —→ 还原物）。仍然根据 IUPAC 公约，将温度 298K、1mol/L 的液体浓度和 1bar（1bar = 0.9869atm = 100kPa）的气体浓度设为标准条件，所有的 $E^{\ominus}$ 值都是根据标准条件下的相对于氢的值来计算，因此定义 $E^{\ominus}(H_2) = 0$，即标准氢电极（NHE）。这样，系数 $\Pi = 1$ 时，相对于氢电极的所有化学物的标准电位都能得到。

在生物体系中，电位通常都先修正为中性 pH 值条件。因为大多数细胞的细胞质都是 pH=7，电位通常都先修正为中性 pH 值条件。对氢来说，由于存在 $2H^+ + 2e^-$ —→ H_2，这就意味着 298K 时，修正后的电位为

$$E'^{\ominus} = E^{\ominus} - \frac{RT}{nF} \ln \frac{\left[H_2\right]}{\left[H^+\right]^2} \qquad (16\text{-}5)$$

$$E'^{\ominus} = 0 - \frac{9.31 J/(mol \cdot K) \times 298.15K}{2 \times \left(9.65 \times 10^4 C/mol\right)} \ln \frac{\left(1 bar\right)}{\left(10^{-7} mol/L\right)^2} \qquad (16\text{-}6)$$

$$E'^{\ominus} = -0.414 V \qquad (16\text{-}7)$$

其中，E 上的标识"′"用来定义一般适合微生物使用的 pH 值修正后的标准条件。因此，虽然当所有种类都存在于 pH=7 的溶液中的假定状态时，氢的电位为 0，但在大多数计算时，氢的电位并不是 0。电位需要根据温度、压力和不同于 7 的 pH 值来修正。例如，在 303K（30℃），一般大气压下实验室细菌的培养中，$E'^{\ominus}(H_2) = -0.421 V$。

对氢（H^+/H_2）来说，能被 H^+ 氧化的化学物质有更负的电位，而那些被 H^+ 还原的物质有更正的电位。例如，氢气能够被氧气氧化，氧气的半反应方程 $\frac{1}{2}O_2 + 2H^+ + 2e^-$ —→ H_2O，$E^{\ominus}(O_2) = 1.229 V$，所以在 pH=7 时，修正氧的电位值为

$$E'^{\ominus} = E^{\ominus} - \frac{RT}{nF} \ln \frac{1}{\left[O_2\right]^{1/2} \left[H^+\right]^2} \qquad (16\text{-}8)$$

$$E'^{\ominus} = 1.229 V - \frac{8.31 J/(mol \cdot K) \times 298.15K}{2 \times (9.65 \times 10^4 C/mol)} \ln \frac{1}{(0.2 mol/L)^{1/2} \times (10^{-7} mol/L)^2} = 0.805 V \quad (16\text{-}9)$$

纯液体和固体的活度是常数，所以这里水的活度是统一的。由于 $E'^{\ominus}(O_2) > E'^{\ominus}(H_2)$，氧气被氢气还原。

2.总电池电位

任何燃料电池产生的总电位都根据阳极和阴极电位的不同而不同，即 $E_{emf} = E_{cat} - E_{an}$。在 pH = 7 标准条件下的修正方程为

$$E'_{emf} = E'^{\ominus}_{cat} - E'^{\ominus}_{an} \qquad (16\text{-}10)$$

式中：E'_{emf} 表示最大电位，也称为总电位；E'_{cat} 表示阴极电位；E'_{an} 表示阳极电位。

例如，假定氧气在阴极使用，氢气在阳极使用。在给定条件下（298K，1bar，pH = 7），$E'^{\ominus}_{emf} = 0.805\text{V} - (-0.414\text{V}) = 1.219\text{V}$。

（四）能量的产生

1.能量的计算

为了使 MFC 成为有效的产能方法，优化该产能系统非常关键。功率等于电流值乘以电压值，即 $P = IE$，MFC 的输出功率等于测量的电压值乘以通过该电路的电流值：

$$P = IE_{MFC} \qquad (16\text{-}11)$$

实验室规模的 MFC 产生的电流通过测量该电路在某一负载（如外阻 R_{ext}）下的电压值计算而得，$I = E/R_{ext}$。因此输出功率可由式（16-12）给出：

$$P = \frac{E_{MFC}^2}{R_{ext}} \qquad (16\text{-}12)$$

$$P = I^2 R_{ext} \qquad (16\text{-}13)$$

2.面积功率密度

对于描述特定构造的 MFC 系统的效率，仅仅知道其输出功率是不够的。例如，微生物用于生长的阳极，其表面积可影响其产能。因此，通常将产生的能量通过阳极面积（A_{an}）进行规范，进而得到 MFC 的功率密度：

$$P_{an} = \frac{E_{MFC}^2}{A_{an} R_{ext}} \qquad (16\text{-}14)$$

3.体积功率密度

MFC 设计的目标是使系统的总功率输出最大，最终最重要的因素是基于反应器总体积的输出功率，可由式（16-15）计算：

$$P_V = \frac{E_{MFC}^2}{V R_{ext}} \qquad (16\text{-}15)$$

式中：P_V 为体积功率，W/m^3；V 为反应器总体积，m^3。其中，V 也可以用液体容积来计算，但是在环境工程领域中，更习惯使用反应器的总体积。

4.功率输出与总功率——内阻和开路电压的影响

有的反应器的功率只能达到几毫瓦特每立方米，而有些却可达到几百瓦特每立方米，这主要是由反应器的内阻与阳极和阴极的化学反应产生的最大固有电位的比值决定的（如电池的 E_{emf}）。由于系统内阻的存在，一般系统达不到这一最大值。我们可将 MFC 看作有电流通过的串联两个电阻的电池，一个是外阻 R_{ext}，另一个是内阻 R_{int}。因此，最大的输出功率 $P_{t,emf}$ 为

$$P_{t,emf} = \frac{E_{emf}^2}{R_{int} + R_{ext}} \qquad (16\text{-}16)$$

因此，功率与最大电位 E_{emf} 的平方成正比。如前所述，开路电压（OCV）总比 E_{emf} 小，实际上不可能达到这一输出功率。基于 OCV 的输出功率 $P_{t,OCV}$ 为

$$P_{t,OCV} = \frac{OCV^2}{R_{int} + R_{ext}}$$

（16-17）

要弄清这一功率非常重要，但是人们更关心的是最大输出功率 P_{max}（如系统产生的有用的功率）。预测电池电动力的最大可能输出功率（P_{max}）计算如下：

$$P_{max} = P_{max,emf} = \frac{E_{emf}^2}{R_{int} + R_{ext}} \times \frac{R_{ext}}{R_{int} + R_{ext}} = \frac{E_{emf}^2 R_{ext}}{(R_{int} + R_{ext})^2}$$

（16-18）

然而如前所述，OCV 对于计算 P_{max} 更有用。基于 OCV 的 P_{max} 为

$$P_{max} = \frac{OCV^2 R_{ext}}{(R_{int} + R_{ext})^2}$$

（16-19）

对于空气阴极 MFC，OCV 变化不大，影响功率的主要因素是 R_{int}。从式 (16-19) 可以看出，如果 $R_{int}=R_{ext}$，那么 $P_{max}=E_{emf}^2/4R_{int}$。所以，内阻越小，$P_{max}$ 越大。因此，MFC 构造的主要目的是使反应器的内阻最小化。

（五）库仑效率和能量效率

产能是运行 MFC 的一个重要目标，即试图尽量多地提取储存的电子，尽量多地从系统中回收能量。电子的回收率也称为库仑效率，即回收的电子与有机物质能提供的电子比。底物氧化是失去电子的过程，转移电子的物质的量是由每种底物（b_e）氧化反应的半反应方程式决定的。例如，完全氧化乙酸将产生 8mol 电子，$b_e=8$mol e^-/mol，葡萄糖 $b_e=24$mol e^-/mol。库仑效率为

$$C_E= 回收的电量 / 底物含有的电量$$

（16-20）

1A 定义为每秒传递 1 库仑的电荷，即 1A=1C/s。因此将电流对时间积分，就能得到系统中转化的总电量。间歇流中的 C_E 可定义为

$$C_E = \frac{M_s \int_0^{t_b} I dt}{F b_e V_{an} \Delta c}$$

（16-21）

式中：t_b 为周期时间；Δc 为每一周期底物浓度的变化值，从底物初始浓度 c_0 出发，对于特定的可完全降解的底物（如乙酸盐），$\Delta c=c_0 - c=c_0 - 0=c_0$；$F$ 为法拉第常数；V_{an} 为阳极室液体体积；M_s 为底物的摩尔质量。

对于复杂的底物，用 COD 来计算底物浓度比较方便，有

$$C_E = \frac{8 \int_0^{t_b} I dt}{F V_{an} \Delta COD}$$

（16-22）

其中，8 是 COD 计算时的一个常数，基于 O_2 的摩尔质量是 32g/mol，每摩尔 O_2 还原转换的电子摩尔数 $b_{es}=4$。

对于连续流 MFC，可用底物的 COD 变化或体流速来计算 C_E：

$$C_E = \frac{M_s I}{F b_{es} q \Delta c}$$

（16-23）

$$C_E = \frac{8I}{F q \Delta COD}$$

（16-24）

MFC 的能量效率是基于系统所回收的能量与底物所蕴含的能量的比值。能量效率 η_{MFC} 定义为电池产生的能量对时间的积分与有机底物燃烧热的比值，有

$$\eta_{MFC} = \frac{\int_0^t E_{MFC} I dt}{\Delta H n_s}$$

（16-25）

式中：ΔH 为燃烧热，J/mol；n_s 为底物的物质的量，mol。

特定底物的 ΔH 很容易从参考资料中查到，但一般情况下废水中有机底物的燃烧热是未知的。

（六）极化曲线及功率密度曲线

OCV 是 MFC 系统中得到的最大电压，受到特定的微生物种群和阴极 OPC 的限制。对于 MFC 或其他电源，目标就是获得最大的输出功率，在最高电位下获得最大的电流密度。当外电阻无限大的时候，才能获得 OCV。当外电阻降低时，输出电压也随之降低。因此，为了在一定的电流范围之内得到最大的输出功率，需要在电流密度增大的过程中寻求最小的电压降。

极化曲线用来表示电流与电压的关系。改变电路的外阻值，得到相应的电压以及该阻值下的电流值。因此，为了得到极化曲线，在电路中需要使用一系列的电阻值，并在每个电阻值下测量电压值，类似的曲线如图 16-15 所示。图 16-15（a）所示为改变电阻，得到不同外阻相对应的一系列电压值；图 16-15（b）所示为电流密度和电压的关系——极化曲线，以及输出功率密度与电流密度的关系——功率曲线。利用公式 $I=E/R_{ext}$ 计算电流，电流密度则是将电流除以电极面积得到（通常是阳极面积）。将电压对电流作图得到极化曲线。曲线表征了在一定的电流下，MFC 能得到多大的电压。如图 16-16 所示，OCV 为 0.78V（电流为 0，外阻无限大），当电流密度为 0.1mA/cm² 时，电压急剧下降到 0.5V，通过该点后电压与电流呈线性关系。

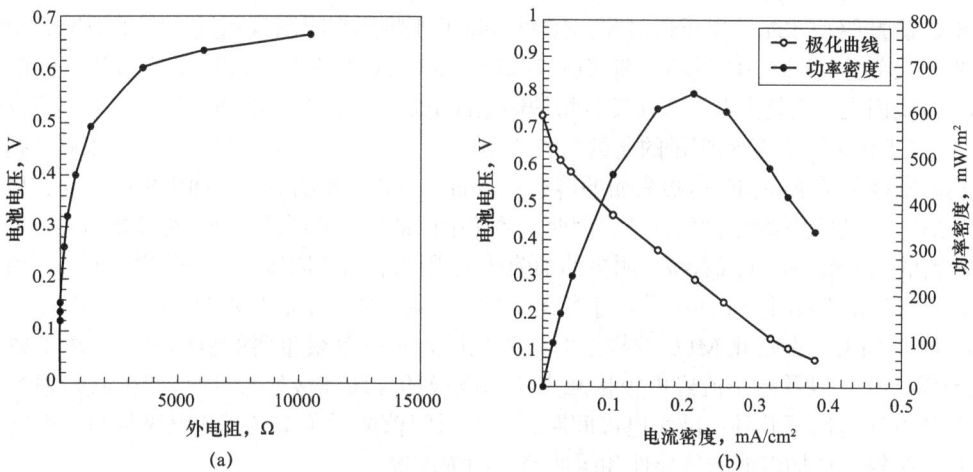

图 16-15　极化曲线和功密度曲线

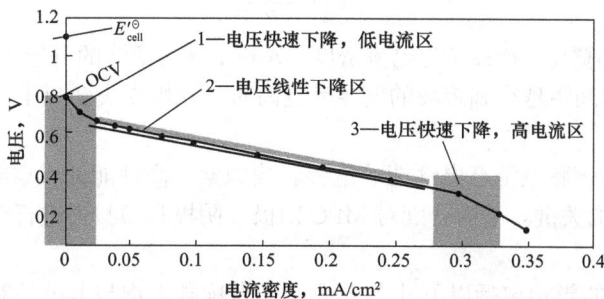

图 16-16　极化曲线表明不同类型的能量损失导致的有效电流下降

注：图中实线表现电压线性下降区域。

MFC 的研究者通常都用功率曲线的最高点来表明系统得到的最大功率。功率密度曲线由电压计算得到。

（七）影响电池电压的因素

MFC 的电压降由三个特殊的区域组成：①电压随电流的增加而急剧下降（高电阻区）；②电压呈线性趋势下降；③高电流密度区电压第二次急剧下降。在某一固定电流下的电池电压损失被认为是由电极过电位和欧姆损失共同引起的。由式（16-26）可知：

$$E_{emf} = E^{\ominus} - \left(\sum OP_{An} + \left| \sum OP_{Cat} \right| + IR_O \right) \tag{16-26}$$

式中：$\sum OP_{An}$ 和 $\left| \sum OP_{Cat} \right|$ 分别为阳极和阴极的过电位；IR_O 项包括了总欧姆损失，它与电流和系统欧姆内阻（R_O）成正比。

电极的过电位在低电流密度区比较明显，此处电压急剧下降，但是其在任意点的下降幅度与电流相关（电流变化，过电位也发生变化）。电极的过电位来自三部分：活化损失、细菌新陈代谢引起的损失、传质损失。下面重点介绍这三种影响因素及欧姆损失。

（1）活化损失。活化损失是指由最初的氧化反应或还原反应引起的能量损失，以及电子从细胞终端蛋白或酶传递到阳极表面引起的能量损失（如纳米导线、中介体、细胞表面的终端细胞色素）。活化损失在低电流密度区比较明显（见图 16-16 中曲线 1）。降低活化损失的途径有以下几种：提高阴极催化剂活性，在阳极上接种多种不同的细菌，提高细菌与阳极电子传递的能力。

（2）细菌新陈代谢引起的损失。由细菌新陈代谢引起的电压损失并不明显，因为这些损失是由细菌氧化底物的驱动能量引起的。在 CAC 循环或底物磷酸化产生 1mol ATP 的循环中，细菌必须有足够的能量驱动才能使质子透过膜。然而，除了那些具有限制氧化过程中质子生成功能的工程细菌外，大部分使用 CAC 循环的细菌通过氧化 1mol NADH 就能实现质子传递并透过膜。

（3）传质损失。它是由电极表面反应物的通量或电极上生成产物的通量不足而限制了反应速率而导致的。在阳极区，底物到阳极的通量仍然是 MFC 运行中的严重问题之一，但尚未有证据表明获得最大功率密度是基于底物到电极表面的传递。然而，当质子到阴极的传递出现问题时，质子积累导致 pH 值降低，进而影响细菌的活性，因此，系统中保证足够的缓冲溶液浓度非常重要。同时，应使阴极材料的构造最小化（或者减少阴极的细菌数），因为它可能阻碍质子的传递。此外，溶液中还存在着较大的两相传质阻力（如质子通过溶液或质子交换膜的阻力），这部分可将其看作欧姆损失。

（4）欧姆损失。在优化 MFC 的构造时，降低欧姆损失是最重要的目标之一。离子或质子通过溶液或膜传递，以及电子流经电极接触点（如电极的导线连接处），均会产生欧姆损失。降低欧姆损失的方法有以下几种：减小电极间距，选择低阻值的质子交换膜或电极材料，保持电极与电路的良好接触，增加溶液的传导性和缓冲溶液的浓度等。

参比电极与双极膜间由于溶液传导而引起的欧姆损失可由式（16-27）计算得到：

$$\Delta V_{\Omega} = \frac{\delta_w I}{\sigma} \tag{16-27}$$

式中：δ_w 为溶液的宽度，cm；I 为电流密度，A/m^2；σ 为溶液的电导率，S/cm。

因此，当阴阳极的间距越小和溶液的电导率越高时，欧姆损失会减小，从而提高功率输出。

三、电池材料

电池材料是微生物燃料电池产电性能的重要影响因素，高性能低成本电池材料的研究与开发是 MFC 技术实际应用的关键。下面分别对 MFC 阳极、阴极和膜材料进行介绍。

（一）阳极材料

阳极材料对 MFC 的影响包括以下几个方面：①影响微生物与电极的有效接触距离及向电极传递电子的微生物数量，从而影响 MFC 系统中电子转移的效果；②影响阳极电位，阳极电位决定了胞内电子最终的氧化还原电动势，从而影响微生物的代谢途径；③决定电极阻值，进而影响 MFC 功率输出。因此，优良的阳极材料需要具有易于产电微生物附着、电阻小、导电性强、比表面积大、无生物毒性、耐腐蚀、价格低廉等特点。

现阶段，被用作 MFC 阳极材料的主要是碳基材料和石墨材料，以及在这些材料基础上用碳纳米材料、金属、导电聚合物等修饰的电极。

1. 碳基材料

MFC 阳极较为常见的碳基材料有碳棒、碳纸、碳布、泡沫碳和玻璃碳等。碳纸较薄、脆、易断；碳布由碳纤维编织而成，比碳纸软，且孔隙多于碳纸；泡沫碳比碳布稍厚，给微生物的附着及电子传递提供了更大的空间；玻璃碳电极的孔隙率高，导电性较好，但非常脆。不同碳材料产电性能受诸多因素影响，很难从产电性能上比较，但是考虑到 MFC 的放大应用，成本无疑是选择材料的重要因素。尽管碳布具有良好的产电性能，然而过高的成本限制了其应用。有研究发现碳纤维布材料的成本只有碳布的 1/40，功率密度（893 mW/m²）却高于碳布材料（811mW/m²），有望在未来大型化 MFC 中得到应用。

2. 石墨材料

可被用作 MFC 阳极的石墨材料主要有石墨棒、石墨板、石墨片、石墨毡、石墨泡沫、石墨颗粒、石墨纤维和石墨刷等。

石墨棒、石墨板、石墨片表面平整，常被用作产电菌分离和产电微生物显微镜等观察研究。由于石墨棒坚硬，没有孔隙，所以其单位工作面积产能低于石墨毡和石墨泡沫。以石磨棒、石墨毡和石墨泡沫三种材料为阳极的电池输出电流由大到小的顺序是石墨毡、碳泡沫材料、石墨，究其原因是表面积不同，而不是材料不同，这说明增大电极比表面积可以增大向阳极传递电子的微生物密度，从而增大电能输出。

要提高电极的比表面积，除了选择石墨毡外，还可选择石墨颗粒、石墨刷、石墨纤维。石墨颗粒常被用作填充式反应器中的电极，这种填充床式的电极，颗粒之间必须良好接触。石墨刷是由钛丝束紧的石墨纤维组成，最大限度地增加阳极的比表面积且导电性良好，钛丝起到电子收集器的作用。空气阴极的 MFC 中使用石墨刷可获得高达 2400 mW/m² 功率密度。

3. 碳纳米材料

近年来，碳纳米管、颗粒活性炭、石墨烯、活性炭纤维等多种碳纳米材料也被应用在 MFC 阳极修饰中。碳纳米材料具有较大比表面积和良好的导电性，纳米材料修饰的阳极可以有效地降低阳极的活化内阻，有利于更多的微生物吸附到电极上，改进其性能。电极的导电性好且活化损失小，能够尽可能地降低阳极的活化内阻，减小 MFC 的整体内阻，从而增大 MFC 的电能输出。有研究将碳纳米管固定在海绵表面制成阳极，降低了阳极材料的内阻，增强了碳纳米管的机械性能，以生活污水为底物体积功率密度高达 182W/m³。虽然碳纳米材料有诸多优点，但过大的比表面可能会导致材料团聚，因此选择合适的基体材料（如碳布、不锈钢网、海绵等）是该类阳极材料获得较高性能的关键。

（二）阴极材料

阴极性能是影响 MFC 性能的重要因素。阴极室中电极的材料和表面积以及阴极溶液中溶解氧的浓度都影响着电能的产出。碳纸、碳布、石墨、石墨毡、石墨颗粒及石墨刷等均是阴极常用的基本材料，但直接使用这些材料效果不佳（特别是以氧为电子受体），可通过附着高活性催化剂得到改善，催化剂可降低阴极反应活化电动势，从而加快反应速率。目前所研究的 MFC 大多使用铂为催化剂，例如使用高活性催化剂 Pt 或 Pt-Ru 提高了阴极效率。由于铂比较昂贵，采用性能接近的廉价催化剂是阴极材料的发展趋势。

（三）膜

膜主要用于双室 MFC，使阴、阳两极分开。最常用的分隔材料是质子交换膜、阴离子交换膜及阳离子交换膜。质子交换膜可有效传输质子，同时抑制反应气体的渗透，但价格昂贵。阴离子交换膜的性能优于阳离子交换膜，且较薄的阴离子交换膜可获得较高输出功率和库仑效率。另外，微滤膜和超滤膜都有较好通透性，但作为 MFC 的分隔材料时无法阻止溶解氧和底物向阳极扩散，而破坏阳极微生物结构稳定性，并导致系统库仑效率降低。分隔材料研究主要是寻找价格低、性能好的材料，促进 MFC 的规模化应用。

四、MFC 构型

为满足基础研究或实际应用的需要，MFC 构型多种多样。按照反应室的个数，MFC 可分为两室及单室 MFC；按照有无分隔膜，可分为有膜及无膜 MFC；按照 MFC 的形状，又可分为 H 形 MFC、上流管状 MFC、平板式 MFC、迷你 MFC、底泥 MFC 等。本节主要介绍几种典型的 MFC 构型及其产电性能。

（一）两室 MFC

两室 MFC 的基本构型包括阳极室、阴极室以及将两室隔开的质子交换膜。H 形 MFC 及立方形 MFC 是比较传统的两室 MFC。近年来，一些研究者结合废水处理装置设计出许多新颖的改进型两室 MFC。例如，平板式 MFC，用该系统处理生活污水可产生的功率密度为（72 ± 1）mW/m^2；上流式 MFC，最大功率密度可达 170 mW/m^2；采用折叠三维电极的微型 MFC，最大功率密度为 24 mW/m^2，见图 16-17。

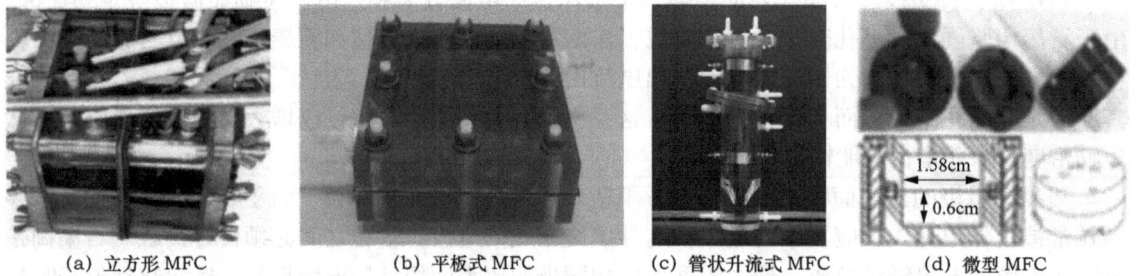

(a) 立方形 MFC   (b) 平板式 MFC   (c) 管状升流式 MFC   (d) 微型 MFC

图 16-17 两室 MFC

立方形 MFC 是最为常见的构型，多用于 MFC 结构参数、阳极室微生物导电机理等基础研究，该构型的缺点是需要不断地补充氧气、铁氰化物、高锰酸钾、二氧化锰等阴极氧化剂。平板式 MFC 将阴阳极和质子交换膜压在一起，阳极室在上，使产电微生物更易富集在阳极上，而且阴阳极间只有质子交换膜，可以减小内电阻，从而增大输出功率。升流式 MFC 由处理废水的 UASB 反应器改造得来，具有 UASB 的优点，使阳极反应液与菌充分混合，从而提高产电量。微型 MFC 采用折叠的三维电极，可以增大电极表面积（$36 \sim 610 cm^2$），阴阳极距离近，内阻小。此外，由于其体积小，两室 MFC 有望作为传感器用于军事、国土安全及医学领域。

（二）单室 MFC

单室 MFC 的工作原理与两室的相同，在结构上仅有一个反应室。底泥 MFC 是最简易的单室 MFC，污泥与溶液自动分层形成两相，相当于两室 MFC 的阴阳两极；阴极和质子膜压合的"二合一"或阳极、质子膜和阴极依次压合的"三合一"的空气阴极 MFC 是基础研究中普遍采用的构型；阴极置于圆筒中心，阳极围绕阴极排列的圆筒 MFC 是设计比较新颖的单室 MFC，见图 16-18。

(a) 底泥 MFC   (b) 空气阴极 MFC   (c) 圆筒 MFC

图 16-18 单室 MFC

单室 MFC 最大的优点是基本以空气为阴极氧化剂，不需要额外补充液体氧化剂。其中，底泥 MFC 由于不用质子交换膜，成本降低，同时质子氢易于到达阴极表面，降低了电池的内阻，提高了电池的最大输出功率，并简化了电池结构，此种 MFC 有望应用于极地、海底探测及生物修复等。空气阴极 MFC 的优点是内阻小，结构简单，易于操作，适于放大。圆筒 MFC 内部装有8 条石墨棒阳极，围绕在由多孔塑料管支撑的碳 / 铂阴极周围，质子交换膜热压到阴极上，使阳极具有较大的挂膜面积，提高了 MFC 的电能输出。

（三）MFC 电池组

由于单个 MFC 产生的电量较小，为获得更大的电量可将多个独立的 MFC 串联起来形成电池组，见图 16-19。有研究将两个空气阴极 MFC 串联，每个反应室使用 0.5kg 的石墨颗粒作为阳极，阴极朝外暴露于空气，该系统利用乙酸钠可产生高达 $2000mW/m^2$（阴极面积）的电能，可以带动小风扇。另有研究将 6 个两室 MFC 串联，乙酸钠为底物，铁氰化钾为阴极电解液，可输出的最大平均功率为 $258W/m^3$。

(a) 两个空气阴极 MFC 串联　　　　(b) 六个两室 MFC 串联

图 16-19　MFC 电池组

五、MFC 的应用

（一）沉积物微生物燃料电池

沉积物微生物燃料电池（sediment microbial fuel cells, SMFCs）是一种典型的无膜微生物燃料电池（MFCs），将 MFCs 技术运用于有机质丰富的沉积物中可以获得电能。其作用机理如下：将阳极材料放置于厌氧的沉积物中，阴极材料位于上层好氧的水相中，阴极和阳极之间通过导线和电阻相连接，沉积物中的有机物在阳极区附近被沉积物中的土著微生物氧化分解，产生的电子传递到阳极，再经过外电路到达阴极，与阴极区中的氧气和从阳极区传递来的质子结合生成水，从而实现在去除沉积物中有机污染物的同时又回收能量的目的。目前，SMFCs 被认为有两个主要的潜在应用领域：为海洋或内陆水体的长期检测仪器提供低功率的电源；作为一种新型、高效的沉积物原位生物修复技术。

因为环境监测和海洋调查具有长期持续性，为了满足这一要求，所使用的传感器要具有低能耗，这就为 SMFCs 在这方面的应用提供了可能。采用 SMFCs 为传感器供电，可以解决传感器寿命受其电池寿命限制以及更换电池困难等一系列问题。Tender 等人第一次将 SMFCs 用作可进行空气温度、压力、相对湿度和水温等监测的气象浮标（平均能耗为 18mW）的电源（见图 16-20）。与此同时，他们还不断改进电池的构造，以便在提高 SMFCs 的性能同时降低成本，到目前为止已经到了第三代。

图 16-20　由 SMFCs 供电的气象浮标

（二）MFC 废水处理

如图 16-21 所示，废水进入生活污水处理厂后，首先通过格栅将大块碎片去除，同时监测水流。通过格栅后水流流入沉砂池。在初沉池中，废水的有机物物质继续被物理去除，大部分的 pBOD 以固体形式收集在构筑物底部，称为初沉池污泥，将送入后续的厌氧消化处理（AD）中进一步处理。

图 16-21　典型的污水处理流程

废水随后进入下一个处理单元。这个生物处理单元是污水处理厂的核心，主要有两种处理技术：活性污泥法（AS）和生物滴滤法（TF），如图 16-22 所示。AS 工艺由一个大的曝气池组成，在这个处理单元，流入的污水与沉淀池的固体结合。从沉淀池中收集到的固体中含有高浓度的细菌（大约 10000mg/L），这些细菌快速地降解污水中的有机物质（约 200mg/L 的 BOD_5）。经沉淀池处理后流出的废水 BOD_5 需小于 30mg/L，总悬浮固体（TSS）需小于 30mg/L。AS 工艺是一种非常有效的废水处理方法。

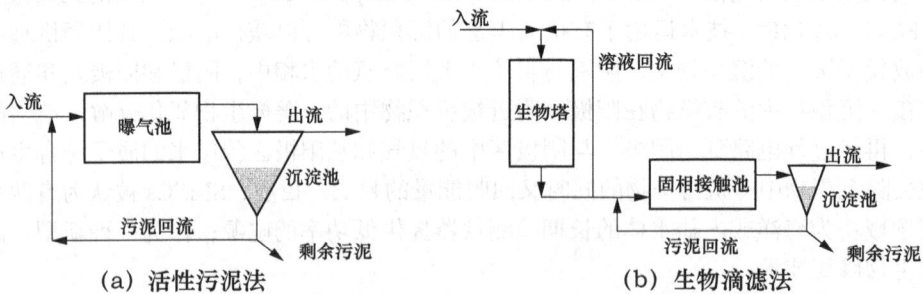

（a）活性污泥法　　　　　　　　（b）生物滴滤法

图 16-22　生物处理技术示意

TF 是一个包含多孔填料的构筑物，废水在填料的顶部分配（像草坪的洒水装置）。填料必须具有足够的多孔性，以保持空气在构筑物中流通，从而使 BOD 的去除以耗氧去除为主。TF 工艺通常不如 AS 工艺有效，BOD_5 只能达到 45 mg/L。

为了使以 TF 工艺为基础的系统处理效果能与 AS 污水处理厂相当，常应用一种滴滤法 / 固相接触工艺的二次固相接触（TF/SC）工艺。在 SC 工艺中，将沉淀池中沉淀的固体与 TF 出水相结合，并一起送入反应构筑物中。向反应构筑物曝气可以加强混合和保持污水的氧化。污水随后流入沉淀池，出水水质得以改善，达到 BOD_5<30mg/L，TSS<30mg/L 的处理要求。

从上述对污水处理工艺流程可以看出，MFC 可以替代 AS 或 TF 处理系统。MFC 是一个生物处理过程，它的功能是去除 BOD，等同于 AS 曝气池或 TF 工艺。用 MFC 代替这些传统的生物反应器有以下主要的优点：

（1）产生有用的产物——电能，产生的电流取决于废水浓度与库仑效率。

（2）无需曝气。AS 中的曝气消耗了处理厂用电量的 50%，不需曝气的空气阴极 MFC，在阴极处只需要被动地传递氧气。

（3）减少了固体的产生。MFC 是一个厌氧的过程，因此，相对于好氧体系（如 AS 或 TF），产生细菌的生物量将减少。固体处理价格昂贵，应用 MFC 可以充分减少固体的产生，降低成本。

（4）潜在的臭味控制。MFC 省略了 TF 需与空气接触的较大表面积和 AS 工艺中大量气流从曝气池底部流出的过程，降低了向周围环境释放臭味的可能。

（三）微生物电解池产氢

生物质制氢被认为是未来氢燃料电池的原料来源，而 MFC 与生物质制氢的共同特点是均以生物质作为原料，但在生物质制氢过程中，葡萄糖等生物质中还有相当的氢未被利用，而且氢气还只是从生物质获取能源的中间产物，而 MFC 则可以直接将葡萄糖中的氢全部消耗并转化为水，转化效率高。

美国宾夕法尼亚州州立大学 2010 年 7 月发布报告称，将食用醋和废水中的细菌短时通电后，能产生干净的氢燃料，可像汽油一样用于驱动汽车。这种微生物燃料电池几乎可以将任何可生物降解的有机材料转变为零碳排放的氢气。从食用醋中提炼出乙酸，并将之放入电解槽中，细菌在使用乙酸的同时，释放出电子和质子，并产生 0.3V 的电压。而当从外界施加另一小额电压时，氢气即从液体中释放溢出，乙酸电解过程所需能量仅为水解的 1/10。同时，微生物燃料电池在电解过程可以在纤维素、葡萄糖、乙酸盐或其他可挥发性酸中进行，而水是唯一的电解产物。

MFC 作为新型能源开发的主要问题在于需进一步提高电池的输出功率密度及电极电子的传递效率。相信经过深入研究，MFC 就可能为一些只需要较小电量就能运行的遥控装置提供能源了。

（四）微生物脱盐电池

微生物脱盐电池（microbial desalination cells，MDCs）为海水淡化提供了新方法。图 16-23 所示为典型的 MDCs 结构图。

MDCs 包含阳极室、脱盐室和阴极室。阳极室和脱盐室由阴离子交换膜隔开；脱盐室和阴极室由阳离子交换膜隔开。产电菌在阳极室分解碳源，产生的电子由外电路到达阴极；质子被阴离子交换膜阻挡不能迁移搭配阴极室，为达到电荷平衡，脱盐室 Cl^- 通过阴离子交换膜迁移到阳极室；在阴极室，$Fe(CN)_6^{3-}$ 与水解离生成的 H^+ 以及电子结合生成 $Fe(CN)_4^{2-}$ 和 HCN，OH^- 吸引脱盐室的 Na^+ 通过阳离子交换膜迁移至阴极室以维持电荷平衡。在这一过程中，脱盐室的海水得到淡化。脱盐过程不仅不需要任何能量输入，反而还产生电能。

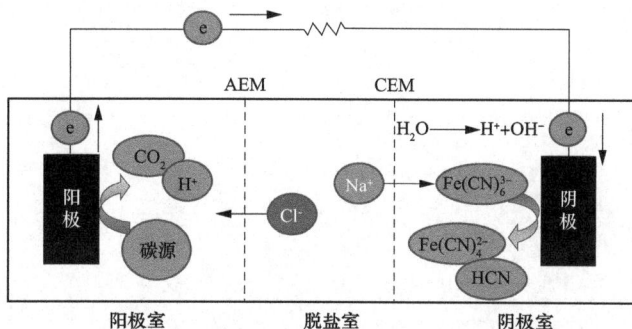

图 16-23　典型的 MDCs 结构图

AEM—阴离子交换膜；CEM—阳离子交换膜

习题

1. 生物质制氢一般分为哪几个阶段？温度和产物分别是什么？
2. 影响生物质热化学法制氢的因素有哪些？是怎样产生影响的？
3. 请简要概括光合发酵制氢的工艺流程。
4. 简述微生物燃料电池的原理。
5. 影响微生物产氢效率的内部外部因素有哪些？
6. 微生物产氢可以有哪些应用？根据所学知识，任选一个简要谈谈你对这种应用前景的看法。

第十七章 规划和技术经济分析

生物质能源项目是新兴的能源项目，和化石能源项目相比，技术成熟度和产业链发展程度均有不小的差距。尤其是我国的生物质能源产业，技术发展起步晚，面临的客观条件，特别是生物质资源条件也比较复杂，在项目实施前对其进行全面的规划和评估非常有必要。本章主要介绍我国生物质项目常规规划中针对资源的规划方法、初步的技术经济分析相关内容，并从技术经济分析角度简要介绍典型的生物质燃烧发电项目。

第一节 生物质项目资源规划

生物质能源项目实施之前需要做可行性研究，并由具有相关资质的专业机构出具可行性研究报告，生物质项目资源规划就是可行性报告的一个组成部分。

一、资源规划的重要性

在生物质项目前期，由于作为生物质能源项目原料的生物质的生产和获取特性与常规能源项目相比差异极大，如果不做资源规划或者规划得到错误的结论，会给项目的实施带来很大风险。

生物质资源的分布具有很强的地域性，农林废弃物资源完全依赖于农林业的生产规模，而农林业生产受地理、水文、气候和文化习俗等多方面因素影响。对于在特定位置建设的生物质项目规划，需要对周边可用的所有农林废弃物种类进行排查，对每一种农林废弃物的分布进行分析，其复杂程度大大增加。

生物质资源依赖于农业或者林业种植对象生长过程积累的有机物。一定气候水土条件下，单位面积单位时间内可以提供的生物质量是非常有限的，这就是生物质资源的丰度限制。例如对稻、麦等典型的农业秸秆，每季每亩的实际秸秆可获取量为 400~600kg，以我国最典型的两季种植制度考虑，每亩地每年除了粮食外，可供能源项目利用的生物质干物质量为 0.7~1t；即便是为获取生物质而专门培育的光合效率特别高的能源作物，例如象草、芦竹等，每亩每年的生物质干物质产量也不超过 10t。从能源工业角度，典型规模的生物质项目所需原料量为 10 万 ~20 万 t/a，这意味着至少需要 10 万 ~20 万亩的农田才能勉强支撑一个项目，生物质资源低丰度的特性可见一斑。

生物质资源的另一个重要特点是运输不便，这主要是由于其极低的体积能量密度造成的。由于对该类原料的运输制约因素是体积而非质量，体积能量密度低于煤炭一个量级以上的生物质的运输成本近似地比煤炭高一个量级以上，这意味着生物质原料的经济运输距离非常短。在实际中操作中，100km 左右的距离是生物质原料运输的极限，可见生物质只适合就地消化利用。显然，对项目当地生物质资源做准确规划是极端重要的。

除了上述各点，资源规划的重要性还体现在生物质资源的获取有一定的不确定性，能够可靠地获得生物质原料是资源规划中关注的重要内容。资源的可靠性取决于诸多因素，例如农林业生产规模在中长期的变化趋势，耕作制度和农业林业生产方式变化是否会影响残余物的形成数量，是否有同样对生物质进行收购或者潜在竞争性产业的存在，大规模收购是否会改变生物质拥有者的心态和价格博弈等。

生物质燃烧发电是我国现代大规模生物质能源行业中最先走向产业化推广和工业应用的方向。2006 年，随着国家对生物质能利用的扶持鼓励政策的出台，生物质燃烧发电产业开始迅速发展，生物质资源规划也正式在生物质发电行业首次凸显其重要性，但这种重要性是通过大量项目建成后运作举步维艰的惨痛教训体现的。由于在项目前期的可行性研究中对资源规划的轻视，调研工作流于形式，仅仅依靠当地农业和林业部门的宏观数据，粗略地推算农林废物产量后就给出可行的结论，相当一部分项目在建成投运后由于燃料供应的问题而极大地影响了正常生产，甚至出现一个地级市周边方圆200km范围同时建设4、5个生物质电厂，使电厂之间为了争抢原料恶性竞价导致生产无以为继。

为此，国家行业宏观调控和管理部门专门发布了生物质发电项目建设管理的通知，指出"由于缺乏管理经验、规划等前期论证工作深度不够，目前生物质发电还面临燃料供应不足、价格上涨压力大、发电成本难以控制等问题，影响了生物质发电的推广"，并且明确提出要"重视生物质发电规划工作"。文件规定"原则上，生物质发电厂应布置在粮食主产区秸秆丰富的地区，且每个县或100 km半径范围内不得重复布置生物质发电厂"，并对我国农村地区生物质电站的建设场址和规模进行了推荐。文件还规定"必须把落实生物质资源作为生物质电站建设的前提条件。任何生物质电站建设，都要开展详细的资源分析评价，全面掌握各类生物质资源的分布和特点，并制定切实可行的生物质资源收集、运输、储存体系，明确生物质资源收集、运输、储存等的技术要求和管理制度，确保生物质资源的安全可靠供应"。正是在这个文件中提出"特别要把生物质发电规划制定、生物质资源落实作为项目核准的重要条件"，在可行性论证工作中，需要进行独立的资源论证工作。

二、资源规划的难度

对生物质能源项目进行全面准确的资源规划并没有太多的经验可借鉴，主要是由于国外的生物质资源情况和农村地区生产组织模式和我国差异过大，基本无法照搬；而我国受限于农村的实际情况，难以进行准确的生物质资源规划。

首先，项目周边资源相关的真实、客观情况和数据难以获得，当地政府可获取的公开统计数据往往由于覆盖范围和统计口径不一样而不能直接使用，需要进行核实验证。生物质资源如果直接来源于农林业生产，则必须考虑到所用原料获取的季节性因素，以及伴随季节性而来的收集、转运和仓储等环节的可行性。根据当地农村情况，需要对生物质所有人的分布、数量、组织情况进行了解，以评估收购、管理、支付等方面可能存在的巨大的工作量。资源规划还需要对生物质的存储场地进行考量，并关注生物质集中堆储可能出现的防水、防火等问题。由于生物质的运输不易，资源规划中需要根据实际情况考虑生物质从田间到田头、从田头到户、从户汇集等不同阶段的堆垛、捆扎、上下车、输运等一系列细节，特别是对生物质汇聚程度最高的项目所在场地内外的交通物流组织和成本进行评估。最终，资源规划的核心目的在于给出一个在项目周边能收集到所需生物质原料的合理价格，该价格是进行后续技术经济分析的核心输入变量。但是即便考虑了上述所有客观因素，生物质资源的收购价格始终存在较大变数，有时甚至可以说是难以预测的。

还有未能准确评估地形带来的运输成本提升导致收购价格大幅提升，主要目标农业废弃物散落田间只能依赖人工捡拾导致成本过高无法得到利用，错误地估算软质秸秆打捆和解捆所需设备和工艺成本，燃料采购环节没有理顺导致原料被人为掺杂加水影响运行，等等，因为以上各方面因素未能进行准确全面的资源量规划都可能导致项目运行受影响甚至失败，这些都需要在生物质资源规划中考量并进行谨慎评估。

三、资源调研规划的思路和方法

生物质资源调研规划作为生物质项目前期可行性研究中的一个重要内容，有一定的工作框架和规范，需要包含现场踏勘、资源量调查、资源量统计分析、收储运模式分析和优化几方面内容。根据国家指导性文件的要求，一般遵循如下原则：首先，对典型项目的资源规划范围为县域或者半径50km收集范围；其次，必须进行现场踏勘来确保数据真实性；最后，在估算中推荐采取偏保守的原则。

（一）现场踏勘

现场踏勘的主要目的是了解区域概况、气候和交通运行状况，包括通过实地考察掌握项目所在行政区域的范围、山地或者水域和项目所在点相对关系。通过资料、现场调研及分析获取可靠的项目所在地的人口、经济发展水平、收入水平、劳动力充足程度信息。查阅气候信息了解包括降雨量、降雨季节、洪涝、冰冻、湿度、台风及平均气温水平在内的信息，并在现场考察通过观察和访谈进行核实确认。需要了解的农林业现状包括农林种植现状（品种、面积、亩产、收获制度）和中长期种植面积与产业发展趋势预测；交通运输包括路网情况、路网通行限制、县道乡道村道、机耕路发展建设情况，常见交通工具本地拥有量、利用程度，公路收费情况，超高超宽车辆通行限制，本地运输市场发育程度等。

（二）资源量调查

资源量调查主要是筛选可用生物质资源相关主要农作物面积产量、农林废弃物产生概况、农作物收获方法、草谷比、减量系数等关键参数。

以山东某生物质电厂资源量调查为例，该电厂位于山东省昌邑市，位于渤海莱州湾南岸，东与烟台、青岛毗邻，西依潍坊，市域面积 1578.7 km²，耕地 110 万亩，下辖 13 处乡镇、2 个街道办事处，814 个行政村，总人口 68.28 万人。规划的生物质电厂位于昌邑市东北部与平度市交界处附近。图 17-1 所示为该电厂周边行政区划，图中右上角黑色点为电厂选址。本着保守原则，资源调查阶段将电厂燃料收集圈的半径定为 35km，由于对当地交通运输情况的调查显示，原料的跨县域运输有收费等因素，因而暂时只能考虑该收集半径内位于昌邑辖区内区域，收集半径内但是超出潍坊地区管辖的资源仅作为后备。以该电厂为中心，半径 35km 的范围完全覆盖了昌邑市的北部、中部地区，从行政区划看包括双台、龙池、柳疃、卜庄、夏殿、围子、宋庄、石埠、饮马等乡镇和北孟的北部，还包括位于昌邑县北部盐碱滩涂上的部队靶场和位于昌邑市西北的淮北农场，上述乡镇、街道和区域也以灰色方块标记表示在图中。资源量的调研主要针对这些乡镇和区块展开。

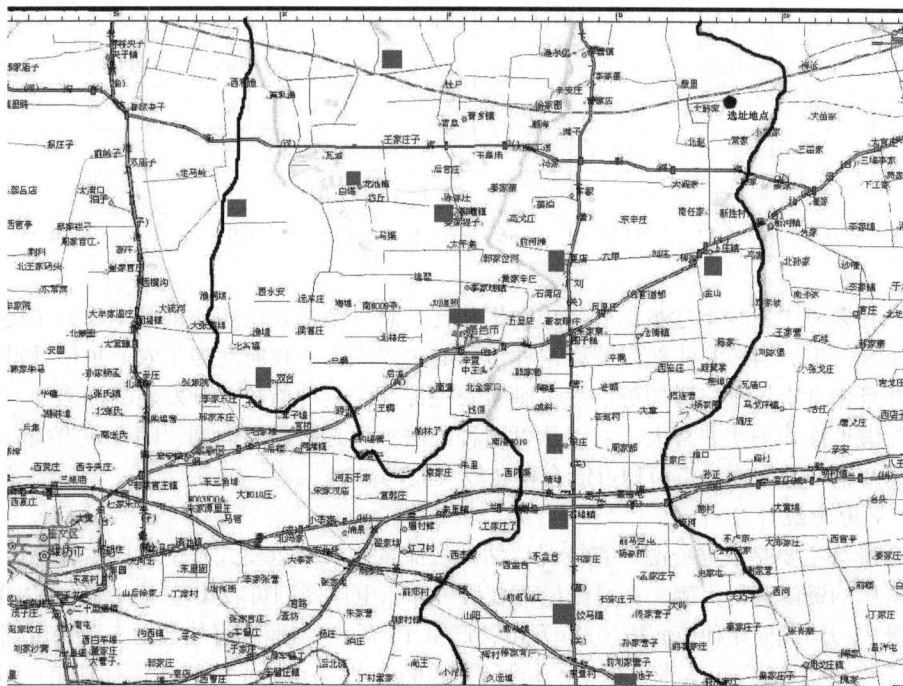

图 17-1　山东某生物质电厂周边行政区划

　　根据现场调查了解的情况，昌邑当地的农业种植每年两季，6 月种植玉米，10~11 月收获后种植小麦。此外，在昌邑县北部临近莱州湾大量的缺水盐碱化土地上只能种植棉花，一般是 5~6 月栽种，10 月采收，棉花采收后棉花秸秆一般留在田间，在 11 月到来年 4 月期间拔除。由于现场了解到当地的小麦秸秆大多数供造纸使用，且在附近已经存在大规模的麦秸收购活动，电厂主要考虑棉花秸秆和玉米秸秆为主要燃料，此外，还考虑将当地一种种植范围较广的固沙作物紫穗槐枝条和桑树修剪枝作为辅助燃料。根据当时统计局获取的基本数据，并经过现场踏勘后经过每个乡镇核实，得到秸秆种类面积产量分布情况见表 17-1。

表 17-1　　　　　　　　　　　　　　秸秆种类面积产量分布情况

产地 \ 项目	小麦 面积 / 万亩	小麦 产量 / 万 t	玉米 面积 / 万亩	玉米 产量 / 万 t	棉花 面积 / 万亩	棉花 产量 / 万 t	其他作物 面积 / 万亩	其他作物 产量 / 万 t	枝粒 面积 / 万亩	枝粒 产量 / 万 t
都昌	1.2	0.57	1.5	0.99	0.2	0.16	0.26	0.13	—	—
全聚	2.39	1.14	2.34	1.54	0.17	0.14	0.09	0.05	—	—
双台	2.79	1.33	2.86	1.89	2.69	2.13	0.02	0.01	—	—
龙池	2.78	1.32	3.2	2.11	1.35	1.07	—	—	—	—
柳疃	4.65	2.21	4.71	3.11	1.16	0.91	—	—	—	—
卜庄	3	1.44	4.2	2.77	4	3.16	0.02	0.01	—	—
夏殿	4.7	2.23	3.78	2.49	1.23	0.97	0.02	0.01	—	—
围子	6.3	2.99	6.44	4.25	0.17	0.13	—	—	—	—
宋庄	4	1.9	3.9	2.57	—	—	0.15	0.08	—	—
石埠	3.22	1.53	3.4	2.24	0.38	0.3	0.62	0.31	—	—
饮马	4.02	1.91	4.32	2.85	0.45	0.35	0.55	0.27	—	—
北孟	5	2.37	3.54	2.34	0.81	0.64	1.66	0.83	—	—
岞山	3.6	1.71	3.15	2.08	0.05	0.04	0.63	0.32	—	—
太堡庄	1.56	0.74	1.79	1.18	0.3	0.24	1.05	0.53	—	—
丈岭	6.38	3.03	2.72	1.8	2.2	1.74	1.88	0.94	—	—
潍北农场	—	—	2.5	1.65	3	2.37	—	—	—	—
部队靶场	—	—	—	—	4	3.16	—	—	—	—
合计	55.59	26.42	54.35	35.86	22.16	17.51	6.97	3.49	47.5	9.25

　　此外，在复核中发现上述数据和历史数据相比，总种植面积由两年前的 103 万亩提升到了当年统计的 138 万亩。当地农业部门解释这种增加的主要原因是政府增加了农业种植补贴、取消了农业税，并且粮食市场价格增加等因素也刺激农民提高了复种指数并开发新的河滩地，考虑到当地的荒滩盐碱地面积确实非常大，可以认可这种说法。但是必须意识到，随着政策或者市场的变动，该地的产秸秆类作物种植面积可能会存在较大波动。

　　（三）资源量统计分析

　　资源量统计主要是根据资源调查情况评估可供应量、收储运模式及燃料成本估算。以前述昌邑生物质电厂的资源调研为例，在资源量调查后可知，电厂周围可收集范围内玉米种植面积为 47 万亩，产量 31 万 t；棉花种植面积为 20 万亩，产量 15 万 t。当地政府的数据表示每亩棉花可以出产棉花秸秆约 790kg，每亩玉米可以出产秸秆约 650kg。根据现场了解的当地籽棉亩产量 500~600 斤的产量数据，由于踏勘时无法进行现场实验，只能结合经验和文献获取棉花推荐的谷草比为

3~4，据此判断，棉花秸秆亩产 790kg 的数据可信；玉米的谷草比数据由于品种和地域区别差别很大，根据文献的调查结果理论谷草比较高，现场实验显示实际谷草比一般在 1 左右（考虑实际收获过程的根、茎叶的损失），因此根据昌邑地区玉米的平均亩产，选用谷草比为 1，也就是每亩秸秆产量 660kg，和政府提供的数据吻合。这样电厂燃料收集范围内拥有的棉花秆理论资源量为 15.8 万 t/a，玉米秆理论资源量 30.6 万 t/a。

秸秆的理论可供收集量方面还必须在上述理论资源量基础上考虑刚性的减量系数。现场访问中了解到棉花秸秆在大部分废弃焚烧的同时也有用于农民炊事燃用，以及部分玉米秸秆用于饲料加工业。经过仔细评估，估计电厂收集范围内昌邑境内这两种秸秆的实际可供收集资源量约为 30 万 t。在秸秆收购市场运作的条件下，根据经验一般要求供求比在 3：1 左右，也就是说合理价格条件下的玉米和棉花秸秆的实际可收集量约为 10 万 t。

根据以上估算，电厂收集半径内昌邑境内实际可收集的秸秆难以满足要求。经和当地政府协调，认为属于收集半径内但是在昌邑境外的资源可以通过行政手段确保运输成本不增加，基于该情况，同样评估可得收集半径内昌邑境内平度有棉花秸秆 3 万 t，莱州有 2 万 t；平度有玉米秸秆 2 万 t，莱州有 1.5 万 t。由此可知，项目每年的秸秆实际可收集量为 18 万 ~19 万 t。

考虑电厂两台 75t/h 锅炉每年运行 7000h 所需要消耗的 22 万 t 秸秆量，还必须补充紫穗槐和桑树修剪枝才能满足要求。为此扩展燃料范围对可能的辅助燃料也进行了评估。关于紫穗槐和桑树枝条的可供应量，通过现场踏勘发现：估计在 35km 范围内，实际可收集的量大约在 3 万 t/a。但需要指出，紫穗槐的种植比较分散，主要是沿着田边或者沟渠边沿种植，依靠当地农民自发组织收割、运输和销售，且只能通过手工采集，单户农民可获得枝条量也有限，收购困难，因此这部分资源量可用性不高。此外，电厂方面筹备利用 2 万亩的盐碱荒滩地大规模种植紫穗槐以获取可靠的燃料供应，该计划具有可行性，但是考虑具体运作和栽种周期，并不能改变项目运行初期燃料不足的状况。综上所述，对该生物质电厂燃料资源量统计分析的结论是偏负面的。

从以上对生物质资源进行统计分析的过程可以看到，最核心的要求是落实真实可用的生物质资源量，尽可能将影响可收集量的因素都考虑进去，为了减少工程投运后的分析，在一些难以明确的环节需要采用保守原则处置。

（四）收储运模式分析和优化

收储运模式分析需要在对项目周边地形、道路、交通运输，以及和供需时间、空间相吻合的物流及存储需求进行细致盘点，对今后生物质能源项目运行过程的收储运进行预演并得出结论，收储运相关的成本和代价是生物质项目原料价格的重要组成部分。

还是以上述昌邑项目为例，踏勘调研获得如下信息：昌邑地处胶东半岛与山东内地接壤之要塞地段，境内地形平坦，桥梁系统完善，城乡交通体系发达；胶济铁路、大莱龙铁路、济青高速公路、潍莱高速公路、309 国道、烟潍公路和新沙公路七条山东交通大动脉横贯昌邑境内；昌邑多数村庄已实现柏油路连接交通干线的水平，下小公路、永大公路与昌柳公路贯穿昌邑南北，与横贯昌邑的七条省级交通大动脉交错互联，组成发达便利的市内外交通网络。现场考察中可以看出其乡村公路的建设确实已经比较完善，且农户拥有农业机械和小型运输工具的比例较高，这都为电厂燃料输送提供了基本保障。

昌邑项目的不足之处在于完全依赖农业废弃物资源，原料的获取受季节和农时限制较大，需要在秸秆收获季节做比较大量的原料储备。经过估算，为了确保日后的燃料供应，电厂周边将建设 5 个秸秆分储站，紧靠电厂还有一个占地约 150 亩，储量 8 万 ~10 万 t 的总站，这些分储站分布在电厂周围 35km 范围内，每个站收储规模 2.5 万 t，在收购范围的最左边还有一块大面积的棉花集中种植区，电厂打算必要时自行组织力量进行收集，该点到中心电厂的距离为 35~40km，运输规模大约 2 万 t/a。图 17-2 所示为昌邑项目储运堆场规划布局。

如图 17-2 所示的分储运点的选点都充分考虑了交通运输条件的便利性。在具体的储运方案上考虑如下：农户到储站的运输预计采取代理或者个人用自行拥有的拖拉机、平板车等交通工具，这些工具的费用很低，运价低于 1 元 /（t·km），根据其他生物质电厂运输的经验，每车可以装载 5t 左右的秸秆。在料场和总站之间的运输通过价格比较，可供选择的有两种方式：一种是通过专业运输公司，采用大型运输车辆（每车 10~20t 打捆的秸秆），这种模式价格较高，运费约 3 元 /（t·km）；另一种是私人运输队，采用自卸卡车运输，费用在 2 元 /（t·km）以下。具体采用的运输模式还需要在实际运行后优化筛选。考虑电厂的燃料消耗量，中心储站的最小运输能力是600t/ 天，以每天工作 12h、每车 8t 计算，总站的秸秆运输交通密度为 6~7 车次 /h，由于采用自卸车辆，在卸车场地面积足够大的情况下，每小时 6~7 车的输送密度是可以接受的。当然，由于节假日、气候和收购季节性的影响，以及堆场迅速增加储备量的需要，应该在设计中考虑更大密度的运输压力。在确定上述储运方案后就可以评估方案各环节的费用，从而对入厂的燃料成本进行较为精确的评估。

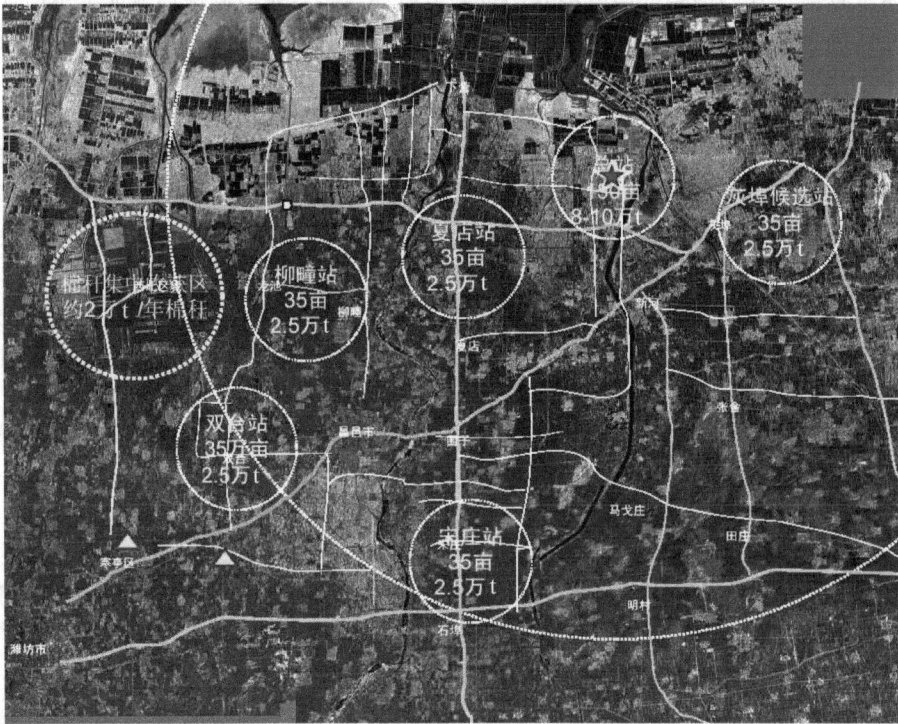

图 17-2　昌邑项目储运堆场规划布局

从上述收储运规划方案可以看出，生物质能源项目的原料组织是一个非常复杂的体系，有大量的可变因素，目前对该方面的认识还处于基于直观经验的积累层面。在积累一定的经验后，通过对整个过程的逻辑进行提炼和整理，并用数学工具对整个体系建模进行最优化求解就显得非常有必要。该类计算可以以到场原料成本最低为计算原则，对物流组织、流程设配备、电厂和料场的选址进行优化。

第二节　生物质能源项目技术经济分析

现代生物质能源项目作为投资规模大、建设周期和资金回收期都很长的能源类项目，对其进行周密详尽的技术经济分析是非常必要的。

一、基本概念

技术经济分析是一个专业名词，显然包含技术和经济两方面的含义。从普遍意义看，技术通常可理解为劳动工具、劳动对象、劳动者技能，以及各种科学理论在生产系统中的应用和各种管理方法的总称，可分为硬技术和软技术两类。而经济的含义比较多样：一指生产关系，如经济制度、经济基础；二指社会的各种生产和管理活动，如计划经济、物质生产、交换、分配等经济活动；三指节省、节约、经济实惠等。本章中技术经济分析中的经济是第二个定义中的经济，包括宏观经济和微观经济。

技术和经济在人类社会实践中是相对独立但又相辅相成的。技术经济分析的主要特征就是对两者的融合，体现如下：技术进步离不开经济发展，先进技术的应用要有投资和费用支出，因此，它受经济发展水平的制约，经济发展为技术进步和发展提供支撑条件；经济发展离不开技术进步，要实现经济目标就要有一定的技术基础，技术进步促进经济繁荣，是经济发展的动力和重要条件。而技术经济分析的任务就是揭示技术与经济的内在联系，研究两者协调发展的客观规律，促使技术上的先进性和经济上的合理性得到统一。简而言之，技术经济分析是对某项技术方案的优劣评价的论证。

技术经济分析中有一个非常重要的概念是"技术经济效果"，是指"所得"与"所费"，或者说是"投入"与"产出"之间关系。

设 V 为产出（有益效果），C 为投入（方案和耗费），E 为技术经济效果，则

$$E=V/C$$

所得结果为相对量。技术方案可行的经济界限为 $V/C>1$。

或者

$$E=V-C$$

得出的是一绝对量。其可行的经济界限为 $V-C>0$。

或者

$$E=(V-C)/C$$

得出的是一相对量。其可行界限为 $(V-C)/C>0$。

以上三式是定量分析技术方案经济效果的重要依据，在具体技术经济分析中，技术经济指标体系的应用更为广泛。技术经济分析的指标体系指相互联系、相互补充、全面评价技术方案经济效果的一系列指标所构成的整体，主要构成要素有总投资费用、内部收益率、净现值率、净现值、投资偿还期、年净现金流等，如图 17-3 所示。

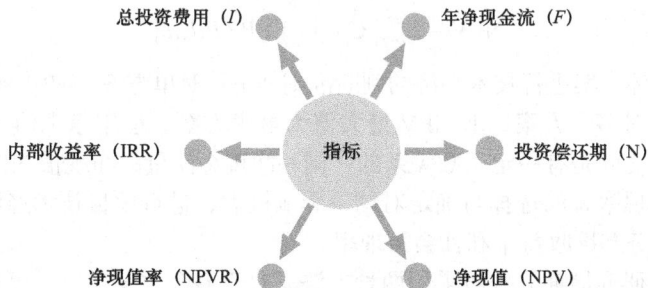

图 17-3　技术经济分析指标体系

上述指标体系是技术经济分析的核心内容，其作用如下：用于评价各项技术经济方案是否先进合理的依据和标准；是评价企业生产能力发挥程度，生产技术水平发展及经济效果好坏的尺度；是企业加强管理、提高质量、降低消耗、改进技术和实行目标控制的手段；是企业主管部门评价和审查技术经济效果的依据。

二、技术经济分析基本方法

技术经济分析的方法纷繁复杂，各种方法均有各自的特性和适用范畴，常见的有现值法、年

值法、投资内部收益率法、投资回收期法、投资收益率法等。

（一）现值法

现值法（present value）是西方长期投资决策的流行方法，既可以用来评判一个项目可行与否，又可以用来在两个以上可行方案中评判出较优者。把要对比的各种方案，在其整个经营期内不同时期的费用和收益，按一定的报酬率，利用年金现值系数转化成 $n=0$ 时的现值之和，在等值的现值基础上比较方案的优劣，这种方法称为现值法。现值法中具体包括净现值法、费用现值法等。

1.净现值法

净现值法中的净现值（net present value，NPV）是指技术方案在寿命期内各年的净现金流量，按照基准折现率或者期望收益率折算到方案寿命期初的现值之和。这里需要掌握资金的时间概念，即现在得到 100 元资金的价值和一年后 100 元的价值在分析计算中是不等价的。根据基准收益率或者基准折现率 i，如果以 $i=0.05$ 计算，现在的 100 元等价于一年后的 $100 \times (1+i)$，即 105元，也等价于 2 年后的 $100 \times (1+i)^2=110.25$ 元；反之也同样，n 年之后的 100 元，相当于现在的 $100 \times (1+i)^{-n}$ 元，这种资金的时间价值是技术经济分析中非常重要的概念。有这个概念后就容易理解净现值的计算式：

$$NPV = \Sigma_{t=0}^{n} \left(C_i - C_o \right)_t \left(1 + i_0 \right)^{-t}$$（17-1）

式中：$(C_i - C_o)_t$ 为第 t 年的净现金流量，其中 C_i 为现金流入，C_o 为现金流出；n 为该方案计算期或寿命期；i_0 基准收益率或者基准折现率。

式（17-1）将某一项目寿命周期（或某人为指定的计算周期）内每年的净现金流入折算到现值后相加，即得到所谓的净现值 NPV。

定义一个复利现值系数 P，也称为现值系数，指未来一定时间（n 年）后的特定资金 F 按复利计算的现在价值，或者说是为取得 n 年后一定复利现值系数本利而在现在所需要的本金，计算公式如下：

$$P = F \left(1 + i_0 \right)^{-n}$$（17-2）

将复利现值系数 P 记为（P/F，i_0，n），在给定 i_0 和 n 后，P 可以通过查表获得。

利用复利现值系数 P，可以将净现值公式写为

$$NPV = \Sigma_{t=0}^{n} \left(C_i - C_o \right)_t \left(P / F, i_0, t \right)$$（17-3）

利用现值法对具体方案进行技术经济的判断准则如下：对单方案，NPV $\geq$ 0 经济上可行，NPV < 0 经济上不可行；对多个方案，取 NPV 最大值为最优方案。运用净现值法需要注意，NPV 与基准利率或折现率 i_0 之间是有一定函数关系的，同一净现金流量的净现值 NPV 随折现率 i 的增大而减小。显然基准折现率 i_0 的选择与确定对结论影响极大，进行项目技术经济分析中选用的基准收益率主要有行业财务基准收益率和社会折现率。

对计算公司中的研究周期 n 一般采用两种方法。对于多个方案比较，可采用各方案寿命期的最小公倍数法计算，例如方案 a 寿命 3 年，方案 b 寿命 2 年，则比较周期设为 6 年，在这个 6 年周期内 a 方案重复 2 遍，b 方案重复 3 遍，在此基础上比较两方案的净现值。另一个方法是研究期法，根据具体需求对不同方案人为设置一个统一的比较周期，在该周期内进行比较。

利用净现值法进行技术经济评估中有一类比较特殊的情况，就是某方案或者设备投运后，每年的运行收入和运行费用是恒定的，也就是每年的净现金流是定值，该类问题的求解和前述方法一样，只是由于每年的净现金流是固定值，可以将其称为年金，即每隔相等时间间隔收到或支付相同金额的款项，如每年年末收到净收益 10000 元，就是年金的概念。同样的，考虑时间的因素

可以引出年金现值的概念，就是指按照利率把每个发生期收到的年金考虑利息因素后折成现值之和，类似前述的复利现值系数，可以定义现值年金系数（P/A，i_0，n）。其含义为如果在基准利率 i_0 情况下，在 n 年周期中年，每年年末能收益 A，则 n 年后，所有收益的净现值 $P=A$（P/A，i_0，n）。

例如，在银行每年年末存入 1200 元，连续 5 年，年利率 10%，这 5 年所存入资金的现值计算如下：

$$NPV=1200/（1+10\%）+1200/（1+10\%）^2+1200/（1+10\%）^3+1200/（1+10\%）^4+1200/（1+10\%）^5$$
$$=1200 \times 3.7908=4548.96 \tag{17-4}$$

其中，年金 $A=1200$，现值年金系数（P/A，i_0，n）=3.7908。

实际上现值年金系数无需像上式那样计算，在给定基准利率和周期的条件下，现值年金系数可以通过查表 17-2 获取。

表 17-2　　　　　　　　　　　　　　　　现值年金系数

序号	1%	2%	3%	4%	5%	6%	7%	8%	9%
1	0.9901	0.9804	0.9709	0.9615	0.9524	0.9434	0.9346	0.9259	0.9174
2	1.9704	1.9416	1.9135	1.8861	1.8594	1.8334	1.8080	1.7833	1.7591
3	2.9410	2.8839	2.8286	2.7751	2.7232	2.6730	2.6243	2.5771	2.5313
4	3.9020	3.8077	3.7171	3.6299	3.5460	3.4651	3.3872	3.3121	3.2397
5	4.8534	4.7135	4.5797	4.4518	4.3295	4.2124	4.1002	3.9927	3.8897
6	5.7955	5.6014	5.4172	5.2421	5.0757	4.9173	4.7665	4.6229	4.4859
7	6.7282	6.4720	6.2303	6.0021	5.7864	5.5824	5.3893	5.2064	5.0330
8	7.6517	7.3255	7.0197	6.7327	6.4632	6.2098	5.9713	5.7466	5.5348
9	8.5660	8.1622	7.7861	7.4353	7.1078	6.8017	6.5152	6.2469	5.9952
10	9.4713	8.9826	8.5302	8.1109	7.7217	7.3601	7.0236	6.7101	6.4177
11	10.3676	9.7868	9.2526	8.7605	8.3064	7.8869	7.4687	7.1390	6.8052
12	11.2551	10.5753	9.9540	9.3851	8.8633	8.3838	7.9427	7.5361	7.1607
13	12.1337	11.3484	10.6350	9.9856	9.3936	8.8527	8.3577	7.9038	7.4869
14	13.0037	12.1062	11.2961	10.5631	9.8956	9.2950	8.7455	8.2442	7.7862
15	13.8651	12.8493	11.9379	11.1184	10.9797	9.7122	9.1079	8.5595	8.0607

2.费用现值法

费用现值法又称现值成本（present cost，PC）法，是指将方案寿命周期内的投资和各成本费用折现后的代数和，利用费用现值来对备选方案的优劣对比分析的评价方法。计算公式如下：

$$PC(i_0) = \sum_{t=0}^{n} C_{ot}(P/F, i_0, t) \tag{17-5}$$

式中：C_{ot} 是第 t 年的现金流出。

备选方案的费用现值越小，其方案经济效益越好，费用现值最小者为优方案。注意，费用现值法一般只能用于收益一致的多方案优劣的比较，而不能判断单个方案的经济可行性。例如，采购一种新设备有多种不同的型号可供选用，每种型号的年产量相同，但采购价格不同，使用和维护费用也不同，这种情况就可以用费用现值法进行比较。

（二）年值法

年值法中较为常用的是净年值法。净年值（net annual value，NAV）是指方案在寿命周期内各年的净现金流量，按照给定的基准折现率，通过资金等值换算计算，分摊到方案寿命周期内各年的等额年值。或者是方案在寿命周期内收入的等额年值（AR）与支出的等额年值（AC）之差。

在计算过程中也可以按照式（17-6）计算：

$$NAV = NPV（A/P，i_0，n）\tag{17-6}$$

其中，NPV 按照前述净现值的方法计算，$（A/P，i_0，n）$为现值年金系数，这个系数用于计算已知现值时计算特点给 i_0 和 n 条件的对应的等额年金，其数据其实就是前述现值年金系数 $（A/P，i_0，n）$的倒数，也可以通过 i_0 和 n 查表获得。

该方法将项目初期的投资、期末的残值以及运行期间所有收入和支出统统折算为等额年值，最后的评判依据对于单一方案，NAV ≥ 0 可行，NAV < 0 不可行；对于多方案比选，NAV 最大者最优。

综上总述，无论是年值法还是现值法，其评判的思路和所采取的计算原则其实是统一的，都是尝试去描述一个多元系统，仅仅是选取的指标参数不同，所体现的特性和侧重点不同。

（三）投资内部收益率法和投资回收期法

投资内部收益率法（internal rate of return，IRR）和投资回收期法（payback period）是技术经济分析中最常用的评价指标，其考虑了折现率的变化，可以将项目收益与货币贬值通货膨胀等宏观指标相对应，具有较强的指导性。

1. 投资内部收益率法

内部收益率又称为内部报酬率，是指方案在寿命周期内收入现值总额（或等额年值）等于支出现值总额（或等额年值）时的收益率，即指项目寿命期内净现值（或净年值）为零时的折现率，可以用式（17-7）表述：

$$NPV = \Sigma_{t=0}^{n}（C_i - C_o）_t（1 + IRR）^{-t} = 0 \tag{17-7}$$

式中：IRR 为需要求取的未知数。由于 NPV 随着基准收益率的降低而降低，因此对于 NPV 和基准收益率 i_0 有图 17-4 所示的关系。

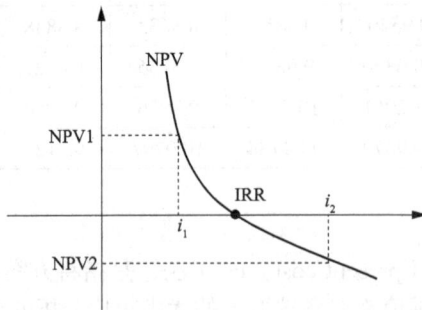

图 17-4　净现值和基准收益率关系

如图 17-4 所示，IRR 的值可以通过试算法确定的 i_1 和 i_2 以及它们对应的 NPV_1 和 NPV_2 来进行插值计算获取：

$$IRR ≈ i_1 + NPV_1 /（NPV_1 - NPV_2）（i_2 - i_1）\tag{17-8}$$

获取内部收益率 IRR 后，对于独立方案，IRR ≥ i_0 可行，IRR < i_0 不可行；对于多个方案，IRR 最大者为优。

IRR 是指项目在整个寿命周期内，在抵偿了包括投资在内的全部成本后，每年还产生 IRR 的经济利率。IRR 是项目投资的盈利率，其大小由项目现金流量决定，反映了投资的使用效率。

2. 投资回收期法

投资回收期即投资回收的期限，是指从项目投建之日起，用投资项目所产生的净收益抵偿全部投资所需的时间。根据是否考虑资金的时间价值，可以将投资回收期分为静态投资回收期和动态投资回收期两种。

静态投资回收期的计算公式原则很简单，如果项目投产后每年的净收益为 R、投资总额为 K_0、项目建设期为 P_k，并且每年的净收益 R 均相等，则静态投资回收期为 $PP_c = K_0/R + P_k$。对于每年的现金流比较复杂，每年净收益不等的实际项目，一般通过项目的现金流量表或图，通过计算其累计净现金流量（cumulative net cash flows）的方法，求得 PP_c 值，其计算公式如下：

$$PP_c = m-1 + 上年累计净现金流的绝对值 / 当年净现金流量 \tag{17-9}$$

式中：m 为累计净现金流现值开始出现正值的年份数。

和行业或者标准投资回收期 P_b 进行比较，对于单一方案，若 $PP_c \leqslant P_b$，项目经济上可行，可以考虑接受；若 $PP_c > P_b$，项目经济上不可行，应予以拒绝。对于多个方案的比选，以 PP_c 最小者为优。

动态投资回收期法，顾名思义，就是在静态投资回收期的方法上考虑资金的时间价值，计算上通常按照式（17-10）进行：

$$\sum_{n=0}^{PP_d} (S-C-K)_t (1+i_0)^{-t} = 0 \tag{17-10}$$

式中：S、C、K 为第 t 年的收益、成本和投资。

投资回收期 P 计算的原理财务现金表上净现值累计为零的时间。如果有详细的财务现金流量表，则动态投资回收期 PP_d 为

$$PP_d = m-1 + 上年累计净现金流量折现值绝对值 / 当年净现金流量折现值 \tag{17-11}$$

其评判标准类似静态投资回收期，也是和标准投资回收期做对比。

三、案例分析

实际生物质能源项目是个非常复杂的现代工业体系的建设和运营，对其进行技术经济分析中所需要考虑的因素纷繁复杂，涵盖方方面面，通常需要具有相关学科背景并经过长期工作训练的专业人员才能胜任。本节对一个典型的生物质能源项目技术经济分析做简单的案例分析，有助于观察了解实际工程中技术经济分析的全貌。

生物质能源项目一般需要在预可研阶段、可行性研究阶段及初步设计阶段在相应的报告中进行项目的技术经济分析，对分析的详细程度和深度逐级提高，其最终目的为对项目的可行性和经济性进行评估。生物质能源项目一般投资额度较大，通常涉及上千万到数亿量级的资金需求，投资期限较长，一般涉及 1~2 年的前期和建设期，20~30 年的项目运行期。资金筹措和使用情况复杂多样，是技术和设备密集工艺过程，技术和经济的相互耦合关系密切。对生物质项目中具体技术进行计算和敏感性分析涉及的概念众多，现金流预测也非常复杂。虽然有比较成熟的计算方法和软件包辅助工作，但是需要实施分析的人员对项目的技术关键、收益模式、财务金融方面的基本概念有深入的认识。

下面以某生物质热电厂锅炉扩建工程为例进行说明，对该工程的技术经济分析主要体现在可研报告的最后一个章节：投资估算即财务评价，其中包括投资估算和财务评价两个部分。需要指出，在技术经济分析中需要的技术和经济相关数据来源与该章节之前所有的报告和论述结论，是整个可研工作成果的集中体现。

项目的投资总额是在启动项目之前投资方最关注的问题，投资估算就是针对该问题展开论述的。该项目目标是扩建 1×75 t/h 生物质能直燃循环流化床锅炉。项目建设内容由热力系统、燃料供应系统、除灰渣系统、水处理系统、供水系统、热控系统、电气系统、热工控制系统、交通

运输工程和必要的附属生产设施、生活福利设施等组成。投资估算部分就是分系统论述每一部分所需的投资。投资计算中涉及费用的概算定额、工程量计算、建材价格、安装材料价格等都需要进行约定。本实例中采用 2007 年 11 月 9 日中国电力企业联合会颁发的《电力工程建设概算定额（2006 年版）》来做一般概算；建筑材料按 2012 年 3 季度当地建筑工程地方材料预算价格执行；安装材料按《电力建设工程概预算定额 2011 年价格水平调整文件汇编》执行；其他费用根据中电联技经〔2007〕139 号《火力发电工程建设预算编制与计算标准》计算。显然，这是一个工作量极大且涉及诸多专业知识的非常细致烦琐的编制过程，只有在行业内有丰富实践经验的专业人员才能通过编制得到有参考价值的结论。投资估算见图 17-5，项目投资汇总表见表 17-3，这些表单和数据直接体现了作为典型现代大工业生产的生物质能源项目的专业性和复杂性。

图 17-5 投资估算依据

表 17-3 项目投资汇总表 万元

序号	工程或费用名称	建筑工程费	设备购置费	安装工程费	其他费用	金额	各项占比
一	电厂工程						
（一）	热电厂工程						
1	热力系统	457	1588	722	—	2767	60.22
2	燃料供应系统	0	71	4	—	75	1.63
3	除灰渣系统	3	176	12	—	191	4.16
4	水处理系统	3	20	14	—	37	0.81
5	供水系统	0	8	3	—	11	0.24
6	电气系统	0	254	131	—	385	8.38
7	热工控制系统	—	80	59	—	139	3.03
8	附属生产工程	2	25	0	—	27	0.59
	小计	465	2222	945	—	3632	79.04
（二）	厂内、外单项工程						
1	交通运输工程	0	—	—	—	0	0
2	地基处理	0	—	—	—	0	0
3	生活福利工程	0	—	—	—	0	0
4	与厂址有关的单项工程	0	—	—	—	0	0
5	厂外临时工程	0	—	—	—	0	0

序号	工程或费用名称	建筑工程费	设备购置费	安装工程费	其他费用	金额	各项占比
6	水源工程	0	0	0	—	0	0
7	烟气在线监测装置	0	15	2	—	17	0.37
8	脱硫装置	0	0	0	—	0	—
	小计	0	15	2	—	17	0.37
（三）	其他费用	—	—	—	532	532	11.58
	（一）~（三）合计	465	2237	947	532	4181	90.99
（四）	基本预备费 3%	—	—	—	125	125	—
（五）	编制年价差	150	—	139	—	289	—
（六）	电厂工程静态投资（基础价）	615	2237	1086	657	4595	—
（七）	各类费用单位投资	0	0	0	0	0	—
	各类费用占静态投资比例 / %	13.38	48.68	23.63	14.3	100	—
（八）	价差预备费	—	—	—	—	0	—
（九）	建设期贷款利息	—	—	—	—	5	—
	热电厂工程动态投资（建成价）	—	—	—	—	4600	—
（十）	铺底流动资金	—	—	—	—	55	—
	电厂工程计划总投资	—	—	—	—	4655	—
二	热力网工程	—	—	—	—	0	—
三	电力接入系统	—	—	—	—	0	—
四	综合利用工程	—	—	—	—	0	—
五	发电项目计划总投资	—	—	—	—	4655	—

　　在估算出项目建设的总投资之后，还需要考虑工期和资金筹措的问题，因为资金的获取途径、获取时间及代价将构成项目成本，会在一定程度上影响项目技术经济分析结果。本案例中，总工程建设期 1 年，第 2 年为投产期，生产期 20 年，生产负荷 100%。建设资金部分来源于自筹资金，建设单位自筹建设资本金 4500 万元，占总投资的 96.67%，其中固定资产投资的资金 4445 万元，铺底流动资金 55 万元。缺口部分来源于贷款，项目贷款 282 万元。其中，长期贷款本金 150 万元（利率 6.55%，按年计息），建设期利息 5 万元，流动资金借款 128 万元（利率 6.0%，按年计息）。这些信息都是现金流图表制造的重要因素。

　　投资估算后紧接着进行的是财务评价。财务评价对项目投运后的收支进行分析，分析中需要的数据信息如下：构成收入主体的当地市政供热收费标准和网电价；改造完成后，因锅炉设备运行可靠性增加，机组年利用小时数可增加至 7000h，因此，较两炉两机配置，可增加上网电量 1960 万 kWh；供热面积（循环水供热）增加 57.5 万 ㎡。较两炉两机运行时，年耗生物质燃料增加折合标煤为 23900t。

　　财务评价总税收也是重要的内容，评价中税务方面的依据主要根据国务院令第 538 号《中华人民共和国增值税暂行条例》和财政部、国家税务总局令第 50 号《中华人民共和国增值税暂行条例实施细则》的相关规定，该项目采购固定资产发生的增值税可凭发票从销项税额中抵扣，按概算中设备购置费总价，税率按 17% 计算。财务评价中的主要原始数据见表 17-4。运行成本费用估算结果见表 17-5 和表 17-6。

表 17-4　　　　　　　　　　　　**财务评价中的主要原始数据**

项目名称	数据	备注
上网电价	0.75 元 /kWh	含税价
采暖价格	27 元 / ㎡	含税价
生物质燃料收购价	386 元 /t	收购价
折标煤收购价	700 元 /t	含税价
水价	2.5 元 /m³	
人均年工资	30000 元 / （人·年）	含福利费，含劳保
软化水	8 元 /t	

表 17-5　　　　　　　　　　　　**运行成本费用估算结果（一）**　　　　　　　　　　万元

序号	项目 运营负荷	合计	1 年 0%	2 年 100%	3 年 100%	4 年 100%	5 年 100%	6 年 100%	7 年 100%	8 年 100%	9 年 100%	10 年 100%	11 年 100%
1	外购原材料费	2514	0	126	126	126	126	126	126	126	126	126	126
2	外购燃料及动力费	33237	0	1662	1662	1662	1662	1662	1662	1662	1662	1662	1662
3	职工薪酬	240	0	12	12	12	12	12	12	12	12	12	12
4	修理费	2114	0	106	106	106	106	106	106	106	106	106	106
5	其他费用	1244	0	62	62	62	62	62	62	62	62	62	62
6	经营成本	39348	0	1967	1967	1967	1967	1967	1967	1967	1967	1967	1967
7	折旧费	4063	0	271	271	271	271	271	271	271	271	271	271
8	摊销费	43	0	9	9	9	9	9	0	0	0	0	0
9	利息支出	199	0	18	17	15	14	13	11	10	9	8	8
	其中：流动资金借款利息	153	0	8	8	8	8	8	8	8	8	8	8
	长期借款利息	46	0	10	9	8	6	5	4	3	1	0	0
	短期借款利息	0	0	0	0	0	0	0	0	0	0	0	0
10	不予抵扣或退税的税额	0	0	0	0	0	0	0	0	0	0	0	0
11	总成本费用	43652	0	2265	2263	2262	2261	2260	2250	2248	2247	2246	2246
	其中：可变成本	35750	0	1788	1788	1788	1788	1788	1788	1788	1788	1788	1788
	固定成本	7901	0	477	476	475	473	472	462	461	460	458	458

表 17-6　　　　　**运行成本费用估算结果（二）**　　　　　　　万元

序号	项目	12 年	13 年	14 年	15 年	16 年	17 年	18 年	19 年	20 年	21 年
1	现金流入	3120	3120	3120	3120	3120	3120	3120	3120	3120	3471
1.1	营业收入	2630	2630	2630	2630	2630	2630	2630	2630	2630	2630
1.2	销项税额	392	392	392	392	392	392	392	392	392	392
1.3	补贴收入	98	98	98	98	98	98	98	98	98	98
1.4	回收资产余值	0	0	0	0	0	0	0	0	0	169
1.5	回收流动资金	0	0	0	0	0	0	0	0	0	182
2	现金流出	2371	2371	2371	2371	2371	2371	2371	2371	2371	2371
2.1	建设投资	0	0	0	0	0	0	0	0	0	0
2.2	流动资金	0	0	0	0	0	0	0	0	0	0
2.3	经营成本	1967	1967	1967	1967	1967	1967	1967	1967	1967	1967
2.4	进项税额	295	295	295	295	295	295	295	295	295	295
2.5	增值税	98	98	98	98	98	98	98	98	98	98
2.6	营业税金及附加	12	12	12	12	12	12	12	12	12	12
2.7	维持运营投资	—	—	—	—	—	—	—	—	—	—
3	所得税前净现金流量	749	749	749	749	749	749	749	749	749	1100
4	所得税前累计净现金流量	3457	4206	4954	5703	6451	7200	7948	8697	9446	10546
5	调整所得税	120	120	120	120	120	187	187	187	187	187
6	所得税后净现金流量	629	629	629	629	629	561	561	561	561	913
7	所得税后累计净现金流量	2234	2863	3493	4122	4751	5312	5874	6435	6996	7909

　　据此，可以对项目得出技术经济分析的结论：税前财务内部收益率（全部投资）14.82%，投资回收期 7.38 年（含建设期），项目财务净现值 2464 万元。所得税后财务内部收益率（全部投资）12.01%，财务净现值 1370 万元，投资回收期 8.45 年（含建设期）；所得税前财务内部收益率（项目资本金）为 12.33%，项目内部收益率较高，投资回收期较短。

习题

　　1. 论述对生物质项目进行资源规划调查的意义和调查的主要内容。

　　2. 简述资源规划调查中现场踏勘的目的和意义。

　　3. 如何在资源调查中尽可能降低日后工程运行可能遭遇的风险？

　　4. 简述技术经济分析中的指标体系。

　　5. 什么是内部收益率，试用公式进行表征。

　　6. 试尽可能多地列举出影响生物质电厂技术经济评估的相关参数。

第十八章　生物质能利用全生命周期评价

第一节　概述

能源是社会进步、经济发展的重要支撑力量。目前，我国是世界上人口最多的国家。近年来我国社会、经济不断发展，对能源的需求也不断增加。

生物质能是植物通过光合作用将吸收的太阳能以化学能形式储存在生物质中的一种能量形式。生物质是一种可再生能源，能替代化石能源，减少 SO_x、NO_x 等污染物的排放，并且具有净碳排放为零、可转化为液体燃料等特性，受到广泛的关注。

当然，生物质能也有很大的不足。一般来说生物质密度较低，同时含水量较高，发热量低；并且生物质的资源量会随着季节有很大的波动；另外，生物质能不恰当地使用也会造成污染，例如秸秆的露天燃烧会造成严重的雾霾天气。

生物质种类较多，应用方法及所受到的环境约束条件也不同，因此需要规范、科学、全面的系统评价方法，评价不同应用方法的优势与劣势。

生命周期评价（life cycle assessment，LCA）方法的最初应用可以追溯到 1969 年美国可口可乐公司对不同饮料容器的资源消耗和环境释放所做的特征分析。通过比较一次性塑料瓶和可回收玻璃瓶对环境的友好情况，可口可乐公司肯定了一次性塑料瓶的优势。

最初，研究者的兴趣主要集中在产品的能源消耗上。20 世纪 60 年代末和 70 年代初爆发的石油危机使人们开始关注资源和能源的节约问题，净能量分析（net energy analysis）成为当时的热门话题。研究者利用这一方法对不同材料包装的能源需求进行分析，并将其应用于分析酒精汽油和太阳能卫星等产品。与此同时，欧洲国家的一些研究人员提出类似清单分析的生态衡算（ecobalance）方法。该方法不仅需要考虑能源的投入与产出，还要核算过程中的物料平衡。

20 世纪 70 年代初，美国国家科学基金的国家需求研究计划（RANN）最早将研究扩展到废弃物的产生。在该项目中，采用了类似清单分析的物料 – 过程 – 产品模型，对玻璃、聚乙烯和聚氯乙烯瓶产生的废弃物进行分析比较。

20 世纪 80 年代中期至 90 年代初，发达国家开始推行环境报告制度，要求对产品形成统一的环境影响评价方法和数据，其中，对温室效应和资源消耗等的环境影响定量评价方法得到了不断发展。

20 世纪 90 年代以后，由于国际环境毒理学和化学学会以及欧洲生命周期评价开发促进会的大力推动，LCA 方法在全球范围内得到较大规模的应用。国际标准化组织制订和发布了LCA 系列标准。1997 年，ISO 颁布了第一个生命周期评价国际标准 ISO 14040《生命周期评价原则与框架》，随后又相继颁布了该系列的其他几项标准（ISO 14040~14043）和技术报告。2006 年，ISO 将原来的 ISO 14040~14043 系列标准进行了修订，形成了新的标准，ISO 14040（2006）和 ISO 14044（2006）。这两个新标准取代了旧标准，成为现在唯一有效的标准。国内采用的GB/T 24040 2008 和 GB/T 24044—2008，等同以上两个新标准。但是 ISO 的 LCA 技术框架存在一定的局限性，例如它未能详细规定 LCA，未能对分配问题影响评价方法的选择做出明确的规定。

第二节　生命周期分析方法

一、生命周期评价定义

生命周期评价目前存在不同的定义，目前比较有代表性的几种 LCA 定义见表 18-1。虽然存在不同的表述，但总体的核心是：贯穿产品生命周期全过程，研究从原材料的开采、生产、使用到产品进入最终处置的整个过程对环境造成的直接和间接的影响。

表 18-1　　　　　　　　　　　　　生命周期评价定义

机构	LCA 定义
美国环保署（EPA）	一种概念和方法，通过分析特定产品、生产工艺或者活动的整个生命周期过程，从而评估产品或者活动的环境影响情况
ISO 14040 标准	从原材料获取到成品、使用和抛弃整个产品的生命周期分析环境状况和潜在影响
GB/T 24040—2008	对一个产品系统的生命周期中输入、输出以及潜在环境影响的汇编和评价
欧盟	产品生命周期分析是在对产品、生产过程或活动从原料获取到最终处置进行调查的基础上，定量产品的环境负荷的方法
国际环境毒理学和化学学会（SETAC）	通过辨识和量化产品、过程或活动的能量和物质利用情况及环境排放，评估能量和物质的消耗、物质利用情况及环境排放，评估能量和物质的消耗以及环境排放对环境造成的压力，进而提出改善环境影响的建议的过程

二、生命周期评价理论框架

根据 SETAC 提出的 LCA 方法论框架（见图 18-1），生命周期评价的基本结构可以归纳为四个部分：目标与范围确定（goal & scope definition）、清单分析（inventory analysis）、影响评价（impact assessment）和改善评价（improvement assessment）。

ISO 14040 标准也分为四个部分（见图 18-2）：目标与范围确定（goal & scope definition）、清单分析（inventory analysis）、影响评价（impact assessment）和结果解释（interpretation）。

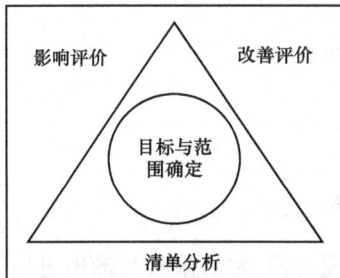

图 18-1　SETAC 生命周期评价框架　　　图 18-2　ISO 14040 生命周期评价框架

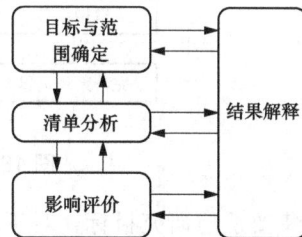

目前，生命周期评价的计算步骤主要根据 ISO 14040 和 GB/T 24040 标准的规定，介绍如下。

三、生命周期评价步骤

（一）目标与范围的确定

生命周期评价首要的一步就是目标与范围的确定。在开展研究之前，首先要考虑生命周期评价的应用意图，思考开展这项研究的理由，研究结果的接受者，结果是否将被用在对比论断中并向公众发布。

生命周期范围的界定需要考虑该研究的深度和广度能否满足所制订的目标。范围的界定对最终研究结果的质量十分重要。生命周期范围的界定主要包括所研究的产品系统、系统功能及功能单位。对于计算当中所用到的一些假设、限制、数据要求需要有明确的说明。另外，还要选择影响类型和影响评价的方法学等。随着数据和信息的不断完善，还可能需要对研究范围加以修改，来满足制订的研究目标。

（二）清单分析

清单分析是对所研究系统中输入和输出的能源、资源和环境排放建立清单的过程。清单分析包括数据的收集和计算。系统边界中每个单元过程的数据可以按照以下类型划分：①能量输入、原材料输入、辅助性输入、其他实物输入；②产品、共生产品和废物；③向空气、水体和土壤中的排放物；④其他环境因素。

数据收集后，计算过程如下：①对收集数据的审定；②数据与单元过程的关联；③数据与功能单位的基准流的关联。

需要对该模拟产品系统中每一单元过程和功能单位求得清单结果。能量流的计算应该对不同的燃料或电力来源、能量转换和传输的效率以及生产和使用上述能量流时的输入和输出予以考虑。

清单分析通常是一个反复的过程。随着研究的进行，对系统的认识更加深入，收集到的数据也不断完善，可能会出现新的数据要求，或发现原有的局限性，因而要求对数据收集程序做出修正，以适应研究目标，有时甚至修改研究目标和范围。清单分析简化程序见图 18-3。

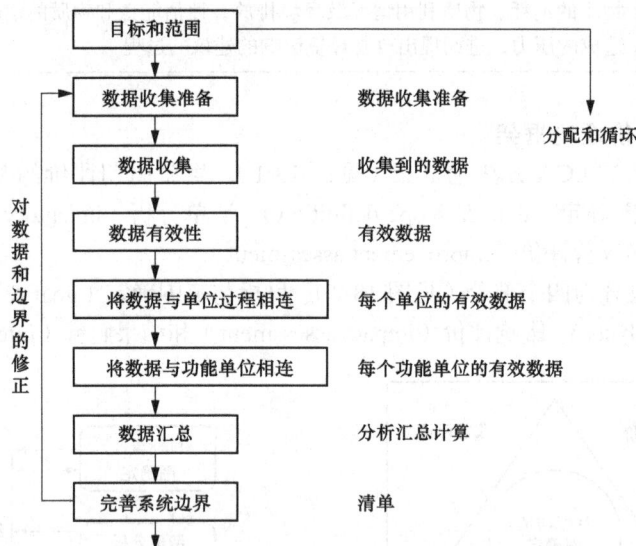

图 18-3 清单分析简化程序

数据的收集要适应研究目标，对于总体研究结论影响不大的输入和输出可以不必量化。注意，这些可以被忽略的输入与输出与它们的数量、质量不一定相关。例如，在研究某个产品系统生命周期所排放的汞对环境的影响时，尽管汞的排放质量相对其他排放物质（例如 CO_2）较小，但是仍然不能忽略，而排放量较大的 CO_2 则可以忽略。在考虑数据收集与计算时，要特别注意研究的目的和范围。我们也可以看到，在收集单元过程清单时，并不一定要严格遵守能量与质量守恒，实际上这也是不现实的。

在实际计算中，我们还会碰到单元过程、产品流、基本流和基准流等概念。

单元过程（unit progress）是进行生命周期清单分析时为量化输入和输出数据而确定的最基本部分。单元过程的含义比较灵活，例如在生物质直燃发电系统中，可以分为生物质种植与获得、生物质运输等过程，这些过程就是单元过程。在获得了整个生物质直燃发电的清单数据之后，如果后续的产品生命周期分析中有生物质直燃发电的过程，那么之前的生物质直燃发电过程在这里便可以作为单元过程。

产品流（product flow）是指从其他产品系统进入到本产品系统或离开本产品系统而进入其他产品系统。

基本流（elementary flow）可以是能量流，也可以是物质流。基本流在流进或流出研究系统时不会受到人为的转化。

基准流（reference flow）是在给定产品系统中，为实现一个功能单位所需要的过程输出量。在使用 openLCA 等软件进行计算时，对于每一个单元过程都需要指定一个基准流。此时基准流起到连接上、下两个单元过程的作用（作为最后的单元过程的基准流除外）。

在建立确定产品系统的范围后，生命周期也随之建立起来，即通过对产品或者功能单位进行上下游追溯，可以建立起比较全面的生命周期模型——产品系统。

数据的收集通常有两种来源：来源于企业及供应商的数据，称为实景数据（foreground 或 primary）；当无法追溯供应商时，通常采用数据库数据，一般为行业平均数据，称为背景数据（background 或 secondary）。实景数据的质量（代表性）好于背景数据，但数据收集的工作量和难度更大。

计算的起点一般始于产品系统基准过程中的基准流。通过已知的功能单位我们可以对基准流进行调整，而相应单元过程中的其他输入、输出流都需要计算。一般我们采取线性假设，即可见的任何 LCA 结果都与基准流成正比。基准流在最终的计算中会被保留下来，同时中间产品抵消，剩下资源投入和环境排放相累加。可以说，这些中间产品被替换为各自资源消耗与环境排放。

（三）影响评价

生命周期影响评价（LCIA）是 LCA 的第三个阶段，是生命周期评价的核心部分，也是比较困难的部分，涉及环境科学、生态科学、毒理学等多门理论性很强的学科，也是目前生命周期评价研究中的热点之一。在产品的生命周期当中，会消耗许多资源，排放各种物质。生命周期影响评价的目标，就是根据清单分析中得到的资源消耗及物质排放，来评价对环境造成的直接和潜在的影响。对于生命周期环境影响的评价，目前主要采用的方法有定性评价和定量评价，其中定量评价方法的结果更直观，更易于比较不同产品系统间的环境影响。国际上对于生命周期采用的定量分析方法基本有两类：环境问题法（midpoint oriented）和目标距离法（damage oriented）。环境问题法着眼于环境影响因子和影响机理，通过对各种环境干扰采用当量因子进行数据的标准化和对比分析，常见的属于该类的 LCIA 方法有 CML、EDIP 和 TRACI 等。目标距离法则着眼于影响后果，采用目标距离的原则，即某种环境效应的严重性用该效应的当前水平与目标水平之间的距离来进行表征，如 Ecoindicator 99 和 LIME 等。也有将两种定量方法结合在一起的 LCIA 方法，如 IMPACT 2002+ 和 EPS 等。

目前对于 LCIA 尚无统一方法，生命周期影响评价可以采用 SETAC 制订的框架，分为分类、特征化和量化三个步骤。ISO 14044 也对生命周期影响评价阶段予以了更加细致的规定，并将其划分为必备要素和可选要素两部分。本书将 LCIA 分为分类、特征化、标准化、综合化四个步骤。

1. 分类

分类是将清单分析得到的数据按照不同的环境影响类型进行划分。

首先对于环境影响类型的划分，从保护目标的角度出发可以分为资源消耗、人体健康及生态系统健康。每个类别当中又有许多亚类。例如，在资源耗竭大类里就包括可耗竭资源和不可耗竭资源等；人体健康大类里包括中枢神经系统效应、生殖系统效应、呼吸系统效应和致癌效应等。从空间的角度出发可以分为全球性影响、区域性影响和局地性影响。

当影响类型确定后，需要根据相应的影响类型确定类型参数。类型参数是由环境干扰因子和环境影响之间的内在机制决定的。国际上对于主要的环境影响类型及其类型参数达成了一定的共识，例如，全球变暖采用 CO_2 当量衡量各种温室气体的作用大小，臭氧层损耗采用 CFC-11 当量表征损耗的大小，光化学臭氧合成采用乙烯为基准物质，酸化采用致酸物质 SO_2 为基准物，富营养化则采用 NO_3^- 来描述富营养化程度。

不同环境类型受不同物质的影响，如全球变暖受 CO_2 和 CH_4 等其他温室气体的共同影响，酸化问题主要是受 SO_2、NO_x 等的影响。同一物质也可能会对不同的环境影响类型的影响，例如大多数温室气体既对全球变暖有影响，也对臭氧层损耗有影响。在等清单数据划分到各环境影响类型的过程中，当清单分析结果只与一种环境影响类型相关时，直接归类；当某一环境干扰因子与多种环境影响类型相关时，就需要进行额外的考虑。如果某一物质能同时对多种环境影响类型影响时，不需要进行分配；如果某一物质对多种环境类型有影响，而且在造成某一种环境类型有影响之后，不会继续对另外一种环境类型继续造成影响，则考虑该物质对环境的影响时需要进行分配。例如，SO_2 造成酸化的过程中会发生化学性质的改变，不会继续对人体健康造成影响，因此在进行 SO_2 对酸化和人体健康的影响进行计算时需要对其进行分配。

2. 特征化

特征化就是将同一种影响类型下不同物质各自的影响汇总起来。例如，在产品清单分析中的 CO_2 和 CH_4 对温室效应都有贡献，但作用程度不同，CO_2 与 CH_4 相比作用较小。对于全球变暖这一影响，通常以 CO_2 为标准，其余污染物折算成相当的量，再把同类型的环境影响进行累加。特征化的过程就是对确定的环境影响类型的数据进行分析和定量化，常用的方法有临界距离法和环境问题当量因子法。前者侧重于所得数据与环境标准的距离，后者侧重于污染接触程度和污染效应。根据特征化结果对产品环境影响值的计算如下：

$$EI_j = \sum EF_{j,i} \cdot Q_i \qquad (18\text{-}1)$$

式中：EI_j 为第 j 种环境影响类型的环境影响值；$EF_{j,i}$ 为第 i 种污染物针对第 j 种环境类型的当量因子；Q_i 为指第 i 种污染物的排放量。

当量因子由不同的环境影响来确定，通常是选取某类环境影响中的某种物质作为参考，计算其他物质的相对大小。表 18-2 列出了几种典型环境影响类型中各物质的当量因子。

表 18-2   几种典型环境影响类型中各物质的当量因子

指标	参考物质	数值	指标	参考物质	数值
全球变暖	CO_2	—	富营养化	PO_4^{3-}	—
CO_2	—	1	COD	—	0.022
CH_4	—	23	TN	—	0.42
酸化	SO_2		光化学污染	C_2H_4	—
NO_x	—	0.7	CH_4	—	066
SO_2	—	1	SO_2	—	0.048

注   引自 CML 数据库。

3. 标准化（归一化）

通过上述的分类及特征化过程，我们实现了产品系统环境影响的定量化，可以计算出各环境影响类型的环境影响值。但是如果直接使用计算得出的环境影响值进行产品系统的比较分析往往会出现以下几个问题：①各类环境影响值之间的单位不同，无法根据各个数值的大小对产品系统各类环境影响的危害程度进行判断；②各类环境影响值在数量级上存在较大的差异。

为了解决上述问题，实现产品内部各影响类型之间的比较，我们需要对各类环境影响值进行标准化处理，即计算产品系统各类环境影响值在全球（或地区）相应环境影响值总量中所占的比例（环境影响值与全球基准的比值）。通过这种计算，我们可以找出产品系统对于全球（或地区）各环境影响的贡献大小，从而找出产品系统中的突出环境影响类型。

对各环境影响值进行标准化的过程是将环境影响值除以一个基准，将各类环境影响值变成一个无量纲量。标准化解决了各影响值单位不统一和数量级差异较大的问题。各环境影响类型的环境影响标准化值一般采用式（18-2）计算：

$$NI_j = I_j \cdot \frac{1}{R_j} \qquad (18\text{-}2)$$

式中：I_j 为各种环境影响值；R_j 为第 j 年的标准基准。

需要注意的是，标准化在实践过程中必须选择同一时间的数据，空间尺度上也要根据元素数据的尺度去选择基准。为了实现影响在空间尺度上能够进行同一水平的比较，对于基准的计算通常采用以下两种办法。

（1）计算每年每人平均造成的环境影响值：

$$NR_{j,n} = \frac{EI_{j,n}}{P_n} \qquad (18\text{-}3)$$

式中：$NR_{j,n}$ 为第 n 年全球（或地区）人均环境影响值；$EI_{j,n}$ 为第 n 年的全球（或地区）环境影响总值；P_n 为第 n 年的全球人口总数。

（2）从空间尺度出发，计算每年单位面积的环境影响值：

$$NR_{j,n} = \frac{EI_{j,n}}{S_n} \qquad (18\text{-}4)$$

式中：S_n 为第 n 年的全球（或地区）的总面积。

通过上述的标准化处理，各类环境影响值均变成了一个无量纲量。这样既给系统内部提升提供了指导，也反映了产品系统的环境影响在全球或者特定地区中占有的比重。

4. 综合化

综合化是指根据各种环境影响的重要性级别对标准化后的环境影响值进行赋权，从而计算出产品系统环境影响的综合指标。

在 LCIA 中，综合化不是必要的。对于单一系统的生命周期评价时，完成特征化及标准化之后就能为系统下一步发展提供指导，因此没有必要进行综合化处理。对于简单系统间的对比分析，如果特征化及标准化结果足以说明问题，也没必要对结果进行综合化处理。

但是当我们进行复杂的产品系统比较时，可能会出现对于 A 系统的第一类环境影响值小于 B 系统的第一类环境影响值，但是第二类环境影响值却比 B 系统高的情况，因此，很难说明 A 系统与 B 系统环境影响优越性的问题。对于这样的问题，就需要考虑不同影响类型有着不同的重要性，对各个影响类型进行排序，并赋予权重。不同加权处理方法的核心是获得各种影响类型的加权因子。加权因子确定后可以将不同的影响类型综合成单一指标，使系统间的环境影响比较更加准确与严谨。但是在确定权重的过程中争议较大，同样的环境类型在不同地区、不同时期的重要性不一致，而且权重的评定涉及社会、政治和伦理价值取向，主观性较大。

综合化的方法主要有以下几类：第一类是将想要实现的目标作为加权计算的依据，这些目标包括科学目标或者政策目标等，例如 CML 方法，考虑政策目标的 EDIP、Ecoscarcity 方法，考虑保护对象及政治 – 科学目标的 Ecoindicator 方法；第二类是将排放标准或者排放削减成本作为加权计算的依据，例如 Abatement costs、DESC 方法等；第三类是采取主观评分作为加权计算的依据，例如 Critical volume 法；第四类是把相关人员的意见当作加权计算的依据，例如采取专家意见的 Delphi 法、Iso-preference 法或者科学家或产业界意见的 Questionnaire 法。

目前基于上述四类综合化的原则以及思想衍生出的方法有很多，但采用较多、研究较为集中的方法主要是层次分析法、ECER 法以及专家调查权重法，很多综合方法是在这三种方法的基础上进行改进。下面针对这三种方法进行简单的介绍：

（1）层次分析法。层次分析法是一种定性和定量相结合的多准则决策分析方法，将复杂的多目标决策问题分为目标、准则、方案等层次，通过逐层分析比较各关联因素的重要性为最后的分析和决策提供依据。

在进行全生命周期影响评价时，首先构建层次结构模型，将与问题有关的因素按不同的属性分为目标、准则、方案等层次，如图 18-4 所示。

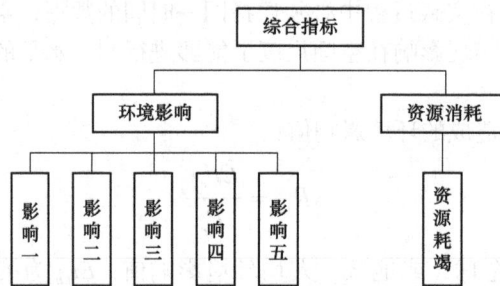

图 18-4　全生命周期层次结构图

随后，构建各层间的成对比较矩阵：

$$\boldsymbol{R} = \begin{bmatrix} r_{11} & r_{12} & \cdots & r_{1n} \\ r_{21} & r_{22} & \cdots & r_{2n} \\ \vdots & \vdots & \vdots & \vdots \\ r_{m1} & r_{m2} & \cdots & r_{mm} \end{bmatrix} = (r_{ij})_{m \times n} \tag{18-5}$$

矩阵满足：

$$r_{ij} = \frac{1}{r_{ji}} \tag{18-6}$$

比较尺度根据元素的重要性采用 Satty 提出的 9 标度法，见表 18-3。

表 18-3　　　　　　　　　　　矩阵比较尺度

标度	重要性等级
1	i、j 两元素同样重要
3	i 元素比 j 元素稍重要
5	i 元素比 j 元素明显重要
7	i 元素比 j 元素极其重要
9	i 元素比 j 元素强烈重要
2、4、6、8	i 元素比 j 元素重要性介于 1、3、5、7、9

最后，对所建立的对比矩阵进行特征向量计算，同时采用式（18-7）和式（18-8）计算一致

性指标 CI 和一致性比率 CR，进行矩阵的一致性检验。若一致性检验通过，则每个成对比较矩阵的最大特征根所对应的特征向量即为相应元素的权重。

$$CI = \frac{\lambda_{max} - n}{n - 1} \tag{18-7}$$

$$CR = \frac{CI}{RI} \tag{18-8}$$

（2）ECER（节能减排综合指标法）法。ECER 法是定义一个综合指标来衡量某产业对国家制定的节能减排约束性指标的完成程度。下面以国家"十二五"规划中制定的 7 个主要约束性目标（初级能耗、工业用水量、CO_2、SO_2、化学需氧量、NO_x）为例，"十二五"生命周期节能减排综合指标为

$$ECER = \sum_{i=1}^{7} \frac{A_i}{T_i N_i} \cdot P_i \tag{18-9}$$

式中：A_i 为系统的环境影响值；T_i 为节能减排政策目标（削减的百分比）；N_i 为基准年环境影响的总值；P_i 为衡量各政策目标重要性的指标，一般情况下 $P_i=1$。

（3）专家调查权重法。专家调查权重法依据 Dephil 法（以匿名的方式使专家做出独立的判断，并经过几轮的反馈，使专家的意见逐渐趋同），其进展步骤主要是首先经过专家的讨论分析，给出全部指标的取值区间及区间的权值越数，如取值区间选取 [1, 3]，权值越数是 0.5，那么权值的选择就是 1、1.5、2、2.5、3。取值区间及权值越数确定之后，编制权重系数选取表由专家填写，最后各指标的权重由式（18-10）计算：

$$i = \frac{\sum i_j f_i}{\sum f_i} \tag{18-10}$$

式中：i 为指标的权值，i_j 为专家给出的权值；f_i 为某一权值出现的次数。

（四）结果解释

生命周期结果解释的目的是根据 LCA 前几个阶段或 LCI 的研究发现，以透明的方式来分析结果，形成结论，解释局限性，提出建议并报告生命周期解释的结果，生命周期解释还根据研究目的和范围提供对 LCA 或 LCI 研究结果易于理解的完整的和一致的说明。

生命周期解释具有系统性、重复性的特点。在进行结果解释时，必须认真考虑系统功能、功能单位和系统边界定义的适当性和数据质量评价与敏感性分析所识别出的局限性。根据 ISO 14040 标准，LCA 和 LCA 研究中的包括以下几个生命周期阶段：①以 LCA 中 LCI 和 LCIA 阶段的结果为基础对重大问题的识别；②评估，包括完整性、敏感性和一致性检验；③结论、局限和建议。

1. 重大问题的识别

对重大问题的识别，旨在根据所确定的目的范围，以及与评价要素的相互作用。对 LCI 或 LCIA 阶段得到的结果进行组织，以便发现重大问题。在实际工作中，常常包括两个步骤：一是信息的识别和组织；二是重大问题的确定。

（1）信息的识别和组织。LCA 和 LCIA 的具体结果必须以适当的形式进行组织。在逻辑上可以按照产品系统生命周期的各个阶段进行组织，以发现不同阶段对总影响的相对贡献大小；也可以按照不同过程或运行单元进行组织。在具体的表现形式上，除了可以采用数据清单所示的表格，也可以采用统计图。需要组织与识别的内容主要有方法信息（LCA 研究中采用的方法、分配原则等）、价值判断准则（研究目的和范围确定过程中的价值选择）、应用信息（结果）这三个方面。

（2）重大问题的确定。在清单分析和影响评价阶段取得的结果满足研究目的和范围的要求之

后，就应确定这些结果的重要性。通常可能涉及的重大问题包括清单数据类型（如能源消耗、环境排放物、废物等）、环境影响类型（如资源使用、全球变暖潜值等）及生命周期阶段对结果的主要贡献等。在问题确定的过程中可以采取贡献分析、优势分析、影响分析、异常分析等统计或者系统分析方法。

2.评估

评估主要是对生命周期评价的整个步骤进行检查，通常进行三个方面的检查：完整性检查、敏感性检查、一致性检验。

（1）完整性检查。完整性检查是为了对 LCA 进行过程中的信息或者数据是否完整进行检验，如果出现信息或者数据不完整的情况，且这些信息数据对于研究目的与范围是必要的，就需要对研究的目的及范围进行调整。

（2）敏感性检查。敏感性检查的目的是，通过确定最终结果和结论是否受到数据、分配方法或类型参数结果计算等不确定性的影响，来评价其可靠性。敏感性检查所要求的详细程度主要取决于清单分析的发现。如果进行了影响评价，则还取决于影响评价的发现。

敏感性分析主要计算假定、方法和数据的变化对结果的影响，一般情况下，在解释第一阶段所确定的重大问题的敏感性都要通过检查。敏感性分析的程序是改变某些假定或者数据，计算改变这些假定及数据后所得到的结果，并且与改变前的结果进行对比。

在敏感性分析中，通常在一定范围内改变假定和数据的范围，例如 ±25%，检查对结果的影响，然后对比两种结果。计算得到结果变化的百分比后，可以根据百分比的大小对敏感性程度进行判断。

敏感性分析通常针对分配原则、取舍准则、边界设定和系统定义、数据的判断和假定、影响类型的选择、清单结果的分配以及类型参数结果的计算这几个方面去选择需要分析的影响因素，然后探究影响因素的改变对计算结果的影响，从而对我们选取的假定或者方法的合理性以及数据的质量进行评估。

下面针对敏感性分析方法以及针对数据质量的不确定度分析进行介绍。

1）敏感性分析方法。敏感性分析具有其特定的步骤，在固定其他参数不变时，分析某个参数变化对整个结果带来的影响，就可以探究出该参数对模型的重要性或者称为敏感性。下面主要对单个参数对模型结果的"一条路"分析、图表分析、比率分析这三种常用于 LCA 研究的敏感性分析方法进行介绍。

①"一条路"分析。"一条路"分析对于评价单个参数对模型结果的重要性具有重要作用。在参数敏感性分析中，需要事先确定结果改变的百分比（百分比确定的前提是明确系统的最小百分比，该值由以往的统计数据得出）。例如，结果改变的百分比设为 10%，那么随后计算模型结果改变 10% 时各个参数需要改变的比例，就可以探究出各个参数对于结果的敏感性。

②图表分析。图表分析是采用线条图的方式来显示模型结果随单个参数预先设定的改变量而改变的程度。与"一条路"分析法相比，图表分析法不用事先确定结果改变的百分比，而是探究单个参数在给定该变量的情况下，模型结果的改变程度。

③比率分析。比率分析法用于不同系统间的比较。这种方法能根据确定的标准对两个系统或者过程进行等级排列（如能量消耗，能量消耗低的等级就越高）。通过计算改变两个系统的等级排列时某一参数需要改变的百分比来表征这一参数对系统的灵敏度大小。

2）针对数据质量的不确定度分析。因为在进行 LCA 研究时，可能会出现收集的数据不全、数据具有变异性、各地区数据存在差异性的情况，同时，我们在研究过程中会采取各种假设，那么这些不确定因素就会导致最终的结果具有一定的不确定度。

不确定性分析就是根据各种输入参数的不确定性来计算模型结果的不确定性。它的基本原则是给参数的不确定性赋值，然后运用统计学和数学的方法来确定模型输出的不确定性。一般来说，这类赋值要依赖于过去的经验和专家的判断。

目前，对于不确定性的定量方法使用较多的是蒙特卡洛法。蒙特卡洛法就是为模型中的每个变量随机地赋值来模拟系统，然后将这些值输入方程式，并产生模拟输出值的过程。蒙特卡洛法可以分为以下几步：为数据产生过程设计模型、运营数据产生过程模型以及评估者来进行多种估计，在假设模型比较准确的情况下，用模拟数据来估计总体分布特性。

在使用蒙特卡洛法进行不确定度分析时，确定了输入参数的概率分布（参数的概率分布通常有指数分布、正态分布、三角分布等）就能得到模型结果的概率分布，有助于更加准确严谨地展开针对不同系统的对比分析。

（3）一致性检验。一致性检验的目的是确定假定方法模型和数据在产品的生命周期进程中或几种方案之间是否始终一致。通常出现的不一致的情况有数据来源不同、数据的准确性不同、技术覆盖面不同、数据年限不同、地域广度不同，有一些不一致的数据，可以按照规定的目的和范围进行调整。

3. 结果和建议

根据 LCI 和 LCIA 结果，我们可以分析产品系统生命周期中所造成的资源消耗、物质排放和气候变化等结果，也可以得到各个单元过程的输入、输出对结果的影响。例如，产品运输所造成的资源消耗、物质排放结果的影响。

四、常用软件介绍

LCA 商用软件很多，一般分成两类：一类是免费使用的软件，如 openLCA（德国 GreenDelta 咨询和软件公司）和 GREET（美国 Argone 国家实验室）等；另一类是收费的软件，如 SimaPro（荷兰 PRé 公司），Gabi（德国 thinkstep 公司）和 eBalance（中国亿科环境）等。下面简单介绍这些软件。

openLCA：项目由德国 GreenDelta 咨询和软件公司于 2006 年开始研发，最初建立这个项目的想法由 Andreas Ciroth、Michael Srocka、Jutta Hildenbrand 三个人提出，最终 openLCA 项目推出了自己的 LCA 分析软件。openLCA 项目的目标是使用标准的编程语言，利用开源软件，开发一种快速、可靠、高性能和模块化的应用程序框架，为生命周期评价和建模提供支持。openLCA 项目为开源项目，并且可以免费使用一些数据库。openLCA 的许多功能都实现了模块化，因此用户可以根据需求建立自己的应用模块并添加到 openLCA 项目中，此外，用户还可以根据实际需要对源代码进行修改。

GREET：由美国 Argone 国家实验室于 1995 年首次发布，最新版本的 GREET 2015 于 2015 年 10 月发布。GREET 软件包括了 fuel-cycle 模型和 vehicle-cycle 模型，可以对汽车燃料以及汽车产品进行生命周期评价。GREET 具有较好的系统性，便于操作，数据量全。GREET 软件中的数据库不仅提供了某种汽车燃料从井口到车轮的所有排放，也包括燃料在最后使用地的排放和能耗。

SimaPro：由荷兰 PRé 公司于 1990 年开发，在世界上应用广泛。SimaPro 包含了世界上主流的环境影响评价方法，并且拥有丰富的数据库，操作简便，功能强大。SimaPro 7 软件整合了不同的数据库，将不同来源的数据分级存储，数据使用时来源清晰，兼顾了实用性和保密性。软件提供一种向导化的清单分析建模，环境影响评价的结果可以通过表格和图形方式呈现，并且可以方便查看影响评价方法的特征化、标准化和权重值等数据。在 SimaPro 中，数据以库项目方式组织，可以用于所有的工程中，数据可以在不同库项目和工程之间复制。

GaBi：最早于 1989 年由德国 Thinkstep（原 PE）公司开发。GaBi 软件除了基本的数据库外，还有许多可扩展（需另外购买）的专业数据库，涉及石油化工、金属加工、建筑材料、能源和汽车工业等多种行业。另外，开发公司还提供根据客户需求订制数据库的服务。GaBi 软件在生命周期评价（LCA）、生命周期工程（LCE）、碳足迹计算方面都处在领先的地位。GaBi 拥有丰富而完善的功能，主要包括：清单分析建模；集成多种影响评价方法；支持用户自定义环境影响方法；分析和评价结果解释；数据库管理和数据存档。GaBi 也具有优良的树结构功能、结果分析功能。

eBalance：由中国的亿科环境科技有限公司自主研发的生命周期评价软件，于 2010 年首次发布。eBalance 所配套的中国生命周期核心数据库（CLCD-China）具有本土化优势，数据库中所有数据来自中国本土资料，可以为客户提供原始数据来源与算法解释。软件内置了常用特征化因子、中国 2005 年及 2010 年归一化基准值、节能减排权重因子，在计算国内 LCA 案例时具有明显的优势。

第三节　案例研究

秸秆资源是我国生物质资源的重要部分。农业部印发的《种养结合循环农业示范工程建设规划（2017—2020 年）》中指出，2015 年全国秸秆总产量以及可收集利用量分别达到 10.4 亿 t 和 9 亿 t，其中主要的秸秆种类有玉米秸秆、小麦秸秆和水稻秸秆等。同时，根据《中国统计年鉴 2020》中的主要农作物产量和各主要农作物秸秆系数，计算得到 2019 年三种主要秸秆的年总产量达到 6.5 亿 t。

根据中国产业发展促进会编制的《中国生物质发电产业发展报告》中统计的数据，截至 2020 年底，全国已投产生物质发电项目 1353 个，并网装机容量 2952kW，年发电量 1326 亿 kWh，年上网电量 1122 亿 kWh。我国生物质装机容量已经连续第三年位列世界第一。

不合理地利用秸秆资源不仅会导致资源的浪费，还可能引起许多环境问题。目前我国每年废弃的秸秆量达到上亿吨。废弃秸秆中的 N、P、K 元素进入到地表水系，可以造成 20 万 ~30 万 km^2 水面的富营养化。秸秆的焚烧则会引起大范围的空气污染、土壤水分流失、改变农田生态群落，还可能会致使病虫害加剧。

生物质发电技术是目前比较成熟的生物质利用技术，已经有成功的商业应用案例，有着良好的发展前景。生物质直燃发电技术、生物质混燃发电技术、生物质气化发电技术是当前比较成熟的生物质发电技术，其中生物质直燃发电应用较为广泛。2019 年，我国生物质发电量 1111 亿 kWh，其中直燃发电技术项目占 50% 以上。

虽然生物质能是一种清洁的、碳中性的可再生能源，但由于生物质通常含水量较高、能量密度较低，在利用生物质之前需要进行预处理。而生物质的预处理、运输会消耗柴油、电能，预处理设备和运输设备的制造需要大量的钢材，生物质电厂的建造也需要大量的混凝土、钢材等。因此，生物质的利用过程中总是会伴随着大量能源、资源的消耗和各种污染物的排放。

一、目标及研究范围确定

（一）研究对象及目的

案例当中的研究对象是容量为 12MW 的生物质直燃发电系统。所选取的生物质原料为水稻秸秆。水稻秸秆的收到基发热量为 12545kJ/kg。生物质直燃发电厂的系统发电效率为 23%，厂自用电占发电量的 11.5%，年利用小时数 6000h。功能单位选为 1MWh，即计算与分析每向电网输出 1MWh 电所投入的资源、能源的消耗量和污染物的排放量。具体数据见表 18-4。

表 18-4　　　　　　　　　　　生物质直燃发电系统基本数据

参数	数值	参数	数值
水稻秸秆收到基发热量 /（kJ/kg）	12545	厂自用电 / %	11.50
生物质发电容量 / MW	12	锅炉额定蒸发量 /（t/h）	75
系统发电效率 / %	23.00	主蒸汽参数（压力）/ MPa	3.822

参数	数值	参数	数值
年利用小时数 / h	6000	单位发电量秸秆消耗率 / (kg/kWh)	1.41
年发电量 / MWh	72000	年秸秆消耗量 / t	101506.35
年供电量 / MWh	63720	功能单位 / MWh	1
主蒸汽参数（温度） / ℃	450	功能单位条件下秸秆消耗 / t	1.41
发电机组容量 / MW	12		

　　通过清单分析可以得到整个生命周期过程的资源、能源投入与污染物排放，再利用层次分析法分析评估不同阶段的环境负荷贡献大小，以及水稻秸秆直燃发电主要环境影响类型。

（二）系统边界

　　秸秆的直燃发电包含一系列的子过程，是一个比较复杂的过程。按照生命周期评价的理论，生物质直燃发电的系统边界主要框架分为 3 个阶段，见图 18-5。

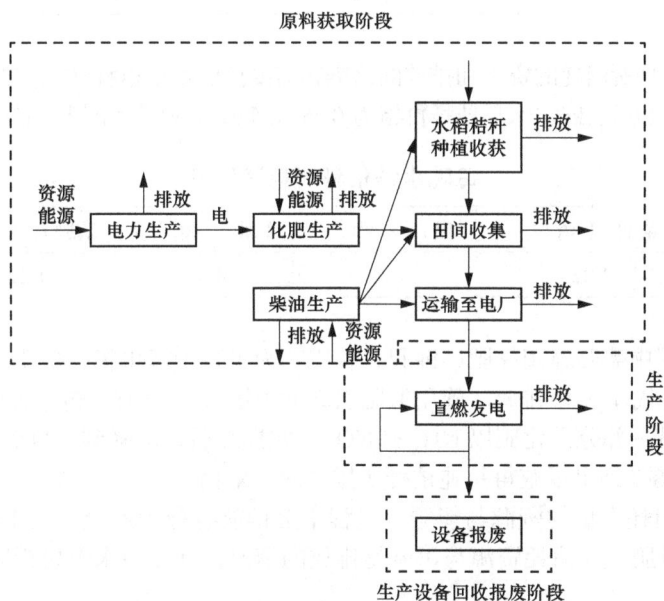

图 18-5　水稻秸秆直燃发电系统边界

　　（1）原料获取阶段。这个阶段又可以分为燃料原料的获取（主要指农作物的种植和生物质的获取），还有设备原料的获取（主要指生物质直燃发电过程所需要的设备建造消耗的煤炭、石油、电力、钢铁和水等资源）。

　　（2）生产阶段。这个阶段也可以分为 2 个部分，即系统设备、辅助产品的生产和生物质直燃发电阶段。

　　（3）生产设备回收报废阶段。由于实际问题比较复杂，生命周期当中牵涉的生产环节很多，所以需要对过程做一些假设与简化：

　　1）除了生物质直燃发电厂的厂用电以外，其他过程当中消耗的电力来源取电力行业的平均值。

　　2）未计入秸秆预处理设备、运输设备和电厂建设部分的影响。

　　3）在水稻秸秆的种植与收获过程中，消耗的资源与产生的污染物按照水稻秸秆和稻谷的经济价值进行分配。

4）暂未计入生产设备回收报废阶段。

5）系统各个环节排出的污染物未进行后处理和再利用，直接排放进入环境。

案例当中考虑的子过程有：①水稻秸秆的种植与收获；②水稻秸秆的加工存储；③秸秆的运输；④秸秆燃烧发电。

二、清单分析

（一）水稻秸秆生长阶段

在水稻种植过程中，我们要确定获得每单位功能所需水稻秸秆投入的资源和排放的污染物。案例中单位面积水稻产量取 $9.59t/hm^2$。水稻秸秆质量可以用草谷比（水稻秸秆质量与稻谷质量之比）计算，案例中草谷比取 1。水稻的收割可以采用人工收割或者机械收割。无论采用哪种方式，地表都会残留一部分茎秆。秸秆的可收集系数为可收获的秸秆量与秸秆产量的比值，取水稻秸秆的可收集系数为 0.8。表 18-5 列出了每吨水稻（包括稻谷和秸秆）消耗资源量。

表 18-5　　　　　　　　　　每吨水稻（包括稻谷和秸秆）消耗资源量

资源	柴油 /（kg/t）	电 /（kWh/t）	氮肥 /（kg/t）	磷肥 /（kg/t）	钾肥 /（kg/t）
数量	7.212951	49.85732	28.93639	7.664234	11.26173

获取每吨水稻秸秆所消耗的资源和排放的污染物需要按照水稻秸秆和稻谷的经济价值进行分配。假设水稻稻谷价格为 1.6 元 /kg，水稻秸秆价格为 0.25 元 /kg，每吨水稻秸秆消耗资源量见表 18-6。

表 18-6　　　　　　　　　　　每吨水稻秸秆消耗资源量

资源	柴油 /（kg/t）	电 /（kWh/t）	氮肥 /（kg/t）	磷肥 /（kg/t）	钾肥 /（kg/t）
数量	1.22	8.42	4.89	1.29	1.90

水稻在种植过程中需要施用氮肥、钾肥、磷肥。为了减少病虫害，也要打一定的农药。在施肥过程中，会有温室气体 N_2O 排放。施用氮肥引起的土壤 N_2O 排放，包括施肥直接产生的 N_2O，另一部分是化肥以 NH_3 和 NO_x 形式挥发后，沉降到土壤和水体表面的大气中，然后排放 N_2O。表 18-7 列出了获得每吨秸秆所排放的污染物。

化肥生产也会消耗大量的资源与能源，过程中会排放各种污染物。表 18-8 和表 18-9 分别列出了每千克氮肥和磷肥生产消耗资源与污染物排放的情况。计算中未考虑钾肥生产过程中的消耗与污染物排放情况。

表 18-7　　　　　　　　　　获得每吨秸秆所排放的污染物　　　　　　　　　　　　　　　　　　kg/t

污染物	CH_4	N_2O
数量	0.54	0.09

表 18-8　　　　　　　　　　每千克氮肥生产消耗资源与污染物排放

输入		输出					
电力 /kWh	烟煤 /kg	天然气 /m^3	CO/kg	CO_2/kg	NO_x/kg	CH_4/kg	颗粒物 /kg
0.05069	0.0081	0.94578	3.50E-05	0.531	1.40E-04	2.15E-04	2.65E-04

注　数据来自 openLCA 教学例题中数据库。

表 18-9　　　　　　　　　　每千克磷肥生产消耗资源与污染物排放

输入		输出	
天然气 /m³	电力 /kWh	SO₂/kg	颗粒物 /kg
0.086244	0.16	0.015	1.00E-04

注　数据来自 openLCA 教学例题中数据库。

（二）田间收集及压缩打捆阶段

由于收割后秸秆通常较为分散，在打捆、运输之前需要进行收集，这期间运输设备的使用也会消耗柴油，排出污染物。田间收集模型示意见图 18-6。由之前的计算可知每年水稻秸秆的消耗量为 101506.35t。为了简化计算，做了以下假设：

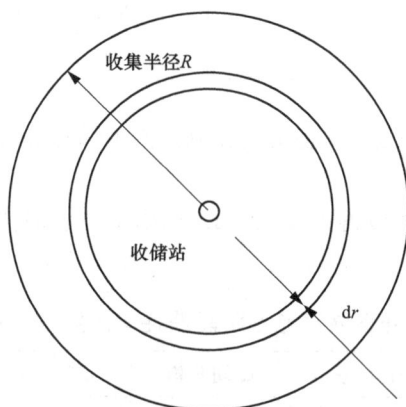

图 18-6　田间收集模型示意

（1）电厂周围有 5 个相同大小的收储站，周围耕地面积相同，收储站在中心。

（2）周围土地皆为水稻田，水稻秸秆产量相同。

$$FC = \frac{4}{3}k_1 k_2 q \pi R^3 \frac{TFC}{100}\rho \tag{18-11}$$

式中：FC 为田间收集过程的柴油消耗量，kg 柴油；k_1 为秸秆可收集系数，取 0.8；k_2 为谷草比，取 $k_2 = 1$；q 为单位面积水稻产量，kg/m²；R 为每个收储站的收集半径，经计算可知 $R = 3300$m；TFC 为运输设备柴油消耗量，L/（100km·t），设运输工具为小四轮拖拉机，消耗量为 8L 柴油 /（100km·t）；ρ 为柴油密度，取 $\rho = 0.83$kg/L。

农作物秸秆可以分为两类：一类是灰色硬质秸秆，主要包括棉花秸秆、大豆秸秆、树皮、木材加工下脚料等密度较大的木本类植物秸秆，在使用前需要破碎加工；另一类是黄色纤维秸秆，主要为小麦秸秆、水稻秸秆、玉米秸秆等密度较小的草本类植物秸秆，在运输和燃烧前要打捆至规定的体积和重量。表 18-10 列出了部分预处理设备的工作参数。

表 18-10　　　　　　　　　　　　　设备工作参数

工作设备	处理能力 /（t/h）	油耗 /[（L/（h·t）]
大打捆机	8	2.4
叉车	12	1.6

发出功能单位电量所需的秸秆量为 1.41t，所以打捆阶段需要的柴油量为 1.13kg。

（三）运输至电厂阶段

秸秆经过打捆后由卡车运输至直燃电厂。在估计运输过程中的资源消耗与污染物排放时，需要估计平均的运输距离和选用的运输设备。在此假设运输的平均距离为25km，用载质量为8t的重型卡车。全国柴油车的平均燃料消耗水平大概为6.44L/（100km·t），所以每功能单位的油耗为2.27kg柴油。

（四）电力生产阶段

水稻秸秆燃烧会排放 CO_2、CO、NO_x、N_2O 等污染物。在案例中由于认为在生命周期中，生物质为碳中性，所以忽略了在生物质生长和燃烧时的 CO_2 排放。生物质锅炉燃烧污染物排放因子见表18-11。

表18-11　　　　　　　　　生物质锅炉燃烧污染物排放因子　　　　　　　　　　　kg／TJ

污染物	CH_4	N_2O	NO_x	CO	NMVOC
数值	30	4	100	1000	50

由于生物质当中的含硫量较低，所以未考虑燃烧产生的 SO_2 排放。

（五）清单汇总

汇总以上各个过程的数据可以得到表18-12，列出了在水稻秸秆直燃发电阶段的资源消耗与污染物排放情况。

表18-12　　　　　　　水稻秸秆直燃发电各阶段消耗与污染物排放清单　　　　　　　　kg

	物质	水稻秸秆种植获取	田间收集	运输过程	电厂发电	合计
输入	褐煤	1.45E−02	4.29E−03	8.62E−03	0	2.74E−02
	硬煤	4.85E+00	4.98E−03	1.00E−02	0	4.86E+00
	石油	1.69E+00	1.28E+00	2.57E+00	0	5.53E+00
	天然气	3.94E+00	7.85E−02	1.58E−01	0	4.18E+00
输出	CO_2	1.72E+01	3.41E−01	6.86E−01	0	1.83E+01
	CH_4	6.84E−02	0.00E+00	0.00E+00	5.31E−01	5.99E−01
	N_2O	1.09E−04	7.88E−06	1.58E−05	7.07E−02	7.09E−02
	NO_x	1.13E−01	9.92E−04	1.99E−03	1.77E+00	1.88E+00
	CO	6.58E−02	4.70E−04	9.44E−04	1.77E+01	1.78E+01
	NMVOC	6.69E−04	2.94E−04	5.90E−04	8.84E−01	8.86E−01
输出	SO_2	1.04E−01	1.99E−03	4.00E−03	0	1.10E−01
	颗粒物	2.02E−02	2.41E−03	4.84E−03	0	2.75E−02

三、影响评价

通过清单分析，我们可以了解水稻秸秆直燃发电各个阶段的资源消耗和污染物的排放情况。但仅仅明确数量还不能很好地体现各个过程对环境和人类的影响。利用生命周期影响评价方法（LCIA）可以定性、定量地表征评价在产品生命周期过程中产品系统与环境的物质与能量交换对生态系统和人类健康的影响。生命周期影响评价一般过程由定性分类、数据特征化及加权赋值三个步骤组成。生命周期影响评价是生命周期评价当中的一个关键阶段，也是最难的一步。

（一）分类

在水稻秸秆直燃发电的过程中，会消耗大量不可再生的能源和资源，所排放的污染物也会造成全球气候变暖、大气酸化等问题。我们可以将这些影响用一些环境影响负荷指标来表示。案例中主要考虑非生物资源消耗（abiotic depletion）、全球变暖（global warming）、酸化（acidification）光化学臭氧层形成（photochemical ozone creation）、富营养化（eutrophication）这几种环境影响。为了能量化资源消耗与污染物排放对各种环境类型影响，需要先定义一些参考物。以参考物对某种环境类型的影响作为基准，通过与参考物的比较获得各种污染物的当量因子。各种环境影响类型主要影响物质与参考物见表18-13。

表18-13 各环境影响类型主要影响物质与参考物

环境影响	资源消耗或环境排放	参考物
ADP	褐煤、硬煤、原油、天然气	1kgSb
GWP	CO_2、CH_4、N_2O、CO、NMVOC	$1kgCO_2$
AP	NO_x、NMVOC、SO_2	$1kgSO_2$
POCP	CH_4、CO	$1kgC_2H_4$
EP	NO_x、N_2O	$1kgPO_4^{3-}$

（二）特征化

同一个环境影响类型中往往有不同的环境干扰因子。特征化按照环境影响类型，将不同的环境干扰因子的贡献值转化为同一单位。例如，CO_2、CH_4、N_2O等气体对全球气候变暖潜值都有贡献，为了简化计算，可以将CO_2对全球气候变暖潜值的贡献作为基准，确定不同气体对全球气候变暖潜值的贡献因子。各环境影响类型主要影响物质的当量因子见表18-14。

表18-14 各环境影响类型主要影响物质的当量因子 kg（参考物）/kg

物质	ADP	GWP	AP	POCP	EP
褐煤	0.00671	—	—	—	—
硬煤	0.0134	—	—	—	—
石油	0.0201	—	—	—	—
天然气	0.0134	—	—	—	—
CO_2	—	1	—	—	—
CH_4	—	25	—	0.007	—
N_2O	—	298	—	—	—
NO_x	—	—	0.7	—	1.2
CO	—	1.57	—	0.04	—
NMVOC	—	3	0.4	—	—
SO_2	—	—	1	—	0.096

注 数据主要来自CML2001影响评价方法。

将各种资源消耗量与污染物的排放量与其当量因子相乘，再按照各种环境影响类型分别累加，可以得到各个过程的各种环境影响类型的影响潜值，见表18-15。

表 18-15　　水稻秸秆直燃发电生命周期内各阶段环境影响潜值　kg（参考物）/ MWh

环境影响类型	水稻秸秆种植获取	田间收集	运输过程	电厂发电	合计
ADP	1.52E−01	2.68E−02	5.39E−02	0.00E+00	2.33E−01
GWP	7.59E+01	3.45E−01	6.94E−01	6.48E+01	1.42E+02
AP	1.83E−01	2.80E−03	5.63E−03	1.59E+00	1.78E+00
POCP	8.44E−03	1.88E−05	3.78E−05	7.11E−01	7.20E−01
EP	4.90E−02	1.31E−04	2.63E−04	2.49E−01	2.98E−01

（三）标准化

表 18-16 列出了生命周期中各种环境影响类型的影响潜值，为了更好地了解每种环境影响的相对大小，可以用产品生命周期当中的环境影响潜值与总的环境影响潜值相除，求得相对影响的大小。从表 18-17 可以获得全球在 1 年内环境影响类型的影响潜值相对量。

表 18-16　　　　　　　　　环境影响类型的影响潜值　　　　　　　　　$10^{11}kg/a$

环境影响类型	环境影响潜值总当量数	参照物
ADP	1.83	1kgSb
GWP	418	$1kgCO_2$
AP	2.39	$1kgSO_2$
POCP	0.401	$1kgC_2H_4$
EP	1.58	$1kgPO_4^{3-}$

表 18-17　　　　　　　环境影响类型的影响潜值相对量　　　　　　$10^{-12}/（a·MWh）$

环境影响类型	ADP	GWP	AP	POCP	EP	综合指数
相对量	1.27E−01	3.39E−01	7.46E−01	1.79E+00	1.89E−01	3.20E+00
比例	3.98%	10.61%	23.35%	56.15%	5.91%	100.00%

（四）综合化

不同的环境影响的相对负荷对环境也有着不同的影响，需要分别赋予权重进行计算。通过专家意见可以建立环境影响类型的重要尺度。在计算得到权重之前需要建立判断矩阵，见表 18-18。

表 18-18　　　　　　　　　　　　　判断矩阵

环境影响类型	ADP	GWP	POCP	AP	EP
ADP	1	5	6	3	6
GWP	1/5	1	3	2	3
POCP	1/6	1/3	1	1/5	1/2
AP	1/3	1/2	5	1	1
EP	1/6	1/3	2	1	1

通过计算判断矩阵 J 的特征向量和最小特征值，可以得到相对权重向量。判断矩阵如下：

$$J = \begin{bmatrix} 1 & 5 & 6 & 3 & 6 \\ \dfrac{1}{5} & 1 & 3 & 2 & 3 \\ \dfrac{1}{6} & \dfrac{1}{3} & 1 & \dfrac{1}{5} & \dfrac{1}{2} \\ \dfrac{1}{3} & \dfrac{1}{2} & 5 & 1 & 1 \\ \dfrac{1}{6} & \dfrac{1}{3} & 2 & 1 & 1 \end{bmatrix}$$

经计算可知判断矩阵 J 的特征向量

$$\beta = (0.8938, 0.3274, 0.0894, 0.2468, 0.1582)^{\mathrm{T}}$$

$$\lambda_{\max} = 5.3226$$

为了检验通过构造判断矩阵求得的特征向量（权重值）是否合理，需要对判断矩阵进行一致性检验。检验公式如下：

$$CI = \frac{\lambda_{\max} - m}{m - 1} = \frac{5.3226 - 5}{5 - 1} = 0.08065$$

式中：$\lambda_{\max}$ 为最大特征根；m 为判断矩阵阶数。

根据表 18-19 查得 5 阶情况下修正值 RI=1.12，则

$$\frac{CI}{RI} = \frac{0.08065}{1.12} = 0.072 < 0.1$$

表 18-19　　　　　　　　　　　　平均随机一致性指标 RI

m	1	2	3	4	5	6	7	8	9
RI	0	0	0.58	0.90	1.12	1.24	1.32	1.41	1.45

当 CI/RI<0.1 时，可以认为判断矩阵的一致性可以接受。各种环境影响类型的权重值见表 18-20。

表 18-20　　　　　　　　　　　各种环境影响类型的权重值

环境影响类型	ADP	GWP	AP	POCP	EP
权重	0.8938	0.3274	0.2468	0.0894	0.1582

加权后各环境影响类型的影响潜值见表 18-21 所示。

表 18-21　　　　　　　加权后各环境影响类型的影响潜值　　　　$10^{-11}/(\text{a} \cdot \text{MWh})$

环境影响类型	水稻秸秆种植获取	田间收集	运输过程	电厂发电	合计	比例 / %
ADP	7.41E-02	1.31E-02	2.63E-02	0.00E+00	1.14E-01	18.96
GWP	5.95E-02	2.70E-04	5.43E-04	5.07E-02	1.11E-01	18.53
AP	1.89E-02	2.89E-04	5.81E-04	1.64E-01	1.84E-01	30.74
POCP	1.88E-03	4.19E-06	8.42E-06	1.59E-01	1.60E-01	26.78

环境影响类型	水稻秸秆种植获取	田间收集	运输过程	电厂发电	合计	比例 / %
EP	4.91E-03	1.31E-05	2.64E-05	2.49E-02	2.99E-02	4.99
合计	1.59E-01	1.37E-02	2.75E-02	3.99E-01	5.99E-01	100.00

从图 18-7 以看出在水稻秸秆直燃发电的生命周期当中，水稻秸秆种植获取和电厂发电阶段对环境的影响最大，分别占总环境影响潜值的 26.59% 与 66.53%，田间收集与运输阶段对环境的影响较小，仅占总环境影响潜值的 2.29% 与 4.59%。在水稻秸秆种植获取中，施肥过程中的排放和肥料的生产会带来很大的环境影响。而在电厂发电阶段，大量污染物的排放也会引起许多环境问题。

由图 18-8 可知，水稻秸秆直燃发电带来的最主要问题是酸化和光化学臭氧的形成，占总环境影

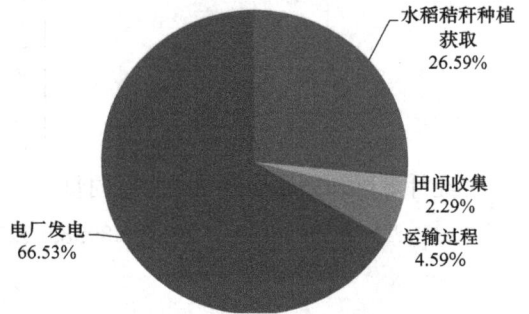

图 18-7　各阶段环境影响负荷占比

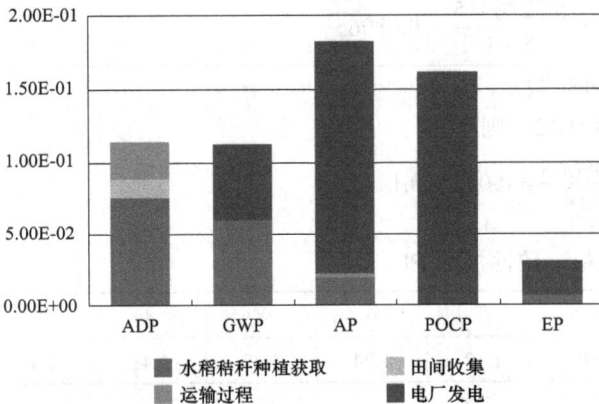

图 18-8　水稻秸秆直燃发电生命周期加权环境影响潜值评价

响潜值的 30.74%、26.78%。由于在计算中认为生物质是碳中性的可再生能源，因此在获得功能单位的电能消耗的资源与能源较少，排放的 CO_2 也主要来自化石燃料的使用。获得功能单位电能所引起的非生物资源消耗与全球气候变暖影响较为接近，占环境总负荷的 18.96% 与 18.53%。环境富营养化占环境总负荷的占比比较小，仅为 4.99%，主要来自水稻秸秆种植获得阶段和电厂发电阶段的 N_2O、NO_x 排放。

四、结果解释

在此案例中，我们建立了一个较为简单的生物质直燃发电生命周期评价模型。在只考虑水稻秸秆种植获得、田间收集、运输过程与电厂发电阶段的情况下，得出以下结论：

（1）通过水稻秸秆直燃发电生命周期评价模型可知，酸化和光化学臭氧形成是主要的环境影响因素，占总环境影响潜值的 30.74%、26.78%。其中，水稻秸秆种植获得和电厂发电过程是对环境负荷贡献最大的阶段，分别为 26.59% 与 66.53%。

（2）田间收集阶段和运输阶段对环境负荷的贡献较小，运输半径不是决定整个系统环境决定性因素。

（3）NO_x、SO_2、CO 等气体的排放对整个系统的环境负荷贡献较大，采取减排措施对整个系统环境性的改善有较大的潜力。

（4）由于没有将生产设备建造和电厂建设过程纳入计算，所以 ADP 值较小。

![习题]

1. 生物质直燃发电生命周期评价。

现有两个生物质直燃发电系统方案。方案一机组容量为 6MW，年利用小时数为 6000h。发电所用的生物质原料为水稻秸秆，水稻秸秆收到基发热量为 12545kJ/kg。生物质气化发电厂的系统发电效率为 30%，厂自用电 10%。在计算中以输出电力 1MWh 为功能单位。方案二机组容量为 25MW，年利用小时数为 6000h。发电所用的生物质原料同样为水稻秸秆，水稻秸秆收到基发热量为 12545kJ/kg。生物质气化发电厂的系统发电效率为 34%，厂自用电 10%。在计算中以输出电力 1MWh 为功能单位。

请结合前面的数据，分别计算得到两个方案的生命周期清单，并进一步得到生物质直燃发电生命周期及各个阶段不同环境影响类型的作用强度，做出简单的分析与结果解释。上述计算也可以直接采用商用软件进行。不同生物质直燃发电方案基本数据见表 18-22。

表 18-22　　　　　　　　　　不同生物质直燃发电方案基本数据

参数	方案一	方案二
规模 / MW	6	25
水稻秸秆收到基发热量 / (kJ / kg)	12545	12545
系统发电效率 / %	20.00	26.00
厂自用电 / %	10.00	11.47
发电机组容量 / MW	6	25
年利用小时数 / h	6000	6000
年发电量 / MWh	36000	150000
年供电量 / MWh	32400	132795
单位发电量秸秆消耗率 / (kg / kWh)	1.59	1.25
年秸秆消耗量 / t	51654	165558
功能单位 / MWh	1	1
功能单位条件下秸秆消耗 / t	1.59	1.25

2. 生物质气化发电生命周期评价。

现有两个生物质气化发电系统方案。方案一采用气流床气化，净化后的可燃气送入燃气内燃机中燃烧、做功发电。整个机组容量为 1MW，年利用小时数为 6000h。发电所用的生物质原料为水稻秸秆，水稻秸秆收到基发热量为 12545kJ/kg。生物质气化发电厂的系统发电效率为 16%，厂自用电 10%。在计算中以输出电力 1MWh 为功能单位。方案二采用循环流化床气化，燃气经过除尘、除灰和除焦油等净化过程后，通过燃气内燃机及蒸汽发电机联合装置发电。机组容量为 4MW，年利用小时数为 6000h。发电所用的生物质原料同样为水稻秸秆，水稻秸秆收到基发热量为 12545kJ/kg。生物质气化发电厂的系统发电效率为 28%，厂自用电 10%。在计算中以输出电力 1MWh 为功能单位。请结合前面的数据，分别计算得到两个方案的生命周期清单，并进一步得到生物质气化发电生命周期及各个阶段不同环境影响类型的作用强度，进行简单的分析。上述计算也可以直接采用商用软件进行。不同生物质气化发电方案基本数据见表 18-23。

表 18-23　　　　　　　　不同生物质气化发电方案基本数据

参数	方案一	方案二
规模 / MW	1	4
技术方法	内燃机发电	内燃机 – 蒸汽发电联合循环
水稻秸秆收到基发热量 /（kJ / kg）	12545	12545
系统发电效率 / %	16.00	28.00
厂自用电 / %	10.00	10.00
发电机组容量 / MW	1	4
年利用小时数 / h	6000	6000
年发电量 / MWh	6000	24000
年供电量 / MWh	5400	21600
单位发电量秸秆消耗率 /（kg / kWh）	1.99	1.14
年秸秆消耗量 / t	10761	24597
功能单位 / MWh	1	1
功能单位条件下秸秆消耗 / t	1.99	1.14

在水稻秸秆气化之前，需要经过破碎，破碎设备工作参数见表 18-24。生物质气化后的可燃气燃烧污染物排放因子见表 18-25。

表 18-24　　　　　　　　破碎设备工作参数表

工作设备	处理能力	消耗
破碎机	15 t / h	180kW
叉车	12 t / h	1.6 L /（h · t）

表 18-25　　　　　　　　可燃气燃烧污染物排放因子　　　　　　　　kg / TJ

污染物	CH_4	N_2O	NO_x	CO	NMVOC
数值	25	20	200	500	5

参考文献

[1] 中国可再生能源发展战略研究项目组．中国可再生能源发展战略研究丛书：综合卷．北京：中国电力出版社，2008．

[2] Huber G W，Iborra S，Corma A. Synthesis of transportation fuels from biomass: chemistry，catalysts，and engineering. Chemical reviews，2006，106（9）：4044-4098．

[3] Demirba S A. Calculation of higher heating values of biomass fuels. Fuel，1997，76（5）：431-434．

[4] Obernberger I，Brunner T，Bärnthaler G.Chemical properties of solid biofuels——significance and impact. Biomass and bioenergy，2006，30（11）：973-982．

[5] 刘倩．基于组分的生物质热裂解机理研究．杭州：浙江大学，2009．

[6] 王琦．生物质快速热裂解制取生物油及其应用研究．杭州：浙江大学，2008．

[7] 陈文．生物油提质改性制备高品位液体燃料的研究．杭州：浙江大学，2015．

[8] Dobele G，Rossinskaja G，Telysheva G，et al. Cellulose dehydration and depolymerization reactions during pyrolysis in the presence of phosphoric acid. Journal of analytical and applied pyrolysis，1999，49（1）：307-317．

[9] 张志军．氧浓度对阻燃纤维素燃烧特性的影响．哈尔滨：东北林业大学，2007．

[10] Alén R. Structure and chemical composition of wood，in: P. Stenius（Ed.），Forest products chemistry，chapter 1，2000: 11-57．

[11] Petreira H，Graca J，Rodrigues J C.Wood chemistry in relation to quality. Wood quality and its biological basis. Oxford: Blackwell，2003．

[12] 蒋挺大．木质素.2 版．北京：化学工业出版社，2008．

[13] 埃罗·斯耶斯特勒姆．木材化学．北京：中国林业出版社，1985．

[14] Stanislav V，Vassilev D B，Lars K，et al. An overview of the organic and inorganic phase composition of biomass. Fuel，2012. 94: 1-33．

[15] Demirbas A. Potential applications of renewable energy sources，biomass combustion problems in boiler power systems and combustion related environmental issues. Progress in energy and combustion science，2005，31（2）：171-192．

[16] 张小桃．生物质气化特性研究及㶲分析．农业工程学报，2011，27（2）：282-286．

[17] 吴相钰．植物的光合作用．生物学通报，1959（11）：40-44．

[18] 陈声明，贾小明，叶旭红．光合细菌的生态意义及应用价值．环境污染与防治，1994（02）：29-31．

[19] 罗红艺．光合碳同化中的两个重要酶 RuBP 羧化酶和 PEP 羧化酶．高等函授学报（自然科学版）.1999（03）：50-53．

[20] 魏建华，宋艳茹．木质素生物合成途径及调控的研究进展．植物学报，2001（08）：771-779．

[21] 黄强，罗发兴，杨连生．淀粉颗粒结构的研究进展．高分子材料科学与工程，2004（05）：19-23．

[22] 赵世聪．糖类的生物学功能与作用．中国科技纵横，2014（18）：287，290．

[23] 王佳瑜，秦必达，程国玲，等.糖生物学的基础与应用研究现状.中国甜菜糖业，2016（1）：45-48.

[24] 袁振宏，吕鹏梅，孔晓英.生物质能源开发与应用现状和前景.生物质化学工程，2006（S1）：13-21.

[25] 张秋节.浮游藻类和附着藻类生长特性的对比研究.西安交通大学，2009.

[26] 陈祎，罗永浩，陆方，等.生物质热解机理研究进展.工业加热，2006（5）：4-8.

[27] 杨海平，陈汉平，王贤华，等.生物质热解研究的进展.煤气与热力，2006（5）：18-22.

[28] 陈温福，张伟明，孟军.农用生物炭研究进展与前景.中国农业科学，2013，46（16）：3324-3333.

[29] 刘荣厚.生物质热化学转换技术.北京：化学工业出版社，2005.

[30] 孙立，张晓东.生物质热解气化原理与技术.北京：化学工业出版社，2013.

[31] 朱锡锋.生物质热解原理与技术.合肥：中国科学与技术大学出版社，2006.

[32] 马隆龙，吴创之，孙立.生物质气化技术及其应用.北京：化学工业出版社，2003.

[33] 孙云娟，蒋剑春.生物质气化过程中焦油的去除方法综述.生物质化学工程，2006，40（2）：31-35.

[34] 赵立欣，董保成，田宜水.大中型沼气工程技术.北京：化学工业出版社，2007.

[35] 唐艳芳，王宇欣.大中型沼气工程设计与应用.北京：化学工业出版社，2013.

[36] 王飞，蔡亚庆，仇焕广.中国沼气发展的现状、驱动及制约因素分析.农业工程学报，2012，28（1）：184-189.

[37] 董仁杰，伯恩哈特·蓝宁阁.沼气工程与技术　沼气指南——从生产到使用.北京：中国农业大学出版社，2013.

[38] 袁振宏，吴创之，马隆龙.生物质能利用原理与技术.北京：化学工业出版社，2005.

[39] 刘荣厚.生物质能工程.北京：化学工业出版社，2009.

[40] 田宜水，姚向君.生物质能资源清洁转化利用技术.北京：化学工业出版社，2014.

[41] 李东，袁振宏，孙永明，等.中国沼气资源现状及应用前景.现代化工，2009，29（4）：1-5.

[42] 袁振宏.能源微生物学.北京：化学工业出版社，2012.

[43] 郑国香，刘瑞娜，李永峰.能源微生物学.哈尔滨：哈尔滨工业大学出版社，2013.

[44] 许大全.光合作用学.北京：科学出版社，2013.

[45] 李浪，周平，杜平定.淀粉科学与技术.郑州：河南科学技术出版社，1994.

[46] 陈洪章.纤维素生物技术.北京：化学工业出版社，2005.

[47] 戴林，司传领.木质素及其功能材料.北京：科学出版社，2019.

[48] Baucher M, Halpin C, Petit-Conil M, et al. Lignin: Genetic engineering and impact on pulping. Critical reviews in biochemistry and molecular biology, 2003, 38（4）：305-350.

[49] 梁少华.植物油料资源综合利用.南京：东南大学出版社，2009.

[50] 赵素芬.海藻与海藻栽培学.北京：国防工业出版社，2012.

[51] 高执棣.化学热力学基础.北京：北京大学出版社，2006.

[52] 金继红.大学化学.北京：化学工业出版社，2016.

[53] 金若水，王韵华，芮承国.现代化学原理.北京：高等教育出版社，2003.

[54] 傅献彩，沈文霞，姚天扬，等.物理化学.北京：高等教育出版社，1990.

[55] 武清玺，许庆春，赵引.动力学基础.南京：河海大学出版社，2001.

[56] 刘旦初.多相催化原理.上海：复旦大学出版社，1997.

[57][英]阿特金斯.物理化学（影印版）北京：高等教育出版社，2006.

[58] 陈涌英，孙予罕，丁云杰，等．吸附与催化．郑州：河南科学技术出版社，2001.

[59] 陈涌英，王琴．固体催化剂制备原理与技术．北京：化学工业出版社，2012.

[60]Kodani S, Fukuda M, Tsuboi Y, et al. Stepwise approach to Hess's Law using household desiccants: A laboratory learning program for high school chemistry courses. Journal of chemical education, 2019, 97（1）: 166-171.

[61]Seifert U. First and second law of thermodynamics at strong coupling. Phys Rev Lett, 2016, 116（2）: 020601.

[62] 陈嘉川，刘温霞，杨桂花，等．造纸植物资源化学．北京：科学出版社，2012.

[63] 王树荣，骆仲泱．生物质组分热裂解．北京：科学出版社，2013.

[64] 杨淑惠，植物纤维化学．北京：轻工业出版社，2001.

[65] Wang S R, Luo Z Y. Pyrolysis of biomass. Berlin, Boston: De Gruyter; 2016.

[66] Wang S R, Dai G X, Yang H P, et al. Lignocellulosic biomass pyrolysis mechanism: A state-of-the-art review. Progress in energy and combustion science. 2017（62）:33-86.

[67] Oasmaa A, Kuoppala E, Solantausta Y. Fast pyrolysis of forestry residue. 2. Physicochemical composition of product liquid. Energy and fuels. 2003，17（2）: 433-443.

[68] Ikura M, Stanciulescu M, Hogan E. Emulsification of pyrolysis derived bio-oil in diesel fuel. Biomass and bioenergy, 2003, 24（3）:221-232.

[69] 彭军．超临界流体中生物油提质的研究．杭州：浙江大学，2009.

[70] 阴春梅，刘忠，齐宏升．生物质发酵生产乙醇的研究进展．酿酒科技，2007，151（1）: 87-90.

[71] 窦克军，孙春宝．玉米秸秆发酵生产乙醇的研究进展．四川食品与发酵，2007，135（1）: 30-34.

[72] 梅晓岩，刘荣厚．中国甜高粱茎秆制取乙醇的研究进展．中国农学通报，2010，26（5）: 341-345.

[73] 张素平，颜涌捷，任铮伟，等．纤维素制取乙醇技术．化学进展，2007，19（7）: 1129-1133.

[74] 汤颖，陈刚，穆淑珍．国内外生物柴油发展现状及中国的应对策略．世界农业，2010，376（8）: 10-12.

[75] Marchetti J M, Miguel V U, Errazu A F. Possible methods for biodiesel production. Renewable & Sustainable energy reviews, 2007, 11（6）:1300-1311.

[76] Marianne Oien. Biodiesel production by the esterfip-H process. Norwegian: Norwegian university of science and technology, 2013.

[77] 王瑞红，李淑芬，马鸿宾，等．超临界流体法制备生物柴油研究进展．精细石油化工进展，2007，8（2）: 39-42.

[78] Tan X, Lam M K, Uemura Y, et al. Cultivation of microalgae for biodiesel production: A review on upstream and downstream processing. Chinese journal of chemical engineering, 2018, 26（1）:17-30.

[79] Meng N, Leung D Y C, Leung M K H, et al.An overview of hydrogen production from biomass. Fuel processing technology, 2006, 87（5）:461-472.

[80] Lu Y J, Guo L J, Ji C M, et al. Hydrogen production by biomass gasification in supercritical water: A parametric study. International journal of hydrogen energy, 2006, 31（7）:822-831.

[81] Martín C, Wu G, Wang Z, et al. Formation of microbial inhibitors in steam-explosion pretreatment of softwood impregnated with sulfuric acid and sulfur dioxide. Bioresource technology,

2018，262:242-250.

[82] 宝玥，吴霞琴．生物燃料电池的研究进展．电化学，2004，10（1）：1-8.

[83] 孙启宏，万年青，范与华．国外生命周期评价（LCA）研究综述．世界标准化与质量管理，2000（12），24-25，31.

[84] 王长波，张力小，庞明月．生命周期评价方法研究综述——兼论混合生命周期评价的发展与应用．自然资源学报，2015（07）：1232-1242.

[85] 赵辉．中国产品生命周期影响评价——终点破坏类型模型框架建立及案例应用．大连：大连理工大学，2005.

[86] 郭冬生，黄春红．近10年来中国农作物秸秆资源量的时空分布与利用模式．西南农业学报，2016（04）：948-954.

[87] 毕于运．秸秆资源评价与利用研究．中国农业科学院，2010.

[88] 蒋大华，等．我国生物质发电产业现状及建议．可再生能源，2014，32（4）：542-546.

[89] 赵黛青，等．"基于农林类生物质资源发电技术的全生命周期综合评价"的咨询项目总报告．广州：中国科学院广州能源研究所能源战略研究中心，2009.

[90] 林琳，等．生物质直燃发电系统的生命周期评价．水利电力机械，2006（12）：18-23.

[91] 曹黎明，等．基于生命周期评价的上海市水稻生产的碳足迹．生态学报，2014，34（2）：491-499.

[92] 王凤雷．生物质能发电燃料输送系统研究．中国电力，2008（09）：73-75.

[93] 任苇，刘年丰．生命周期影响评价（LCIA）方法综述．华中科技大学学报（城市科学版），2002（03）：83-86.

[94] 赵红颖．生物质发电的生命周期评价．西安：西南交通大学，2010.

[95] 李娇．循环流化床锅炉燃煤技术热电厂生命周期评价．大连：大连理工大学，2013.

[96] 邓寅生，邓东丰，唐敏．层次分析法在生命周期评价中的改进应用研究．环境科学与技术，2009（06）：169-171.

[97] González-García S，et al. Life cycle assessment of two alternative bioenergy systems involving Salix spp. Biomass: Bioethanol production and power generation. Applied energy，2012，95: 111-122.

[98] 夏向阳．掺烧生物质发电的成功尝试．电力需求侧管理，2007，9（1）：59.

[99] 阴春梅，刘忠，齐宏升．生物质发酵生产乙醇的研究进展．酿酒科技，2007，000（001）：87-90.

[100] 窦克军，孙春宝．玉米秸秆发酵生产乙醇的研究进展．食品与发酵科技，2007，43（1）：30-34.

[101] Brassard P，Godbout S，Raghavan V. Pyrolysis in auger reactors for biochar and bio-oil production: A review. Biosystems engineering，2017，161: 80-92.

[102] Cheng F，Brewer C E. Producing jet fuel from biomass lignin: Potential pathways to alkylbenzenes and cycloalkanes. Renewable and sustainable energy reviews，2017，72: 673-722.

[103] Kabir G，Hameed B H. Recent progress on catalytic pyrolysis of lignocellulosic biomass to high-grade bio-oil and bio-chemicals. Renewable and sustainable energy reviews，2017，70: 945-967.

[104] Wang S，Dai G，Yang H，et al. Lignocellulosic biomass pyrolysis mechanism: A state-of-the-art review. Progress in energy and combustion science，2017，62: 33-86.

[105] Wang M，Dewil R，Maniatis K，et al. Biomass-derived aviation fuels: Challenges and perspective. Progress in energy and combustion science，2019，74: 31-49.

[106] Han X，Guo Y，Liu X，et al. Catalytic conversion of lignocellulosic biomass into hydrocarbons: A mini review. Catalysis today，2019，319: 2-13.

[107] Questell-Santiago Y M, Galkin M V, Barta K, et al. Stabilization strategies in biomass depolymerization using chemical functionalization. Nature reviews chemistry, 2020, 4（6）: 311-330.

[108] Xu C, Paone E, Rodríguez-Padrón D, et al. Recent catalytic routes for the preparation and the upgrading of biomass derived furfural and 5-hydroxymethylfurfural. Chemical society reviews, 2020, 49（13）:4273-4436.

[109] STAS M, CHUDOBA J, KUBICKA D, et al. Petroleomic characterization of pyrolysis bio-oils: A review. Energy & fuels, 2017, 31（10）: 10283-10299.

[110] Pourzolfaghar H, Abnisa F, Wan Daud W M A, et al. Atmospheric hydrodeoxygenation of bio-oil oxygenated model compounds: A review. Journal of analytical and applied pyrolysis, 2018, 133: 117-127.

[111] Galadima A, Muraza O. Stability improvement of zeolite catalysts under hydrothermal conditions for their potential applications in biomass valorization and crude oil upgrading. Microporous and mesoporous materials, 2017, 249: 42-54.

[112] Shi Y, Xing E, Wu K, et al. Recent progress on upgrading of bio-oil to hydrocarbons over metal/zeolite bifunctional catalysts. Catalysis science & technology, 2017, 7（12）: 2385-2415.

[113] Li X, Luo X, Jin Y, et al. Heterogeneous sulfur-free hydrodeoxygenation catalysts for selectively upgrading the renewable bio-oils to second generation biofuels. Renewable and sustainable energy reviews, 2018, 82: 3762-3797.

[114] Fang R, Dhakshinamoorthy A, Li Y, et al. Metal organic frameworks for biomass conversion. Chem Soc Rev, 2020, 49（11）: 3638-3687.

[115] Guan W, Tsang C W, Lin C S K, et al. A review on high catalytic efficiency of solid acid catalysts for lignin valorization. Bioresour technol, 2020, 298: 122432.

[116] Mondelli C, Gozaydin G, Yan N, et al. Biomass valorisation over metal-based solid catalysts from nanoparticles to single atoms. Chem Soc Rev, 2020, 49（12）: 3764-3782.

[117] Patil S V, Argyropoulos D S. Stable organic radicals in lignin: A review. ChemSusChem, 2017, 10（17）: 3284-3303.

[118] Sun Z, Fridrich B, De Santi A, et al. Bright side of lignin depolymerization: Toward new platform chemicals. Chem Rev, 2018, 118（2）: 614-678.

[119] Wong S S, Shu R, Zhang J, et al. Downstream processing of lignin derived feedstock into end products. Chem Soc Rev, 2020, 49（15）: 5510-5560.

[120] Abu-Omar M M, Barta K, Beckham G T, et al. Guidelines for performing lignin-first biorefining. Energy & Environmental science, 2020.

[121] Arnold S, Moss K, Henkel M, et al. Biotechnological perspectives of pyrolysis oil for a bio-based economy. Trends in biotechnology, 2017, 35（10）: 925-936.

[122] Ji L Q, Zhang C, Fang J Q. Economic analysis of converting of waste agricultural biomass into liquid fuel: A case study on a biofuel plant in China. Renewable and sustainable energy reviews, 2017, 70: 224-229.

[123] Anis S, Zainal Z A. Tar reduction in biomass producer gas via mechanical, catalytic and thermal methods: A review. Renewable and sustainable energy reviews, 2011, 15（5）: 2355-2377.

[124] Shan R, Han J, Gu J, et al. A review of recent developments in catalytic applications of biochar-based materials. Resources conservation and recycling, 2020, 162:105036.

[125] Lee J, Kim K H, Kwon E E. Biochar as a catalyst. Renewable & Sustainable energy reviews, 2017, 77: 70-79.

[126] 张泽，赵洪君，孟洁，等.生物质的热解及生物油提质的研究进展.环境工程，2020：1-20.

[127] Griffin M B，Iisa K，Wang H，et al. Driving towards cost-competitive biofuels through catalytic fast pyrolysis by rethinking catalyst selection and reactor configuration. Energy & Environmental science, 2018, 11（10）: 2904-2918.

[128] 卫洪建，杨晴，李佳硕，等.中国农作物秸秆资源时空分布及其产率变化分析.可再生能源，2019（9）: 1265-1273.

[129] 张建龙.中国森林资源报告（2014—2018）.北京：中国林业出版社，2019.

[130] 宁启文，胡乐鸣，等.中国农业年鉴.北京：中国农业出版社，2018.

[131] 贠旭江，宋毅，等.中国畜牧兽医年鉴.北京：中国农业出版社，2018.

[132] 于秀娟，徐乐俊，吴反修，等.中国渔业统计年鉴.北京：中国农业出版社，2020.

[133] 国家统计局.中国统计年鉴 2020.

[134] 中国产业发展促进会生物质能产业分会.2021 中国生物质发电产业发展报告，2021.